パッと見るだけ

{ The best book for office workers. }

やさしく教わる Word

Office 2021 / Microsoft 365 対応

国本温子 著

SB Creative

本書の掲載内容

本書は、2024年2月の情報に基づき、Word 2021の操作方法について解説しています。また、本書ではWindows版のWord 2021の画面を用いて解説しています。ご利用のWordのOSのバージョン・種類によっては、項目の位置などに若干の差異がある場合があります。あらかじめご了承ください。

本書に関するお問い合わせ

この度は小社書籍をご購入いただき誠にありがとうございます。小社では本書の内容に関するご質問を受け付けております。本書を読み進めていただきます中でご不明な箇所がございましたらお問い合わせください。なお、ご質問の前に小社Webサイトで「正誤表」をご確認ください。最新の正誤情報を下記のWebページに掲載しております。

本書サポートページ https://isbn2.sbcr.jp/23920/

上記ページに記載の「正誤情報」のリンクをクリックしてください。
なお、正誤情報がない場合、リンクをクリックすることはできません。

ご質問送付先

ご質問については下記のいずれかの方法をご利用ください。

Webページより

上記のサポートページ内にある「お問い合わせ」をクリックしていただき、ページ内の「書籍の内容について」をクリックするとメールフォームが開きます。要綱に従ってご質問をご記入の上、送信してください。

郵送

郵送の場合は下記までお願いいたします。

〒105-0001
東京都港区虎ノ門2-2-1
SBクリエイティブ　読者サポート係

■本書内に記載されている会社名、商品名、製品名などは一般に各社の登録商標または商標です。本書中では®、™マークは明記しておりません。

■本書の出版にあたっては正確な記述に努めましたが、本書の内容に基づく運用結果について、著者およびSBクリエイティブ株式会社は一切の責任を負いかねますのでご了承ください。

はじめに

Wordは、仕事で文書を作成するときに最も使用されているアプリケーションソフトの1つです。事務仕事で必ず使えるようになるべきソフトといえるでしょう。

本書は、パソコンを使って仕事をしたことがなく、パソコン作業に不慣れな方を対象として作成しています。そのため、本書ではすぐにWordの操作に入らずにファイルの仕組みや取り扱い方法から説明しています。それは、事務仕事の中ではファイルの管理が必要で、とても重要だからです。

また、本書ではキーボードの機能やキーの打ち分け方、文字の入力方法から変換方法まで、キーボードを使った文字入力の方法を一通り解説しています。手順通りレッスンを進めるだけで文字入力についての知識や方法をマスターすることができます。

事務仕事の中では、ビジネス文書の作成が必須となります。基本的なビジネス文書の構成や作成方法も順を追って説明していますので、無理なく覚えることができるでしょう。

Wordには、文書の体裁を整えたり、表を作成したりと、ビジネス文書を作成するための多くの機能が用意されています。これらの機能を基礎から順を追って一つ一つ丁寧に説明しています。

また、レッスンの進め方にも工夫を凝らしています。Sectionごとに、最初にBeforeとAfterの画面を見ていただき、これから何をするのかを確認します。次に練習用サンプルを使い、画面の手順に従って実際に操作します。各レッスンの目標が明確なので、紹介する機能を着実にマスターしていただけるでしょう。

本書を一通り学習することで、Wordの基本的な操作や機能をマスターし、実務で必要となる文書はほぼ問題なく作成することができるようになることと思います。本書が、皆様のスキルアップの一助となれば幸いです。

2024年3月
国本温子

本書の使い方

「見るだけ方式」採用！初心者のためのいちばんやさしいWordの入門書です。Wordがはじめての方も、オフィスでパソコン仕事ができるレベルまでスキルアップできるよう、たくさんの工夫と仕掛けを用意しました。以下の学習法を参考にしながら、適宜アレンジしてご活用ください。

Step 1

「見る」

「見るだけ」コーナーで概要をチェック

まずは、使う機能の効果を確認しましょう。Before/Afterの図解で、操作の前後でどう変わるのかよくわかります。

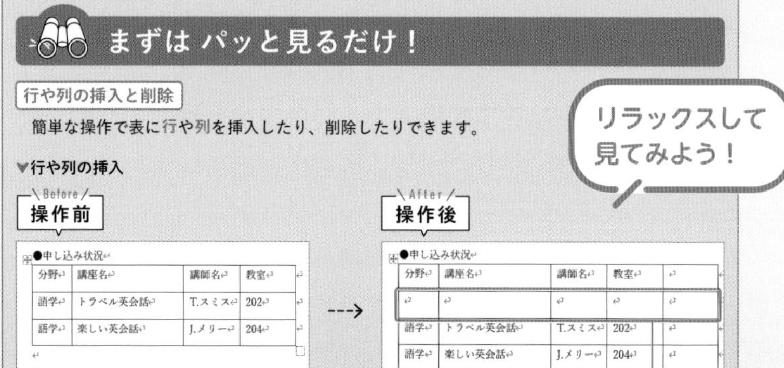

Step 2

「試す」

「レッスン」で操作をマスター

紙面を見ながら練習用ファイルを使って、実際にWordの機能を試してみましょう。1操作ずつ画面に沿って丁寧に解説しているので、安心して進められます。

練習用ファイルのダウンロードはp.6参照

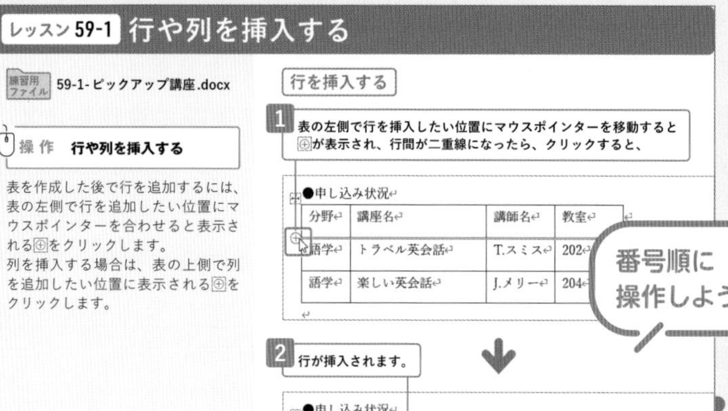

Step 3

「演習」

「パソコン仕事の練習問題」に挑戦

レッスンで試した機能を、パソコン仕事でよくあるシチュエーションで練習してみましょう。各章を学習したら、自分のペースで練習問題にチャレンジしましょう。

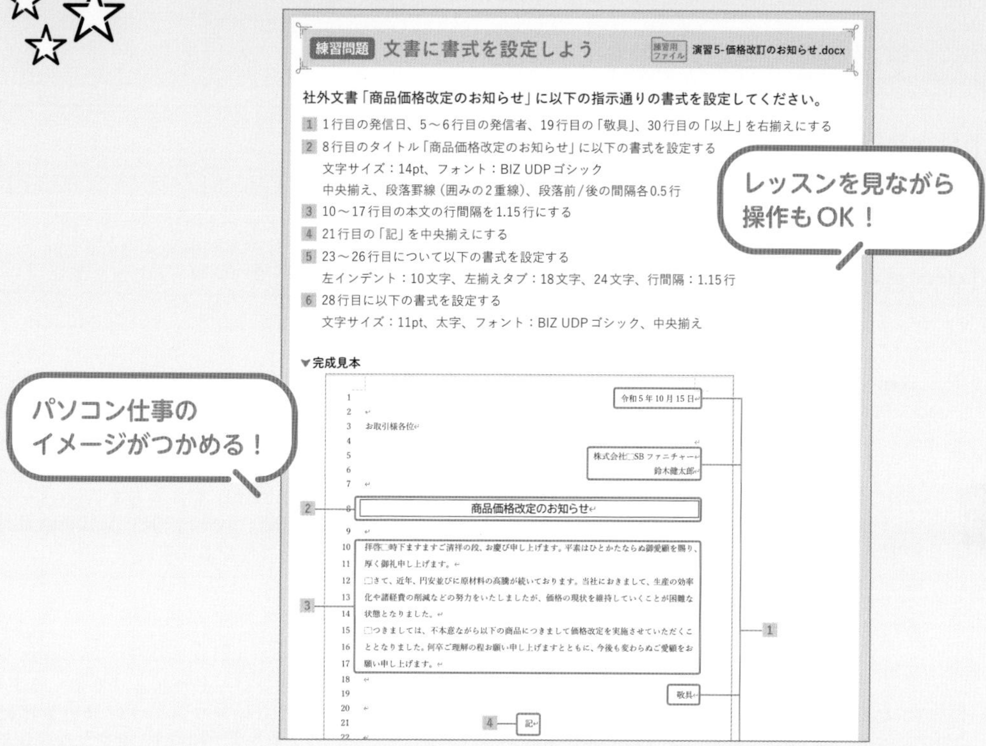

練習問題 文書に書式を設定しよう　練習用ファイル 演習5-価格改訂のお知らせ.docx

社外文書「商品価格改定のお知らせ」に以下の指示通りの書式を設定してください。

1 1行目の発信日、5～6行目の発信者、19行目の「敬具」、30行目の「以上」を右揃えにする

2 8行目のタイトル「商品価格改定のお知らせ」に以下の書式を設定する
文字サイズ：14pt、フォント：BIZ UDP ゴシック
中央揃え、段落罫線（囲みの2重線）、段落前/後の間隔各0.5行

3 10～17行目の本文の行間隔を1.15行にする

4 21行目の「記」を中央揃えにする

5 23～26行目について以下の書式を設定する
左インデント：10文字、左揃えタブ：18文字、24文字、行間隔：1.15行

6 28行目に以下の書式を設定する
文字サイズ：11pt、太字、フォント：BIZ UDP ゴシック、中央揃え

▼完成見本

令和5年10月15日

お取引様各位

株式会社□SB ファニチャー
鈴木健太郎

商品価格改定のお知らせ

拝啓□時下ますますご清祥の段、お慶び申し上げます。平素はひとかたならぬ御愛顧を賜り、厚く御礼申し上げます。
□さて、近年、円安並びに原材料の高騰が続いております。当社におきまして、生産の効率化や諸経費の削減などの努力をいたしましたが、価格の現状を維持していくことが困難な状態となりました。
□つきましては、不本意ながら以下の商品につきまして価格改定を実施させていただくこととなりました。何卒ご理解の程お願い申し上げますとともに、今後も変わらぬご愛顧をお願い申し上げます。

敬具

記

【ずっと使える】 充実のコンテンツ

解説している機能や操作の理解を深め、便利に使うための関連知識をたっぷり掲載しています。仕事のお供に手元に置いて、リファレンスとしてお役立てください。

Point	操作のポイントや注意点	ショートカットキー	効率を上げるショートカットキー
Memo	より使いこなすための知識	時短ワザ	作業を短時間でこなすワザ
コラム	役立つ関連情報	上級テクニック	慣れたら使いたいテクニック

本書のナビゲーションキャラクター

要点で登場して理解をサポート

練習用ファイルの使い方

学習を進める前に、本書の各セクションで使用する練習用ファイルをダウンロードしてください。以下のWebページからダウンロードできます。

練習用ファイルのダウンロード

https://www.sbcr.jp/product/4815623920/

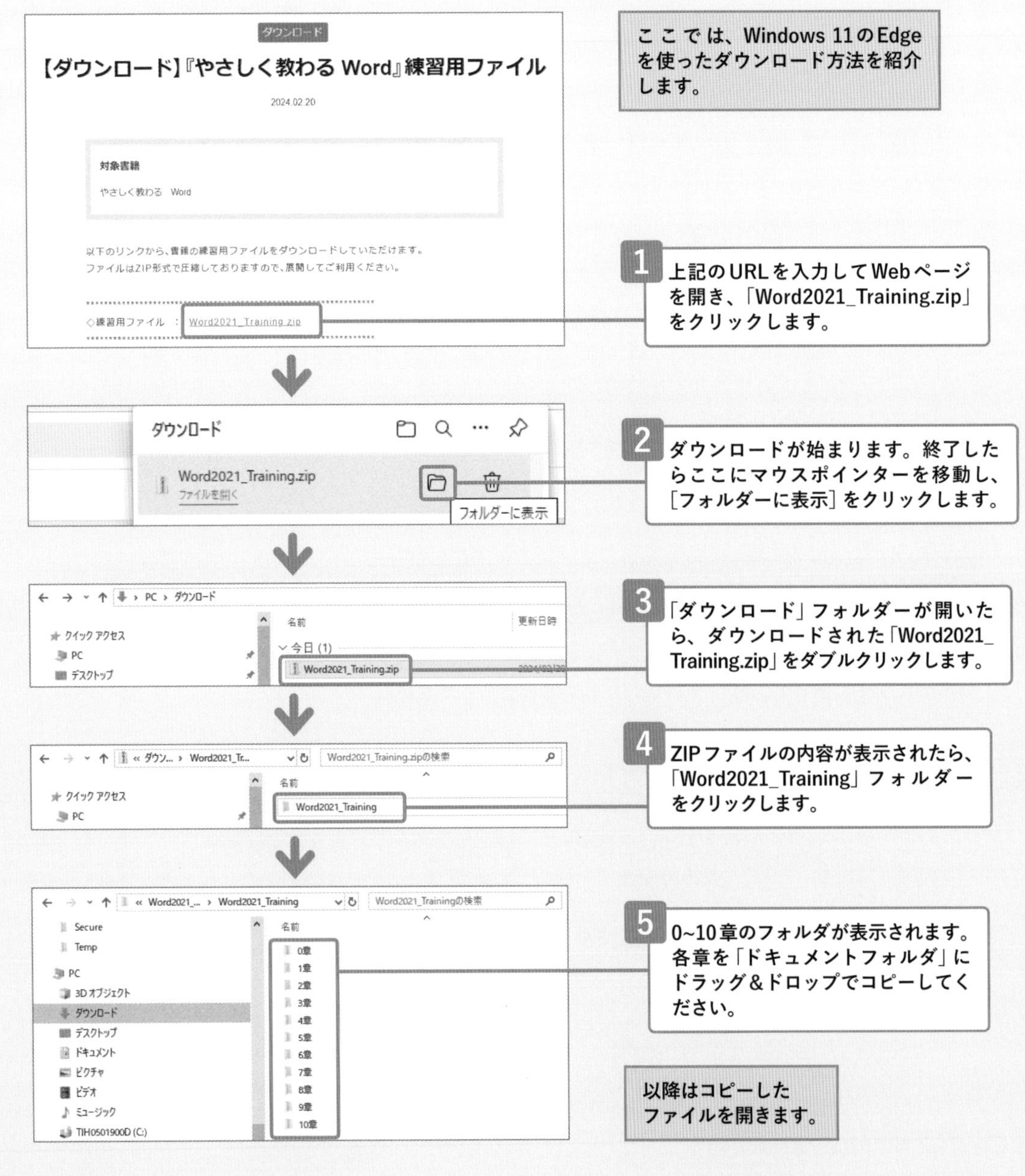

練習用ファイルの内容

練習用ファイルの内容は下図のようになっています。

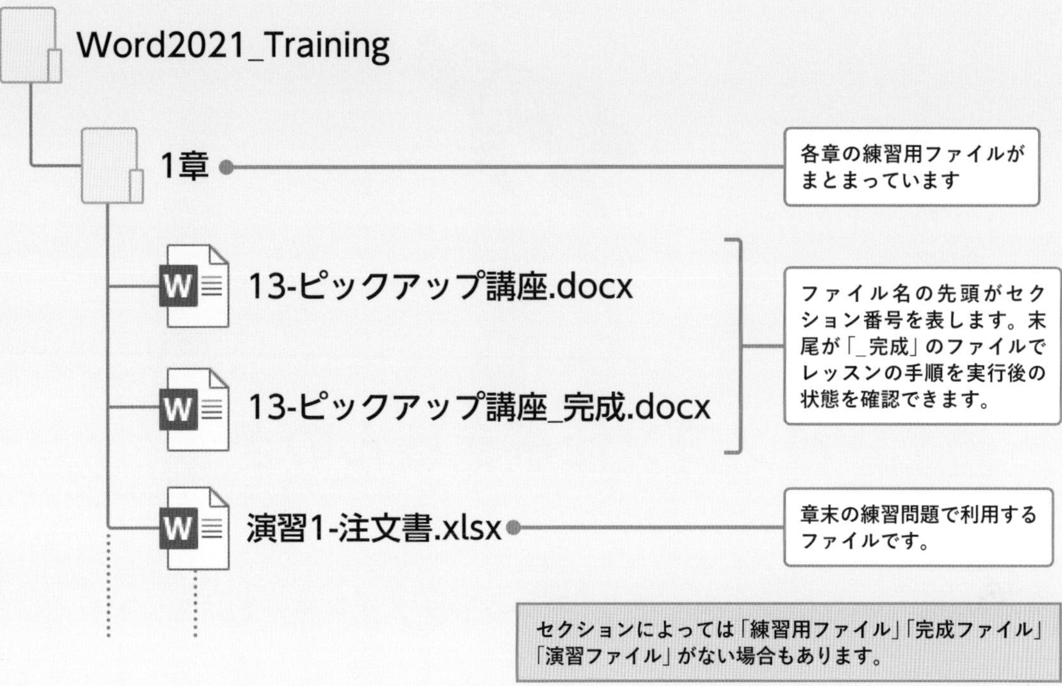

使用時の注意点

練習用ファイルを開こうとすると、画面の上部に警告が表示されます。これはインターネットからダウンロードしたファイルには危険なプログラムが含まれている可能性があるためです。本書の練習用ファイルは問題ありませんので、[編集を有効にする] をクリックして、各セクションの操作を行ってください。

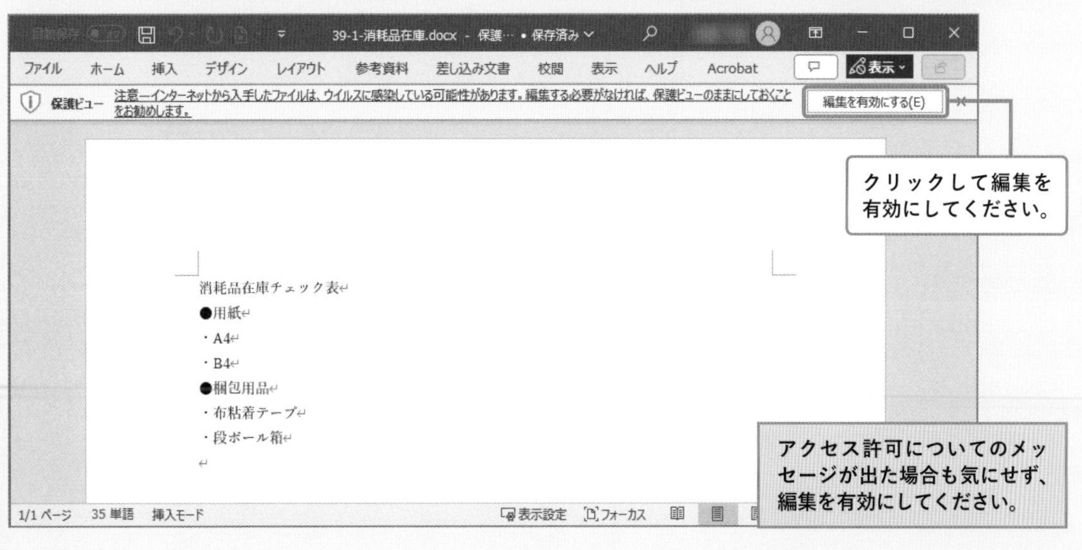

Contents

第0章 パソコン仕事きほんのき

第 3 章 文書の作成をマスターする

第4章
文書の編集を楽にこなそう
143

第5章 文字や段落の書式設定

第 6 章

きれいな表を作成する

225

第 8 章 文書に表現力を付ける機能

第10章 共同作業に便利な機能

第 0 章

パソコン仕事 きほんのき

パソコン仕事では、その多くの時間でWordやExcelなどを使ってデータを入力したり、文書や表を作成したりします。そのため、パソコンの作業環境や、適切なデータの保存方法を知ることはとても大切です。

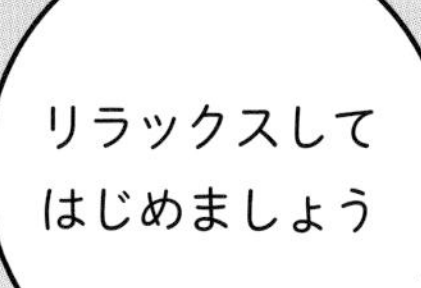

Section

01 パソコンで必ず使う「デスクトップ」「スタートメニュー」

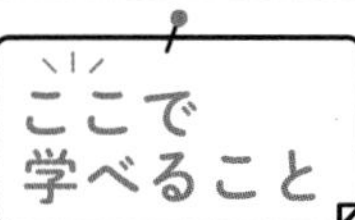

パソコンを起動するとまず表示される画面がデスクトップです。パソコン仕事では、スタートメニューでWordやExcelなどのアプリケーションを起動させて作業します。

ここで学べること

習得スキル	操作ガイド	ページ
▶デスクトップの役割を知る	なし	p.23
▶スタートメニューの利用		p.23

まずは パッと見るだけ！

デスクトップとスタートメニュー

デスクトップは、Desk Topという文字通り「パソコンの机の上」、つまり作業台にあたります。スタートメニューは、使用できるアプリケーションが一覧で表示されるメニューです。パソコンで仕事をする際に必ず使います。

▼パソコン仕事のルーティーン

❶電源を入れると、デスクトップが表示されます。

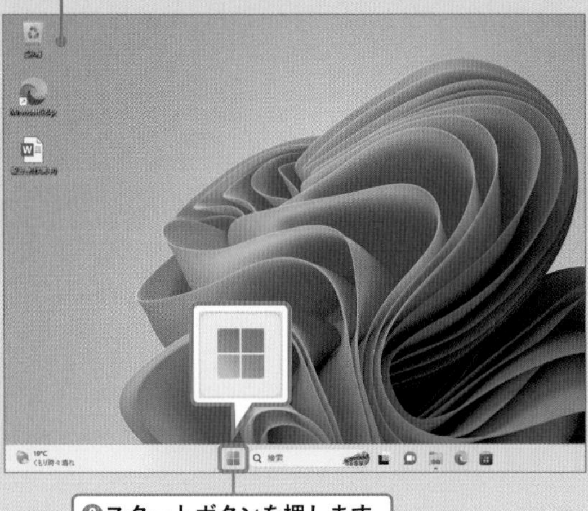

❷スタートボタンを押します。

❸スタートメニューが表示されます。

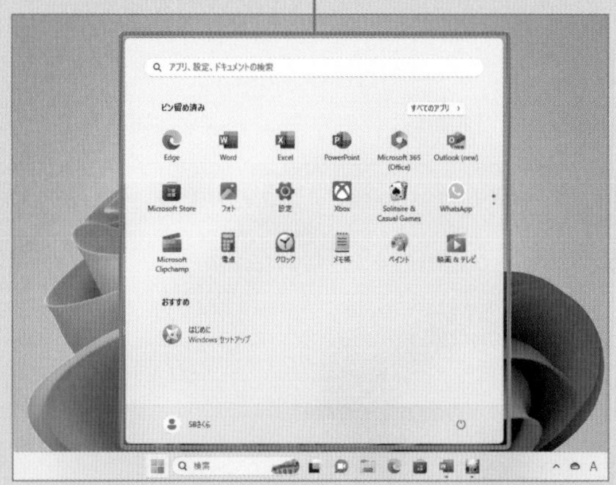

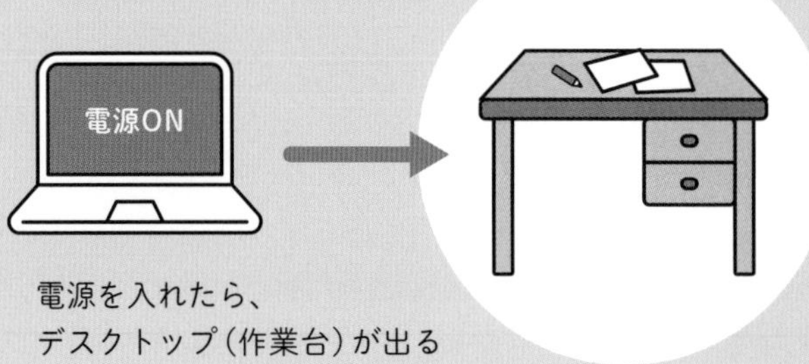

電源を入れたら、
デスクトップ（作業台）が出る

デスクトップについて

Point デスクトップの機能

デスクトップでは、ウィンドウを開いたり、ファイルを置いたりできます。また、削除されたファイルが保管される［ゴミ箱］やスタートボタンなどが配置されている［タスクバー］が表示されています。

Memo アプリケーションとは

コンピュータ上で動作するプログラムソフトのこと。「アプリケーションソフト」「アプリ」ともいいます。

デスクトップに表示される内容を確認します。

スタートメニューについて

Point スタートメニューの機能

スタートメニューには、アプリケーションの一覧と、Windowsにサインインしているユーザー名、電源のアイコンが表示されます。

Memo 使いたいアプリケーションが見つからない場合

スタートメニューには、よく使用するアプリケーションがあらかじめいくつか登録されています。使用したいアプリケーションが見つからない場合は、［すべてのアプリ］をクリックすると、使用できるアプリケーションの一覧が表示され、選択して起動できます。

スタートメニューに表示される内容を確認します。

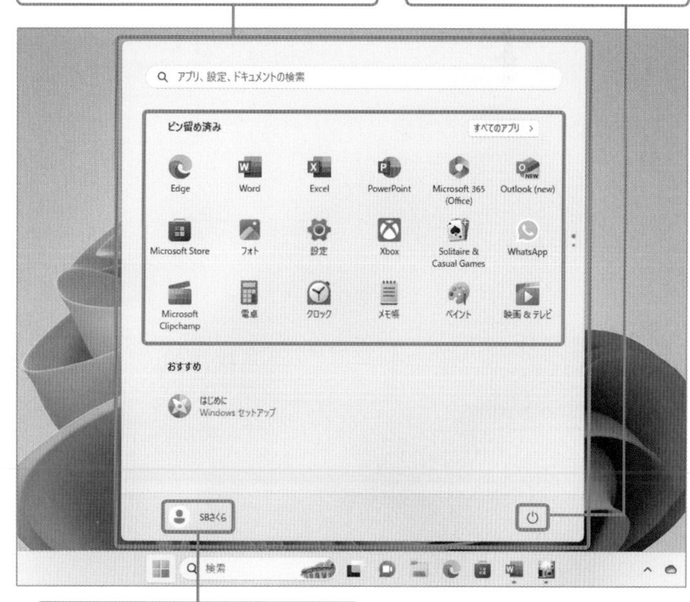

Section

02 パソコンの引き出し「ドライブ」と「フォルダ」「ファイル」

パソコンの「ドライブ」「フォルダ」「ファイル」を実際の物に例えてイメージを理解してから、パソコンの画面を紹介します。

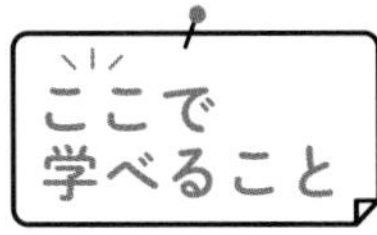

習得スキル	操作ガイド	ページ
▶ドライブの役割を知る	なし	p.25
▶フォルダの役割を知る		p.25
▶ファイルの役割を知る		p.25

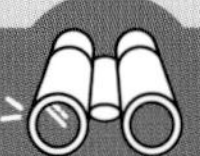

まずは パッと見るだけ！

ドライブ／フォルダ／ファイル

ドライブは、パソコンの引き出しです。フォルダは、引き出しの中にしまわれたファイルの保管場所です。関連する書類をパソコンの中でまとめて保管できます。

例えば「見積書フォルダ」では、Wordで作成した見積書データをまとめて保管します。

ファイルは、作成した一つ一つの書類データです。

ドライブについて

Point ドライブの種類

パソコンのドライブには、ハードディスクやUSBなどの機器があります。通常、標準でパソコンに内蔵されているハードディスクは［Cドライブ］というドライブ名がついています。

Memo ハードディスクとは

コンピュータの代表的な外部記憶装置（ストレージ）のことで、データを記憶するための装置です。

ドライブの一覧を確認します。

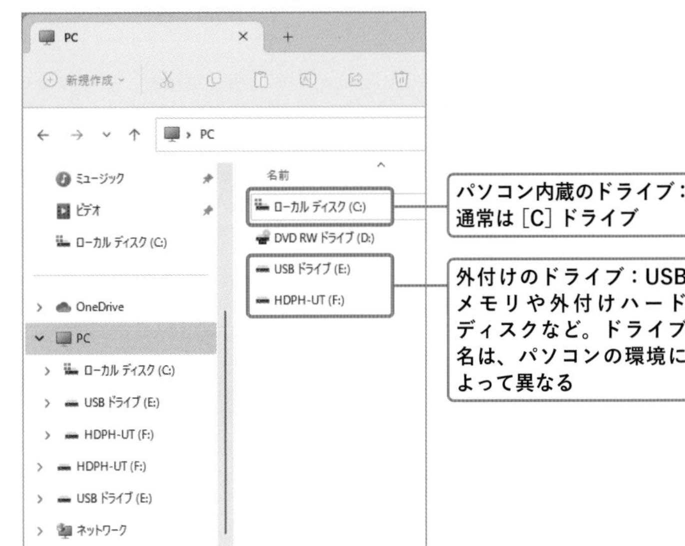

フォルダ／ファイルについて

Point フォルダの種類

ドライブ内には、あらかじめ［Windows］や［ユーザー］といったフォルダが用意され、関連するファイルが保管されていますが、ユーザーが任意の場所に作成することもできます（p.35参照）。

Point ファイルとは

ファイルは、データの保存単位です。例えば、Wordで作成した文書はファイルとして保存します。

Memo 拡張子とは

ファイル名の末尾に、「.」（ピリオド）に続けてアルファベットの文字列が表示される場合があります。これを、「拡張子」といいます。詳細は**Section04**を参照してください。

フォルダの一覧を確認します。

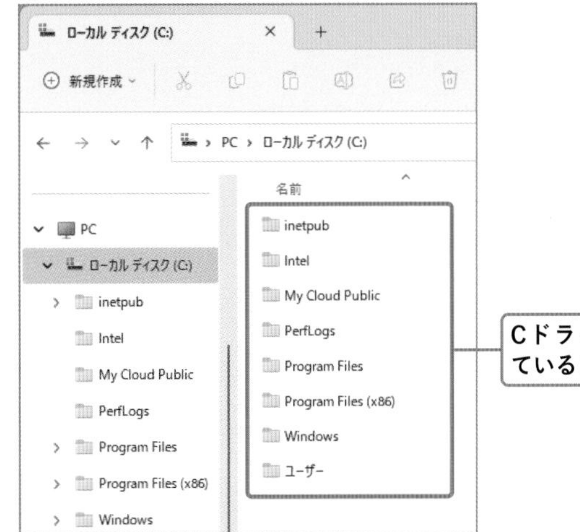

Cドライブ内に作成されているフォルダ一覧

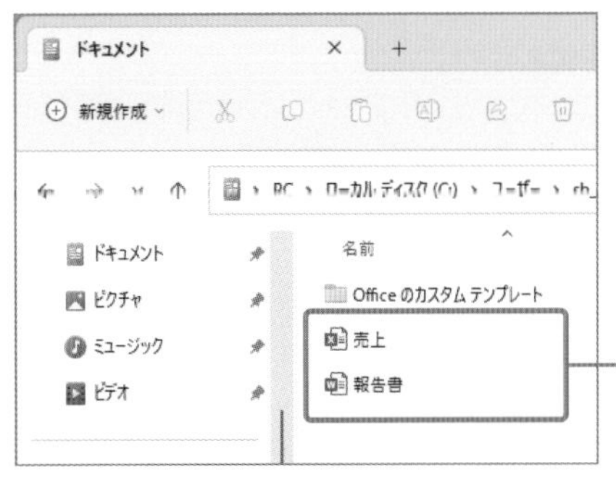

保存されているファイル一覧。データの種類によって異なるアイコンで表示される

Section

03 ファイルの内容によって保存場所を決めよう

手元で作成したファイルの保存場所を、どのように決めるべきか解説します。保存場所がきちんと決まれば、パソコンの中が整理整頓されて仕事がスムーズに進みます。

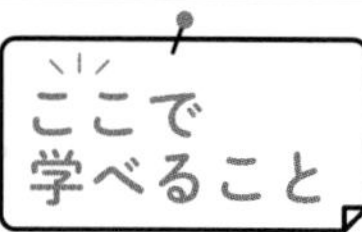

習得スキル	操作ガイド	ページ
▶［ドキュメント］フォルダの利用	レッスン03-1	p.28

まずは パッと見るだけ！

自分用のファイルは［ドキュメント］に保存する

自分だけが利用するファイルは、［ドキュメント］フォルダに保存します。［ドキュメント］フォルダは、自分専用のフォルダなので他のユーザーは原則開けません。［ドキュメント］フォルダは、エクスプローラーの［クイックアクセス］から開けます。

Before 操作前

クイックアクセス

クイックアクセスから［ドキュメント］フォルダを開きたい

After 操作後

ドキュメント

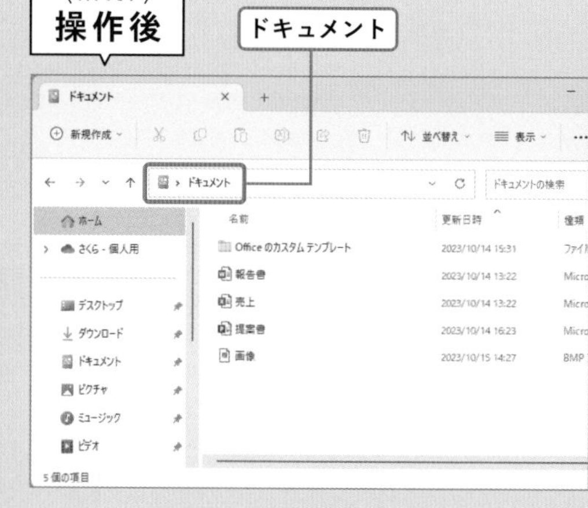

［ドキュメント］フォルダを開けた

Memo クイックアクセスに表示されるフォルダ

クイックアクセスには、ユーザー専用のフォルダや、これまで利用したフォルダ・ファイルの一覧が表示されます。ユーザー専用のフォルダには、［デスクトップ］［ダウンロード］［ドキュメント］［ピクチャ］［ミュージック］［ビデオ］の6種類あります。

一時的な保存ならデスクトップでもOK

Point デスクトップに保存するメリット

［デスクトップ］フォルダにファイルを保存すると、デスクトップ上にファイルが表示されます。デスクトップ上にあるため、開きやすく便利です。

Point デスクトップに保存するデメリット

［デスクトップ］に保存すると、他の人に見られやすいというセキュリティ上の問題があります。また、数多く保存するとデスクトップ上が乱雑になります。デスクトップは一時的な保存場所にするか、すぐに削除するファイルだけを保存しましょう。

左のページの操作前の画面で、［クイックアクセス］から［デスクトップ］フォルダをダブルクリックして開くと以下のようになり、デスクトップに表示されているファイルやフォルダが表示されます（［ごみ箱］以外）。

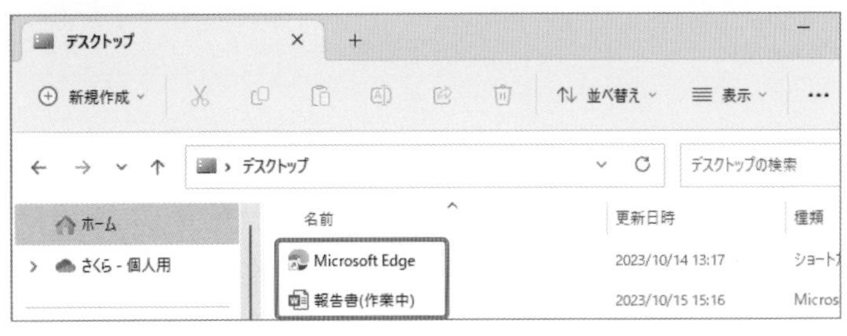

実際のデスクトップ画面

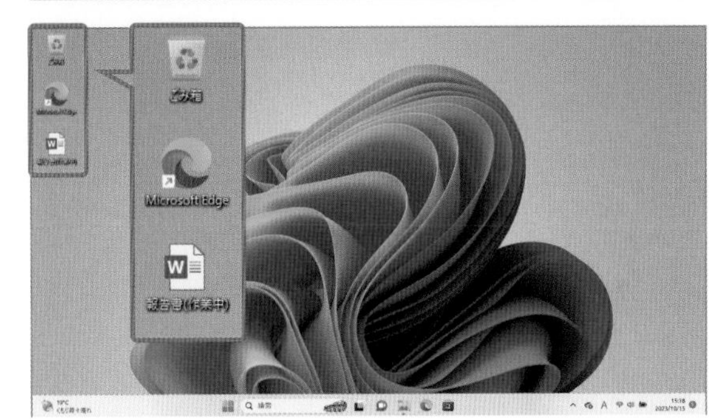

ドライブ内にフォルダを作成して保存できる

Point 任意のフォルダに保存

自分だけが利用するファイルは、［ドキュメント］フォルダへの保存が推奨ですが、ドライブ内に任意のフォルダを作成して保存することもできます（**Section06**参照）。

コラム 既存のフォルダには保存しない

［Windows］フォルダなどのパソコンに初めから作成されているフォルダには、パソコンを動かすために必要なファイルやフォルダが保存されています。これらのファイルやフォルダは必要なとき以外は、開かないようにしてください。誤って削除したり、移動したりするとパソコンが正常に動作しなくなる場合があります。

［C］ドライブに［学習］フォルダを作成し、いくつかのファイルを保存している場合、エクスプローラーではこのように表示されます。

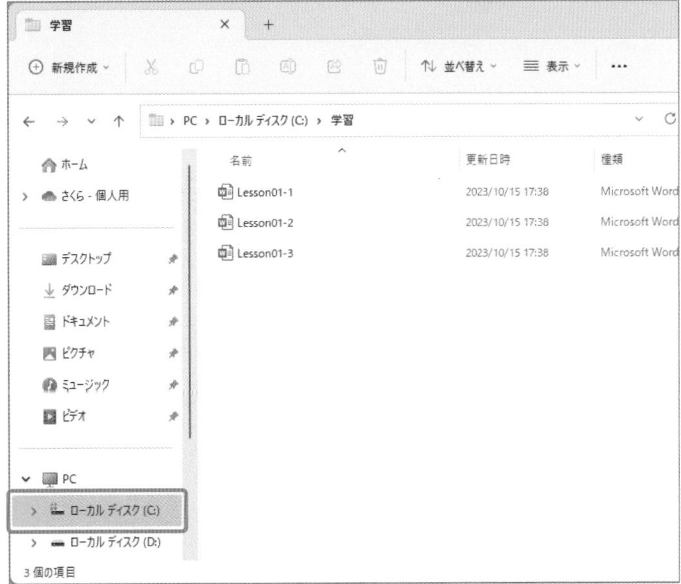

レッスン 03-1 エクスプローラーで すばやく[ドキュメント]フォルダを開く

操作 [ドキュメント]フォルダを開く

ユーザーの[ドキュメント]フォルダをエクスプローラーから開くには、クイックアクセスから開くのが便利です。

Memo [ホーム]以外が選択されているとき

手順2で[ホーム]以外が選択されている場合は、左側に縦に並んで表示されているクイックアクセスから[ドキュメント]をクリックしても表示できます。

Memo クイックアクセスの機能

クイックアクセスには、ユーザー用に用意されているフォルダや、ユーザーが最近使ったフォルダやファイルのショートカットが表示されます。ここに表示されているフォルダやファイルをダブルクリックだけで、フォルダやファイルを開くことができます。

Memo 矢印がついているアイコンはショートカット

アイコンの左下に↗が表示されている場合があります❶。これは「ショートカット」といいます。実際のファイルではなく、別の場所にあるファイルやフォルダへのリンクが保存されているアイコンです。ショートカットをダブルクリックすると、実際のファイルやフォルダを開くことができます。

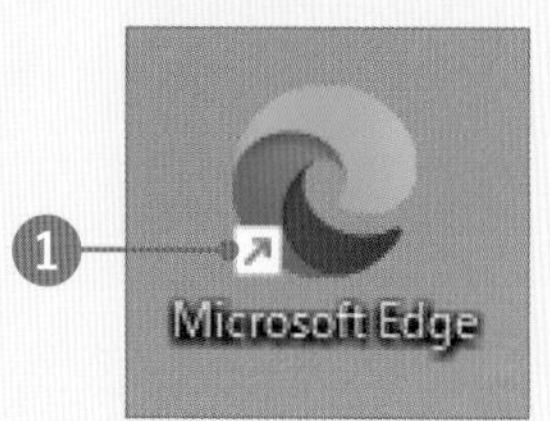

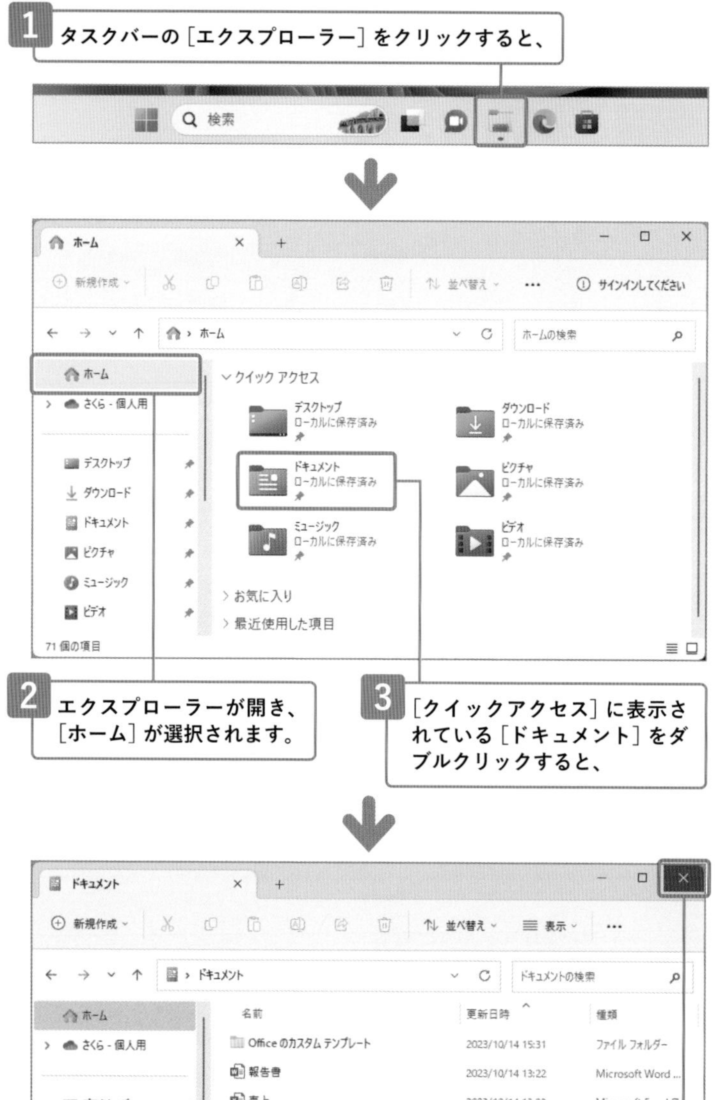

4 [ドキュメント]フォルダが開き、保存されているファイルやフォルダが表示されます。

5 [閉じる]をクリックしてエクスプローラーを閉じます。

上図に表示されている各ファイルは、ダウンロードファイル内にある0章フォルダに用意しています。p.37を参考に[ドキュメントフォルダ]にコピーすると手順通りの画面になります。ただし、[Officeのカスタムテンプレート]フォルダは、WordやExcelを使用すると自動的に作成されるフォルダであるため、サンプルファイルには用意していません。

コラム ユーザーの［ドキュメント］フォルダの実際の位置を理解しよう

クイックアクセスに表示されているフォルダやファイルには↗マークはつけていませんが、これらはすべてショートカットです。ショートカットは前ページのMemoでも説明したように、実際のファイルやフォルダへのリンクが保存されているアイコンで、ダブルクリックするだけでそのファイルやフォルダを開くことができます。
ユーザーの［ドキュメント］フォルダの実際の場所は、Cドライブの［ユーザー］フォルダの中の各ユーザー名（ここでは［sb_sa］）のフォルダの中にあります（右図を参照）。
エクスプローラーでCドライブから順番にたどりながらフォルダを開くには以下の手順になります。

ユーザーの［ドキュメント］フォルダが実際に作成されている場所です。

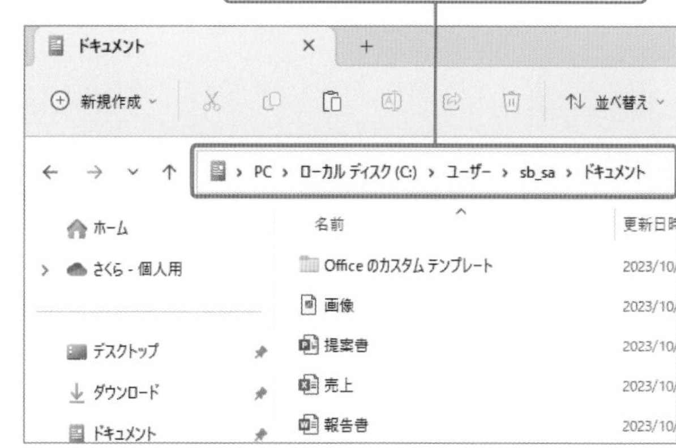

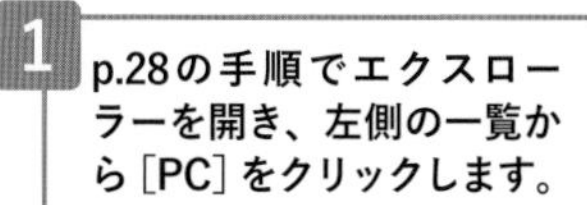

2 ドライブ一覧から［C］をダブルクリックします。

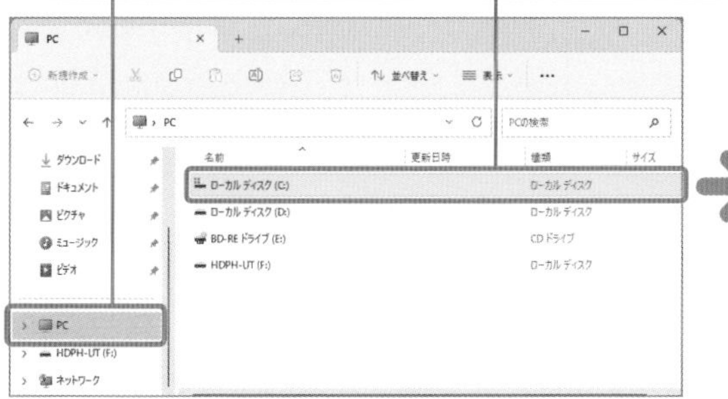

3 Cドライブ内にあるフォルダが表示されました。

4 ［ユーザー］フォルダをダブルクリックします。

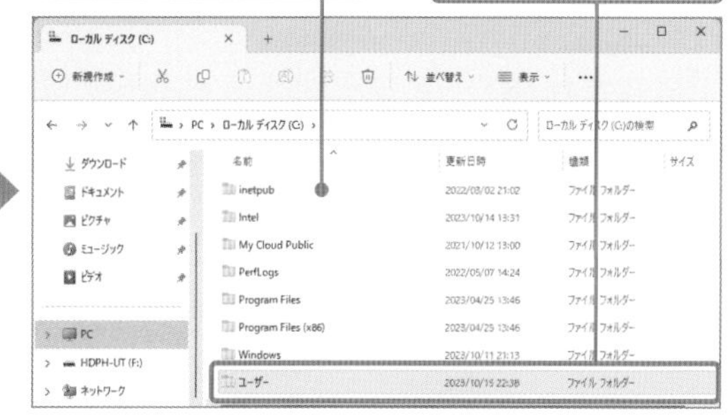

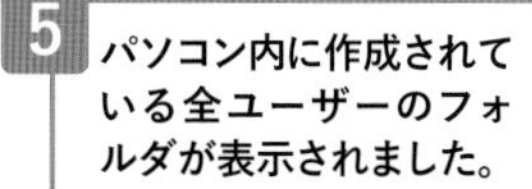

6 自分のユーザー名のフォルダをダブルクリックします。

7 自分のフォルダ内にあるフォルダ一覧が表示されました。

8 ［ドキュメント］をダブルクリックします。

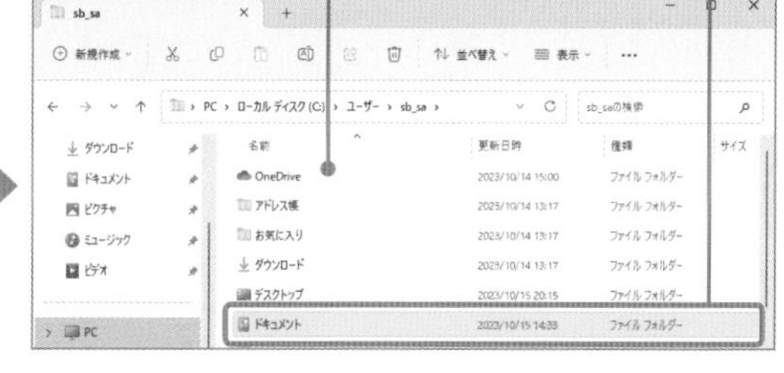

9 自分の［ドキュメント］フォルダが表示されました。

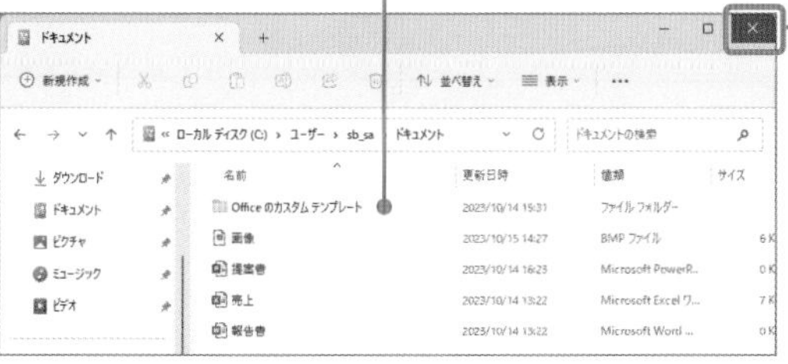

10 ［閉じる］をクリックしてエクスプローラーを閉じます。

04 ファイルの種類と拡張子

ここでは、パソコン仕事でよく使われる「ファイルの拡張子の種類」を確認します。また、各ファイルを表すアイコンもあわせて確認してください。

ここで学べること	習得スキル	操作ガイド	ページ
	▶拡張子の表示／非表示の切り替え	レッスン04-1	p.31

まずは パッと見るだけ！

拡張子を知る

拡張子とは、ファイルの種類を示す文字列です。「.」(ピリオド) と3〜4文字のアルファベットで構成されます。拡張子はファイルの種類によって異なります。例えば、Wordのファイルは「.docx」、Excelのファイルは「.xlsx」、テキストファイルは「.txt」になります。

報告.docx

▼主なファイルの種類の拡張子とアイコン

ファイルの種類	アイコン	拡張子
Word文書	W	.docx
Excelブック	X	.xlsx
PowerPointプレゼンテーション	P	.pptx
テキストファイル		.txt
CSVファイル	X a,	.csv
PDFファイル	PDF	.pdf

Memo CSVファイル

CSVファイルとは、Comma Separated Valuesの略で、カンマで区切られたテキストデータを保存するファイル形式のことです。一般的に、データベースや表計算ソフト間でデータを交換する場合に使用されます。

レッスン 04-1 拡張子の表示を切り替える

操作 拡張子を表示する

ファイルの拡張子は、エクスプローラーで表示／非表示を切り替えます。ここでの設定変更は、エクスプローラーだけでなく、ExcelやWordなど各アプリケーションにも適用されます。

Memo 拡張子を非表示にする

拡張子が表示されている場合は、[ファイル名拡張子] の先頭にチェックマークがつきます。この状態で[表示]→[表示]→[ファイル名拡張子] をクリックすると、拡張子を非表示にできます。

項目チェック ボックス
✓ ファイル名拡張子

拡張子が表示されている場合は、チェックマークが表示されている。

Memo エクスプローラーの表示

ここでは、確認用に[ドキュメント] フォルダにいくつかのファイルが保存されている状態で拡張子の表示手順を紹介していますが、エクスプローラーが開いていれば、何が表示されていても設定できます。

ダウンロードファイルの0章フォルダに含まれているファイルを自分の[ドキュメント] フォルダにコピーして操作すると手順通りの画面になります。

1 レッスン03-1の手順でエクスプローラーを起動し、[ドキュメント] フォルダを開く

2 [表示] → [表示] → [ファイル名拡張子] をクリックすると、

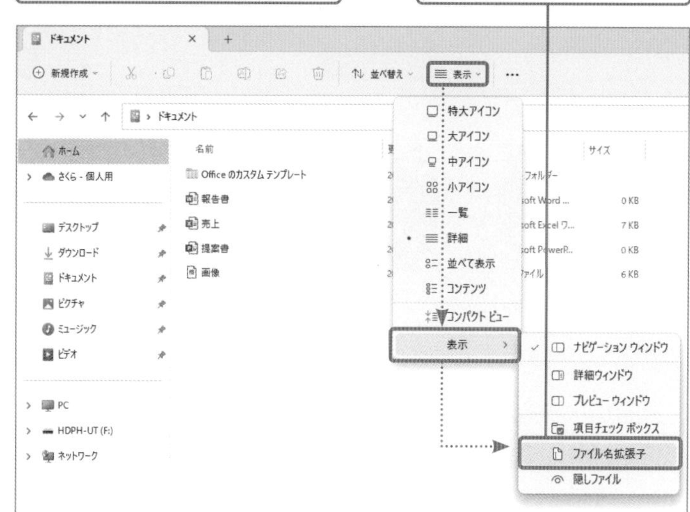

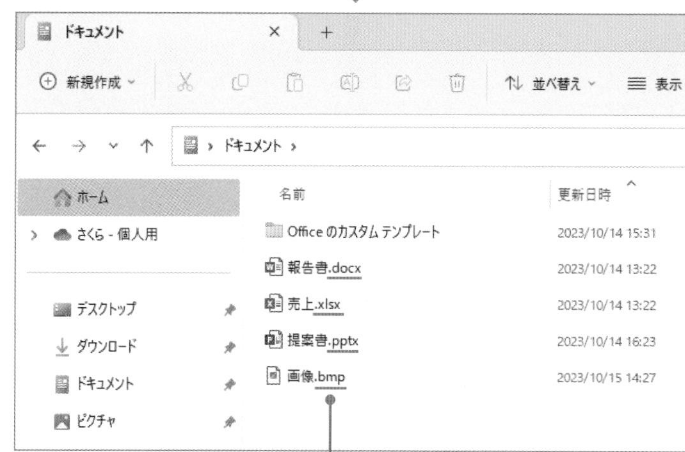

3 拡張子が表示されます。

以降、エクスローラーや他のすべてのアプリケーションソフトのファイル選択画面で、ファイル名と拡張子が表示されます。

Section

05 ファイルやフォルダを探す

パソコン内に保存されているファイルやフォルダの場所を忘れてしまっても大丈夫です。保存場所がわからない場合は、エクスプローラーの検索機能を使って探すことができます。

習得スキル	操作ガイド	ページ
▶ファイルやフォルダの検索	レッスン05-1	p.33

まずは パッと見るだけ！

エクスプローラーでファイルやフォルダを検索する

エクスプローラーとは、Windows上でファイルやフォルダを管理するためのプログラムです。エクスプローラーの検索機能を使うと、ファイル名やフォルダ名、ファイル内に保存されている文字列を検索ワードにして検索できます。

Before
操作前

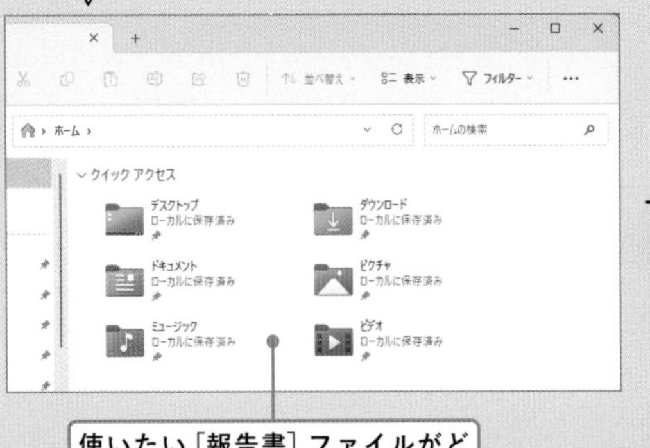

使いたい［報告書］ファイルがどこにあるのかわからない

After
操作後

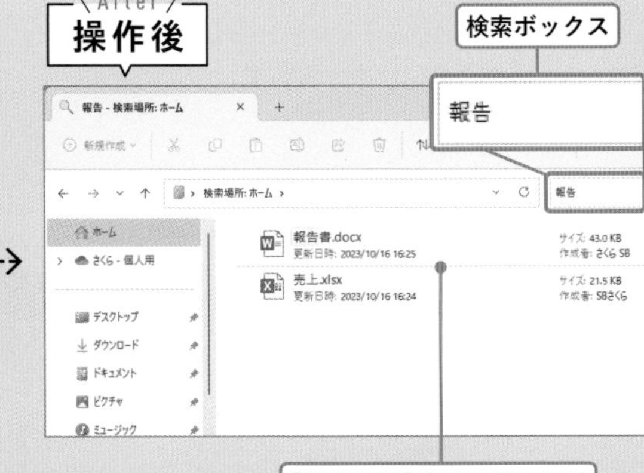

「報告」を検索ワードにしてファイルが検索できた

Memo ファイル内の文字列も検索対象になる

検索ワードに指定できるのは、ファイル名やフォルダ名だけではありません。ファイル内の文字列も検索対象になります。そのため、検索ワードに指定した用語を含む文書を調べることができます。

レッスン 05-1 ファイルを検索する

操作 エクスプローラーの[検索]ボックスで検索する

エクスプローラーで、検索場所を開き、[検索]ボックスに検索ワードとなる文字列(ファイル名など)を入力して Enter キーを押すと、検索ワードを含むファイルまたはフォルダが検索され、一覧に表示されます。

Memo ファイル名に「報告」が含まれないのに表示されるファイル

検索結果で表示されたファイルに「売上.xlsx」があります。ファイル名には「報告」が含まれていませんが、ファイルを開くと下図のように「報告」という文字を含んでいるために検索されます。これを利用すれば、ファイル名を思い出せなくても、ファイルの内容を元に検索できます。

	A	B	C	D
1	10月売上	報告		
2				
3		支店1	支店2	支店3
4	商品A	2,800	3,000	2,600

時短ワザ 検索のポイント

検索場所は、フォルダ単位で指定したほうが短時間で検索できて便利です。検索対象となるファイルが保存されているフォルダがわかっている場合は、そのフォルダを指定してください。

ダウンロードファイルの0章フォルダに含まれているファイルを自分の[ドキュメント]フォルダにコピーして操作すると手順通りの画面になります(p.37)。

1 エクスプローラーを開く

2 ファイルを検索する場所を選択する(ここでは[ホーム])

3 検索ボックスに、[○○の検索]と表示されたことを確認(ここでは[ホームの検索])

4 検索ボックスに検索ワード(ここでは[報告])を入力

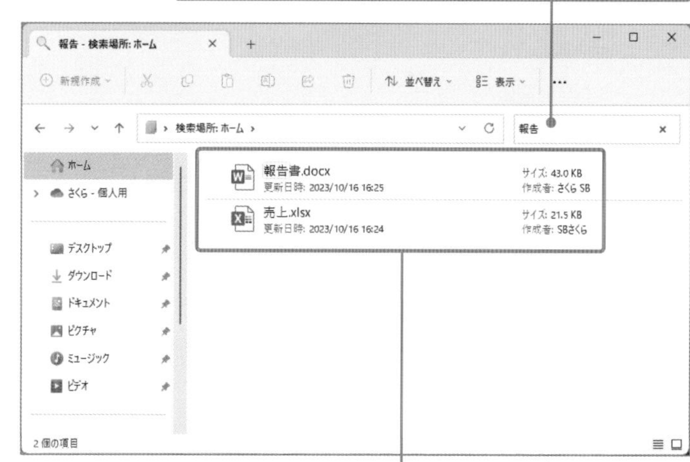

5 すぐに検索が実行され、見つかったファイルが一覧に表示されます。検索ワードに該当する部分が黄色いマーカーで表示されます。

見つかったファイルをダブルクリックするとファイルを開くことができます。

Section

06 フォルダを作成する

パソコンでは、ドライブ内の任意の位置にフォルダを作成できます。フォルダを作成すれば、関連するファイルを分類して保存することができます。

ここで学べること

習得スキル	操作ガイド	ページ
▶フォルダの作成と削除	レッスン06-1	p.35

まずは パッと見るだけ！

パソコン内の任意の場所にフォルダを作成する

ファイルを保存するフォルダは、エクスプローラーで作成できます。その際、フォルダを作成したいドライブやフォルダを先に開いておきます。

Before 操作前

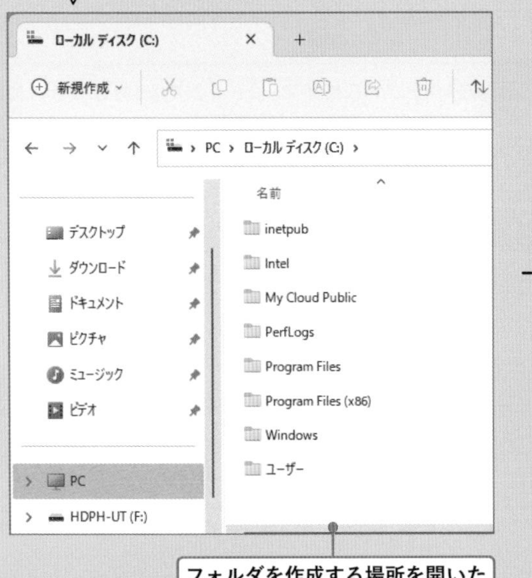

フォルダを作成する場所を開いた

After 操作後

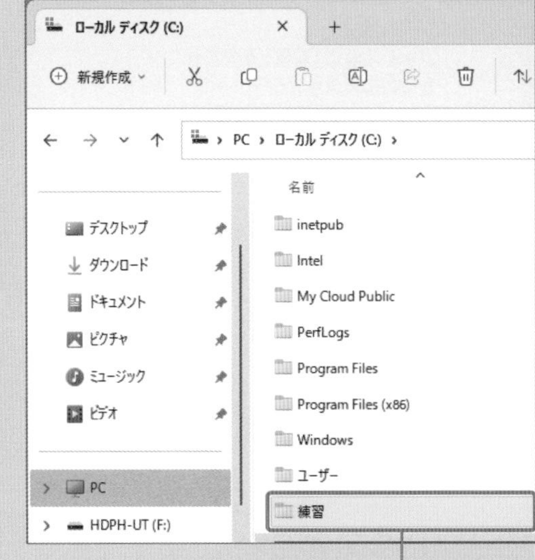

［練習］フォルダが追加できた

整理しやすいようにフォルダを作りましょ♪

レッスン 06-1 ［C］ドライブにフォルダを作成する

操作 エクスプローラーで フォルダを作成する

フォルダを作成したい場所をエクスプローラーで開き、［新規作成］ボタンをクリックして作成します。

Memo フォルダを削除する

フォルダを削除するには、削除したいフォルダをクリックして選択し、delete キーを押します。または、エクスプローラーの［削除］ボタンをクリックしても削除できます。

ここでは、Cドライブに［練習］フォルダを作成してみましょう。

1 p.28の手順でエクスプローラーを開く

2 ［PC］をクリックし、

3 ［ローカルディスク（C:）］をダブルクリックすると、

4 Cドライブが開いて、ドライブ内のフォルダが表示されます。

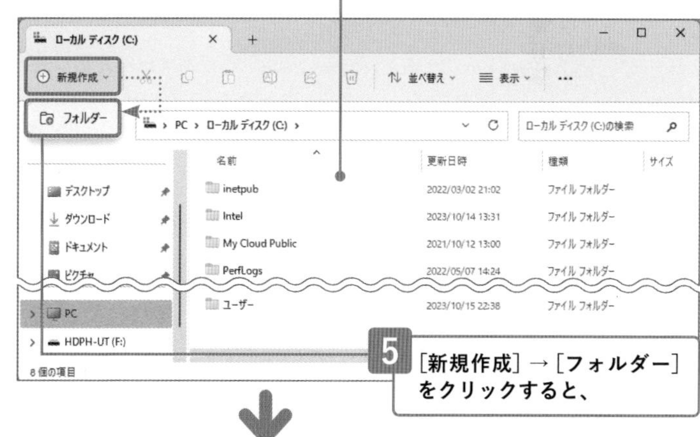

5 ［新規作成］→［フォルダー］をクリックすると、

Memo フォルダ名を変更する

フォルダ名を間違えた場合は、変更したいフォルダをクリックして選択し、フォルダ名の上でクリックします。フォルダ名が右図のように青く反転し編集状態になったら、入力し直してください。

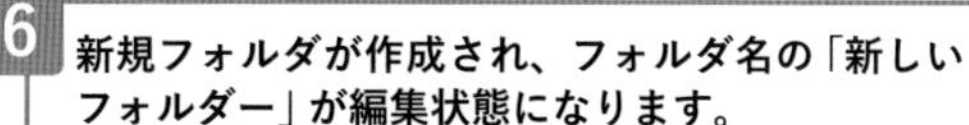

6 新規フォルダが作成され、フォルダ名の「新しいフォルダー」が編集状態になります。

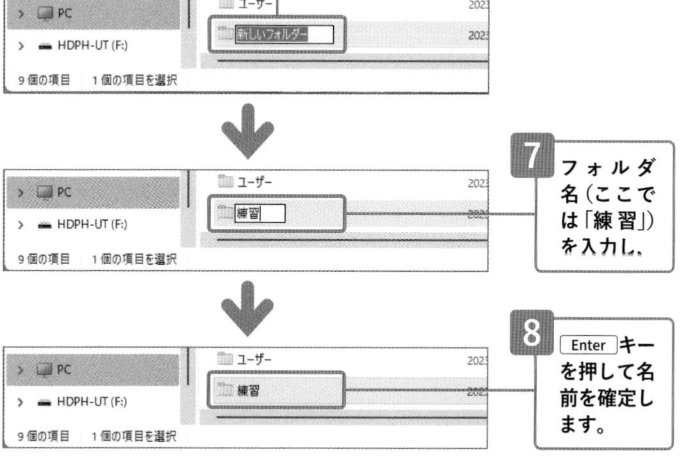

7 フォルダ名（ここでは「練習」）を入力し、

8 Enter キーを押して名前を確定します。

Section

07 ファイルやフォルダのコピー／移動／削除

作成したファイルやフォルダは、好きなタイミングで移動・コピーできます。コピーすると、同じ内容を複製することになるのでファイルのバックアップを取りたいときや、同じファイルを別の場所にもう一つ用意したい場合に利用します。また不要になれば削除できます。

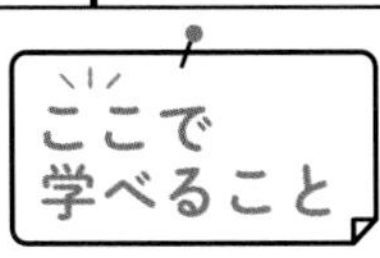

習得スキル	操作ガイド	ページ
▶ファイル／フォルダのコピー	レッスン07-1	p.37
▶ファイル／フォルダの移動	レッスン07-2	p.38
▶ファイル／フォルダの削除	レッスン07-3	p.39

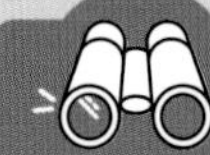

まずは パッと見るだけ！

コピー／移動／削除

ファイルやフォルダをコピー、移動するには、[コピー]、[切り取り]、[貼り付け] を使います。削除は、[削除] を使います。削除すると、ごみ箱に移動します。

以下は [1月] フォルダに [報告書.docx] ファイルが保存されている場合の、コピー、移動、削除の様子です。

▼ファイルのコピー

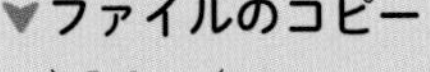

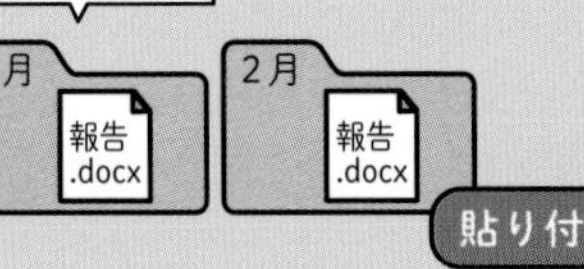

▼ファイルの移動

▼ファイルの削除

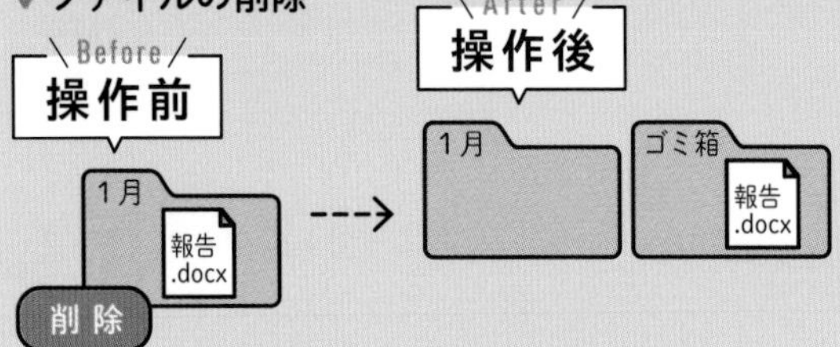

Memo フォルダのコピー／移動／削除

フォルダもファイルと同様にコピー、移動、削除できます。フォルダの場合は、フォルダ内に保存されているファイルやフォルダも一緒にコピー、移動、削除されます。

レッスン 07-1 フォルダをコピーする

操作 ファイルやフォルダをコピーする

ファイルやフォルダをコピーする場合は、対象となるファイルまたはフォルダを選択し、[コピー] ボタンをクリックします。次にコピー先を開き、[貼り付け] ボタンをクリックします。

ショートカットキー

- コピー
  Ctrl ＋ C
- 貼り付け
  Ctrl ＋ V

Memo 間違えてコピーした場合

間違えてコピーしてしまった場合は、直後にエクスプローラーの [···] → [元に戻す] をクリックするか、Ctrl ＋ Z キーを押してください。直前の操作が取り消されコピーする前の状態に戻ります。

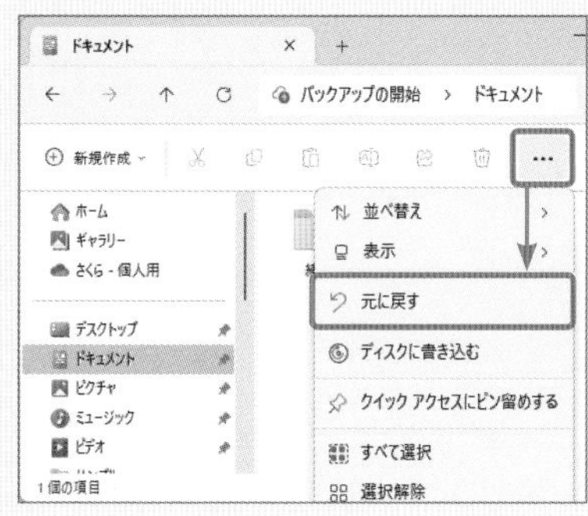

ここでは、Section06で作成したCドライブの [練習] フォルダを、[ドキュメント] フォルダにコピーしてみましょう。

1 エクスプローラーで [C] ドライブを開く
2 [練習] フォルダをクリック
3 [コピー] をクリック

4 [ドキュメント] をクリック
5 [貼り付け] をクリック

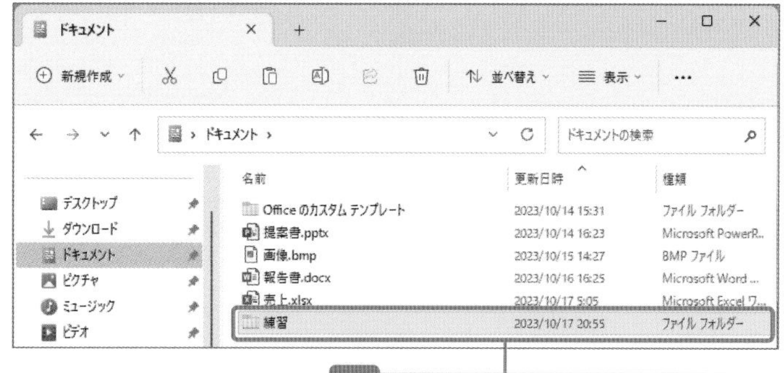

6 [練習] フォルダがコピーされました

ダウンロードファイルの0章フォルダに含まれているファイルを自分の [ドキュメント] フォルダにコピーして操作すると手順通りの画面になります。

Memo ドラッグで移動／コピーする

ファイルやフォルダはドラッグでも移動、コピーできます。詳細は3章のp.137を参照してください。

レッスン 07-2 ［ドキュメント］内のファイルを移動する

操作 ファイルやフォルダを移動する

ファイルやフォルダを移動する場合は、対象となるファイルまたはフォルダを選択し、［切り取り］ボタンをクリックします。次に移動先を開き、［貼り付け］ボタンをクリックします。

Memo 間違えて移動した場合

直後であれば、［…］→［元に戻す］をクリックするか、Ctrl＋Zキーを押して移動前の状態に戻すことができます。

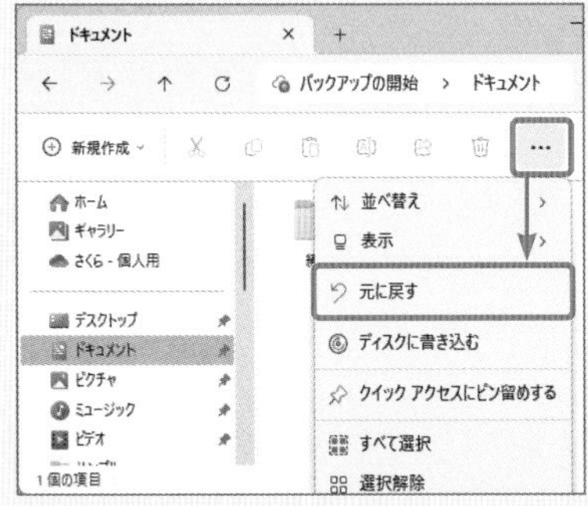

ショートカットキー

- 切り取り
  Ctrl＋X
- 貼り付け
  Ctrl＋V
- 元に戻す
  Ctrl＋Z

ここでは、［ドキュメント］フォルダ内の［報告書.docx］ファイルを前のレッスンでコピーした［練習］フォルダに移動してみましょう。

1 エクスプローラーで［ドキュメント］を開く

2 報告書をクリック

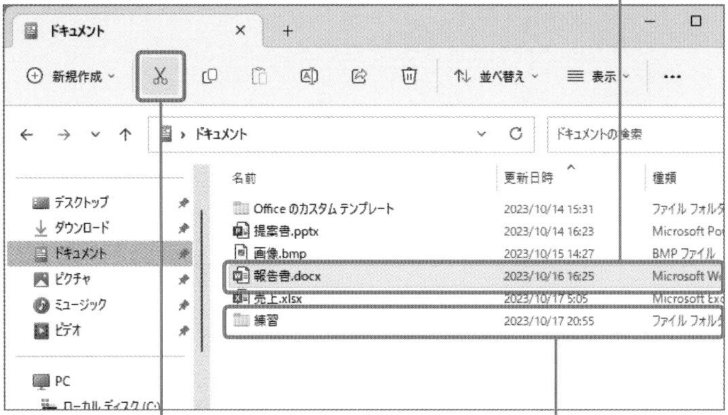

3 ［切り取り］をクリック

4 移動先の［練習］フォルダをダブルクリック

5 ［練習］フォルダが開いた

6 ［貼り付け］をクリック

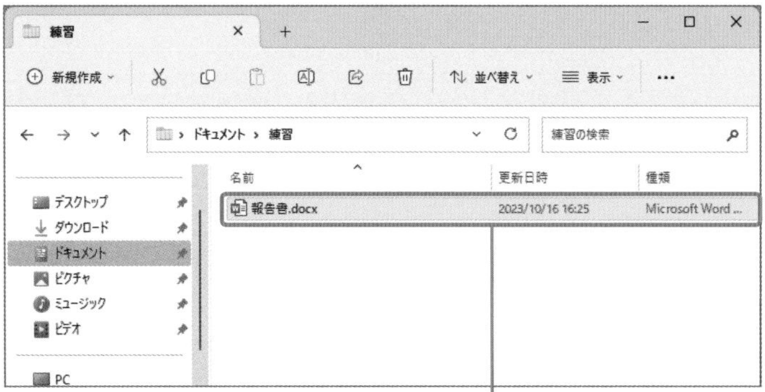

7 ［報告書.docx］ファイルが移動した

レッスン 07-3 ［ドキュメント］内のファイルを削除する

操作 ファイルやフォルダを削除する

パソコンでは、ファイルやフォルダを削除すると、デスクトップ上にある［ゴミ箱］に移動します。そのため、間違えて削除した場合は、ごみ箱から元の位置に戻すことができます。

Memo Delete キーでゴミ箱に移動する

ファイルやフォルダを選択し、Delete キーを押してもごみ箱に移動できます。

Memo ごみ箱を空にする

ごみ箱を右クリックし、［ごみ箱を空にする］をクリックするとゴミ箱の中にあるすべてのファイルやフォルダが完全に削除されます。完全に削除すると元に戻すことはできません。

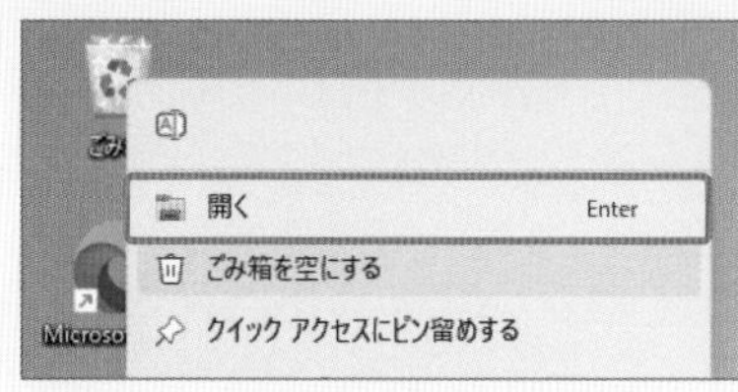

Memo ゴミ箱に移動しないで削除する

ゴミ箱に移動しないで削除したい場合は、削除するファイルまたはフォルダを選択し、Shift＋Delete キーを押します。以下のような確認メッセージが表示されるので、［はい］をクリックするとゴミ箱に移動しないで直接削除されます。

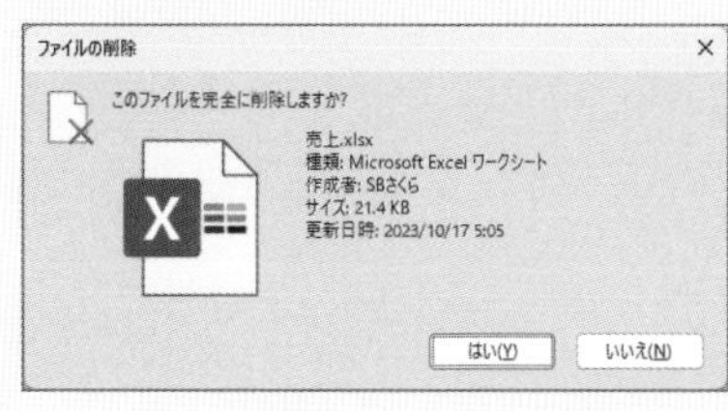

ここでは、［ドキュメント］フォルダ内の［売上.xlsx］ファイルを削除してみましょう。

1 エクスプローラーで［ドキュメント］を開く

2 ［売上.xlsx］をクリック

3 ［削除］をクリック

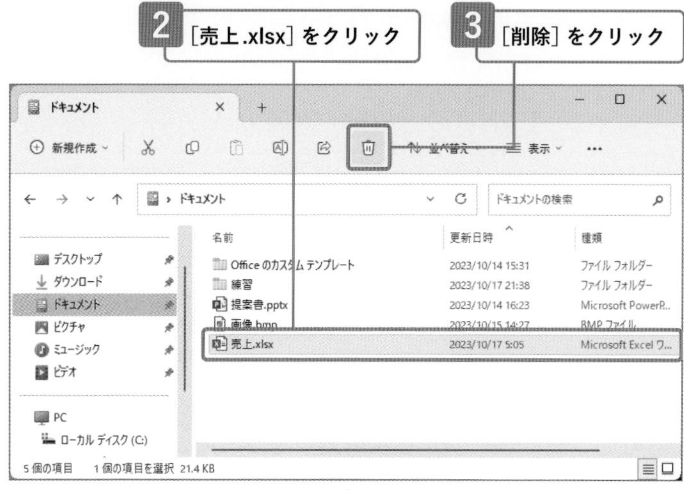

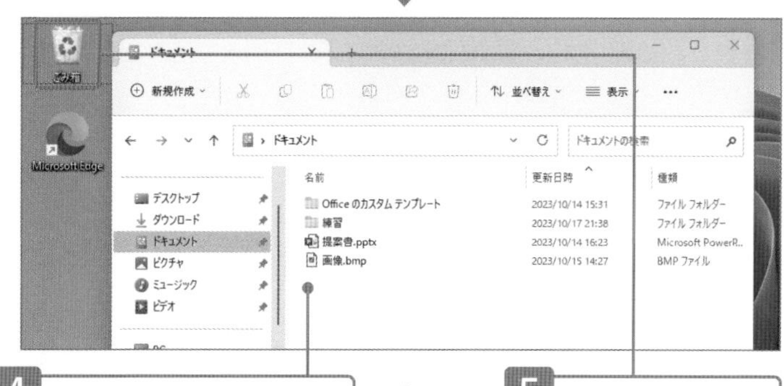

4 ［売上.xlsx］ファイルが削除されました。

5 ［ごみ箱］をダブルクリック

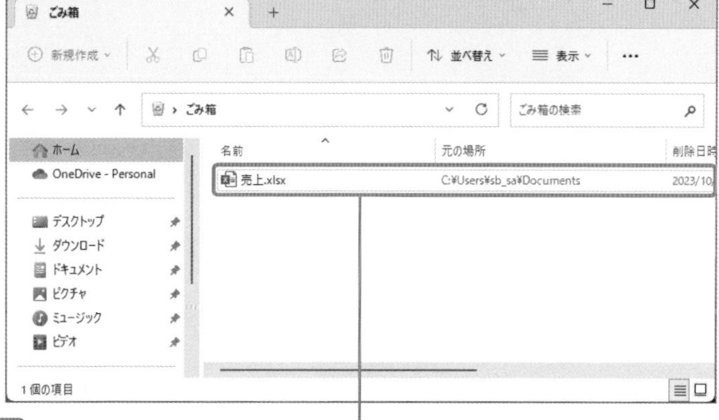

6 ［ごみ箱］が開き、［売上.xlsx］が移動していることが確認できます。

事務職のタイムスケジュールってどんな感じ？

事務職の女性のある1日をのぞいてみましょう。Kさんの勤務時間は9：00～17：00です。

8：50　出社

できるだけ始業10分前には出社。お気に入りのコーヒーショップでコーヒーを買って行きます。毎日のことだけど、朝のラッシュと早歩きの後、席について飲む始業前のコーヒーで、ほっと一息。コーヒーを飲みながら今日のスケジュールを確認します。

9：00　始業開始

締め切りや日程などを確認し、優先順位の高い業務から仕事を進めます。
今日は、10時からミーティングがあるので、ミーティングの準備を最優先にして、会議室の確認と資料を用意します。パソコンで作成していた資料をプリントアウトし、人数分をセット。準備ができたら、会議までの間、メールのチェックや、電話／来客時対応などの作業もします。

10：00　グループミーティング

会議室に移動し、各メンバーの業務報告や進捗状況を共有し、進行中の企画や案件についてスケジュール調整などを相談。自分のスケジュールは要チェック。

12：00　昼休み（1時間）

いつもはお弁当ですが、今日は近くのコンビニで期間限定のお弁当を購入。狙っていたお弁当が購入できたので満足。ときには近くの定食屋さんに行ったり、カフェでランチしたりと、外食してリフレッシュ！

13：00　オフィス内整備と郵便物チェック

ロビーに設置しているパンフレットやチラシの確認や入れ替えをし、備品のチェックをして必要なものは発注をかけたり、郵便物のチェックをしたりします。

14：00　データ入力や書類作成などの事務処理

社内システムを使ってデータ入力したり、WordやExcelを使って資料や書類を作成したりと、座って落ち着いてパソコン作業をします。電話／来客時対応は随時行っています。

17：00　退社

明日のスケジュールを確認してからパソコンの電源を切り、机の上を整理して退社。今日は、パン屋さんによって帰ろうかな。

毎日の作業は、締め切りや会議などを考慮して、スケジューリングします。また、あまりタイトなスケジュールを組まないのがコツ。例えば、会議が長引いたり、急な来客があったりと、思うように作業が進まないことが多々あります。

Point　優先順位を考えてスケジューリングを！

第 1 章

Wordの基礎を知ろう

ここでは、Wordを使用していくうえで、覚えておきたいWordの基本的な事項を紹介します。Wordでできることや、起動、終了の仕方、画面の構成要素、機能の実行方法など、ここでしっかりWordの基本的な使い方を覚えてしまいましょう。

Section

08 Wordで作成するビジネス文書の種類

Wordには、ビジネス文書、チラシ、論文、はがき宛名印刷など、さまざまな文書を効率的に作成する機能が用意されています。ビジネス文書には、お客様や社外の協力会社に送付するものや、社内で利用するものなどがあります。

ここで学べること

習得スキル	操作ガイド	ページ
▶ビジネス文書の種類	なし	p.42

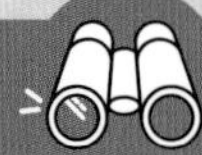

まずは パッと見るだけ！

社外向けのビジネス文書

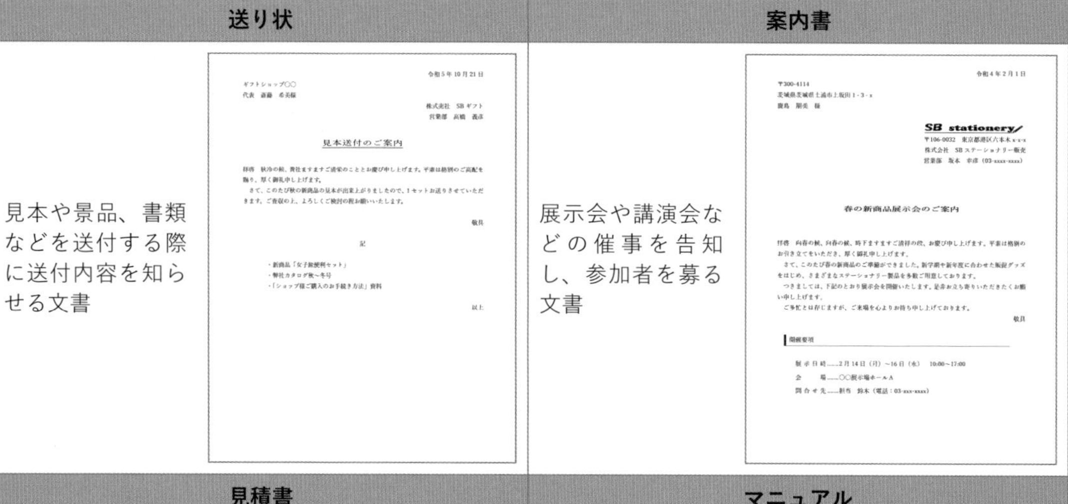

送り状

見本や景品、書類などを送付する際に送付内容を知らせる文書

令和5年10月21日

ギフトショップ○○
代表　斎藤　希美様

株式会社　SBギフト
営業部　高橋　義彦

見本送付のご案内

拝啓　秋冷の候、貴社ますますご清栄のこととお慶び申し上げます。平素は格別のご高配を賜り、厚く御礼申し上げます。
さて、このたび秋の新商品の見本が出来上がりましたので、1セットお送りさせていただきます。ご査収の上、よろしくご検討の程お願いいたします。

敬具

記

・新商品「女子旅便利セット」
・弊社カタログ秋～冬号
・「ショップ様ご購入のお手続き方法」資料

以上

案内書

展示会や講演会などの催事を告知し、参加者を募る文書

令和4年2月1日

〒300-4114
茨城県茨城県土浦市上坂田1-3-x
鹿島　朋美　様

SB stationery
〒106-0032　東京都港区六本木x-x-x
株式会社　SBステーショナリー販売
営業部　坂本　幸彦（03-xxxx-xxxx）

春の新商品展示会のご案内

拝啓　向春の候、向春の候、時下ますますご清祥の段、お慶び申し上げます。平素は格別のお引き立てをいただき、厚く御礼申し上げます。
さて、このたび春の新商品のご準備ができました。新学期や新年度に合わせた販促グッズをはじめ、さまざまなステーショナリー製品を多数ご用意しております。
つきましては、下記のとおり展示会を開催いたします。是非お立ち寄りいただきたくお願い申し上げます。
ご多忙とは存じますが、ご来場を心よりお待ち申し上げております。

敬具

開催要項

展示日時……2月14日（月）～16日（水）　10:00～17:00
会　　場……○○展示場ホールA
問合せ先……担当　鈴木（電話：03-xxx-xxxx）

見積書

商品の価格や支払い条件など、受注のために作成する文書

見積番号：210216

見積日　2024年02月05日

御見積書

純喫茶　マロニエ

株式会社　SBナチュラルスイーツ
〒106-0032　東京都港区六本木x-x
TEL：03-xxx-xxxx
担当：高橋　信二

以下の通り、お見積り申し上げます。
よろしくご検討のほどお願い申し上げます。

お見積金額合計　¥112,920

見積有効期間：2024年2月19日（月）

NO	商品NO	商品名	税込価格	数量	税込金額
1	A1001	リンゴジュース	¥1,080	15	¥16,200
2	B2001	クッキー詰合せ	¥1,296	20	¥25,920
3	B2002	バームクーヘン	¥1,512	20	¥30,240
4	C3001	紅茶セット	¥1,404	15	¥21,060
5	C3002	緑茶セット	¥1,620	15	¥24,300
		調整額			△4,800
合計					¥112,920

マニュアル

機器の操作手順や受付手順などが書かれた文書

受注システム操作マニュアル

目次

1．受注システムの概要……3
2．受注システム設定環境……5
3．受注システム操作手順……9
①起動方法と起動画面構成……9
②入力手順……15
③出力手順……21
④月末処理手順……31
⑤Q&A……39

社内向けのビジネス文書

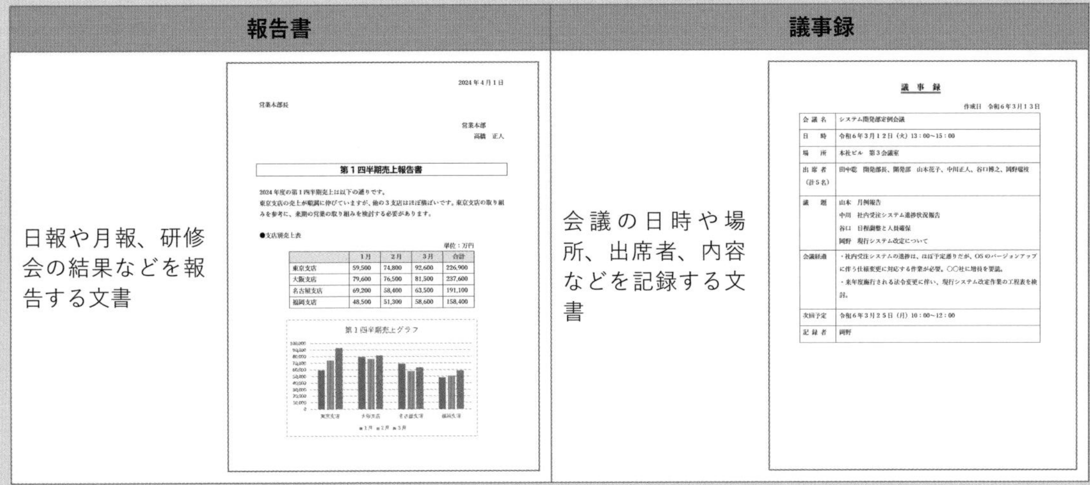

報告書	議事録
日報や月報、研修会の結果などを報告する文書	会議の日時や場所、出席者、内容などを記録する文書

2024年4月1日

営業本部長

営業本部
高橋　正人

第1四半期売上報告書

2024年度の第1四半期売上は以下の通りです。
東京支店の売上が順調に伸びていますが、他の3支店はほぼ横ばいです。東京支店の取り組みを参考に、来期の営業の取り組みを検討する必要があります。

●支店別売上表

単位：万円

	1月	2月	3月	合計
東京支店	59,500	74,800	92,600	226,900
大阪支店	79,600	76,500	81,500	237,600
名古屋支店	69,200	58,400	63,500	191,100
福岡支店	48,500	51,300	58,600	158,400

議　事　録

作成日　令和6年3月13日

会議名	システム開発部定例会議
日　時	令和6年3月12日（火）13：00～15：00
場　所	本社ビル　第3会議室
出席者（計5名）	田中聡　開発部長、開発部　山本花子、中川正人、谷口博之、岡野曜枝
議　題	山本　月例報告 中川　社内受注システム進捗状況報告 谷口　日程調整と人員確保 岡野　現行システム改定について
会議経過	・社内受注システムの進捗は、ほぼ予定通りだが、OSのバージョンアップに伴う仕様変更に対応する作業が必要。○○社に増員を要請。 ・来年度施行される法令変更に伴い、現行システム改定作業の工程表を検討。
次回予定	令和6年3月25日（月）10：00～12：00
記録者	岡野

ビジネス文書に利用する画像や図

自分で撮影した写真やパソコンに表示した地図などの画像を、文書内に取り込んで利用できます。図形と文字を組み合わせて、新たに図表を作成することも可能です。

● 地図

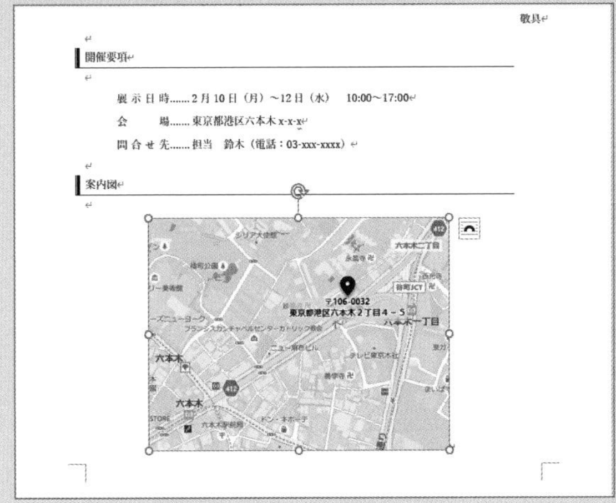

敬具

開催要項

展示日時……2月10日（月）～12日（水）　10:00～17:00
会　　場……東京都港区六本木x-x-x
問合せ先……担当　鈴木（電話：03-xxx-xxxx）

案内図

● 組織図

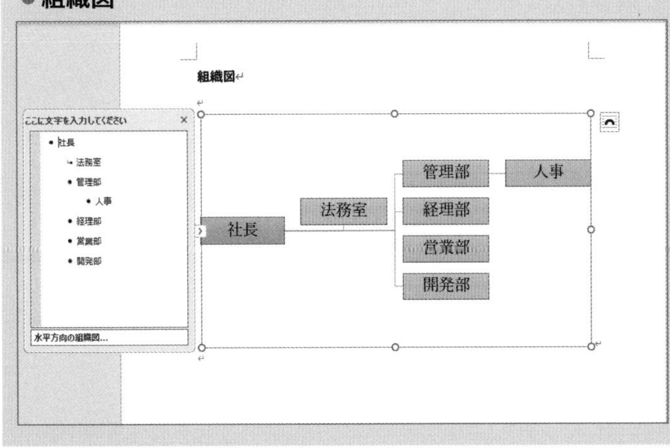

Section

09 Wordを起動／終了する

Wordを使うには、Wordを起動し、新規に文書を作成したり、既存の文書を開いたりして作業を進めます。ここでは、Wordで作業するのに必要な起動と終了、白紙の文書の作成、文書を開いたり、閉じたりといった基本的な操作を覚えましょう。

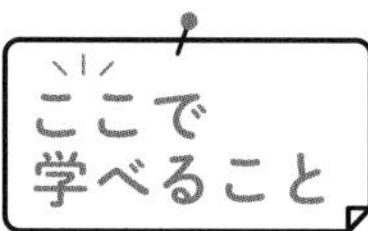

習得スキル	操作ガイド	ページ
▶Wordの起動	レッスン09-1	p.45
▶白紙の文書の作成	レッスン09-1	p.45
▶Wordの終了	レッスン09-2	p.47

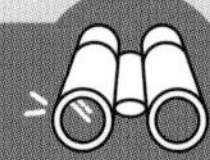

まずは パッと見るだけ！

Wordを起動して白紙の文書を表示する

Wordを起動すると、タスクバーにWordのアイコンが表示されます。

Before
操作前

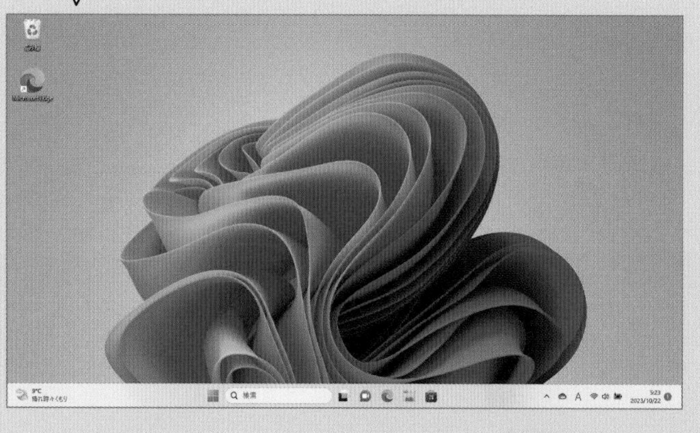

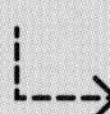

After
操作後

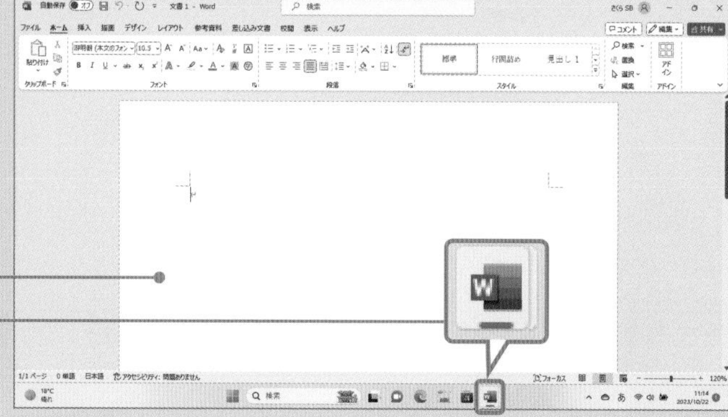

デスクトップ上にWordのウィンドウが開き、タスクバーに Wordのアイコンが表示される

レッスン 09-1 Wordを起動して白紙の文書を表示する

操作 Wordを起動する

Wordを使うには、スタートボタンをクリックしてWordを起動することからはじめます。

コラム Wordのアイコンが見えないとき

[すべてのアプリ] の一覧で、[Word] のアイコンが見えない場合は、[Word] のアイコンが見えるまでスクロールバーを下にドラッグしてください。

コラム プレインストール版のパソコンの場合

パソコン購入時にWordがすでにインストールされている場合は、手順1の [スタートボタン] をクリックしたときに表示されるスタートメニューに [Word] のアイコンが表示されている場合があります。

Memo タイトルバーの文書名の表示

新規文書を作成すると、タイトルバーの中央に文書の仮の名前「文書1」と表示されます。文書を保存すると、ファイル名が表示されます。

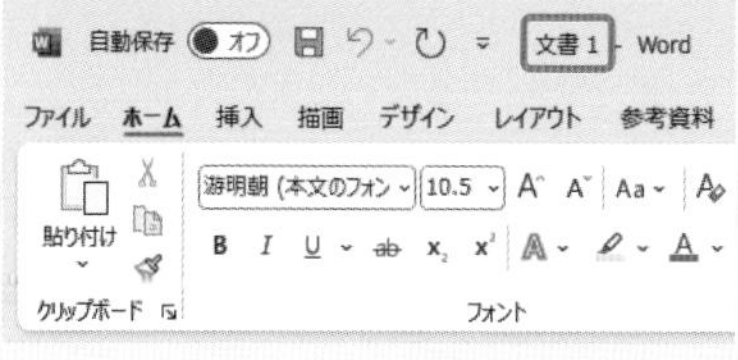

1 [スタート] ボタンをクリックし、

2 表示されたスタートメニューの [すべてのアプリ] をクリック

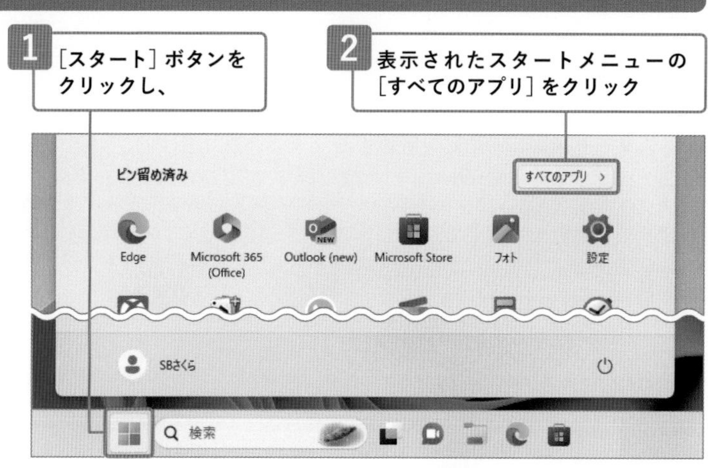

3 すべてのアプリにある [Word] をクリック

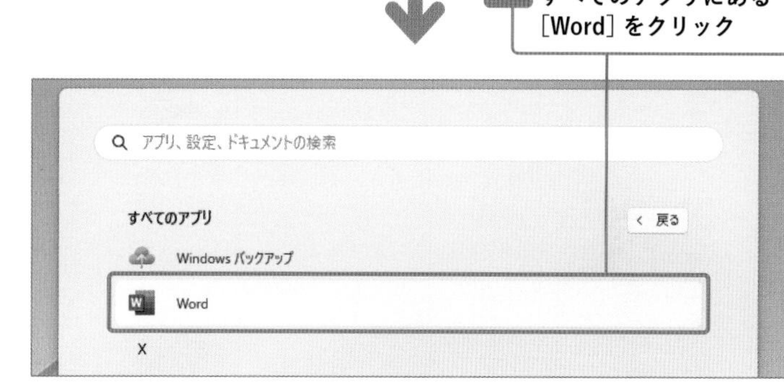

4 [白紙の文書] をクリック

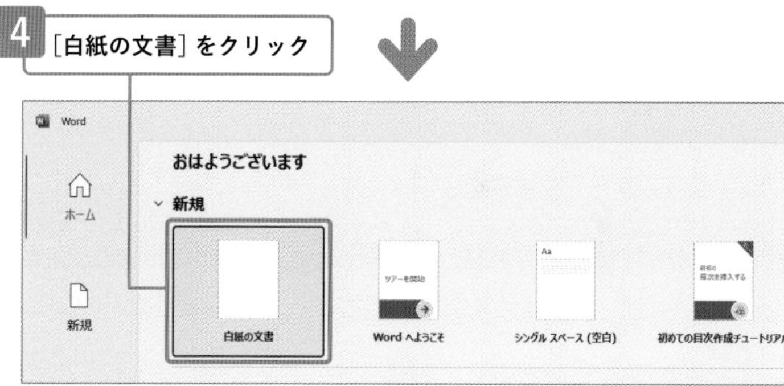

5 白紙の新規文書が表示されます。

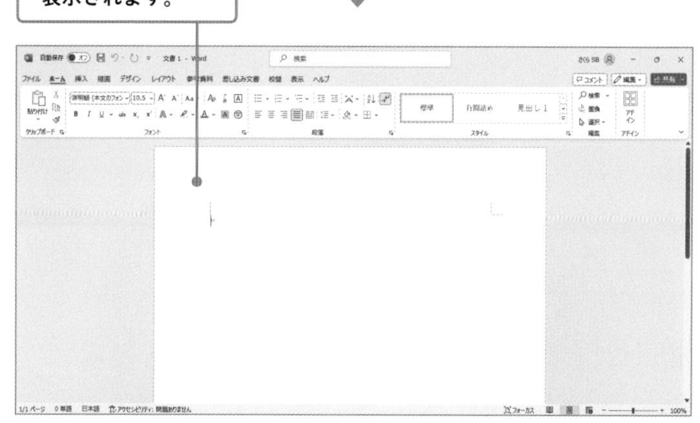

コラム Wordをすばやく起動する方法

Wordのアイコンをスタートメニューやタスクバーにピン留めすると、アイコンをクリックするだけで素早く起動できるようになります。

●スタートメニューにピン留めする

前ページの**レッスン09-1**の手順3で表示した［Word］を右クリックし1、［スタートにピン留めする］をクリックすると2、スタートメニューの一番下にWordのアイコンが追加されます3。追加されたアイコンはドラッグで自由な位置に移動できるので、使いやすい位置に配置するとよいでしょう。

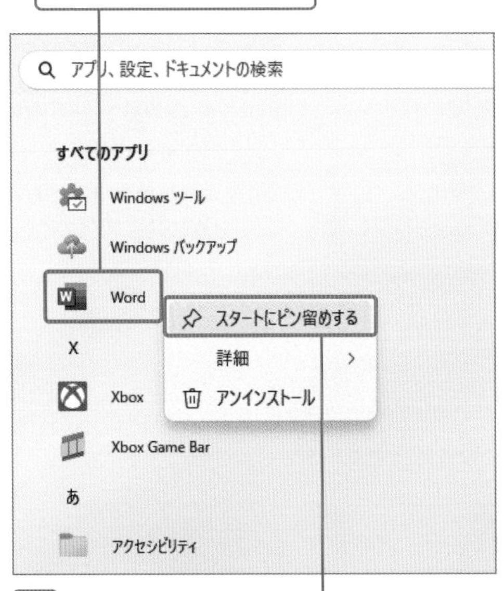

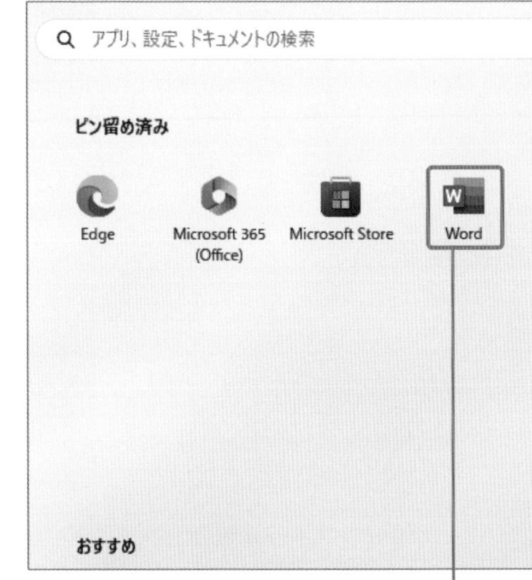

●タスクバーにピン留めする

Wordが起動しているときに、タスクバーにあるWordのアイコンを右クリックし1、［タスクバーにピン留めする］をクリックします2。これで、タスクバーにWordのアイコンが常に表示されるようになり、クリックするだけでWordが起動します3。

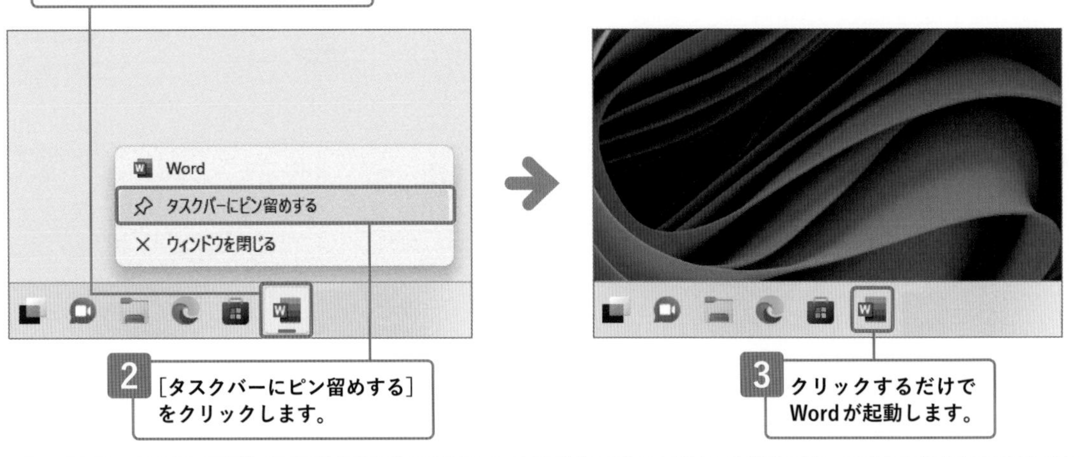

レッスン 09-2 Wordを終了する

操作 Wordを終了する

Wordを終了するには、タイトルバーの右端にある［閉じる］をクリックします。
複数の文書（Word画面）を開いている場合は、クリックした文書だけが閉じます。開いている文書が1つのみの場合に［閉じる］をクリックすると、文書を閉じるとともにWordも終了します。

ショートカットキー

- Wordを終了する
  Alt + F4

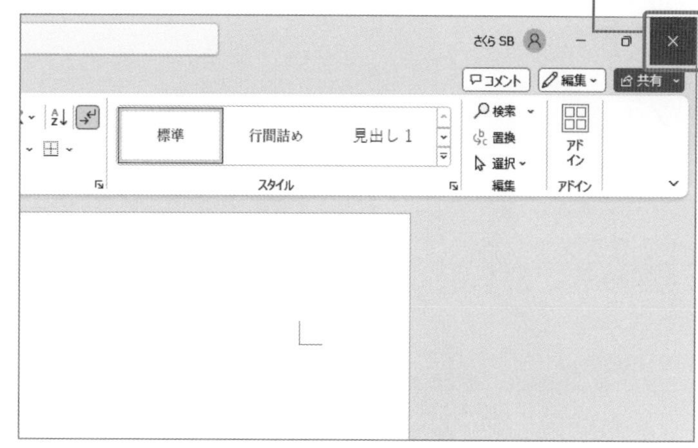

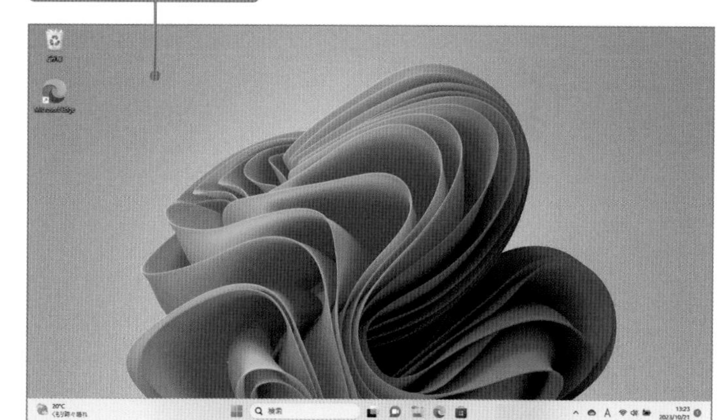

コラム スタート画面について

Word起動時の画面を「スタート画面」といいます。この画面ではこれからWordで行う操作を選択できます。
起動時に表示される［ホーム］画面では、新規文書作成の選択画面、最近表示した文書の一覧が表示されます。［新規］1をクリックすると文書の新規作成用の画面、［開く］2をクリックすると保存済みの文書を開くための画面が表示されます。

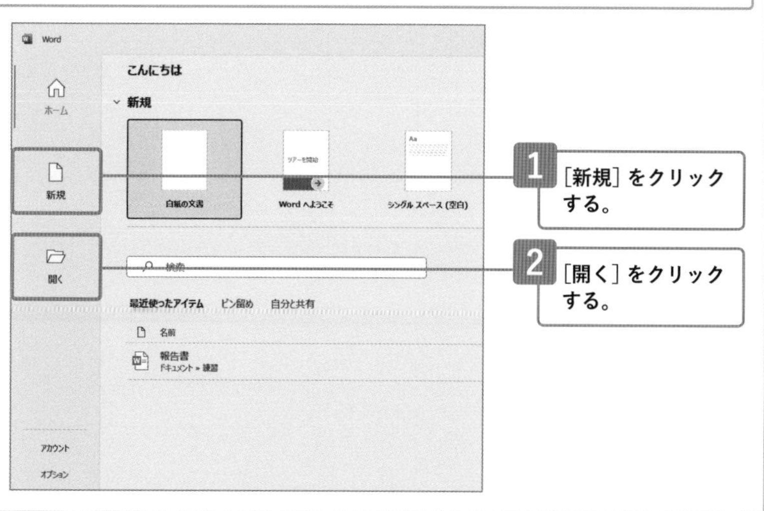

Section

10 Wordの文書を開く／閉じる

保存されている文書ファイルを開くには、基本的に［ファイルを開く］ダイアログを使って開きます。

ここで学べること

習得スキル	操作ガイド	ページ
▶文書を開く	レッスン10-1	p.49
▶文書を閉じる	レッスン10-2	p.50

まずは パッと見るだけ！

［ファイルを開く］ダイアログでファイルを開く

以下は、10月の売上報告書を開いている様子です。

Before 操作前

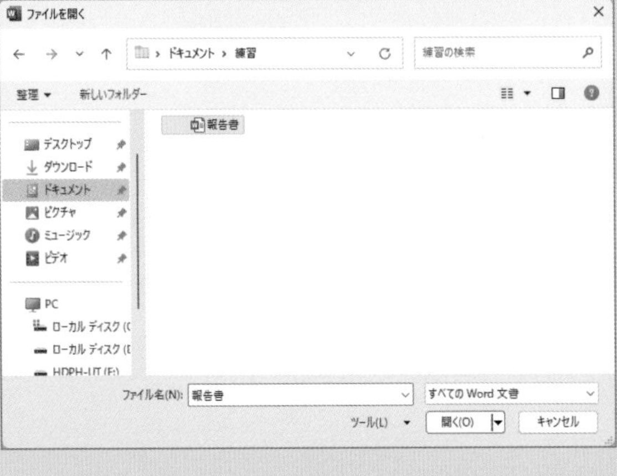

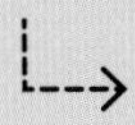

After 操作後

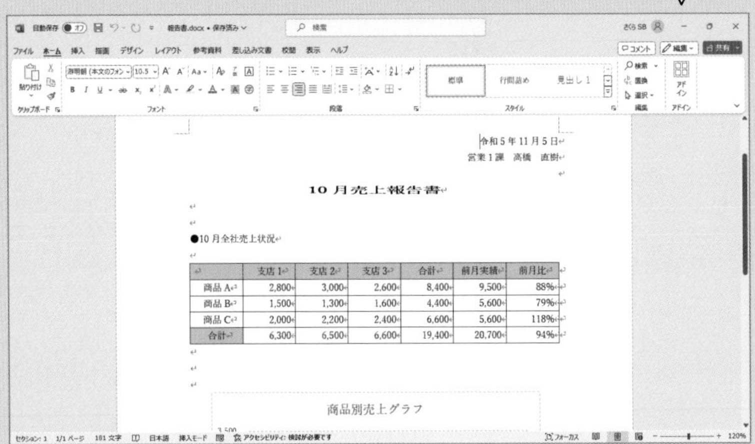

	支店1	支店2	支店3	合計	前月実績	前月比
商品A	2,800	3,000	2,600	8,400	9,500	88%
商品B	1,500	1,300	1,600	4,400	5,600	79%
商品C	2,000	2,200	2,400	6,600	5,600	118%
合計	6,300	6,500	6,600	19,400	20,700	94%

レッスン 10-1 文書を開く

 10-報告書.docx

操作 Wordの文書を開く

Wordで作成し、一度保存した文書を開いて続きを編集したい場合は、この手順で文書を開きます。
なお、Wordでは、同時に複数の文書を開くことができます。

ショートカットキー

● ［開く］画面を表示する
Ctrl + O

Memo 表示履歴から文書を開く

手順1で表示される［開く］画面の右側には、最近使用した文書ファイルが表示されます。この表示履歴を利用して、一覧にある文書をクリックするだけで、すばやく開くことができます。

Memo エクスプローラーから開く

エクスプローラーでWordファイルをダブルクリックしても、開くことができます。このとき、Wordが起動していない場合は、Wordの起動と同時に文書が開きます。

1 p.45の手順でWordを起動し、Wordのスタート画面で［開く］をクリックします。

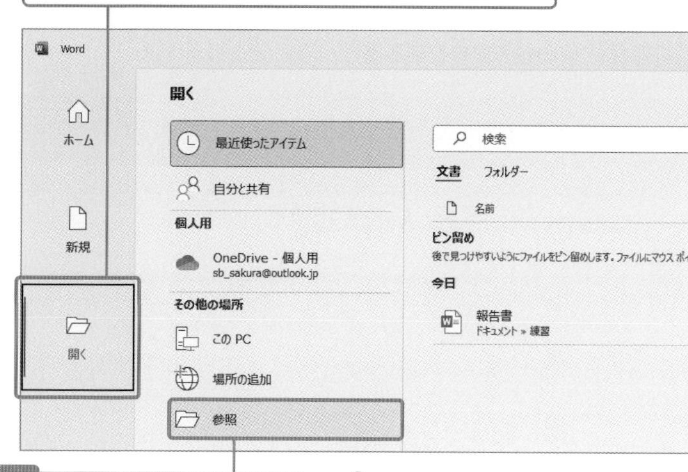

2 ［参照］をクリックすると、

3 ［ファイルを開く］ダイアログが表示されます。

4 文書ファイルが保存されている場所を選択し、

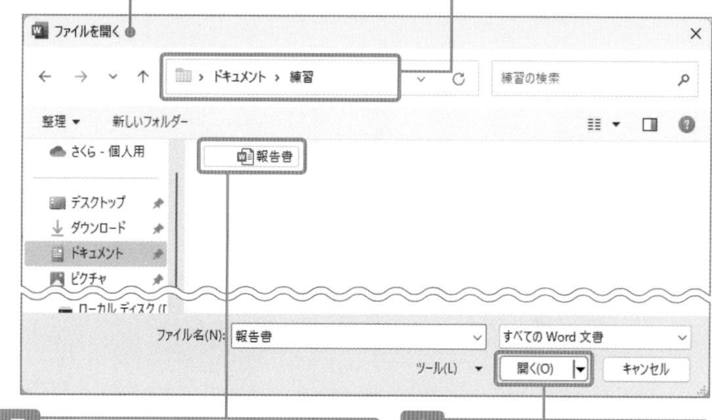

5 開きたい文書ファイルをクリックして、

6 ［開く］をクリックします。

7 文書が開きます。

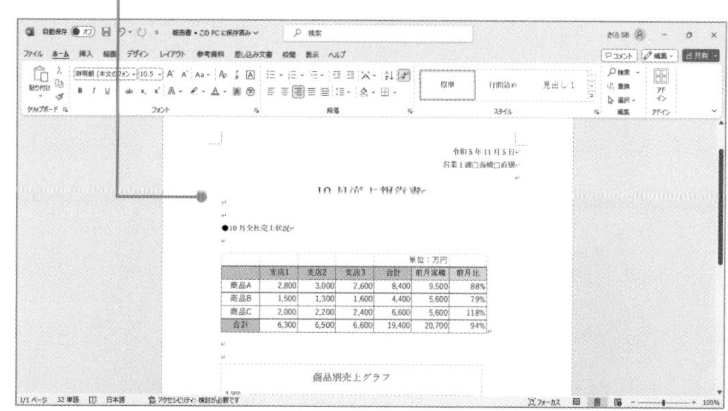

レッスン 10-2 文書を閉じる

10-報告書.docx

操作 Wordの文書を閉じる

Wordで作業をした文書を閉じるには、[ファイル] タブをクリックして閉じます。

ショートカットキー

- 文書を閉じる
  Ctrl + W

Memo [閉じる] ボタンでWord文書を閉じる

タイトルバーの右端にある [閉じる] ボタンをクリックしてもWordの文書を閉じることができます。

1 [ファイル] タブをクリックし、

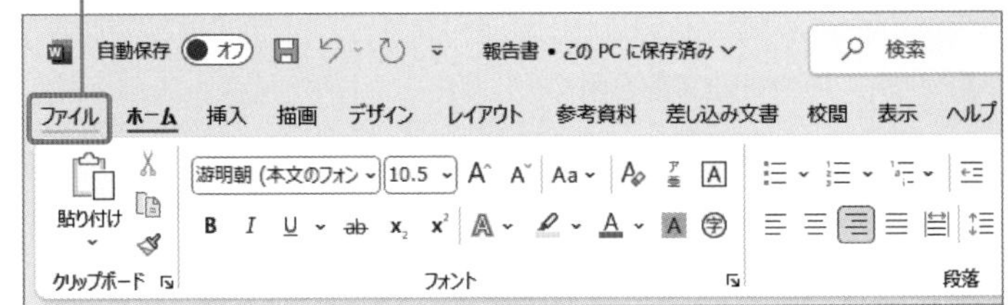

2 [その他] → [閉じる] をクリックすると、

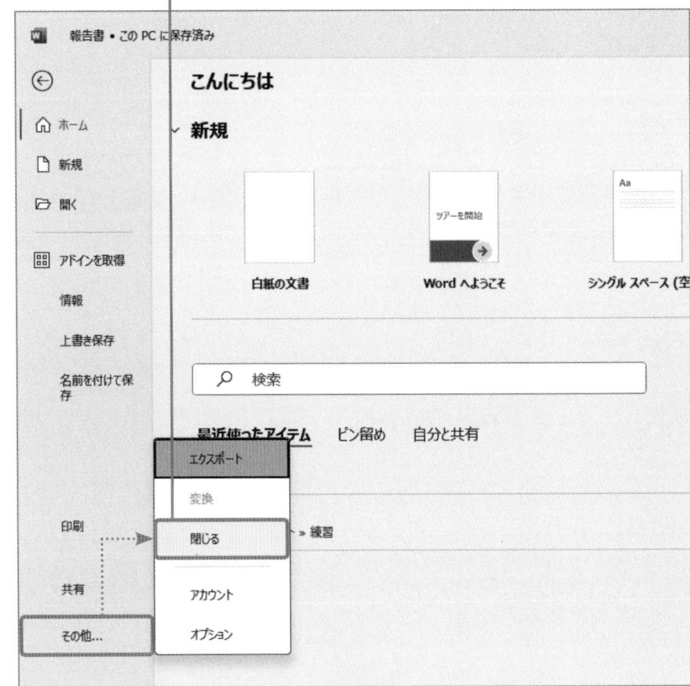

3 開いていた文書が閉じます。

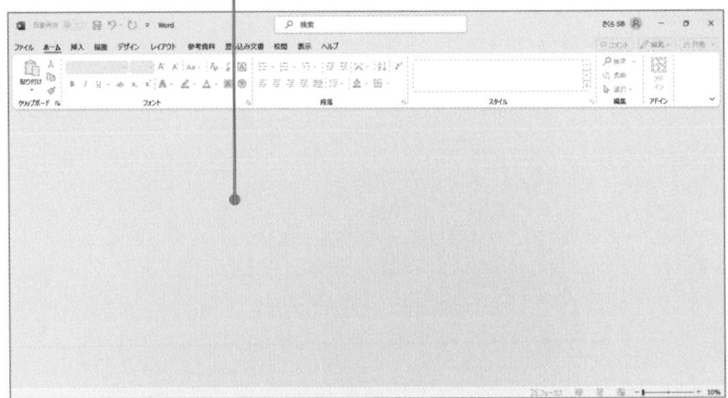

Memo　確認メッセージが表示される場合

文書を変更後、保存せずに文書を閉じようとすると、右のような保存確認のメッセージが表示されます。
変更を保存する場合は［保存］、保存しない場合は［保存しない］をクリックして閉じます。［キャンセル］をクリックすると閉じる操作を取り消します。なお、保存についての詳細はp.132を参照してください。

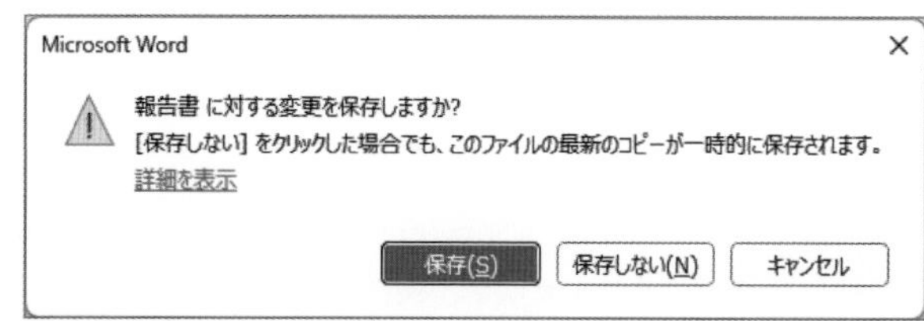

コラム　Microsoftアカウントでサインインしている場合

Microsoftアカウントでサインインしている場合、新規の文書を編集して閉じようとすると、以下のような確認メッセージが表示されます。［ファイル名］には、文書の1行目に入力されている文字列が仮のファイル名として表示されます。必要に応じて変更してください。そのまま［保存］をクリックすると、指定したファイル名でOneDriveに保存されます（p.345参照）。OneDriveはMicrosoft社が提供しているインターネット上の保存場所です（p.344参照）。ネットワーク上ではなく、使用しているパソコン内に保存する場合は、保存場所を変更します。［場所を選択］の⌄をクリックして別のフォルダを選択してください。また、［その他のオプション］をクリックすると、［名前を付けて保存］ダイアログが表示されます（p.133参照）。

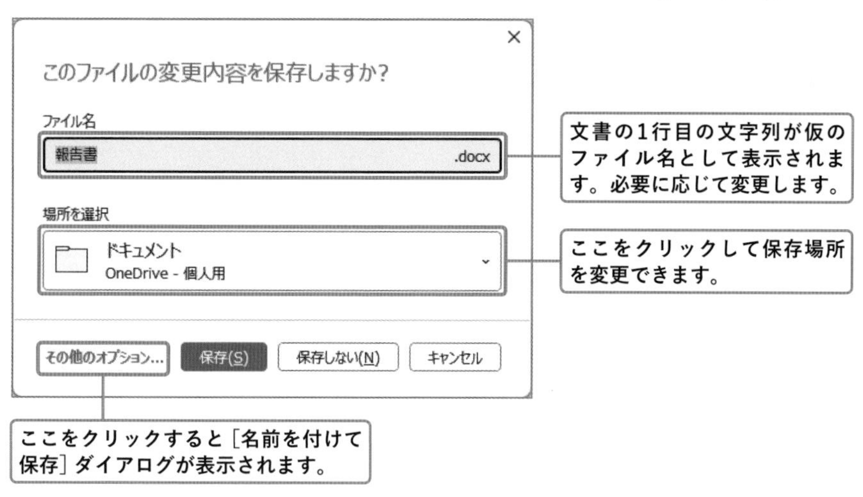

Section

11 Wordの画面構成を知ろう

Wordの画面構成について、主な各部の名称と機能を紹介します。すべての名称を覚える必要はありませんが、操作をする際に迷ったときは、ここに戻って名称と位置を確認してください。

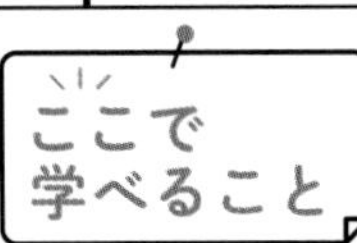

習得スキル	操作ガイド	ページ
▶Wordの画面構成を知る	なし	p.52
▶各部の名称と役割を知る		p.53

まずは パッと見るだけ！

Wordの画面の概要

画面の上部で、［上書き保存］［文書の名前の確認］［Word画面サイズの変更］を行います。［リボン］は、Wordを操作する機能のセットです。この機能のセットは、［タブ］で切り替えます。中央の白い部分が文字の入力スペース、下部で文章の状態を確認できます。

▼Wordの画面構成を確認する

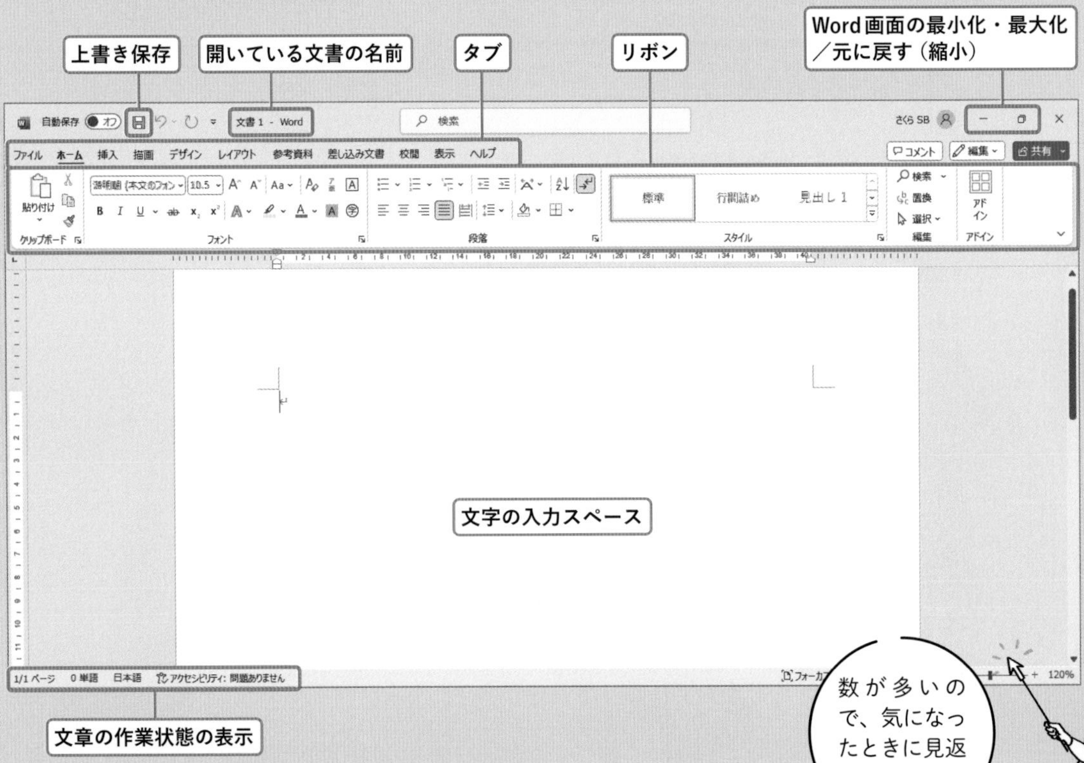

上書き保存
開いている文書の名前
タブ
リボン
Word画面の最小化・最大化／元に戻す（縮小）
文字の入力スペース
文章の作業状態の表示

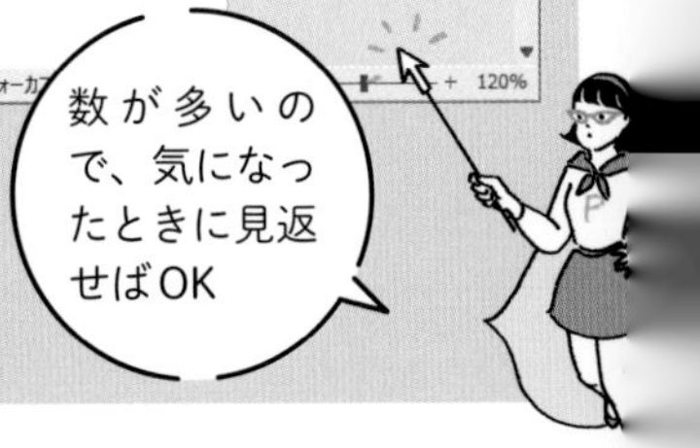

数が多いので、気になったときに見返せばOK

Wordの画面構成

細かな各部の名称と機能は以下の通りです。

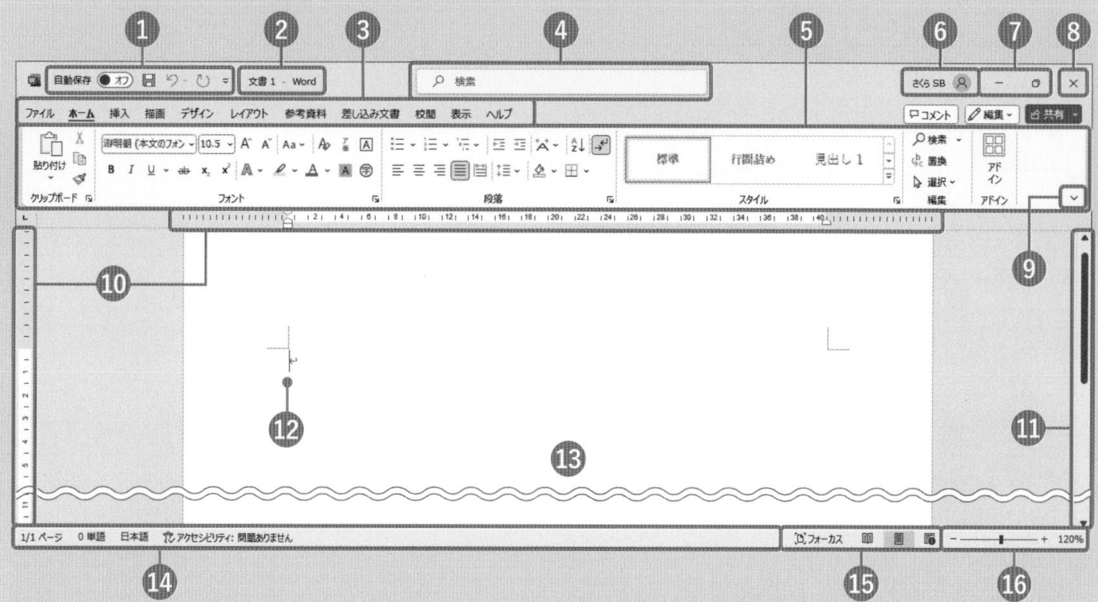

NO	名称	機能
❶	クイックアクセスツールバー	よく使う機能がボタンで登録されている。ボタンは自由に変えられる
❷	タイトルバー	開いている文書名が表示される
❸	タブ	リボンを切り替えるための見出し
❹	Microsoft Search	入力したキーワードに対応した機能やヘルプを表示したり、文書内で検索したりする
❺	リボン	Wordを操作するボタンが表示される領域。上のタブをクリックするとリボンの内容が切り替わる
❻	Microsoftアカウント	サインインしているMicrosoftアカウントが表示される
❼	[最小化][最大化/元に戻す(縮小)]	[最小化]でWordをタスクバーにしまい、[最大化]でWordをデスクトップ一杯に表示する。最大化の場合は[元に戻す(縮小)]に変わる
❽	[閉じる]	Wordの画面を閉じるボタン。文書が1つだけのときはWord自体が終了し、複数の文書を開いているときには、クリックした文書だけが閉じる
❾	リボンの表示オプション	リボンの表示/非表示など表示方法を設定する
❿	ルーラー	水平/垂直方向の目盛。余白やインデント、タブなどの設定をするときに使用する。初期設定では非表示になっている(p.200参照)
⓫	スクロールバー	画面に表示しきれていない部分を表示したいときにこのバーのつまみをドラッグして表示領域を移動する。上下の[▼][▲]でスクロールすることもできる
⓬	カーソル	文字を入力する位置や機能を実行する位置を示す
⓭	編集画面	文字を入力するなど、文書を作成する領域
⓮	ステータスバー	ページ数や文字数など、文書の作業状態が表示される
⓯	表示選択ショートカット	文書の表示モードを切り替える(p.70参照)
⓰	ズームスライダー	画面の表示倍率を変更する

Section

12 Wordの機能を実行する① ：リボン

Wordの機能を実行するには、リボンにあるボタンをクリックします。ここで、リボンの種類（タブ名）と機能を確認しておきましょう。

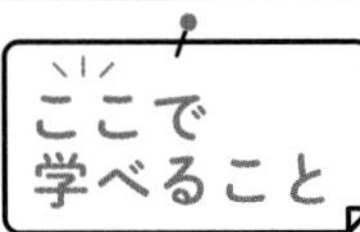

習得スキル	操作ガイド	ページ
リボンの利用	レッスン12-1	p.55
リボンの表示／非表示を切り替える	レッスン12-2	p.55
コンテキストタブの利用	レッスン12-3	p.56

まずは パッと見るだけ！

リボンの種類（タブ名）と機能

リボンは、各タブをクリックすることで切り替わります。

ホームタブ：ホームのリボンに切り替える

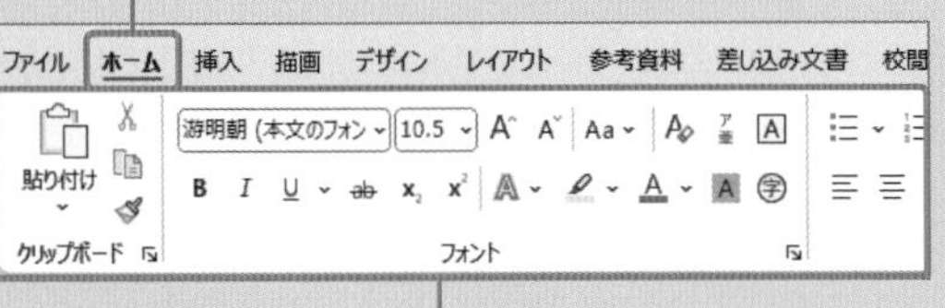

ホームのリボン：ホームの機能のボタンが表示される

挿入タブ：挿入のリボン に 切り替える

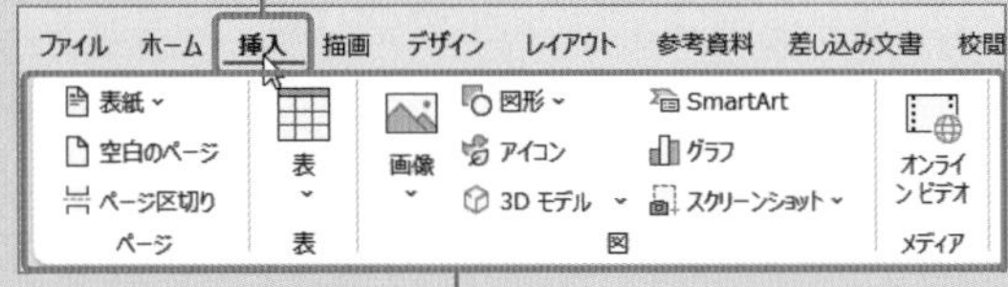

挿入のリボン：挿入の機能のボタンが表示される

▼タブ一覧

NO	リボン名（タブ名）	機能
❶	ファイル	Backstageビューを表示する。文書の新規作成や保存、閉じる、印刷など文書ファイルの操作に関する設定をする
❷	ホーム	文字サイズや色、文字列の配置や行間隔など、文字の修飾やレイアウトなどの設定をする
❸	挿入	表、写真、図形、ヘッダー／フッター、ページ番号などを文書に追加する
❹	描画	手書き風に図形や文字を描いたり、描いた線を図形に変換したりする
❺	デザイン	テーマを使った文書全体のデザイン設定や、透かし、ページ罫線を設定する
❻	レイアウト	作成する文書の用紙の設定や文字の方向などを設定する
❼	参考資料	論文やレポートなどの文書作成時に使用する目次、脚注、索引などを追加する
❽	差し込み文書	はがきやラベルに宛名を印刷したり、文書内に宛名データを差し込んだりする
❾	校閲	スペルチェック、翻訳、変更履歴の記録など、文章校正するための機能がある
❿	表示	画面の表示モードや倍率、ウィンドウの整列方法など画面表示の設定をする
⓫	ヘルプ	わからないことをオンラインで調べる

レッスン 12-1 リボンを切り替えて機能を実行する

操作 リボンを使う

リボンを使うには、最初に目的のタブをクリックします。すると、リボンの内容が切り替わるので、実行したい機能をクリックします。

Point メニューが表示されるボタン

手順3のように[⌄]が表示されているボタンはクリックするとメニューが表示されます。[⌄]が表示されていないボタンはすぐに機能が実行されます。

Memo ウィンドウサイズによるボタンの表示

ウィンドウのサイズを小さくすると、そのウィンドウサイズに合わせて自動的にボタンがまとめられます❶。まとめられたボタンをクリックすれば、非表示になったボタンが表示されます❷。

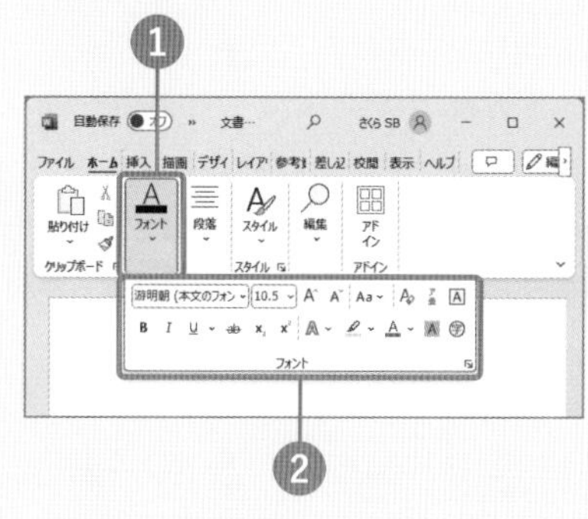

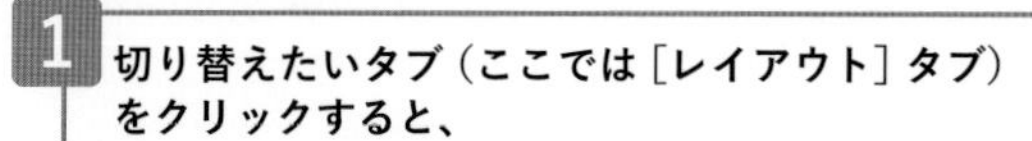

1 切り替えたいタブ（ここでは［レイアウト］タブ）をクリックすると、

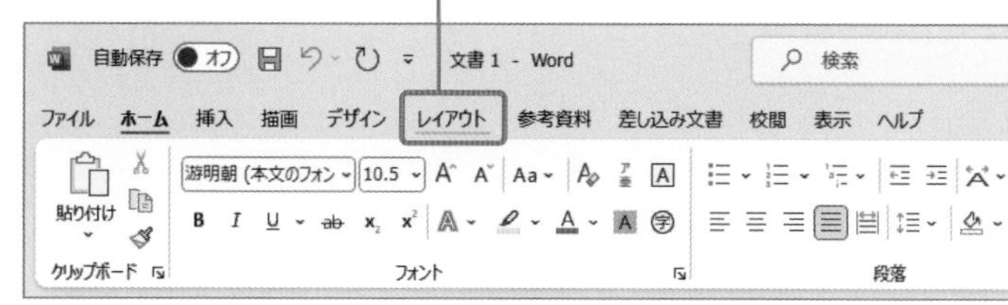

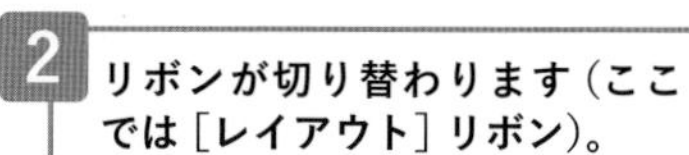

2 リボンが切り替わります（ここでは［レイアウト］リボン）。

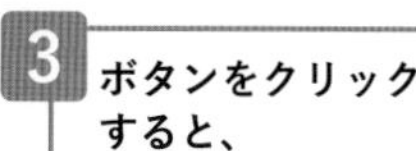

3 ボタンをクリックすると、

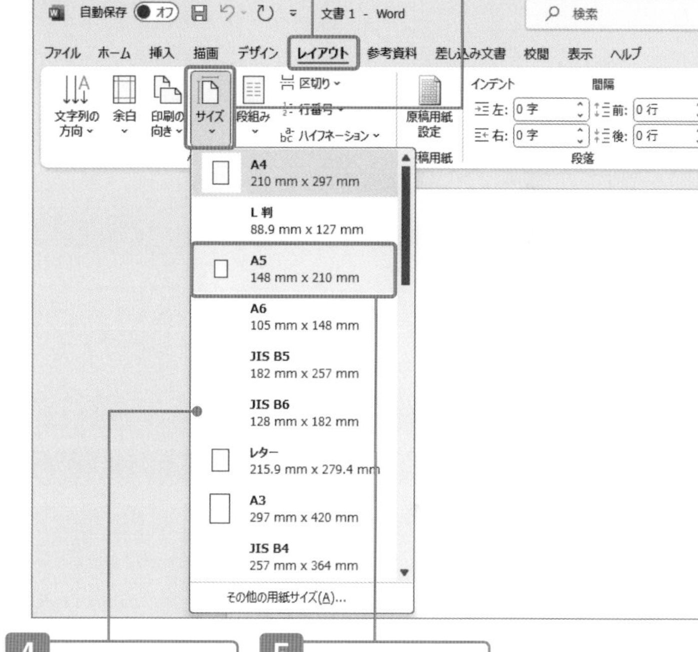

4 メニューが表示されます。

5 実行したい機能をクリックします。

レッスン 12-2 リボンを非表示にして画面を大きく使う

操作 リボンを非表示にする

リボンはたたんで非表示にすることができます。非表示にすると編集画面を大きく使えます。

1 選択されているタブをダブルクリックすると、

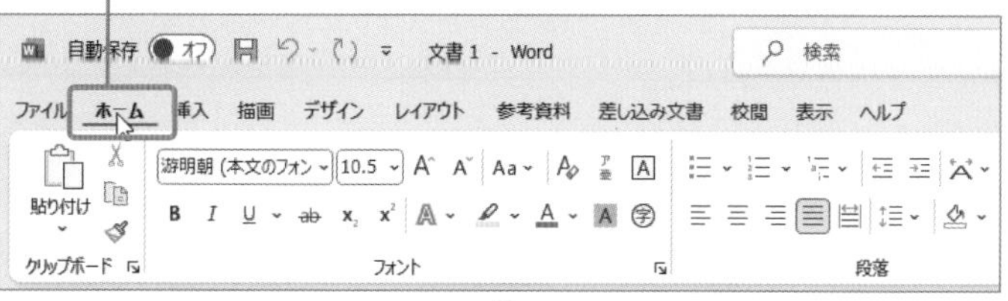

Memo リボンの表示を戻すには

リボンが常に表示される状態に戻すには、選択されているタブをダブルクリックするか、下図のように［リボンの表示オプション］をクリックし［常にリボンを表示する］を選択し、チェックをつけます。なお、［全画面表示モード］を選択すると、タブとリボンが非表示になり、タイトルバーをクリックするとタブとリボンが表示されます。

［リボンの表示オプション］

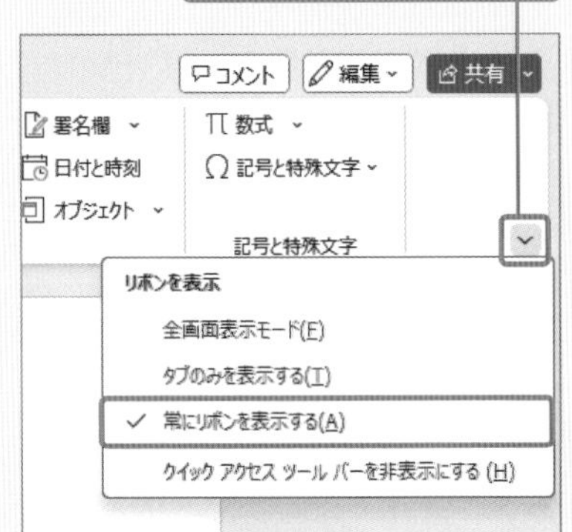

2 リボンが非表示になり、タブのみ表示されます。

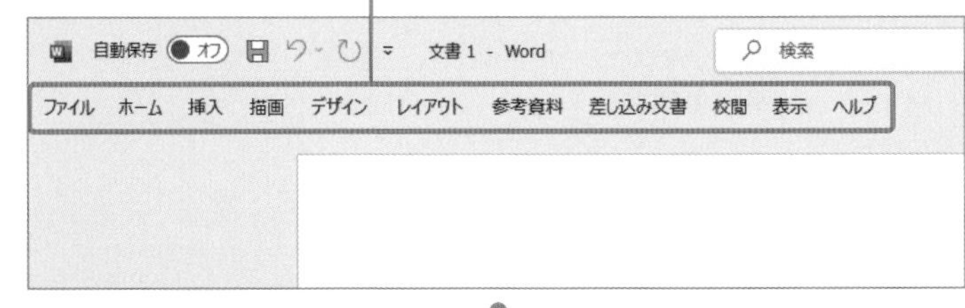

3 使用したいタブをクリックすると、リボンが表示されます。

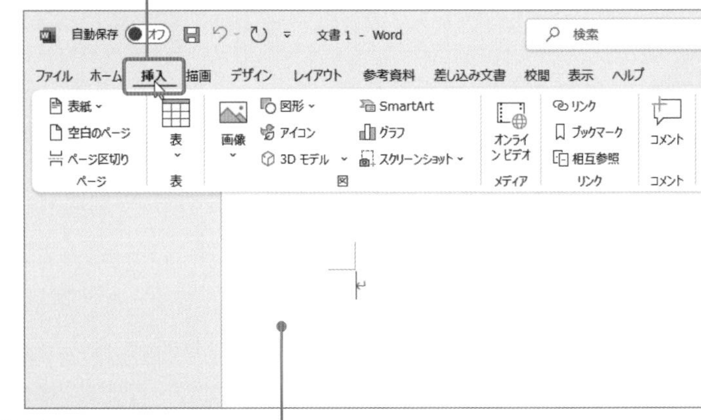

4 編集画面をクリックすると、再びリボンが非表示になります。

レッスン 12-3 編集対象によって表示されるリボンを確認する

練習用ファイル 12-報告書.docx

操作 コンテキストタブを使う

文書内にある表や図形などを選択すると「コンテキストタブ」と呼ばれるタブが表示されます。コンテキストタブは青文字で表示され、タブをクリックすると、選択している表や図形の編集用のリボンに切り替わります。

1 表内をクリックすると、

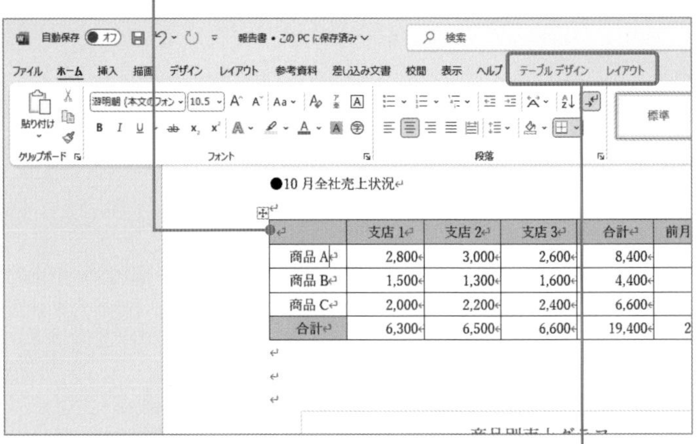

2 コンテキストタブの［テーブルデザイン］タブと［レイアウト］タブが表示されます。

Memo コンテキストタブが表示されないとき

コンテキストタブは、図形や表などを選択している場合のみ表示されます。図形や表以外の文書内にカーソルがある場合は、表示されません。

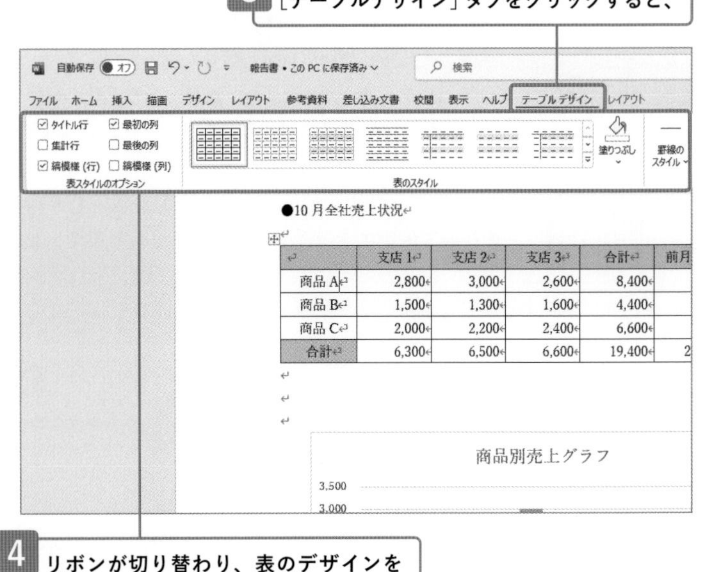

コラム [ファイル] タブでBackstageビューのメニューを表示する

[ファイル] タブは、他のタブと異なり、クリックするとBackstageビューという画面が表示されます。ここには、文書の新規作成、開く、保存、閉じる、印刷など文書ファイルの操作に関するメニューが用意されています。また、Wordの設定をするときにも使用します。

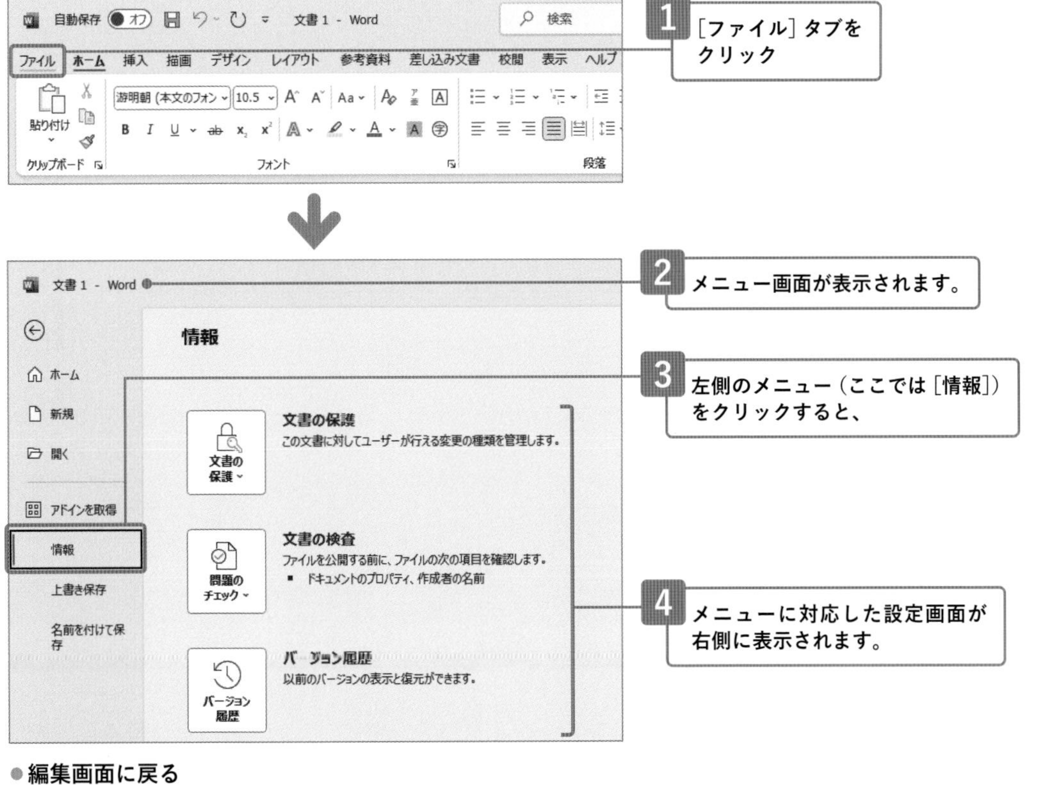

● **編集画面に戻る**

画面左上の⊖をクリックするか、Esc キーを押すと、文書の編集画面に戻ります。

Section

13 Wordの機能を実行する② ：ダイアログ／作業ウィンドウ

Wordでは、編集したいテキストなどを選択して操作しますが、選択部分に対して複数の機能をまとめて設定できる「ダイアログ」があります。また関連機能の「作業ウィンドウ」も紹介します。

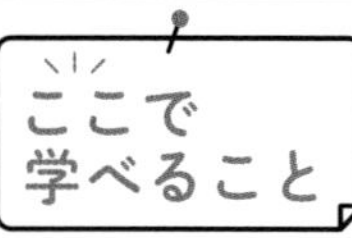

習得スキル	操作ガイド	ページ
▶ダイアログの利用	レッスン13-1	p.59
▶作業ウィンドウの利用	レッスン13-2	p.60

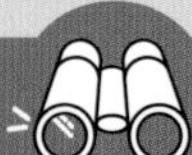

まずは パッと見るだけ！

ダイアログと作業ウィンドウ

ダイアログでは、選択部分に対して複数の機能をまとめて設定できます。画像や図形が選択されている場合など、設定対象や内容によって作業ウィンドウが表示されることもあります。

●ダイアログ

タブをクリックすると切り替えられる

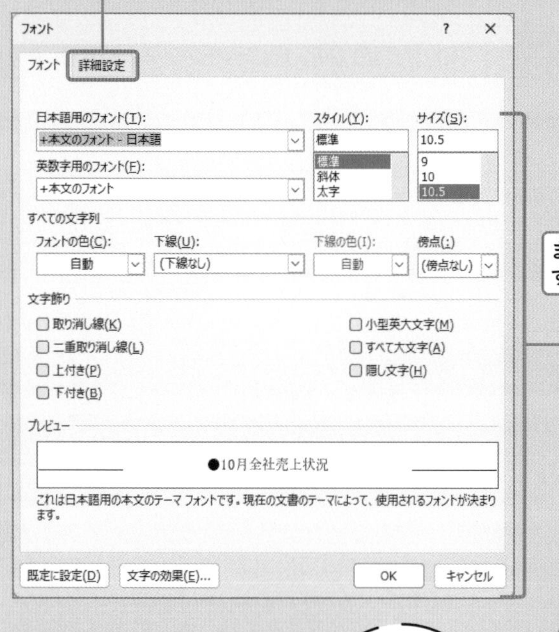

まとめて設定する部分

●作業ウィンドウ

アイコンをクリックすると切り替えられる

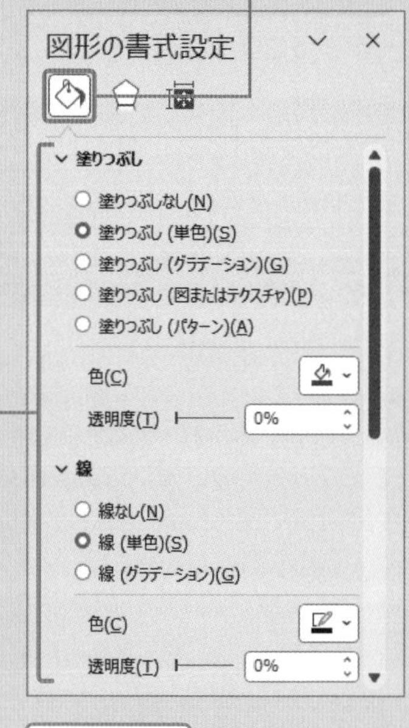

各設定の機能

レッスン 13-1 リボンからダイアログを表示する

13-1-報告書.docx

操作 ダイアログを表示する

ダイアログには、選択された文字や図形に対して設定できる項目がまとめて表示されます。
なお、ダイアログの表示中は、文書の編集など他の操作は実行できません。

Memo ダイアログボックス起動ツール

リボンのボタンは機能ごとにグループにまとめられています。そのグループに設定用のダイアログや作業ウィンドウが用意されている場合には、右の手順3のように、各グループの右下に起動ツールのボタンが表示されます。この起動ツールのボタンのことを「ダイアログボックス起動ツール」といいます。

グループ：ボタンが機能ごとにまとめられている

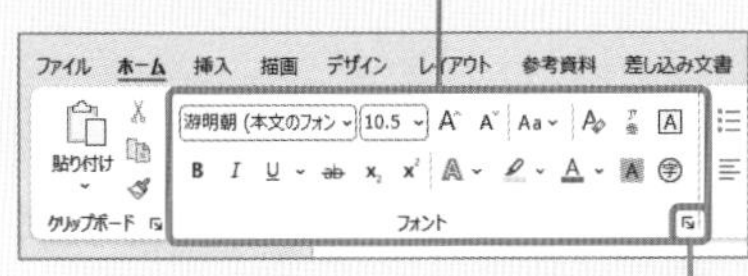

ダイアログボックス起動ツール

1 設定対象（ここでは文字列「●10月会社売上状況」）を選択し、

2 任意のタブ（ここでは［ホーム］タブ）をクリックします。

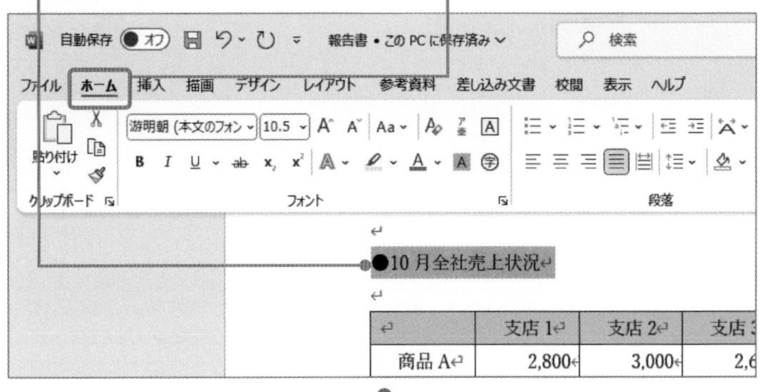

3 グループの右下のをクリックすると、

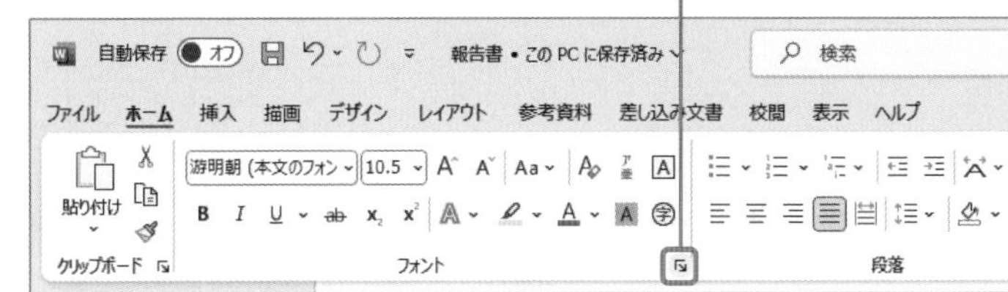

4 そのグループに関連するダイアログ（ここでは［フォント］ダイアログ）が表示されます。

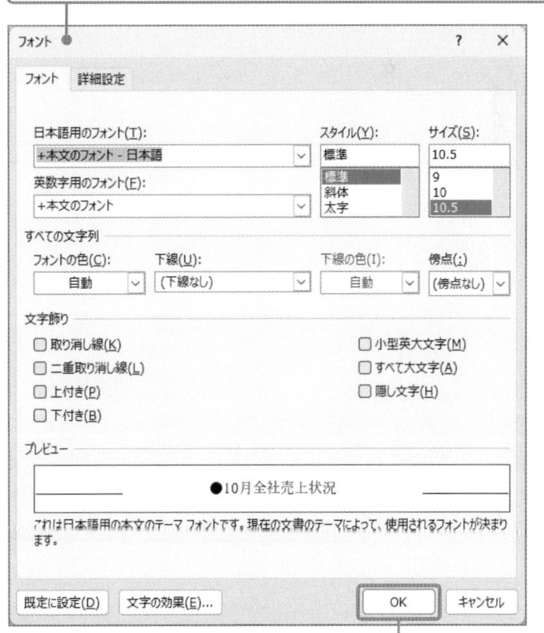

5 必要な設定をし、［OK］をクリックすると、ダイアログボックスが閉じ、設定が反映されます。

レッスン13-2 作業ウィンドウを表示する

練習用ファイル 13-2-報告書.docx

操作 作業ウィンドウを表示する

作業ウィンドウは、画像や図形が選択されている場合に主に表示されます。作業ウィンドウでは、設定内容がすぐに編集画面に反映されます。また作業ウィンドウを表示したまま編集作業を行うことができます。

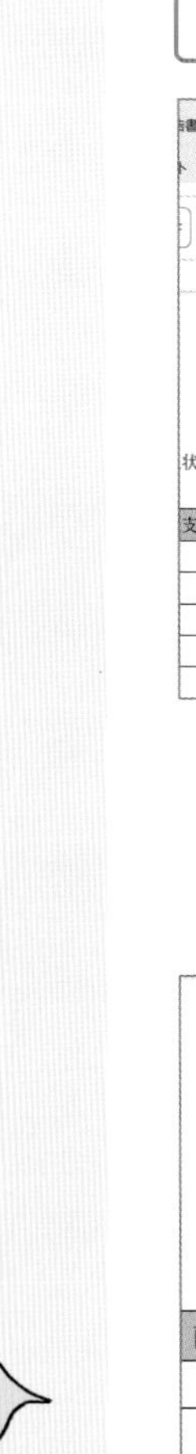

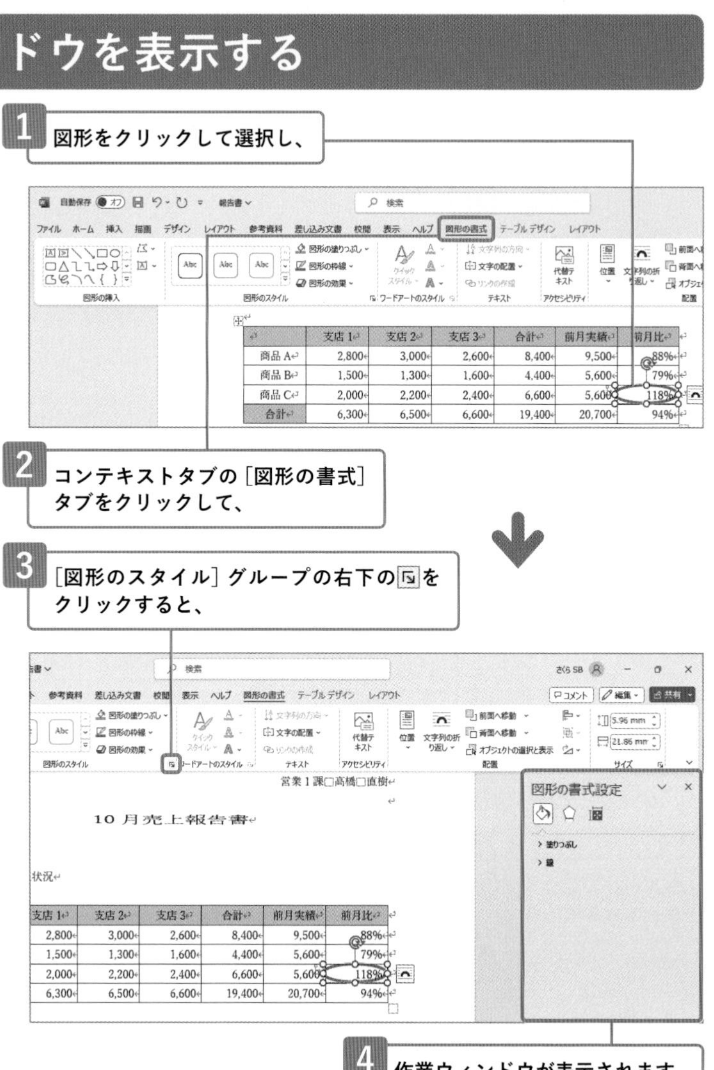

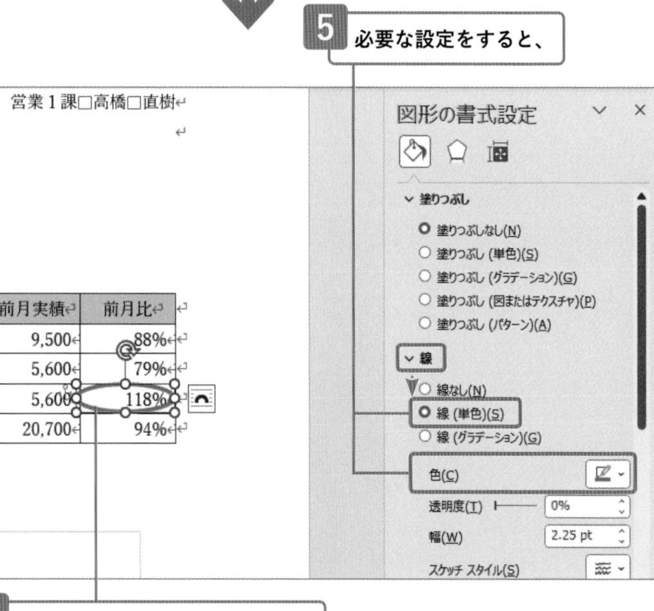

コラム　覚えておきたいダイアログと作業ウィンドウ

ダイアログで最もよく使用するのは、**レッスン13-1**で表示した［フォント］ダイアログです。文字に対していろいろな設定をすることができます。それに加えて以下のダイアログもよく使用します。
また、作業ウィンドウでは、**レッスン13-2**で表示した［図形の書式設定］作業ウィンドウを最もよく使用します。文字を入力できる図形の場合は、［文字のオプション］が表示され、図形内の文字の配置や方向、余白の設定もできます。図形の余白を狭くしたいときに使用しますので覚えておくと便利です。

●［段落］ダイアログ（p.172）
段落に対する設定を行います。

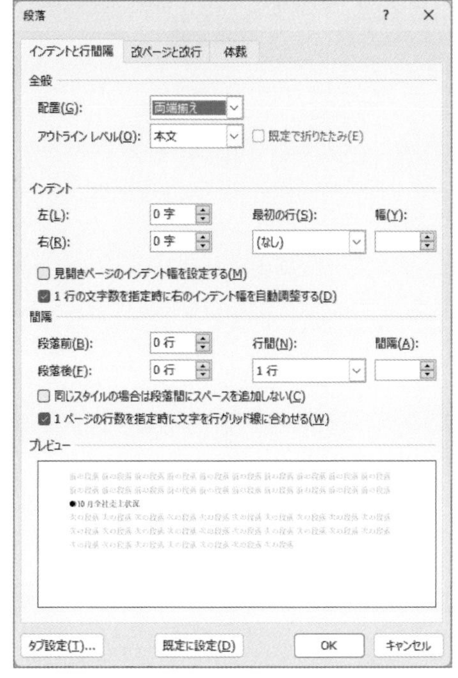

●［ページ設定］ダイアログ（p.122）
用紙の設定や印刷時の設定を行います。

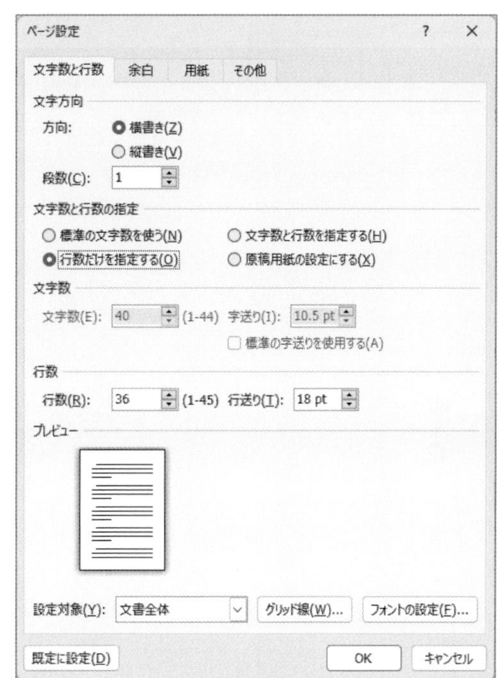

●［線種とページ罫線と網掛けの設定］ダイアログ（p.195）
罫線の線種を変更したり、段落に色を設定したりします。

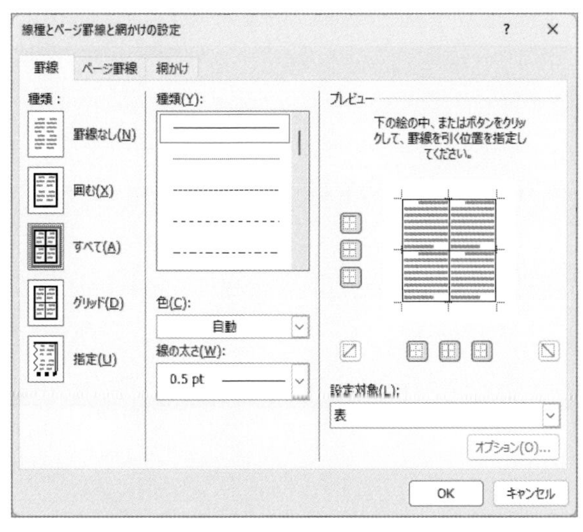

●［図形の書式設定］作業ウィンドウ（p.281）
図形に対する各種設定ができます。図形の中に文字を入力できる場合は、［図形のオプション］と［文字のオプション］が表示されます。

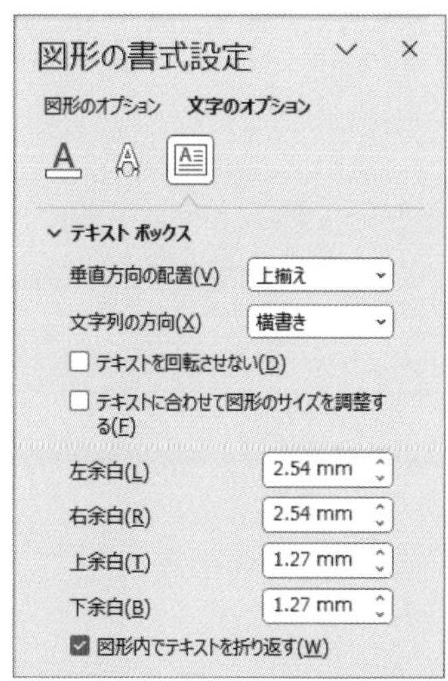

Section

14 Wordの機能をすばやく実行する

Wordには、リボン以外にも機能を実行する方法が用意されています。よく使う機能をまとめて表示できるクイックアクセスツールバーや、編集画面に表示されるミニツールバーやショートカットメニュー、特定のキーを押すだけで機能を実行できるショートカットキーがあります。

ここで学べること

まずは パッと見るだけ！

覚えておくと便利なメニュー

それぞれのメニューがどのようなものかを確認しましょう。

●クイックアクセスツールバー

よく使う機能を登録しておけるツールバーです。タイトルバーの左端に表示されています。

●ミニツールバー

文字列を選択したり、右クリックしたりしたときに表示されるメニューです。主に書式設定のボタンが集められています。

●ショートカットメニュー

右クリックしたときに表示されるメニューです。操作対象の文字や図形に対して実行できる機能が一覧表示されます。

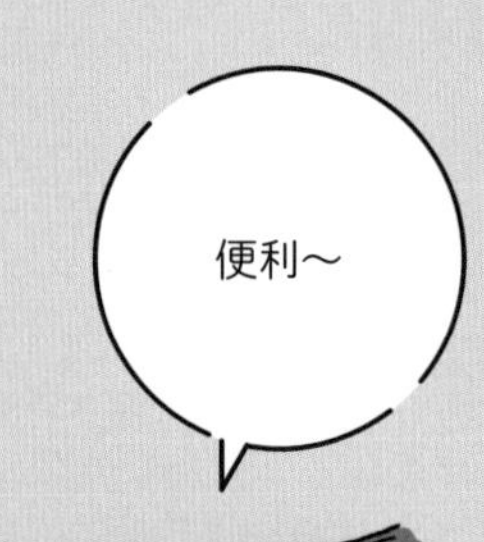

レッスン 14-1 クイックアクセスツールバーを使う

操作 クイックアクセスツールバーを使う

クイックアクセスツールバーは、常にタイトルバーの左端に表示されています。自由にボタンを追加できるため、よく使う機能を配置しておくと便利です。

機能を実行する

1 クイックアクセスツールバーに表示されているボタン（ここでは［上書き保存］）をクリックすると、その機能が実行されます。

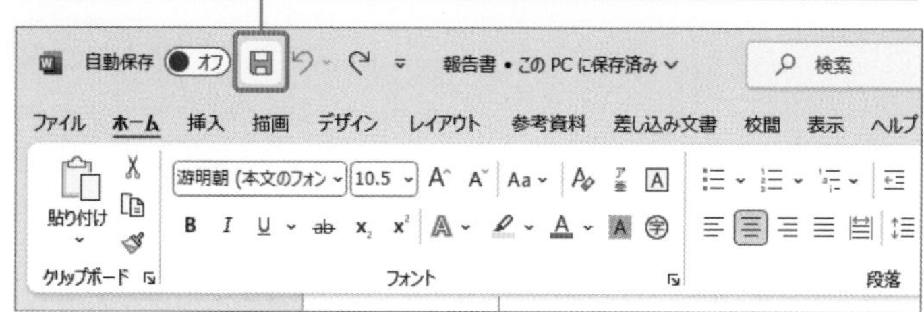

Memo クイックアクセスツールバーのボタンを削除する

削除したいボタンを右クリックし、［クイックアクセスツールバーから削除］をクリックすると、ボタンが削除されます。

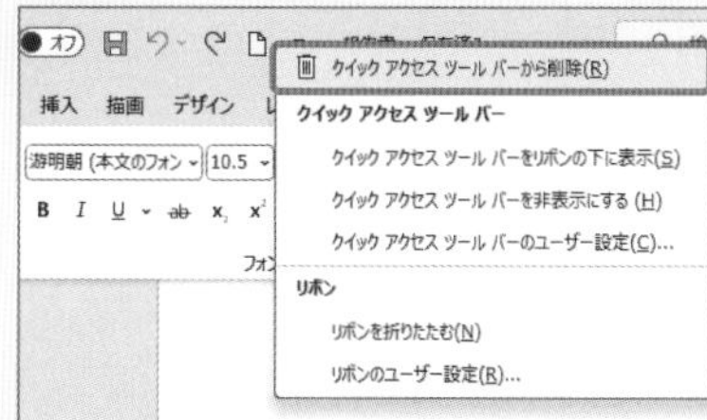

ボタンを追加する

1 ［クイックアクセスツールバーのユーザー設定］をクリックし、

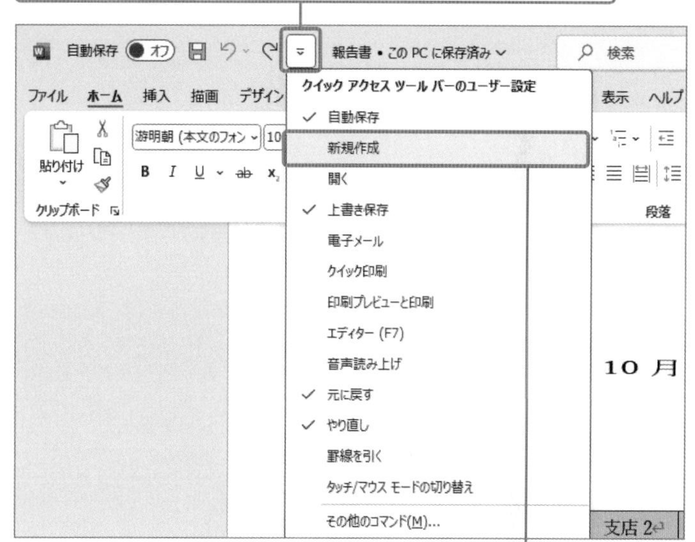

2 一覧から機能をクリックすると、

3 ボタンが追加されます。

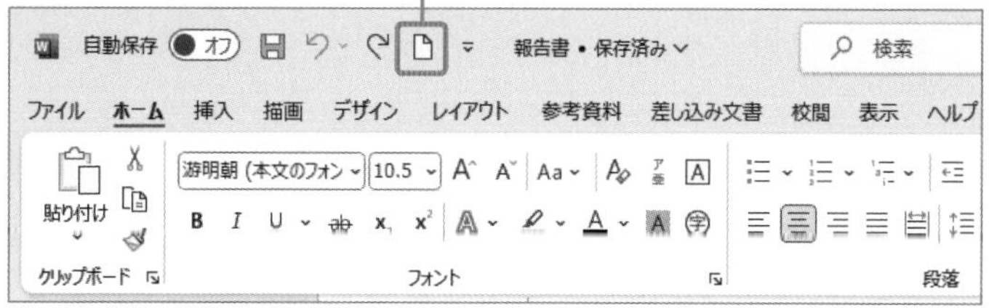

レッスン 14-2 ミニツールバーを使う

練習用ファイル 14-2-案内状.docx

操作 ミニツールバーを使う

ミニツールバーは、文字を選択したり、右クリックしたりした際に対象文字の右上あたりに表示されるボタンの集まりです。設定対象によって表示されるボタンが異なります。例えば、文字を選択した場合は、文字サイズなどの書式を設定するボタンが表示されます。
ミニツールバーが不要な場合は Esc キーを押して非表示にできます。

Memo 文字列を選択する

マウスポインターを文字上でドラッグすると文字が選択されます。文字を選択する方法についてはp.148を参照してください。

1 文字列を選択すると、

2 ミニツールバーが表示されます。

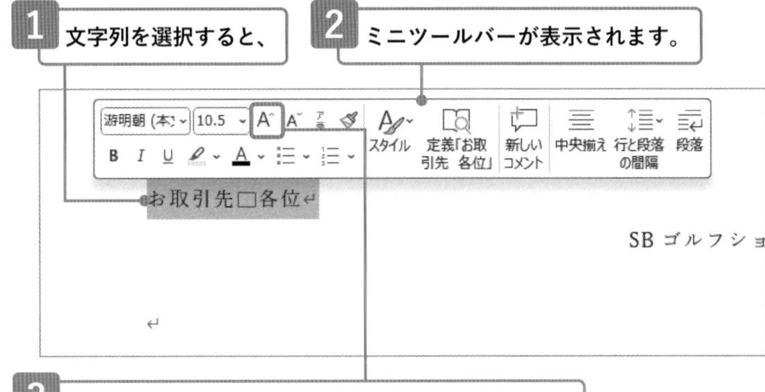

3 任意のボタン（ここでは［フォントサイズの拡大］ボタン）をクリックすると、

お取引先□各位

4 機能が実行されます。

レッスン 14-3 ショートカットメニューを使う

練習用ファイル 14-3-案内状.docx

操作 ショートカットメニューを使う

ショートカットメニューは、文字列や図形などを選択し、右クリックしたときに表示されるメニューです。右クリックした対象に対して実行できる機能が一覧で表示され、機能を素早く実行するのに便利です。

1 文字を選択して右クリックすると、

2 ショートカットメニューが表示されます。

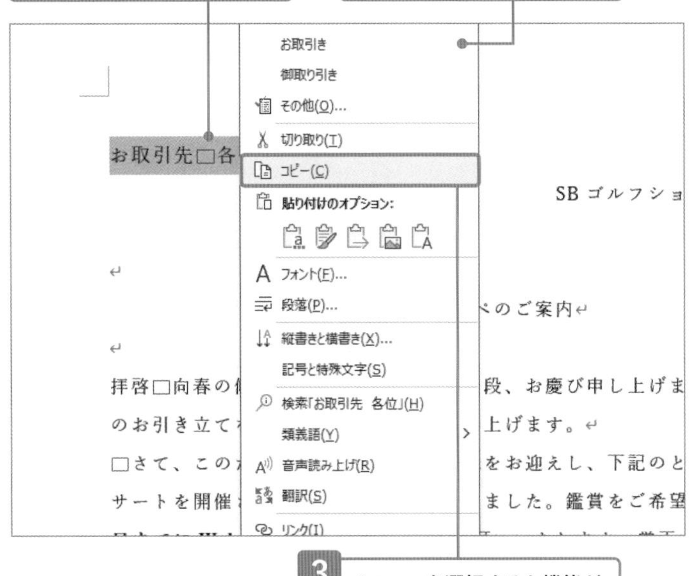

3 メニューを選択すると機能が実行されます。

レッスン 14-4 ショートカットキーを使う

14-4-案内状.docx

操作 ショートカットキーを使う

ショートカットキーとは、機能が割り当てられている単独のキー、またはキーの組み合わせです。
例えば、文字列を選択した状態でCtrlキーを押しながらBキーを押すと太字が設定されます。キーボード操作に慣れてきたら利用すると便利です。

Point ショートカットキーの確認

ショートカットキーは、リボンのボタンにマウスポインターを合わせたときに表示されるヒントで確認できます。

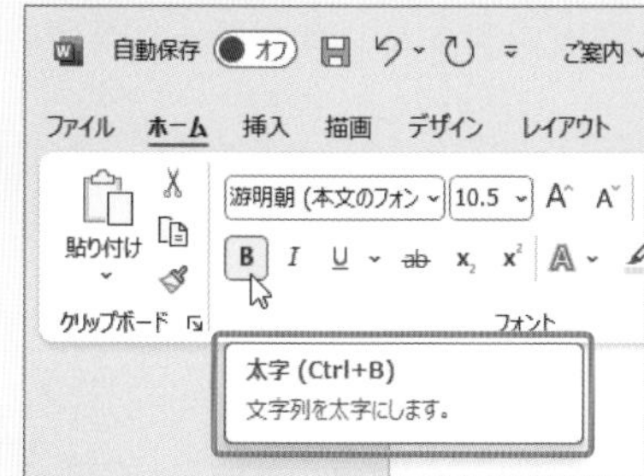

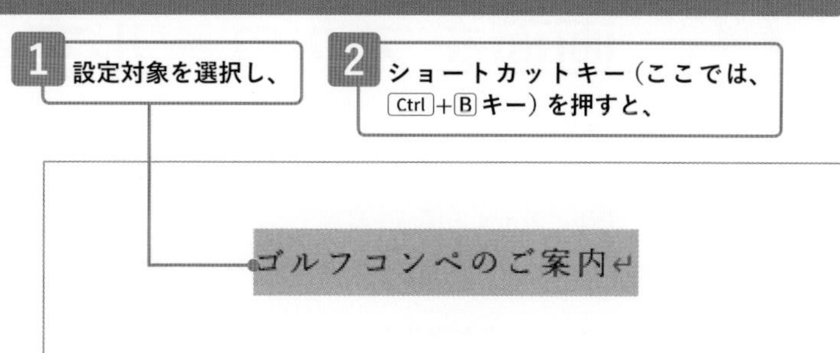

1 設定対象を選択し、

2 ショートカットキー（ここでは、Ctrl+Bキー）を押すと、

3 機能（ここでは太字）が実行されます。

ゴルフコンペのご案内↵

コラム 覚えておきたいショートカットキー

よく使用されるショートカットキーを紹介します。操作に慣れてきたらどんどん使ってください。

機能	ショートカットキー
コピー	Ctrl + C
切り取り	Ctrl + X
貼り付け	Ctrl + V
太字	Ctrl + B
斜体	Ctrl + I
下線	Ctrl + U
元に戻す	Ctrl + Z
やり直し	Ctrl + Y
繰り返し	F4
[名前を付けて保存]ダイアログ表示	F12
[ファイルを開く]ダイアログ表示	Ctrl + F12
ウィンドウを閉じる	Alt + F4

Section

15 画面をスクロールする

画面に表示する領域を移動することを「スクロール」といいます。文書作成中に、画面に表示されていない文書の上下左右を見るには、画面をスクロールします。

習得スキル	操作ガイド	ページ
▶画面をスクロールする	レッスン15-1	p.67

まずは パッと見るだけ！

表示画面を移動する

画面のスクロールは、スクロールバーを使います。画面をスクロールすると、文書の表示されていない部分が表示されます。

Before
操作前

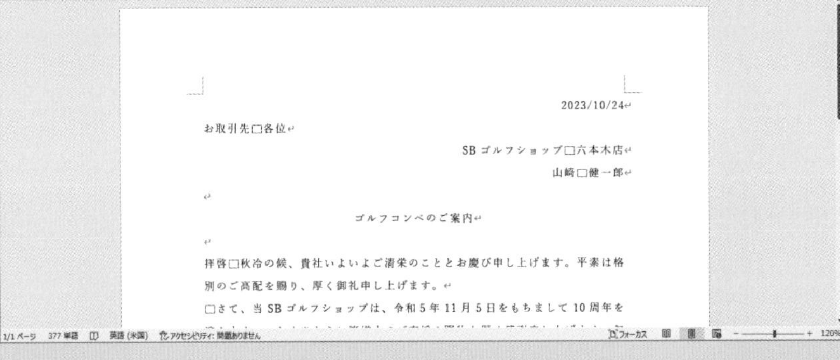
2023/10/24
お取引先□各位
SBゴルフショップ□六本木店
山崎□健一郎

ゴルフコンペのご案内

拝啓□秋冷の候、貴社いよいよご清栄のこととお慶び申し上げます。平素は格別のご高配を賜り、厚く御礼申し上げます。
□さて、当SBゴルフショップは、令和5年11月5日をもちまして10周年を

After
操作後

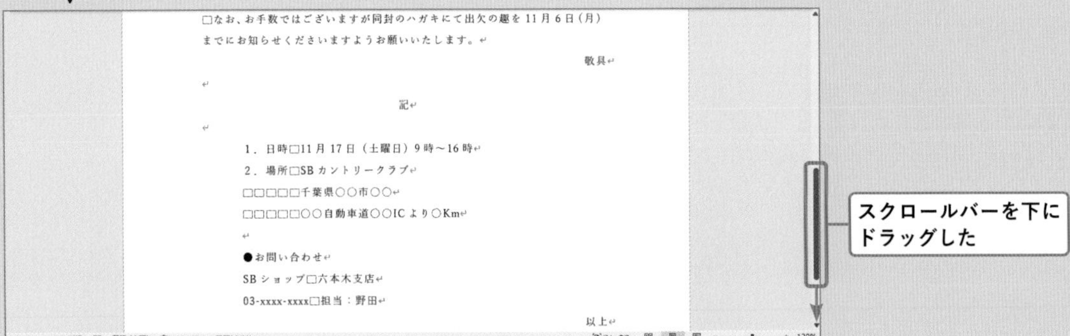
□なお、お手数ではございますが同封のハガキにて出欠の趣を11月6日（月）までにお知らせくださいますようお願いいたします。
敬具

記

1．日時□11月17日（土曜日）9時～16時
2．場所□SBカントリークラブ
□□□□□千葉県○○市○○
□□□□□□○○自動車道○○ICより○Km

●お問い合わせ
SBショップ□六本木支店
03-xxxx-xxxx□担当：野田
以上

 レッスン 15-1 画面をスクロールする

練習用ファイル 15-案内状.docx

操作 上下にスクロールする

画面を上下にスクロールするには、画面右側に表示されている垂直スクロールバーを使います。スクロールバーのつまみを上下にドラッグすることで文書を上下にスクロールすることができます。また、スクロールバーの両端にある▲や▼をクリックすると1行ずつスクロールできます。なお、スクロールしてもカーソルの位置は変わりません。

Point 横方向にスクロールするには

横方向に表示しきれていない部分がある場合は、下図のように水平スクロールバーが表示されます。水平スクロールバーを左右にドラックして画面を移動します。

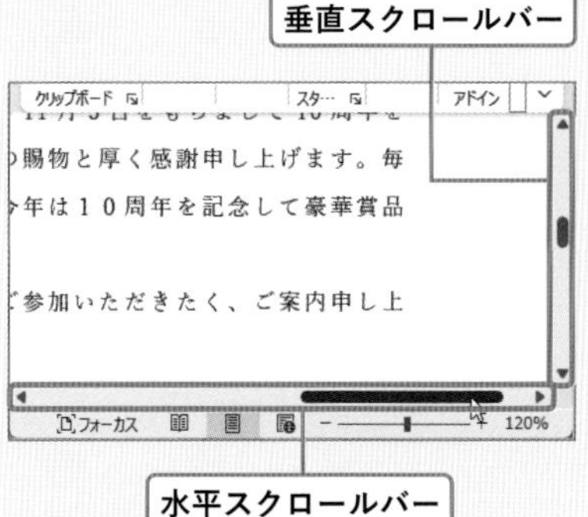

Memo スクロールバーが表示されない場合

スクロールバーは、画面内に文書全体が表示されている場合は表示されません。

Memo マウスを使ってスクロールする

マウスにホイールが付いている場合は、ホイールを回転することで画面を上下にスクロールできます。

1 スクロールバーのつまみをドラッグすると、

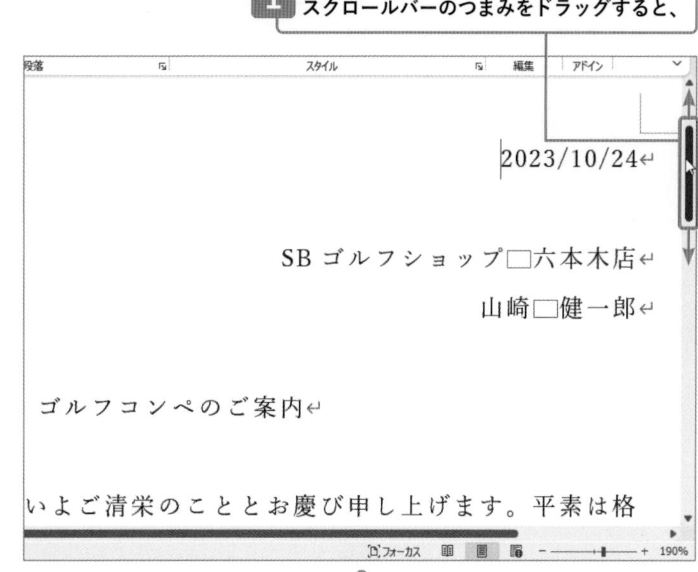

2 画面がスクロールされて、文書の表示位置が変更されます。

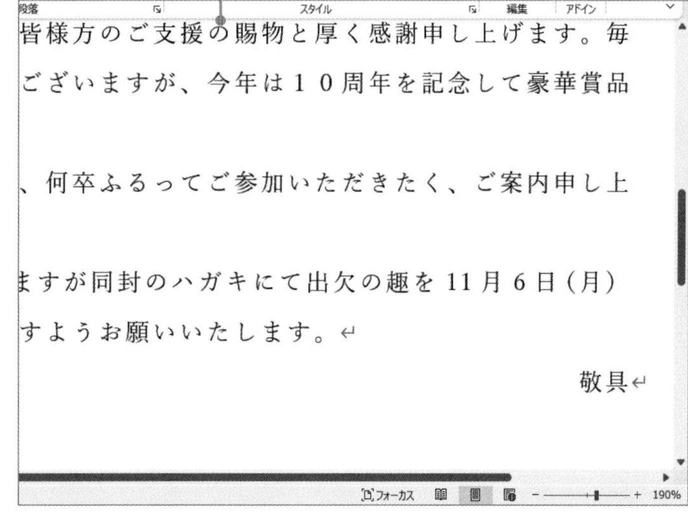

Section

16 画面の表示倍率を変更する

Wordでは、必要に応じて画面を拡大して部分的に大きく見たり、縮小して文書全体を確認したりできます。10%～500%の範囲で変更できます。

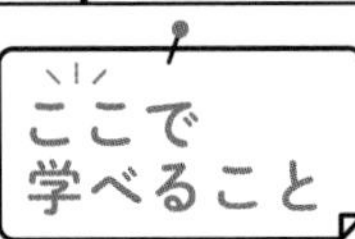

習得スキル	操作ガイド	ページ
▶表示倍率の変更	レッスン16-1	p.69

まずは パッと見るだけ！

ズーム機能で表示倍率を変更する

作業内容に合わせて画面の表示倍率を自由に変更できます。

Before 操作前

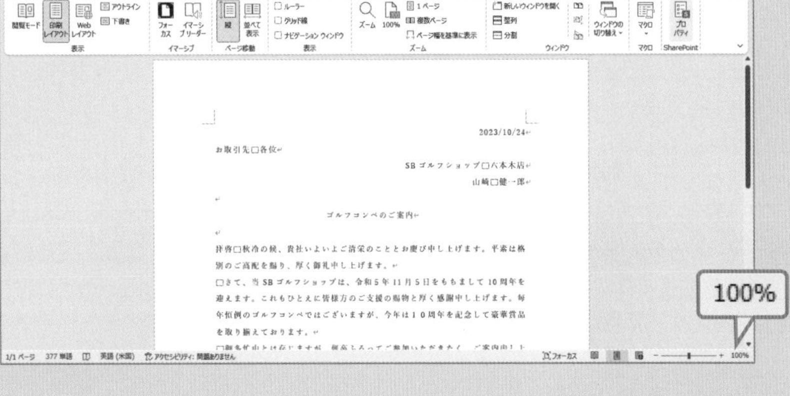

After 操作後

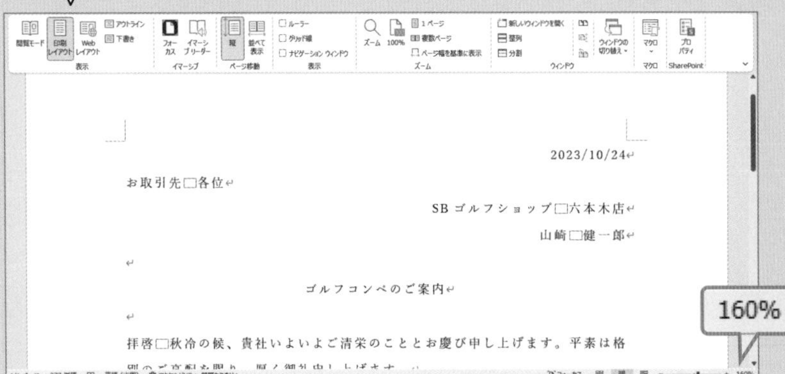

レッスン16-1 画面の表示倍率を変更する

練習用ファイル 16-案内状.docx

操作 画面の表示倍率を変更する

画面の表示倍率を変更する方法には、ズームスライダーの左右のつまみをドラッグする方法と、リボンにあるボタンを使う方法があります。
また、ズームスライダーの左右にある［+］［−］をクリックすると、10%〜500%の範囲で10%ずつ拡大／縮小します。

Point いろいろな表示倍率

リボンの［ズーム］グループのボタンをクリックすると、指定された倍率に簡単に変更できます。最初の状態に戻すには［100%］をクリックします。［ページ幅を基準に表示］をクリックすると、ページ幅が画面に収まるように倍率が変更されるため、作業しやすくなります。

Memo ［ズーム］ダイアログで倍率変更する

ズームスライダーの右側にある表示倍率の数字（下図では「170%」の部分）をクリックすると、［ズーム］ダイアログが表示されます。このダイアログでは、倍率を直接入力して指定することもできます。

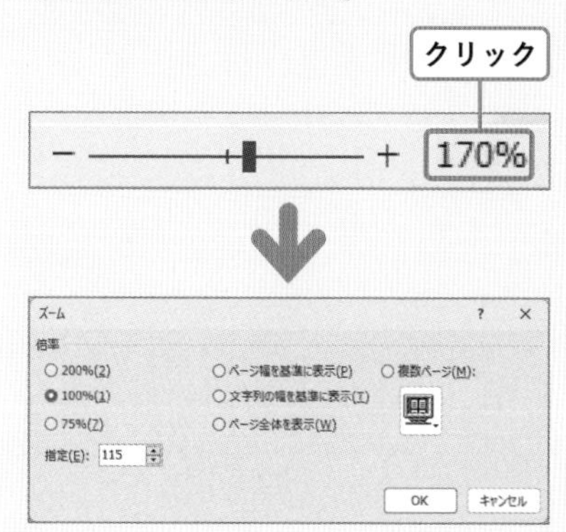

ズームスライダーを使って倍率を変更する

1 画面右下にあるズームスライダーのつまみを左右にドラッグすると、

2 画面の表示倍率が変更されます。

リボンを使って表示倍率を変更する

1 ［表示］タブをクリックし、

2 ［ズーム］グループ内のボタンをクリックすると、

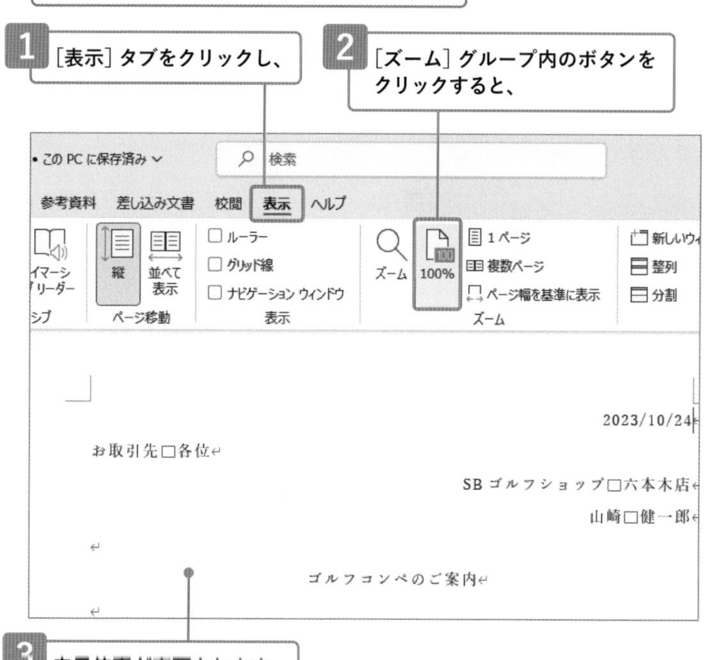

3 表示倍率が変更されます。

Section

17 表示モードを知ろう

Wordには、「印刷レイアウト」「閲覧モード」「Webレイアウト」「アウトライン」「下書き」の5つの表示モードがあります。通常は、「印刷レイアウト」で編集作業を行います。ここでは、これら5つの表示モードがどのようなものかを確認しておきましょう。

ここで学べること

習得スキル	操作ガイド	ページ
▶印刷レイアウトに切り替える	レッスン17-1	p.71
▶閲覧モードに切り替える	レッスン17-2	p.71
▶Webレイアウトに切り替える	レッスン17-3	p.72
▶アウトラインに切り替える	レッスン17-4	p.72
▶下書きに切り替える	レッスン17-5	p.73

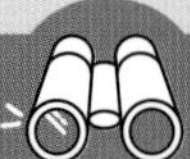

まずは パッと見るだけ！

主な表示モード

●印刷レイアウト

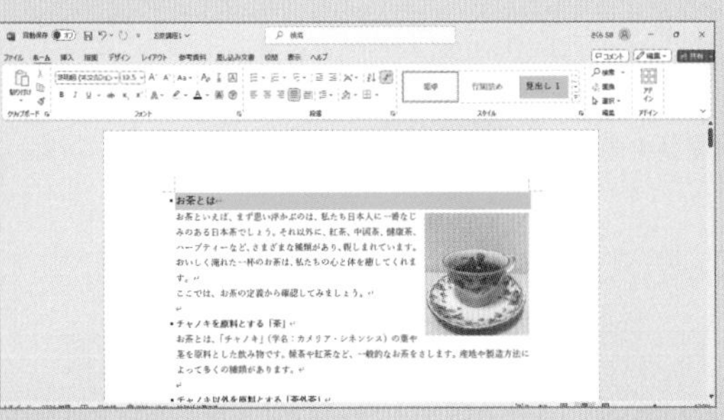

通常の編集画面。余白や画像などが印刷結果のイメージで表示される

●閲覧モード

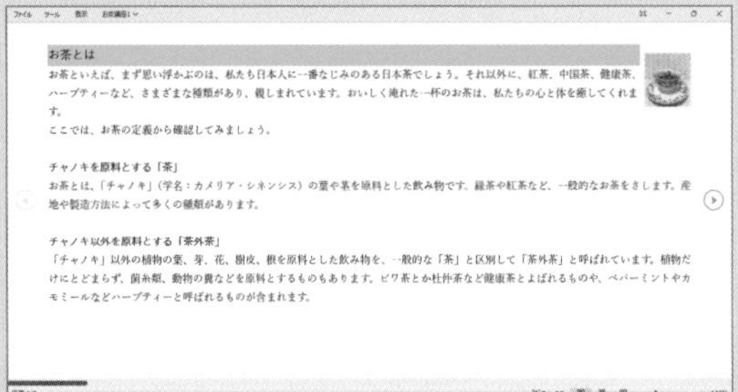

画面の幅に合わせて文字が折り返されて表示され、編集はできない。文書を読むのに適している

●Webレイアウト

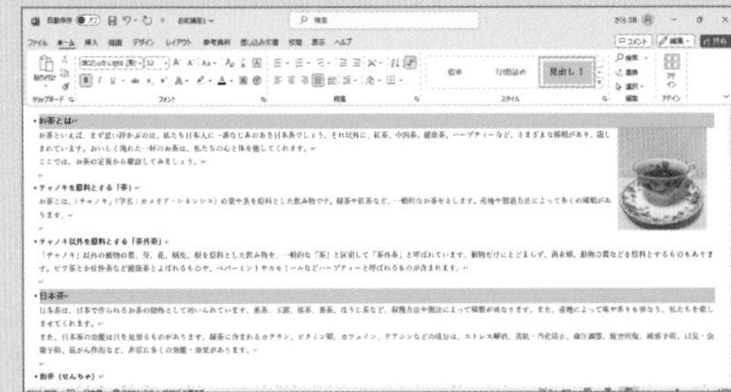

Webブラウザーで文書を開いたときと同じイメージで表示される。文書をWebページとして保存する場合のイメージ確認ができる

●アウトライン

罫線や画像が省略され、文章のみが表示される。章、節、項のような階層構造の見出しのある文書を作成・編集するのに便利

レッスン 17-1 印刷レイアウトに切り替える

練習用ファイル 17-お茶講座.docx

操作 表示モードを切り替える

表示モードは、画面右下にある表示選択ショートカットを使うことで[印刷レイアウト][閲覧モード][Webレイアウト]に切り替えることができます。[アウトライン]や[下書き]はリボンのボタンを使って切り替えます。

● 表示選択ショートカット

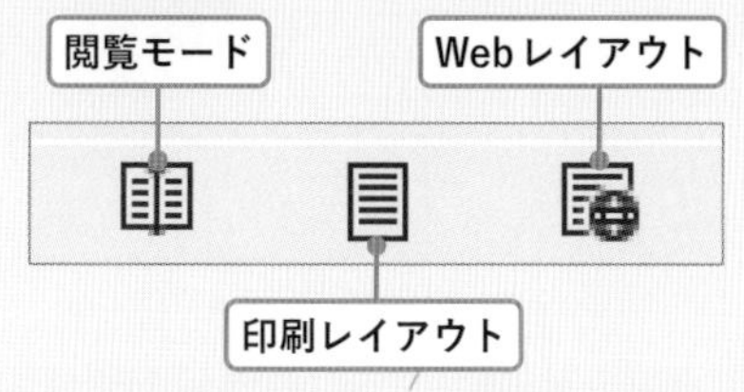

なお、[表示]タブの[印刷レイアウト]をクリックすることでも表示を切り替えることができます。

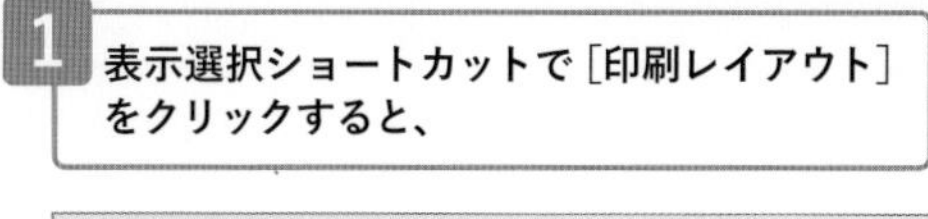

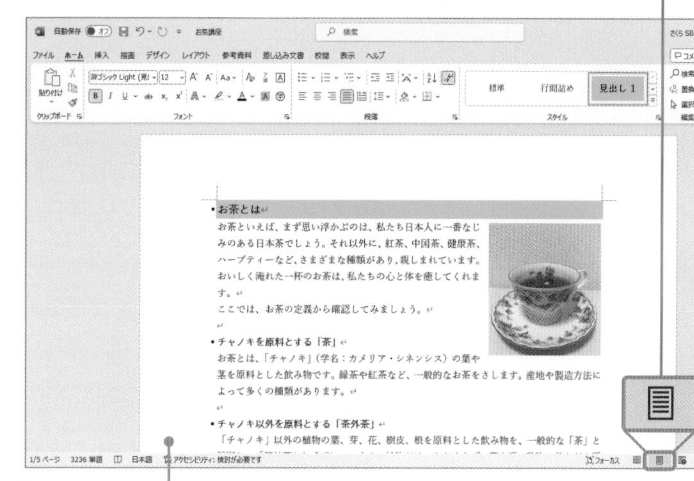

2 印刷レイアウトに切り替わります。

レッスン 17-2 閲覧モードに切り替える

練習用ファイル 17-お茶講座.docx

Point 閲覧モードの特徴

閲覧モードは、画面上で文章を読むのに適した表示モードです。画面上部の[表示]メニューには文字間隔を広げたり、画面の色を変えたり、文章を読みやすくするための機能が用意されています。また、[ツール]メニューには検索や翻訳などの機能が用意されています。

ファイル　ツール　表示　お茶講座1 ∨

Memo ◁や▷を表示するには

閲覧モードに変更したときに◁、▷が表示されていない場合は、[表示]→[レイアウト]→[段組みレイアウト]をクリックします。

1 表示選択ショートカットで[閲覧モード]をクリックすると、

2 閲覧モードに切り替わります。

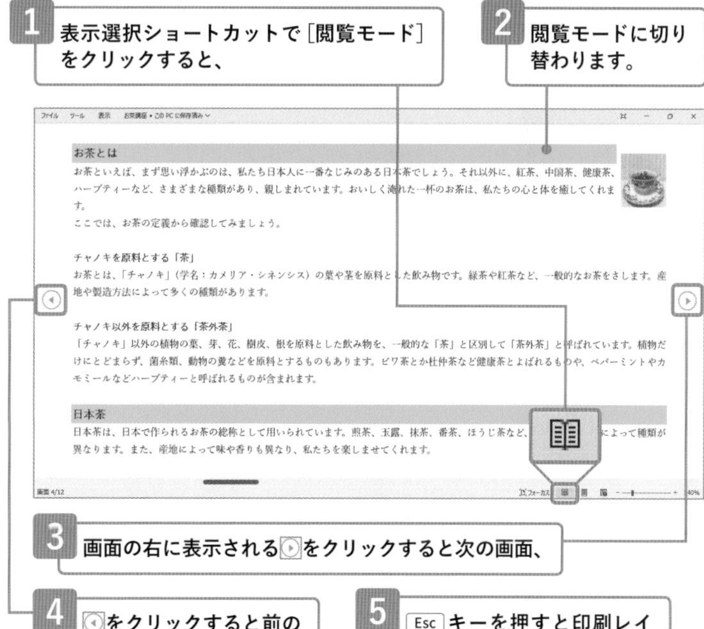

3 画面の右に表示される▷をクリックすると次の画面、

4 ◁をクリックすると前の画面に移動します。

5 Esc キーを押すと印刷レイアウトに戻ります。

レッスン 17-3 Webレイアウトに切り替える

練習用ファイル 17-お茶講座.docx

1 表示選択ショートカットで［Webレイアウト］をクリックすると、

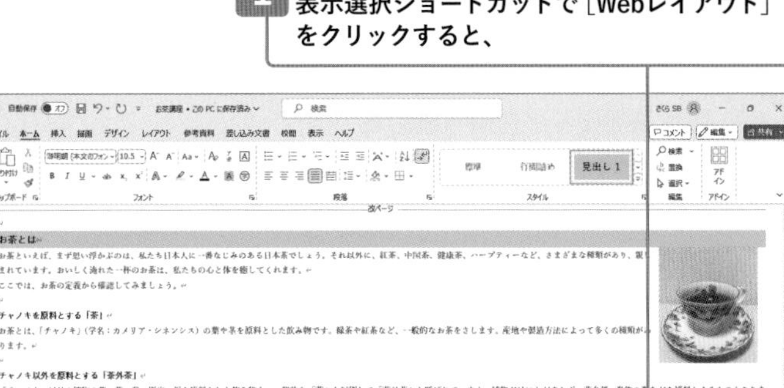

2 Webレイアウトに切り替わります。

レッスン 17-4 アウトラインに切り替える

練習用ファイル 17-お茶講座.docx

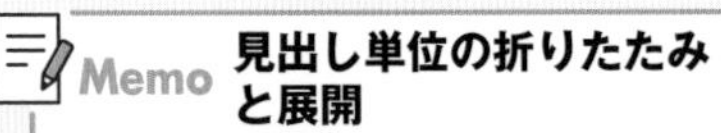
Memo 見出し単位の折りたたみと展開

見出しスタイル（p.322）が設定されている段落の行頭にある⊕をダブルクリックすると、見出し単位で折りたたんだり、展開したりできます。

○ ↵
⊕ チャノキを原料とする「茶」↵
⊕ チャノキ以外を原料とする「茶外茶」↵
○ 「チャノキ」以外の植物の葉、芽、花、一般的な「茶」と区別して「茶外茶」とまらず、菌糸類、動物の糞などを原料と杜仲茶など健康茶とよばれるものや、ペブティーと呼ばれるものが含まれます。

1 ［表示］タブ→［アウトライン］をクリックすると、

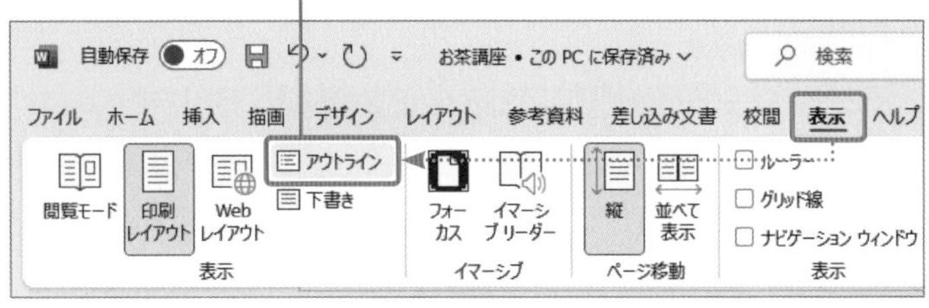

2 アウトラインに切り替わり

3 ［アウトライン］タブが表示されます。

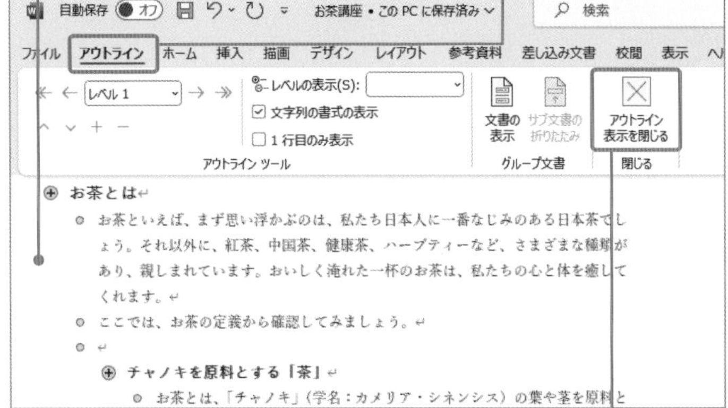

4 ［アウトライン］タブの［アウトライン表示を閉じる］をクリックすると印刷レイアウトに戻ります。

レッスン 17-5 下書きに切り替える

練習用ファイル 17-お茶講座.docx

1 [表示] タブ→ [下書き] をクリックすると、

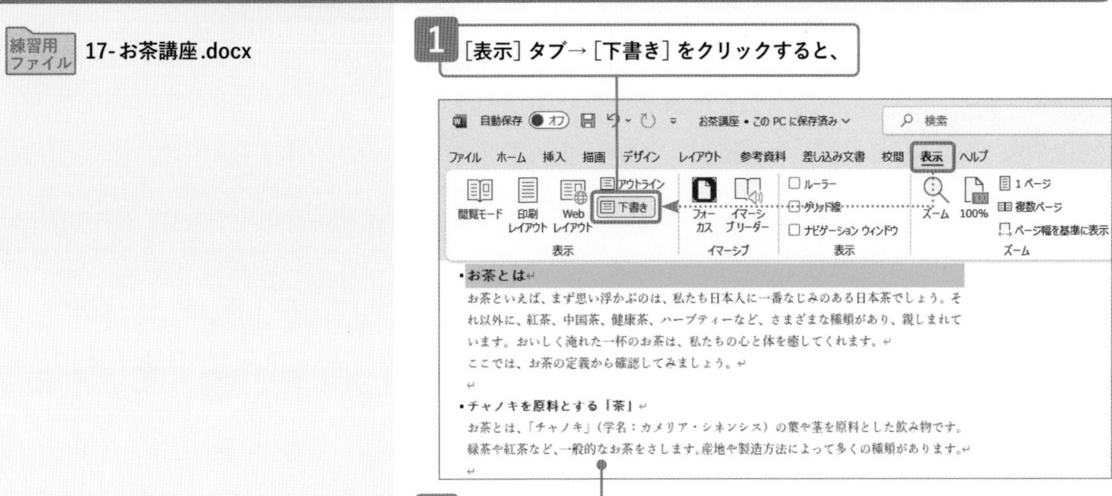

2 下書きに切り替わります。

コラム Wordの設定画面の開き方を覚えておこう

Word全般の設定をするには、[Wordのオプション] ダイアログを表示します。Wordの操作に慣れてくると、自分が使いやすいように設定を変更したいと思うことがあるでしょう。そのときに、この画面で設定変更します。本書でもこの画面を表示して設定を変更する方法を解説している箇所があります。

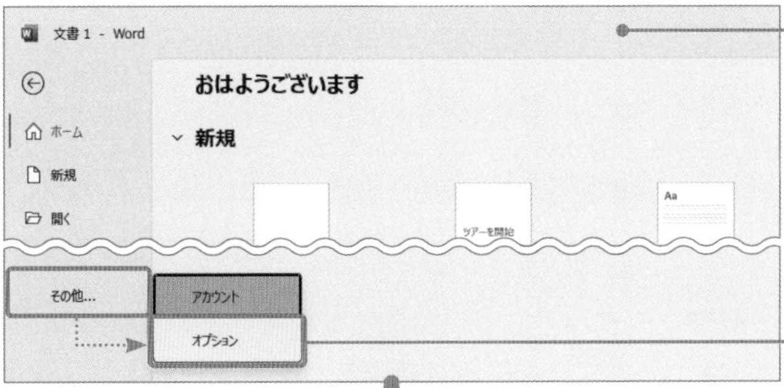

1 p.55の手順で [ファイル] タブをクリックし、Backstageビューを表示します。

2 [その他] → [オプション] をクリックします。

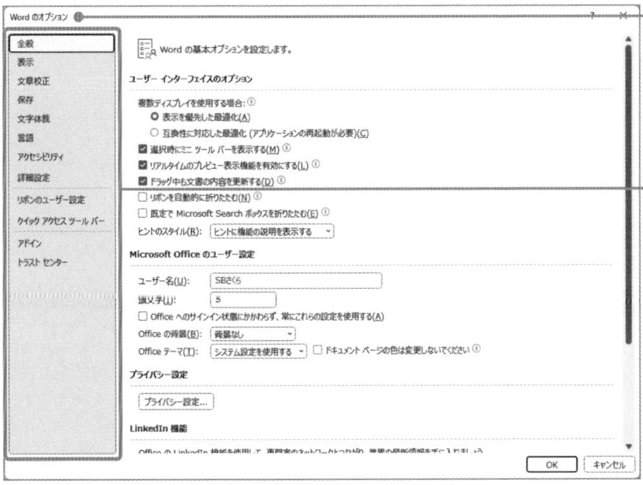

3 [Wordのオプション] ダイアログが表示されます。

左側にあるメニューを選択すると、右側に対応する設定画面が表示されます。

操作がわからなくても大丈夫

Wordの操作に慣れていないと、文書作成中に操作方法がわからなくなることがありますが焦る必要はありません。「困ったな」と思ったら、Microsoft Searchやヘルプ機能を使ってみましょう。やりたいことのキーワードや機能名を入力するだけで、目的の操作や内容を表示できます。

● Microsoft Search

タイトルバーの中央にある入力欄がMicrosoft Searchです。入力欄にやりたいことのキーワードを入力すると❶、キーワードに関連する機能や文書内でキーワードを検索した結果が表示されます❷。[操作] の一覧から目的の機能をクリックすると、その機能をすぐに実行できます❸。リボン内のボタンの位置がわからない場合に便利です。

● ヘルプ

[ヘルプ] タブの [ヘルプ] をクリックすると❶、[ヘルプ] 作業ウィンドウが表示されます❷。検索ボックスに調べたい内容を入力して Enter キーを押すと❸、関連する内容の解説が一覧表示されるので、目的の解説をクリックして内容を確認します❹。なお、この機能を使うには、パソコンがインターネットに接続されている必要があります。

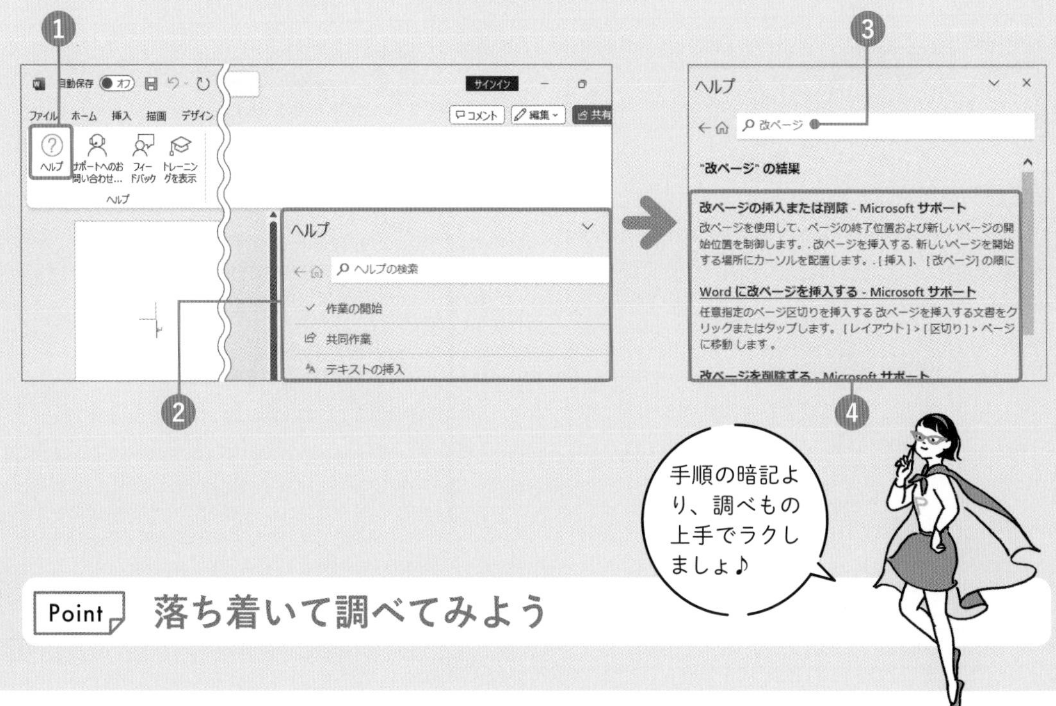

Point 落ち着いて調べてみよう

第 2 章

文字の入力をマスターする

ここでは、文字入力の方法を説明します。パソコンのキーボードの配列、キーボードの機能や打ち分け方、文字の入力や文字変換の仕方を丁寧に説明していますので、キーボード操作に慣れていない方でも安心して進めることができます。

Section

18 キーボードの上手な使い方

キーボードには、文字が割り当てられている「文字キー」と、何らかの機能が割り当てられている「機能キー」があります。文字を入力するには、文字キーを使います。キーボード上の主なキーの名称と機能を確認しましょう。

ここで学べること

習得スキル	操作ガイド	ページ
▶キーボードの各部の名称と機能	なし	p.77

まずは パッと見るだけ！

キーボードの構成

キーは、軽くポンと押しましょう。キーを押し続けると「連打（連続して複数回押す）した」とみなされます。中央の文字キーとテンキー以外は機能キーです。テンキーを使って数字を入力するときは、[Num Lock]キーを押してオンにします。[Num Lock]キーがオンのときは、パソコンにNumLockのランプが点灯します。再度[Num Lock]キーを押すとオフになり、ランプが消灯します。

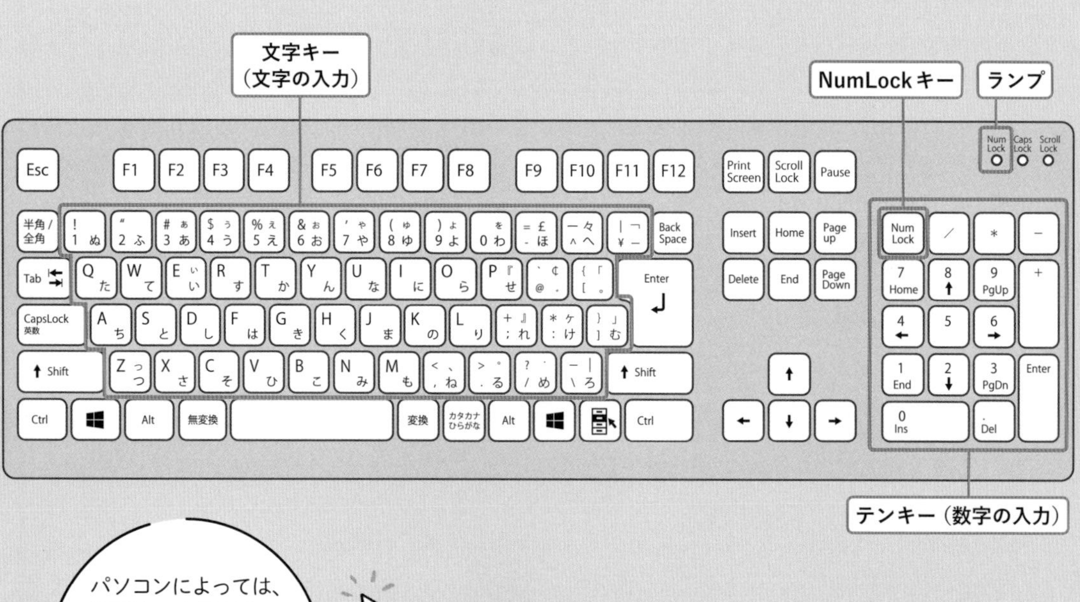

パソコンによっては、[Num Lock]キーを[Fn]キーと組み合わせて押すタイプや、NumLockランプのないキーボードもあります

Memo NumLockの状態がわからない場合

NumLockの状態がわからない場合は、テンキーのいずれかの数字を押してみます。数字が入力されない場合は、NumLockがオフなので[Num Lock]キーを押してオンにしてください。

文字入力に使用する主なキーの名称と機能

標準的なキーボードの配置は以下のようになりますが、パソコンによって機能キーの配置が多少異なります。また、テンキーがないものもあります。

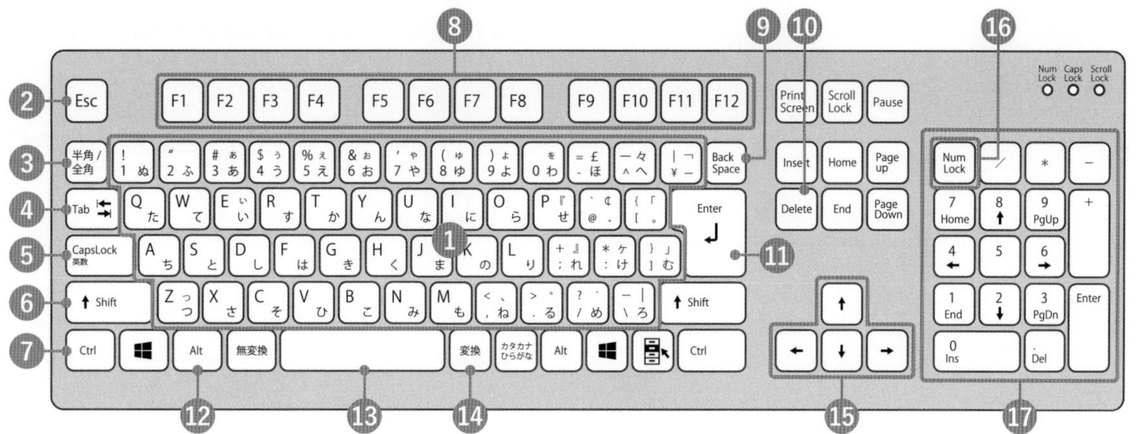

番号	名称	機能
❶	文字キー	文字が割り当てられている。文字や記号を入力する
❷	Esc（エスケープ）キー	入力や変換を取り消したり、操作を取り消したりする
❸	半角/全角 キー	入力モードの「ひらがな」と「半角英数」を切り替える
❹	Tab（タブ）キー	字下げを挿入する
❺	Caps Lock（キャップスロック）キー	アルファベット入力時に Shift キーを押しながらこのキーを押して大文字入力の固定と小文字入力の固定を切り替える
❻	Shift（シフト）キー	文字キーの上部に表示された文字を入力するときに、文字キーと組み合わせて使用する
❼	Ctrl（コントロール）キー	他のキーを組み合わせて押し、さまざまな機能を行う
❽	ファンクションキー	アプリによってさまざまな機能が割り当てられている。文字変換中は、F6～F10 にひらがな、カタカナ、英数変換する機能が割り当てられている
❾	Back space（バックスペース）キー	カーソルより左側（前）の文字を1文字削除する
❿	Delete（デリート）キー	カーソルより右側（後）の文字を1文字削除する
⓫	Enter（エンター）キー	変換途中の文字を確定したり、改行して次の行にカーソルを移動したりする
⓬	Alt（オルト）キー	他のキーを組み合わせて押し、さまざまな機能を行う
⓭	Space（スペース）キー	文字の変換や、空白を入力する
⓮	変換 キー	確定した文字を再変換する
⓯	↑、↓、→、← キー	カーソルを上、下、右、左に移動する
⓰	Num Lock（ナムロック）キー	オンにすると、テンキーの数字が入力できる状態になる
⓱	テンキー	数字や演算記号を入力するキーの集まり

Section

19 IMEで入力モードを確認しよう

IMEとは、パソコンでひらがなやカタカナ、漢字などの日本語を入力するためのプログラムで、Windowsに付属しています。このようなプログラムを「日本語入力システム」といいます。文字を入力する場合は、現在のIMEの入力モードを確認し、必要に応じて変更します。

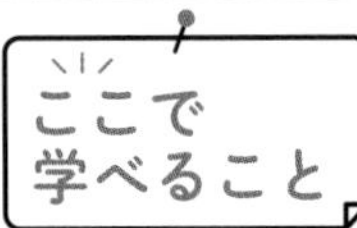

習得スキル	操作ガイド	ページ
▶IMEの入力モードを切り替える	レッスン19-1	p.79

まずは パッと見るだけ！

IMEの入力モード

IMEの入力モードは、[ひらがな] モードと [半角英数字] モードがあります。入力モードの状態はタスクバーの通知領域で確認できます。また、半角/全角キーを押すか、表示をクリックするごとに [ひらがな] モードと [半角英数字] モードが交互に切り替わります。

Before 操作前

After 操作後

[ひらがな] モード

[半角英数字] モード（アルファベットの入力）

▼[ひらがな] モード

▼[半角英数字] モード

[半角／全角] キーですぐ切り替わるのね！

レッスン19-1 IMEの入力モードを切り替える

操作 IMEの入力モードを切り替える

キーボードを押したときに入力される文字種は、IMEの入力モードによって変わります。
Wordを起動すると、自動的に入力モードが［ひらがな］に切り替わり、「あ」と表示されます。
半角/全角キーを押すと、［半角英数字］モードに切り替わり、「A」と表示され、半角英数文字が入力できる状態になります。
半角/全角キーを押すか、表示をクリックするごとに入力モードが交互に切り替わります。

キーボードで切り替える

1 IMEの状態（ここでは［ひらがな］モード：オン）を確認し、

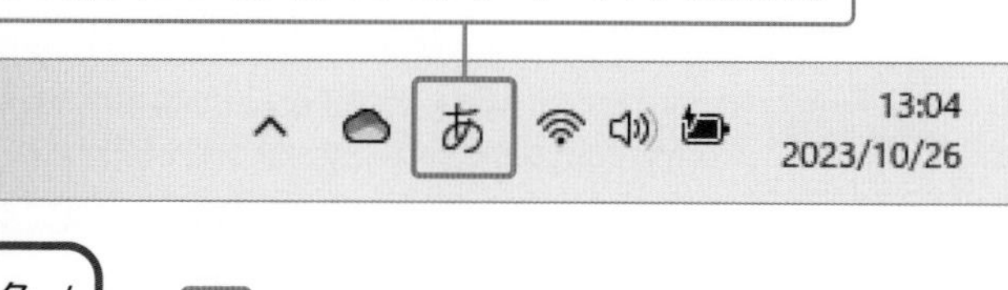

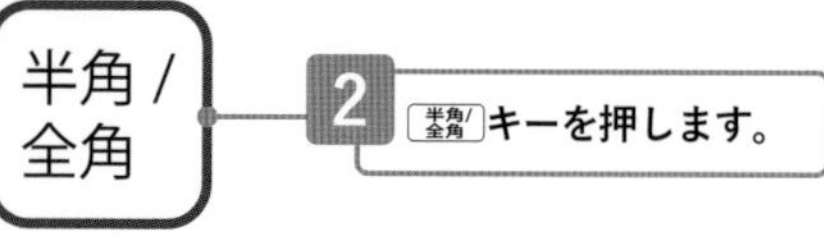

2 半角/全角キーを押します。

3 入力モードが切り替わります（ここでは［半角英数字］モード：オフ）。

メニューから切り替える

1 タスクバー上の「あ」を右クリックし、

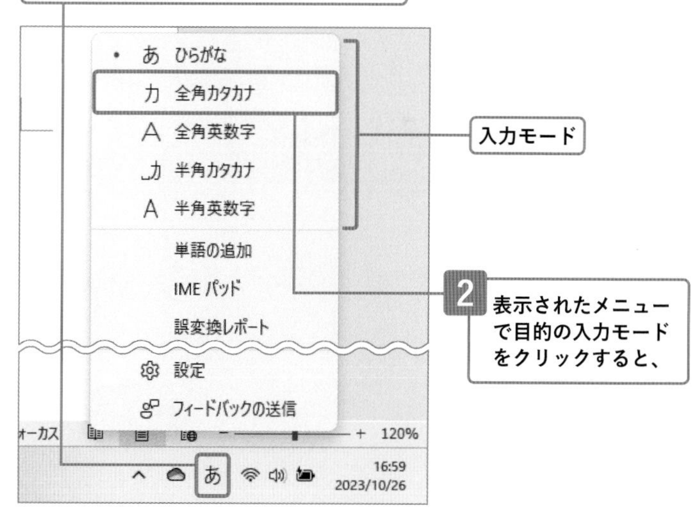

2 表示されたメニューで目的の入力モードをクリックすると、

3 入力モードが切り替わります。

Memo 入力モードの種類

タスクバー上の入力モードの表示を右クリックすると、IMEのメニューが表示されます。上から［ひらがな］［全角カタカナ］［全角英数字］［半角カタカナ］［半角英数字］と5種類の入力モードに切り替えることができます。先頭に「・」が表示されているものが現在の入力モードです。

Memo その他のIMEの入力モードに切り替える

入力モードが［全角カタカナ］［全角英数字］［半角カタカナ］の場合も、半角/全角キーで［半角英数字］と交互に切り替わります。

Section

20 「ローマ字入力」と「かな入力」

日本語を入力する場合の入力方法には「ローマ字入力」と「かな入力」があります。
ローマ字入力はキーに表示されている英字をローマ字読みでタイプして日本語を入力する方法です。
一方、かな入力はキーに表示されているひらがなをそのままタイプして日本語を入力する方法です。

ここで学べること

習得スキル	操作ガイド	ページ
▶ローマ字入力/かな入力を切り替える	レッスン20-1	p.81

まずは パッと見るだけ！

[ローマ字入力]と[カナ入力]で使うキー

[ローマ字入力]と[かな入力]で「あめ」と入力するとき、使うキーは以下のようになります。

● **ローマ字入力**

キーに表示されている英字をローマ字読みでタイプして、日本語を入力します。

● **かな入力**

キーに表示されているひらがなをそのままタイプして、日本語を入力します。

レッスン 20-1 ローマ字入力とかな入力を切り替える

操作 入力方法を切り替える

入力方法は、標準でローマ字入力です。そのため何も設定しないとローマ字入力になります。
ローマ字入力からかな入力に切り替えるには、タスクバーの「あ」を右クリックして、表示されるメニューで[かな入力(オフ)]をクリックします。
再度メニューを表示して[かな入力(オン)]をクリックするとローマ字入力に戻ります。

1 タスクバーのIMEの表示(ここでは「あ」)を右クリックし、

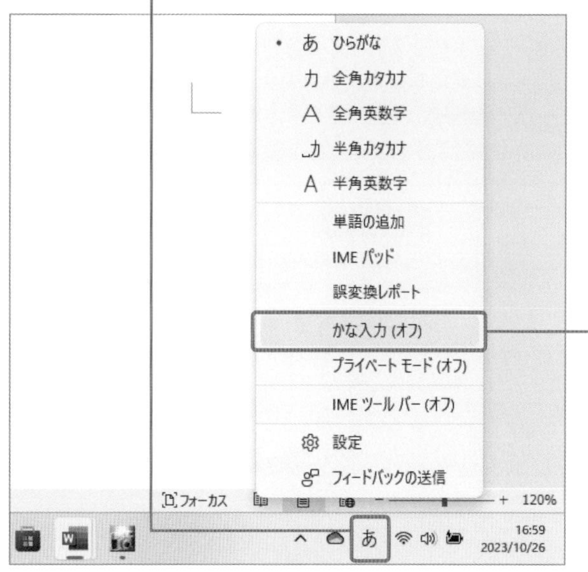

2 [かな入力(オフ)]をクリックすると、かな入力に切り替わります。

3 再度、タスクバーのIMEの表示を右クリックすると、

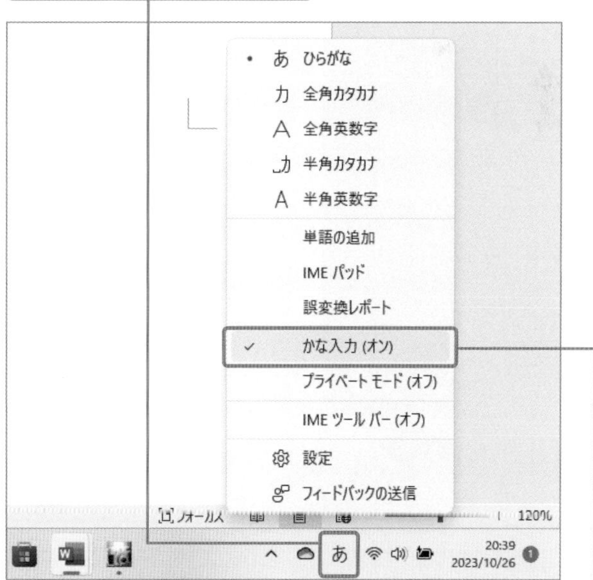

4 [かな入力(オン)]と表示され、現在かな入力であることが確認できます。[かな入力(オン)]をクリックすると、ローマ字入力に戻ります。

Section

21 効率よく日本語を入力する

日本語を入力するには、IMEの入力モードを「ひらがな」にします。ひらがなで入力して、漢字に変換したり、カタカナに変換したりできます。ここで入力、訂正、変換、再変換の方法を覚えれば、素早く日本語入力ができるようになります。

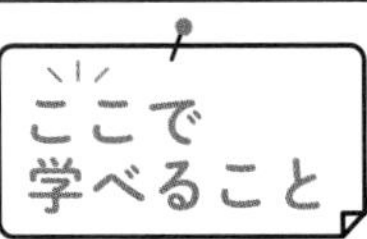

習得スキル	操作ガイド	ページ
▶ひらがなの入力／訂正	レッスン21-1～2	p.83～p.86
▶漢字変換／再変換	レッスン21-3～5	p.86～p.89
▶カタカナ変換	レッスン21-6	p.89

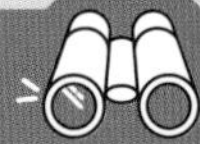

まずは パッと見るだけ！

読みを入力して変換する

日本語を入力するには、ひらがなで**読みを入力**してから変換します。読みの文字を間違えた場合は変換前に読みを訂正できます。加えて、文字を確定した後に別の漢字に再変換することもできます。

▼基本的な漢字変換の流れ

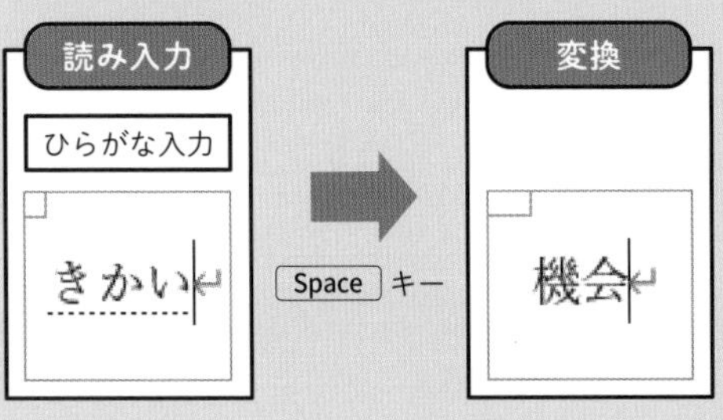

▼漢字確定後の再変換の流れ

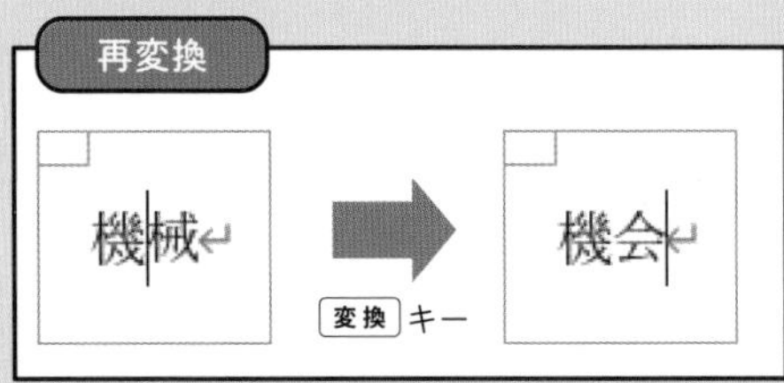

間違った漢字で確定しても、再変換できるので打ち直す必要はありません。

▼入力中の読み訂正の流れ

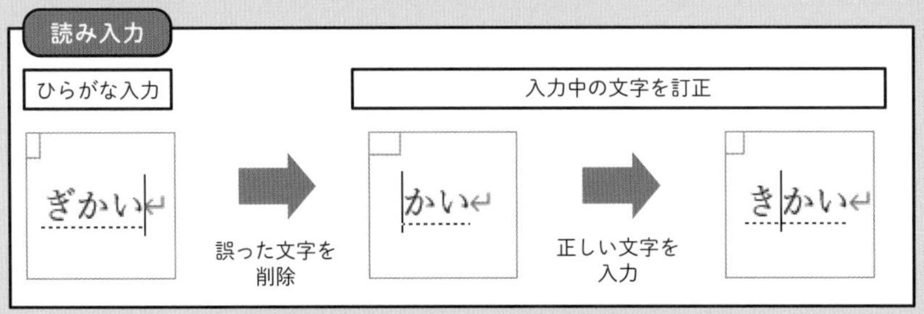

読みを間違えても、間違えだけを訂正すれば打ち直す必要はありません。

レッスン 21-1 ひらがなを入力する

操作 ひらがなを入力する

ひらがなや漢字などの日本語を入力するには、入力モードを「あ」([ひらがな] モード) にします。ここでは、ローマ字入力の方法と、かな入力の方法を説明します。

ローマ字入力の場合

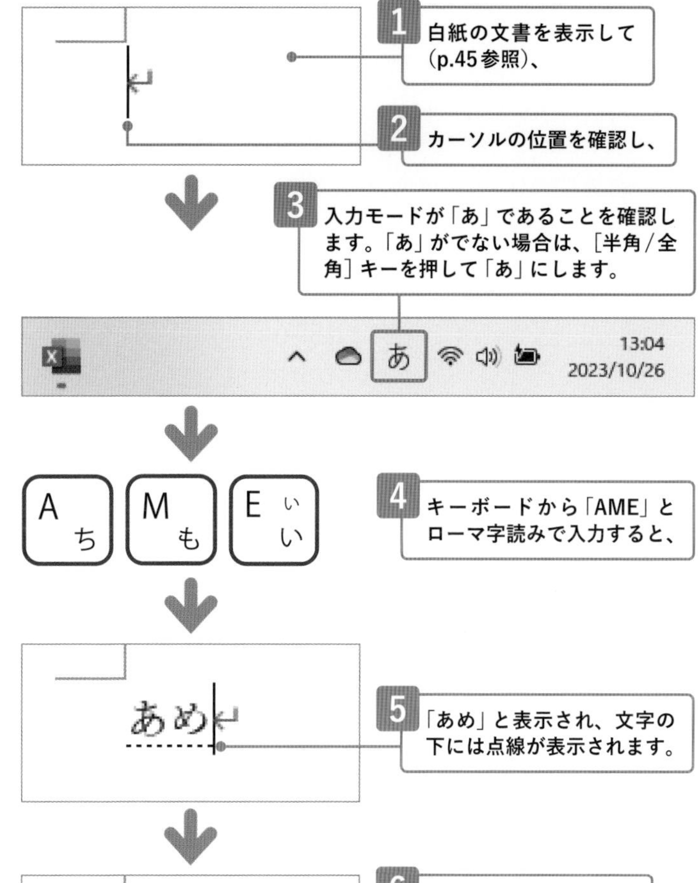

6 Enter キーを押します。

7 点線が消え、文字が確定されます。

Memo 入力途中に変換候補が表示される

文字の入力途中に、予測された変換候補が自動で表示されます。ここでは、そのまま入力を進めてください。なお、詳細はp.86の時短ワザで説明します。

Memo 改行する

文字を確定した後、再度 Enter キーを押すと、改行されカーソルが次の行に移動します。

Memo ローマ字入力で長音、句読点を入力するキー

長音「ー」: [= £ - ほ]

読点「、」: [< 、 , ね]

句点「。」: [> 。 . る]

中黒「・」: [? ・ / め]

▼ローマ字入力で注意する文字

入力文字	入力の仕方	例
ん	[N み] [N み] ※「ん」の次に子音が続く場合は「N」を1回でも可。	ほん → HONN ぶんこ → BUNKO または、BUNNKO
を	[W て] [O ら]	かをり → KAWORI
っ (促音)	次に続く子音を2回入力	ろっぽんぎ → ROPPONGI
ゃ、ゅ、ょ (拗音) ぁ、ぃ 等 (小さい文字)	子音と母音の間にYまたはHを入力。単独の場合は、先頭に「X」または「L」を入力	きょう → KYOU てぃあら → THIARA ゃ → LYA または、XYA ぁ → LA または、XA

※ローマ字入力の詳細はローマ字・かな対応表を参照してください (p.362参照)。

Memo ローマ字入力／かな入力の切り替え方法

ローマ字入力とかな入力を切り替える方法は、p.81を参照してください。

Memo Enter キーで改行する

手順7で文字を確定した後、Enter キーを押すと、改行されてカーソルが次の行に移動します。Enter キーは文字の確定と段落の改行の役割があります。文字入力の練習のときに、Enter で改行しながら入力練習してください。

Memo かな入力の場合のキーの打ち分け方

下半分はそのまま入力し、上半分は Shift キーを押しながら入力します。

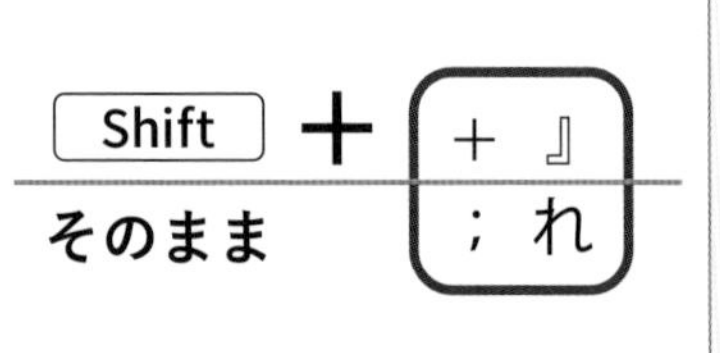

Memo かな字入力で長音、句読点を入力するキー

長音「—」：¥ ー

読点「、」：Shift ＋ ， ね

句点「。」：Shift ＋ ． る

中黒「・」：Shift ＋ ／ め

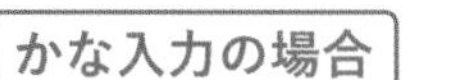

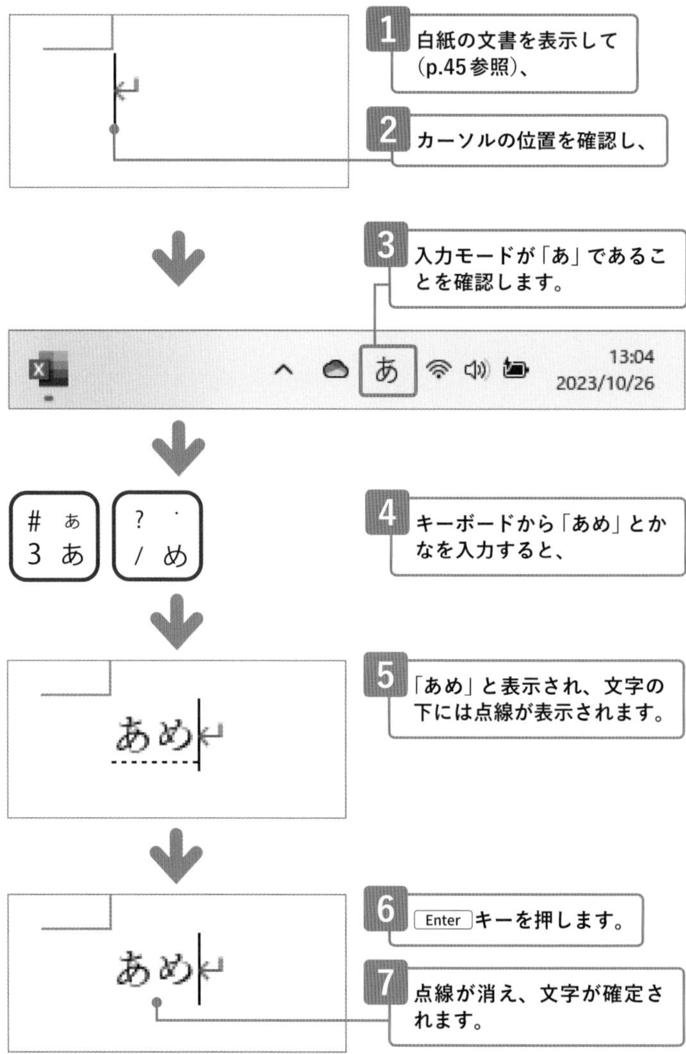

▼かな入力で注意する文字

入力文字	入力方法
を	Shift キーを押しながら 0 わ キーを押す
っ（促音） ゃ、ゅ、ょ（拗音） ぁ、ぃ 等（小さい文字）	Shift キーを押しながら、 それぞれのかな文字キーを押す（下図参照）。 例：みっか → N み Shift ＋ Z っ T か
゛（濁音）	かな文字の後に @ ゛ キーを押す。 例：がく → T か @ ゛ H く
゜（半濁音）	かな文字の後に [゜ キーを押す。 例：ぱり → F は [゜ L り

レッスン21-2 入力中の文字を訂正する

操作　入力途中に訂正する

文字の入力途中では、文字の下に点線が表示されます。この状態のときに入力ミスをして訂正したい場合は、←、→キーでカーソルを移動し、Deleteキーまたは Back spaceキーで文字を削除して、正しい文字を入力し直します。

Memo　DeleteキーとBack spaceキーの使い分け

Deleteキーはカーソルより右（後）の文字を削除し、Back spaceキーはカーソルより左（前）の文字を削除します。

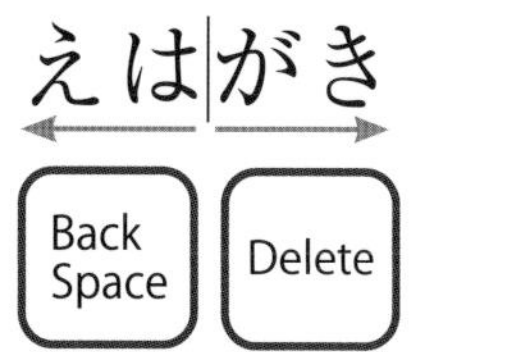

確定前の文字の削除

えはがき

1 「えはがき」と入力し、

2 ←キーを2回押してカーソルを「は」の後ろに移動します。

えがき

3 Back spaceキーを1回押すと、カーソルより左の文字が1文字削除されます。

えき

4 Deleteキーを1回押すと、カーソルより右の文字が1文字削除されます。

5 Enterキーで文字を確定します。

確定前の文字の挿入

さら

1 「さら」と入力し、

2 ←キーを1回押してカーソルを移動します。

さくら

3 「く」と入力すると、「さくら」になります。

4 Enterキーを押して確定します。

確定前の文字の入力の取り消し

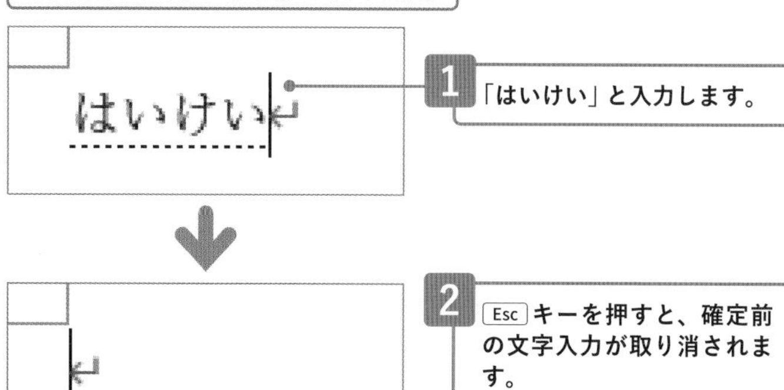

Memo　入力途中に文字を追加する

入力途中のまだ文字を確定していない状態では、←キー、→キーでカーソルを移動して文字を追加入力できます。

レッスン21-3 漢字に変換する

操作 Space キーを押して漢字変換する

漢字を入力するには、ひらがなで漢字の読みを入力し、Space キーを押して変換します。
正しく変換できたら Enter キーで確定します。なお、変換 キーでも変換できます。

Memo 変換前に戻す

文字を確定する前（手順 4 の状態）であれば、Esc キーを押して変換前の状態に戻すことができます。

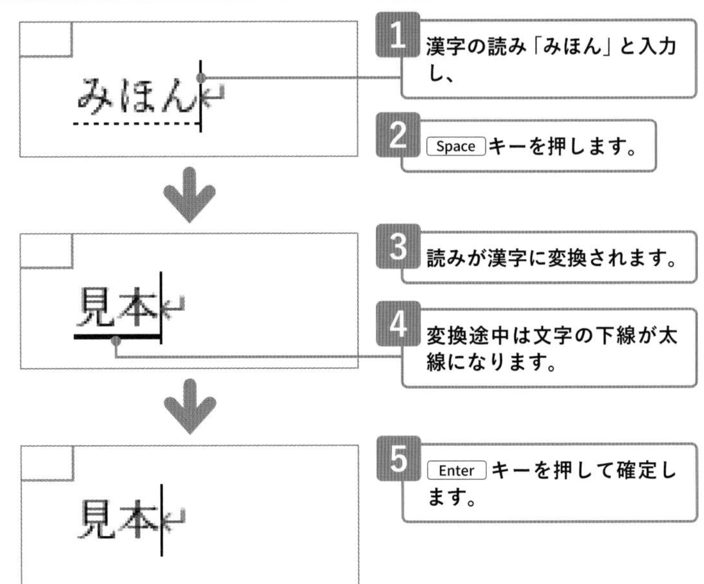

時短ワザ 予測変換の候補を使う

入力途中に表示される予測変換の候補から漢字を選択したい場合は、Tab キーまたは↓↑キーを押して候補を選択し、続けて入力するか、Enter キーで確定します。
なお、予測変換に表示される候補を削除するには、削除したい候補を選択し、Ctrl + Delete キーを押します。

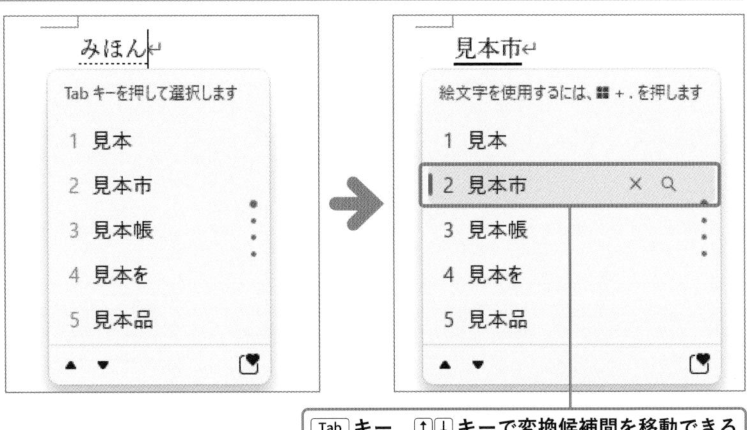

Memo 複数文字をまとめて削除する

削除したい文字をドラッグして選択し、Delete キー、または Back space キーを押すと、選択した複数の文字をまとめて削除できます。なお、文字の選択方法はp.148を参照してください。
また、変換を確定する前の文字には、点線の下線が表示されています。この状態のときに Esc キーを押すと、入力を取り消すことができます。入力を一気に取り消したいときに便利です。

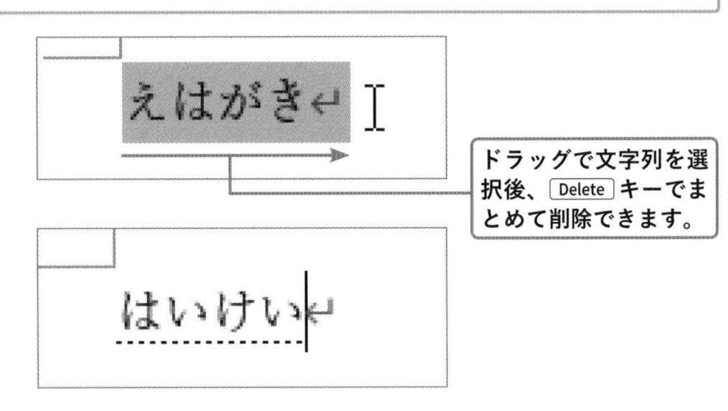

レッスン21-4 変換候補から選択する

操作　変換候補から選択する

最初の変換で目的の漢字に変換されなかった場合は、続けて Space キーを押して変換候補から選択します。Space キーまたは、↑↓キーを押して正しい候補を選択し、Enter キーで確定します。

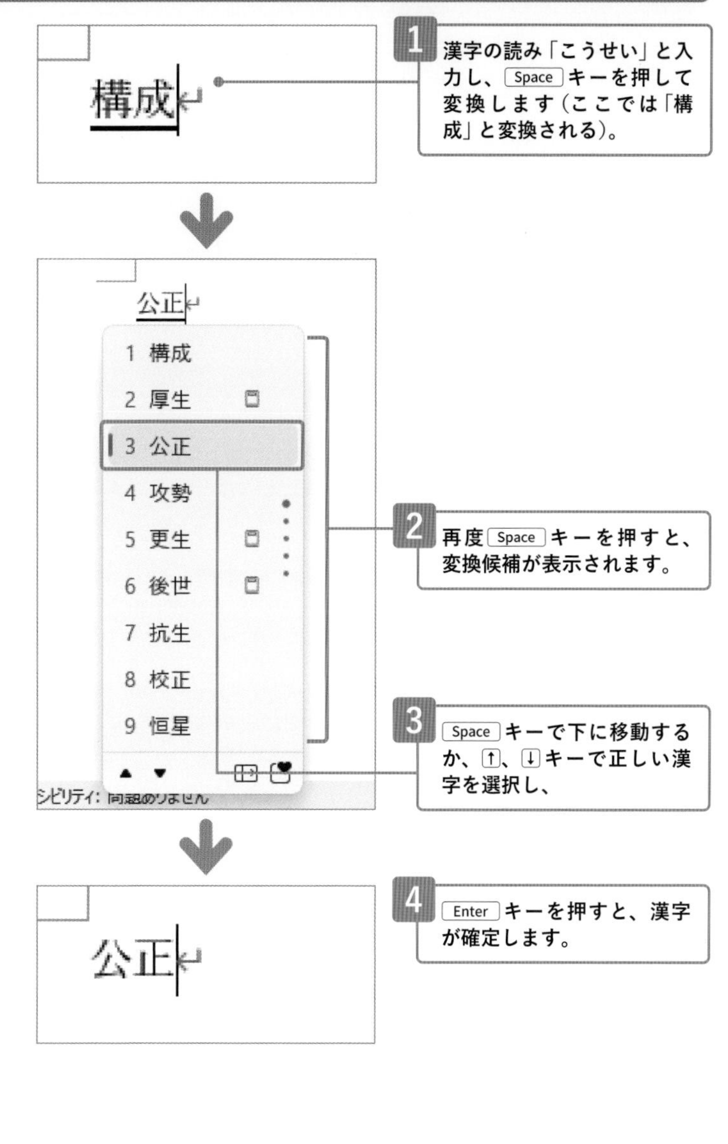

コラム 変換候補の使い方

レッスン21-4の変換候補には、3つのアイコン[辞書]、[複数列]、[絵文字]が表示されています。それぞれのアイコンの機能を理解して、活用しましょう。

● [辞書]：標準統合辞書で同音異義語の意味を確認

変換候補の右側に[辞書]が表示されているものを選択すると、同音異義語の意味や使い方の一覧が表示されます❶。意味を確認してから正しい漢字が選択できます。

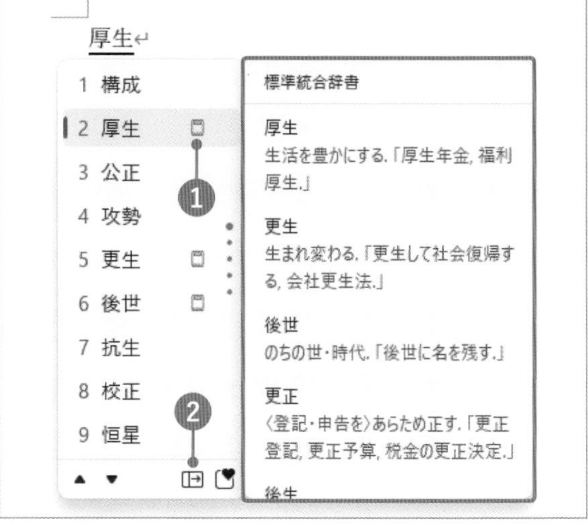

● [複数列]：変換候補を複数列で表示

変換候補数が多い場合は、変換候補の下に表示されている[複数列]をクリックするか❷、Tabキーを押すと複数列で表示され、↑↓→←キーで変換候補を選択できます。[戻る]をクリックするか❸、Tabキーを押すと表示が戻ります。

● [絵文字]：絵文字を表示

変換候補の右下角にある[絵文字]をクリックするか❹、[Windows]（Windows）+[.]（ピリオド）キーを押すと、絵文字選択画面が表示されます。絵文字、GIF、顔文字、記号といったさまざまな種類の絵文字や記号が用意されています。任意の絵文字をクリックするとカーソル位置に挿入されます。

レッスン 21-5 確定後の文字を再変換する

操作 確定後の文字を再変換する

確定した文字を再度変換するには、変換キーを使います。再変換したい文字にカーソルを移動するか、変換する文字を選択し、変換キーを押すと変換候補が表示されます。変換キーまたは↑、↓キーで変換候補を選択し、Enterキーで確定します。

Memo 右クリックで再変換する

再変換したい文字上で右クリックすると表示されるショートカットメニューの上部に変換候補が表示されます。一覧から漢字をクリックして選択できます。

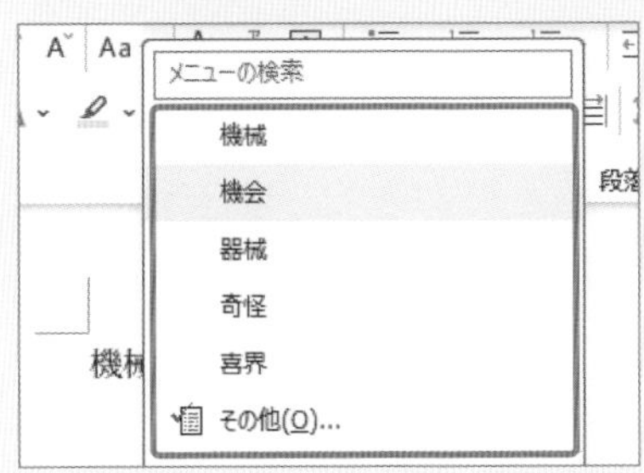

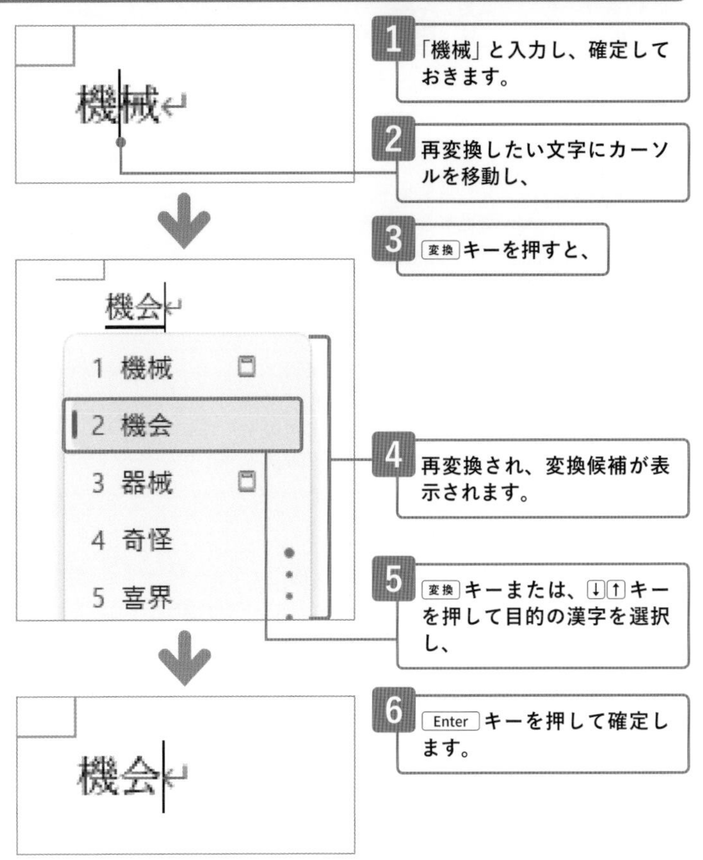

1 「機械」と入力し、確定しておきます。

2 再変換したい文字にカーソルを移動し、

3 変換キーを押すと、

4 再変換され、変換候補が表示されます。

5 変換キーまたは、↓↑キーを押して目的の漢字を選択し、

6 Enterキーを押して確定します。

レッスン 21-6 カタカナに変換する

操作 Spaceキーを押してカタカナ変換する

カタカナを入力するには、ひらがなで読みを入力し、Spaceキーを押して変換します。正しく変換できたらEnterキーで確定します。

Memo F7キーでカタカナ変換する

ひらがなをカタカナに変換する方法に、ファンクションキーのF7キーを押す方法もあります（p.107参照）。

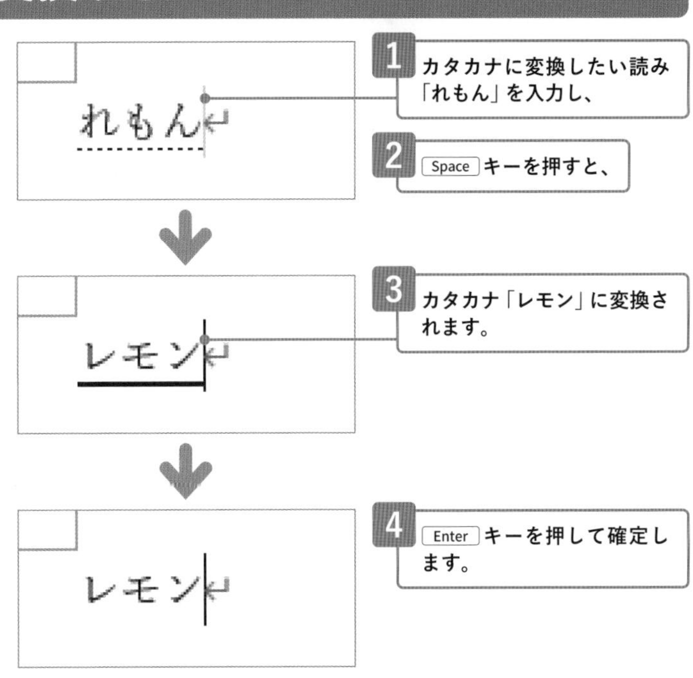

1 カタカナに変換したい読み「れもん」を入力し、

2 Spaceキーを押すと、

3 カタカナ「レモン」に変換されます。

4 Enterキーを押して確定します。

Section

22 文節／文章単位で入力する

文章を入力するときは、文節単位でこまめに変換する方法と、「、」や「。」を含めた一文をまとめて一括変換する方法があります。ここでは、それぞれの変換の仕方と、変換する文字の長さを変更する方法を確認しましょう。

習得スキル	操作ガイド	ページ
▶文節単位で変換	レッスン22-1	p.91
▶文／文章単位で変換	レッスン22-2	p.92
▶文節を移動して変換	レッスン22-3	p.92
▶文節区切りの変更	レッスン22-4	p.93

まずは パッと見るだけ！

文節単位／文章単位で変換する

漢字変換する際の変換単位となる、文節、文、文章の違いを確認しましょう。なお、本書では、文を文章に含めて変換単位として扱っています。

● **文節**

読みを文節単位で入力し、変換します。

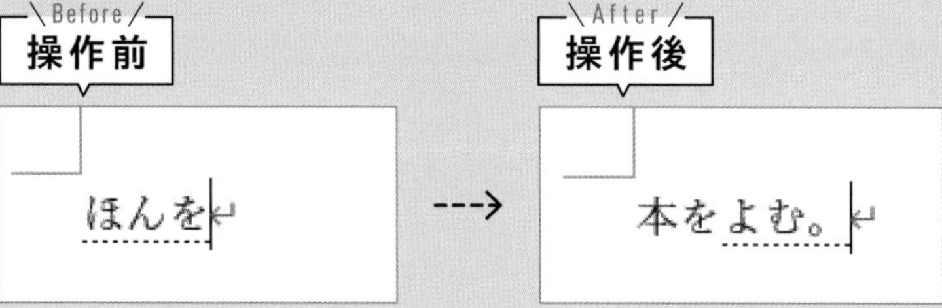

● **文／文章単位で変換**

読みを一気に入力し、まとめて変換します。変換回数が少なくてすみます。

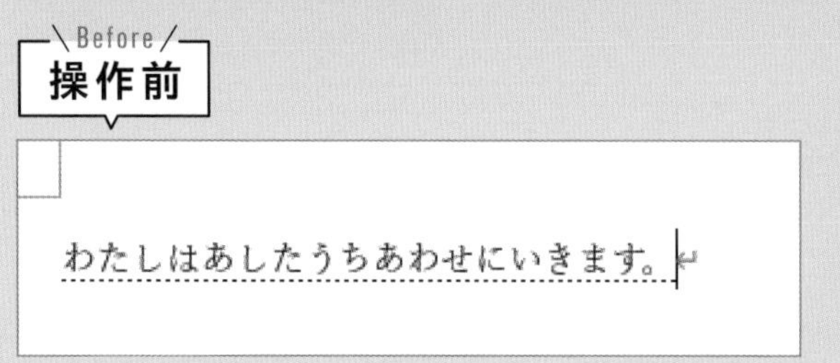

コラム 文節／文／文章の違い

● **文節**

文を意味がわかる程度に区切った言葉の単位です。例えば「今日は、天気がいい。」の場合、「今日はね、天気がねいいよ。」のように、「ね」とか「よ」などの言葉を挟んで区切ることができます。

例：

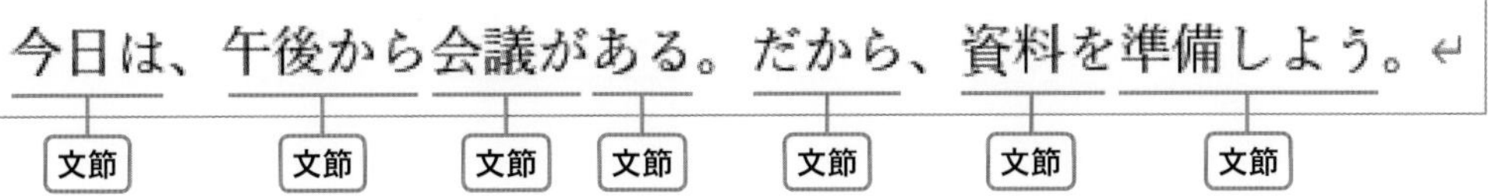

● **文**

句点「。」から句点までで構成される言葉の集まりです。

例：

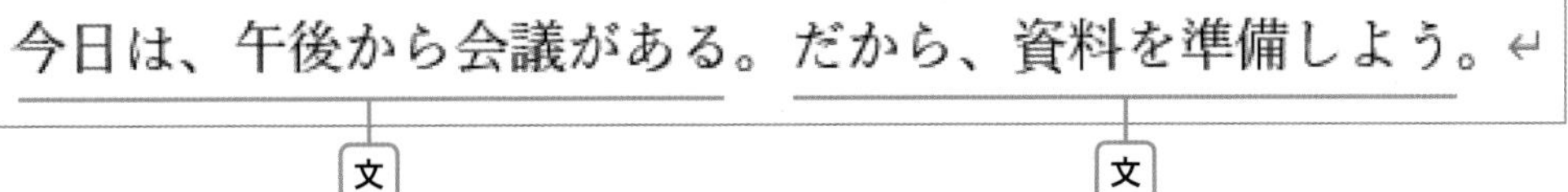

● **文章**

複数の文を連続させ、まとまった内容を表したものです。1文でもまとまった内容を表していれば文章とされますが、通常は複数文で構成されます。

例：

今日は、午後から会議がある。だから、資料を準備しよう。↵

文章

レッスン 22-1 文節単位で変換する

操作 文節単位で変換する

文節単位で変換すると、漢字単位で変換するよりも正確に変換されやすく、入力の効率がよくなります。

ここでは、「本を読む。」を文節単位で変換して文を入力します。

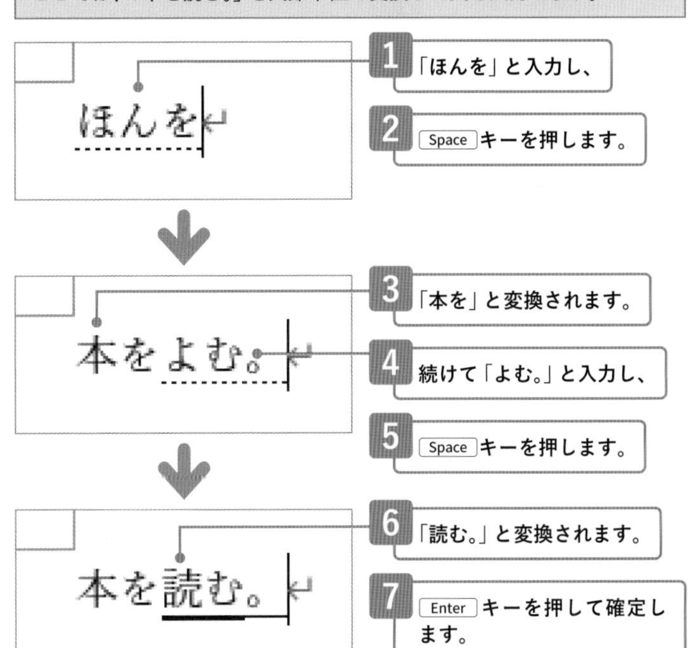

レッスン 22-2 文／文章をまとめて変換する

操作　文／文章を一括変換する

句読点を含めたひとまとまりの文の読みを一気に入力して、Space キーを押すと、一括変換できます。

Memo　複数の文をまとめて変換する

右の手順では、1文で変換していますが、複数の文（文章）で一気に変換することもできます。
例えば、「わたしはあしたうちあわせにいきます。おきゃくさまにおあいするのがたのしみです。」とまとめて入力し、Space キーを押すと「私は明日打ち合わせに行きます。お客様にお会いするのが楽しみです。」と一括変換できます。

ここでは、「私は明日打ち合わせに行きます。」を一括変換で文を入力します。

1 「わたしはあしたうちあわせにいきます。」と入力し、

2 Space キーを押します。

わたしはあしたうちあわせにいきます。

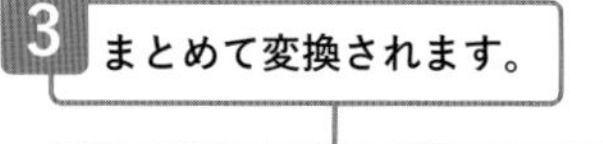

私は明日打ち合わせに行きます。

4 Enter キーで確定します。

私は明日打ち合わせに行きます。

レッスン 22-3 文節を移動して変換する

操作　文節を移動しながら変換する

一括変換した後、文節単位で移動して変換できます。確定前の状態では、変換対象となる文節に太い下線が表示されます。←、→キーを押して変換対象の文節を移動し、Space キーを押して、正しく変換し直します。

ここでは、一括変換した「映像を見る。」を文節を移動して「映像を観る。」に変換します。

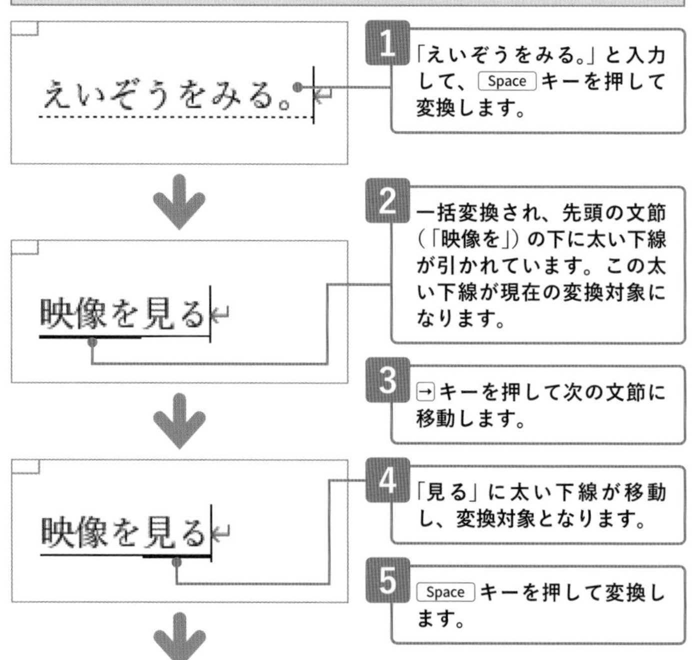

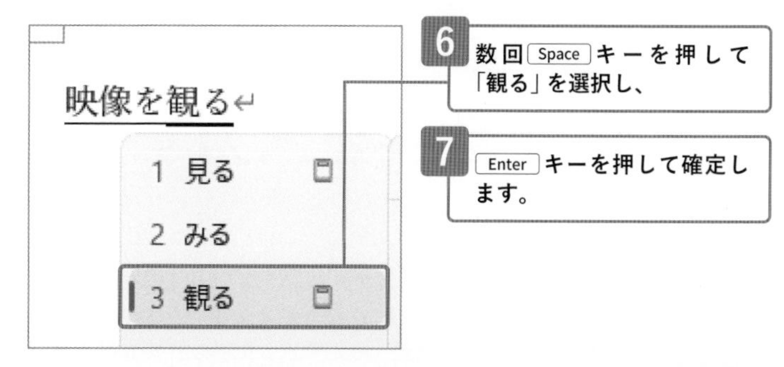

レッスン 22-4 文節区切りを変更する

Memo 文節を区切り直して再変換する

文節の区切りが間違っていて、正しく変換されていない場合は、文節を区切り直して、正しい長さに修正します。文節の長さを変更するには、Shift キーを押しながら←、→キーを押します。

Memo 変換候補から文節を区切り直す

文節が正しく区切られていなかった場合、←→キーで区切りなおしたい文節に移動し❶、Shift キーを押して、表示される変換候補の中から目的の変換候補を選択します❷。

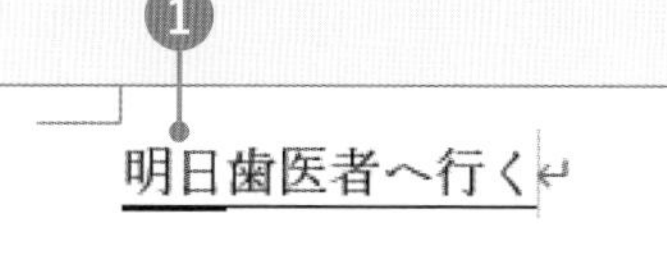

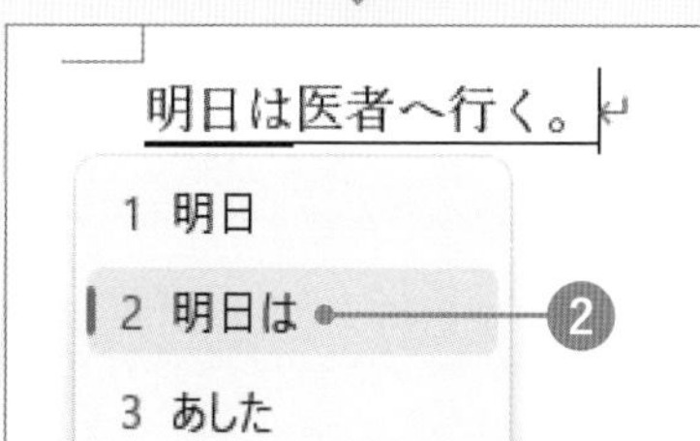

ここでは、「明日歯医者へ行く。」を文節区切り直して「明日は医者へ行く。」に変換し直します。

1 「あしたはいしゃへいく。」と入力して、Space キーを押して変換します。

あしたはいしゃへいく。

明日歯医者へ行く。

2 一括変換され、先頭の文節（「明日」）の下に太い下線が引かれています。

3 Shift +→キーを押します。

あしたはいしゃへ行く。

4 文節の区切りが「あしたは」に変更されたら、

5 Space キーを押します。

明日は医者へ行く

6 「明日は」と変換されたら、

7 正しく変換できたことを確認して、Enter キーを押して確定します。

Section

23 英数字を入力する

キーの左側に表示されている英数字を入力するには、入力モードを半角英数モードまたは、全角英数モードに切り替えます。また、ひらがなモードのままで英単語に変換できるものもあります。ここでは、大文字と小文字の打ち分け方など英数字の入力方法を一通り確認しましょう。

ここで学べること

習得スキル	操作ガイド	ページ
➤半角英数文字の入力	レッスン23-1	p.95
➤全角英数文字の入力	レッスン23-2	p.96
➤ひらがなを英単語に変換	レッスン23-3	p.96

まずは パッと見るだけ！

アルファベットや数字の入力

キーの左半分に表示されている英数字を入力するには、入力モードを**半角英数字モード**または**全角英数字モード**に切り替えます。英字や数字のキーをそのまま押すと、小文字の英字、数字が入力されます。大文字を入力するには、Shift キーを押しながら英字のキーを押します。

全角英数モード
半角英数モード

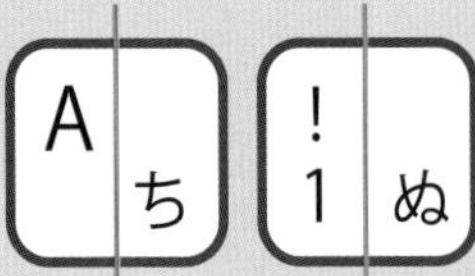

そのまま押す .... a（小文字）
Shift キーを押しながら押す .... A（大文字）

数字やアルファベットは、半角が読みやすいです

● **半角アルファベットと数字**

全角文字の半分の幅になります。通常、アルファベットや数字は半角で入力します。

333m·Tokyo·Tower↵

● **全角アルファベットと数字**

ひらがなや漢字と同じ幅になります。特定の単語や強調したいときに入力します。

６３４ｍ□ＴＯＫＹＯ□ＳＫＹＴＲＥＥ↵

レッスン23-1 半角のアルファベットや数字を入力する

操作 半角英数字モードで入力する

半角でアルファベットや数字を入力するには、入力モードを［半角英数字］に切り替えます。［半角/全角］キーを押すことで切り替えることができます。

▼全角文字

▼半角文字

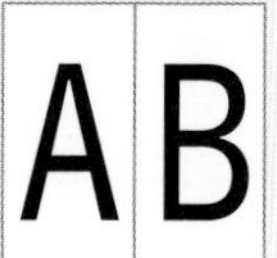

Memo テンキーから数字を入力する

パソコンにテンキーがある場合は、数字の入力に便利です。テンキーを使用すると、入力モードに関係なく常に半角数字を入力できます。
なお、テンキーを使用するにはNumLockをオンにします（p.76参照）。

Memo 自動で小文字が大文字に変換される

小文字で「tokyo」と入力し、［Enter］キーや［Space］キーを押すと、自動的に頭文字が大文字に変換されることがあります。これは「オートコレクト」という機能によるものです。詳細はp.109を参照してください。
小文字のままにしたい場合は、変換された直後に［Ctrl］+［Z］キーを押すか、クイックアクセスツールバーの［元に戻す］をクリックしてください。

ここでは、「333 m Tokyo Tower」を例に半角英数字を入力してみましょう。

1 ［半角/全角］キーを押して、入力モードを「A」（［半角英数］モード）に切り替えます。

2 「333」と数字を入力します。

3 続けて「m」と入力し、［Space］キーを1回押して空白を1つ挿入します。

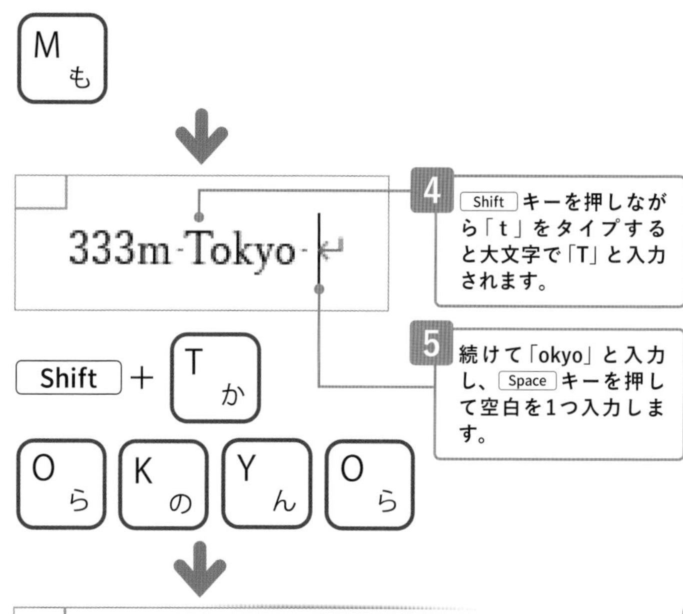

4 ［Shift］キーを押しながら「t」をタイプすると大文字で「T」と入力されます。

5 続けて「okyo」と入力し、［Space］キーを押して空白を1つ入力します。

333m Tokyo Tower

6 同様にして、「Tower」と入力します。

レッスン 23-2 全角のアルファベットや数字を入力する

操作 全角英数字モードで入力する

全角英数字モードは、右の手順のようにメニューを使って切り替えます。連続して全角の数字やアルファベットを入力するときに切り替えましょう。

キーの押し方は半角英数字モードの場合と同じです。全角英数字モードで入力すると、変換途中の点線下線が表示されるので最後に Enter キーで確定します。

Memo 英大文字を継続的に入力する

連続して英大文字を入力する場合、Shift + Caps Lock キーを押してCaps Lockをオンにします。

Caps Lockをオンにするとパソコンの Caps Lockのランプが点灯します(p.77参照)。このとき、そのまま英字キーを押すと大文字が入力されます。小文字を入力したいときは、Shift キーを押しながら英字キーを押します。元に戻すには、再度 Shift + Caps Lock キーを押してください。

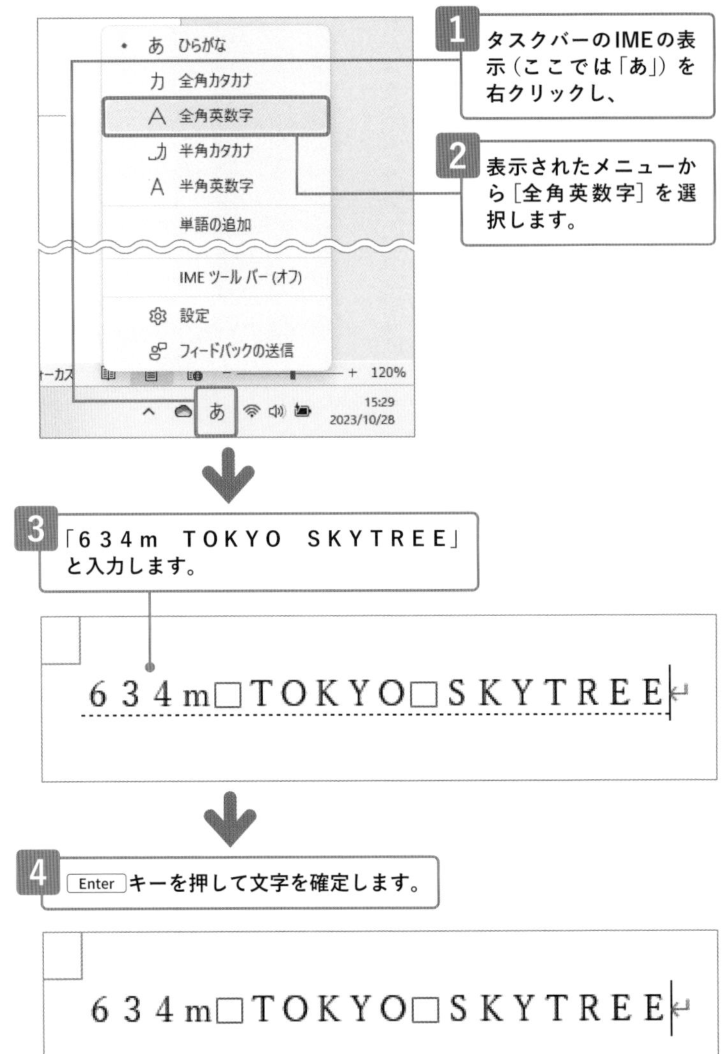

レッスン 23-3 ひらがなを英単語に変換する

操作 英単語に変換する

ひらがなモードで「あっぷる」や「れもん」のような英単語の読みを入力して変換すると、変換候補の中に該当する英単語が表示されます。比較的一般的な英単語に限られますが、アルファベットでつづらなくても入力することが可能です。

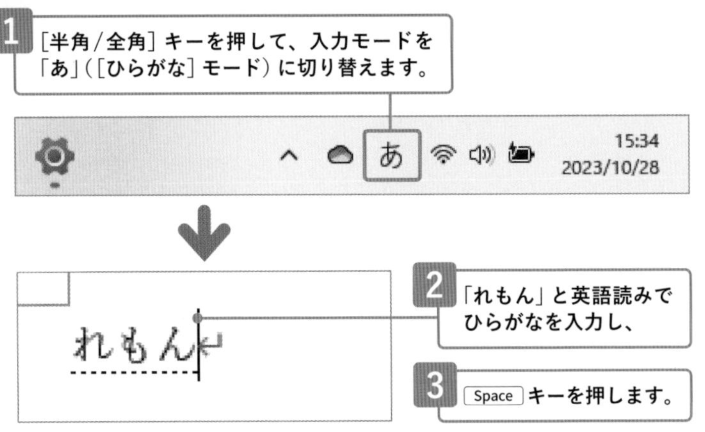

Memo ローマ字入力で英数字を入力する

ローマ字入力であれば、ひらがなモードであっても、数字や英字を入力できます。
例えば、「dream」とタイプすると、「dれあm」と表示されますが、予測変換の候補の中にアルファベットの綴り（つづり）が表示されます。あるいは、ファンクションキーの F10 や F11 キーで変換が可能です（p.106参照）。

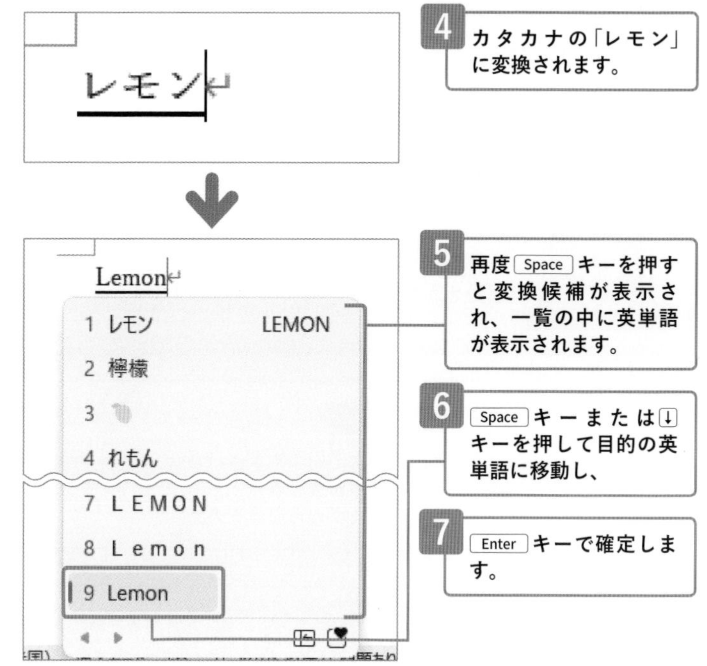

4 カタカナの「レモン」に変換されます。

5 再度 Space キーを押すと変換候補が表示され、一覧の中に英単語が表示されます。

6 Space キーまたは ↓ キーを押して目的の英単語に移動し、

7 Enter キーで確定します。

練習問題 アルファベットの入力練習をしてみよう

ビジネスに関連する英単語や英語メールで使われる件名を例にアルファベットの入力練習をしてみましょう。() 内は和訳です。

1. account（口座、勘定）
2. advertisement（広告）
3. agenda（議題）
4. budget（予算）
5. branch（支店）
6. customer（顧客）
7. Request for Quotation（見積依頼）
8. Confirmation of Your Order（ご注文の確認）
9. Notification of Reschedule（日程変更のお知らせ）
10. Apology for Defective Product（欠陥商品についてのお詫び）
11. Invitation to the Exhibition（展覧会への招待）

Section

24 記号を入力する

文章内に「10%」とか「$ 100」のように記号を入力しなければならないことがよくあります。記号を入力する方法はいくつかあります。記号の入力方法を確認しましょう。

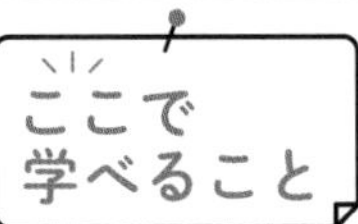

習得スキル	操作ガイド	ページ
▶キーボードの記号を入力	レッスン24-1	p.99
▶読みから記号を入力	レッスン24-2	p.99
▶ダイアログから記号を入力	レッスン24-3	p.101

まずは パッと見るだけ！

記号の入力

記号を入力するには、キーボードに配置されている記号を入力する方法、読みから変換する方法、［記号と特殊文字］ダイアログから記号を選択する方法の3つがあります。

▼キーボード上の記号を入力

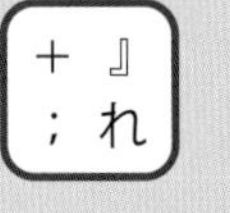

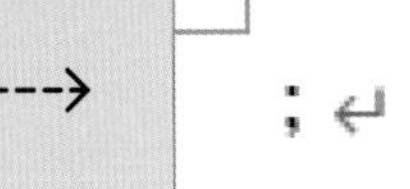

▼記号の読みを変換

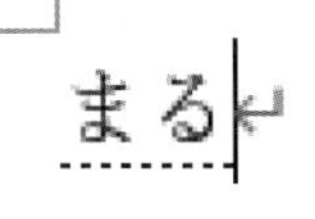

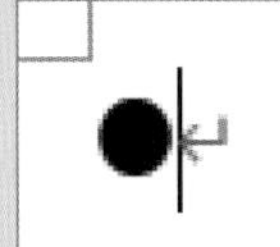

▼［記号と特殊文字］ダイアログから選択

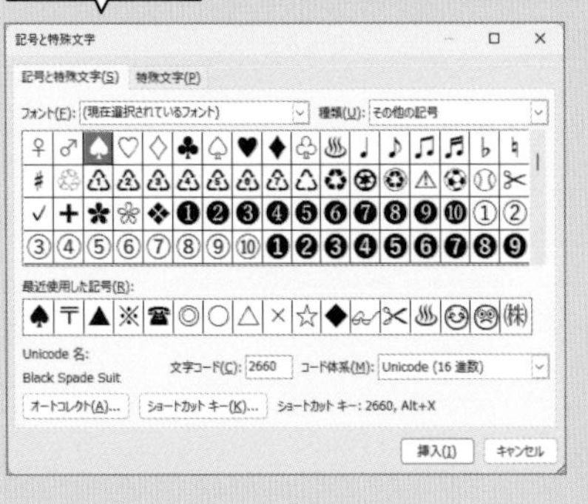

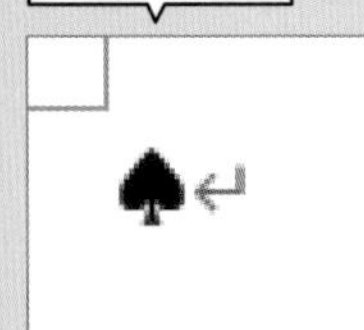

レッスン 24-1 キーボードに配置されている記号を入力する

操作 記号をキーボードから入力する

キーボードの左半分に表示されている記号を入力するには、入力モードを半角英数字モード、または全角英数字モードに切り替えます。
下側の記号はそのまま押し、上側の記号はShiftキーを押しながら押します。
例えば、;(セミコロン)はそのまま押し、+(プラス)はShiftキーを押しながら;キーを押します。

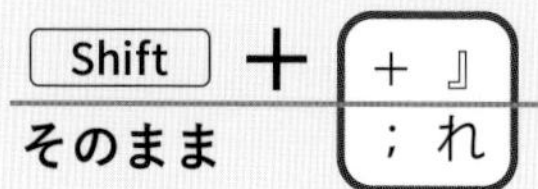

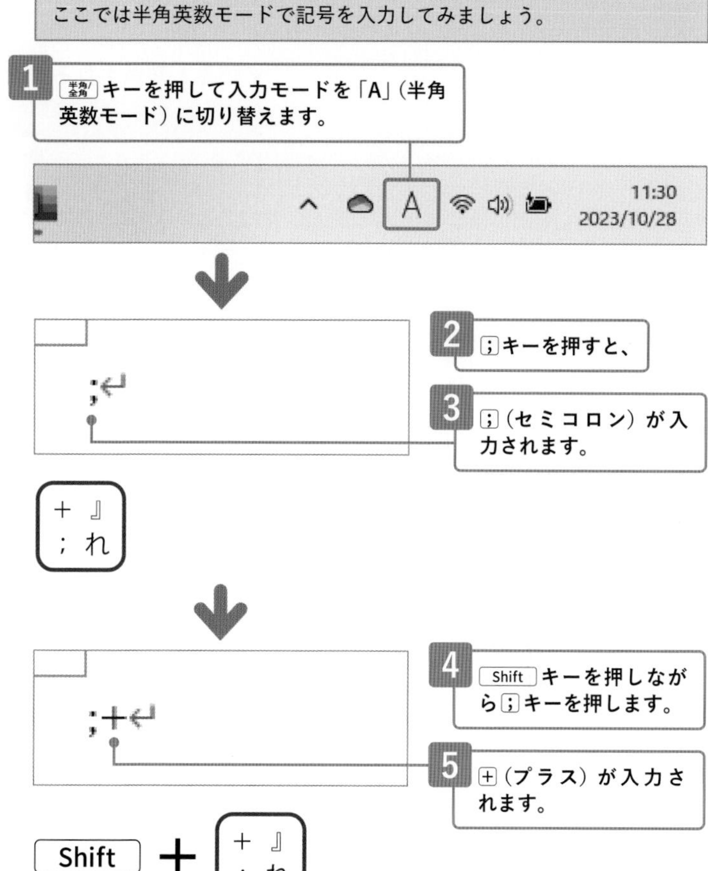

Memo ローマ字入力の場合はそのまま入力できる

ローマ字入力の場合は、英数モードに切り替えなくてもひらがなモードのままで記号のキーを押して入力できます。全角で記号が入力されますが、F10キーを押せば半角に変換できます(p.106参照)。

レッスン 24-2 記号の読みを入力して変換する

操作 読みから記号に変換する

「まる」とか「さんかく」のように記号の読みを入力してSpaceキーを押して記号に変換することができるものがあります。

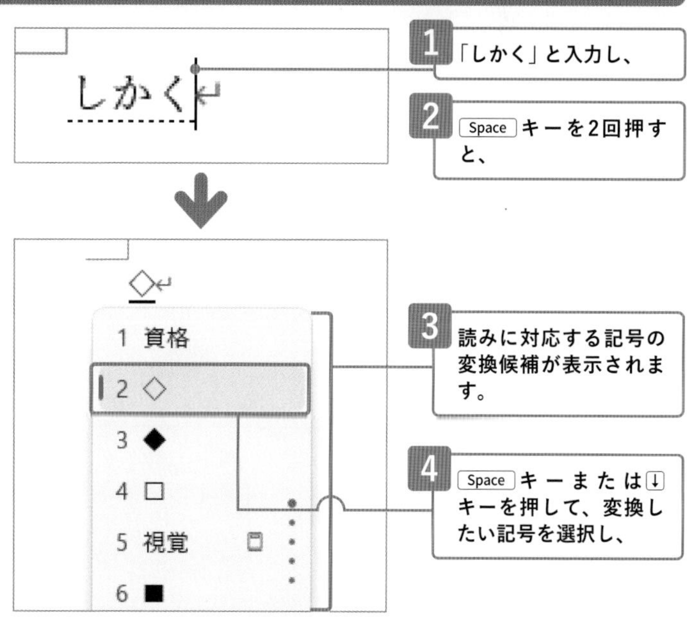

Point 記号の読みがわからない場合

読みがわからない記号を入力したい場合は、「きごう」と入力して変換してみましょう。より多くの記号が変換候補として表示されます。

5 Enter キーを押して確定します。

▼読みと変換される主な記号

読み	主な記号
まる	●　◎　○　①～⑳　∮　Σ　√
しかく	■　□　◇　◆
さんかく	△　▽　▲　▼　?　?　∴
ほし	★　☆　※　☆彡
かっこ	「」　〔〕　［］　【】　（）　『』　“”　｛｝
やじるし	←　→　↑　↓　⇒　⇔
から	～
こめ	※
ゆうびん	〒
でんわ	℡
かぶ	⑭　（株）　㍿
たんい	℃　kg　mg　km　cm　mm　㎡　cc　㌍
てん	：　；　・　，　…　、
すうじ	Ⅰ～Ⅹ　ⅰ～ⅹ　①～⑳
おなじ	〃　々　ゞ　仝
かける	×
わる	÷
けいさん	±　√　∫　≠　≦　［

コラム 郵便番号から住所に変換する

郵便番号から住所に変換することができます。
例えば、「106-0032」と入力して Space キーで変換すると、変換候補に住所「東京都港区六本木」と表示されます。

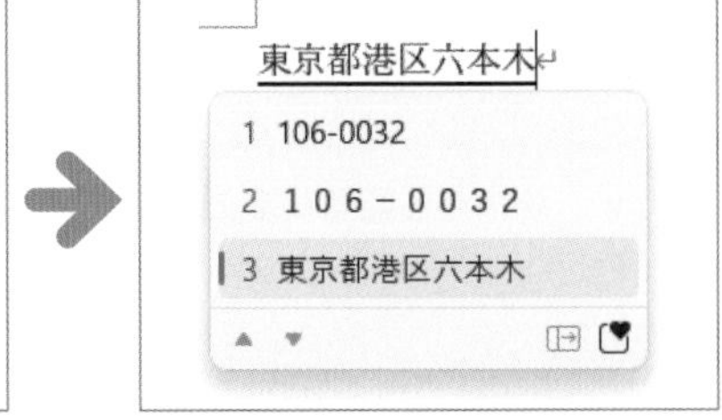

読みで
変換すると
意外と簡単！

レッスン 24-3 ダイアログから選択する

操作 [記号と特殊文字] ダイアログを使う

[記号と特殊文字] ダイアログを表示すると、より多くの記号を入力することができます。記号だけでなく絵文字や特殊な文字も選択できます。

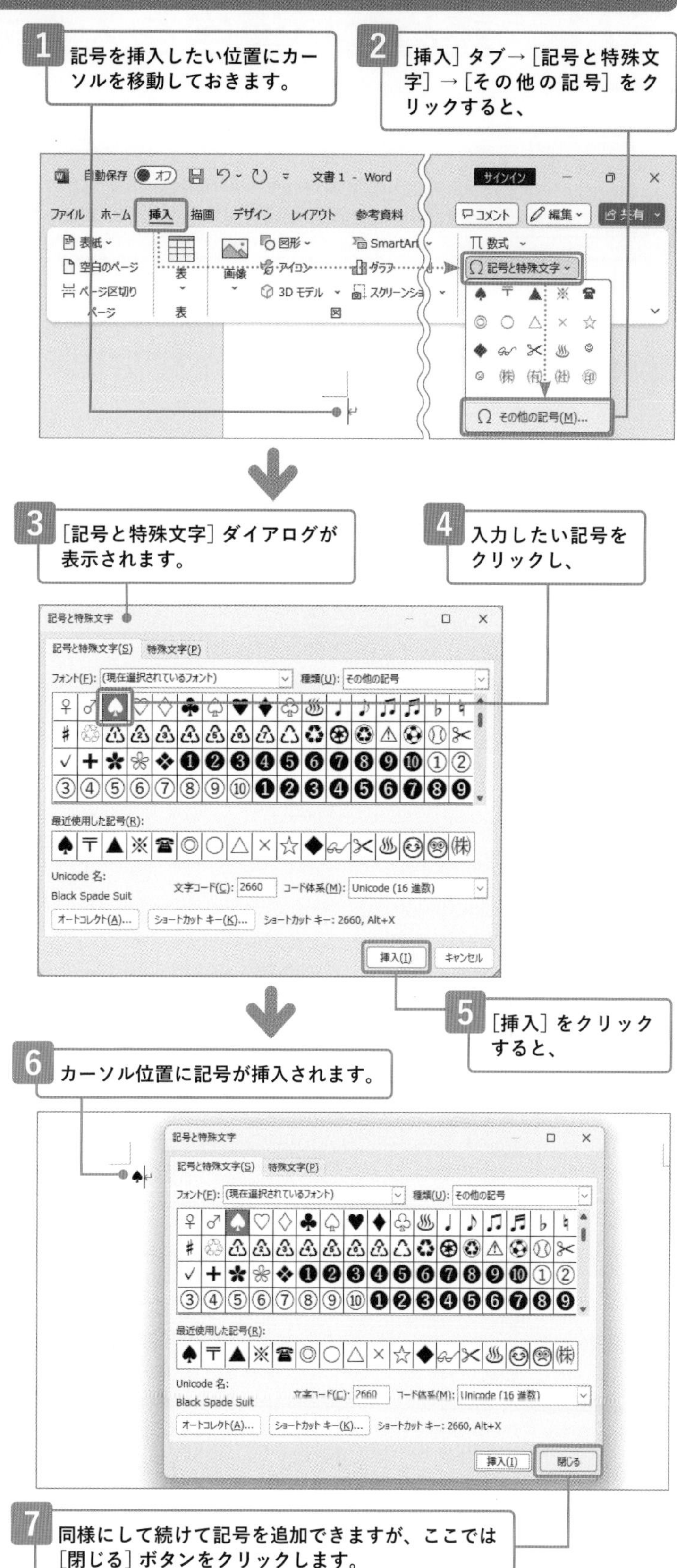

Section
25 読めない漢字を入力する

読みがわからない漢字を入力したいときは「IMEパッド」を使います。IMEパッドには「アプレット」と呼ばれる検索用のツールが用意されており、これを使ってマウスでドラッグして文字を手書きしたり、総画数や部首の画数を使ったりするなど、いろいろな方法で漢字を検索できます。

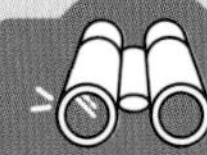

習得スキル	操作ガイド	ページ
▶手書きで漢字を検索	レッスン25-1	p.103
▶総画数で漢字を検索	レッスン25-2	p.104
▶部首で漢字を検索	レッスン25-3	p.105

まずは パッと見るだけ！

IMEパッドを使用して漢字を検索する

IMEパッドには、以下の5種類のボタンが用意されており、いろいろな方法で漢字を検索し、入力することができます。

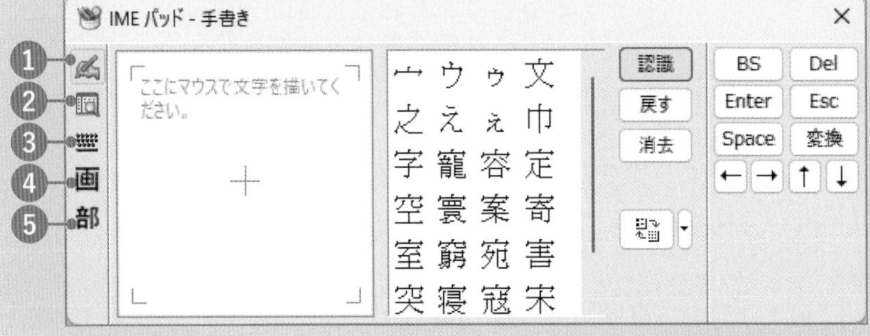

番号	名称	機能
❶	手書き	マウスドラッグで漢字を手書きして検索
❷	文字一覧	文字一覧から記号や特殊文字を入力
❸	ソフトキーボード	キーボード画面を使って文字を入力
❹	画 総画数	漢字の総画数で検索
❺	部 部首	部首で漢字を検索

難しい苗字を入力するときに使えそう！

レッスン 25-1 手書きで漢字を検索する

操作 手書きで検索する

読みがわからないけど、漢字は書けるという場合は、手書きアプレットを表示してマウスドラッグで漢字を書いて検索します。

ここではドラッグして「肘」を検索してみましょう。あらかじめ文字を入力したい位置にカーソルを移動しておきます。

1 タスクバーのIMEの表示（「あ」）を右クリックし、

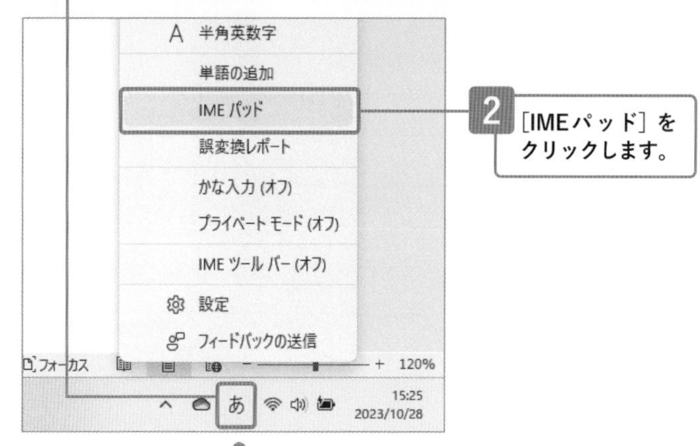

2 ［IMEパッド］をクリックします。

3 IMEパッドが表示されます。

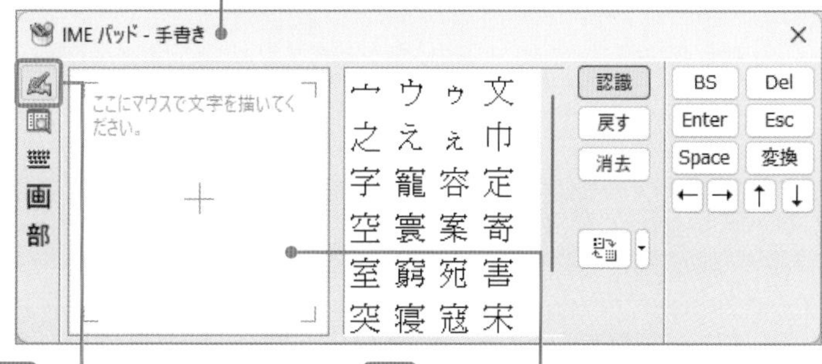

4 ［手書き］をクリックしてオンにすると、

5 ［手書きアプレット］が表示され、入力欄が表示されます。

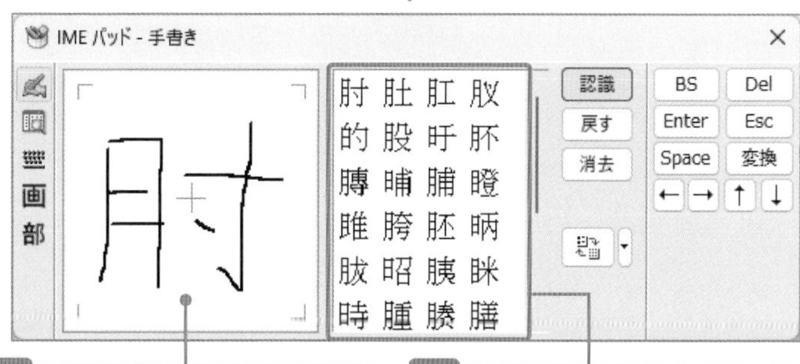

6 入力欄にマウスを使って検索したい漢字（ここでは「肘」）をドラッグして描きます。

7 ドラッグされた文字が自動的に認識され漢字の候補が表示されます。

Memo IMEパットの位置を移動する

IMEパットを表示したままカーソル移動や文字入力などの操作ができます。IMEパットが文字やカーソルを隠している場合は、タイトルバーをドラッグして移動してください。

Memo ドラッグした文字を修正するには

［戻す］ボタンをクリックすると、直前のドラッグした部分が消去され、［消去］をクリックするとすべて消去されます。

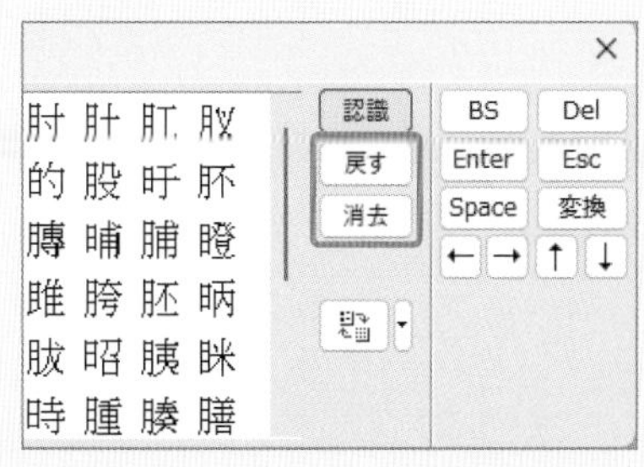

コラム **[ソフトキーボード] から クリックで文字を入力する**

[ソフトキーボード] ボタンをクリックすると、[ソフトキーボードアプレット] が表示され、キーボードのイメージ画面が表示されます。画面上の文字キーをクリックして入力できます。
また、[配列の切り替え] ボタンをクリックして入力する文字種や配列を変更できます。

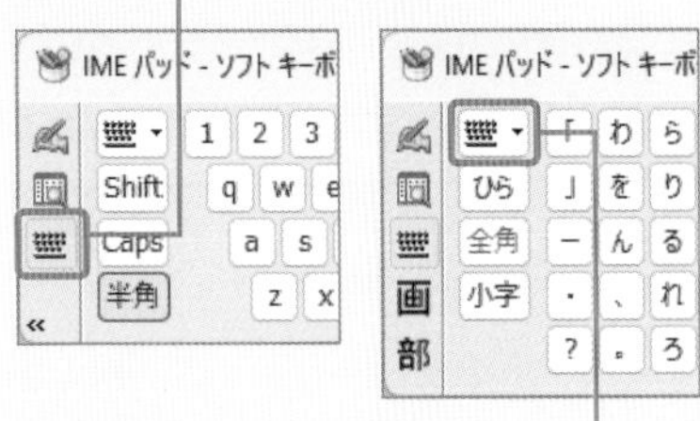

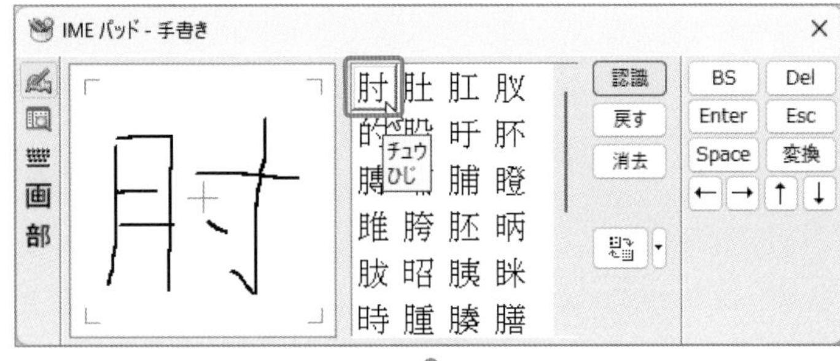

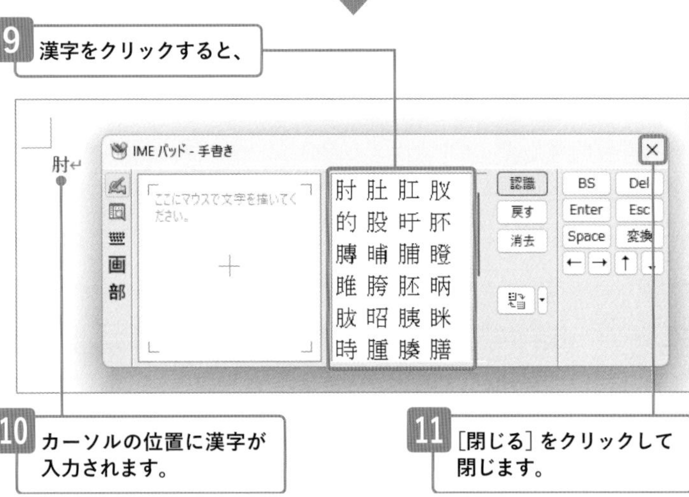

レッスン 25-2 総画数で漢字を検索する

操作 **総画数で検索する**

漢字の画数がわかっていれば、総画数で検索できます。IMEパットの総画数アプレットでは画数ごとに漢字がまとめられているので、探している漢字の画数を指定して、一覧から探して入力します。

ここでは「凧」(6画) を総画数で検索してみましょう。あらかじめ、入力する位置にカーソルを移動し、IMEパッドを表示しておきます。

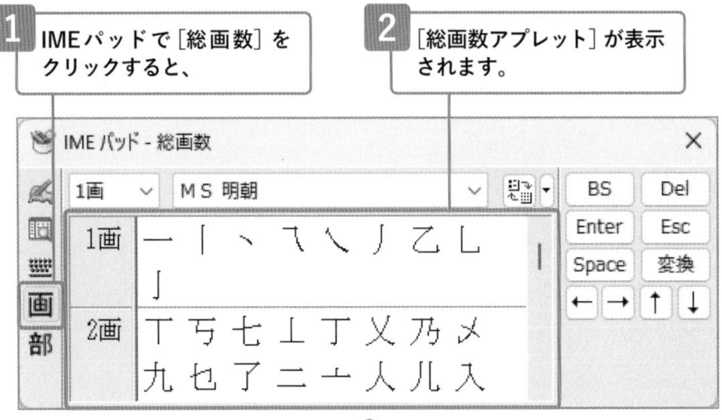

コラム [文字一覧] から記号や特殊文字を入力する

[文字一覧] ボタンをクリックすると、文字がカテゴリ別に整理されて表示されます。記号や特殊文字なども入力できます。

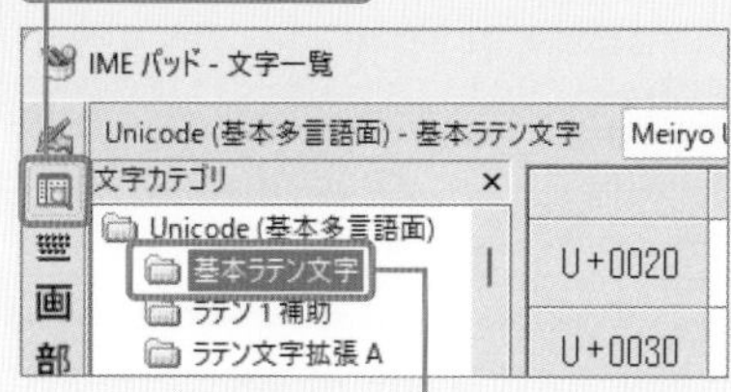

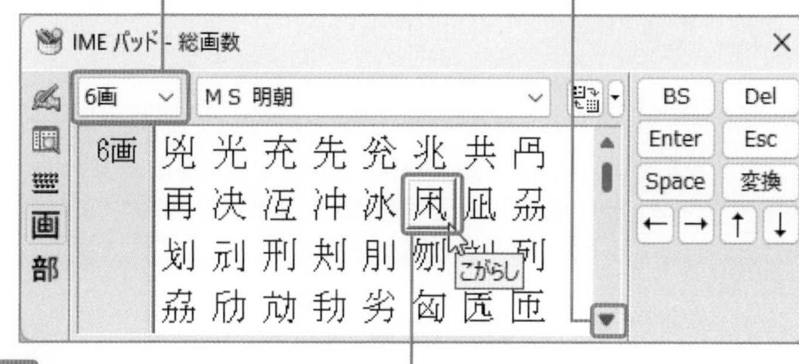

レッスン 25-3 部首で漢字を検索する

操作 部首で検索する

漢字の部首を使って、漢字を検索できます。IMEパッドの部首アプレットでは、部首が画数ごとにまとめられているので、探している部首の画数を選択し、目的の部首をクリックして一覧から探して入力します。

ここでは「笂」(部首:たけかんむり、6画) を部首で検索してみましょう。入力する位置にカーソルを移動し、IMEパットを表示しておきます。

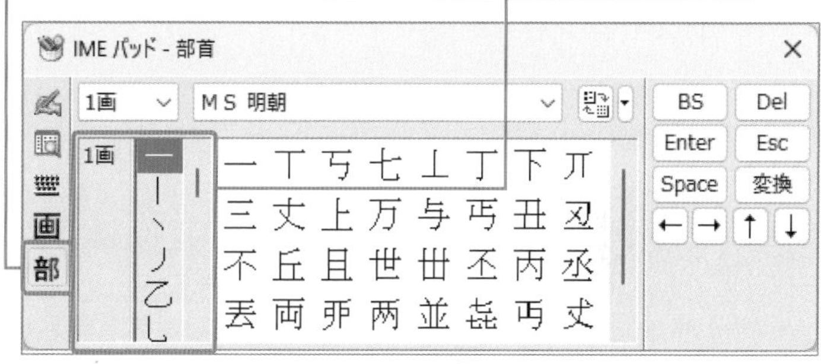

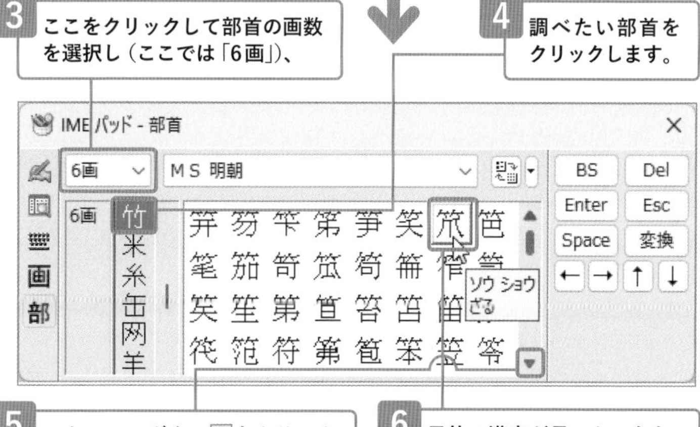

Memo 目的の部首が表示されない場合

同じ画数の部首が多い場合は、部首一覧にあるスクロールバーをドラッグしてください。

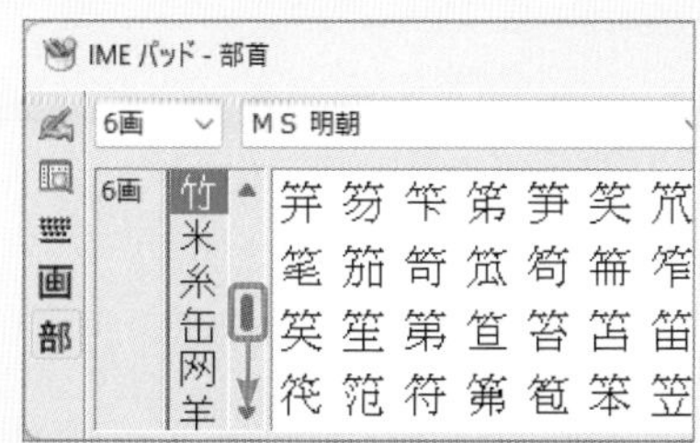

Section

26 ファンクションキーで変換する

F6 ～ F10 のファンクションキーを使うと、ひらがなをカタカナに変換したり、英字を大文字や小文字、全角や半角に変換したりできます。F6 キーでひらがな変換、F7、F8 キーでカタカナ変換、F9、F10 キーで英数字変換できます。覚えておくべき便利なキー操作です。

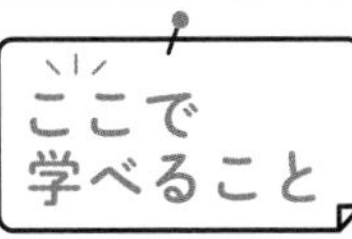

習得スキル	操作ガイド	ページ
▶カタカナ変換	レッスン26-1	p.107
▶英数字変換	レッスン26-2	p.107
▶ひらがな変換	レッスン26-3	p.108

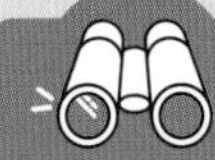

まずは パッと見るだけ！

ファンクションキーを使った変換

文字が変換途中（確定されていない状態）のとき、F6 キー～ F10 キーを使ってひらがな、カタカナ、英数字変換ができます。キーの位置と変換方法を確認しましょう。

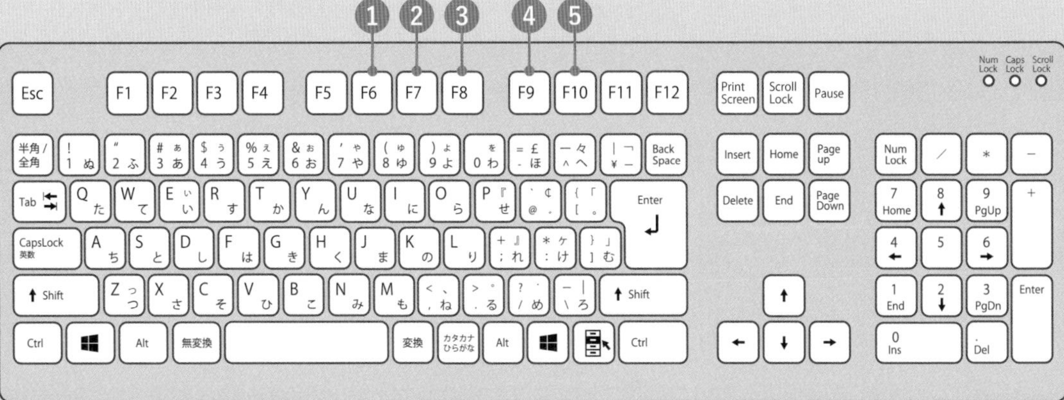

番号	ファンクションキー	内容
❶	F6 キー	ひらがな変換
❷	F7 キー	全角カタカナ変換
❸	F8 キー	半角カタカナ変換
❹	F9 キー	全角英数変換
❺	F10 キー	半角英数変換

レッスン 26-1 F7 キーで全角カタカナ、F8 キーで半角カタカナに変換する

操作 全角／半角カタカナに変換する

変換途中の読みをまとめてカタカナに変換するには、F7 キー、F8 キーを押します。
F7 キーで全角カタカナ、F8 キーで半角カタカナに変換されます。
なお、文字が確定されている場合は別の機能が実行されてしまいますので注意してください。

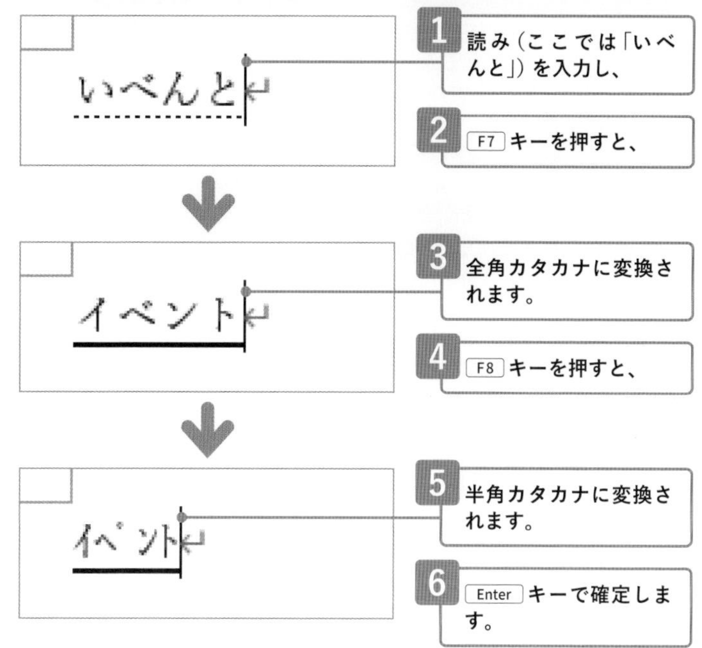

コラム F7 キー、F8 キーを押すごとにひらがな混じりに変換される

カタカナに変換後、さらに F7 キー、F8 キーを押すごとに、後ろの文字から順番にひらがなに変換されます。送り仮名の部分をひらがなにしたいときなどに活用できます。

全角カタカナ変換	マウス —F7→ マウす —F7→ マうす
半角カタカナ変換	ﾏｳｽ —F8→ ﾏｳす —F8→ ﾏうす

レッスン 26-2 F9 キーで全角英数字、F10 キーで半角英数字に変換する

操作 全角／半角英数字に変換する

変換途中の読みをまとめて英数字に変換するには、F9 キー、F10 キーを押します。
F9 キーで全角英数字、F10 キーで半角英数字に変換されます。文字が確定されていない状態でキーを押します。
また、キーを押すごとに小文字、大文字、頭文字だけ大文字に変換できます（次ページのコラム参照）。

ここでは、ローマ字入力の場合の手順で説明します。

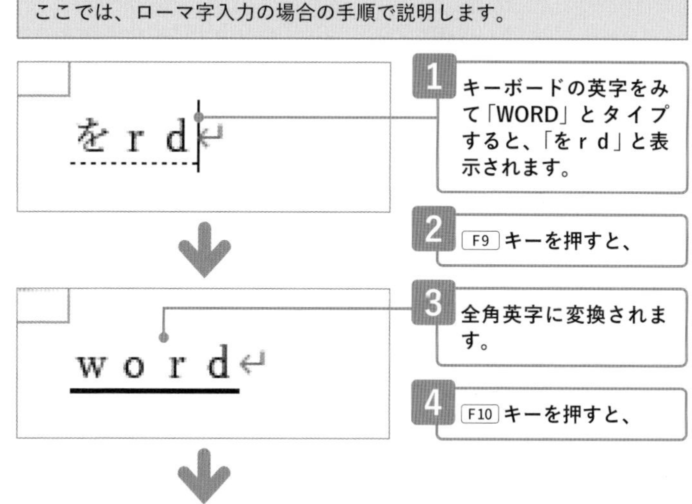

Memo かな入力の場合

かな入力の場合、英字のキーを「WORD」とタイプすると、「てらすし」とひらがなが入力されますが、F9 キー、F10 キーを押せば、ローマ字入力の場合と同様に英数字に変換できます。

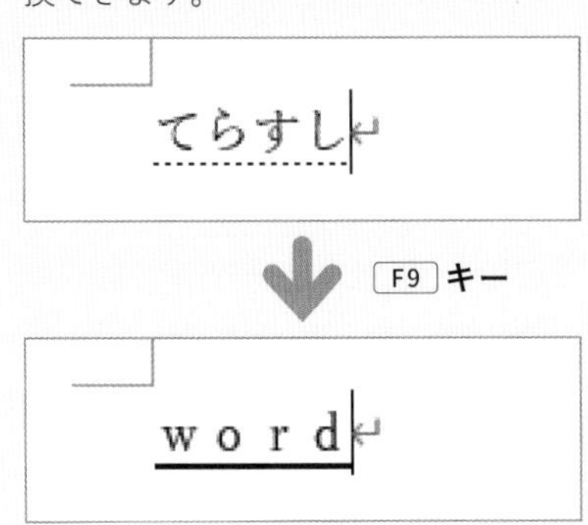

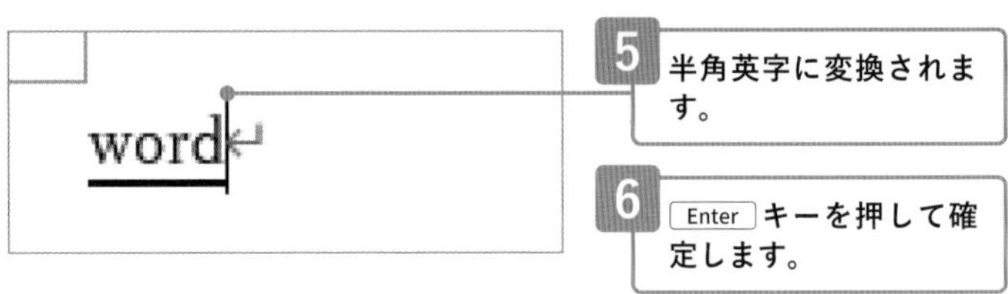

コラム F9 キー、F10 キーを押すごとに小文字、大文字、頭文字だけ大文字に変換される

F9 キー、F10 キーを押すごとに、小文字、大文字、頭文字だけ大文字に変換されます。英単語混じりの文書を作成する場合、ひらがなモードのままで英単語の綴りを入力して、F9 キー、F10 キーで簡単に英字に変換できるので大変便利です。

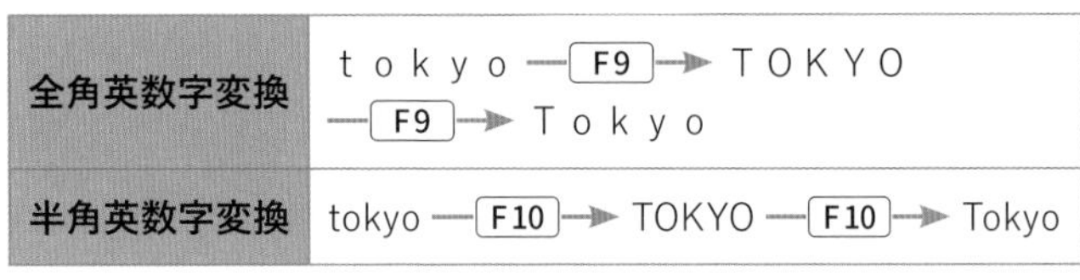

全角英数字変換	ｔｏｋｙｏ —F9→ ＴＯＫＹＯ —F9→ Ｔｏｋｙｏ
半角英数字変換	tokyo —F10→ TOKYO —F10→ Tokyo

レッスン 26-3 F6 キーでひらがなに変換する

操作 ひらがなに変換する

変換途中の読みをまとめてひらがなに変換するには、F6 キーを押します。文字が確定されていない状態でキーを押します。

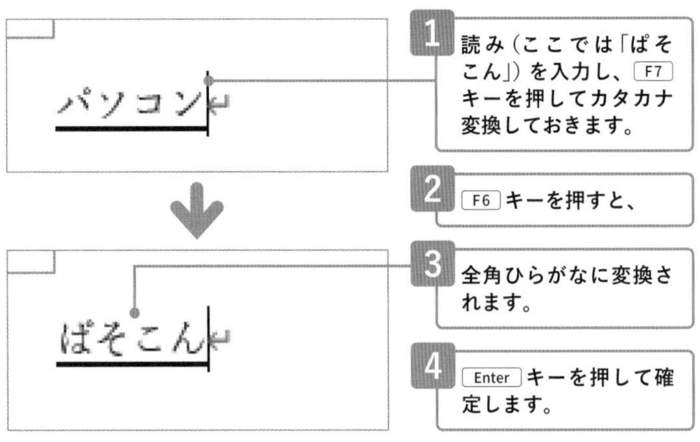

コラム F6 キーを押すごとに順番にカタカナに変換される

F6 キーを押すごとに、先頭の文字から順番にカタカナに変換されます。先頭から数文字分カタカナに変換したいときに使えます。

全角ひらがな変換	まうす —F6→ マうす —F6→ マウす

コラム　オートコレクトによる自動変換について

「tokyo」と入力して、Space キーや Enter キーを押すと、自動的に頭文字だけが大文字に変換され「Tokyo」と表示される場合があります。これは、オートコレクト機能によるものです。英字で「tokyo」とか「sunday」などの単語を入力するとオートコレクト機能が働き自動的に頭文字だけ大きくします。
オートコレクトによる変更を元に戻したい場合は、次の手順で取り消せます。大文字に変換された文字の下にマウスポインターを合わせて❶、表示される「オートコレクトのオプション」ボタンをクリックし❷、「元に戻す－大文字の自動設定」を選択します❸。
なお、[文の先頭文字を自動的に大文字にしない] を選択すると、これ以降すべての英字について大文字に自動変換されなくなります。
[オートコレクトのオプションの設定] を選択すると [オートコレクト] ダイアログが表示され、英字のオートコレクトの設定の確認と変更ができます。

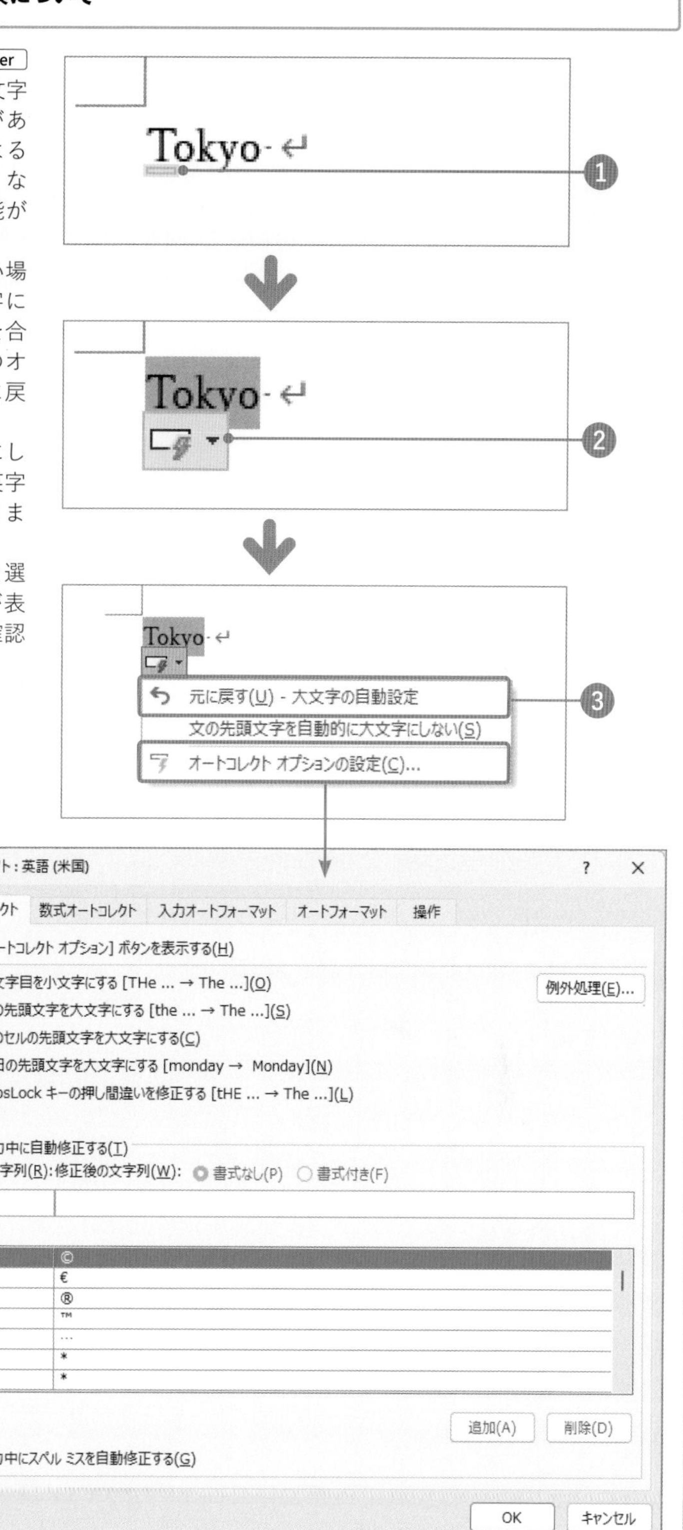

Section
27 単語登録ですばやく入力する

読みが難しい名前や住所、会社名などは、単語登録しておくとすばやく入力できます。登録された単語は、Microsoft IMEユーザー辞書ツールによって管理され、パソコン全体で有効です。そのため、Wordだけでなく、Excelなど別のソフトでも使うことができます。

ここで学べること

習得スキル	操作ガイド	ページ
▶単語登録	レッスン27-1	p.111
▶単語の修正／削除	レッスン27-2	p.112

まずは パッと見るだけ！

単語を辞書に登録する

人名や会社名など、よく使用する単語を登録しておくと簡単な読みですばやく入力できます。単語登録は、［単語登録］ダイアログで単語登録し、［Microsoft IME ユーザー辞書ツール］ダイアログで編集／削除します。

Before 操作前

かいしゃ

After 操作後

SB クリエイティブ株式会社

「かいしゃ」という簡単な読みで会社名に変換できた。

▼［単語登録］ダイアログ

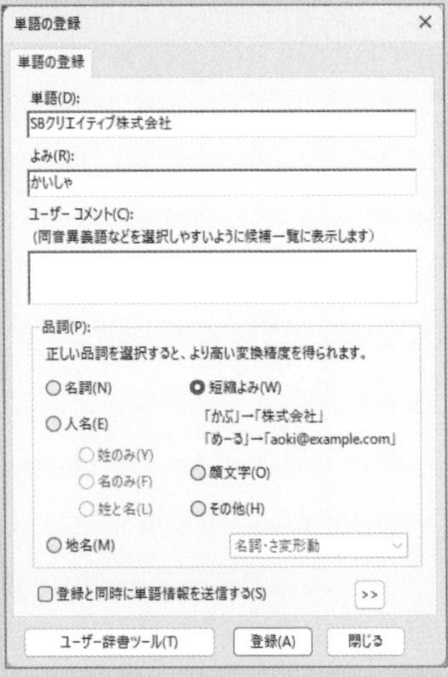

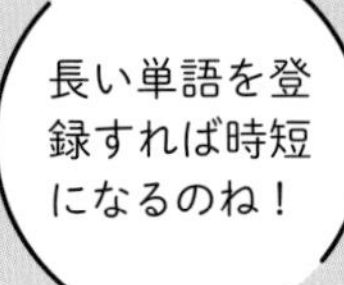

▼［Microsoft IME ユーザー辞書ツール］ダイアログ

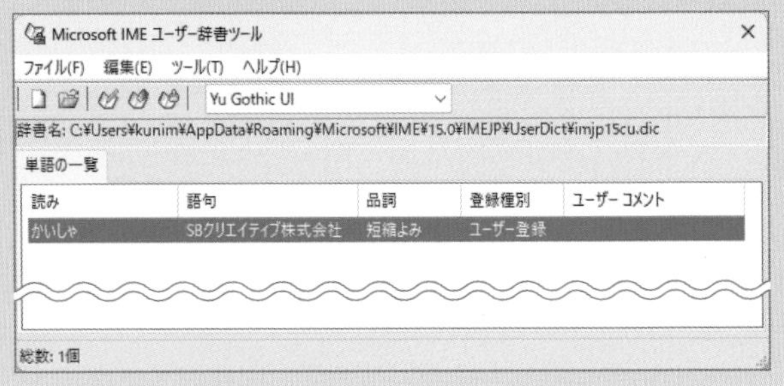

レッスン 27-1 単語を辞書に登録する

操作 単語を登録する

人名や会社名などよく使用する単語を登録しておくと、入力の効率が上がります。[単語の登録] ダイアログを表示して、登録する単語と読みと品詞を指定して登録します。

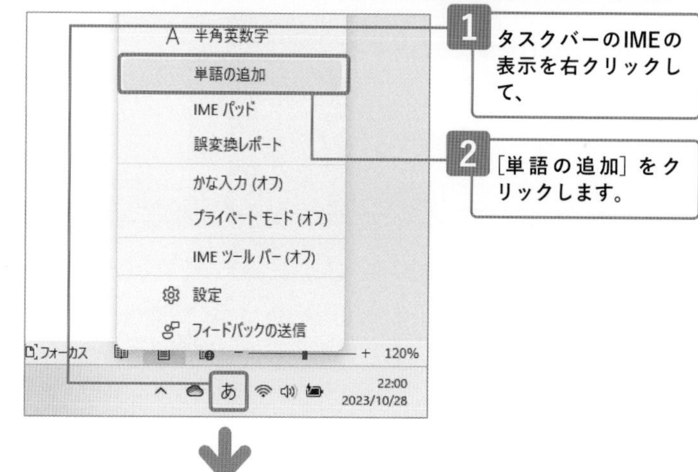

1 タスクバーのIMEの表示を右クリックして、

2 [単語の追加] をクリックします。

3 [単語の登録] ダイアログが表示されます。

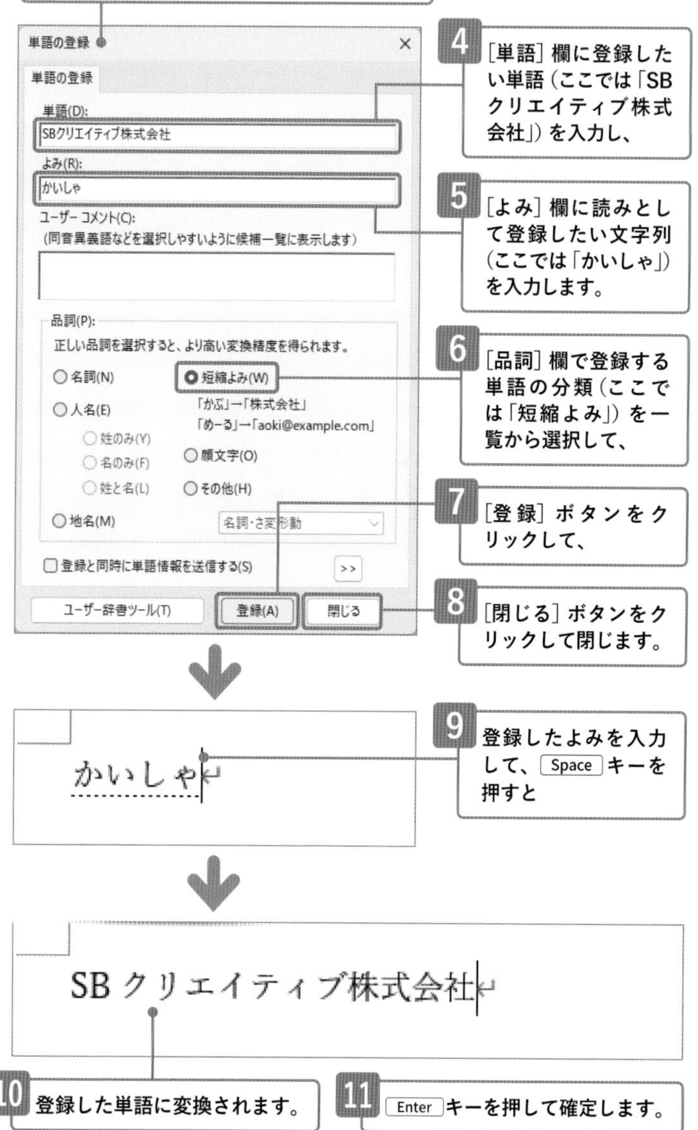

4 [単語] 欄に登録したい単語 (ここでは「SBクリエイティブ株式会社」) を入力し、

5 [よみ] 欄に読みとして登録したい文字列 (ここでは「かいしゃ」) を入力します。

6 [品詞] 欄で登録する単語の分類 (ここでは「短縮よみ」) を一覧から選択して、

7 [登録] ボタンをクリックして、

8 [閉じる] ボタンをクリックして閉じます。

9 登録したよみを入力して、Space キーを押すと

10 登録した単語に変換されます。

11 Enter キーを押して確定します。

Memo よみに登録できる文字

ひらがな、英数字、記号がよみとして使えます。カタカナや漢字は使えません。

Memo [単語の登録] ダイアログのサイズを調整する

[単語の登録] ダイアログは、右下の >> ボタンをクリックすると横に拡大し、<< ボタンに変わります。このボタンをクリックするごとに拡大/縮小を切り替えられます。

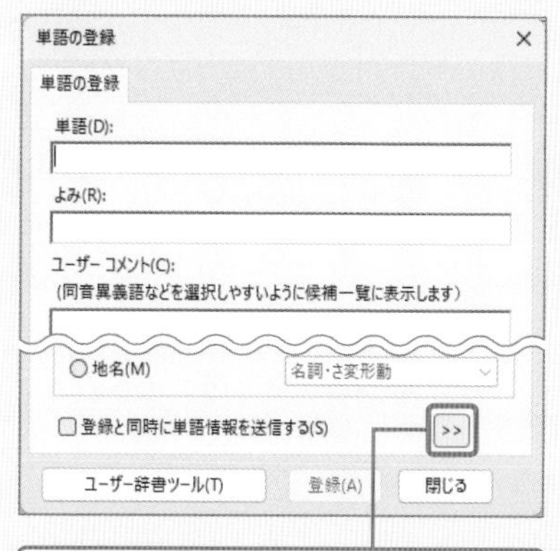

ここをクリックするごとに、サイズが拡大/縮小する

レッスン27-2 単語を削除する

操作　登録した単語を削除する

登録した単語を削除する場合は、[Microsoft IME ユーザー辞書ツール] ダイアログを表示します。ダイアログには、ユーザーが登録した単語が一覧表示されます。表示された単語を削除したり、編集したりできます。

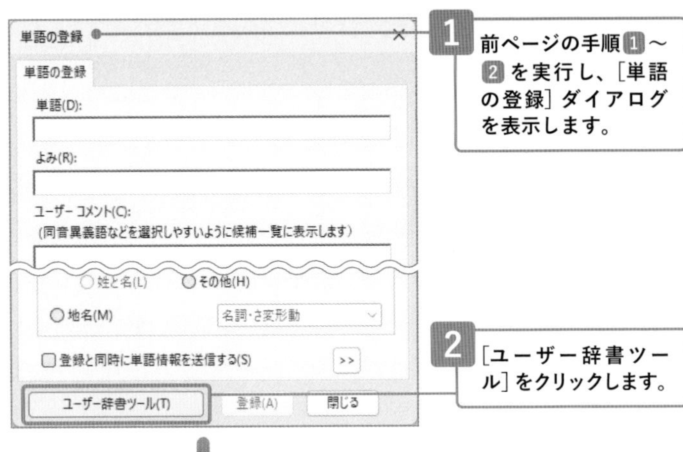

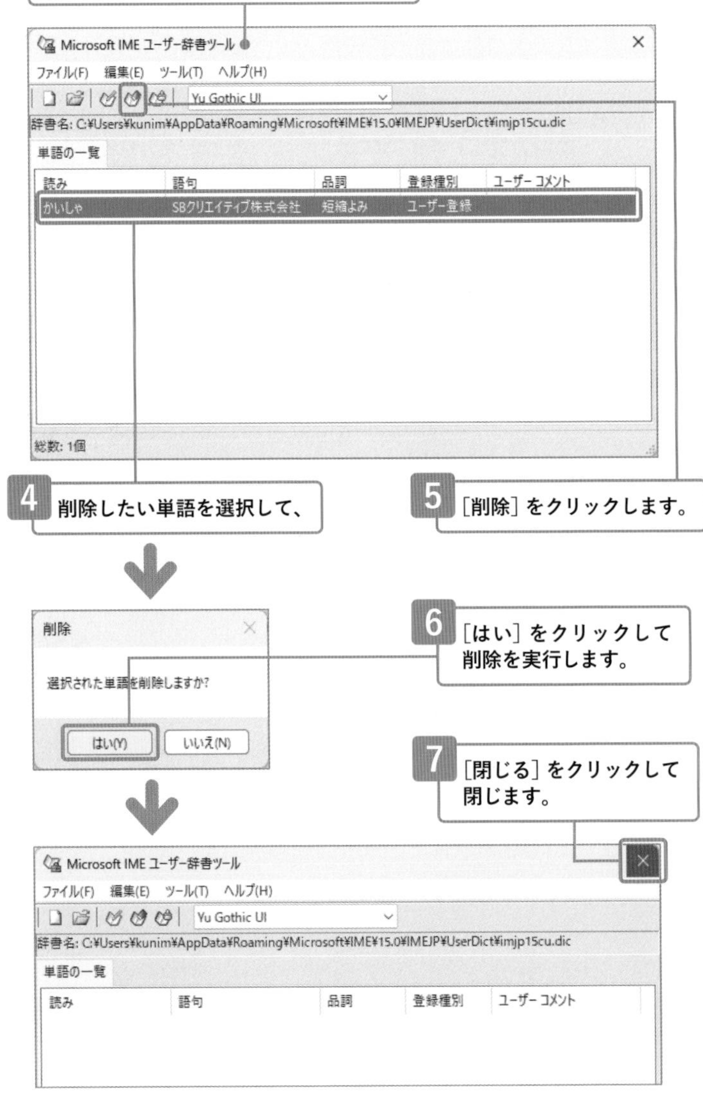

Memo　登録した単語を修正する

登録した単語の読みや品詞などを修正したい場合は、[変更] ボタンをクリックします。[単語の変更] ダイアログボックスが表示され内容を修正できます。

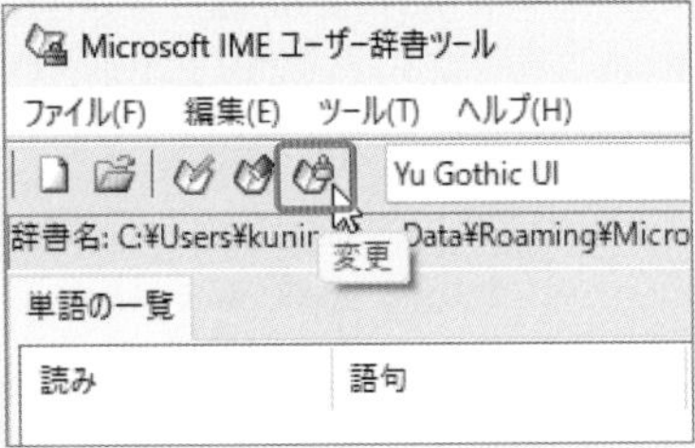

練習問題 キーボードを使っていろいろな文字を入力しよう

入力練習1

ひらがなの入力練習

1 うけつけ　2 じかん　3 ぎじろく　4 じんじいどう　5 きゅうけい

6 しゅっきん　7 ぎょうむれんらく　8 しゃちょう　9 あんないず　10 こーひーかっぷ

入力練習2

変換練習　()内は漢字の読み

1 経理事務　2 システム開発　3 キャンペーン応募要項　4 新作発表

5 注文用紙　6 納品書　7 申し込みフォーム　8 代表取締役

9 Webページ　10 遺失物(いしつぶつ)

入力練習3

短文変換練習　()内は漢字の読み

1 新入社員の歓迎会を開催する。

2 明日が今年最後の講義です。

3 慶弔金(けいちょうきん)の支給があります。

4 議題Aについて異議を唱えます。

5 今から30分時間を計ります。

6 この問題について解決を図ります。

7 この件については上層部に諮(はか)ります。

8 買掛金(かいかけきん)を相殺(そうさい)することがあります。

9 4月に人事異動(じんじいどう)があります。

ローマ字入力では、**入力練習1**の6「しゅっきん」は「shukkinn」、**入力練習4**の3「懇情」(こんじょう)は「konjou」と入力します

入力練習4

慣用語練習　()内は漢字の読み

1 拝啓　時下ますますご清祥(せいしょう)のこととお喜び申し上げます。

2 ますますご隆盛(りゅうせい)のこととお喜び申し上げます。

3 平素は格別のご懇情(こんじょう)を賜(たまわ)り、誠にありがとうございます。

4 ご笑納(しょうのう)いただければ幸いに存じます。

5 万障(ばんしょう)お繰り合わせの上、ご出席くださいますようお願い申し上げます。

6 まずは、略儀(りゃくぎ)ながら書中(しょちゅう)をもってご案内申し上げます。

半角と全角を揃えて整った文書にしよう

文書の中には、漢字やひらがなだけでなく、アルファベットや数字を入力することがあります。例えば、住所や人名、商品名がアルファベットの場合がよくありますね。基本的には、アルファベットや数字は半角で入力しましょう。文章の中で同じ単語を何回も入力する場合、半角と全角が混合していることがないように気をつけてください。ビジネス文書には表記が統一された文章が求められます。

特に、会社名や商品名は、正確に入力するように気をつけてください。すべて大文字の場合がありますし、全角の場合もあります。

● 間違えやすい表記の例

会社名

キユーピー株式会社 ➡「ユ」は大文字

株式会社セブン - イレブン・ジャパン ➡ 記号が入っている

商品名

○ iPhone 15

× iPhone １５ ➡ 数字が全角は誤り

特に数字は、半角と全角が混ざりやすくなります。ひらがなモードの場合、キーボードの上段にある数字は全角で入力されますが、テンキーの数字は半角で入力されます。よく見ないと区別しづらいので、混同しがちです。ファンクションキーの F10 キーを上手に使って、半角英数に変換する習慣をつけるのがおすすめです。

Point 会社名や商品名の入力は慎重に！

第 3 章

文書の作成をマスターする

ここでは、新規文書の作成とページ設定の方法を確認し、簡単なビジネス文書の作成を例に、一から文書を作成します。入力オートフォーマットという自動入力機能を確認しながら文章を入力し、保存と印刷の方法を説明します。基本的な文書作成手順を学びましょう。

Section

28 文書作成の流れ

文書の基本的な作成手順を紹介します。おおよその流れを確認しておきましょう。ただし、必ずしもこの通りの順番である必要はありません。例えば、ページ設定の後にすぐ保存してもいいですし、保存の前に印刷しても構いません。仕事ではこまめな保存をおすすめします。

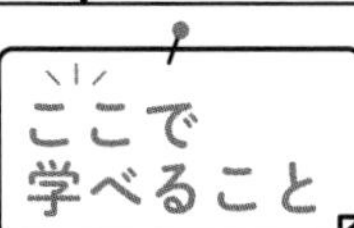

習得スキル	操作ガイド	 ページ
▶文書作成の手順を知る	なし	p.116

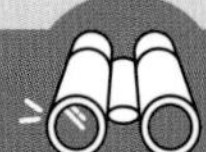

まずは パッと見るだけ！

文書作成の流れ

文書を作成するには、最初にこれから作成する文書の内容に合わせてページ設定をします。次に、文章を入力していき、文字サイズや色、配置などの設定や表、写真、図形などを挿入して完成させます。作成した文書は、ファイルとして保存したり、印刷したりします。

●Step1　ページ設定

用紙サイズ、用紙の向き、余白などページの基本的な設定をします。文書作成途中に変更も可能です。

●Step2　文字入力

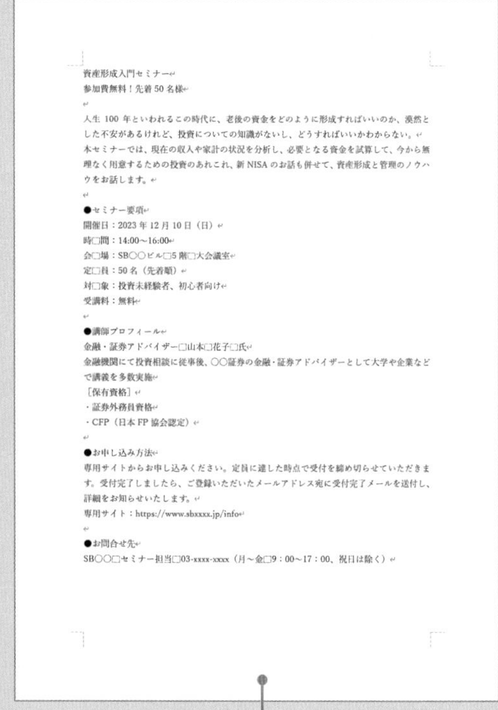

資産形成入門セミナー
参加費無料！先着 50 名様

人生 100 年といわれるこの時代に、老後の資金をどのように形成すればいいのか、漠然とした不安があるけれど、投資についての知識がないし、どうすればいいかわからない。
本セミナーでは、現在の収入や家計の状況を分析し、必要となる資金を試算して、今から無理なく用意するための投資のあれこれ、新 NISA のお話も併せて、資産形成と管理のノウハウをお話します。

●セミナー要項
開催日：2023 年 12 月 10 日（日）
時□間：14:00～16:00
会□場：SB〇〇ビル□5 階□大会議室
定□員：50 名（先着順）
対□象：投資未経験者、初心者向け
受講料：無料

●講師プロフィール
金融・証券アドバイザー□山本□花子□氏
金融機関にて投資相談に従事後、〇〇証券の金融・証券アドバイザーとして大学や企業などで講義を多数実施
［保有資格］
・証券外務員資格
・CFP（日本 FP 協会認定）

●お申し込み方法
専用サイトからお申し込みください。定員に達した時点で受付を締め切らせていただきます。受付完了しましたら、ご登録いただいたメールアドレス宛に受付完了メールを送付し、詳細をお知らせいたします。
専用サイト：https://www.sbxxxx.jp/info

●お問合せ先
SB〇〇□セミナー担当□03-xxxx-xxxx（月～金□9：00～17：00、祝日は除く）

文章のみを入力します。

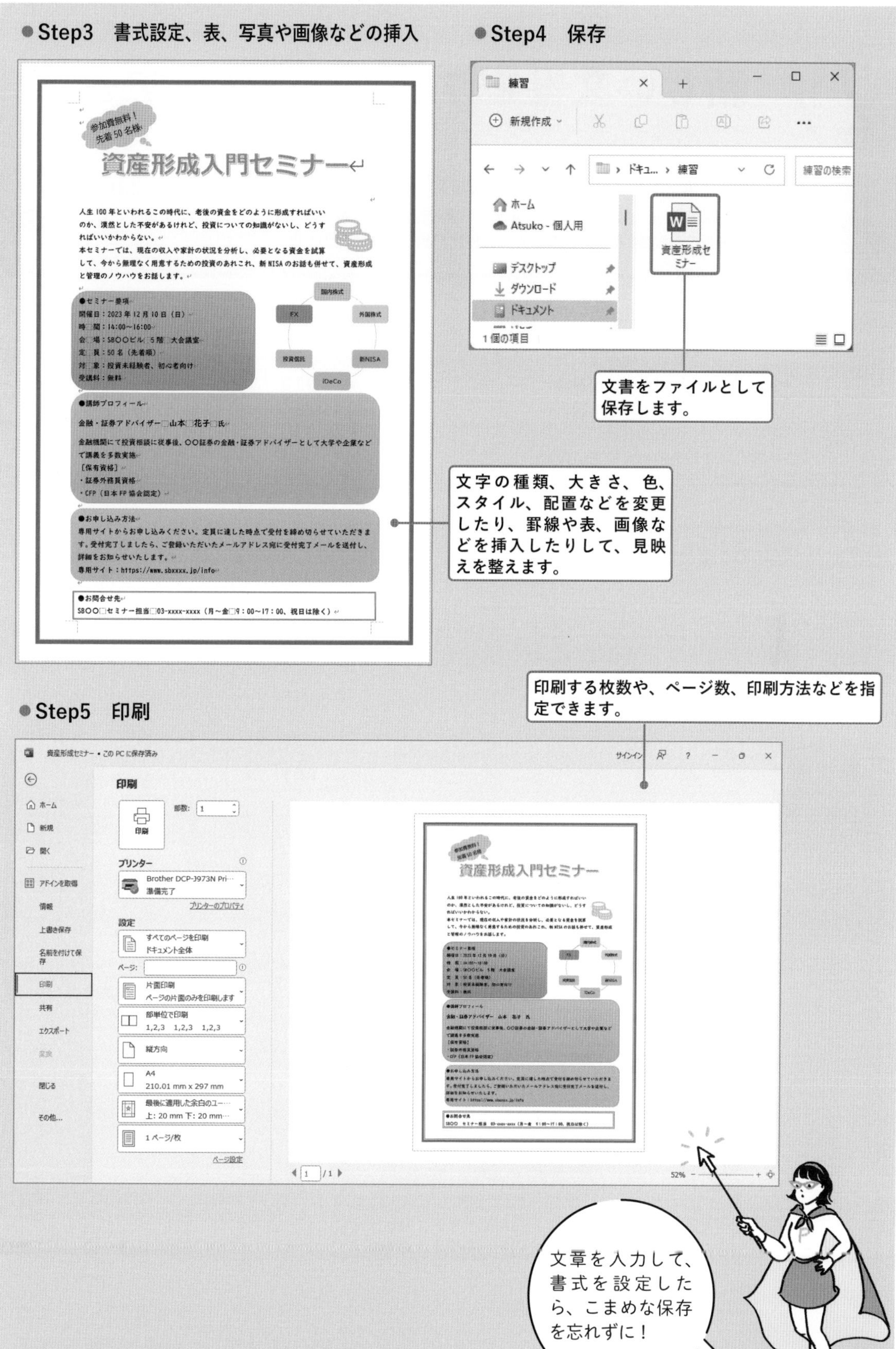

●Step3　書式設定、表、写真や画像などの挿入
参加費無料！先着50名様
資産形成入門セミナー
文字の種類、大きさ、色、スタイル、配置などを変更したり、罫線や表、画像などを挿入したりして、見映えを整えます。
●Step4　保存
練習
新規作成
ホーム
Atsuko - 個人用
デスクトップ
ダウンロード
ドキュメント
1 個の項目
資産形成セミナー
文書をファイルとして保存します。
●Step5　印刷
印刷する枚数や、ページ数、印刷方法などを指定できます。
資産形成セミナー • この PC に保存済み
印刷
部数: 1
プリンター
Brother DCP-J973N Pri…
準備完了
プリンターのプロパティ
設定
すべてのページを印刷
ドキュメント全体
片面印刷
ページの片面のみを印刷します
部単位で印刷
1,2,3　1,2,3　1,2,3
縦方向
A4
210.01 mm x 297 mm
最後に適用した余白のユー…
上: 20 mm 下: 20 mm…
1 ページ/枚
ページ設定
文章を入力して、書式を設定したら、こまめな保存を忘れずに！

Section

29 新しい文書を作成する準備をする

案内文のようなビジネス文書はA4縦向き、年賀状であればはがきサイズといった具合に、作成する文書によって、用紙の大きさ、印刷の向き、行数や文字数などが異なります。このようなページ全体に関する設定を「ページ設定」といいます。

ここで学べること

習得スキル	操作ガイド	ページ
▶新規文書作成	レッスン29-1	p.119
▶用紙サイズの選択	レッスン29-2	p.120
▶印刷の向きの選択	レッスン29-3	p.121
▶余白の設定	レッスン29-4	p.121
▶行数や文字数の設定	レッスン29-5	p.123

まずは パッと見るだけ！

新規文書を作成し、ページ設定をする

新規文書を作成したら、文書の内容に合わせてページ設定をします。白紙の新規文書の初期設定を確認し、設定後の違いを確認しておきましょう。

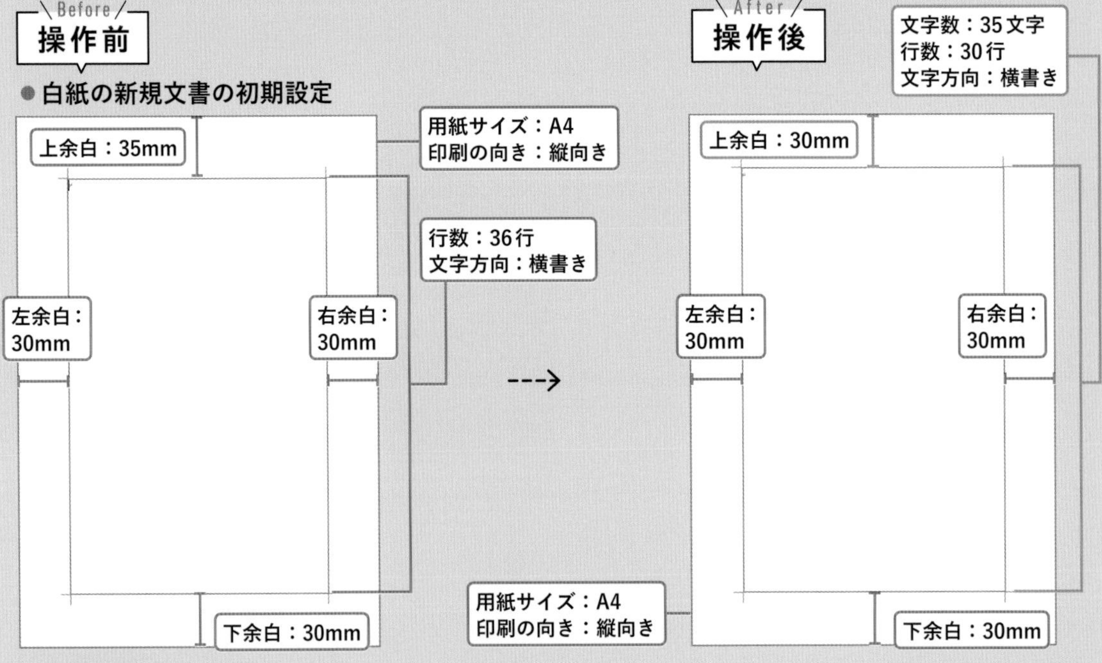

▼新規文書の初期設定

用紙サイズ	A4	文字方向	横書き
印刷の向き	縦向き	行数	36行
余白	上：35mm　下／右／左：30mm		

ここでは、上余白を30mm、文字数を35文字、行数を30行に変更しています。

レッスン 29-1 白紙の新規文書を作成する

操作　白紙の文書を開く

すでに他の文書を作成中でも、新規に白紙の文書を追加して作成できます。その場合は、別の新しいWordのウィンドウで表示されます。

ショートカットキー

- 白紙の文書作成
  Ctrl ＋ N

ここでは、すでに文書を開いている状態で新規に白紙の文書を作成します。

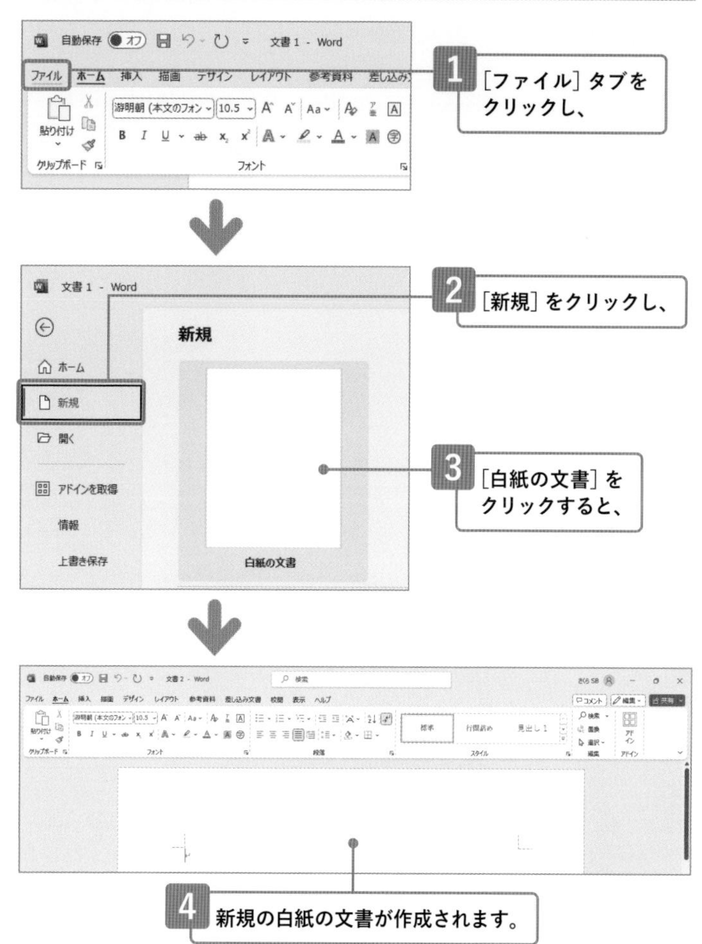

コラム　テンプレートを使って新規文書を作成する

Wordには文書のひな型であるテンプレートが用意されています。テンプレートには、サンプルの文字や写真／イラストなどのデザインが用意されており、文字を置き換えたり、写真を入れ替えたりするだけで目的の文書が作成できるようになっています。
テンプレートは、**レッスン29-1**の手順2の［新規］画面の下部に用意されています。一覧から目的に合ったテンプレートをクリックして利用できます❶。また、［オンラインテンプレートの検索］欄にキーワードを入力すると、キーワードに対応したテンプレートが表示されます❷。他に、検索欄の下の検索の候補をクリックすることでも関連するテンプレートを表示できます❸。テンプレートは、Microsoft社が無料で提供しています。テンプレートを使用するにはインターネットに接続してダウンロードする必要があります。

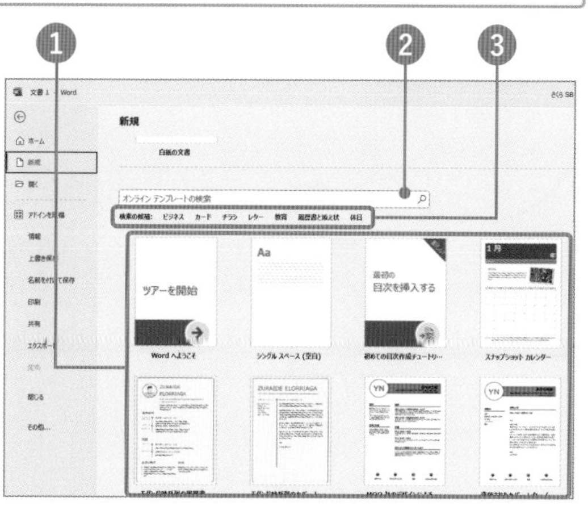

レッスン 29-2 用紙のサイズを選択する

操作 用紙のサイズを選択する

用紙を選択するには、[レイアウト] タブの [サイズ] をクリックして、一覧から使用する用紙サイズを選択します。

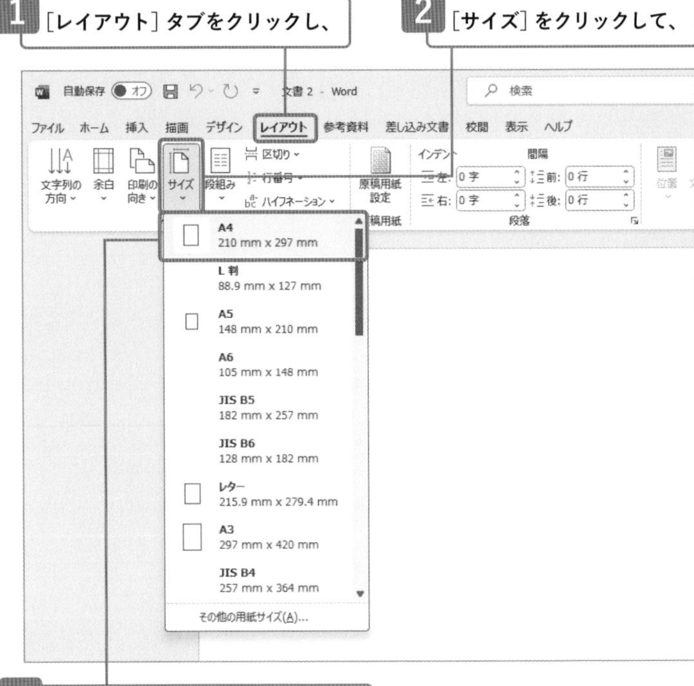

3 一覧から用紙サイズを選択します。

コラム 用紙サイズの基礎知識

用紙サイズには、一般的にJIS規格のA版とB版が使われています。B版のほうがやや大きく、サイズの数字が大きくなるにつれて用紙サイズは小さくなります（下図を参照）。例えば、A5サイズはA4サイズの半分の大きさになります。最も使用されているのはA4サイズで、Wordの初期設定の用紙サイズもA4です。

A判	寸法（mm）
A0	1,189 × 841
A1	841 × 594
A2	594 × 420
A3	420 × 297
A4	297 × 210
A5	210 × 148
A6	148 × 105

A3
A4
A5
A6
A6

B判	寸法（mm）
B0	1,456 × 1,030
B1	1,030 × 728
B2	728 × 515
B3	515 × 364
B4	364 × 257
B5	257 × 182
B6	182 × 128

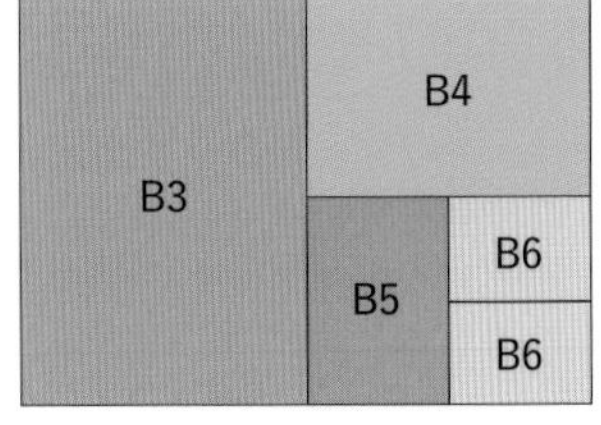

レッスン 29-3 印刷の向きを選択する

操作 印刷の向きを選択する

[レイアウト] タブの [印刷の向き] で印刷の向きを選択します。ページを横長のレイアウトにしたい場合は横向き、縦長のレイアウトにしたい場合は縦向きにします。

Memo [横] を選択した場合

[横] を選択すると、以下のように横長に表示されます。

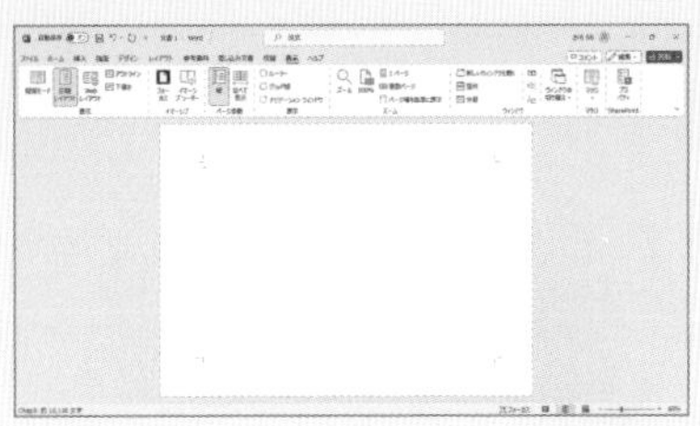

1 [レイアウト] タブをクリックし、

2 [印刷の向き] をクリックして、

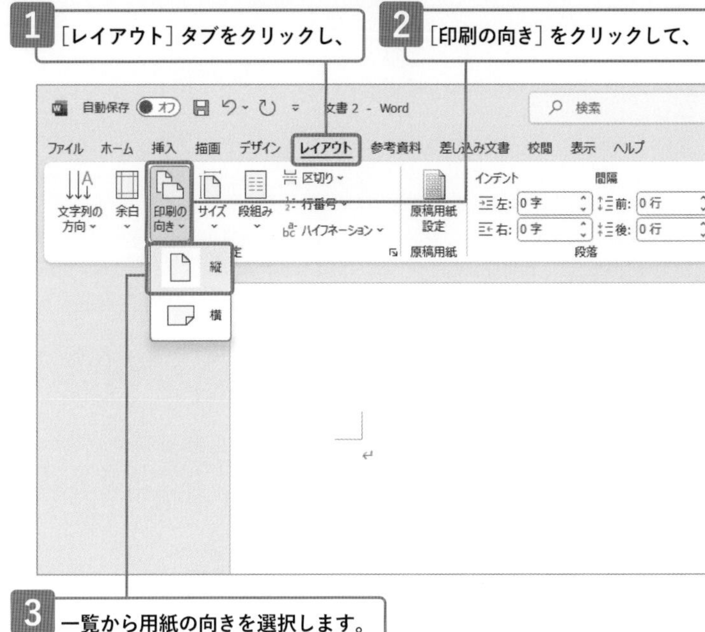

3 一覧から用紙の向きを選択します。

レッスン 29-4 余白を設定する

操作 余白を設定する

余白とは、用紙の上下左右にある「印刷しない領域」です。余白を小さくすると、その分印刷する領域が大きくなるので、1行の文字数や1ページの行数が増えます。編集できる領域をすこし増やしたいときは、[狭い] や [やや狭い] を選択するといいでしょう。

1 [レイアウト] タブをクリックし、

2 [余白] をクリックして、

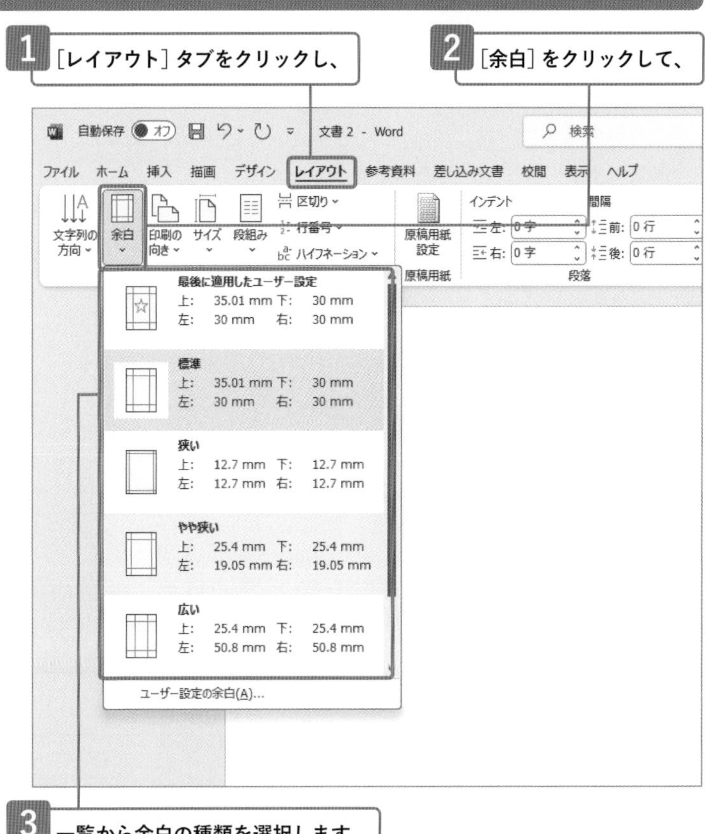

3 一覧から余白の種類を選択します。

操作 余白サイズを数値で変更する

余白サイズを数値で正確に設定するには、[ページ設定] ダイアログの [余白] タブにある [余白] で数値を指定します。
なお、余白の上下左右の各ボックスの [▲] [▼] ボタンをクリックすると1mmずつ数値が増減します。ボックス内の数字を削除して直接数字を入力しても変更できます。

Memo 縦書きと横書き

[ページ設定] ダイアログの [文字数と行数] タブにある [文字方向] で、横書きと縦書きを選択することができます。縦書きにすると、文字を縦書きで入力できます。縦書き文書は、年賀状や招待状、社外に発信する文書で案内状やお祝い状など、儀礼的な文書で多く使います。

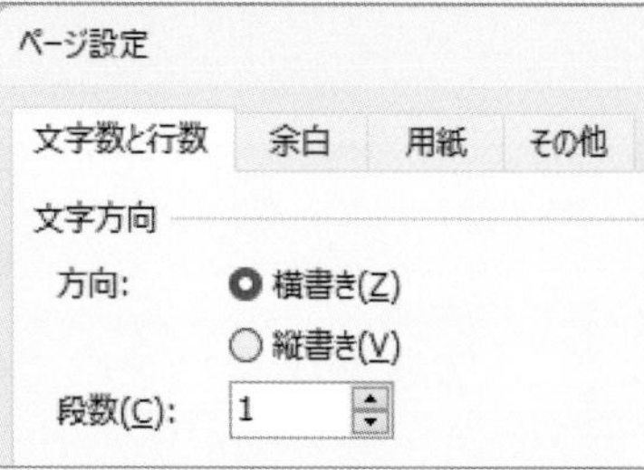

●印刷の向き：縦／文字方向：縦書き

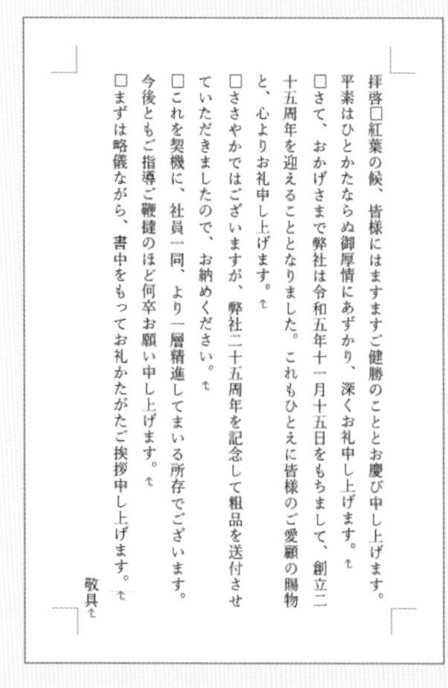

拝啓□紅葉の候、皆様にはますますご健勝のこととお慶び申し上げます。
平素はひとかたならぬ御厚情にあずかり、深くお礼申し上げます。
□さて、おかげさまで弊社は令和五年十一月十五日をもちまして、創立二十五周年を迎えることとなりました。これもひとえに皆様のご愛顧の賜物と、心よりお礼申し上げます。
□ささやかではございますが、弊社二十五周年を記念して粗品を送付させていただきましたので、お納めください。
□これを契機に、社員一同、より一層精進してまいる所存でございます。
今後ともご指導ご鞭撻のほど何卒お願い申し上げます。
□まずは略儀ながら、書中をもってお礼かたがたご挨拶申し上げます。
敬具

数値で余白を変更する

1 [レイアウト] タブの [ページ設定] グループにある ⧉ をクリックします。

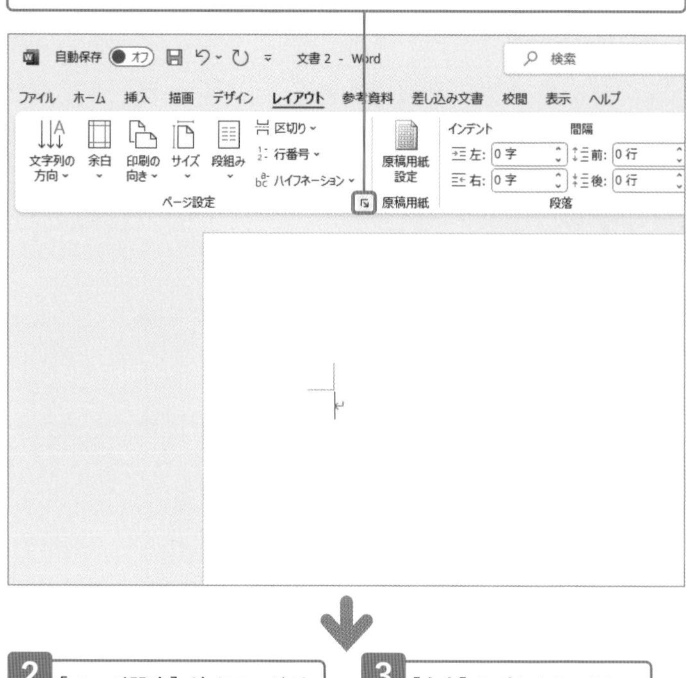

2 [ページ設定] ダイアログが表示されます。

3 [余白] タブをクリックし、

4 余白を変更します。

5 [OK] ボタンをクリックします。

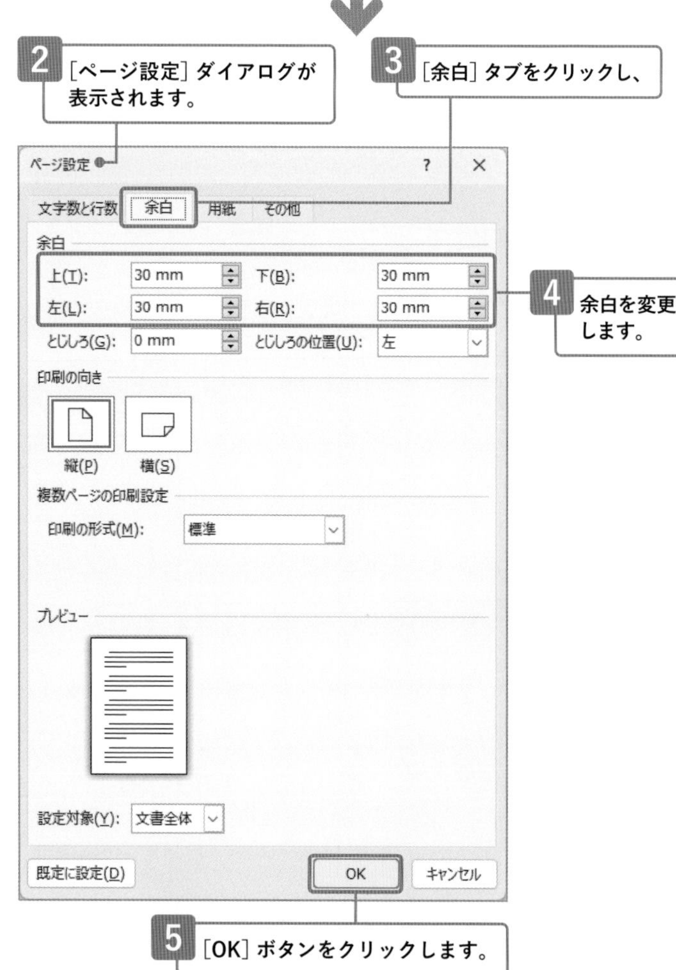

レッスン 29-5 1ページの行数や1行の文字数を指定する

操作 文字数と行数を設定する

文字数と行数は、[ページ設定] ダイアログの [文字数と行数] タブで設定します。初期設定では、[行数だけを指定する] が選択されており、行数のみ変更できるようになっています。文字数は、設定されているフォントやフォントサイズで標準の状態で1行に収まる文字数になります。1行の文字数を指定したい場合は、右の手順のように設定してください。

Point 文字数と行数は最後に設定する

用紙に設定できる文字数や行数は、用紙のサイズと余白によって決まります。先に文字数や行数を設定しても、用紙サイズや余白を変更すると、それに合わせて文字数と行数が変更になります。そのため、用紙サイズ、余白を設定した後で、文字数と行数を指定してください。

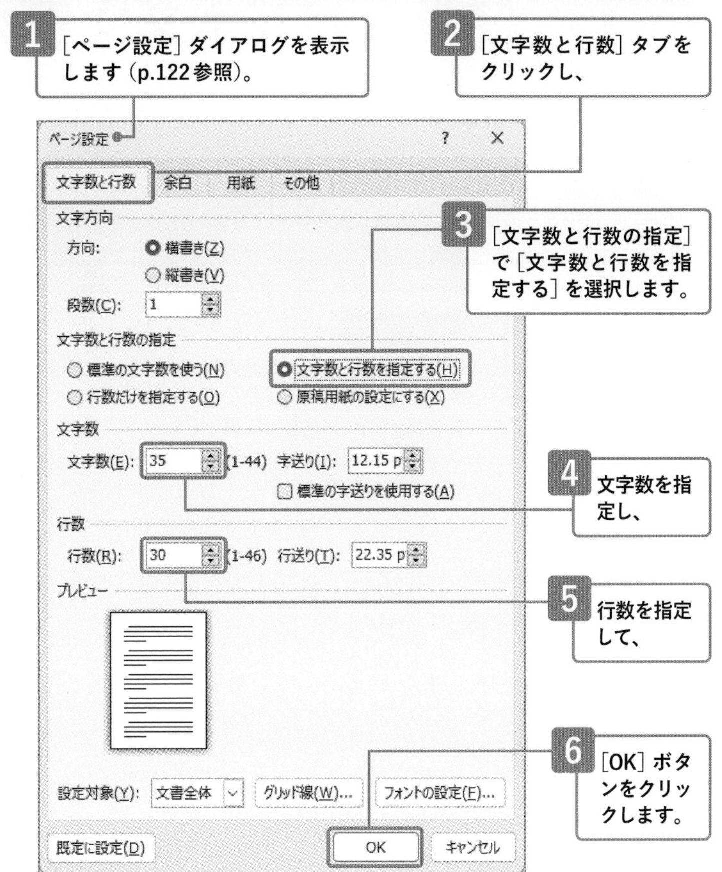

コラム 設定した通りの行数にならない場合

設定されているフォント (p.177) の種類によっては、ページ設定で行数を増やしても、実際には行数が減ってしまう場合があります。フォントの種類を変更しないで行数を増やしたい場合は、次の操作を試してみてください。
文章全体を選択し、[ホーム] タブの [段落] グループの右下にある⧅をクリックして [段落] ダイアログを表示し、[インデントと行間隔] タブ❶にある [1ページの行数を指定時に文字を行グリッド線に合わせる] のチェックをオフにします❷。指定通りの行数にはならない場合もありますが、行数が減ることはありません。
または、フォントの種類を「MSゴシック」「MS明朝」「MS Pゴシック」「MS P明朝」などにすれば、特に上記の設定をしなくても設定通りの行数になります。なお、既定のフォントの種類の変更方法はp.179を参照してください。

※Wordのバージョンによって既定のフォントサイズや段落後間隔が異なります。上記の設定がうまくいかない場合は、p.125を参考にしてフォントサイズと段落後間隔を以下のように設定してみてください。

- フォントサイズ：10.5pt
- 段落後間隔：0行

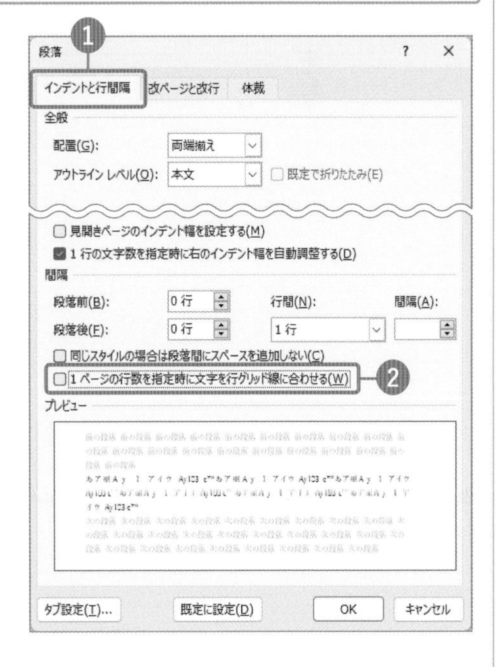

Section

30 簡単なビジネス文書を作ってみる

Wordには、効率的に文書を作成できる入力オートフォーマット機能が用意されています。ここでは、文字の入力と配置を変更するだけのシンプルなビジネス文書を作成しながら、ビジネス文書の基本構成と入力オートフォーマット機能を確認しましょう。

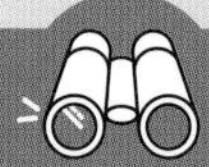

まずは パッと見るだけ！

ビジネス文書の基本構成

ビジネス文書は、基本的に8つの部分で構成されており、だいたいのスタイルは決まっています。この構成を覚えておけば、ビジネス文書作成時に役に立ちます。

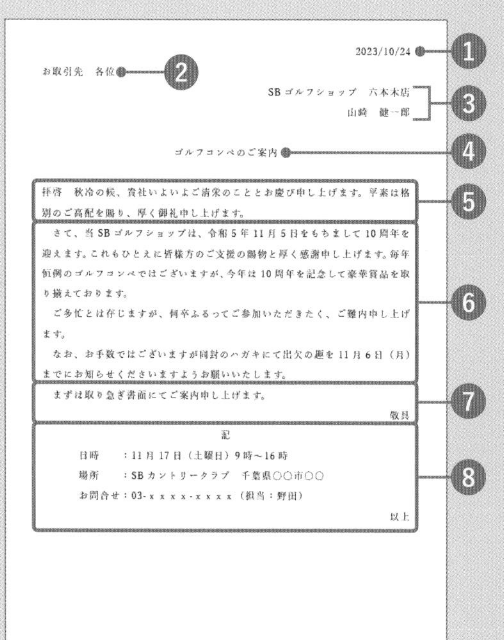

2023/10/24 ①

お取引先　各位 ②

SB ゴルフショップ　六本木店
山崎　健一郎 ③

ゴルフコンペのご案内 ④

拝啓　秋冷の候、貴社いよいよご清栄のこととお慶び申し上げます。平素は格別のご高配を賜り、厚く御礼申し上げます。 ⑤

さて、当 SB ゴルフショップは、令和 5 年 11 月 5 日をもちまして 10 周年を迎えます。これもひとえに皆様方のご支援の賜物と厚く感謝申し上げます。毎年恒例のゴルフコンペではございますが、今年は 10 周年を記念して豪華賞品を取り揃えております。
ご多忙とは存じますが、何卒ふるってご参加いただきたく、ご難内申し上げます。
なお、お手数ではございますが同封のハガキにて出欠の趣を 11 月 6 日（月）までにお知らせくださいますようお願いいたします。 ⑥

まずは取り急ぎ書面にてご案内申し上げます。
敬具 ⑦

記
日時　：11 月 17 日（土曜日）9 時～16 時
場所　：SB カントリークラブ　千葉県○○市○○
お問合せ：03-ｘｘｘｘ-ｘｘｘｘ（担当：野田）
以上 ⑧

NO	構成	内容
❶	発信日付	文書を発信する日付。文書の内容によっては、発信日付の上に文書番号（例：請求書NO0001、人事20-001）が入る場合もある。右寄せで配置
❷	宛先	相手先を指定。相手が複数の場合は、「各位」や「皆様」を付ける。左寄せで配置
❸	発信者名	発信者を指定。右寄せで配置
❹	タイトル	タイトルを指定。中央揃えで配置
❺	前文	頭語、時候の挨拶、慶賀（安否）の挨拶、感謝の挨拶の順の定型文
❻	主文	伝えたい内容
❼	末文	結びの挨拶、最後に結語を右寄せで配置
❽	記書き	必要な場合のみ、別記で要点を箇条書きする。中央揃えの「記」で始まり、箇条書きを記述したら、最後に「以上」を右寄せに配置。

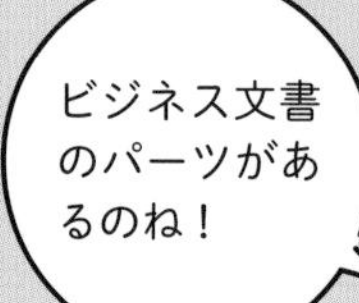

レッスン 30-1 発信日付／宛先／発信者名／タイトルを入力する

練習用ファイル 30-1-文書1.docx

操作 今日の日付を自動入力する

発信日付として、作成している日の日付を入力することが多くあります。半角で今年の西暦4桁に続けて「/」（スラッシュ）（例:「2024/」）を入力し、Enter キーを押すと、自動的に今日の日付が入力されます。

Memo 和暦で今日の日付を自動入力する

「令和」と入力して Enter キーを押すと、和暦で今日の日付がヒントで表示されます。Enter キーを押すと、そのまま和暦の今日の日付が入力されます。

令和5年10月24日（Enter を押すと挿入します）
令和

操作 宛先／発信者／タイトルを入力する

日付の後には、宛先、発信者を入力し、文書のタイトルを入力します。
宛先が取引先のような複数の場合は、「お取引先　各位」のように「各位」とつけます。
個人の場合は、「鈴木　花子　様」のように「様」とつけます。

Memo 手順通りに操作できない場合の対処方法

Wordのバージョンによって［白紙の文書］の既定が異なるため、みなさんが利用しているWordのバージョンによっては、右の手順通りに操作を進められないケースがあるので注意してください。右の手順通りに操作できない場合で、かつ本書の手順通りに作成したい場合は、事前に以下の設定を行ってください。

❶［デザイン］タブ→［テーマ］→［Office 2023 – 2022 テーマ］をクリックする
❷［デザイン］タブ→［段落の間隔］→［段落間隔なし］をクリックする
❸ p.123 を参照して［ページ設定］ダイアログを表示し、［フォントの設定］をクリックしてフォントサイズを「10.5」に設定する

今日の日付の入力

ここでは今日の日付が2023年10月24日として進めます。

1 Section29 の手順で白紙の文書を作成し、ページ設定を行っておきます。

2 文書の先頭位置にカーソルがあることを確認し、今年の西暦の年と「/」（スラッシュ）を半角で入力します（ここでは「2023/」）。

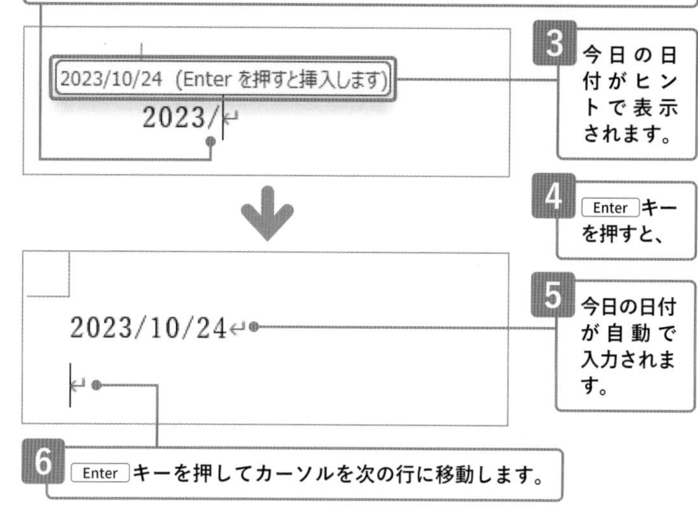

6 Enter キーを押してカーソルを次の行に移動します。

宛先の入力

2023/10/24
お取引先　各位

1 2行目に宛先を入力し、Enter キーを押して改行します。

発信者名を入力する

2023/10/24
お取引先　各位
SB ゴルフショップ　六本木店
山崎　健一郎

1 同様に、3行目に発信者の会社名、4行目に氏名を入力して、それぞれ Enter キーを押して改行します。

2 Enter キーを押して空白行を作成します。

Memo 空行を挿入する

何も入力しない行を挿入したい場合は、行頭で Enter キーを押します。行頭に段落記号↵のみ表示されます。

Memo 全角や半角の空白を入力する

文字と文字の間に空白（スペース）を入力するには、Space キーを押します。[ひらがな] モードのときは、全角で空白が入力されます。[ひらがな] モードのときに半角の空白を入力するには、Shift キーを押しながら Space キーを押します。

タイトルの入力

1 タイトルを入力して、Enter キーを押して改行し、

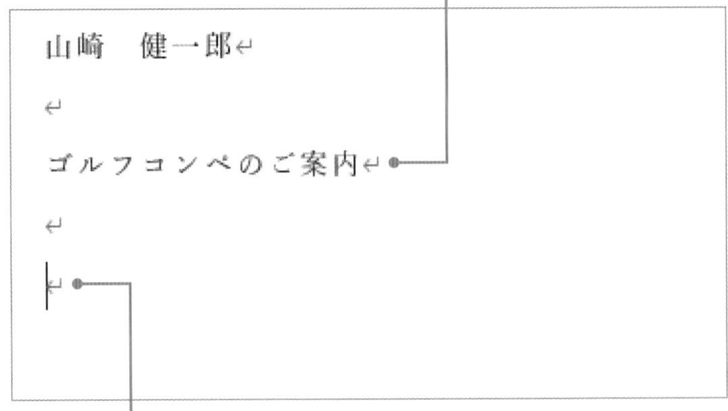

2 再度 Enter キーを押して空行を作成します。

レッスン 30-2 頭語と結語を入力する

練習用ファイル 30-2-文書1.docx

操作 頭語と結語を自動入力する

Wordでは、「拝啓」のような頭語を入力すると、入力オートフォーマットの機能により、空行が挿入され、次の行に頭語に対応する結語が右寄せで自動入力されます。

1 頭語「拝啓」と入力し、Enter キーを押して改行すると

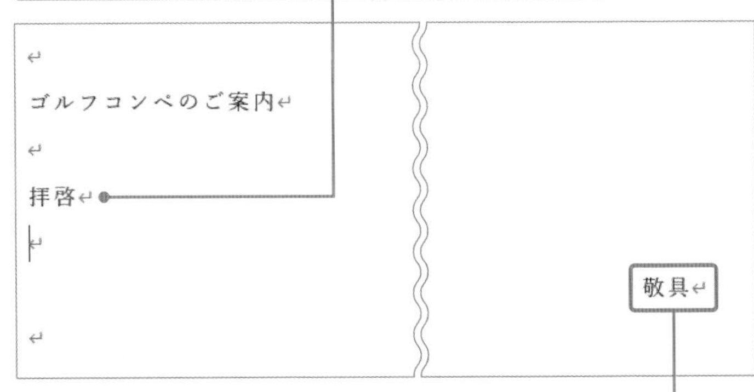

2 空行が挿入され、頭語に対応する結語「敬具」が右寄せで自動入力されます。

Memo 頭語と結語

頭語とは、「拝啓」「前略」のように手紙やビジネス文書などの文書の最初に記述する決まり言葉です。頭語の後ろに「、」は付けず、1文字空けます。また、結語とは、文書の最後に記述する決まり言葉で「敬具」や「草々」などがあります。表のように頭語と結語はワンセットになっています。

● 文書の種類による頭語と結語

頭語と結語	文書の種類
拝啓　敬具	一般的な文書
前略　草々	前文を省略した文書
謹啓　謹白	改まった文書

レッスン 30-3 前文（あいさつ文）／主文／末文を入力する

練習用ファイル 30-3-文書1.docx

操作 （前文）あいさつ文を自動入力する

［あいさつ文］ダイアログでは、前文となる季節の挨拶、安否の挨拶、感謝の挨拶を一覧から選択するだけで自動入力できます。作成する文書の内容に合ったものを選択してください。

Memo 季節の挨拶

［あいさつ文］ダイアログでは、現在の日付により自動的に月が選択され、対応する季節の挨拶の一覧が自動で表示されます。月を変更し、あいさつの一覧を変更することもできます。

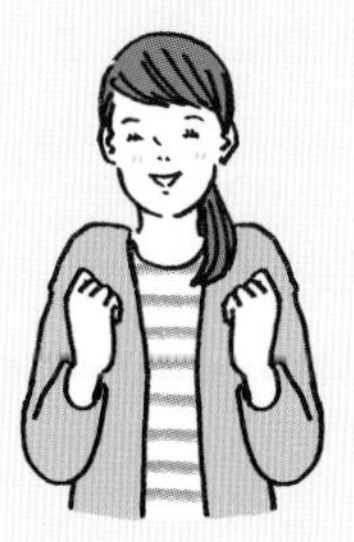

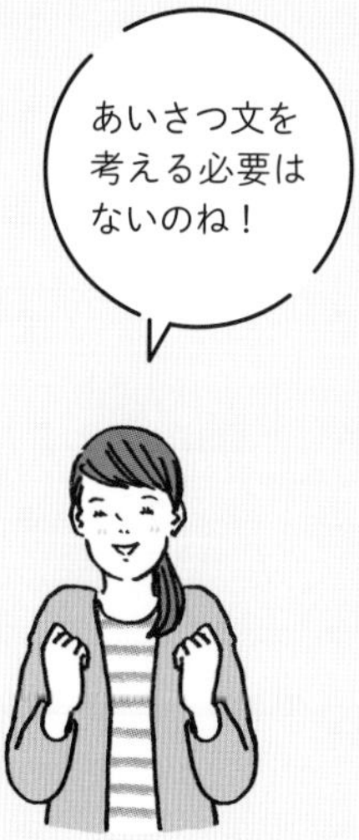
あいさつ文を
考える必要は
ないのね！

あいさつ文の入力

1 カーソルを頭語「拝啓」の後ろに移動し、Space キーを押して空白を入力しておきます。

2 ［挿入］タブ→［あいさつ文］をクリックして、

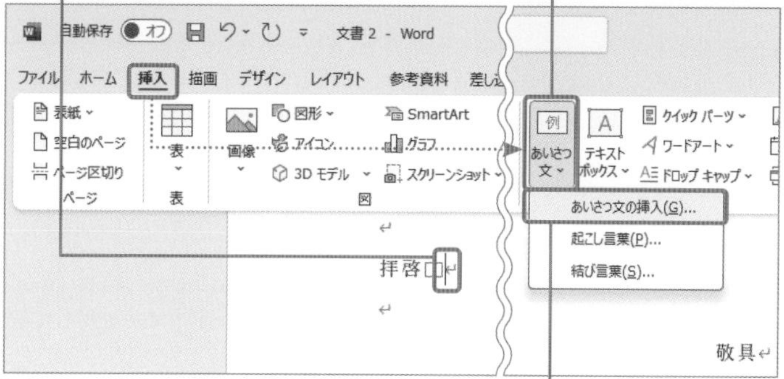
自動保存 オフ
文書 2 - Word
ファイル
ホーム
挿入
描画
デザイン
レイアウト
参考資料
表紙
空白のページ
ページ区切り
ページ
表
画像
図形
アイコン
3D モデル
SmartArt
グラフ
スクリーンショット
図
あいさつ文
テキストボックス
クイック パーツ
ワードアート
ドロップ キャップ
あいさつ文の挿入(G)...
起こし言葉(P)...
結び言葉(S)...
拝啓
敬具

3 ［あいさつ文の挿入］をクリックします。

4 ［あいさつ文］ダイアログが表示されたら、

5 月を確認し、季節のあいさつの一覧から適切なものを選択します。

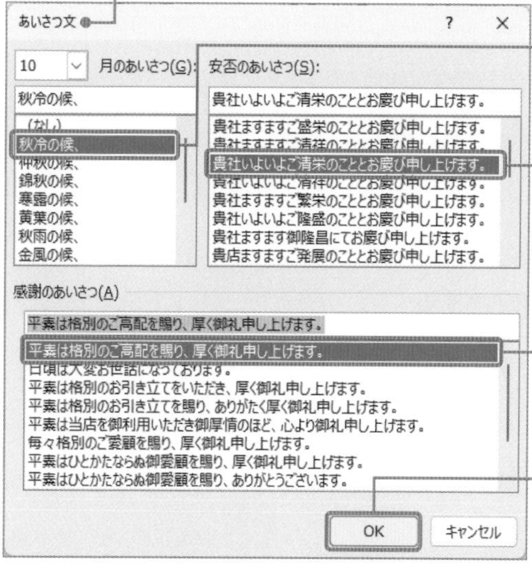
あいさつ文
10
月のあいさつ(G):
安否のあいさつ(S):
秋冷の候、
（なし）
秋冷の候、
仲秋の候、
錦秋の候、
寒露の候、
黄葉の候、
秋雨の候、
金風の候、
貴社いよいよご清栄のこととお慶び申し上げます。
貴社ますますご盛栄のこととお慶び申し上げます。
貴社いよいよご清祥のこととお慶び申し上げます。
貴社ますますご繁栄のこととお慶び申し上げます。
貴社いよいよご隆盛のこととお慶び申し上げます。
貴社ますます御隆昌にてお慶び申し上げます。
貴店ますますご発展のこととお慶び申し上げます。
感謝のあいさつ(A)
平素は格別のご高配を賜り、厚く御礼申し上げます。
日頃は大変お世話になっております。
平素は格別のお引き立てをいただき、厚く御礼申し上げます。
平素は格別のお引き立てを賜り、ありがたく厚く御礼申し上げます。
平素は当店を御利用いただき御厚情のほど、心より御礼申し上げます。
毎々格別のご愛顧を賜り、厚く御礼申し上げます。
平素はひとかたならぬ御愛顧を賜り、厚く御礼申し上げます。
平素はひとかたならぬ御愛顧を賜り、ありがとうございます。
OK
キャンセル

6 安否のあいさつを選択し、

7 感謝のあいさつを選択して、

8 ［OK］をクリックします。

9 あいさつ文が入力されます。

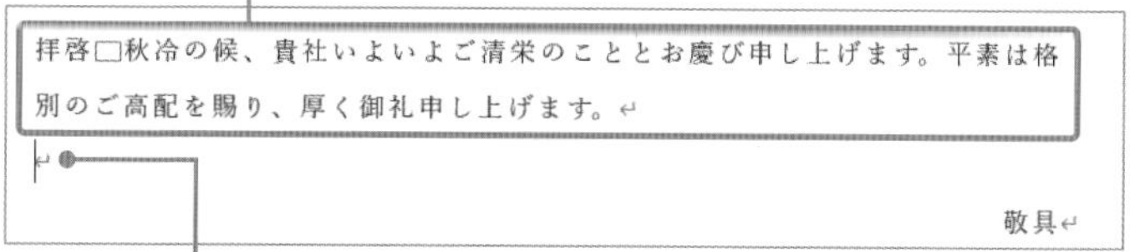
拝啓□秋冷の候、貴社いよいよご清栄のこととお慶び申し上げます。平素は格別のご高配を賜り、厚く御礼申し上げます。
敬具

10 1行下の空行にカーソルを移動します。

操作　主文を入力する

主文を入力する際は、最初に1文字分の空白を開けてから、「さて、」のような起こし言葉を入力し、用件を入力します。

主文の入力

1 Space キーを押して、1文字分の空白を開けてから、起こし言葉「さて、」と入力し、続けて主文を以下のように入力します。

別のご高配を賜り、厚く御礼申し上げます。↵
□さて、当SBゴルフショップは、令和5年11月5日をもちまして10周年を迎えます。これもひとえに皆様方のご支援の賜物と厚く感謝申し上げます。毎年恒例のゴルフコンペではございますが、今年は10周年を記念して豪華賞品を取り揃えております。↵
□ご多忙とは存じますが、何卒ふるってご参加いただきたく、ご案内申し上げます。↵
□なお、お手数ではございますが同封のハガキにて出欠の趣を11月6日（月）までにお知らせくださいますようお願いいたします。↵
↵
敬具↵

2 Enter キーを押して改行します。

操作　末文を入力する

末文にはビジネス文書の締めくくりとなる文を記述します。例文のような言葉や、「今後ともどうぞよろしくお願いします。」「ぜひご検討くださいますようお願い申し上げます。」など、内容やシチュエーション、相手との関係性によって使い分けます。最後に、頭語に対する結語を右寄せで入力しますが、Wordでは自動で入力されたものをそのまま使えます。

末文の入力

までにお知らせくださいますようお願いいたします。↵
□まずは、取り急ぎ書面にてご案内申し上げます。↵
敬具↵

1 Space キーを押して、1文字分の空白を開けてから、末文を上のように入力します。

レッスン 30-4 記書きを入力する

練習用ファイル 30-4-文書1.docx

操作　記書きを入力する

記書きには、連絡事項や詳細な内容を箇条書きにします。中央に「記」と書いてから、要点を箇条書きで書き、最後に右寄せで「以上」と記述して締めくくります。
Wordでは、「記」と入力すると自動的に中央揃えになり、「以上」が右寄せで自動入力されます。

1 結語（ここでは「敬具」）の下の行にカーソルを移動し、「記」と入力して、Enter を押します。

□まずは、取り急ぎ書面にてご案内申し上げます。↵
敬具↵
記↵

2 自動的に「記」が中央揃えになり、

3 1行の空行が挿入されて、「以上」が右寄せで自動入力されます。

敬具↵
記↵
↵
以上↵
↵

Memo　Tabキーで字下げする

新規行の行頭で Tab キーを押すと、タブが挿入され、標準で約4文字分カーソルが右に移動します。リスト形式で文字の開始位置を揃えたいときに使うと便利です。なお、タブについては、p.204を参照してください。

Memo 項目名の文字幅を揃える

項目名の文字数が異なる場合、字間に適当な空白を挿入すると文字幅が揃います。
例えば、下図では「時間」「場所」の字間に全角のスペースを2つ挿入して揃えています。
なお、「文字の均等割り付け」という機能を使って文字幅を揃えることもできます（p.186参照）。

記
→ 日□□時：11月17日（土曜日）9時～16時
→ 場□□所：SBカントリークラブ□千葉県○○市○○
→ お問合せ：03-xxxx-xxxx（担当：野田）

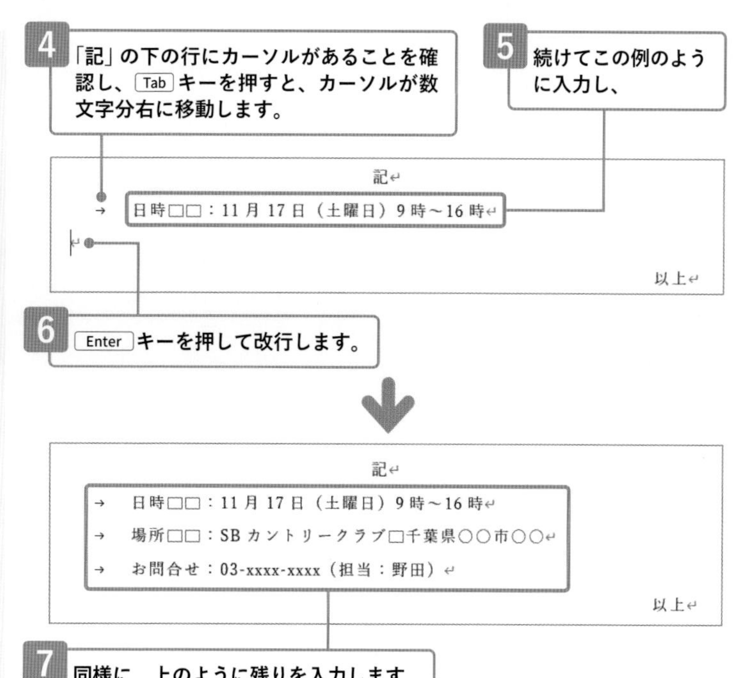

レッスン 30-5 文字列の配置を変更する

練習用ファイル 30-5-文書1.docx

操作 文字列の配置を変更する

日付や発信者などを右揃えに配置するには、配置を変更したい文字列内にカーソルを移動するか、段落を選択したうえで、［ホーム］タブの［段落］グループにある［右揃え］をクリックします。なお、配置変更の詳細については、p.190を参照してください。

ショートカットキー

- 右揃え
  Ctrl + R

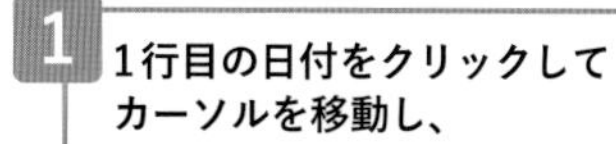

1 1行目の日付をクリックしてカーソルを移動し、

2 ［ホーム］タブ→［右揃え］をクリックします。

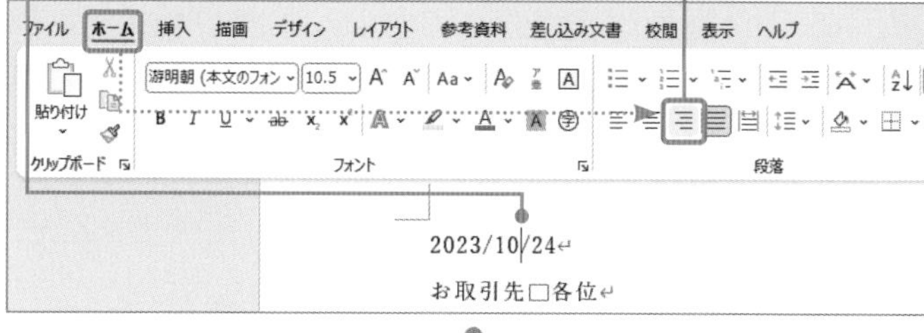

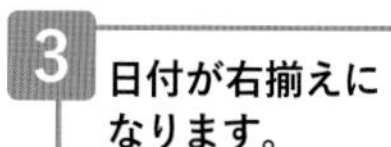

4 同様に、3行目と4行目の発信者を右揃えにします。

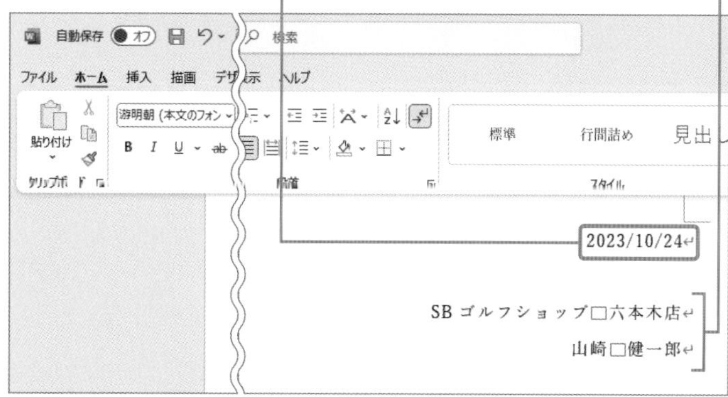

ショートカットキー

- 中央揃え
  Ctrl + E

タイトルを中央揃えにする

1 タイトルをクリックしてカーソルを移動し、

2 [ホーム] タブ→[中央揃え] をクリックします。

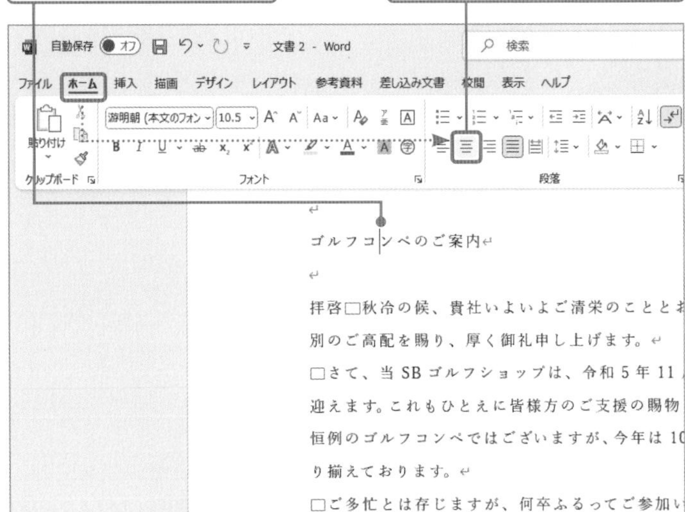

3 タイトルが中央揃えになります。

ゴルフコンペのご案内

拝啓□秋冷の候、貴社いよいよご清栄のこととお慶び申し上げます。平素は格別のご高配を賜り、厚く御礼申し上げます。

□さて、当 SB ゴルフショップは、令和 5 年 11 月 5 日をもちまして 10 周年を迎えます。これもひとえに皆様方のご支援の賜物と厚く感謝申し上げます。毎年恒例のゴルフコンペではございますが、今年は 10 周年を記念して豪華賞品を取り揃えております。

□ご多忙とは存じますが、何卒ふるってご参加いただきたく、ご案内申し上げます。

□なお、お手数ではございますが同封のハガキにて出欠の趣を 11 月 6 日（月）までにお知らせくださいますようお願いいたします。

Memo 編集記号を表示する

[ホーム] タブの [段落] グループの [編集記号の表示/非表示] をクリックしてオンにすると、段落記号↵以外のスペース□やタブ→などの編集記号が表示されます。編集の際の目安になるので、表示しておくと便利です。なお、編集記号は印刷されません。

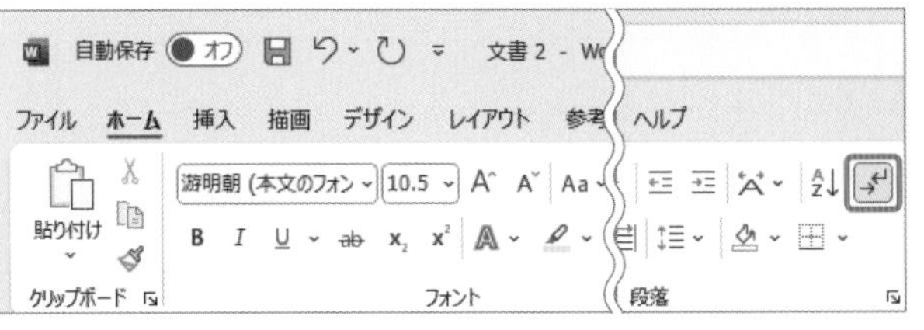

コラム　縦書き文書を作成する

ビジネス文書のうち、社外に発信する文書で、より儀礼的な目的で送られる文書のことを「社交文書」といいます。社交文書は、招待状やお祝い状のような文書です。このような文書は縦書きにします。
以下は、縦書きの文書の例です。横書きの文書とは構成が異なるので、確認してください。

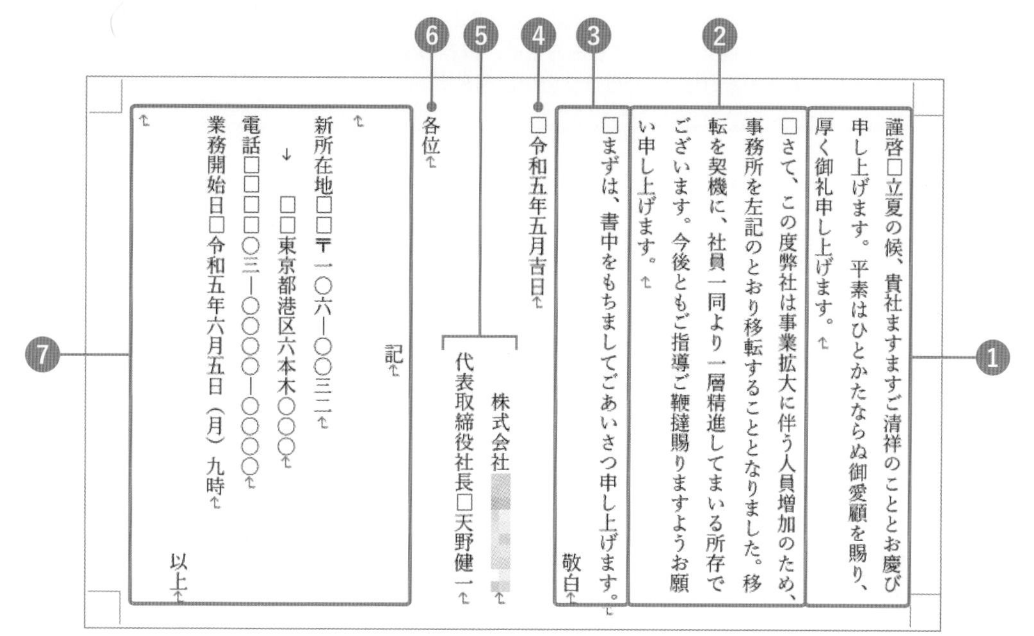

謹啓□立夏の候、貴社ますますご清祥のこととお慶び申し上げます。平素はひとかたならぬ御愛顧を賜り、厚く御礼申し上げます。
□さて、この度弊社は事業拡大に伴う人員増加のため、事務所を左記のとおり移転することとなりました。移転を契機に、社員一同より一層精進してまいる所存でございます。今後ともご指導ご鞭撻賜りますようお願い申し上げます。
□まずは、書中をもちましてごあいさつ申し上げます。
敬白
□令和五年五月吉日
株式会社
代表取締役社長□天野健一
各位
記
新所在地□□〒一〇六―〇〇三二
□□東京都港区六本木〇〇〇
電話□□□□〇三―〇〇〇〇―〇〇〇〇
業務開始日□令和五年六月五日（月）九時
以上

番号	名称	機能
❶	前文	頭語、時候の挨拶、慶賀（安否）の挨拶、感謝の挨拶の順の定型文
❷	主文	伝えたい内容
❸	末文	結びの挨拶、最後に結語を下揃えで配置
❹	発信日付	文書を発信する日付を漢数字にする。祝い事など、発信日が重要でない場合は「吉日」として日付を明記しない。本文より少し下げる
❺	発信者名	発信者を指定。正式名称、部署名、役職名、氏名の順に書き、下揃えで配置
❻	宛先	相手先を指定。正式名称、部署名、役職名、氏名の順に書く。相手が複数の場合は、「各位」などを付ける。上揃えで配置
❼	記書き	必要な場合のみ、別記で要点を箇条書きする。中央揃えの「記」で始まり、箇条書きを記述したら、最後に「以上」を下揃えで配置

Section

31 文書を保存する

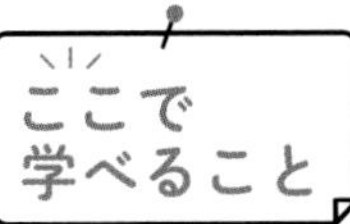

作成した文書をファイルとして保存しておくと、Wordを終了した後に再度開いて編集することができます。新規文書を保存する方法や、既存の文書を別の名前を付けて保存する方法、文書の内容を更新する方法と、Word文書の保存方法の基本を覚えましょう。

ここで学べること

習得スキル	操作ガイド	ページ
▶名前を付けて保存	レッスン31-1	p.133
▶上書き保存	レッスン31-2	p.134

まずは パッと見るだけ！

文書の保存を知る

文書の保存方法には、名前を付けて保存と上書き保存の2種類があります。新規文書を保存する場合と、すでに保存されている文書を保存する場合の違いもあわせて確認してください。

●新規文書

新規文書を作成すると、「文書1」のような名前がタイトルバーに表示されます。これは、仮の名前として表示されているだけでまだファイルとしては存在していません。ファイルとして残したい場合は、名前を付けて保存します。

●保存済みの文書

一度ファイルとして保存した文書は、「上書き保存」と「名前を付けて保存」の使い分けが必要です。上書き保存は、同じ名前で保存するためデータが更新され、元ファイルの変更前のデータは残りません。

一方、名前を付けて保存は、元ファイルで編集した内容を別の名前を付けて保存するため、元ファイルは変更前の状態で残ります。

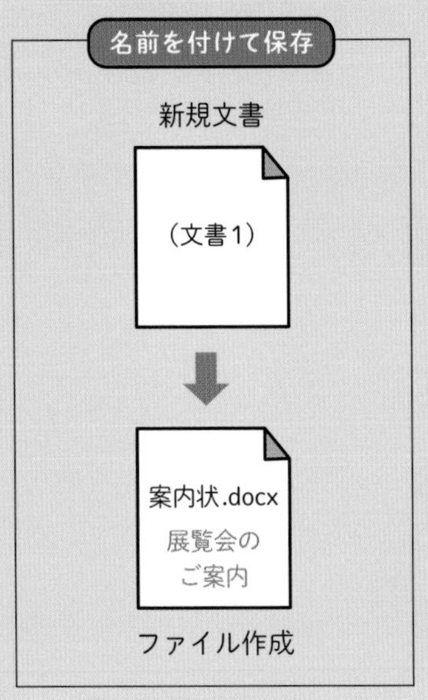

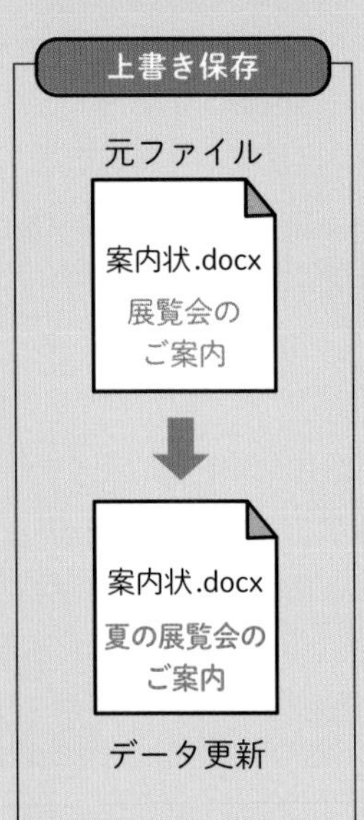

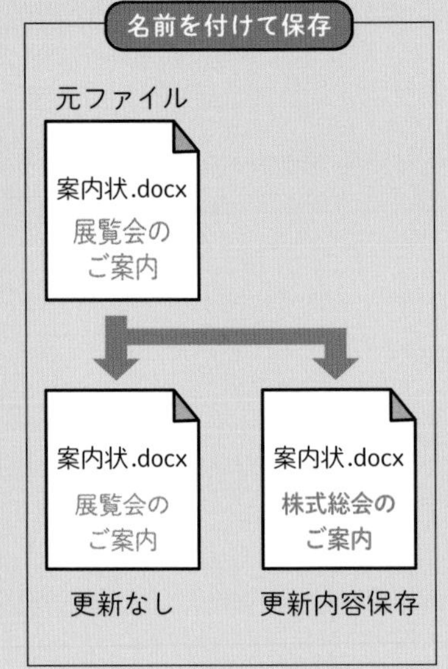

レッスン31-1 保存場所と名前を指定して保存する

練習用ファイル 31-文書1.docx

操作 名前を付けて保存する

新規の文書を保存する場合は、[名前を付けて保存] ダイアログを表示し、保存場所と名前を指定してファイルとして保存します。保存済みの文書の場合、同じ操作で別のファイルとして保存できます。

Memo Word文書の拡張子

Wordの文書をファイルとして保存すると、「案内文.docx」のように、文書名の後ろに「.」(ピリオド) と拡張子「docx」が付きます。拡張子の確認方法などの詳細はSection04を参照してください。

Memo OneDriveに保存する

保存場所にOneDriveを選択すると、文書をインターネット上に保存できます。OneDriveに保存すれば、わざわざファイルを持ち運ぶことなく、別のパソコンから文書を開くことができます。この場合、Microsoftアカウントでサインインしている必要があります。詳細はp.345を参照してください。

ショートカットキー

- 名前を付けて保存
  F12

「残したいデータ」がないか考えて保存しましょ

ここではサインインしていない状態で［ドキュメント］フォルダーに「案内状」という名前で保存します。

1 ［ファイル］タブ→［名前を付けて保存］をクリックし、

2 ［参照］をクリックします。

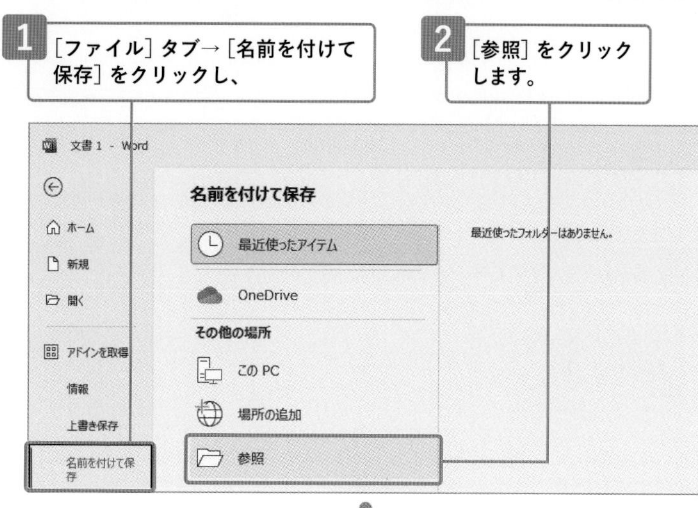

3 ［名前を付けて保存］ダイアログボックスが表示されます。

4 保存先のフォルダーを選択（ここでは「ドキュメント」）し、

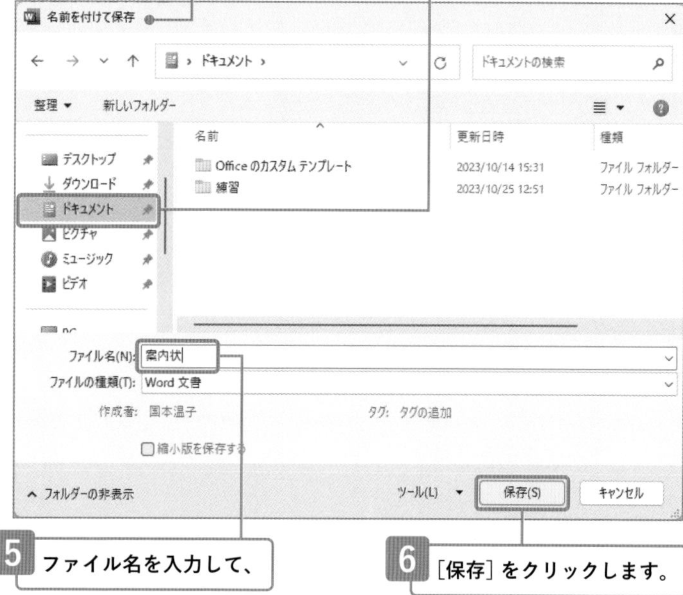

5 ファイル名を入力して、

6 ［保存］をクリックします。

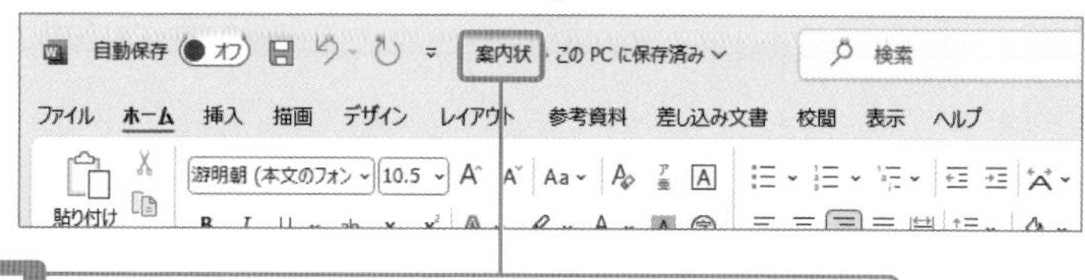

7 文書が保存され、文書名がタイトルバーに表示されます。

レッスン31-2 上書き保存する

操作 上書き保存する

一度保存したことのある文書は、上書き保存をして変更内容を更新して保存します。クイックアクセスツールバーの［上書き保存］をクリックします。なお、［上書き保存］を実行すると、文書の内容が更新されるので、文書を開いたときの元の内容は残りません。

ショートカットキー

● 上書き保存
Ctrl + S

1 クイックアクセスツールバーの［上書き保存］をクリックします。

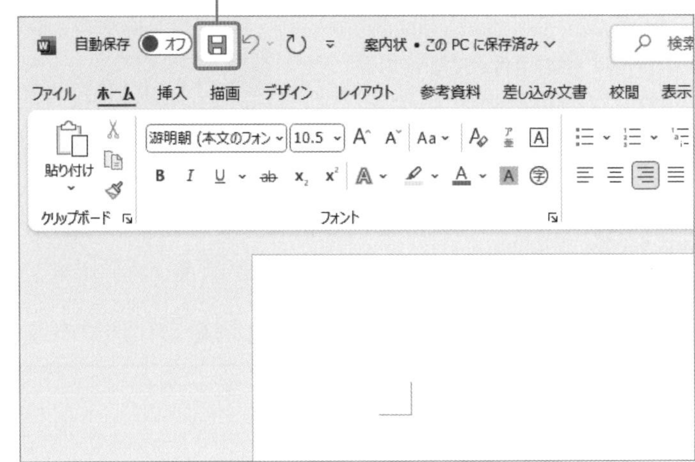

コラム 自動保存を理解しましょう

タイトルバーの左端に表示されている自動保存は、Microsoftアカウントでサインインしているときに文書をOneDriveに保存すると［自動保存］がオンになり、文書に変更があると自動で上書き保存されるようになります。

● Microsoftアカウントでサインインしていない場合

文書を保存しても［自動保存］はオンになりません。保存後、文書に変更を加えた場合は、自分で上書き保存をして文書を更新してください。このとき［自動保存］をクリックしてオンにしようとするとサインインを要求する画面が表示されます。

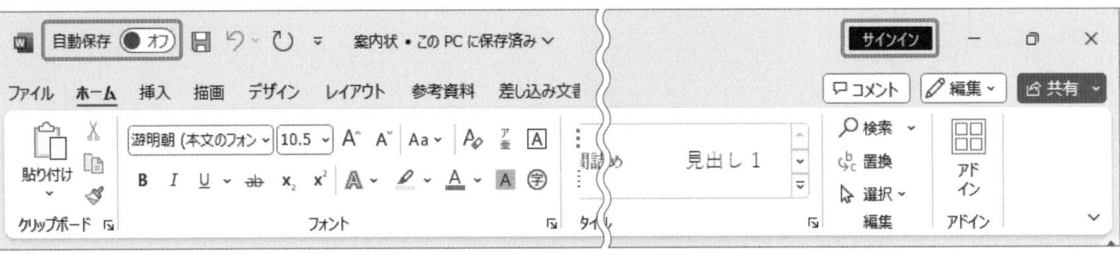

● Microsoftアカウントでサインインしている場合

文書をOneDriveに保存すると［自動保存］がオンになり、文書に変更があると、自動的に上書き保存が実行され、データが更新されます。［自動保存］のオンとオフの設定は、文書ごとに保存されます。次に文書を開いたときは、前回と同じ設定で開きます。
なお、Microsoftアカウントでサインインしていても、文書をパソコン上のドライブに保存すると、［自動保存］はオフになります。

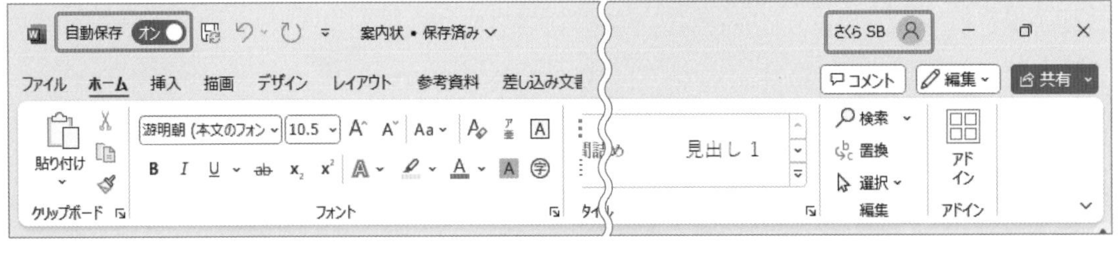

Section

32 文書を開く

保存したファイルは、Word画面から開くだけでなく、エクスプローラーから開くこともできます。さらにWordでは複数の文書を同時に開いて編集することもできます。ここでは、文書の開き方の基本を確認しましょう。

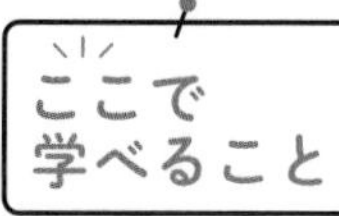

習得スキル	操作ガイド	ページ
▶文書をダイアログから開く	レッスン32-1	p.136
▶エクスプローラーから開く	レッスン32-2	p.137

まずは パッと見るだけ！

文書の開き方2パターン

Word文書は、Wordにある［ファイルを開く］ダイアログから開くのが基本ですが、エクスプローラーから直接Word文書を開くことも可能です。

Before 操作前

●［ファイルを開く］ダイアログ

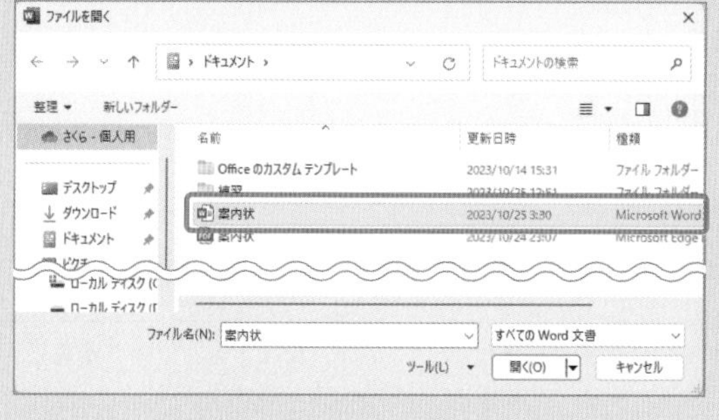

●エクスプローラー

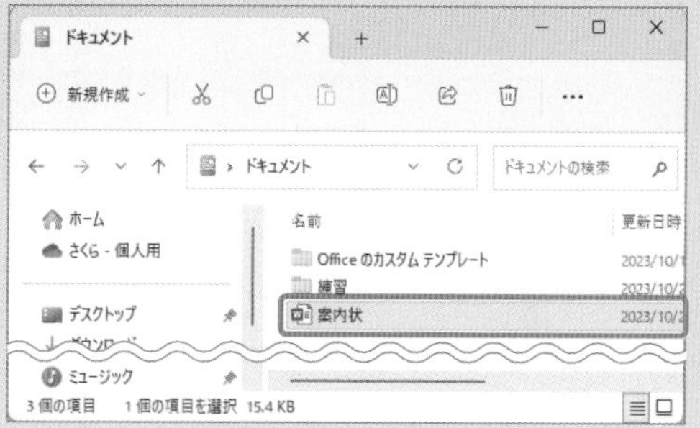

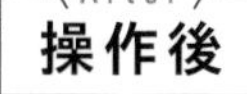

After 操作後

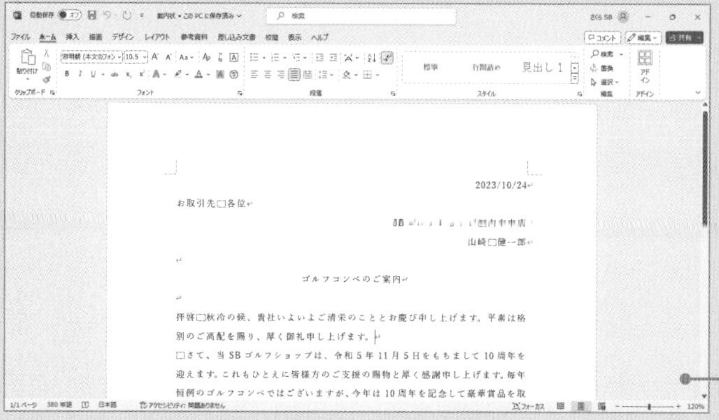

Wordのウィンドウが開き、文書が表示された

レッスン 32-1 保存場所と名前を選択して開く

32-案内状.docx

ドキュメントフォルダに、32-案内状.docxをコピーしておくと以下の画面と同じになります。ファイルのコピー方法は、p.37参照

操作 ファイルを開く

Wordの文書を開くには、[ファイルを開く] ダイアログを表示して、保存場所と開くファイルを指定します。
Wordでは複数ファイルを同時に開いて編集することができます。手順5で、1つ目のファイルを選択したのち、2つ目以降のファイルを Ctrl キーを押しながらクリックすると複数ファイルを選択できます。複数選択した状態で[開く] をクリックすると複数ファイルをまとめて開くことができます。

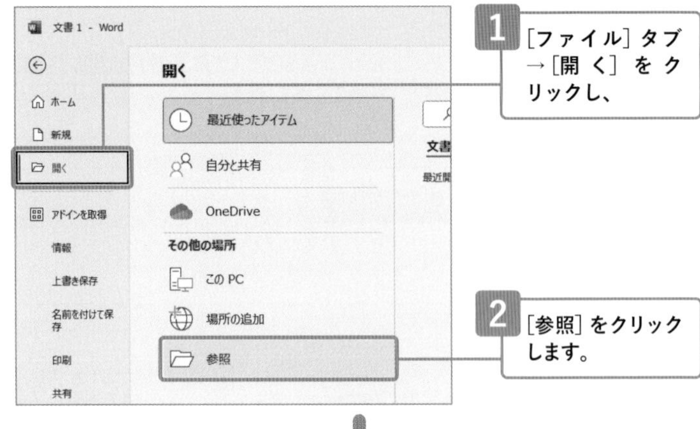

1 [ファイル] タブ→[開く] をクリックし、

2 [参照] をクリックします。

Memo 複数の文書を切り替えるには

[表示] タブ→[ウィンドウの切り替え] をクリックして❶、一覧から切り替えたい文書をクリックします❷。または、タスクバーのWordのアイコンにマウスポインターを合わせ、表示される文書のサムネイル（縮小表示）で、編集したい文書をクリックしても切り替えられます。

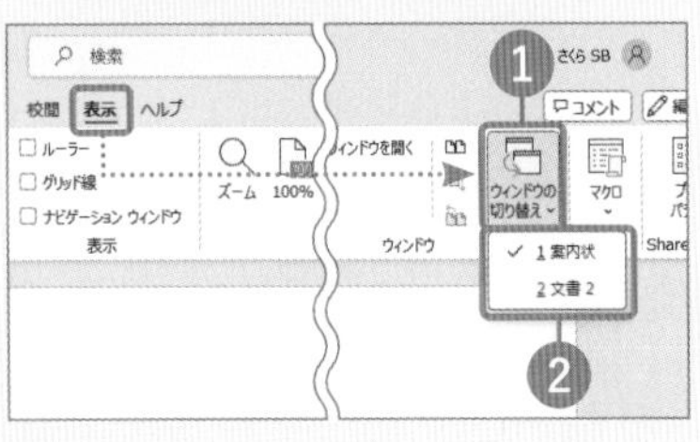

3 [ファイルを開く] ダイアログが表示されます。

4 ファイルの保存先を選択し、

5 対象のファイルをクリックします。

6 [開く] をクリックすると、

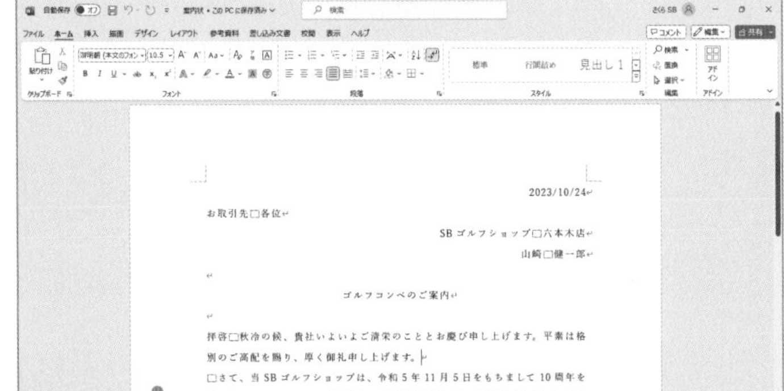

7 選択したファイルが開きます。

ショートカットキー

- [開く] 画面表示
  Ctrl + O
- [ファイルを開く] ダイアログ表示
  Ctrl + F12

レッスン 32-2 エクスプローラーから開く

練習用ファイル 32-案内状.docx

操作 エクスプローラーから開く

エクスプローラーを開き、開きたい文書ファイルをダブルクリックすると、文書が開きます。

Memo Wordも自動的に起動する

文書ファイルをダブルクリックしたときにWordが起動していない場合は、Wordが起動すると同時に文書ファイルが開きます。

ドキュメントフォルダに、32-案内状.docxをコピーしておくと以下の画面と同じになります。ファイルのコピー方法は、p.37参照

1 エクスプローラーで保存場所のフォルダーを開き、

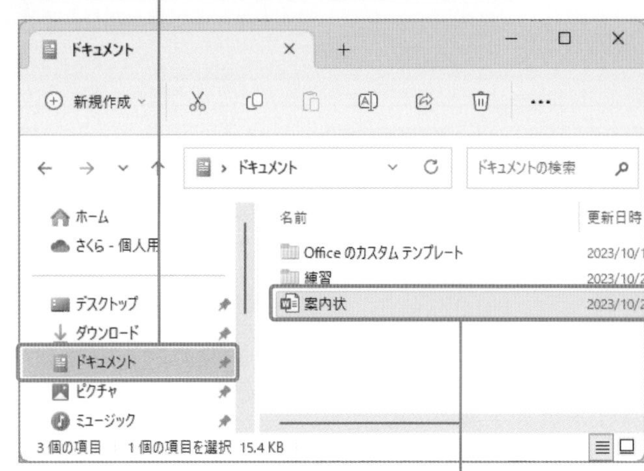

2 開きたい文書ファイルをダブルクリックすると、ファイルが開きます。

コラム ドラッグでファイルやフォルダをコピー／移動する

ファイルやフォルダの移動やコピーは、ドラッグ操作でも行えます。ドラッグ操作を覚えるとわざわざボタンをクリックする必要がないため便利です。同じドライブ内と、異なるドライブ間とでは、コピーと移動の動作が変わってくるので気をつけましょう。

●同じドライブ内でのコピーと移動

例えばCドライブの中でファイルをドラッグすると移動になり、Ctrl キーを押しながらドラッグするとコピーになります。

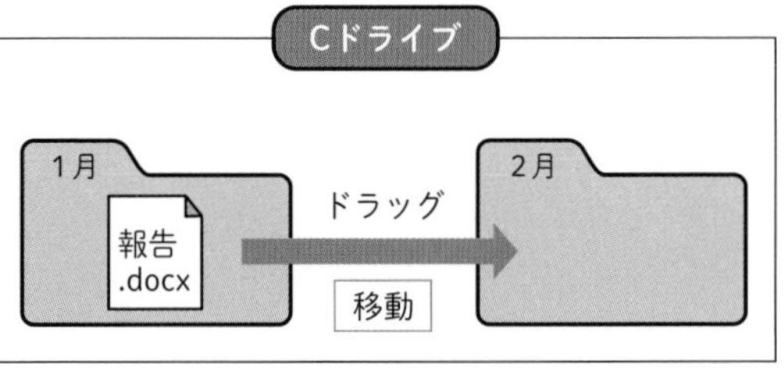

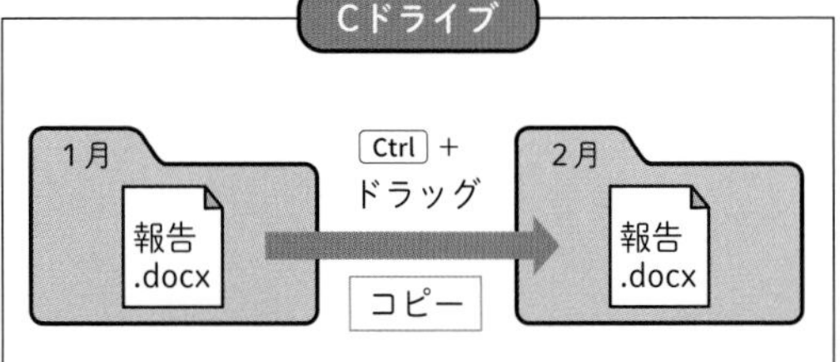

●異なるドライブ間でのコピーと移動

例えばCドライブとDドライブの間でファイルをドラッグするとコピーになり、Shift キーを押しながらドラッグすると移動になります。

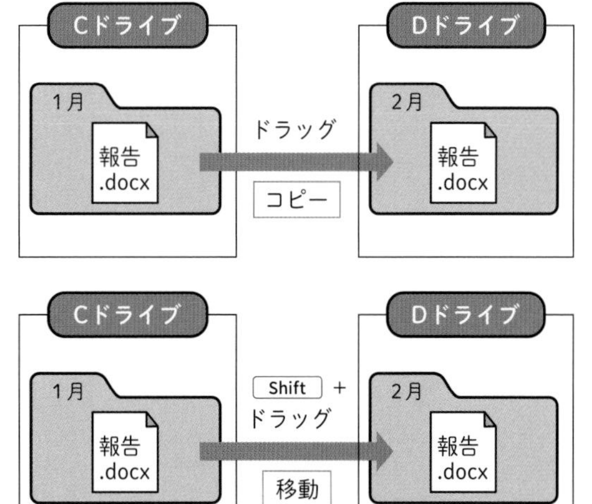

Section

33 印刷する

文書を印刷するには、［印刷］画面を表示します。［印刷］画面で印刷イメージを確認し、印刷部数や印刷ページなどの設定をして印刷を実行します。基本的な印刷の方法を確認しましょう。

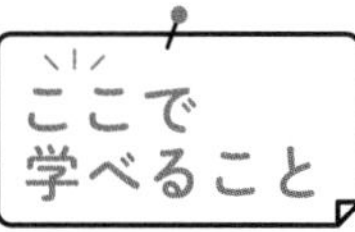

習得スキル	操作ガイド	ページ
▶印刷	レッスン33-1	p.139

まずは パッと見るだけ！

文書を印刷する

文書を印刷するには、［印刷］画面で印刷プレビューを確認し、印刷を実行します。

●［印刷］画面

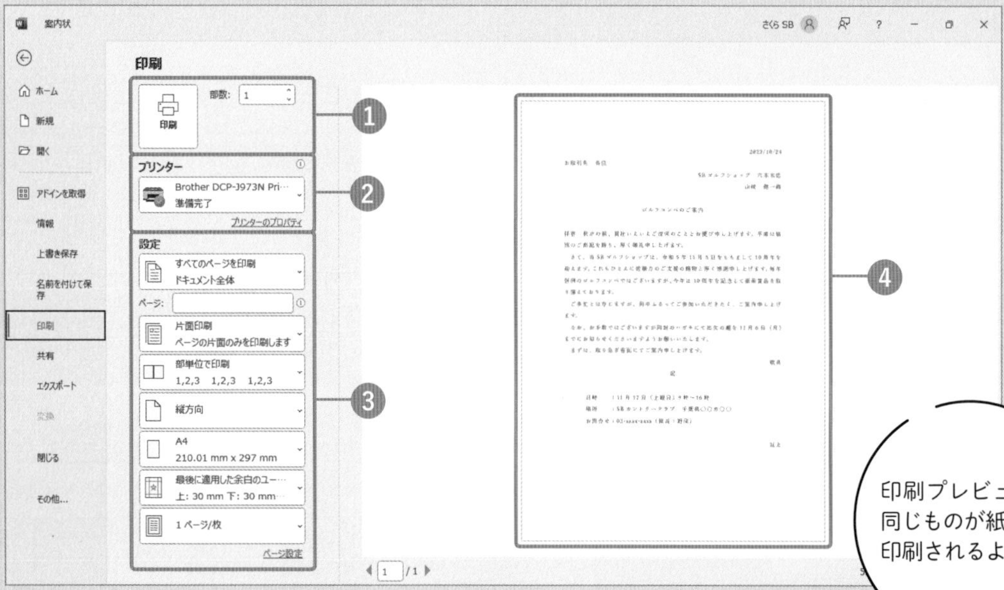

印刷プレビューと同じものが紙に印刷されるよ～

❶	印刷	印刷部数の指定と印刷を実行する
❷	プリンター	印刷するプリンターの選択と詳細設定の確認と変更をする
❸	設定	印刷範囲や用紙のサイズ、用紙の向きなど印刷設定をする。詳細はp.326を参照
❹	印刷プレビュー	印刷イメージが表示される

レッスン33-1 印刷イメージを確認し、印刷する

33-案内状.docx

操作 文書を印刷する

印刷するには、[印刷] 画面の印刷プレビューで印刷イメージを確認します。確認ができたら部数を指定し、[印刷] をクリックします。印刷する前に、プリンターを接続し、用紙をセットしておきましょう。

ショートカットキー

- [印刷] 画面を表示する
  Ctrl + P

Memo 印刷イメージを拡大／縮小する

印刷プレビューでは、10～500%の範囲で拡大／縮小できます。倍率のパーセント❶をクリックすると[ズーム] ダイアログで倍率を調整できます。[−] や[+] ❷をクリックすると、10%ずつ、縮小、拡大し、スライダー❸を左右にドラッグしてサイズ調整できます。[ページに合わせる] ❹をクリックすると1ページが収まる倍率に調整して表示されます。

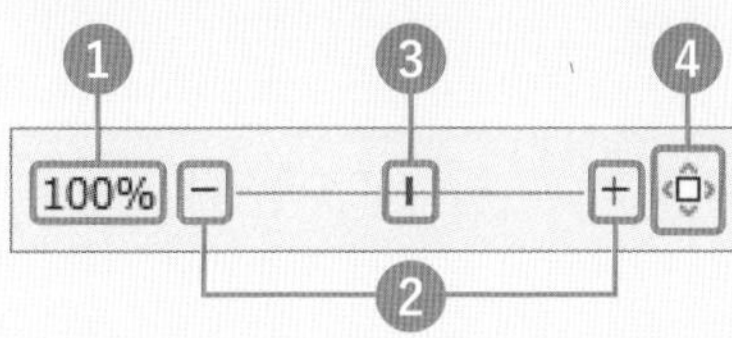

Memo 1ページに収まらない場合

1ページに収めたい場合は、余白を狭くしたり、行数を多くしたりして1ページに入る文字数を増やしてみましょう(Section29参照)。

1 [ファイル] タブ→[印刷] をクリックすると、

2 [印刷] 画面が表示され、

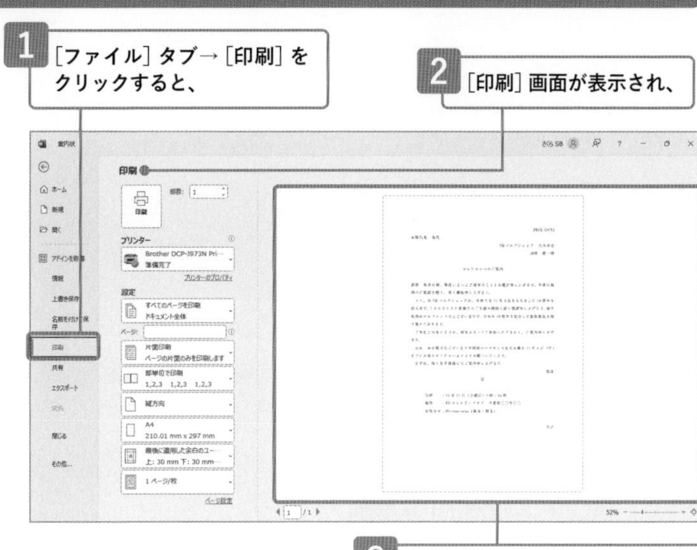

3 印刷プレビューが表示されます。

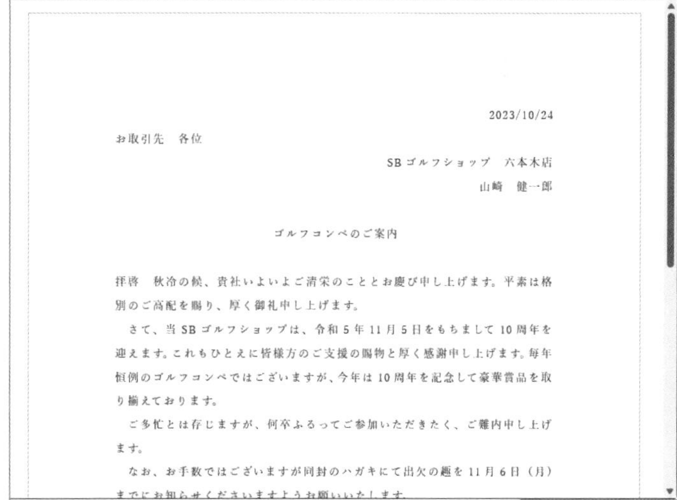

4 ズームの[−][+] をクリックして印刷イメージサイズを縮小／拡大して確認します。

Memo プリンターについて

プリンターの⌄をクリックすると、プリンターの一覧が表示されます。印刷に使用するプリンターには、緑のチェックマークが付いています。
［プリンターのプロパティ］をクリックすると使用するプリンターの設定画面が表示されます。

Memo 部単位とページ単位

部単位の印刷や特定のページだけを印刷することもできます。

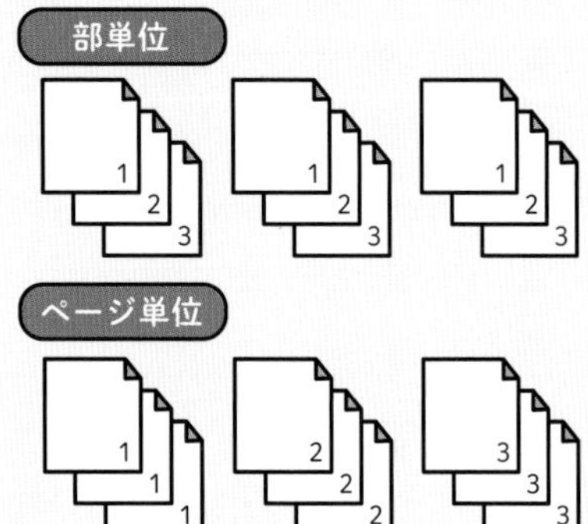

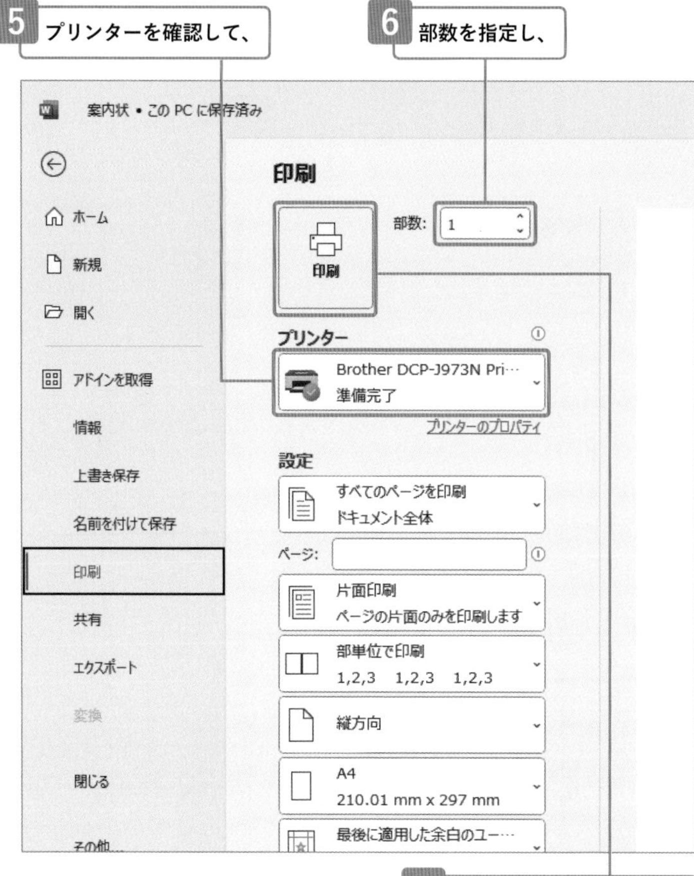

コラム 印刷プレビューで複数ページを一度に見るには

文書が複数ページある場合、［－］を数回クリックして倍率を小さくすると❶、印刷プレビューに複数のページが表示されます❷。全体のページ構成を確認したいときに便利です。

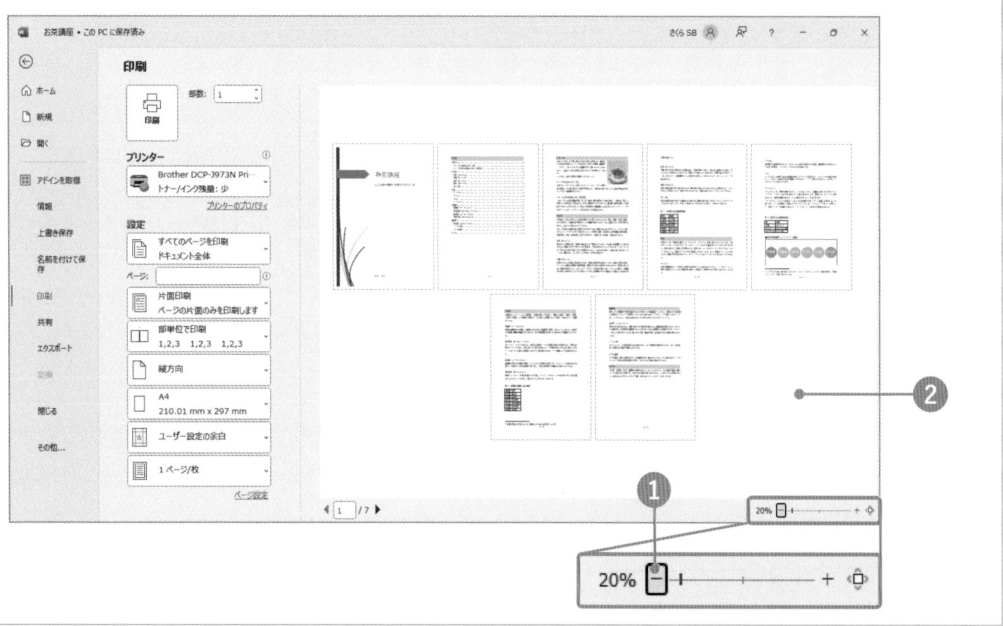

練習問題 ビジネス文書の作成

社内掲示文「健康診断実施のお知らせ」を手順に従って作成し、保存してください。

1 白紙の文書を作成する（A4サイズ、余白を上下：30mm、左右：30mm、印刷の向きは縦、文字の方向は横書き、行数は35行）

2 下図の完成サンプルを見ながら、文字のみ入力する

3 日付、発信者は右揃え、タイトルは中央揃えに設定する

4 ［ドキュメント］フォルダに「健康診断実施のお知らせ.docx」と名前を付けて保存する

※Wordのバージョンによって既定のフォントサイズや段落後間隔が異なるため、手順通りに操作しても1ページに収まらない場合があります。その際は、p.125のMemo「手順通りに操作できない場合の対処方法」を参照して、文書の設定を変更してください。

▼**完成サンプル**

令和5年10月29日↵

↵

社員各位↵

↵

総務部↵

鈴木□直美↵

↵

健康診断実施のお知らせ↵

↵

定期健康診断を下記の通り実施します。対象者には、受診券と問診票を10月30日に配布いたします。問診票に必要事項をご記入の上、指定日時に受診くださいますようお願いいたします。↵

↵

記↵

↵

日時：11月16日（木）□午前9時～午後16時↵

対象者：正社員、契約社員↵

場所：男性：3階□セミナールームA、女性：4階□第1会議室↵

検査項目：身長、体重、血圧、血液検索、視力、聴力、内科検診、胸部レントゲン撮影、検尿、心電図、骨密度検査↵

追加検査：がん検診（胃・直腸・乳房・子宮）↵

↵

注意事項↵

・女性は、Tシャツ等を持参してください。↵

・追加検査は、後日、指定の医療機関での受検になります。↵

・受診日には、受診券と問診票をお持ちください。↵

↵

以上↵

↵

□なお、当日やむを得ず受診できない場合は、前日午前中までに総務部□鈴木（内線369）までご連絡ください。↵

↵

パソコン仕事では、1時間に10分は休憩をとりましょう

パソコン仕事は、集中するとあっという間に1〜2時間経過してしまいます。パソコンの画面を見つめ、同じ姿勢を続けると目が疲れたり、肩が凝ったりします。人によっては、頭痛や腰痛になることも。こういった疲労は、蓄積するとなかなか回復しづらいので、目を休め、凝り固まった身体をほぐすためにも、1時間に10分くらいは休憩をとりましょう。あえて書類整理などパソコン以外の仕事をするのもおすすめです。

● **おすすめの10分休憩**

・窓の外の緑を眺めながら、休みの日にやりたいことを考える
・座ったまま首や肩を回し、軽くストレッチする
・コーヒーやお茶をいれて、ちょこっと甘いものを食べる

▼ストレッチのイメージ

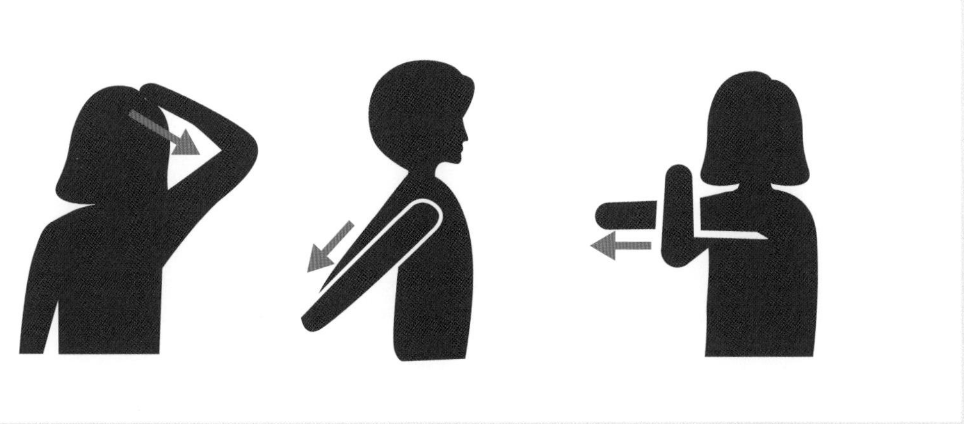

第 4 章

文書の編集を楽にこなそう

ここでは、文字の選択、修正、削除、コピー、移動など、文書作成時に欠かせない基本操作を説明します。また、実行した操作を取り消す操作、文字の検索と置換の方法も説明します。基本的な編集方法をまとめているので、しっかり身につけましょう。

文書の編集は欠かせません！

Section

34 カーソルの移動と改行

Wordで文字を入力するには、まず文字を入力する位置にカーソルを移動します。カーソルは縦に点滅する棒で、クリックで簡単に移動できます。ここでは、カーソルの移動の基本を確認し、カーソルの移動、改行と空行の挿入についてまとめます。

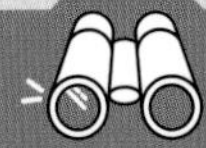

習得スキル	操作ガイド	ページ
▶カーソルの移動	レッスン34-1	p.145
▶改行	レッスン34-2	p.146
▶空行の挿入	レッスン34-3	p.147

まずは パッと見るだけ！

カーソルの移動と改行

文字を入力したい位置に**カーソルを移動**するには、マウスポインターを移動先に合わせて、クリックまたはダブルクリックします。また、次の行にカーソルを移動する場合は、Enterキーを押します。Enterキーを押して**改行**すると、行末に段落記号が表示されます。

● **カーソルの移動**

文字上でカーソルを移動するときや、文字を打ちはじめるときは、クリックでカーソルを移動します。

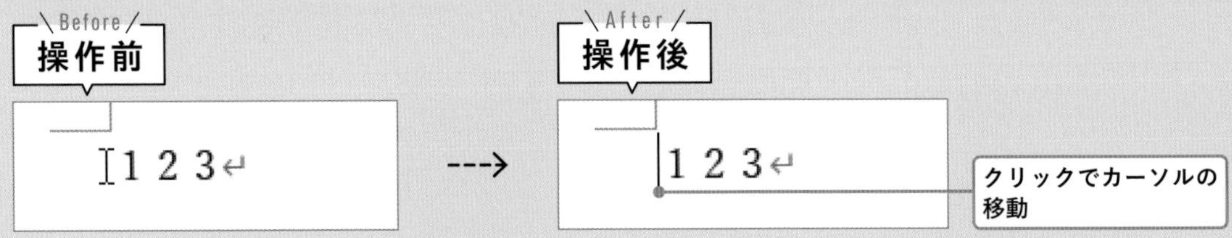

文字のない位置へカーソルを移動するときや、行の途中から文字を打ちはじめるときは、ダブルクリックでカーソルを移動します。

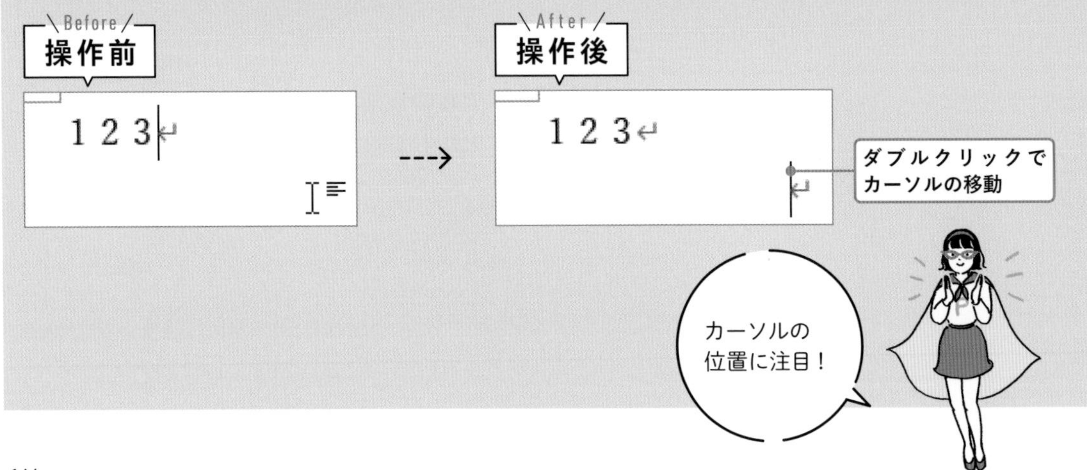

● 改行

文章に区切りをつけるときは、Enter キーで改行します。

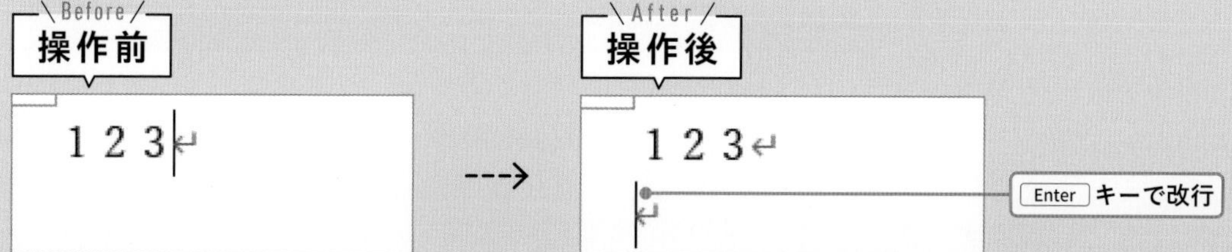

● 空行

文と文の間隔を広げるときは、行頭にカーソルがある状態で Enter キーを入力します。

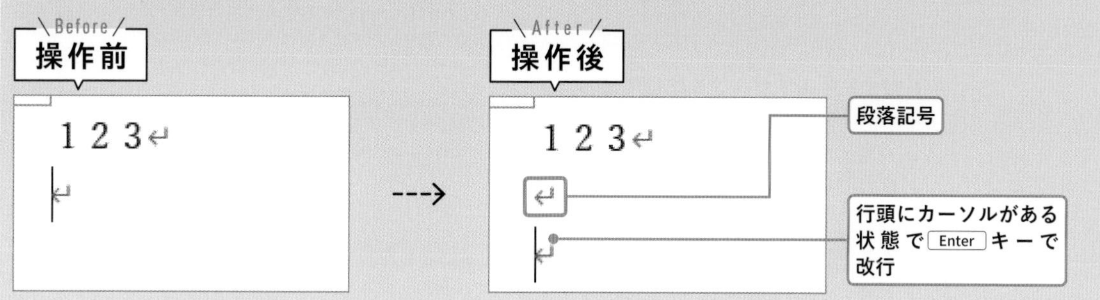

レッスン 34-1 文字カーソルを移動する

操作 カーソルを移動する

カーソルとは、文字の入力位置を示すものです。文字が入力されている場合は、マウスポインターの形が I の状態のときにクリックすると、その位置にカーソルが移動します。矢印キーで移動することもできます。

Point ダブルクリックで移動する

何も入力されていない空白の領域にマウスポインターを移動し、ダブルクリックするとその位置にカーソルを表示することができます。これを「クリックアンドタイプ」といいます。

クリックでカーソルを移動する

あらかじめ白紙の文書を作成し、1行目に「1 2 3」と入力しておきます。

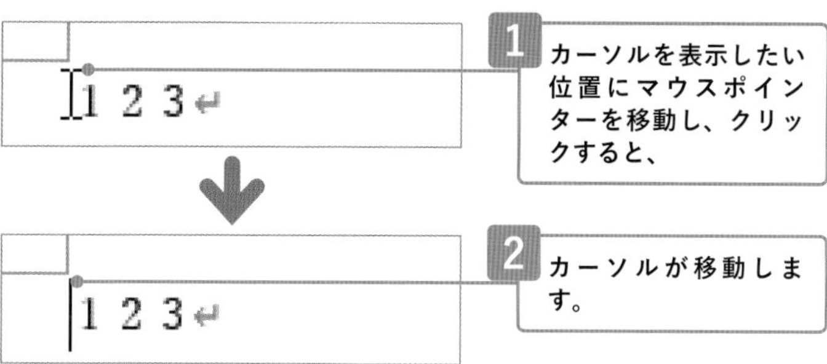

クリックアンドタイプでカーソルを移動する

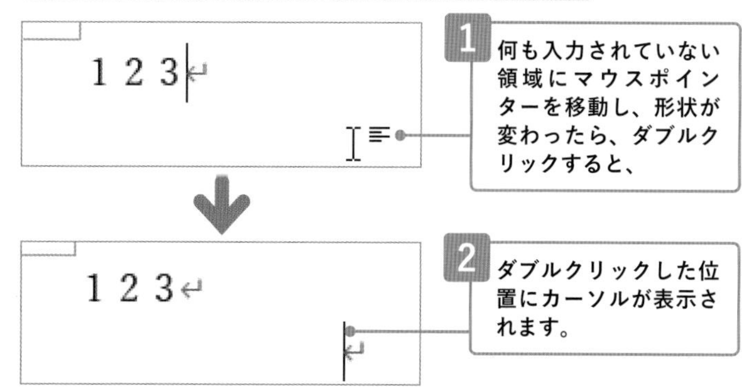

Memo クリックアンドタイプ機能

何も入力されていない空白の領域にマウスポインターを移動すると、マウスポインターが［I≡］［I］［≡I］の形になります。この状態のときにダブルクリックするとその位置にカーソルが表示されます。
マウスポインターの形状によって次のように書式が設定されます。なお、間違えた場合は、任意の場所でクリックすれば解除されます。

形状	内容
I≡	1文字字下げされた位置から文字入力される
I≡	行頭または、ダブルクリックした位置に左揃えタブが追加され、その位置から文字入力される
I	中央揃えの位置から文字入力される
≡I	右揃えの位置から文字入力される

コラム ショートカットキーでカーソル移動する

ショートカットキーを使うと、文書内のいろいろな場所にマウスを使わずにカーソルを移動できます。カーソル移動のショートカットを表にまとめておきます。

ショートカットキー	移動先
Ctrl + Home	文頭
Ctrl + End	文末
Home	行頭
End	行末
Page Up	前ページ

ショートカットキー	移動先
Page Down	次ページ
Ctrl + →、←	単語単位
Ctrl + ↑、↓	段落単位
Ctrl + G	指定ページ

レッスン 34-2 改行する

操作 改行する

文字列を入力し、次の行に移動することを「改行」といいます。
改行するには、改行したい位置で Enter キーを押します。Enter キーを押して改行した位置に「段落記号」↵が表示されます。

Memo 間違えて改行した場合

間違えて改行したときは、すぐに Back space キーを押して段落記号↵を削除します。

あらかじめ白紙の文書を作成し、1行目に「1 2 3」と入力しておきます。

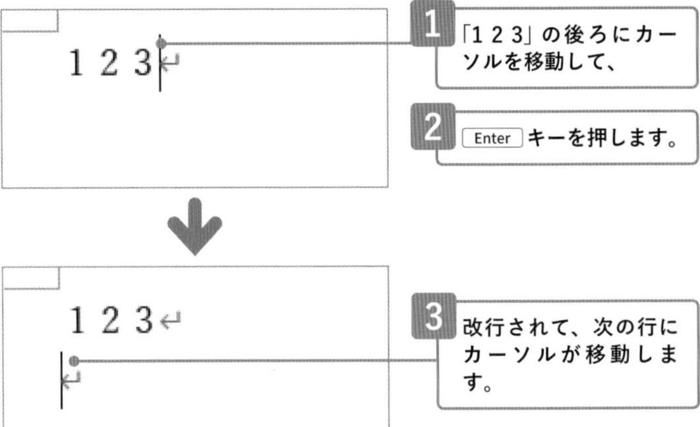

Memo 行の途中で改行する

Wordでは、行の途中からでも改行できます。例えば、以下のように、行の途中にカーソルを移動し❶、Enter キーを押して改行できます❷。

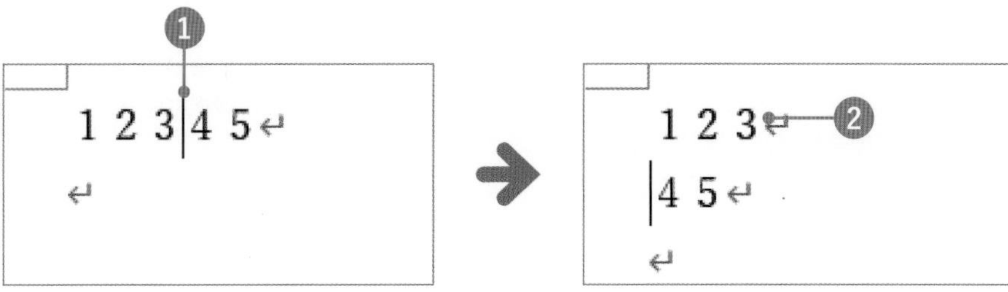

レッスン 34-3 空行を挿入する

操作 空行を挿入する

文字が入力されていない、段落記号だけの行のことを「空行」といいます。空行を挿入して文と文の間隔を広げることができます。

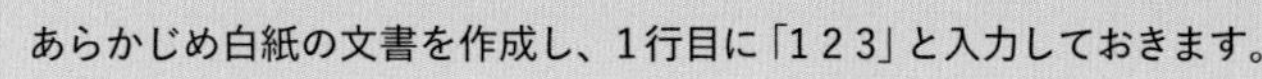

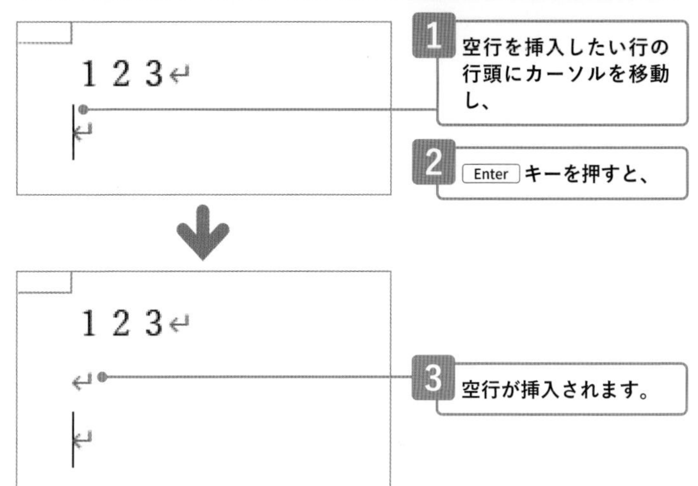

Section 35 文字を選択する

文字のサイズや色を変更するなど、指定した範囲の文字に対して書式の設定をしたり、コピーや移動などの編集作業をしたりするときは、対象となる文字を選択します。ここではいろいろな文字の選択方法を確認しましょう。

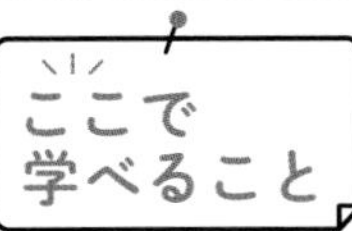

まずは パッと見るだけ！

いろいろな文字選択

文字のサイズや色を変更したり、タイトルの行を中央揃えしたり、文字に対して編集をするときには、対象となる文字を選択します。どのような文字選択があるのかを見てみましょう。

▼文字選択

▼行選択

1行全体を選択

拝啓□秋冷の候、貴社いよいよご清栄のこととお慶び申し上げます。平素は格別のご高配を賜り、厚く御礼申し上げます。↵

▼文選択

「。」までの文字を選択

拝啓□秋冷の候、貴社いよいよご清栄のこととお慶び申し上げます。平素は格別のご高配を賜り、厚く御礼申し上げます。↵

▼段落選択

［段落記号］を含めたひとまとまりの文を選択

拝啓□秋冷の候、貴社いよいよご清栄のこととお慶び申し上げます。平素は格別のご高配を賜り、厚く御礼申し上げます。↵

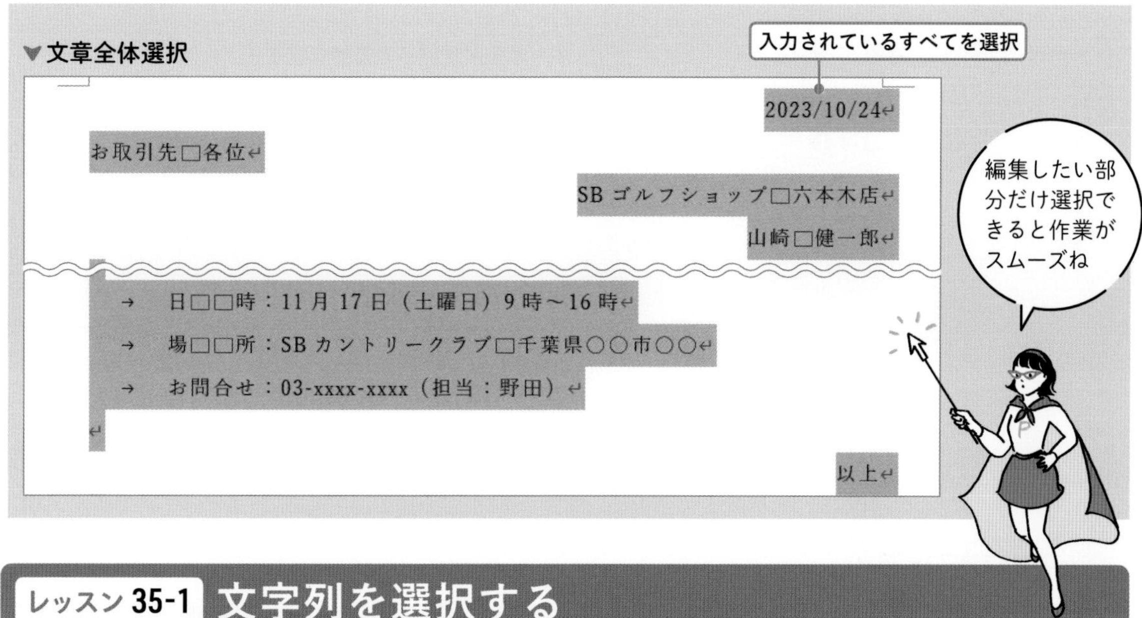

レッスン 35-1 文字列を選択する

練習用ファイル 35-ゴルフコンペのご案内.docx

操作 文字列を選択する

マウスポインターの形がIの状態でドラッグすると、文字列を選択できます。
また、マウスポインターがIの状態で別の場所をクリックすると選択を解除できます。

Memo Shift キー＋クリックで範囲選択する

選択範囲の先頭でクリックしてカーソルを移動し❶、選択範囲の最後で Shift キーを押しながらクリックすることでも❷、範囲選択できます❸。選択する文字列が多い場合に便利です。

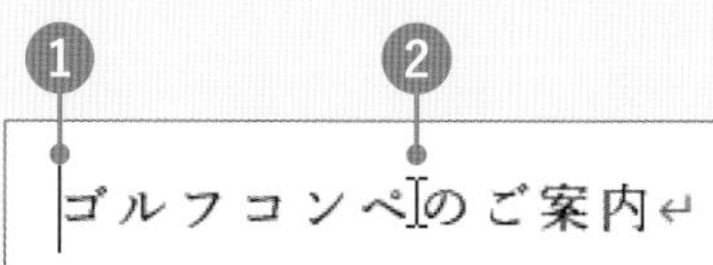

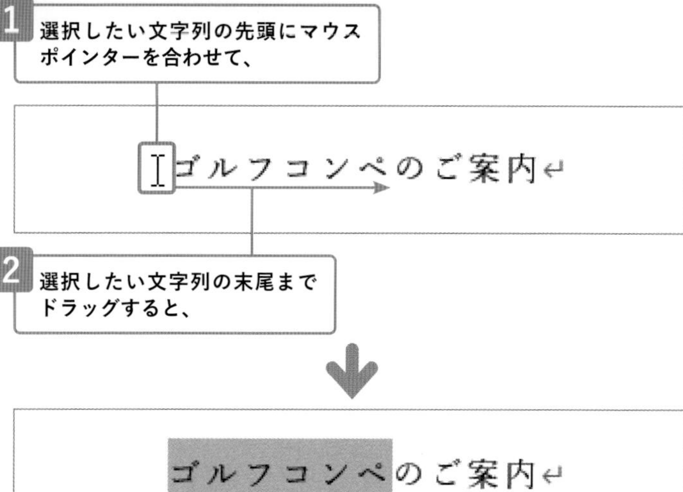

3 文字列が選択されます。

Memo 離れた文字列を同時に選択する

離れた複数の文字列を同時に選択するには、1か所目はドラッグして選択し❶、2か所目以降は、Ctrl キーを押しながらドラッグして選択します❷。

、厚く御礼申し上げます。
ルフショップは、令和 5 年 11 月 5 日をもちまして 10 周年を
ひとえに皆様方のご支援の賜物と厚く感謝申し上げます。毎年
ペではございますが、今年は 10 周年を記念して豪華賞品を取

Memo 単語を選択する

単語の上でダブルクリックすると、その単語だけが選択されます❶。

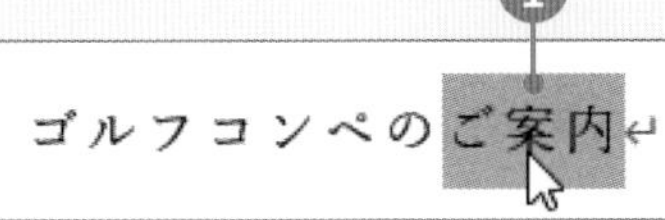

時短ワザ キーボードを使って範囲選択する

マウスを使わずに範囲選択すると、マウスに持ち替える必要がないので時短につながります。操作に慣れたら少しずつ使ってみましょう。
選択範囲の先頭位置にカーソルを移動したうえで、以下のキー操作をします。

キー操作	選択範囲
Shift + 矢印キー	現在のカーソル位置から文字単位で選択
Shift + Home	現在のカーソル位置から行頭まで選択
Shift + End	現在のカーソル位置から行末まで選択
Shift + Ctrl + Home	現在のカーソル位置から文頭まで選択
Shift + Ctrl + End	現在のカーソル位置から文末まで選択
Ctrl + A	文章全体を選択

レッスン35-2 行を選択する

練習用ファイル 35-ゴルフコンペのご案内.docx

操作 行を選択する

選択したい行の左余白にマウスポインターを合わせて、↗の形になったらクリックします。

Memo 連続する複数行を選択する

選択したい先頭行の左余白にマウスポインターを移動し、縦方向にドラッグします。

拝啓□秋冷の候、貴社いよいよご清栄のこととお
別のご高配を賜り、厚く御礼申し上げます。↵
□さて、当 SB ゴルフショップは、令和 5 年 11 月
迎えます。これもひとえに皆様方のご支援の賜物と

ショートカットキー

- 行選択
  行の先頭にカーソルを移動して、
  Shift + ↓

1 選択したい行の左余白にマウスポインターを移動し、

2 ポインターが↗の形になったときにクリックすると、

拝啓□秋冷の候、貴社いよいよご清栄のこととお慶び申し上げ
別のご高配を賜り、厚く御礼申し上げます。↵
□さて、当 SB ゴルフショップは、令和 5 年 11 月 5 日をもちま
迎えます。これもひとえに皆様方のご支援の賜物と厚く感謝申し
恒例のゴルフコンペではございますが、今年は 10 周年を記念し
り揃えております。↵
□ご多忙とは存じますが、何卒ふるってご参加いただきたく、

3 行が選択されます。

拝啓□秋冷の候、貴社いよいよご清栄のこととお慶び申し上げ
別のご高配を賜り、厚く御礼申し上げます。↵
□さて、当 SB ゴルフショップは、令和 5 年 11 月 5 日をもちま
迎えます。これもひとえに皆様方のご支援の賜物と厚く感謝申し
恒例のゴルフコンペではございますが、今年は 10 周年を記念し
り揃えております。↵
□ご多忙とは存じますが、何卒ふるってご参加いただきたく、

レッスン35-3 文を選択する

 35-ゴルフコンペのご案内.docx

操作 一文を選択する

句点（。）またはピリオド（.）で区切られた文を選択するには、Ctrl キーを押しながら、選択したい文をクリックします。

1 選択したい文の上にマウスポインターを移動し、

 Ctrl キーを押しながらクリックすると、

↵
拝啓□秋冷の候、貴社いよいよご清栄のこととお慶び申し上げます。平
別のご高配を賜り、厚く御礼申し上げます。↵
□さて、当SBゴルフショップは、令和5年11月5日をもちまして10
迎えます。これもひとえに皆様方のご支援の賜物と厚く感謝申し上げます

3 句点（。）で区切られた一文が選択されます。

↵
拝啓□秋冷の候、貴社いよいよご清栄のこととお慶び申し上げます。平
別のご高配を賜り、厚く御礼申し上げます。↵
□さて、当SBゴルフショップは、令和5年11月5日をもちまして10
迎えます。これもひとえに皆様方のご支援の賜物と厚く感謝申し上げます

レッスン35-4 段落を選択する

 35-ゴルフコンペのご案内.docx

操作 段落単位で選択する

選択したい段落の左余白にマウスポインターを合わせ、↗の形になったらダブルクリックします。

1 選択したい段落の左余白にマウスポインターを移動し、

 ポインターが↗の形になったときにダブルクリックすると、

↵
拝啓□秋冷の候、貴社いよいよご清栄のこととお慶び申し上げ
別のご高配を賜り、厚く御礼申し上げます。↵
□さて、当SBゴルフショップは、令和5年11月5日をもちま
迎えます。これもひとえに皆様方のご支援の賜物と厚く感謝申し
恒例のゴルフコンペではございますが、今年は10周年を記念し
り揃えております。↵

3 段落が選択されます。

↵
拝啓□秋冷の候、貴社いよいよご清栄のこととお慶び申し上げ
別のご高配を賜り、厚く御礼申し上げます。↵
□さて、当SBゴルフショップは、令和5年11月5日をもちま
迎えます。これもひとえに皆様方のご支援の賜物と厚く感謝申し
恒例のゴルフコンペではございますが、今年は10周年を記念し
り揃えております。↵

Memo 段落とは

文章の先頭から改行するまでのひとまとまりの文章を段落といいます。Enter キーを押して改行をした先頭から、次に Enter キーを押して改行したときに表示される段落記号までを1段落と数えます。

ショートカットキー

- 段落選択
  段落の先頭にカーソルを移動して、Ctrl + Shift + ↓

レッスン 35-5 文章全体を選択する

35-ゴルフコンペのご案内.docx

操作 文書全体を選択する

文書全体を一気に選択するには、左余白にマウスポインターを合わせて、⬀の形になったらすばやく3回クリックします。

ショートカットキー

- 文書全体を選択
  Ctrl + A

Memo ブロック単位で選択する

Alt キーを押しながらドラッグすると、四角形に範囲選択できます❶。項目名のように縦方向に並んだ文字に同じ書式を設定したい場合に便利です。

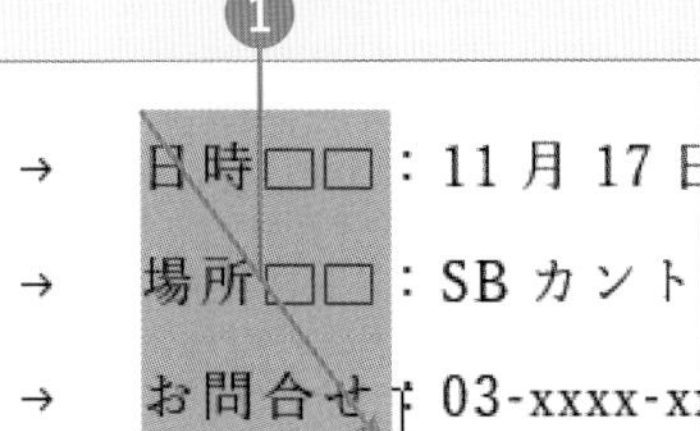

1 選択したい左余白にマウスポインターを移動し、

2 ポインターが⬀の形になったときにすばやく3回クリックすると、

拝啓□秋冷の候、貴社いよいよご清栄のこととお慶び申し上げま
別のご高配を賜り、厚く御礼申し上げます。
□さて、当SBゴルフショップは、令和5年11月5日をもちま
迎えます。これもひとえに皆様方のご支援の賜物と厚く感謝申し
恒例のゴルフコンペではございますが、今年は10周年を記念して
り揃えております。

3 文書全体が選択されます。

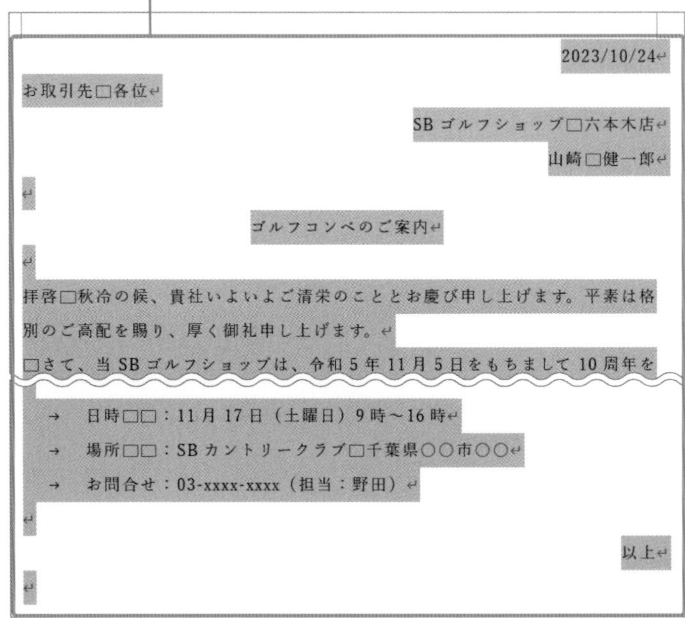
2023/10/24
お取引先□各位
SBゴルフショップ□六本木店
山崎□健一郎

ゴルフコンペのご案内

拝啓□秋冷の候、貴社いよいよご清栄のこととお慶び申し上げます。平素は格別のご高配を賜り、厚く御礼申し上げます。
□さて、当SBゴルフショップは、令和5年11月5日をもちまして10周年を

→ 日時□□：11月17日（土曜日）9時～16時
→ 場所□□：SBカントリークラブ□千葉県○○市○○
→ お問合せ：03-xxxx-xxxx（担当：野田）

以上

慣れたらショートカットキーでスピードアップ！

Section

36 文字を修正／削除する

文字を打ち間違えた場合の対応策には、文字の間に文字を挿入したり、文字を別の文字に置き換えたり、不要な文字を削除したりと、いろいろな方法があります。ここでは、文字を修正したり、削除したりする方法をまとめます。

ここで学べること

習得スキル	操作ガイド	ページ
▶文字の挿入	レッスン36-1	p.154
▶文字の上書き	レッスン36-2	p.155
▶文字の削除	レッスン36-3	p.155

まずは パッと見るだけ！

文字の修正と削除

文字を修正する場合は、修正位置にカーソルを移動し、文字を入力したり、削除したりして文を整えます。文字を入力するのに重要な挿入、上書き、削除を覚えましょう。

●**文字の挿入**

カーソル位置に文字を挿入します。

●**文字の上書き**

選択した文字を上書きして別の文字に置き換えます。

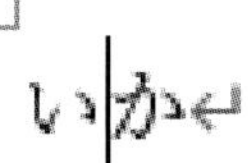

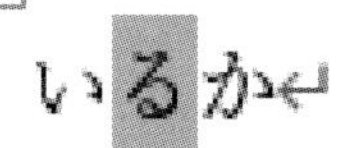

●**文字の削除**

選択した文字を削除します。

修正／削除もかんたん〜

レッスン36-1 文字を挿入する

36-1-挨拶文.docx

操作 文字を挿入する

Wordの初期設定では、「挿入モード」になっており、カーソルのある位置に文字が挿入されます。

Memo 上書きモードとは

「挿入モード」に対して、「上書きモード」があります。
「上書きモード」では、下図のように、カーソルのある位置に文字を入力すると、カーソルの右側（後ろ）の文字が上書きされます。

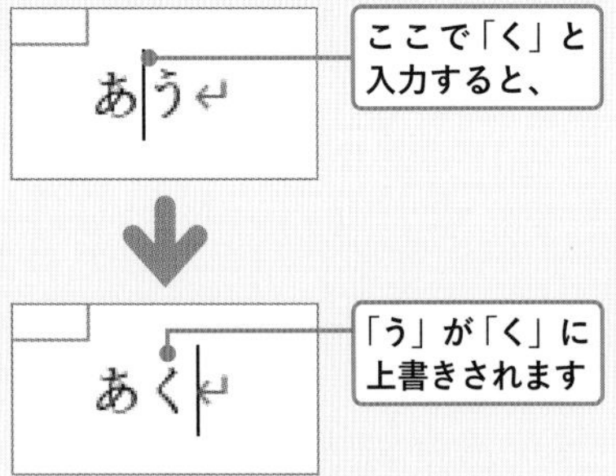

挿入モードと上書きモードを切り替えるには、Insert キーを押します。Insert キーを押すごとに挿入モードと上書きモードが切り替わります。

ショートカットキー

- 挿入モードと上書きモードの切り替え
  Insert

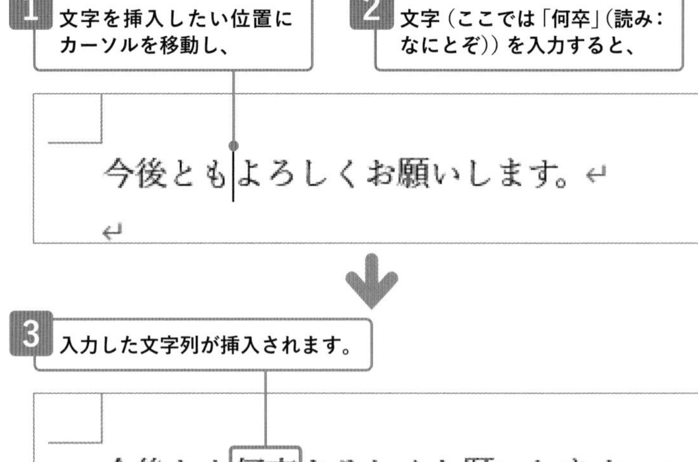

コラム 挿入モードと上書きモードの表示と切り替え

現在の状態が挿入モードか上書きモードかをステータスバーに表示することができます。ステータスバーを右クリックし❶、表示されたメニューから［上書き入力］をクリックしてチェックを付けます❷。すると、ステータスバーに現在の状態が表示されます❸。モードの表示をクリックするか、Insert キーを押すとモードが切り替わります❹。

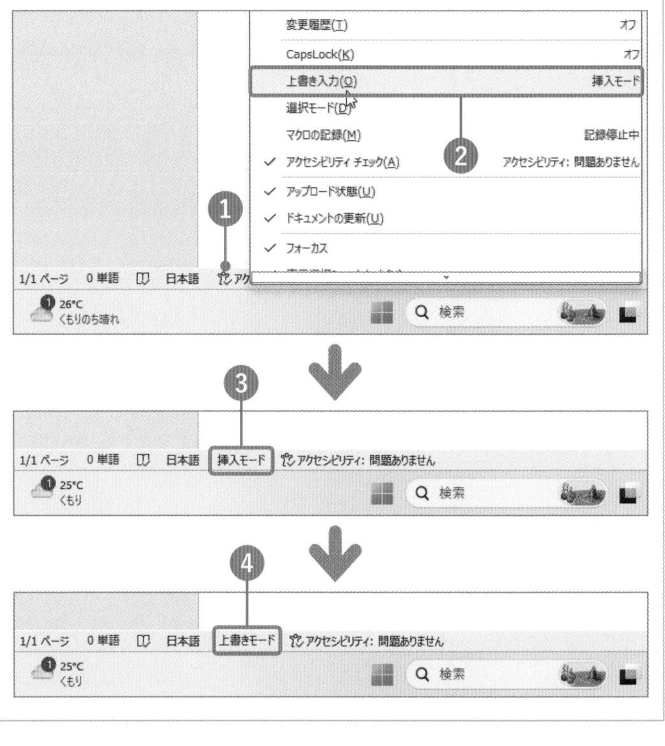

レッスン 36-2 文字を上書きする

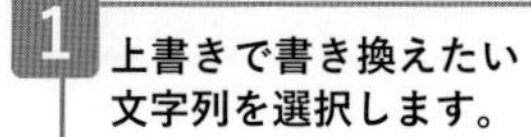

練習用ファイル 36-2-挨拶文.docx

操作 文字を上書きする

文字を別の文字に書き換えることを「上書き」といいます。前ページのMemoのように上書きモードに切り替えて上書きすることもできますが、文字列を選択した状態で、文字を入力すると、選択された文字列が入力された文字列に置き換わります。ある単語を文字数の異なる別の単語に置き換えたいときに使うと便利です。

1 上書きで書き換えたい文字列を選択します。

2 文字列（ここでは「申し上げ」）を入力すると、

今後とも何卒よろしくお願いします。

3 入力した文字列に上書きされます。

今後とも何卒よろしくお願い申し上げます。

レッスン 36-3 文字を削除する

練習用ファイル 36-3-挨拶文.docx

操作 文字を削除する

文字を削除する場合、1文字ずつ削除する方法と、複数の文字列をまとめて削除する方法があります。
カーソルの前の文字を削除するには Back space キー、後ろの文字を削除するには Delete キーを押します。
文字列を範囲選択し、Back space キーまたは Delete キーを押せば、選択された複数文字列をまとめて削除できます。

1 文字列（ここでは「今後とも」）を選択し、

2 Delete キーを押すと、

今後とも何卒よろしくお願い申し上げます。

3 選択した文字列がまとめて削除されます。

何卒よろしくお願い申し上げます。

どうして
何回も修正
したくなっ
ちゃうの？

Section

37 文字をコピー／移動する

入力した文字を別の場所で使いたい場合は、コピーと貼り付けの機能を使うと便利です。コピーした内容は何度でも貼り付けられます。移動したい場合は、切り取りと貼り付けの機能を使います。また、ボタンを使う以外に、マウスのドラッグ操作のみでも移動やコピーが可能です。

ここで学べること

まずは パッと見るだけ！

文字のコピーと移動

すでに入力済みの文字をコピーや移動で使いまわす例を見てみましょう。

▼文字のコピー

Before 操作前

消耗品在庫チェック表
●用紙
・A4
・B4

After 操作後

消耗品在庫チェック表
●用紙
・A4用紙
・B4用紙

▼文字の移動

Before 操作前

消耗品在庫チェック表
●用紙
・A4用紙
・B4用紙
●梱包用品
・布粘着テープ
・段ボール箱

After 操作後

消耗品在庫チェック表
●梱包用品
・布粘着テープ
・段ボール箱
●用紙 (Ctrl)
・A4用紙
・B4用紙

▼ドラッグ＆ドロップでコピー

Before 操作前

●用紙
・A4用紙
・B4用紙

After 操作後

●用紙
・A4用紙
・B4用紙
・A4用紙
(Ctrl)

▼ドラッグ＆ドロップで移動

Before 操作前

●用紙
・A4用紙
・B4用紙
・A4用紙

After 操作後

●用紙
・A4用紙
・A4用紙 (Ctrl)
・B4用紙

コピーができるとらくちん〜

レッスン 37-1 文字をコピーする

37-1-消耗品在庫.docx

操作 文字列をコピーする

コピーする文字列を選択して、[コピー] をクリックすると、文字列がクリップボードに保管されます。
[貼り付け] をクリックすると、クリップボードにある文字列を何度でも貼り付けることができます。

Memo クリップボードとは

[コピー] や [切り取り] をクリックしたときにデータが一時的に保管される場所です。[貼り付け] の操作でデータがカーソルの位置に貼り付けられます。

ショートカットキー

- コピー
  Ctrl + C
- 貼り付け
  Ctrl + V

1 コピーしたい文字列（ここでは「用紙」）を選択して、

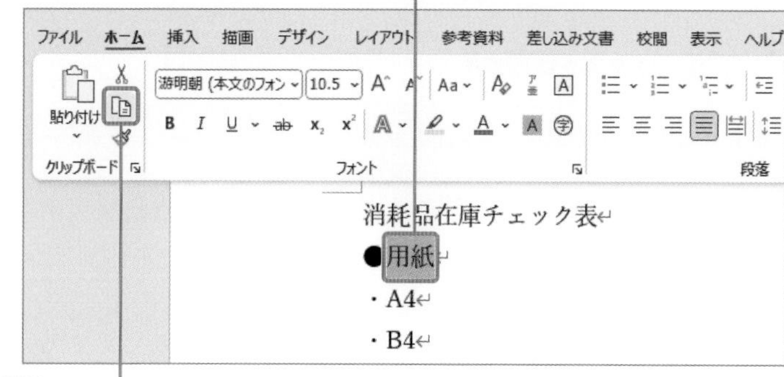

2 [ホーム] タブ→ [コピー] をクリックします。

3 コピー先をクリックしてカーソルを移動し、

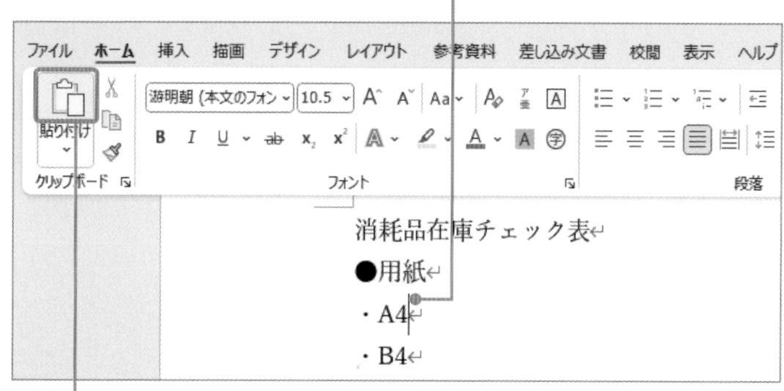

4 [ホーム] タブ→ [貼り付け] をクリックすると、

5 文字列がコピーされます。

6 手順3、4を繰り返すと続けて同じ文字列がコピーされます。

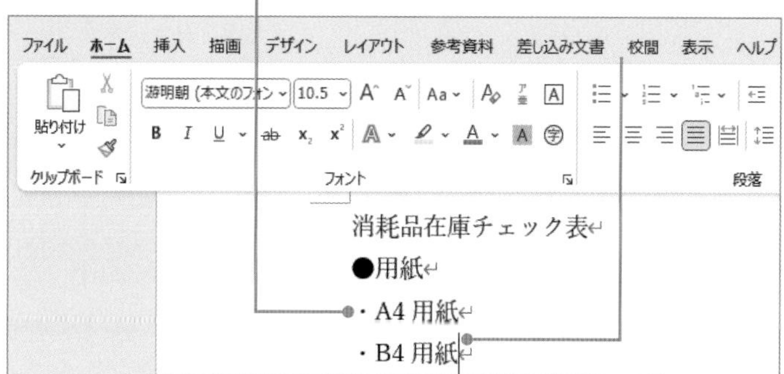

レッスン 37-2 文字を移動する

37-2-消耗品在庫.docx

操作　文字列を移動する

移動する文字列を選択して、[切り取り] ボタンをクリックすると、文字列が切り取られてクリップボード (p.157) に保管されます。
[貼り付け] ボタンをクリックすると、クリップボードにある文字列を何度でも貼り付けることができます。

ショートカットキー

- 切り取り
  Ctrl + X

Memo 移動の操作を取り消すには

[切り取り] ボタンをクリックすると、選択中の文字列が削除されます。このときに移動の操作を取りやめたい場合は、[元に戻す] ボタンをクリックします。[切り取り] の操作が取り消され、削除された文字列が復活します。

1 移動したい文字列（●梱包用品～段ボール箱）を選択し、

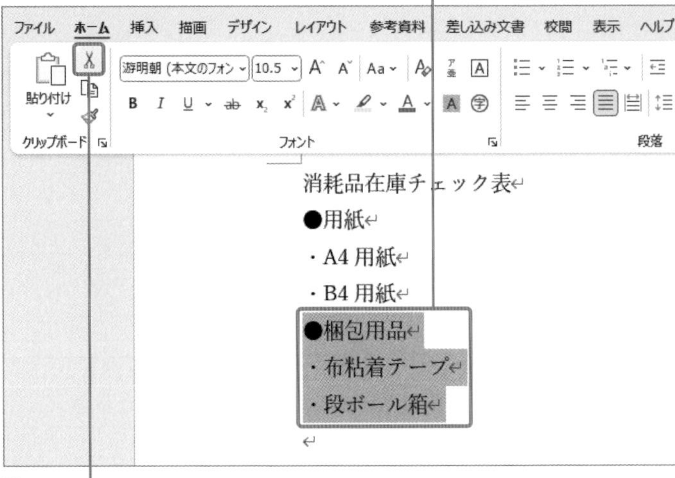

2 [ホーム] タブ→[切り取り] をクリックすると、

3 選択した文字が削除されます。

4 移動先にカーソルを移動し、

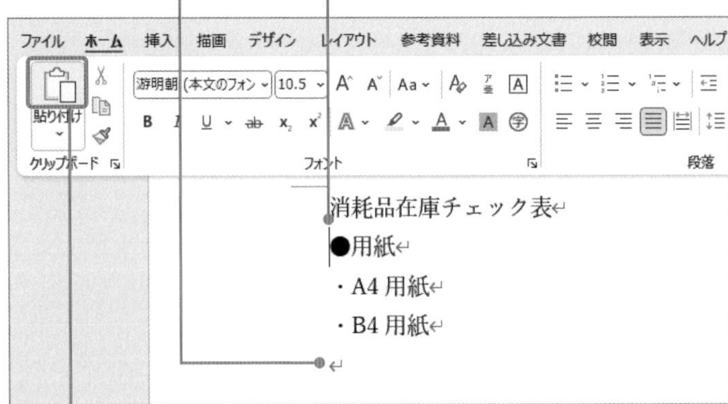

5 [ホーム] タブ→[貼り付け] をクリックすると、

6 文字が移動します。

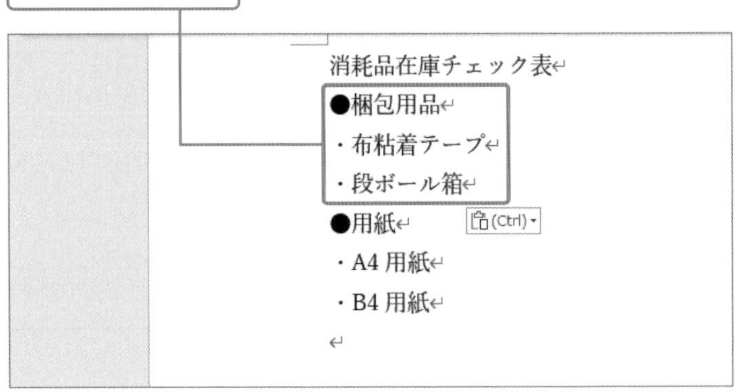

レッスン 37-3 ドラッグ&ドロップで文字列をコピーする

練習用ファイル 37-3-消耗品在庫.docx

操作 ドラッグ&ドロップで文字列をコピーする

文字列を選択し、選択した文字列をCtrlキーを押しながらコピー先までドラッグします。1回限りのコピーや近いところへのコピーに向いています。

Memo 段落記号も含める場合

文字を選択するときに、段落記号↵まで含めると、コピー後や移動後に改行されます。

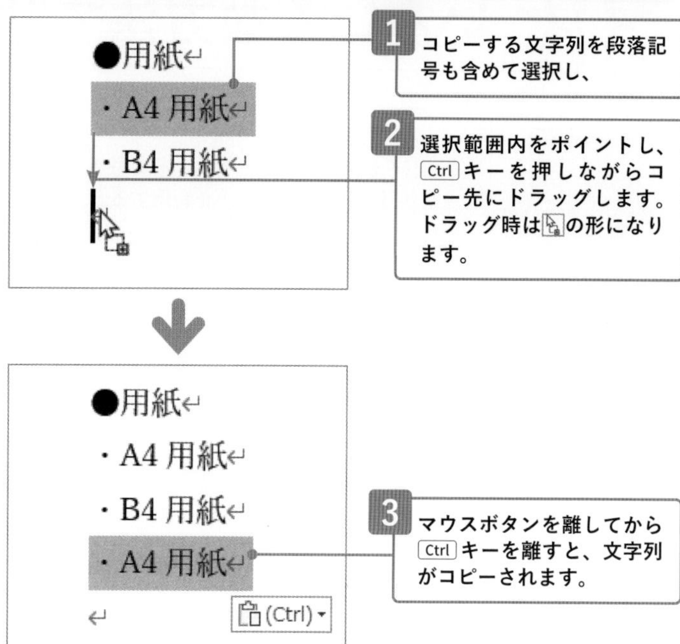

レッスン 37-4 ドラッグ&ドロップで文字列を移動する

練習用ファイル 37-4-消耗品在庫.docx

操作 ドラッグ&ドロップで文字列を移動する

文字列を選択し、選択した文字列を移動先までドラッグします。近いところへ移動するのに便利です。

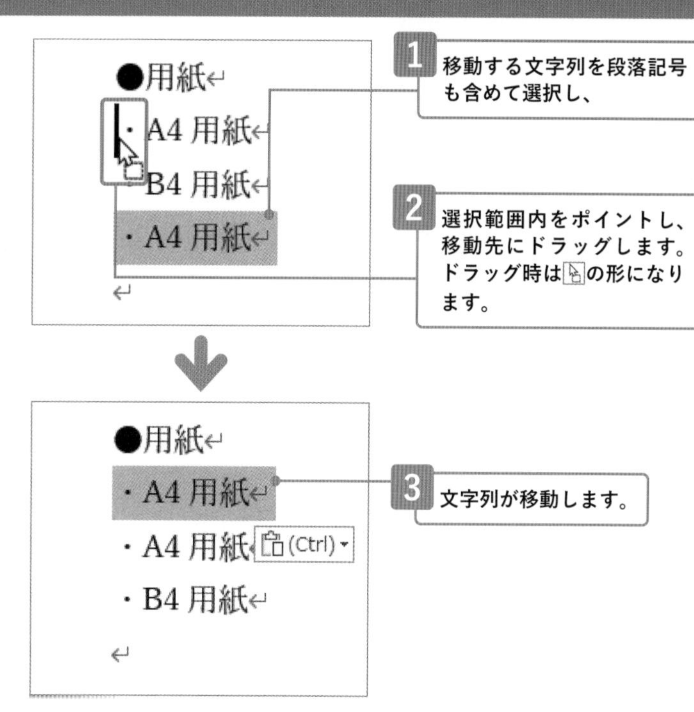

Section

38 いろいろな方法で貼り付ける

［貼り付け］をクリックした場合、初期設定では元のデータの書式が保持されて貼り付けられます。［貼り付けのオプション］を利用すると、貼り付ける内容を指定できます。

習得スキル	操作ガイド	ページ
▶形式を選択して貼り付ける	レッスン38-1	p.161

まずは パッと見るだけ！

形式を選択して貼り付ける

［貼り付けのオプション］は、例えば文字データのみ貼り付けたいとか、図として貼り付けたいといった場合に使えます。ExcelなどWord以外のデータを貼り付ける場合によく使います。

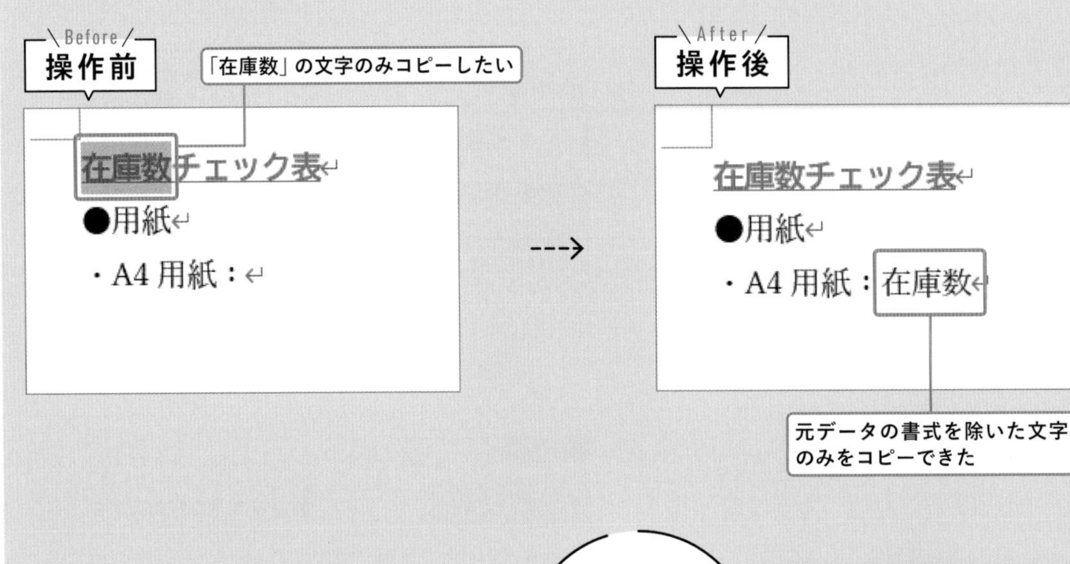

レッスン38-1 形式を選択して貼り付ける

練習用ファイル 38-用紙在庫.docx

操作 貼り付けのオプションを使う

［貼り付け］ボタンの下の⌄をクリックすると、［貼り付けのオプション］が表示され、貼り付け方法（下表参照）を選択できます。各ボタンをポイントすると、貼り付け結果をプレビューで確認できます。

ボタン	説明
	元の書式を保持：コピー元の書式を保持して貼り付ける
	書式を結合：貼り付け先の書式が適用されるが、貼り付け先に設定されていない書式があれば、その書式はそのまま適用される
	図：図として貼り付ける
	テキストのみ保持：コピー元の文字データだけを貼り付ける

Memo 貼り付け後に貼り付け方法を変更する

貼り付けを行った直後には、貼り付けた文字列の右下に［貼り付けのオプション］が表示されます。
貼り付けオプションをクリックするか❶、Ctrl キーを押し、一覧から貼り付け方法をクリックして変更できます❷。

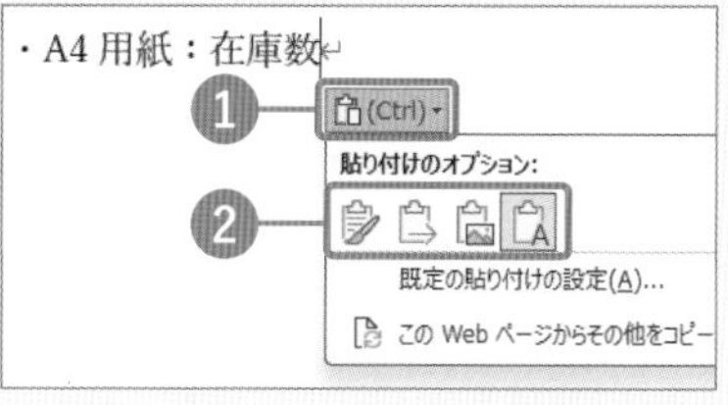

1 コピーする文字列を選択し、

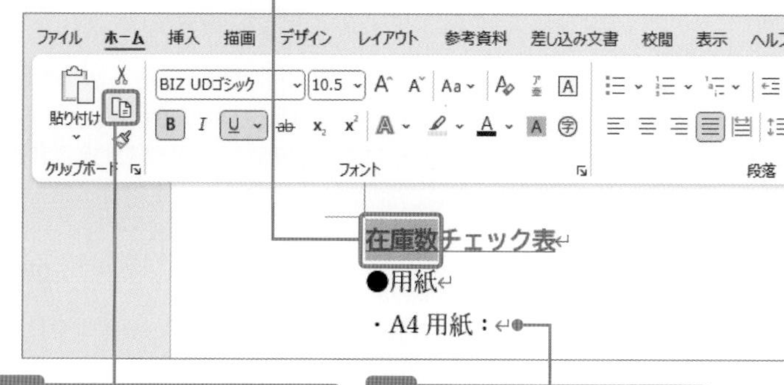

2 ［ホーム］→［コピー］をクリックします。

3 コピー先にカーソルを移動し、

4 ［ホーム］→［貼り付け］の⌄をクリックし、

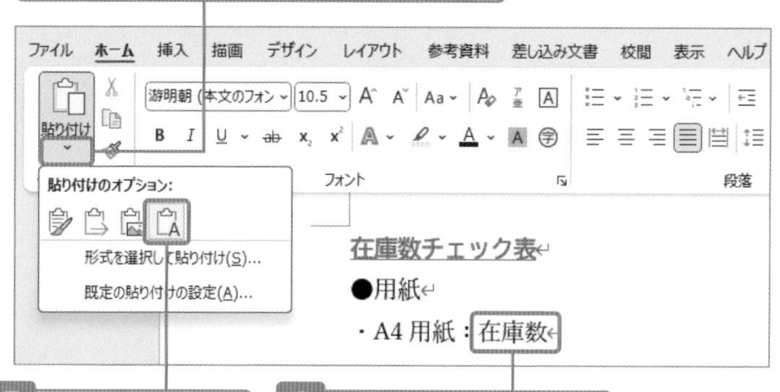

5 貼り付ける形式をクリックすると、

6 指定した形式で貼り付けられます。

コラム Officeクリップボードを表示してコピーする

Officeクリップボードには、コピーまたは切り取りしたデータが最大24個まで一時保管できます。
［ホーム］タブの［クリップボード］グループにある⧅をクリックして❶、［クリップボード］作業ウィンドウを表示すると❷、［コピー］または［切り取り］によるデータが追加されます❸。貼り付け先にカーソルを移動してOfficeクリップボードに表示されているデータをクリックするか、データ横にある⌄をクリックし［貼り付け］をクリックして貼り付けます❹。

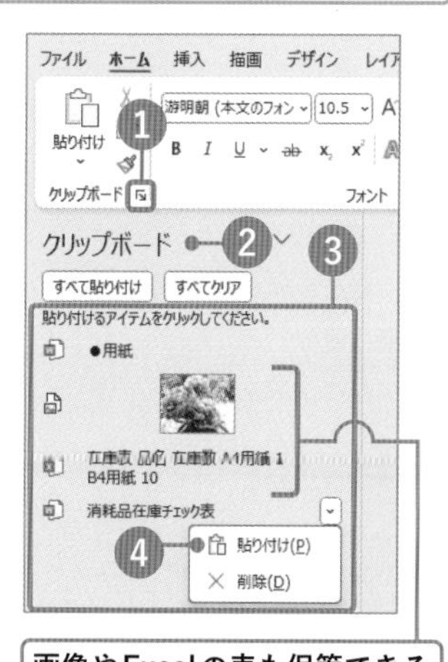

Section

39 操作を取り消す／やり直す／繰り返す

操作を間違えた場合は、［元に戻す］で直前の操作を取り消すことができます。また、元に戻した操作をやり直したい場合は、［やり直し］をクリックします。同じ操作を繰り返す場合は、［繰り返し］をクリックすると直前の操作が繰り返されます。

ここで学べること

習得スキル	操作ガイド	ページ
▶操作を元に戻す／やり直し	レッスン39-1	p.163
▶操作を繰り返す	レッスン39-2	p.164

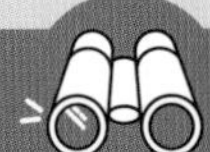

まずは パッと見るだけ！

元に戻す／やり直し／繰り返し

行った操作を取り消すことを［元に戻す］、元に戻した操作を取り消すことを［やり直し］、直前に行った操作を繰り返すことを［繰り返し］といいます。

▼元に戻す

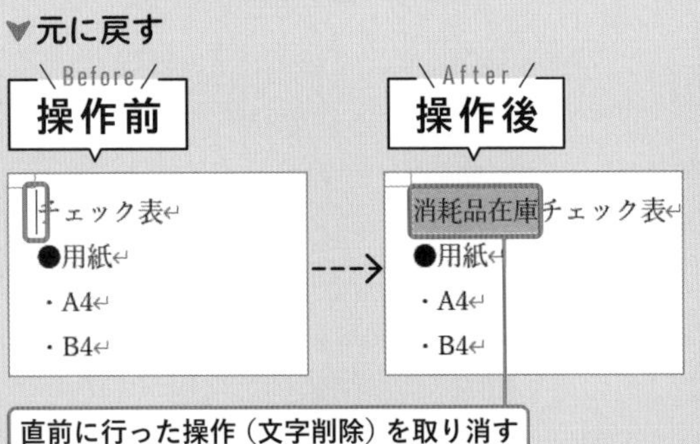

直前に行った操作（文字削除）を取り消す

▼やり直し

Before 操作前

消耗品在庫チェック表
●用紙
・A4
・B4

After 操作後

チェック表
●用紙
・A4
・B4

［元に戻す］で元に戻した操作を取り消す（ここでは、［元に戻す］操作で文字を復活した操作を取り消して再び文字を削除している）

▼繰り返し

Before 操作前

消耗品在庫チェック表
●用紙
・A4
・B4
●梱包用品
・布粘着テープ

After 操作後

消耗品在庫チェック表
●用紙
・A4
・B4
●梱包用品
・布粘着テープ

直前に設定した操作（ここでは［太字］）を別の文字に対して繰り返す

レッスン39-1 元に戻す／やり直し

39-1-消耗品在庫.docx

操作 操作を元に戻す／やり直し

直前の操作を取り消したい場合は、クイックアクセスツールバーの［元に戻す］ボタンをクリックします。また、元に戻した操作をやり直したい場合は、［やり直し］ボタンをクリックします。
［元に戻す］の右にある⌄をクリックすると、操作の履歴が表示されます。目的の操作をクリックすると、複数の操作をまとめて取り消すことができます。［やり直し］ボタンは［元に戻す］ボタンをクリックした後で表示されます。

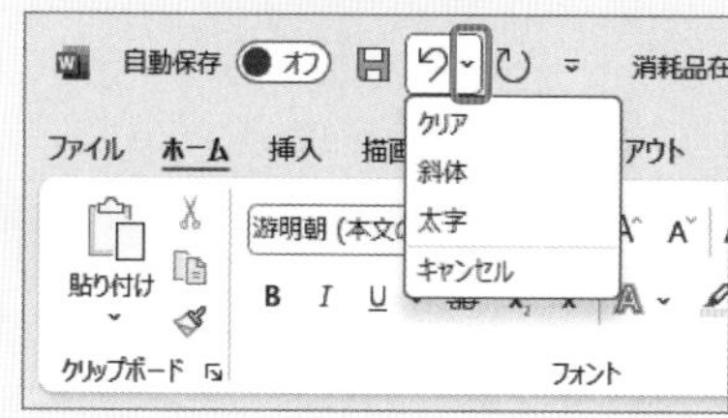

元に戻す

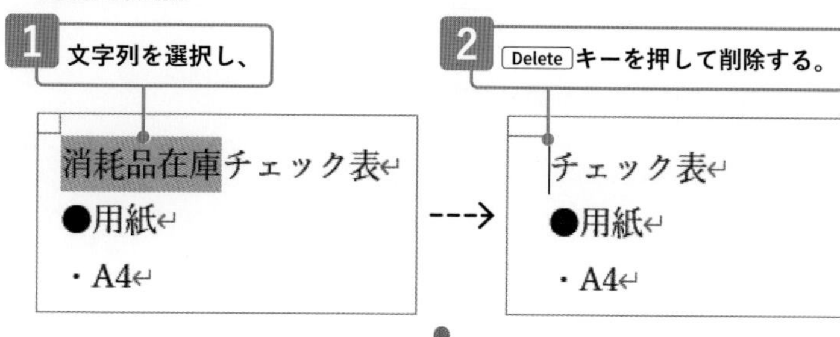

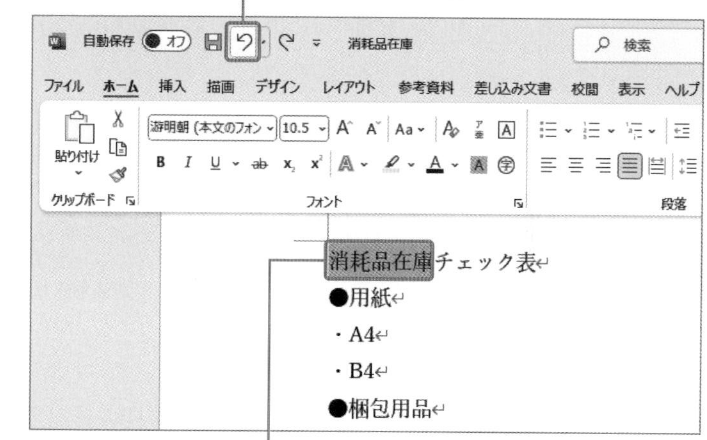

やり直し

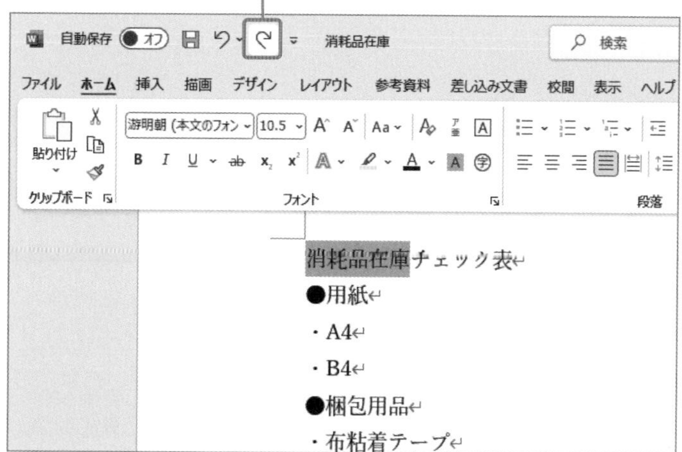

レッスン39-2 繰り返し

39-2-消耗品在庫.docx

操作 直前の操作を繰り返す

直前の操作を別の場所で実行したい場合、［繰り返し］ボタンをクリックします。［繰り返し］ボタンは何らかの操作を実行した後で表示されます。

Memo 入力オートフォーマットを取り消す

Wordでは、入力オートフォーマットやオートコレクトの機能により、文字を入力するだけで、自動的に文字が変換されたり、続きの文字が入力されたりすることがあります。これらの機能が不要で、入力した通りの文字を表示したい場合は、直後に［元に戻す］ボタンをクリックすれば、自動的に実行された機能を取り消すことができます。

ショートカットキー

- 元に戻す
  Ctrl + Z
- やり直し
  Ctrl + Y
- 繰り返し
  F4

1 文字列を選択し（ここでは「●用紙」）、

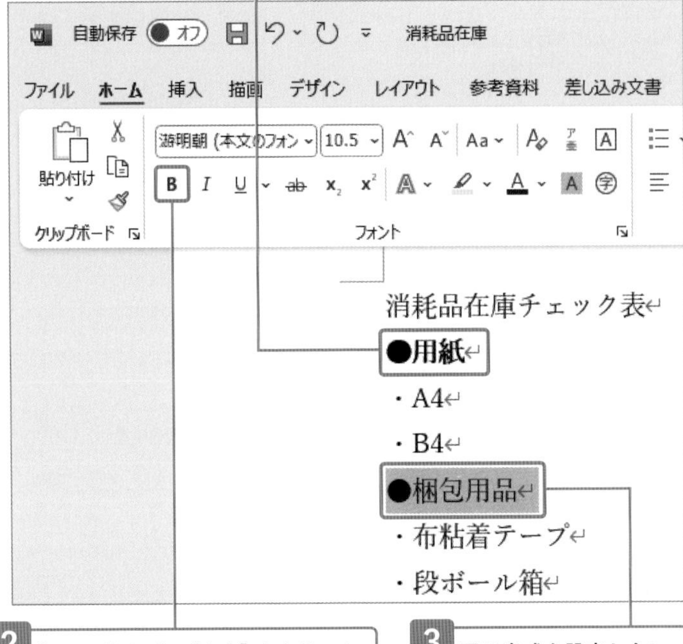

2 ［ホーム］タブ→［太字］をクリックして太字の書式を設定します。

3 同じ書式を設定したい文字列を選択し、

4 ［繰り返し］をクリックすると、

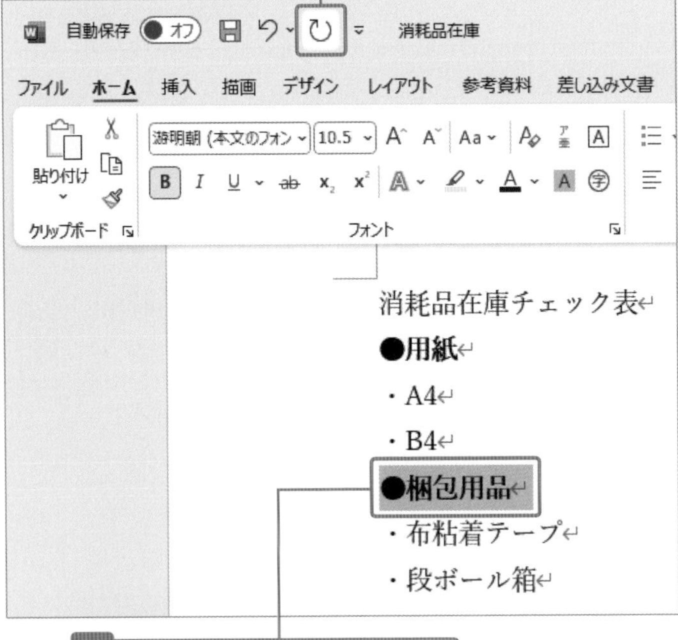

5 操作が繰り返され、文字列に同じ書式（太字）が設定されます。

Section
40 文字を検索／置換する

文書の中にある特定の文字をすばやく見つけるには［検索］機能を使います。また、特定の文字を別の文字に置き換えたい場合は［置換］機能を使います。検索はナビゲーションウィンドウ、置換は［検索と置換］ダイアログで便利に操作できます。

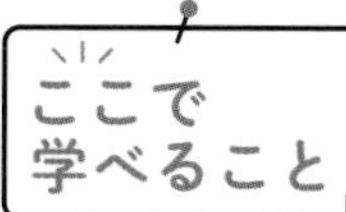

習得スキル	操作ガイド	ページ
▶文字の検索	レッスン40-1	p.166
▶文字の置換	レッスン40-2	p.167

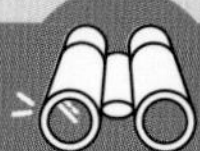

まずは パッと見るだけ！

文字の検索と置換

文書内で指定の文字を検索するには、ナビゲーションウィンドウに検索したい文字を入力します。また、置換するには［検索と置換］ダイアログで指定して別の文字に置き換えます。

▼検索

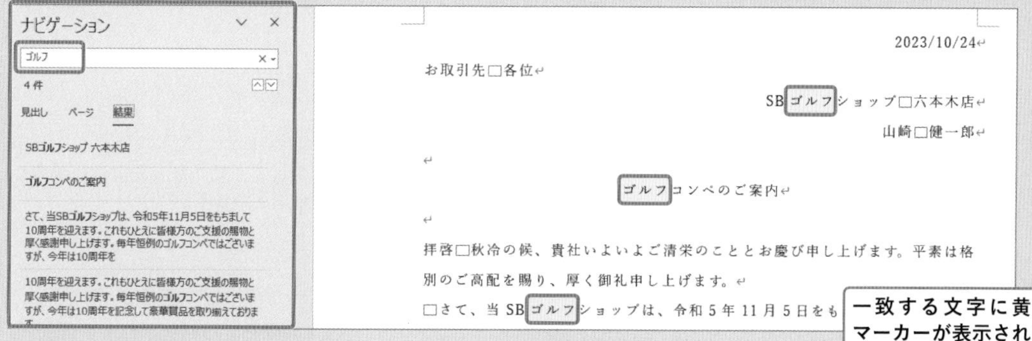

▼置換

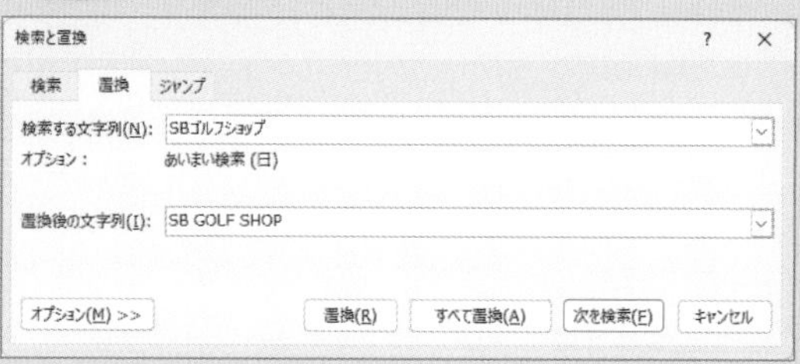

SB ゴルフショップ
山崎
拝啓□秋冷の候、貴社いよいよご清栄のこととお慶び申し上げます。
別のご高配を賜り、厚く御礼申し上げます。
□さて、当SB ゴルフショップは、令和5年11月5日をもちまして1

After
操作後

SB GOLF SHOP
山崎
拝啓□秋冷の候、貴社いよいよご清栄のこととお慶び申し上げます。
別のご高配を賜り、厚く御礼申し上げます。
□さて、当SB GOLF SHOPは、令和5年11月5日をもちまして10

レッスン40-1 指定した文字列を探す

練習用ファイル 40-1-ゴルフコンペのご案内.docx

操作 文字列を検索する

文書内の文字列を探す場合は、[検索] 機能を使います。
[ナビゲーションウィンドウ] の検索ボックスに探している文字列を入力すると、[結果] 欄に検索結果が一覧で表示され、文書内の該当する文字列に黄色のマーカーが付きます。

Memo 検索結果の削除と終了

検索ボックスの右にある☒をクリックすると❶、検索結果の一覧と文字の黄色のマーカーが消えます。
ナビゲーションウィンドウ自体を閉じる場合は、右上の [閉じる] をクリックします❷。

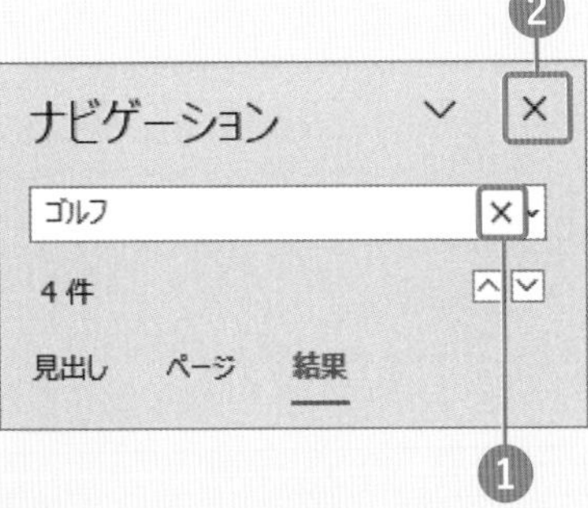

ショートカットキー

- 検索
  Ctrl + F

1 [ホーム] タブをクリックし、

2 [検索] をクリックすると、

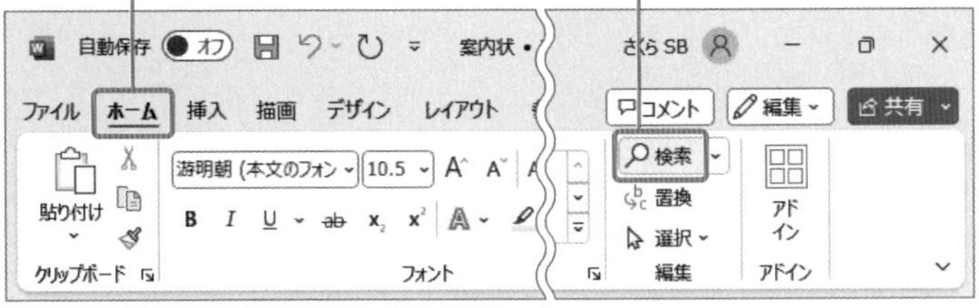

3 ナビゲーションウィンドウが表示されます。

4 検索したい文字 (ここでは「ゴルフ」) を入力すると、

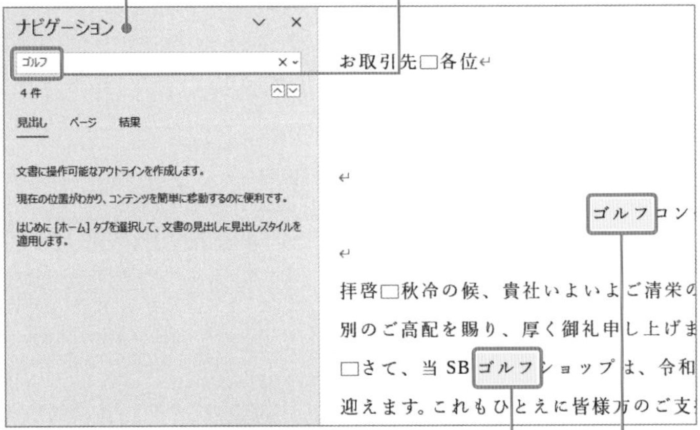

5 文字が検索されて、見つかった文字に黄色いマーカーが表示されます。

6 [結果] をクリックすると、

7 検索結果の一覧が表示されます。

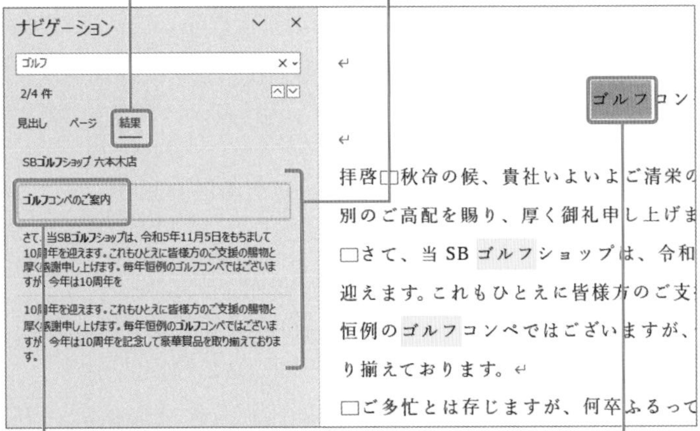

8 検索結果をクリックすると、

9 文書内の該当する検索文字列が選択されます。

レッスン 40-2 指定した文字列を別の文字列に置き換える

練習用ファイル 40-2-ゴルフコンペのご案内.docx

操作 文字列を置換する

文書内の文字列を別の文字列に置換する場合は、[置換]機能を使います。[検索と置換]ダイアログで、検索する文字列と、置換する文字列を指定し、一つずつ確認しながら置換できます。

Memo まとめて置換する

一つ一つ確認する必要がない場合は、手順6で[すべて置換]をクリックします。文書内にある検索文字列が一気に置換後の文字列に置き換わります。

ショートカットキー

- 置換
  Ctrl + H

コラム 検索方法を詳細に設定する

[検索と置換]ダイアログの[オプション]をクリックすると❶、ダイアログが下に拡大されて、[検索オプション]が表示されます。
ここで、[あいまい検索(英)]と[あいまい検索(日)]のチェックを外し❷、[大文字と小文字を区別する]と[半角と全角を区別する]をオンにすると❸、アルファベットの大文字と小文字、半角と全角が区別されて、完全に一致する単語だけが検索されます。

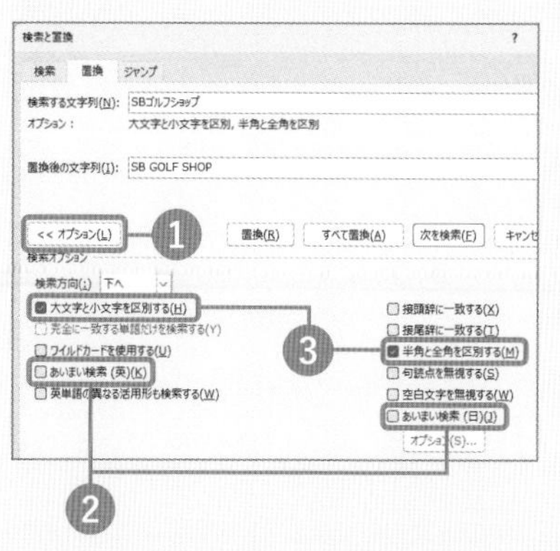

1 [ホーム]タブをクリックし、

2 [置換]をクリックすると、

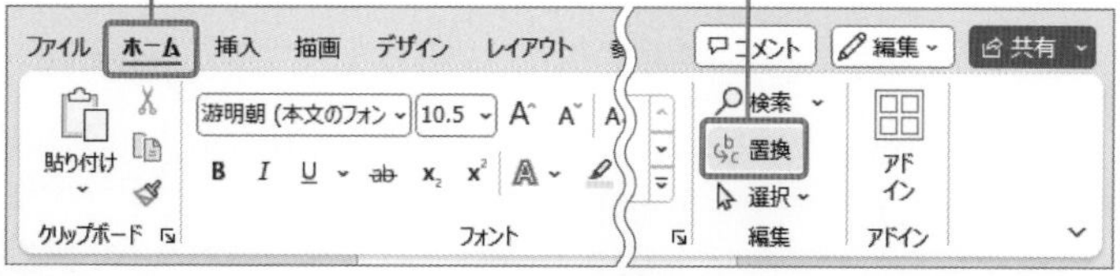

3 [検索と置換]ダイアログの[置換]タブが表示されます。

4 [検索する文字列]に検索する文字(ここでは「SBゴルフショップ」)を入力し、

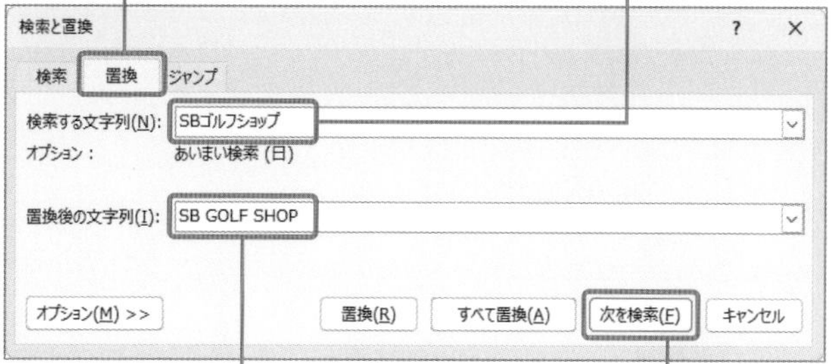

5 [置換後の文字列]に置換後の文字(ここでは「SB GOLF SHOP」)を入力します。

6 [次を検索]をクリックすると

7 検索した文字が選択されます。

8 [置換]をクリックすると、

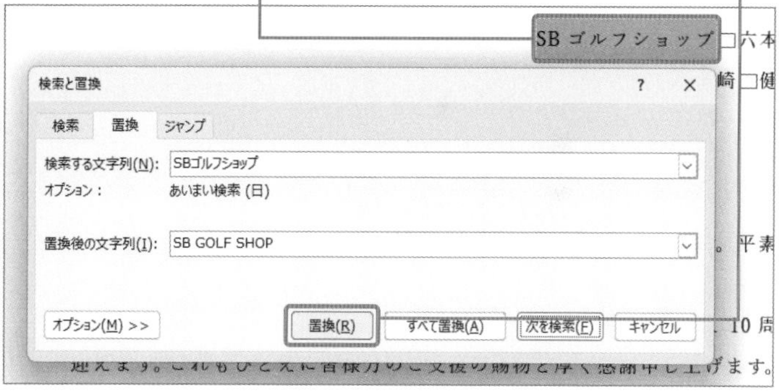

9 指定した文字に置換され、

10 次に該当する文字が選択されます。

11 同様にして置換し、終了したら[閉じる]をクリックして終了します。

練習問題 文書の編集を練習しよう

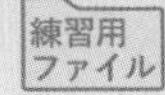
演習4-健康診断実施のお知らせ.docx

入力練習1

社内掲示文「健康診断実施のお知らせ」を以下の指示通り編集してください。

1 コピー機能を使って、本文1行目の「定期」をタイトル文字の先頭にコピーし、「定期健康診断実施のお知らせ」に修正する

2 注意事項の箇条書きの3行目の「受信日」を「受診日」に修正する

3 下から2行目「総務部　鈴木」の「鈴木」を「村主」に修正する

4 置換の機能を使って文書内のすべての「問診表」を「問診票」に修正する（全3か所）

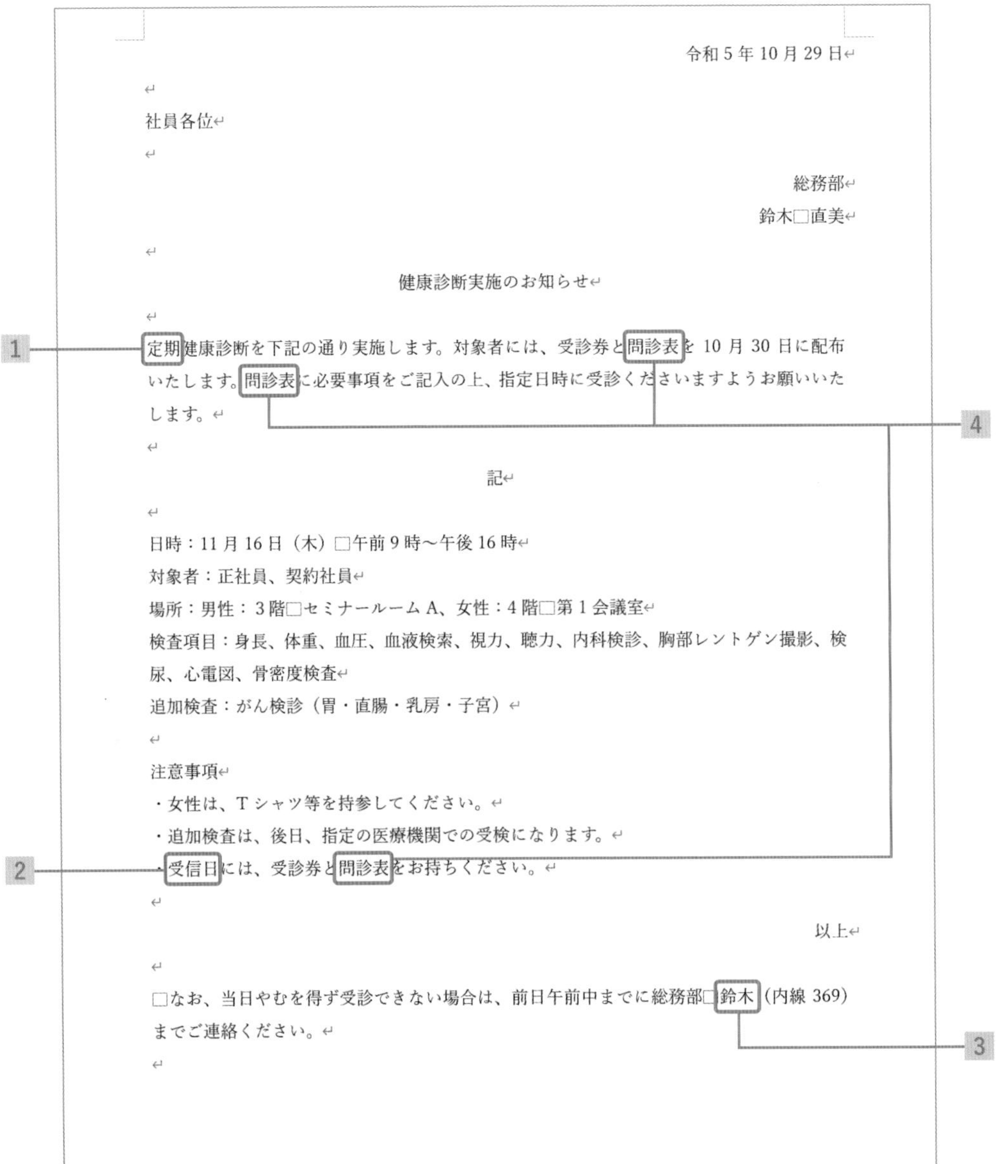

令和5年10月29日

社員各位

総務部
鈴木□直美

健康診断実施のお知らせ

1 定期健康診断を下記の通り実施します。対象者には、受診券と問診表を10月30日に配布いたします。問診表に必要事項をご記入の上、指定日時に受診くださいますようお願いいたします。

4

記

日時：11月16日（木）□午前9時～午後16時
対象者：正社員、契約社員
場所：男性：3階□セミナールームA、女性：4階□第1会議室
検査項目：身長、体重、血圧、血液検索、視力、聴力、内科検診、胸部レントゲン撮影、検尿、心電図、骨密度検査
追加検査：がん検診（胃・直腸・乳房・子宮）

注意事項
・女性は、Tシャツ等を持参してください。
・追加検査は、後日、指定の医療機関での受検になります。
2 ・受信日には、受診券と問診表をお持ちください。

以上

□なお、当日やむを得ず受診できない場合は、前日午前中までに総務部□鈴木（内線369）までご連絡ください。

3

第 5 章

文字や段落の書式設定

ここでは、文字サイズや色、配置などを変更して、文書を整え、読みやすくするための書式の設定方法を説明します。書式には、文字書式と段落書式があります。それぞれの違いと設定方法をマスターして思い通りの文書を作れるようになりましょう。

書式の設定は
楽しい作業よ♪

Section

41 文字書式と段落書式の違い

Wordでは、文書の見栄えをきれいに整えるために、文字書式や段落書式を使います。文字書式は文字に対して設定する書式で、段落書式は段落全体に対して設定する書式です。

ここで学べること

習得スキル	操作ガイド	ページ
▶文字書式を知る	なし	p.171
▶段落書式を知る		p.172

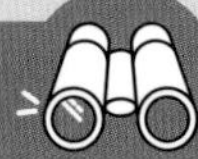

まずは パッと見るだけ！

文字書式と段落書式

指定した文字に対して設定する**文字書式**には、文字サイズ、色、太字などがあります。また、段落に対して設定する**段落書式**には、右寄せ、中央揃え、段落罫線、箇条書きなどがあります。

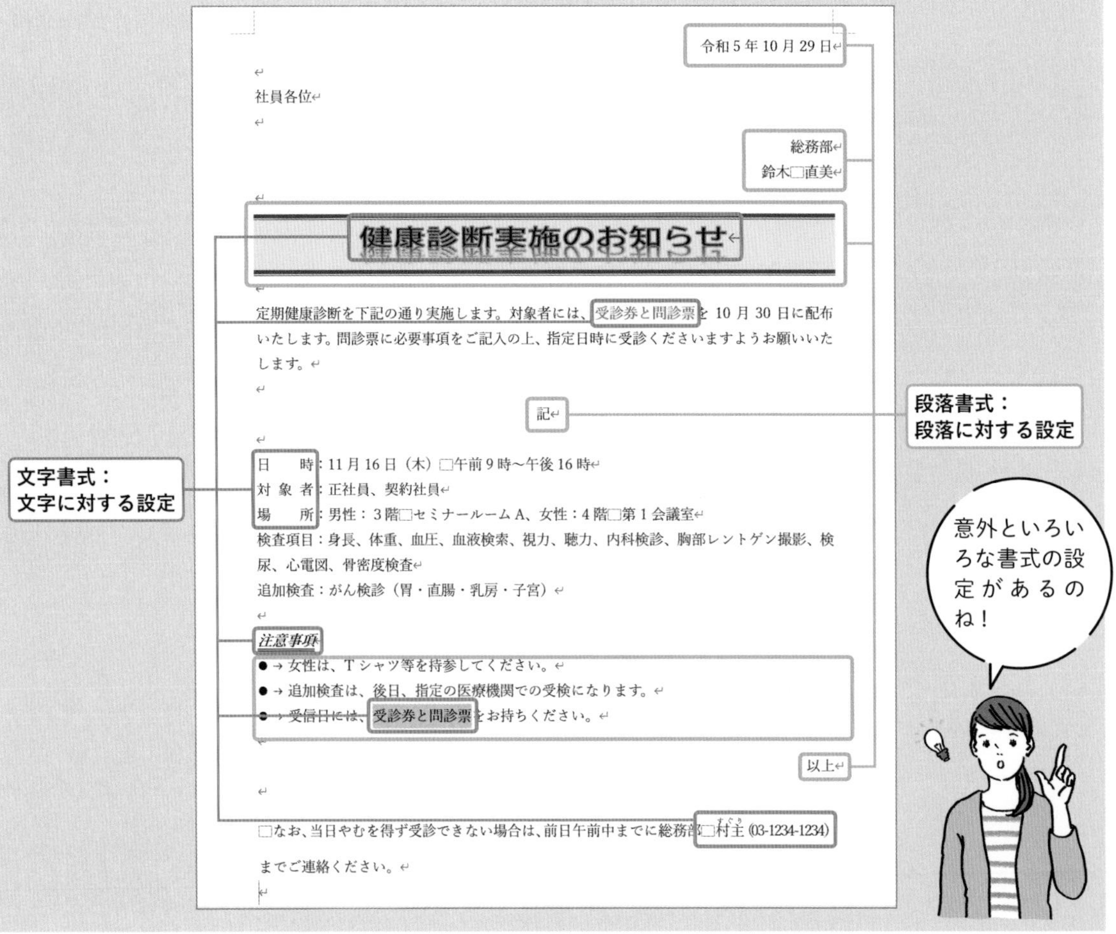

令和5年10月29日

社員各位

総務部
鈴木□直美

健康診断実施のお知らせ

定期健康診断を下記の通り実施します。対象者には、受診券と問診票を10月30日に配布いたします。問診票に必要事項をご記入の上、指定日時に受診くださいますようお願いいたします。

記

日　　時：11月16日（木）□午前9時〜午後16時
対 象 者：正社員、契約社員
場　　所：男性：3階□セミナールームA、女性：4階□第1会議室
検査項目：身長、体重、血圧、血液検索、視力、聴力、内科検診、胸部レントゲン撮影、検尿、心電図、骨密度検査
追加検査：がん検診（胃・直腸・乳房・子宮）

注意事項

- 女性は、Tシャツ等を持参してください。
- 追加検査は、後日、指定の医療機関での受検になります。
- 受信日には、受診券と問診票をお持ちください。

以上

□なお、当日やむを得ず受診できない場合は、前日午前中までに総務部□村主（03-1234-1234）までご連絡ください。

文字書式：
文字に対する設定

段落書式：
段落に対する設定

意外といろいろな書式の設定があるのね！

文字書式とは

Point 文字書式とは

文字書式は、選択した文字に対して設定する書式です。文字書式はよく使用するので、ボタンの位置や設定画面を確認しておいてください。

Memo 文字書式の初期設定

［空白の文書］の文字書式の初期設定は下表の通りです。

▼文字書式の初期設定

文字書式	初期設定
フォント	游明朝
サイズ	10.5 pt※
文字色	自動（背景が白の場合は黒字）
太字、斜体、下線	設定なし

※Wordのバージョンによっては11 ptの場合もあります。

ショートカットキー

- ［フォント］ダイアログを表示
  Ctrl + D
- 文字書式の解除
  Ctrl + Space

文字単位に設定する文字書式

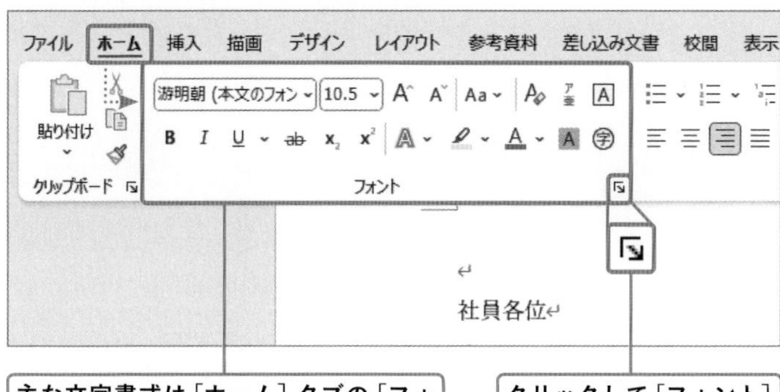

主な文字書式は［ホーム］タブの［フォント］グループにまとめられています。

クリックして［フォント］ダイアログを表示します。

●［フォント］グループの文字書式の設定

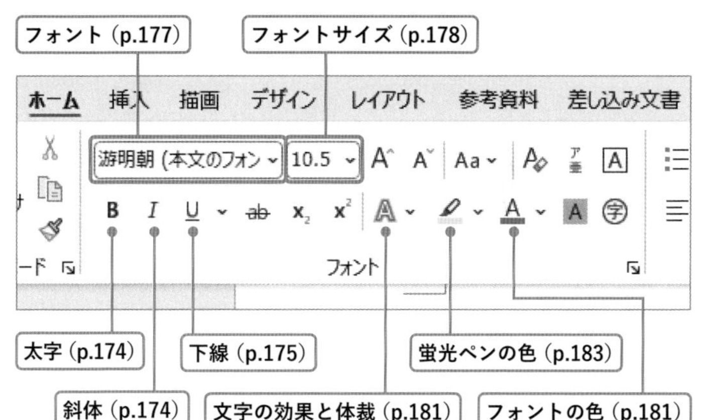

フォント（p.177）　フォントサイズ（p.178）

太字（p.174）　下線（p.175）　蛍光ペンの色（p.183）

斜体（p.174）　文字の効果と体裁（p.181）　フォントの色（p.181）

●［フォント］ダイアログの文字書式の設定

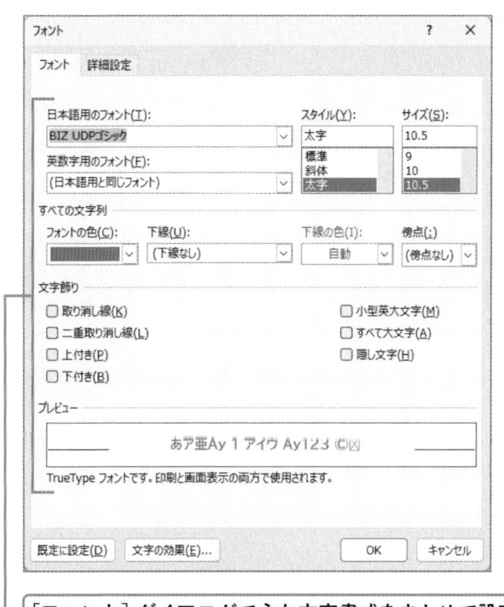

［フォント］ダイアログで主な文字書式をまとめて設定できます。

段落書式とは

Point 段落書式とは

段落書式は、段落全体(改行の段落記号↵で区切られた文字)に対して設定する書式です。
段落書式を設定するには、段落全体または一部を選択するか、段落内にカーソルを移動します。文字書式同様、よく使用するので使用するボタンの位置や設定画面を確認しておいてください。

Memo 段落書式の初期設定

[空白の文書]の段落書式の初期設定は下表の通りです。

▼段落書式の初期設定

段落書式	初期設定
配置	両端揃え
行間	1行
段落前	0行
段落後	0行※
箇条書き	設定なし
インデント	設定なし

※Wordのバージョンによっては8 ptの場合もあります。

Memo [段落]グループ内の文字書式

[段落]グループにある[拡張書式]は、文字書式です。少し紛らわしいのですが、区別しておきましょう。

ショートカットキー

- 段落書式の解除
  Ctrl + Q

段落単位で設定する段落書式

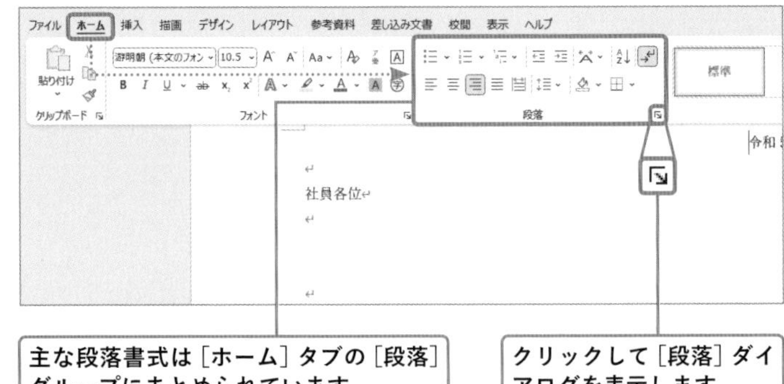

●[段落]グループの段落書式の設定

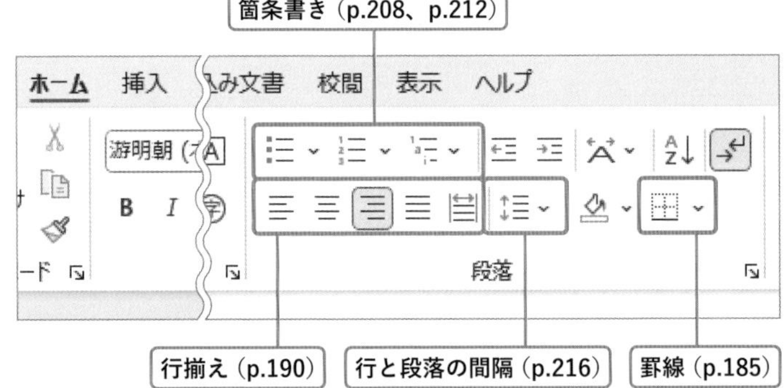

●[段落]ダイアログの段落書式の設定

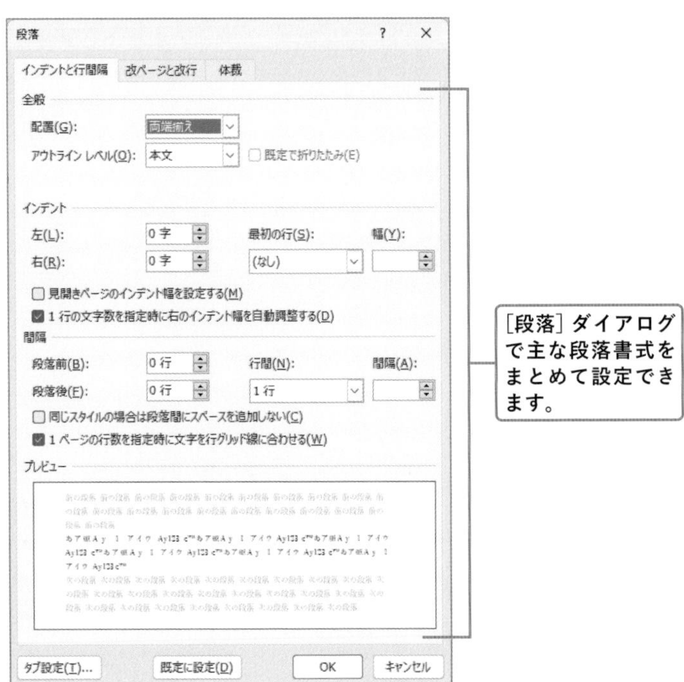

Section

42 文字に太字／斜体／下線を設定する

文字に太字、斜体、下線を設定することができます。それぞれの設定を1つずつ設定することも、1つの文字に太字、斜体、下線のすべてを同時に設定することもできます。また、下線の線種や色を選択することもできます。

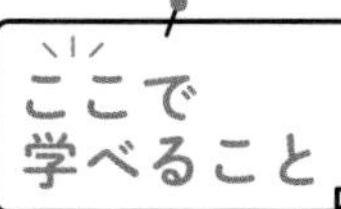

習得スキル	操作ガイド	ページ
▶太字と斜体の設定	レッスン42-1	p.174
▶下線の設定	レッスン42-2	p.175

まずは パッと見るだけ！

太字／斜体／下線の設定

太字、斜体、下線は、文字を強調するための書式です。それぞれの書式を設定すると、以下のようになります。

Before
操作前

注意事項

After
操作後

太字

注意事項

斜体

注意事項

下線

注意事項

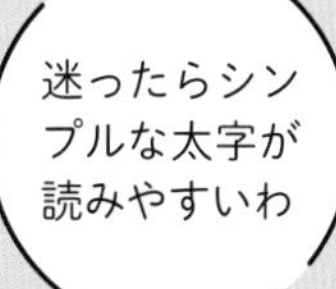

レッスン 42-1 文字に太字と斜体を設定する

42-1-健康診断のお知らせ.docx

操作　太字や斜体を設定する

文字を選択し、[太字] B をクリックすると太字に設定できます。[太字]をクリックするごとに設定と解除を切り替えられます。
同様に、[斜体] I をクリックすると斜体に設定でき、クリックするごとに設定と解除を切り替えられます。

ショートカットキー

- 太字
  Ctrl + B
- 斜体
  Ctrl + I

1 太字にしたい文字を選択し、

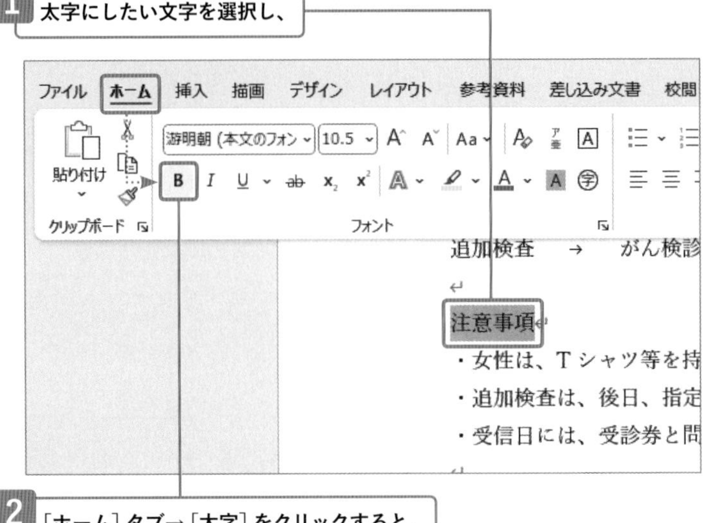

2 [ホーム] タブ→ [太字] をクリックすると、

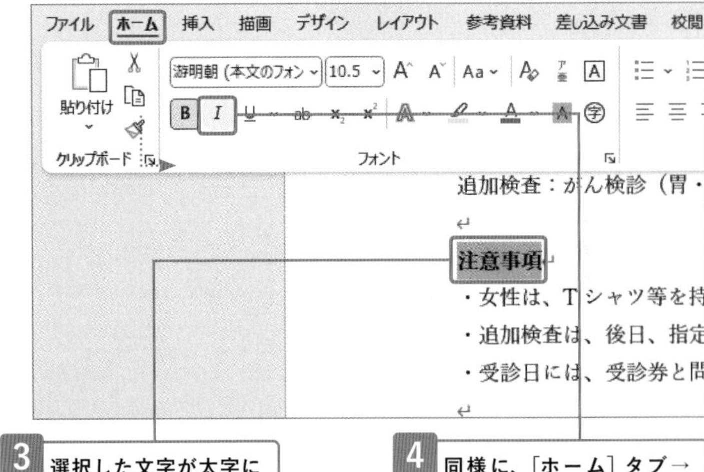

3 選択した文字が太字になります。

4 同様に、[ホーム] タブ→ [斜体] をクリックすると、

注意事項
・女性は、Tシャツ等を持参してください。
・追加検査は、後日、指定の医療機関での受検にな
・受診日には、受診券と問診票をお持ちください。

以上

5 選択した文字が斜体になります。

レッスン 42-2 文字に下線を設定する

42-2-健康診断のお知らせ.docx

操作　下線を設定する

文字を選択し、[下線] Uの⌄をクリックして、表示される下線の種類を選択して設定します。[下線] をクリックするごとに設定と解除が切り替わります。
また、直接 [下線] Uをクリックすると、一重下線または、直前に設定した種類の下線が設定されます。

ショートカットキー

- 一重下線
  Ctrl + U
- 二重下線
  Ctrl + Shift + D

強調する
ところに
引いてね～

1 下線を設定したい文字を選択します。

注意事項
・女性は、Tシャツ等を持参してください。
・追加検査は、後日、指定の医療機関での受検にな
・受診日には、受診券と問診票をお持ちください。

2 ［ホーム］タブ→［下線］の⌄をクリックし、

3 一覧から下線の種類を選択すると、

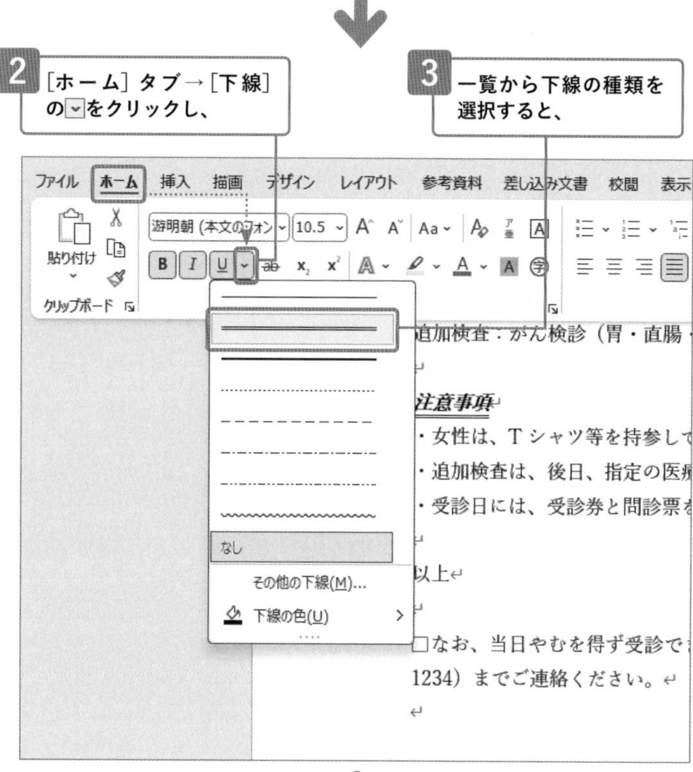

4 選択した種類の下線が設定されます。

注意事項
・女性は、Tシャツ等を持参してください。
・追加検査は、後日、指定の医療機関での受検にな
・受診日には、受診券と問診票をお持ちください。

以上

Section 43

文字の書体やサイズを変更する

フォントとは、文字の書体のことです。使用するフォントによって、文章のイメージがガラリと変わります。また、タイトルや項目名のみを異なるフォントにすることでその文字だけを強調することもできます。

ここで学べること

習得スキル	操作ガイド	ページ
▶フォントの変更	レッスン43-1	p.177
▶フォントサイズの変更	レッスン43-2	p.178

まずは パッと見るだけ！

文字の書体（フォント）とサイズ

タイトルや項目名など、強調したい文字だけ異なる書体（フォント）にしたり、サイズを変更したりすれば、文書にメリハリがつき、読みやすくなります。文字の大きさを「フォントサイズ」といい、ポイント（pt）単位で指定します（1ポイント＝約0.35mm）。

●フォントを変更

Before 操作前

健康診断実施のお知らせ↵

游明朝

→

After 操作後

健康診断実施のお知らせ↵

BIZ UDPゴシック

●サイズを変更

Before 操作前

健康診断実施のお知らせ↵

10.5ポイント

→

After 操作後

健康診断実施のお知らせ↵

16ポイント

Memo 明朝体とゴシック体

明朝体は、筆で書いたような、とめ、はね、払いがあるフォントです。
ゴシック体は、マジックで書いたような、太く直線的なフォントです。

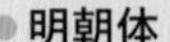

●明朝体

●ゴシック体

レッスン 43-1 文字のフォントを変更する

 43-1-健康診断のお知らせ.docx

操作 フォント（書体）を変更する

Wordの既定のフォントは「游明朝」です。フォントは、文字単位で部分的に変えることもできますが、文書全体で使用するフォントを指定することもできます（p.179のコラム参照）。

Memo 「等倍フォント」と「プロポーショナルフォント」

「等倍フォント」は文字と文字が同じ間隔で並ぶフォントです。「プロポーショナルフォント」は文字の幅によって間隔が自動調整されるフォントです。プロポーショナルフォントにはフォント名に「P」が付加されています。

● **等倍フォント（例：MS明朝）**

English

● **プロポーショナルフォント（例：MS P 明朝）**

English

1 フォントを変更したい文字を選択し、

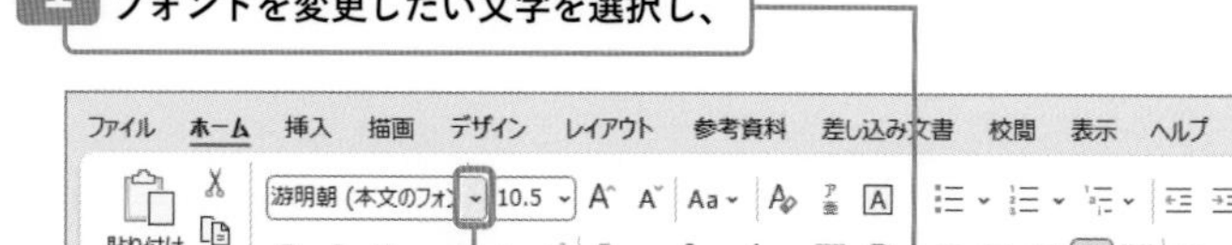

2 ［ホーム］タブ→［フォント］のをクリックして、

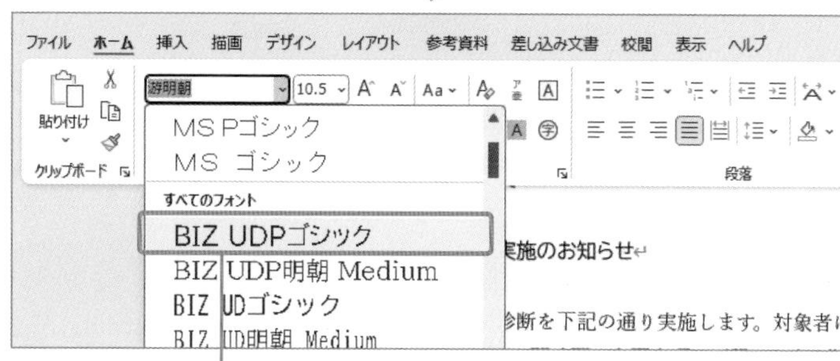

3 フォントの一覧からフォントをクリックします。

健康診断実施のお知らせ

4 文字が指定したフォントに変更されます。

コラム 設定できるフォントについて

フォントの一覧表示は、［テーマのフォント］［最近使用したフォント］［すべてのフォント］の3つに分かれています。［テーマのフォント］は初期設定のフォントで、フォントを変更しない場合に使われるフォントです。［最近使用したフォント］は使用したことのあるフォント、［すべてのフォント］は使用できるすべてのフォントです。
また、［テーマのフォント］の一覧には4つのフォントが表示されますが、上2つが半角英数字に設定される英数字用フォントで、下2つがひらがなや漢字などの全角文字に設定される日本語用フォントです。通常は右側に［本文］と表示されているフォントが自動的に設定されます。［見出し］は見出し用です（p.222参照）。なお、テーマについてはp.321を参照してください。

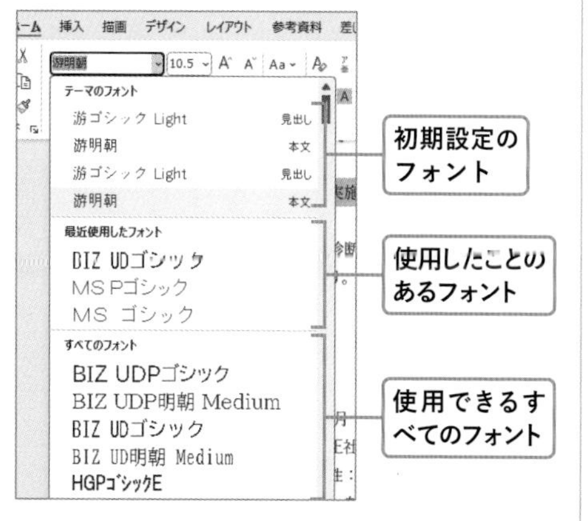

レッスン 43-2 文字のフォントサイズを変更する

練習用ファイル 43-2-健康診断のお知らせ.docx

操作 フォントサイズを変更する

初期設定のフォントサイズは「10.5 pt」です※。フォントサイズは、[ホーム] タブの [フォントサイズ] の⌄をクリックして一覧から変更できます。また、直接 [フォントサイズ] のボックスに数値を入力しても変更できます。

※Wordのバージョンによっては11 ptの場合もあります。

1 サイズを変更したい文字を範囲選択し、

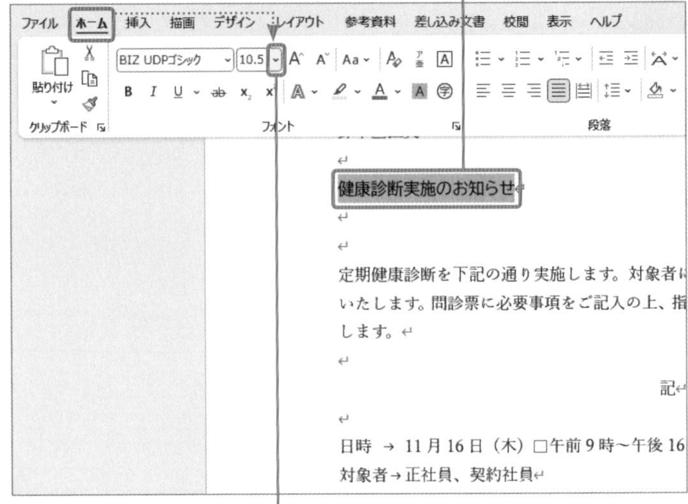

2 [ホーム] → [フォントサイズ] の⌄をクリックします。

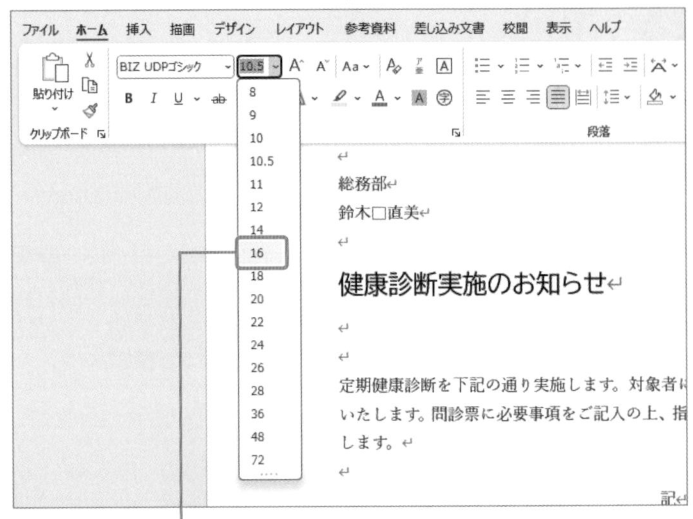

3 一覧からサイズを選択すると、

健康診断実施のお知らせ

4 選択された文字のフォントサイズが変更されます。

Memo フォントサイズの拡大／縮小ボタンで変更する

[ホーム] タブの [フォントサイズの拡大]、[フォントサイズの縮小] をクリックすると、クリックするごとに少しずつ拡大／縮小できます。

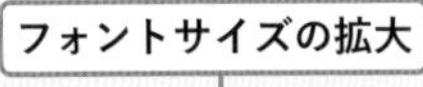

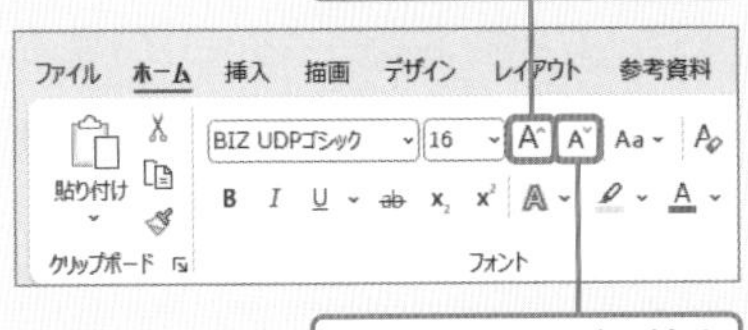

フォントサイズの縮小

コラム 文書全体の既定のフォントを変更する

文書の既定のフォントは、初期設定では「游明朝」ですが、文書全体で使用するフォントを別のものに変更するには、次の手順で既定のフォントを変更します。また［テーマのフォント］を使って変更することもできます（p.321参照）。

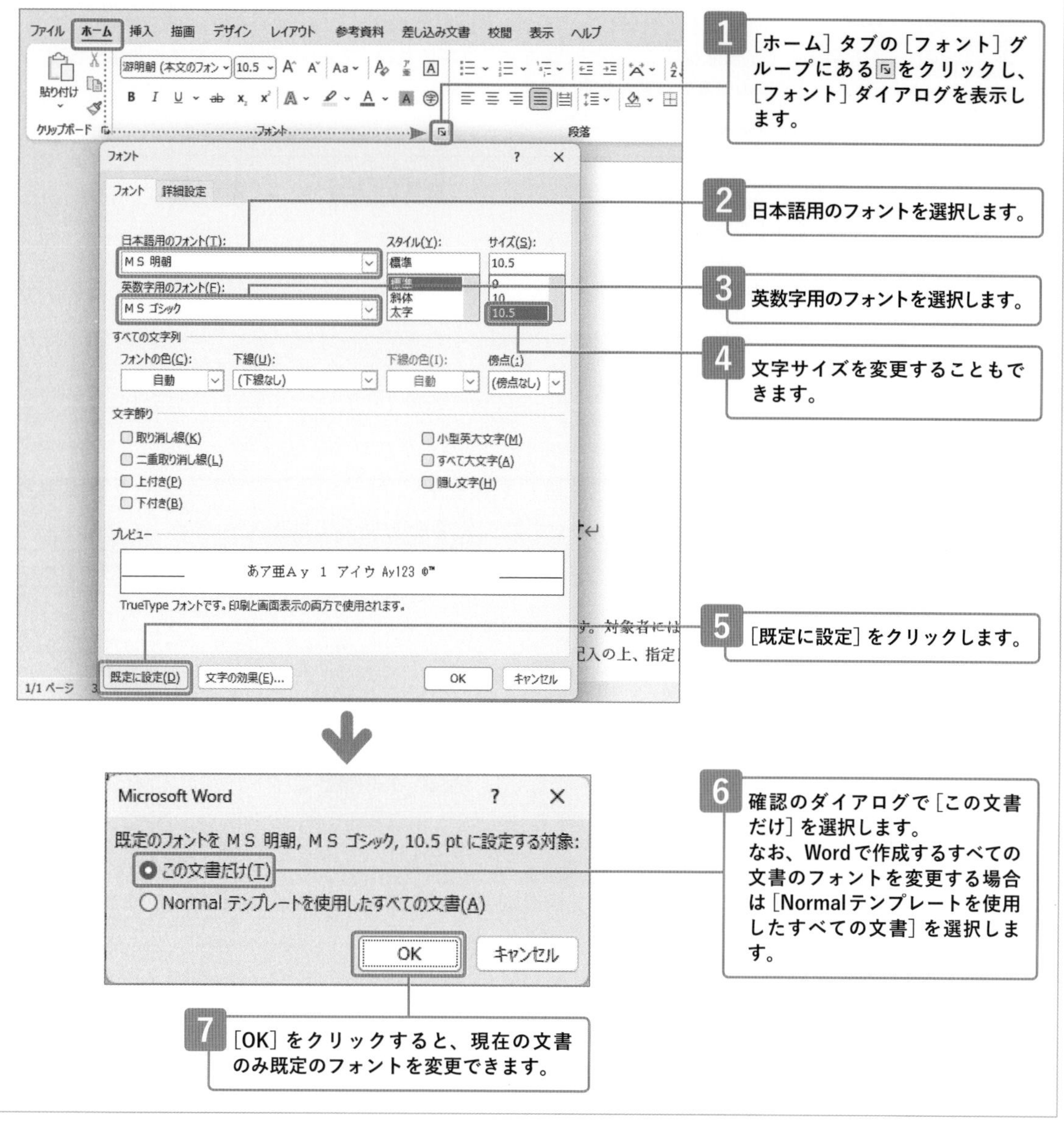

Section

44 文字に色や効果を設定する

文字や文字の背景に色を付けて目立たせたり、影や反射などの効果を付けたりして特定の文字を見栄えよくデザインすることができます。文字の色は［フォントの色］、文字に効果を設定するには、［文字の効果と体裁］を使います。

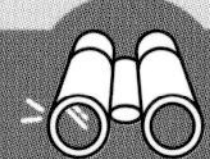

習得スキル	操作ガイド	ページ
▶文字に色を付ける	レッスン44-1	p.181
▶文字に効果を付ける	レッスン44-2	p.181

まずは パッと見るだけ！

文字色と文字の効果の設定

［フォントの色］で色を付けると単色の色を設定できます。［文字の効果と体裁］を使うと文字色だけでなく、文字の輪郭に色を付けたり、影や反射、光彩を付けることもできます。

● **フォントの色**

文字の色を変更します。

Before 操作前

受診券と問診票

---> After 操作後

受診券と問診票↵

● **文字の効果**

文字に枠線や影、反射、光彩などいろいろな効果を付けます。

Before 操作前

健康診断実施のお知らせ

---> After 操作後

健康診断実施のお知らせ

Memo カラーパレットの見た目

Wordのバージョンによっては、みなさんがお使いのカラーパレットと、本書に掲載しているカラーパレットとで見た目が異なる場合があります。カラーパレットの見た目が異なる場合に、本書のカラーパレットと同じ見た目にするには、［デザイン］タブの［テーマ］をクリックして、［Office 2013 - 2022テーマ］を選択してください。

文字色と文字の効果は、使いすぎると乱雑な印象に。ポイントで使いましょう

レッスン 44-1 文字に色を付ける

練習用ファイル 44-1-健康診断のお知らせ.docx

操作 文字に色を設定する

文字に色を付けるには[フォントの色]Aで色を選択します。
[フォントの色]の⌄をクリックし、カラーパレットから色を選択します。カラーパレットの色をポイントすると設定結果がプレビューで確認できます。色をクリックすると実際に色が設定されます。

Memo 同じ色を続けて設定する

フォントの色を一度設定した後、[フォントの色]Aには前回選択した色が表示されます。続けて同じ色を設定したい場合は、直接[フォントの色]をクリックしてください。

Memo 元の色に戻すには

文字を選択し、フォントの色の一覧で[自動]をクリックします。

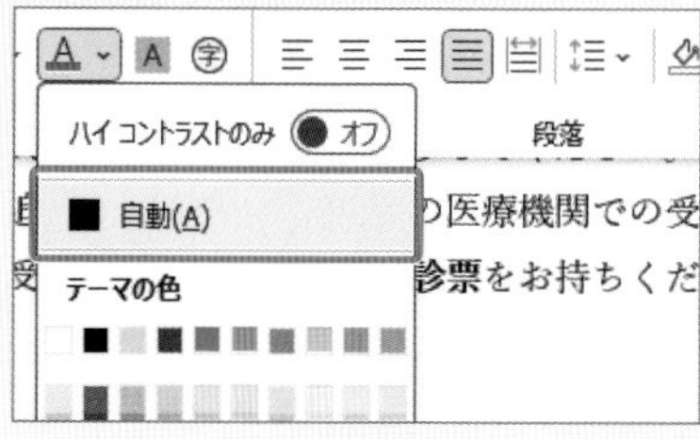

1 文字を選択し、

2 [ホーム]タブ→[フォントの色]の⌄をクリックして、

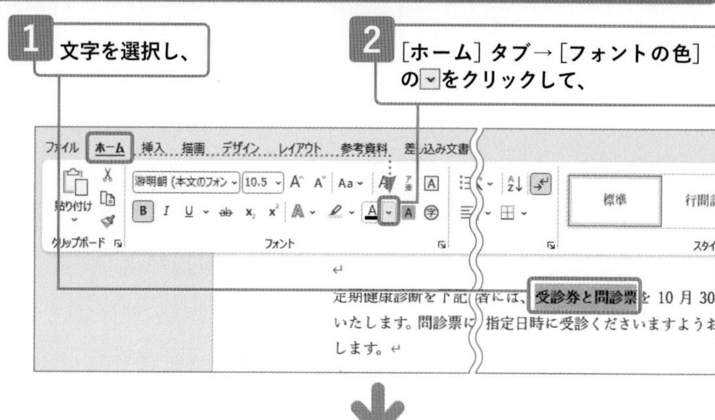

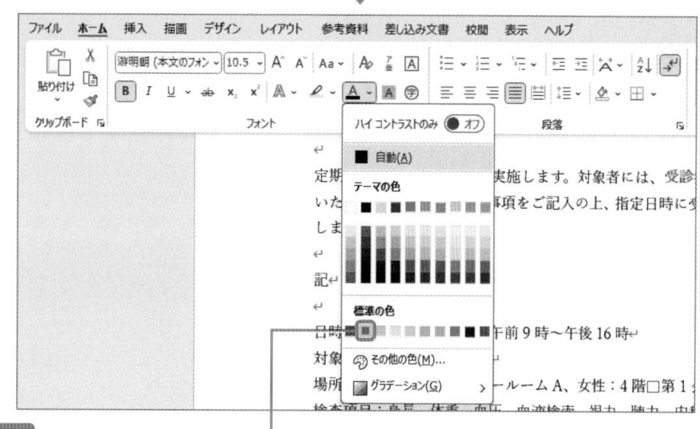

3 一覧から色（ここでは「赤」）を選択すると、

4 文字に色が設定されます。

定期健康診断を下記の通り実施します。対象者には、受診券と問診票を 10 月 30 日に いたします。問診票に必要事項をご記入の上、指定日時に受診くださいますようお願い します。

レッスン 44-2 文字に効果を付ける

練習用ファイル 44-2-健康診断のお知らせ.docx

操作 文字に効果を設定する

[文字の効果と体裁]Aでは、選択した文字に影、反射、光彩などの効果を付けることができます。いくつかの効果が組み合わされてデザインされているものを選択する方法と、個別に効果を設定する方法があります。

デザインを選択して効果を付ける

1 文字を選択し、

鈴木□直美

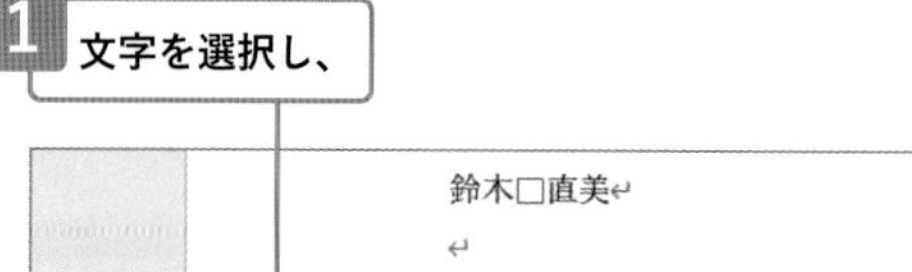

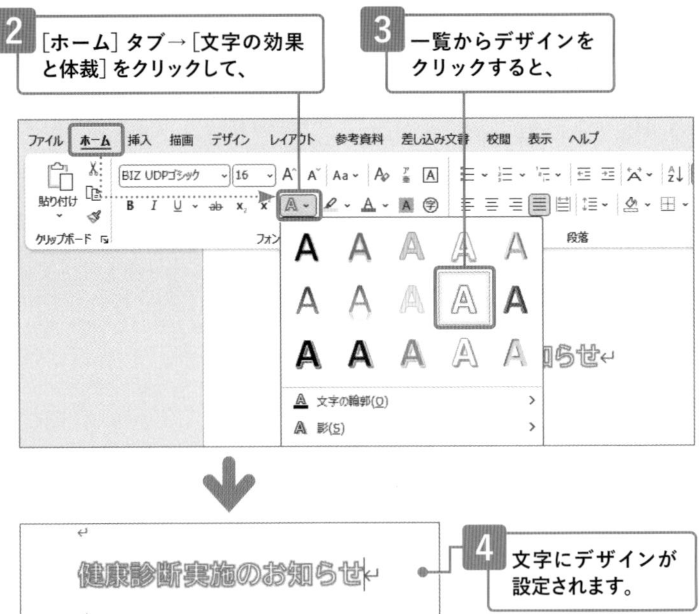

文字効果を効果別に選択する

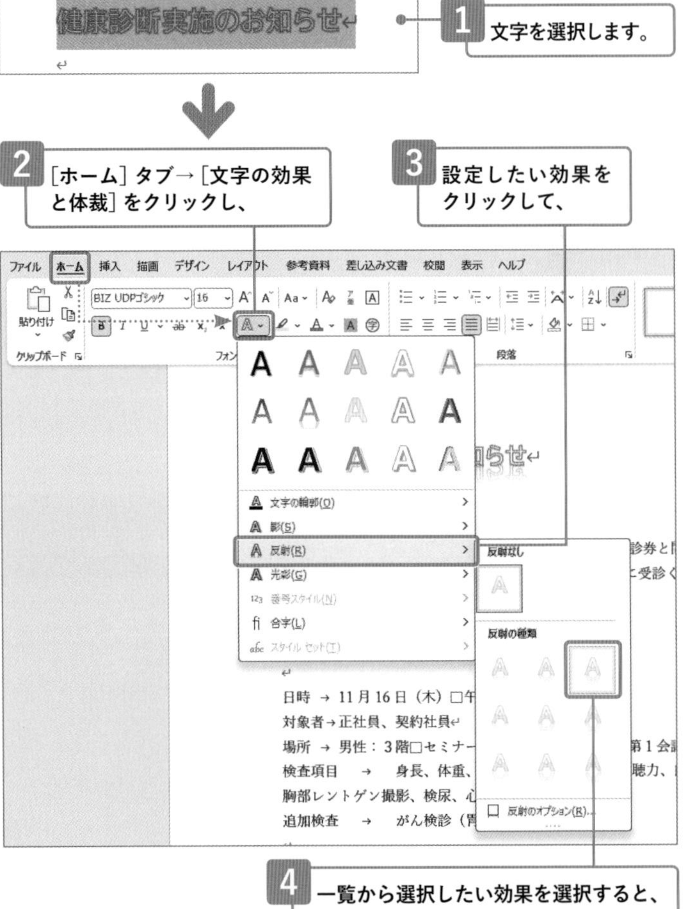

Memo デザインの効果の組み合わせを確認する

デザインにマウスポインターを合わせるとポップヒントが表示され、設定されている効果を確認できます。

Memo 効果を解除するには

設定した効果を解除する場合は、各効果の一覧で[反射なし]など効果のないものを選択します。
なお、すべての書式設定をまとめて解除する場合は、[すべての書式をクリア]をクリックします(p.222参照)。

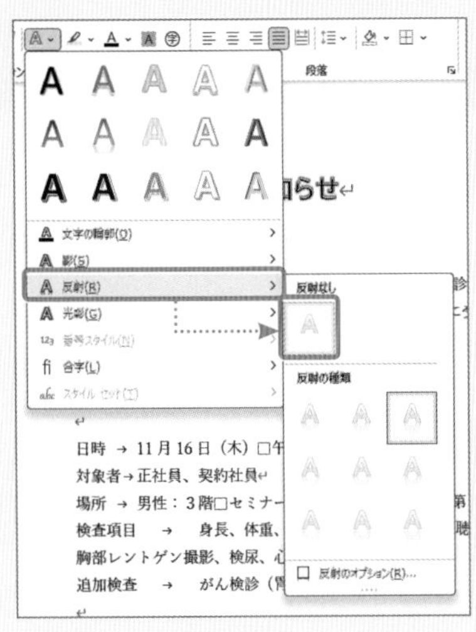

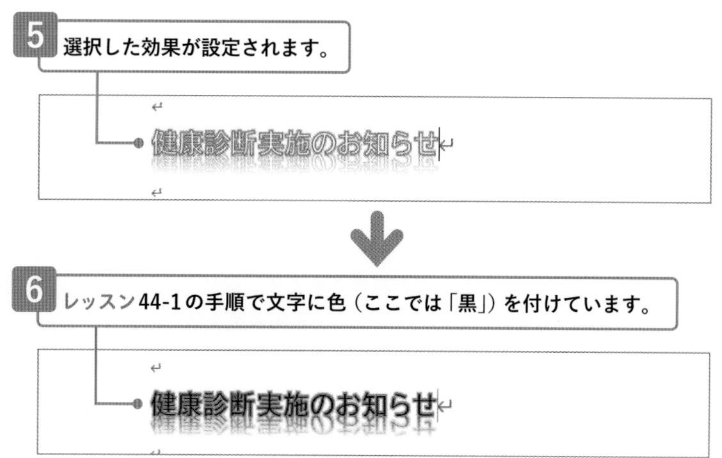

コラム 文字の背景に色を付ける

文字の背景に色を付けて文字を強調するには、[蛍光ペン] または [網掛け] を設定します。

●蛍光ペン

[ホーム] タブの [蛍光ペンの色] を使うと、文字に蛍光ペンで色を付けたように明るい色を付けて目立たせることができます。先に蛍光ペンの色を選択し、マウスポインターの形状がになったら、文字をドラッグして色を付けます。なお、先に文字を選択してから蛍光ペンの色を選択して設定することもできます。

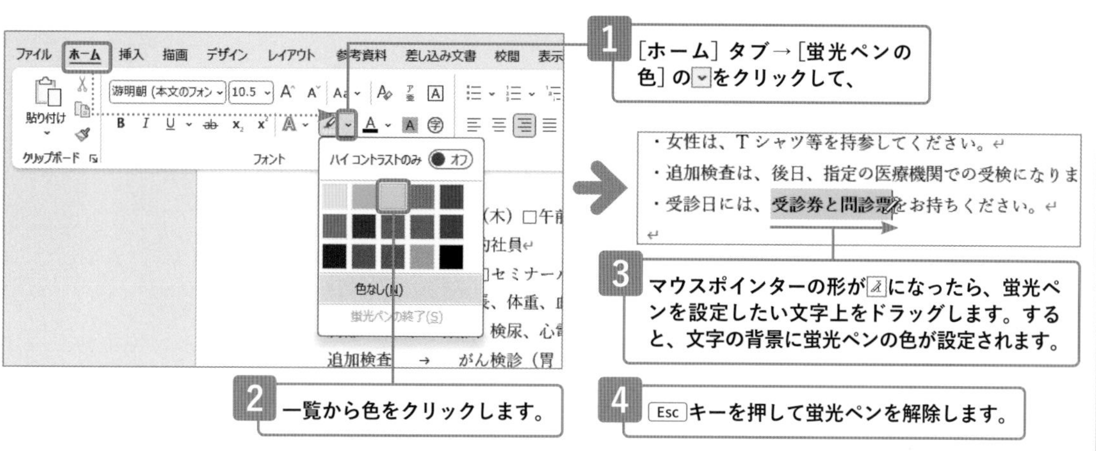

●文字に網掛けを設定する

[ホーム] タブの [文字の網掛け] を使うと、薄い灰色の網かけを簡単に設定できます。[文字の網掛け] をクリックするごとに設定と解除が切り替わります。

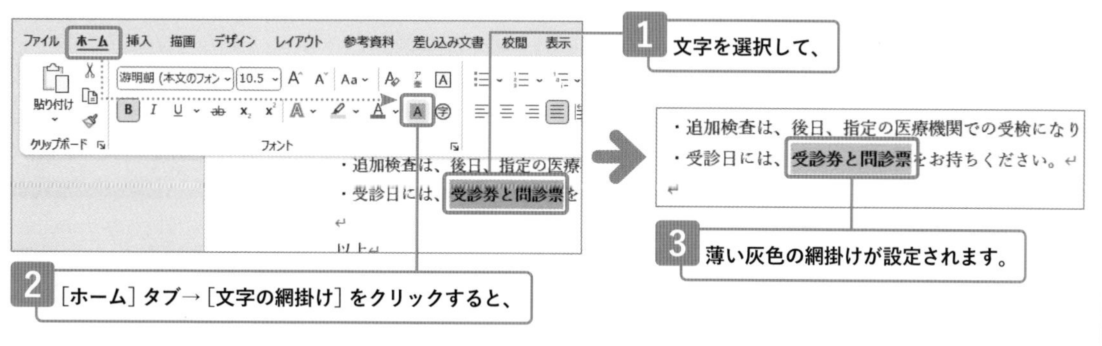

Section

45 文字にいろいろな書式を設定する

Wordでは、読みにくい文字にふりがなを付けたり、文字幅の大きさを変えたりして文書を読みやすくすることができます。他にも均等割り付けで文字を均等に配置したり、文字間隔を調整してバランスよく文字を配置することもできます。

ここで学べること

習得スキル	操作ガイド	ページ
▶ふりがなの設定	レッスン45-1	p.185
▶文字の横幅の調整	レッスン45-2	p.186
▶文字の均等割り付け	レッスン45-3	p.186
▶文字間隔の調整	レッスン45-4	p.187

まずは パッと見るだけ！

文字に設定するその他の書式

次のような文字書式を設定して、文書をより読みやすく調整できます。

●ふりがな

文字にふりがなを付けて読みやすくします。

Before 操作前

村主

After 操作後

村主（すぐり）

●文字幅

文字の横幅を調整します。

Before 操作前

健康診断実施のお知らせ

After 操作後

健康診断実施のお知らせ

●均等割り付け

文字の配置を指定した文字数の幅にします。

Before 操作前

日時
対象者
場所

After 操作後

日　　時
対 象 者
場　　所

4文字の幅で整えた

●文字間隔

文字の間隔を調整します。

Before 操作前

総務部□村主（すぐり）（03-1234-1234）

After 操作後

総務部□村主（すぐり）（03-1234-1234）

電話番号の間隔を狭めた

レッスン 45-1 文字にふりがなを表示する

練習用ファイル 45-1-健康診断のお知らせ.docx

操作 文字にふりがなを付ける

難しい漢字などの文字にふりがなを付けるには［ホーム］タブの［ルビ］を使用します。
［ルビ］ダイアログの［ルビ］欄にはあらかじめ読みが表示されますが、間違っている場合は修正できます。また、カタカナで表示したい場合は、［ルビ］欄にカタカナを入力し直してください。

Memo ふりがなを解除する

ふりがなが表示されている文字を選択し、［ルビ］ダイアログを表示して［ルビの解除］をクリックします。

1 ふりがなを表示したい文字を選択し、

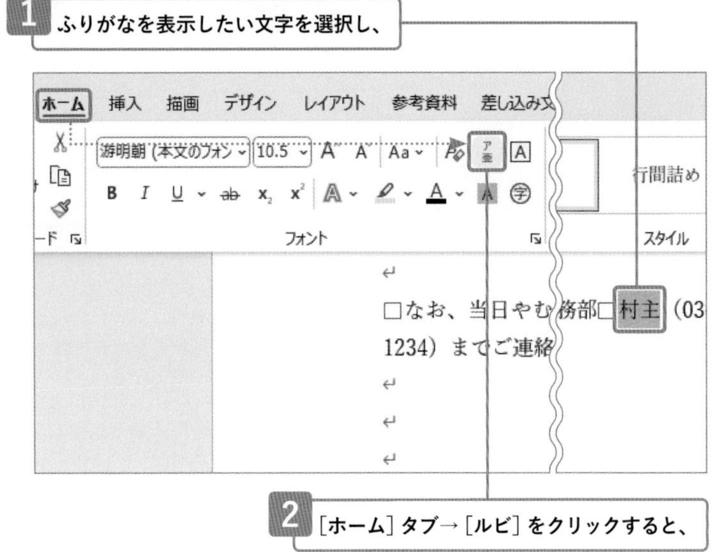

2 ［ホーム］タブ→［ルビ］をクリックすると、

3 ［ルビ］ダイアログが表示されます。

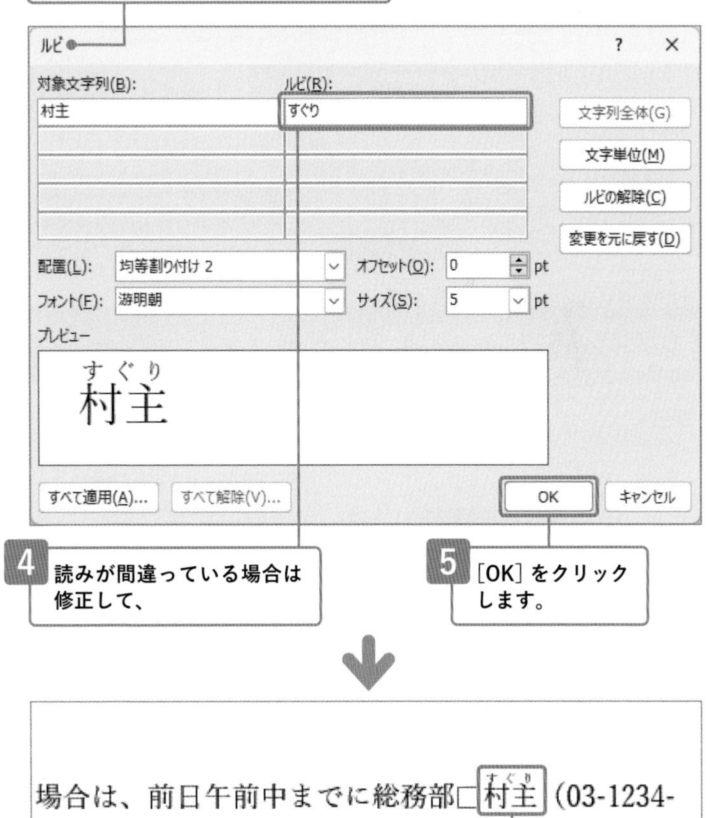

4 読みが間違っている場合は修正して、

5 ［OK］をクリックします。

場合は、前日午前中までに総務部□村主（すぐり）（03-1234-

6 選択した文字のふりがなが表示されます。

レッスン 45-2 文字幅を拡大／縮小する

45-2-健康診断のお知らせ.docx

操作 文字幅を拡大／縮小する

文字の横幅を変更するには、[ホーム] タブの [拡張書式] にある [文字の拡大/縮小] をクリックして、倍率を選択します。

Memo 文字幅を２倍にしたり、半分にしたりする

右の手順4で [200%] で2倍、[50%] で半分にできます。ひらがなや漢字を半角で表示したい場合は、この方法で半角にします。

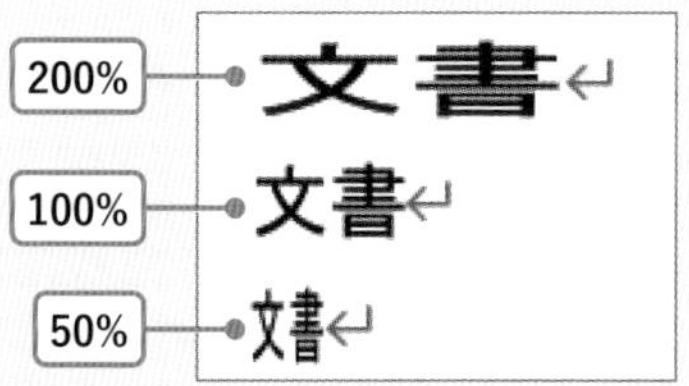

Memo 元の幅に戻す

手順4で [100%] を選択すれば、元の幅に戻せます。

1 文字を選択し、

2 [ホーム] タブ→ [拡張書式] をクリックし、

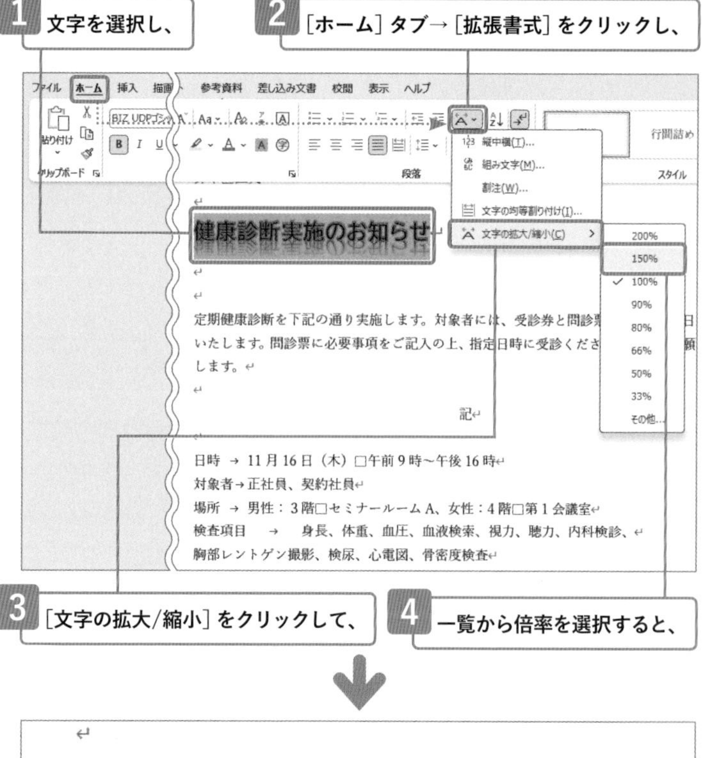

3 [文字の拡大/縮小] をクリックして、

4 一覧から倍率を選択すると、

健康診断実施のお知らせ

5 選択した文字の横幅が指定した倍率に設定されます。

レッスン 45-3 文字を均等割り付けする

45-3-健康診断のお知らせ.docx

操作 文字に均等割り付けを設定する

文字列の幅を、指定した文字数の幅になるように均等に配置するには、[ホーム] タブの [拡張書式] にある [文字の均等割り付け] で設定します。

ここでは、選択した文字を4文字分の幅に割り付けます。

1 文字を選択し、

2 [ホーム] タブをクリックして、

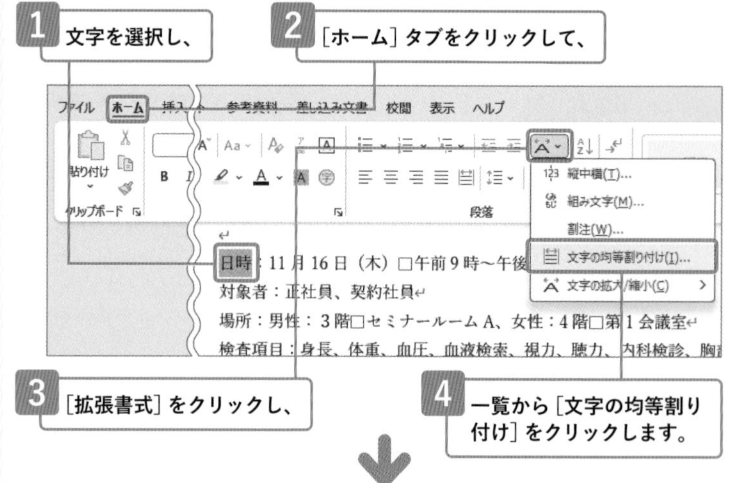

3 [拡張書式] をクリックし、

4 一覧から [文字の均等割り付け] をクリックします。

Point 水色の下線が表示される

均等割り付けした文字内でクリックすると、水色の下線が表示されます。これは、均等割り付けが設定されていることを表している記号です。印刷されません。

Memo 均等割り付けを解除する

均等割り付けした文字を選択し、[文字の均等割り付け]ダイアログを表示して[解除]をクリックします。

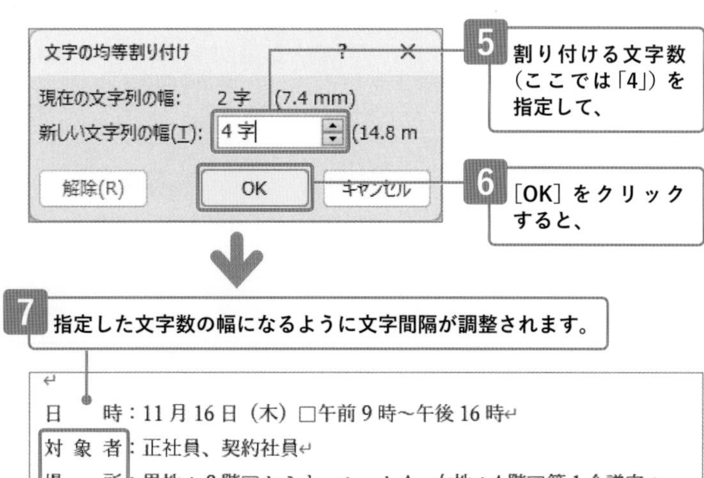

5 割り付ける文字数（ここでは「4」）を指定して、

6 [OK]をクリックすると、

7 指定した文字数の幅になるように文字間隔が調整されます。

日　　時：11月16日（木）□午前9時～午後16時
対 象 者：正社員、契約社員
場　　所：男性：3階□セミナールームA、女性：4階□第1会議室
検査項目：身長、体重、血圧、血液検索、視力、聴力、内科検診、胸部レン
尿、心電図、骨密度検査

8 他の文字も同様に同じ文字数で均等割り付けしておきます。

Memo 複数箇所にある文字をまとめて均等割り付けする

同じ幅で揃えたい文字を同時に選択してから、均等割り付けを設定できます。離れた文字を同時に選択する（p.149）方法で対象の文字を選択し、手順2以降の操作をします。

日時：11月16日（木）□午
対象者：正社員、契約社員
場所：男性：3階□セミナー

1か所目はドラッグ、2箇所目以降は Ctrl +ドラッグで同時に選択し、

日　　時：11月16日（木）
対 象 者：正社員、契約社員
場　　所：男性：3階□セミ

4文字の幅で均等割り付けすると、項目の幅が揃います。

レッスン 45-4 文字間隔を調整する

練習用ファイル 45-4-健康診断のお知らせ.docx

操作 文字間隔を調整する

指定した文字間隔を広げたり、狭くしたりするには[フォント]ダイアログの[詳細設定]タブの[文字間隔]で設定します。[広く]で広く、[狭く]で狭くなります。また、[標準]を選択すると元の間隔に戻ります。

1 文字間隔を調整したい文字を選択し、

□なお、当日やむを得ず受診できない場合は、前日午前中までに総務部□村主（03-1234-1234）までご連絡ください。

2 [ホーム]タブ→[フォント]グループにある⧉をクリックすると、

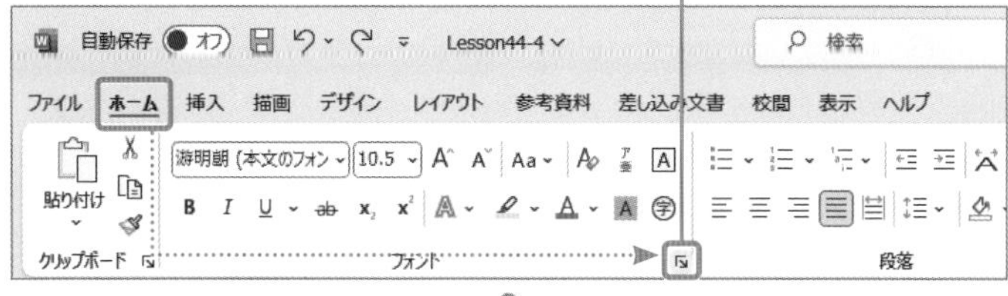

Memo 文字間隔を微調整する

文字間隔は、[間隔] で微調整が可能です。下表を参考に字間を調整してください。

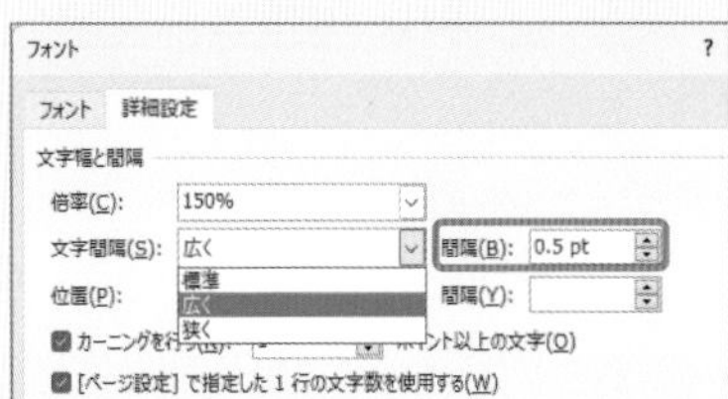

文字間隔	間隔	例
広く	1.5pt	1 2 3 4 5 あ い う え お
	1pt	1 2 3 4 5 あいうえお
	0.5pt	1 2 3 4 5 あいうえお
標準		12345あいうえお
狭く	0.5pt	12345あいうえお
	1pt	12345あいうえお
	1.5pt	12345あいうえお

ショートカットキー

- [フォント] ダイアログ表示
  Ctrl + D

3 [フォント] ダイアログが表示されます。

4 [文字間隔] で文字間隔を選択し (ここでは「狭く」)、

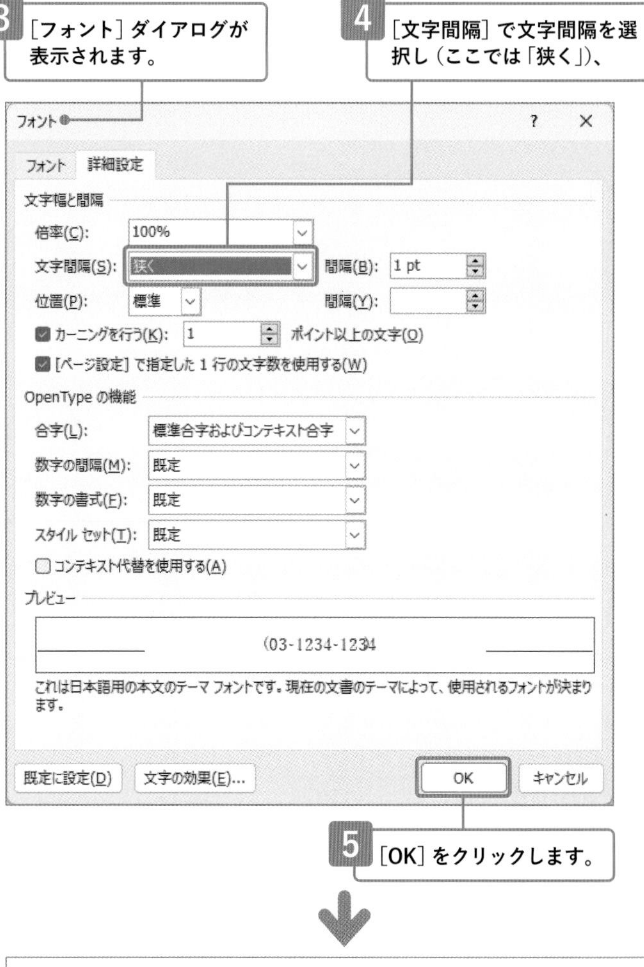

5 [OK] をクリックします。

6 指定した範囲の文字間が変更されます (ここでは、字間が狭くなり電話番号が1行に収まります)。

少しずつ設定してみよう～

コラム　その他の主な文字書式

Wordには、これまでに説明した文字書式以外にも、さまざまな文字書式が用意されています。ここで、主なものをまとめておきます。

●［フォント］グループ

文字書式	説明	例
取り消し線	取り消し線を1本線で引く	変更 ~~100~~ → 150
下付き	文字を縮小して下付きに変換する	H_2O
上付き	文字を縮小して上付きに変換する	10^3
囲い文字	全角1文字（半角2文字）を○、△、◇、□で囲む。	注、特、50
囲み線	指定した文字を□で囲む	特別講座
文字種の変換	文字種（全角、半角、すべて大文字にする、等）を変換する	全角変換の場合 Abc → Ａｂｃ

●拡張書式

文字書式	説明	例
縦中横	文字の方向が縦書きの場合に使用。縦書きの中で半角英数文字を横並びに横書きに変換する	徒歩10分
組み文字	最大6文字を組み合わせて1文字のように表示する	株式会社
割注	1行内に文字を2行で配置し、括弧で囲むなどして表示する	［先着順ではありません］

●［フォント］ダイアログ

文字書式	説明	例
傍点	文字の上に「・」や「、」を表示する	締切日厳守
二重取り消し線	取り消し線を二重線で引く	~~定価 2500 円~~
隠し文字	画面では表示されるが、印刷されない。	（印刷されません）

Section
46 段落の配置を変更する

段落ごとに配置を変更して見た目を整えると、読みやすさが増します。既定では、段落の配置は［両端揃え］で、文字が行の左端と右端に合わせて配置されるように設定されています。段落の配置は自由に変更できます。

ここで学べること

習得スキル	操作ガイド	ページ
▶中央揃えと右揃え	レッスン46-1	p.191

まずは パッと見るだけ！

配置の変更

タイトルにしたい段落を**中央揃え**、発信日や発信者の段落を**右揃え**にして、文書の体裁を整えられます。

● **中央揃え／右揃え**

Before 操作前

総務部
鈴木□直美
健康診断実施のお知らせ

After 操作後

右揃え
総務部
鈴木□直美
健康診断実施のお知らせ
中央揃え

レッスン 46-1 文字を中央／右側に揃える

練習用ファイル 46-健康診断のお知らせ.docx

操作 段落の中央揃えと右揃え

段落を選択し、[ホーム] タブの [中央揃え] をクリックしてオンにすると、段落全体が中央に配置されます。
再度 [中央揃え] をクリックしてオフにすると解除され、[両端揃え] に戻ります。同様に、[右揃え] も設定と解除ができます。

Memo 段落書式は継承される

段落書式を設定した段落の最後で Enter キーを押して改行すると、前の段落の段落書式が引き継がれます。引き継がれた段落書式を解除するには、改行してすぐに Back space キーを押します。

ショートカットキー

- 中央揃え
  Ctrl + E
- 右揃え
  Ctrl + R

Memo 段落内にカーソルがあるだけで設定できる

配置の変更は、その段落内にカーソルがあるだけでも設定されます。
手順 1 で、段落内でクリックしてカーソルを表示し、[ホーム] タブ→[中央揃え] をクリックしても段落が中央に配置されます。

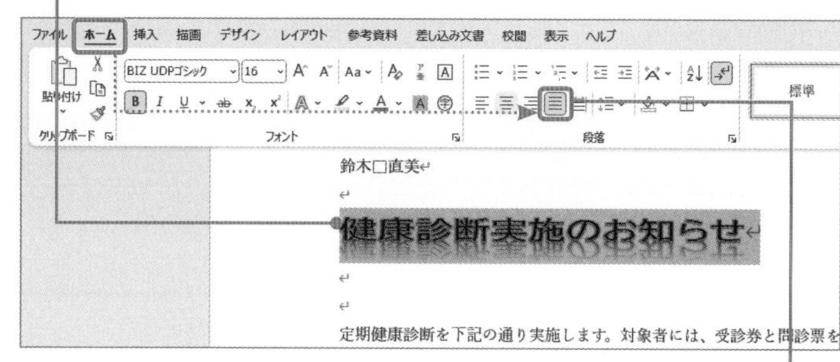

2 [ホーム] タブ→[中央揃え] をクリックすると、

3 段落が中央に配置されます。

4 同様に右揃えにしたい段落を選択し、

5 [ホーム] タブ→[右揃え] をクリックすると、

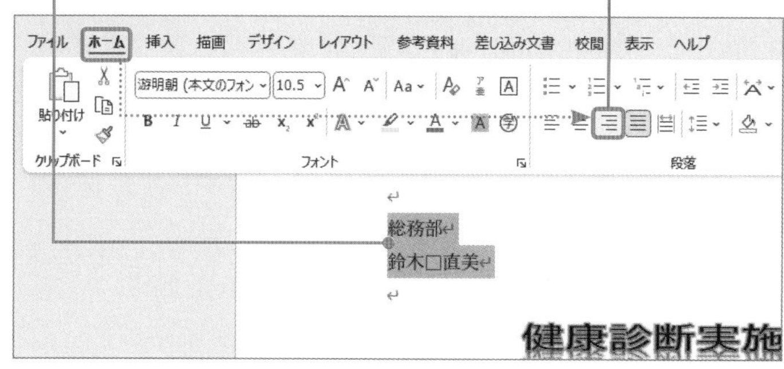

6 段落が右寄せされます。

1行目の発信日を右寄せ、14行目の「記」を中央揃え、28行目の「以上」を右寄せにしておきます。

コラム 左揃え／両端揃え／均等割り付けの違い

Wordの初期設定では、文字の配置は［両端揃え］が設定されており、［左揃え］とほぼ同じで、文字は行の左に揃っています。1行のみの場合は違いがありませんが、複数行の場合、行末の状態が異なります。また、［均等割り付け］は、各行の文字が行全体で均等に配置されるため、最終行のような文字数が1行に満たない行も文字が均等に配置されます。

● 両端揃え

段落の文字が行の左端と右端に合わせて配置される。そのため、文字の間隔が広がる場合がある。

拝啓□貴社ますます御健勝のこととお慶び申し上げます。平素は弊社商品をご愛用いただきまして、誠にありがとうございます。↵
□さて、この度弊社では新商品「SB ハウスクリーン洗剤」を発売することとなりました。この商品は、「肌に優しく」をテーマにした自然派の洗剤です。↵
↵

● 左揃え

段落の文字が行の左端に合わせて配置される。そのため、右端が揃わない場合がある。

拝啓□貴社ますます御健勝のこととお慶び申し上げます。平素は弊社商品をご愛用いただきまして、誠にありがとうございます。↵
□さて、この度弊社では新商品「SB ハウスクリーン洗剤」を発売することとなりました。この商品は、「肌に優しく」をテーマにした自然派の洗剤です。↵
↵

● 均等割り付け

文字が各行ごとに均等に配置される。そのため、最終行の字間が間延びすることがある。通常は、タイトル行のような1行で1段落の場合に使用する。

拝啓□貴社ますます御健勝のこととお慶び申し上げます。平素は弊社商品をご愛用いただきまして、誠にありがとうございます。↵
□さて、この度弊社では新商品「SB ハウスクリーン洗剤」を発売することとなりました。この商品は、「肌に優しく」をテーマにした自然派の洗剤です。↵
↵

コラム　フォントサイズに合わせて行間隔を自動調整する

グリッド線とは、行間隔 (p.217) の目安になる線で、通常は表示されていません。[表示] タブの [グリッド線] のチェックをオンにすると表示されます (図1)。初期設定では、文字はグリッド線に沿っているため、フォントサイズを小さくしても、行間隔は変わりません (図2)。[ホーム] タブの [段落] グループの右下にある⧉ をクリックして [段落] ダイアログを開き、[1ページの行数を指定時に文字を行グリッド線に合わせる] のチェックをオフにすると (図3)、フォントサイズに合わせて行間が自動調整されます (図4)。

●図1　グリッド線を表示する

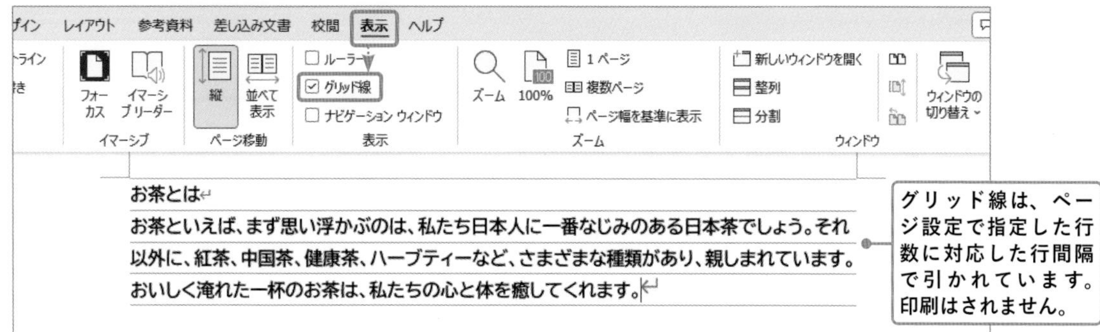

●図2　フォントサイズを小さくしても行間隔は変更されない

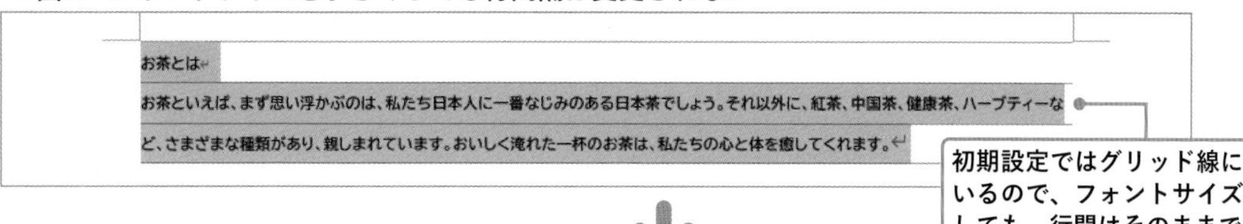

●図3　グリッド線に合わせる設定を解除する

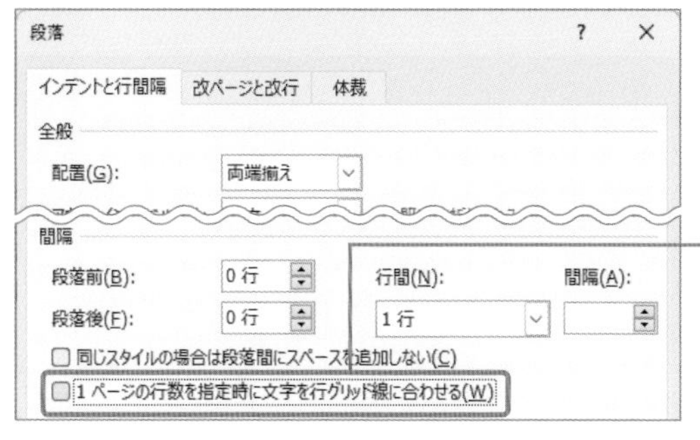

行間隔を調整したい段落を選択してから、[段落] ダイアログの [インデントと行間隔] タブの [1ページの行数を指定時に文字を行グリッド線に合わせる] のチェックをオフにします。

●図4　フォントサイズに合わせて行間隔が調整されるようになる

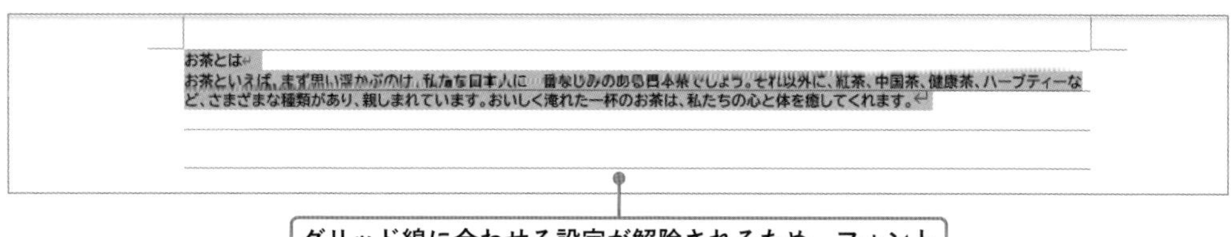

グリッド線に合わせる設定が解除されるため、フォントサイズに合わせて行間隔が自動調整されます。

Section 47

段落に罫線や網掛けを設定する

段落を対象に罫線や網掛けを設定すると、文字を段落の左端から右端まで幅いっぱいに罫線で囲んだり色を設定したりできます。罫線を引く位置や罫線の種類を指定するだけで、段落内の文字を目立たせることができます。このような段落を対象に設定する罫線のことを段落罫線といいます。

習得スキル	操作ガイド	ページ
▶段落罫線の設定	レッスン47-1	p.195
▶段落の網掛けの設定	レッスン47-2	p.196

まずは パッと見るだけ！

段落罫線と網掛けの設定

罫線や網掛けを段落単位で設定すると、段落の横幅全体に書式を設定できるので、タイトル行を目立たせて見栄えを整えるのに便利です。

Before 操作前

総務部
鈴木□直美

健康診断実施のお知らせ

定期健康診断を下記の通り実施します。対象者には、受診券と問診票を 10 月 30 日に配布

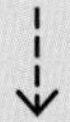

After 操作後

総務部
鈴木□直美

健康診断実施のお知らせ

定期健康診断を下記の通り実施します。対象者には、受診券と問診票を 10 月 30 日に配布

段落罫線を付けて、水色の網掛けを設定した

レッスン 47-1 タイトルの上と下に段落罫線を設定する

47-1-健康診断のお知らせ.docx

操作 タイトルに段落罫線を引く

段落罫線は、段落記号↵も含むように段落を選択し、[線種とページ設定と網掛けの設定] ダイアログを表示して設定します。ダイアログの [設定対象] が [段落] になっていることを確認してください。

Memo メニューを選択して段落罫線を設定する

手順3で表示される罫線のメニューで罫線を選択しても段落罫線を設定できます。例えば、[外枠] を選択すると、1本線で段落を囲むことができます。なお、線種は直前にダイアログで設定したものと同じになります。

Memo 罫線を解除するには

段落を選択し、手順3で [枠なし] を選択します。

Memo 段落罫線の枠の幅を変更するには

段落罫線の枠の幅を変更したい場合は、段落の左インデント、右インデントを変更します (p.200参照)。

コラム 段落に対して位置を指定して罫線を設定する

[線種とページ罫線と網掛けの設定] ダイアログで [指定] を選択すると、段落の上下左右に任意の罫線を設定できます。例えば、下図のように左と下で太さや種類を変えて見栄えのいい飾り罫線を設定できます。

↵
注意事項↵
・女性は、Tシャツ等を持参し
・追加検査は、後日、指定の医

1 段落罫線を設定したい段落を選択し、

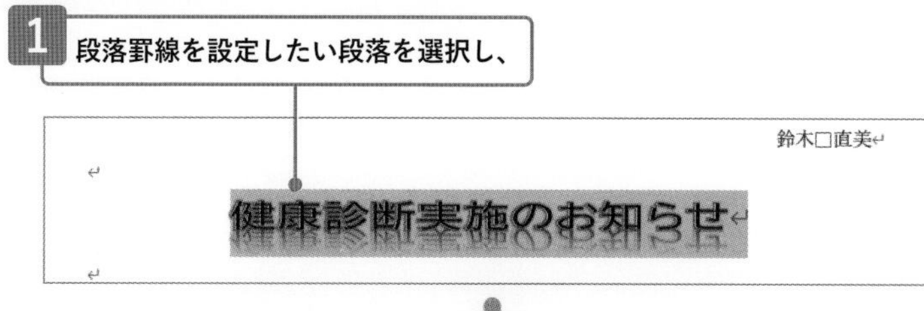

2 [ホーム] タブ→ [罫線] の▾をクリックし、

3 [線種とページ罫線と網掛けの設定] をクリックすると、

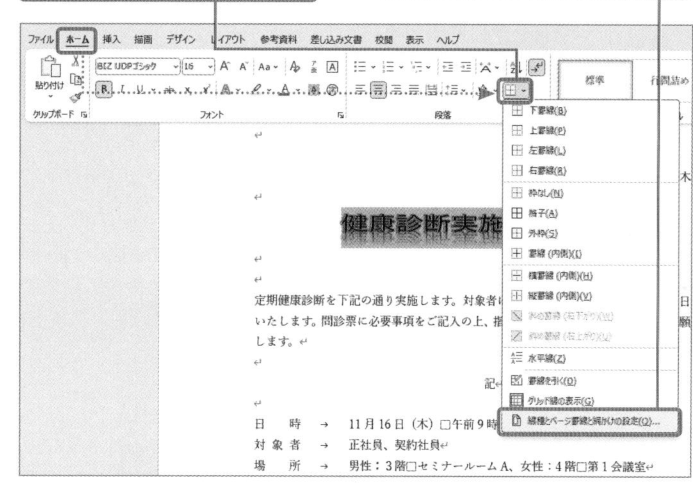

4 [線種とページ罫線と網掛けの設定] ダイアログが表示されます。

5 [種類] で [指定] を選択し、

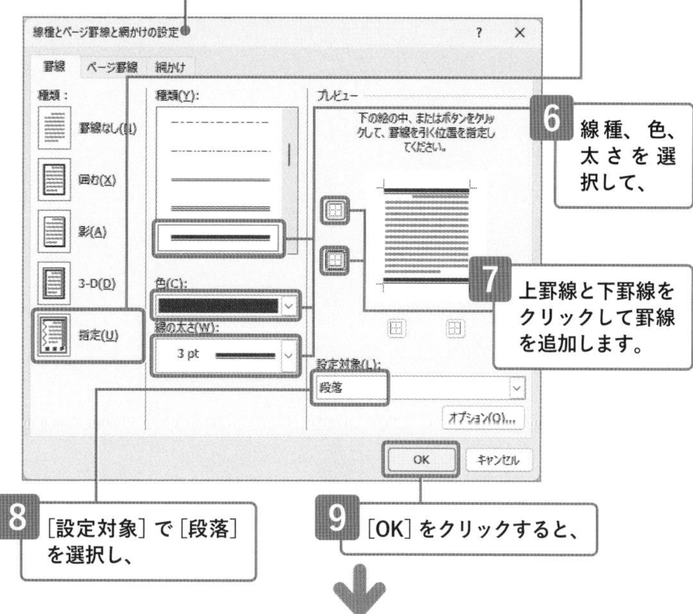

6 線種、色、太さを選択して、

7 上罫線と下罫線をクリックして罫線を追加します。

8 [設定対象] で [段落] を選択し、

9 [OK] をクリックすると、

レッスン 47-2 段落に網掛けを設定する

練習用ファイル 47-2-健康診断のお知らせ.docx

操作 段落全体に網掛けを設定する

[線種とページ罫線と網掛けの設定] ダイアログの [網かけ] タブで、段落全体に網掛けを設定し、色を付けられます。段落罫線を引くだけでなく、色を付けると、タイトルや見出しを見栄えよく、強調できます。

Memo 網掛けのパターンも付けられる

手順2の画面で、[網かけ] で種類と色を選択すると、背景色の色に加えて網掛けのパターンを追加できます。

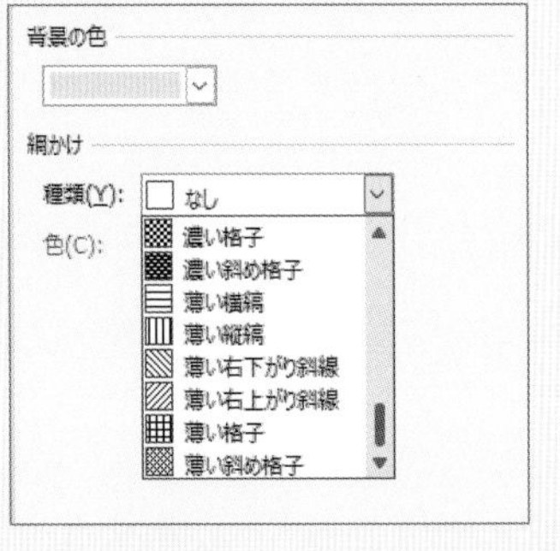

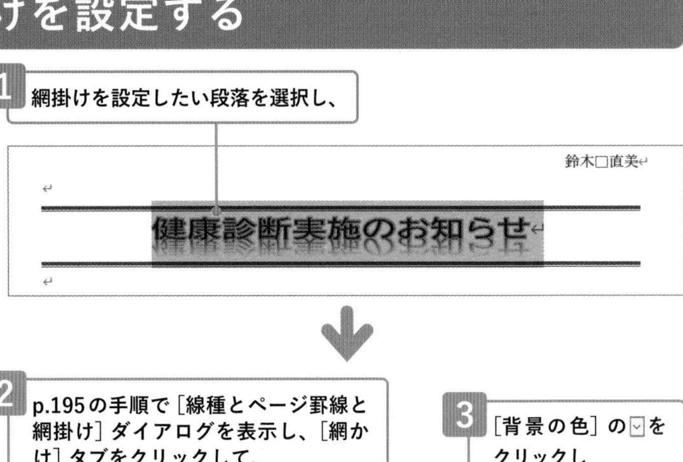

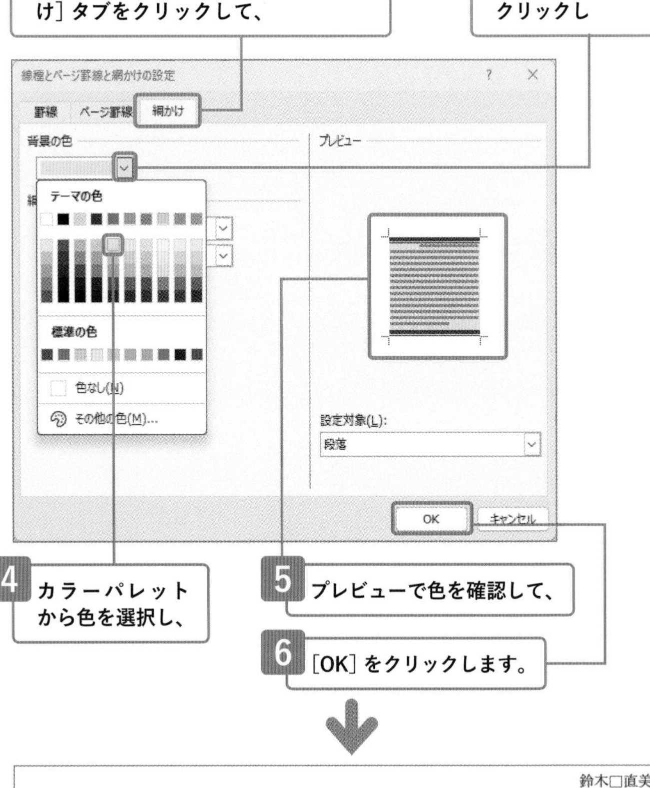

コラム　入力オートフォーマット機能を使って水平線を引く

入力オートフォーマット機能を使って簡単に水平線を引くことができます。水平線を設定したい段落の先頭行の行頭で「-」(ハイフン) を3つ以上入力して Enter キーを押すと❶、カーソルのある行の上に細実線で横幅全体に段落罫線が引かれます❷。他に「=」で二重線、「__」で太い点線、「*」で太点線、「~」で波線、「#」で真ん中が太線の3重線を引くことができます。いずれも半角で入力してください。
なお、罫線を解除するには、水平線が設定された下の行の行頭で Back space キーを押します。設定された直後であれば、クイックアクセスツールバーの [元に戻す] をクリックするか、Ctrl + Z キーでも解除できます。

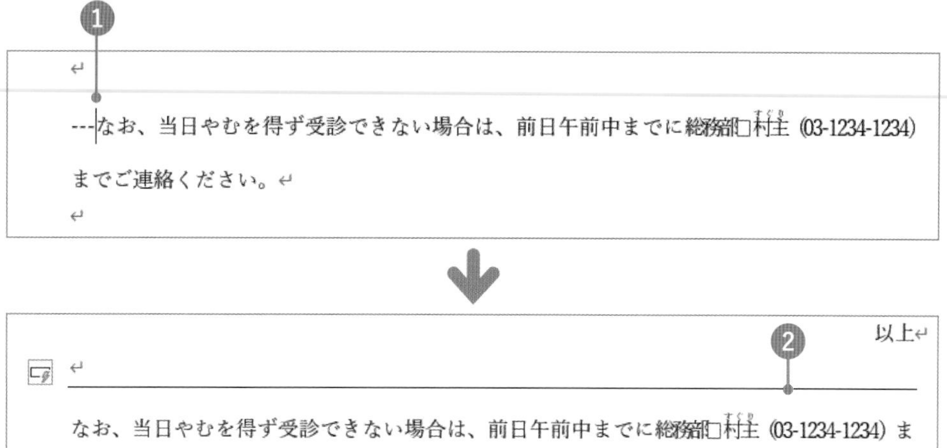

コラム　カーソルが何行、何列目にあるのかを確認するには

カーソルが何行目にあるのかを確認するには、ページに [行番号] を表示します。また、カーソルが何列目 (行の何文字目) にあるかを確認するには、ステータスバーに [列] を表示します。それぞれ以下の手順で表示します。文字数を数えながら入力するときの目安になります。また、ステータスバーには、初期設定でページ内の [文字のカウント] が表示されています。文字列を選択すると、選択範囲の文字数が表示されるので、文字数を確認するのに便利です。

●行番号を表示

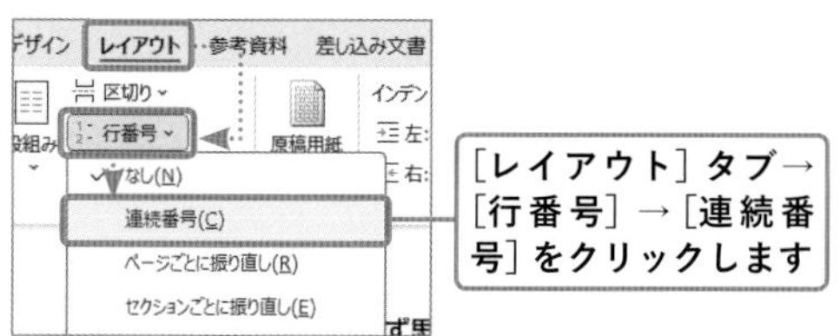

●列 (列内のカーソル位置) を表示

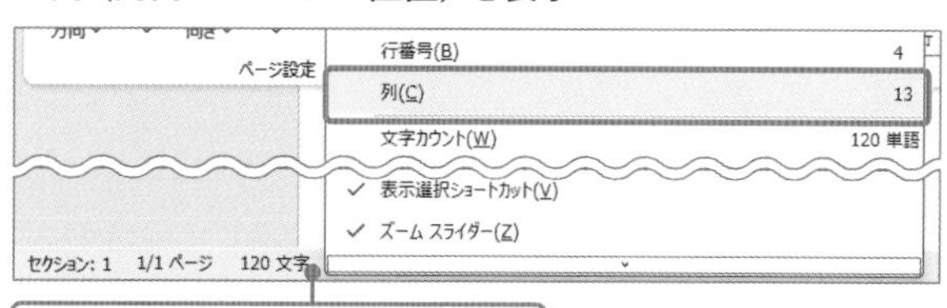

●行番号と列を表示した結果

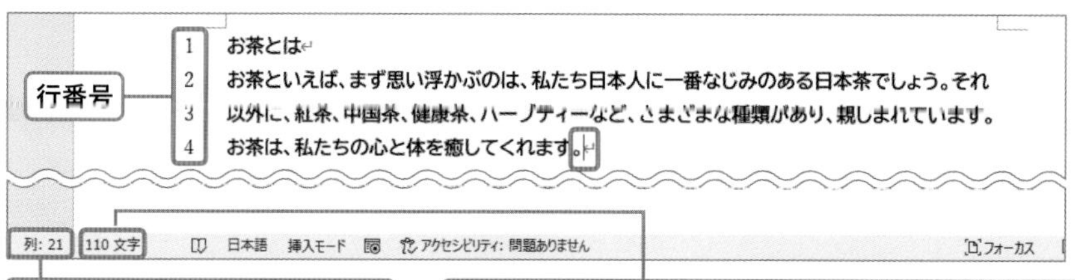

Section

48 文章の行頭や行末の位置を変更する

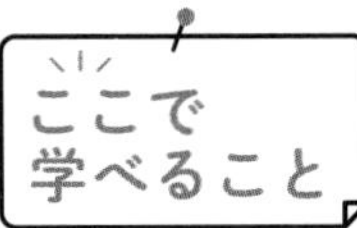

文章の左右の幅を段落単位で調整するには、「インデント」という機能を使用します。インデントは4種類あります。ここでは、それぞれの違いや設定方法を確認しましょう。また、インデントの状態を確認したり、変更したりするためにルーラーを表示する必要があります。

ここで学べること

習得スキル	操作ガイド	ページ
▶ルーラーの表示	レッスン48-1	p.200
▶インデントの設定	レッスン48-2～5	p.200～p.203

まずは パッと見るだけ！

インデントとインデントマーカー

インデントには、［左インデント］［1行目のインデント］［ぶら下げインデント］［右インデント］の4種類があります。現在カーソルのある段落のインデントの状態は、ルーラーに表示されるインデントマーカーで確認・変更できます。インデントの種類とインデントマーカーを確認しましょう。

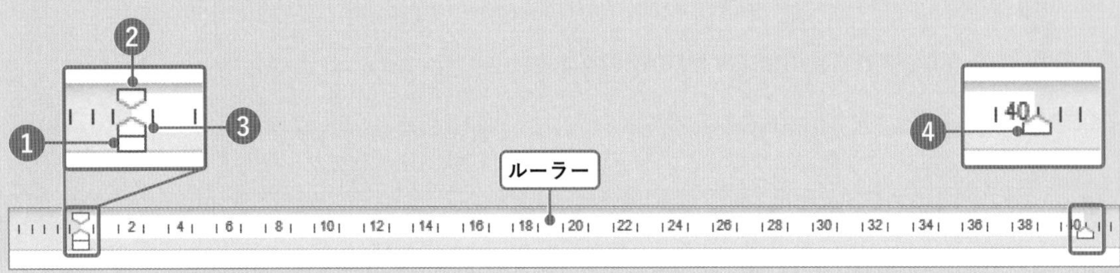

❶左インデントマーカー
❷1行目のインデントマーカー
❸ぶら下げインデントマーカー
❹右インデントマーカー

●左インデント/右インデント

左インデントは段落全体の行頭の位置、右インデントは段落全体の行末の位置を設定します。

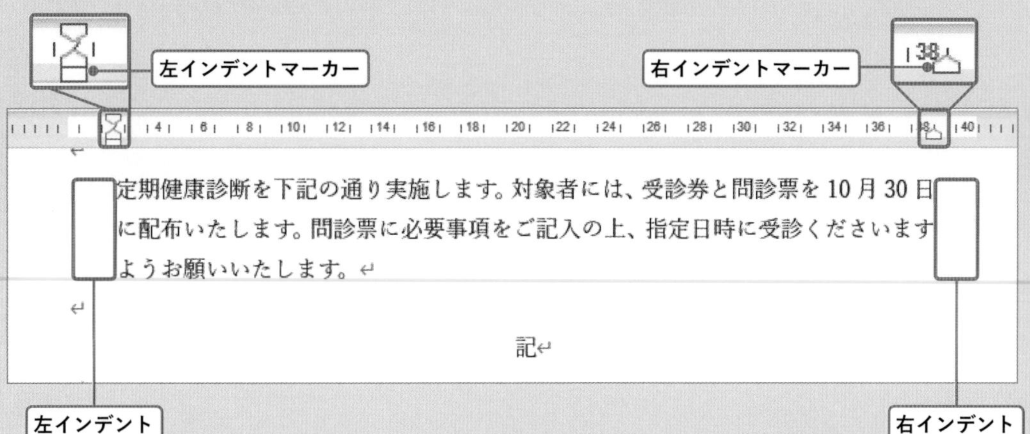

●1行目のインデント

1行目のインデントは、段落の1行目の行頭の位置を設定します。

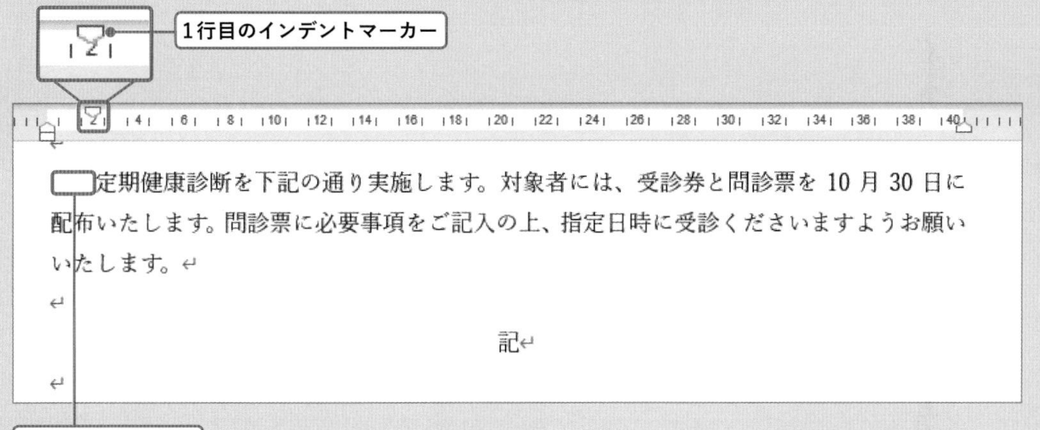

●ぶら下げインデント

ぶら下げインデントは、段落の2行目以降の行頭の位置を設定します。

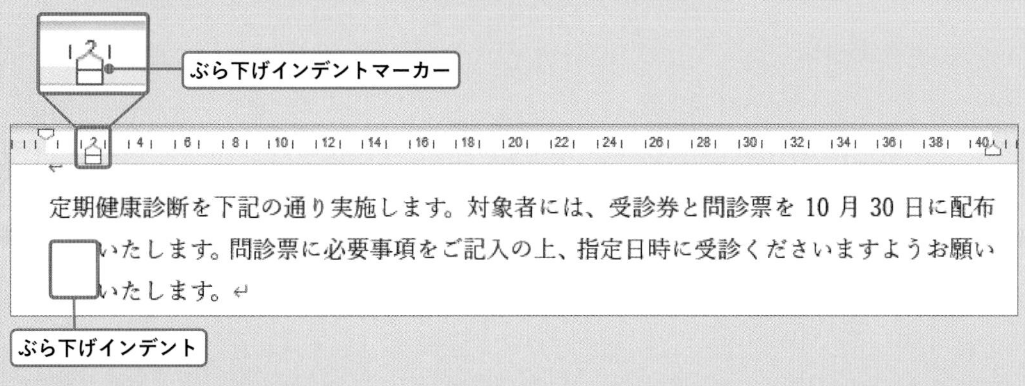

レッスン 48-1 ルーラーを表示する

操作 ルーラーを表示する

インデントを設定するときは、ルーラーを表示しておきます。ルーラー上で、インデントの設定や確認ができます。
また、p.204で解説するタブを設定するときもルーラーを使います。

1 ［表示］タブ→［ルーラー］のチェックボックスをオンにすると、

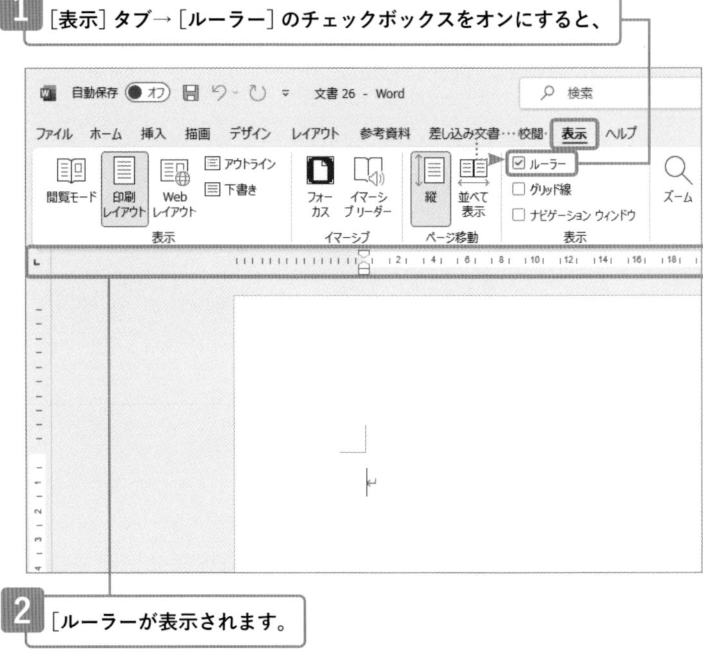

2 ルーラーが表示されます。

レッスン 48-2 段落の行頭の位置を変更する

練習用ファイル 48-2-健康診断のお知らせ.docx

Point 左インデントを変更する

段落全体の行頭の位置を設定するには、左インデントを変更します。［レイアウト］タブの［左インデント］で0.5文字単位で変更できます。数値で正確に変更できるので便利です。

Memo 左インデントを解除する

［左インデント］の数値を「0」に設定します。

ここでは、行頭の位置を2文字分右にずらします。

1 行頭を変更したい段落を選択し、

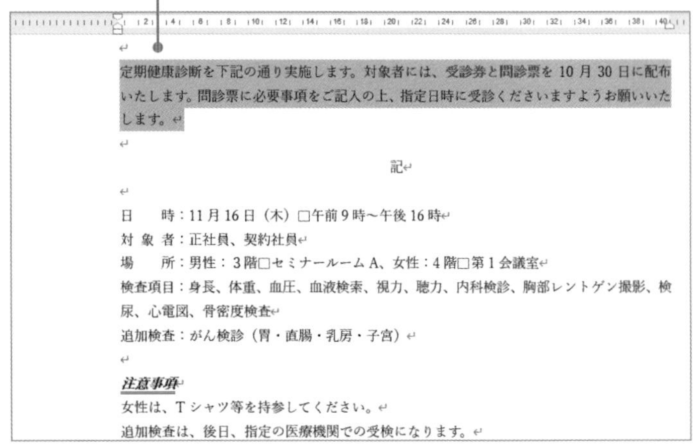

Memo [インデントを増やす] ボタンで左インデントを変更する

[ホーム] タブにある [インデントを増やす] をクリックすると、約1文字分、行頭を右に移動できます。また、[インデントを減らす] をクリックするとインデントを左に戻します。

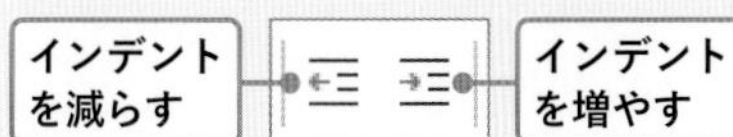

Memo 左インデントマーカーをドラッグして変更する

段落選択後、左インデントマーカー□をドラッグしても段落の行頭位置を変更できます。左インデントマーカーをドラッグすると、1行目のインデントマーカーとぶら下げインデントマーカーも一緒に移動します。

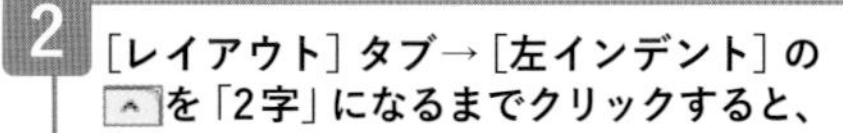

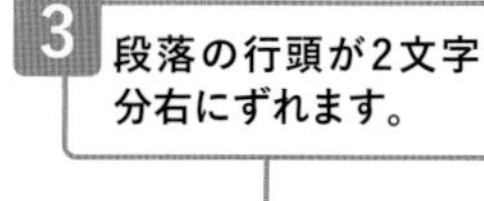

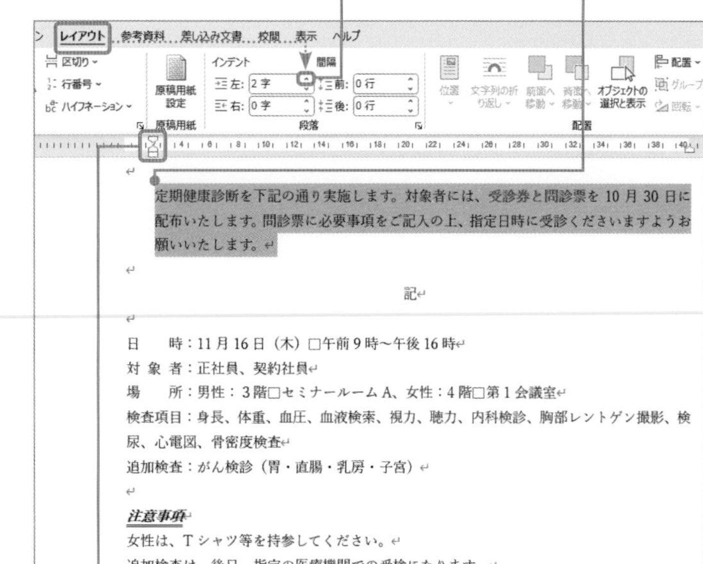

4 左インデントマーカーの位置も変更されていることを確認します。

レッスン 48-3 段落の行末の位置を変更する

練習用ファイル 48-3-健康診断のお知らせ.docx

ここでは、行末の位置を2文字分左にずらします

操作 右インデントを変更する

段落の行末の位置を変更するには、右インデントを変更します。[インデント] タブの [右インデント] で0.5文字単位で変更できます。また、ルーラー上にある右インデントマーカーをドラッグしても変更できます。

Memo 右インデントを解除する

[右インデント] の数値を「0」に設定します。

1 行末を変更したい段落を選択し、

定期健康診断を下記の通り実施します。対象者には、受診券と問診票を 10 月 30 日に配布いたします。問診票に必要事項をご記入の上、指定日時に受診くださいますようお願いいたします。

2 [レイアウト] タブ→ [右インデント] の ▲ を「2字」になるまでクリックします。

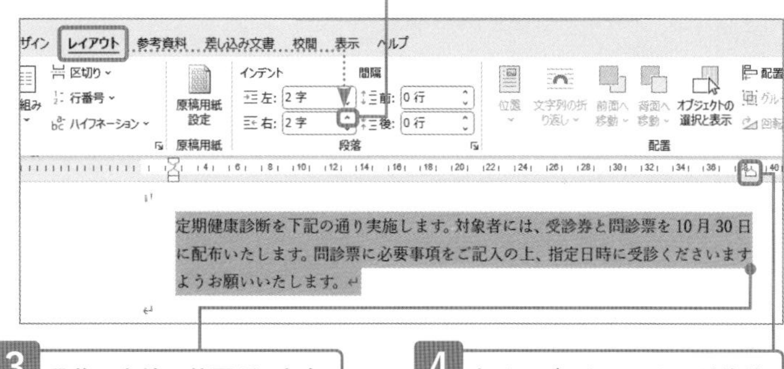

3 段落の右端の位置が2文字分左にずれます。

4 右インデントマーカーが移動していることを確認します。

Memo　新規行でインデントが設定されてしまう

インデントが設定されている段落で、Enter キーを押して改行すると、新規行も自動的に同じインデントが設定されます。インデントが不要な場合は、Back space キーを押してください。

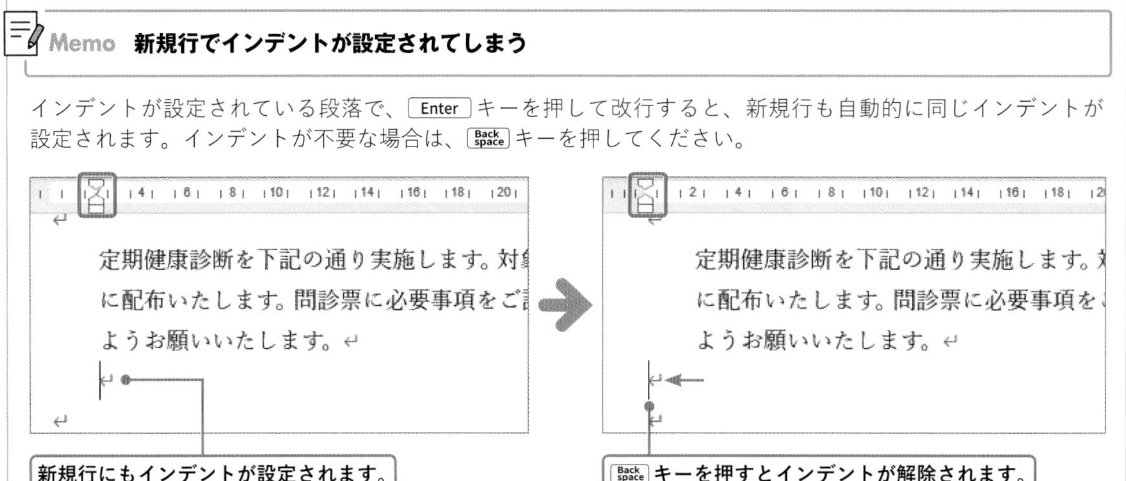

レッスン 48-4 1行目を字下げする

練習用ファイル　48-4-健康診断のお知らせ.docx

操作　段落の初めを字下げする

段落の1行目の行頭にカーソルを移動し Space キーを押すと、自動的に字下げされ、1行目のインデントが設定されます。
これは、入力オートフォーマットによる機能です。同様に Tab キーを押すと4文字分字下げされた1行目のインデントが設定されます。

Memo　インデントが設定されない場合

新規行の行頭で Space キーや Tab キーを押した場合は、入力オートフォーマット機能が働かず、そのまま空白1文字、タブが入力されます。

Memo　1行目の字下げを解除する

1行目の行頭にカーソルを移動し、Back space キーを押します。

1 字下げしたい段落の1行目の行頭にカーソルを移動し、

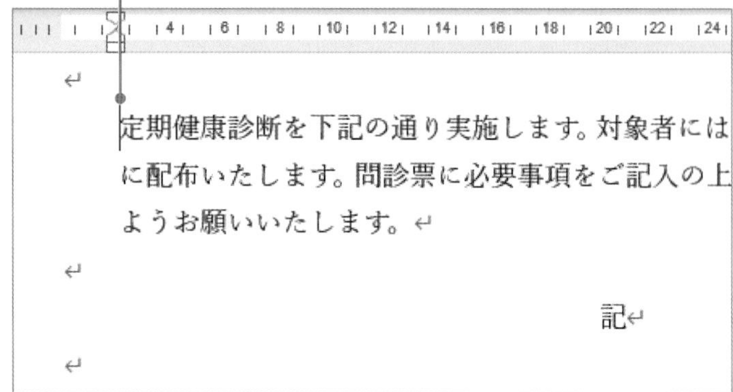

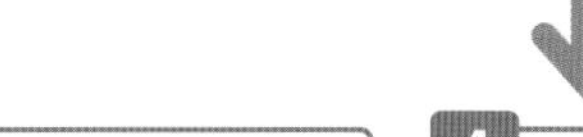
2 Space キーを1回押すと、

3 段落の1行目が1文字分字下げされます。

4 1行目インデントマーカーが1文字分右に移動していることを確認します。

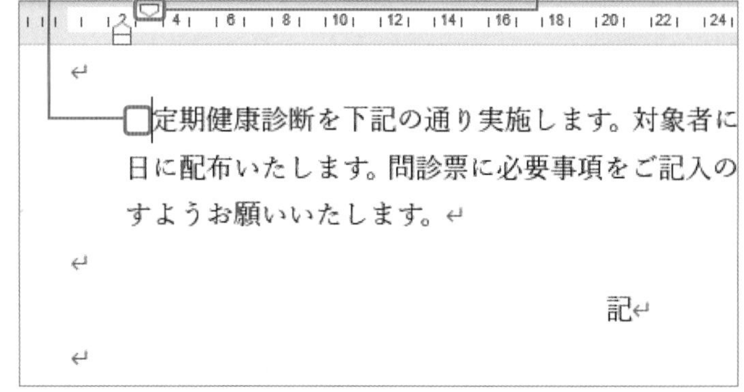

 レッスン 48-5 2行目以降の行頭の位置を変更する

練習用ファイル 48-5-健康診断のお知らせ.docx

操作 2行目以降の開始位置を変更する

段落の2行目以降の開始位置を調整するには、2行目の行頭にカーソルを移動し、Space キーを押すか Tab キーを押すと、自動的に2行目以降が字下げされます。これは入力オートフォーマットによる機能です。

Memo ぶら下げインデントマーカーをドラッグして変更する

段落選択後、ぶら下げインデントマーカーをドラッグすると、段落の2行目以降の行頭位置が変更されます。このとき、Alt キーを押しながらドラッグすると、下図のように数値で位置の確認をしながら微調整できます。目的の位置に移動できたら、先にマウスのボタンを放してから、Alt キーを放します。

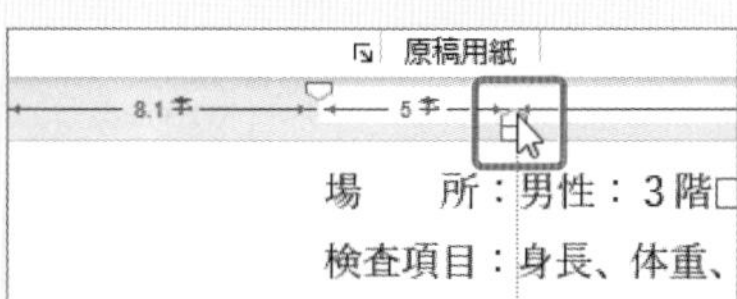

コラム ［段落］ダイアログで変更する

段落を選択し、p.172の手順で［段落］ダイアログを表示し、［インデントと行間隔］タブの［最初の行］で1行目のインデントと2行目以降のインデントが設定できます。［幅］で文字数を指定してインデントの幅を指定します。なお、［最初の行］で［(なし)］を選択すると解除できます。

字下げ：段落の1行目用

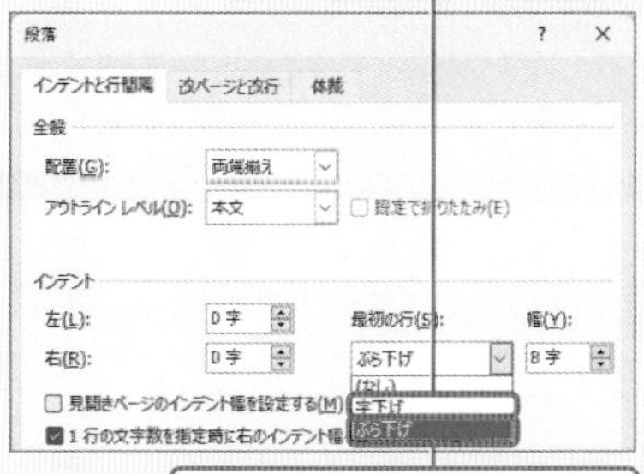

ぶら下げ：段落の2行目以降

1 段落の2行目の行頭にカーソルを移動し、

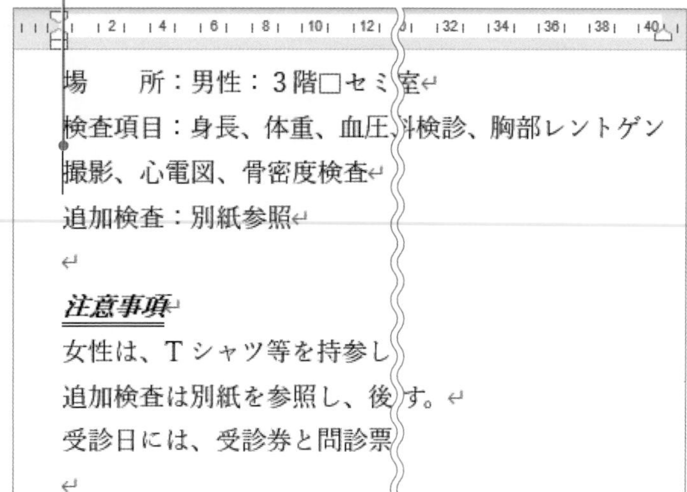

2 Space キーを4回押すと、

3 段落の2行目以降が4文字分字下げされます。

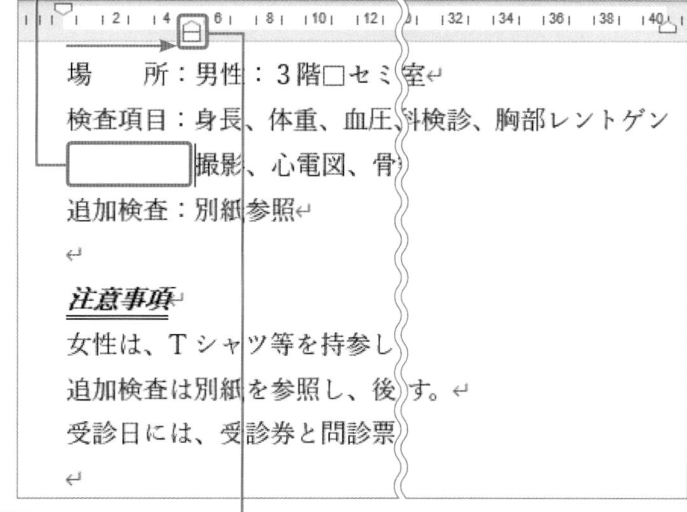

4 ぶら下げインデントマーカーが4文字分右に移動していることを確認します。

Section

49 文字の先頭位置を揃える

タブは、行頭や行の途中にある文字の開始位置を揃えたい場合に使います。タブには、既定で用意されているものと、任意に追加できるものがあります。箇条書きの先頭位置を揃えたいとか、表組形式で一定間隔で文字を揃えたい場合に便利です。タブを挿入するには Tab キーを押します。

ここで学べること	習得スキル	操作ガイド	ページ
	▶タブの設定	レッスン49-1～2	p.205～p.206

まずは パッと見るだけ！

タブを設定する

タブを挿入すると、文字の開始位置を揃えることができます。タブには、既定で用意されているタブと任意の位置に設定するタブがあります。

●既定のタブ

4文字間隔で配置されている既定のタブを使って文字位置を揃えます。

Before 操作前

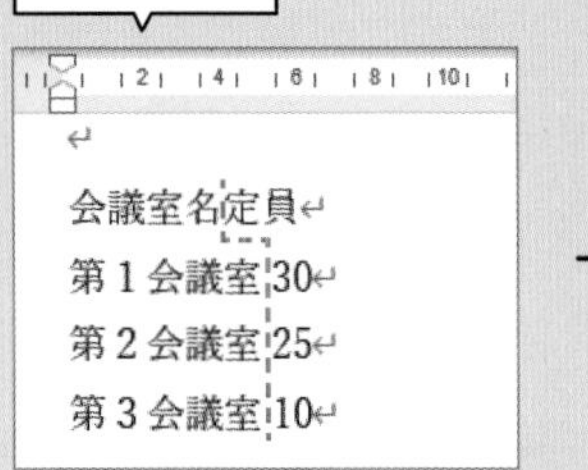

After 操作後

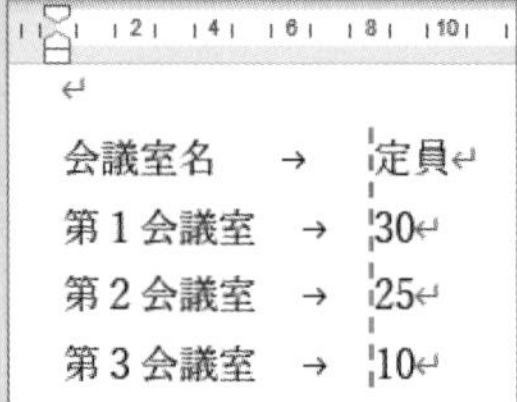

●任意の位置のタブ

任意の位置にタブを設定し、文字を自由な位置で揃えます。

Before 操作前

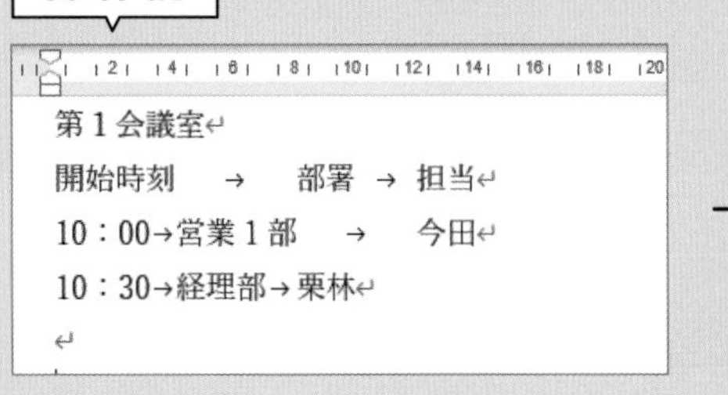

After 操作後

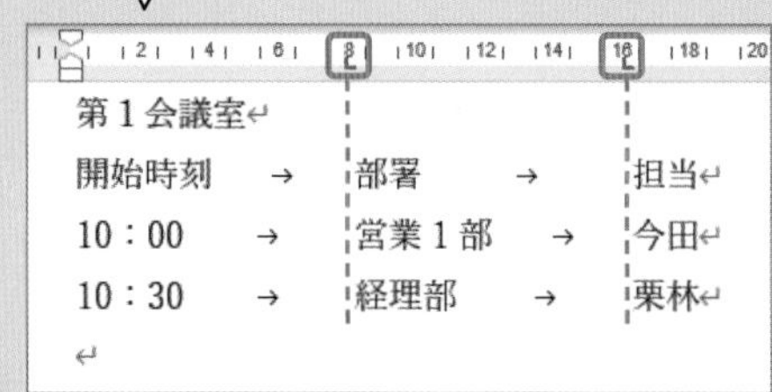

タブとは

Point タブの概要

タブとは、行頭や行の途中で文字の開始位置を揃えるためのものです。Tab キーを押すとタブ位置にカーソルが移動します。箇条書きの文字をきれいに揃えて配置したいときに利用できます。タブは段落書式なので段落単位で設定されます。

Memo ルーラーの表示

ルーラーが表示されていない場合は、[表示] タブの [ルーラー] にチェックを入れて表示してください (p.200参照)。

Memo タブ記号の表示

Tab キーを押すと、[タブ記号] →が表示されます。表示されていない場合は、[ホーム] タブ→ [編集記号の表示/非表示] をクリックしてオンにしてください。
なお、タブ記号は編集記号なので印刷されません。

既定のタブ

行の途中で Tab キーを押すと、既定のタブ位置に文字が揃います。既定のタブ位置は、行頭から4文字目、8文字目のように4文字間隔で設定されています。

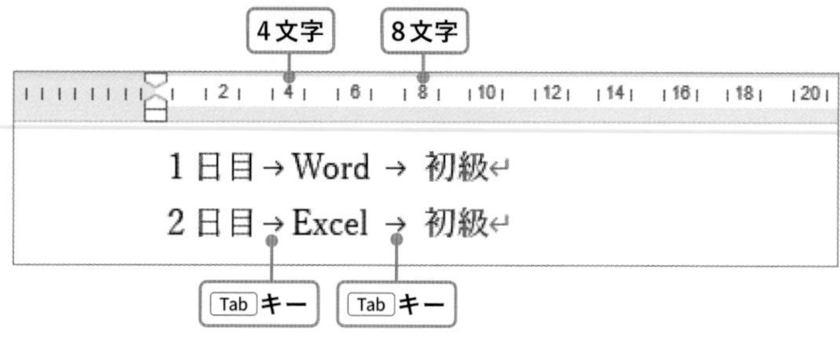

任意のタブ

任意の位置に追加されたタブです。ルーラー上でクリックすると、タブマーカーが追加され、タブマーカーの位置にタブが設定され、その位置に文字が揃います。

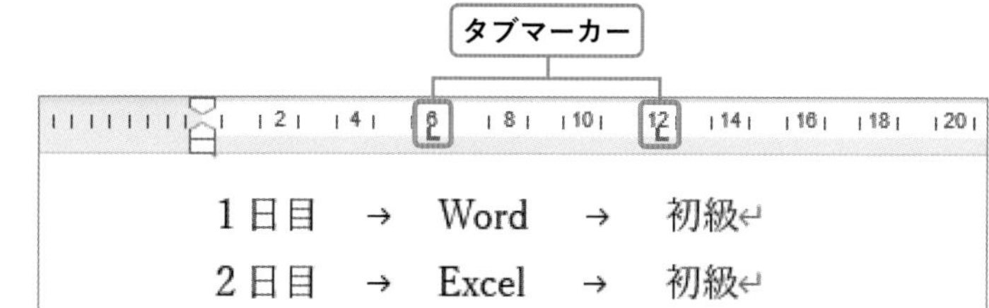

レッスン 49-1 既定の位置に文字を揃える

練習用ファイル 49-1-会議室利用予定.docx

操作 既定のタブを使用する

行の途中で Tab キーを押すと、既定のタブ位置に文字が揃います (上記「既定のタブ」の図を参照)。
開始位置を揃えたい文字の前にカーソルを移動し、Tab キーを押すと、一番近くにある次のタブ位置に文字が揃います。目的の位置になるまで Tab キーを数回押して位置を調整します。

1 位置を揃えたい文字の前にカーソルを移動し、

2 Tab キーを押すと、

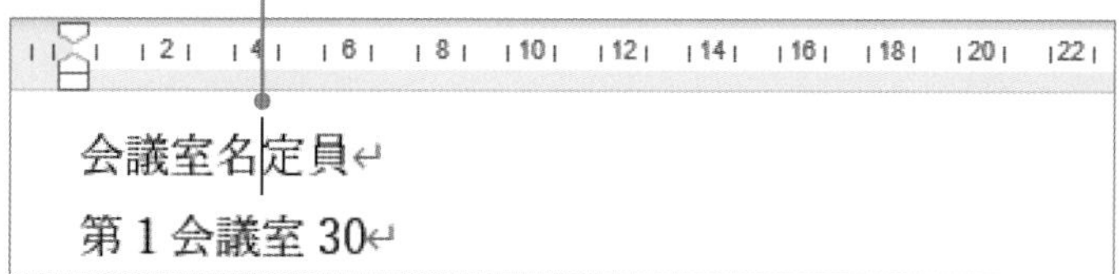

3 既定のタブ位置 (ここでは8文字目) に文字の先頭が移動します。

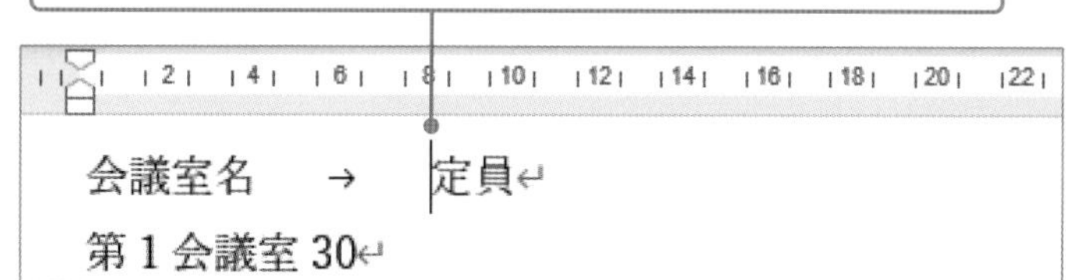

Memo タブを削除する

Tab キーを押して挿入されたタブは文字と同様に削除できます。タブ記号の後ろにカーソルを移動して Back space キーを押します。

4 同様にして、他の項目の後ろで Tab キーを押すと、文字の先頭が揃います。

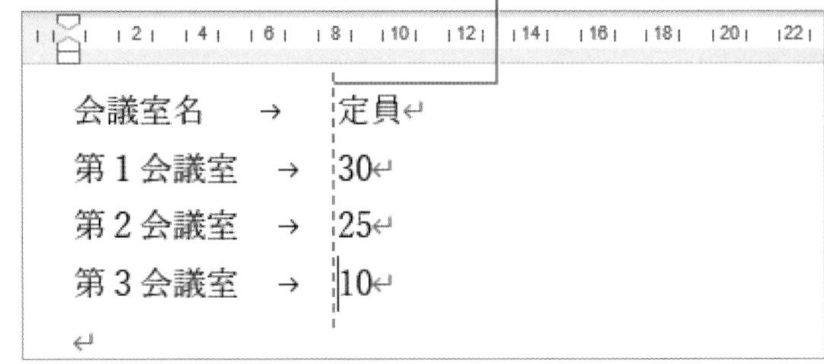

レッスン 49-2 任意の位置に文字を揃える

練習用ファイル 49-2-会議室利用予定.docx

操作 任意のタブ位置に文字を揃える

任意の位置にタブを追加するには、タブ位置を揃えたい段落を選択しておき、ルーラー上のタブを追加したい位置でクリックします。
初期設定では左揃えタブが追加され、左揃えタブマーカー L が表示されます（次ページのコラム参照）。

1 タブが設定されている段落を選択し、

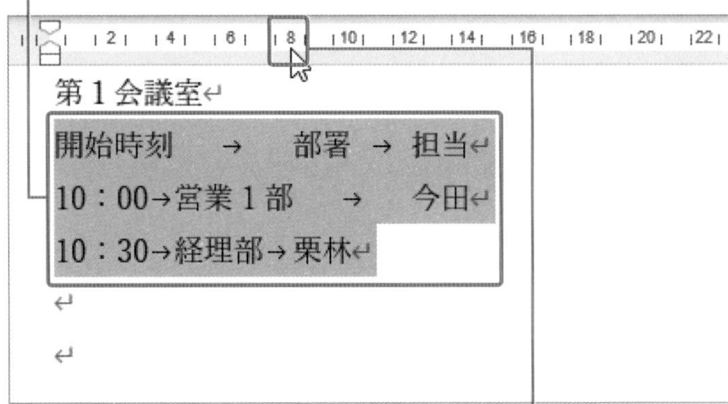

2 ルーラー上でタブ位置を設定したい位置（ここでは「8」あたり）をクリックすると、

3 クリックした位置にタブマーカーが追加され、

4 タブマーカーの位置に文字が揃います。

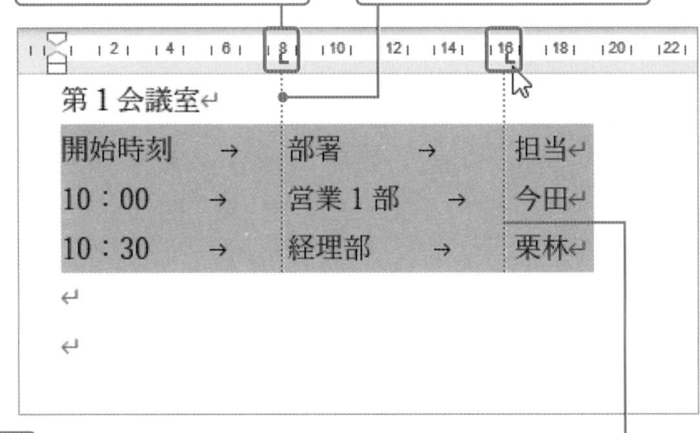

5 同様に、タブを設定したい位置（ここでは「16」あたり）をクリックすると、タブマーカーが追加され、文字が揃います。

Memo タブ位置の継承

タブは段落書式なので、タブを追加した段落で Enter キーを押して改行すると、新しい段落にも同じタブが設定されます。そのため、続けて同じ位置に文字を揃えることができます。
タブが不要な場合は、次ページのMemoの方法で削除してください。

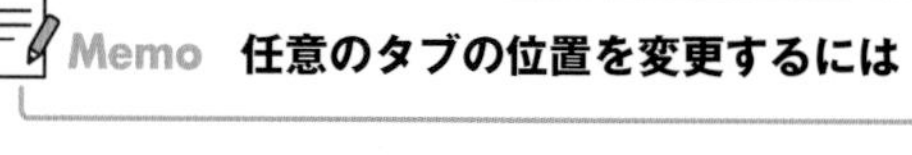

Memo 任意のタブの位置を変更するには

タブが設定されている段落を選択し、タブマーカーをルーラー上でドラッグします。

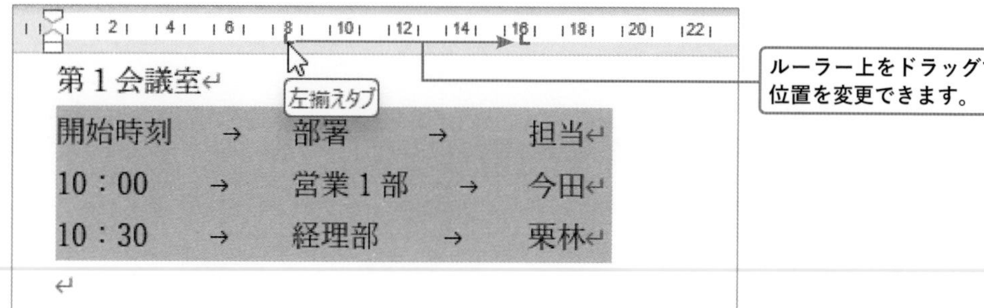

Memo 任意のタブを削除するには

タブが設定されている段落を選択し、タブマーカーをルーラーの外にドラッグします。

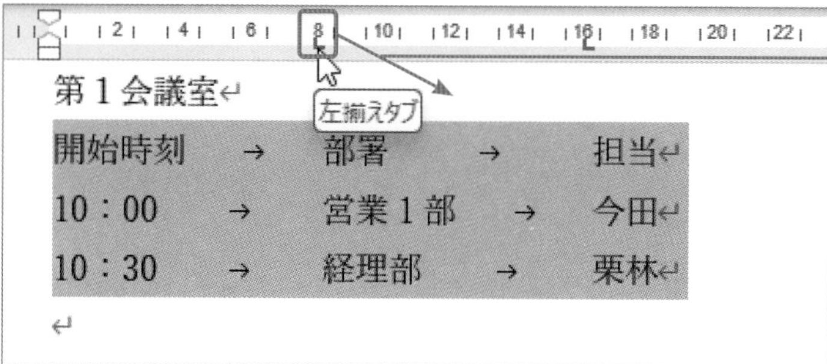

コラム タブの種類

初期設定は、任意の位置に追加されるタブは左揃えタブです。水平ルーラーの左端にある［タブ］をクリックすると追加されるタブの種類を変更できます。種類を変更してから、ルーラーをクリックすると、選択した種類のタブが追加されます。

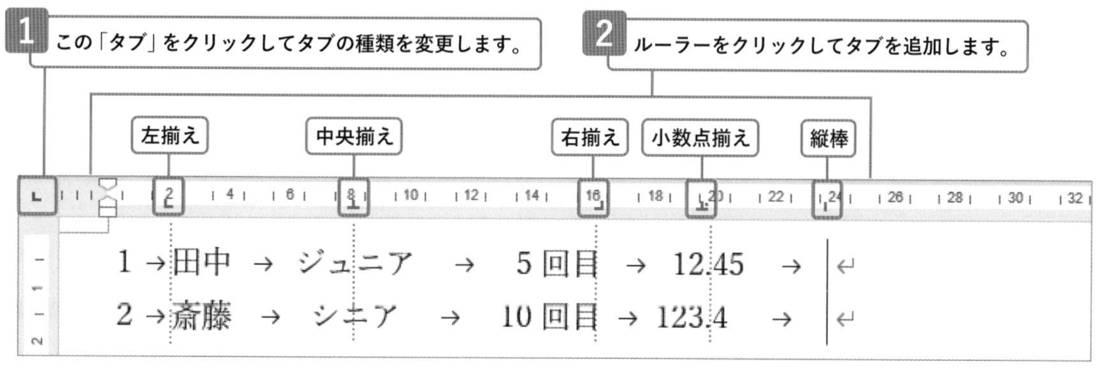

Section

50 箇条書きを設定する

箇条書きは、段落の先頭に「●」や「◇」などの記号（行頭文字）を付ける機能です。リスト形式で入力された段落の先頭に「●」などを付けると読みやすく、整理された文章になります。

習得スキル	操作ガイド	ページ
▶箇条書きの設定	レッスン50-1	p.209
▶箇条書きのレベルの変更	レッスン50-2	p.210

まずは パッと見るだけ！

箇条書きの設定

箇条書きを設定すると各段落の前に記号（行頭文字）が付きます。箇条書きのレベルを変更して階層構造にすることもできます。

Before
操作前

注意事項↵
女性は、T シャツ等を持参してください。↵
追加検査は、後日、指定の医療機関での受検になります。↵
受診日には、受診券と問診票をお持ちください。↵
受診券にある注意事項をご確認お願いします。↵
問診票に必要事項を記入しておいてください。↵
↵

After
操作後

注意事項↵
● → 女性は、T シャツ等を持参してください。↵
● → 追加検査は、後日、指定の医療機関での受検になります。↵
● → 受診日には、受診券と問診票をお持ちください。↵
　　➢ → 受診券にある注意事項をご確認お願いします。↵
　　➢ → 問診票に必要事項を記入しておいてください。↵
↵

箇条書きの設定をすると、1項目ずつ区別され、内容が伝わりやすくなります

レッスン 50-1 段落に箇条書きを設定する

50-1-健康診断のお知らせ.docx

操作 箇条書きを設定する

段落にまとめて箇条書きを設定するには、段落を選択してから［ホーム］タブの［箇条書き］をクリックします。

Memo 箇条書きを解除する

段落を選択し、手順3で［なし］を選択します。

Memo 段落内で改行するには

箇条書きでは、段落の先頭に行頭文字が表示されます。行頭文字を表示しないで改行したい場合は、Shift キーを押しながら Enter キーを押して段落内で改行します。このとき、行末には、改行記号↓が表示されます。

Shift + Enter キーを押して段落内で改行できる

持ち物
●→筆記道具↓
　黒ボールペン
●→タオル

1 箇条書きに設定したい段落を選択し、

2 ［ホーム］タブ→［箇条書き］の⌄をクリックし、

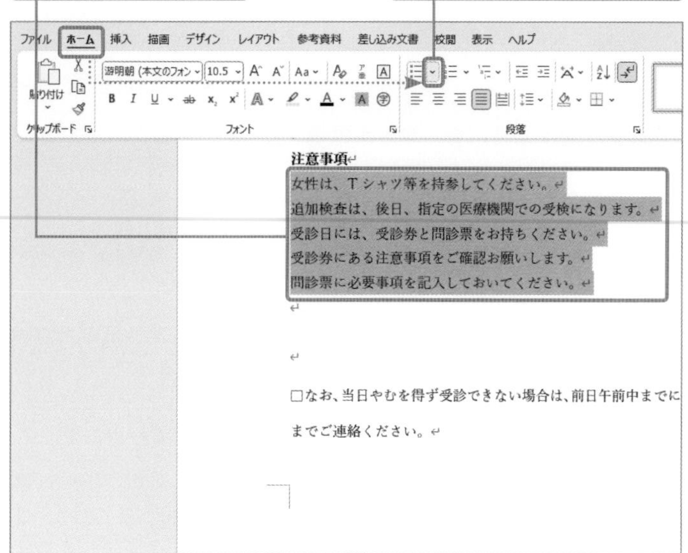

3 一覧から行頭に表示する記号を選択すると、

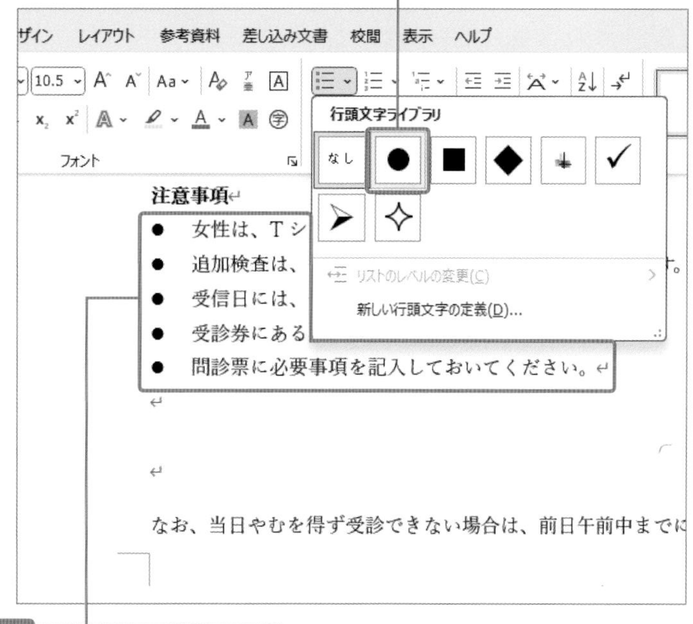

4 箇条書きが設定されます。

レッスン 50-2 箇条書きのレベルを変更する

50-2-健康診断のお知らせ.docx

操作 箇条書きのレベルを変える

箇条書きが設定されている段落のレベルを変更すると、箇条書きを階層化できます。レベルが変更されると、自動的に異なる行頭文字が設定されます。箇条書きのレベルは Tab キーで変更できます。

Memo 変更したレベルを上げるには

段落を選択し、Shift キーを押しながら Tab キーを押すと、レベルが1つ上がります。

1 箇条書きのレベルを変更したい段落を選択し、

2 Tab キーを1回押すと、

注意事項↵
● → 女性は、T シャツ等を持参してください。↵
● → 追加検査は、後日、指定の医療機関での受検になります。↵
● → 受信日には、受診券と問診票をお持ちください。↵
● → 受診券にある注意事項をご確認お願いします。↵
● → 問診票に必要事項を記入しておいてください。↵
↵

● → 女性は、T シャツ等を持参してください。↵
● → 追加検査は、後日、指定の医療機関での受検になります。↵
● → 受信日には、受診券と問診票をお持ちください。↵
➤ → 受診券にある注意事項をご確認お願いします。↵
➤ → 問診票に必要事項を記入しておいてください。↵
↵

3 箇条書きのレベルが1つ下がり、異なる行頭記号が設定されます。

Memo メニューでレベルを変更する

［ホーム］→［箇条書き］の⌄をクリックし❶、［リストのレベルの変更］をクリックすると❷、9つのレベルが表示され、内容に応じて階層を選択することができます❸。

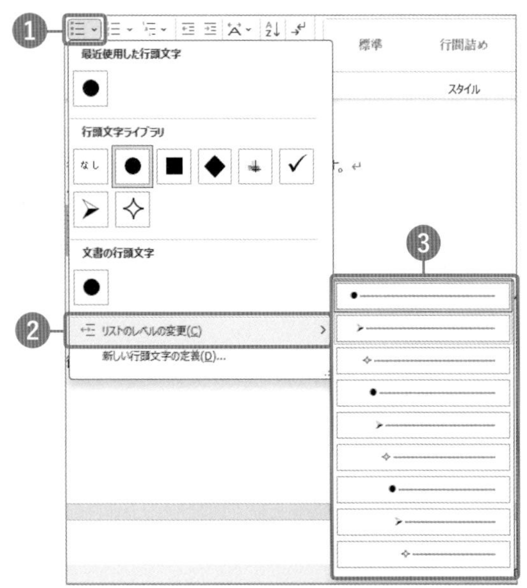

撮影、心電図、骨密度検査↵
追加検査：別紙参照↵
↵
注意事項↵
● → 女性は、T シャツ等を持参してください。↵
● → 追加検査は、後日、指定の医療機関での受検になります。↵
● → 受診日には、受診券と問診票をお持ちください。↵
✧ → 受診券にある注意事項をご確認お願いします。↵
✧ → 問診票に必要事項を記入しておいてください。↵
↵
↵
□なお、当日やむを得ず受診できない場合は、前日午前中までに総務部□
までご連絡ください。↵

コラム　新しい行頭文字を定義する

箇条書きの行頭文字は、一覧に用意されている記号以外に、「♠」のような記号を指定したり、自分で用意した画像を使用したりできます。ここでは、記号「♠」を行頭文字に指定する手順を例に紹介します。

1 箇条書きを設定する段落を選択し、

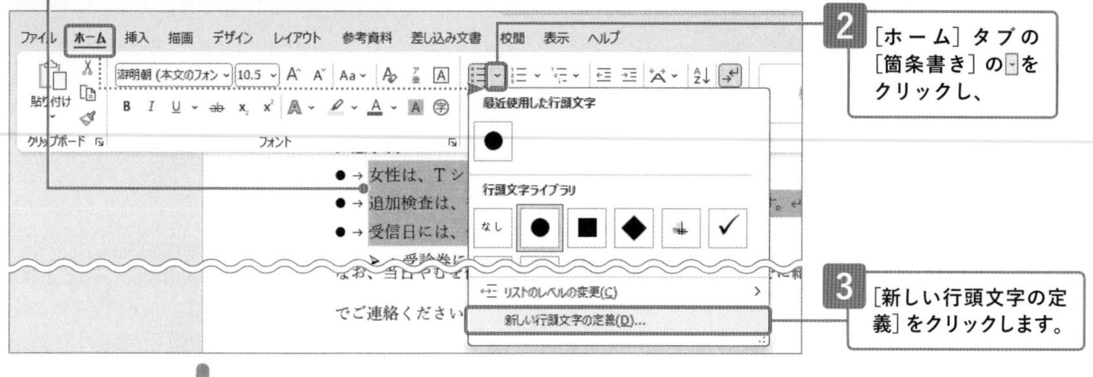

2 ［ホーム］タブの［箇条書き］の⌄をクリックし、

3 ［新しい行頭文字の定義］をクリックします。

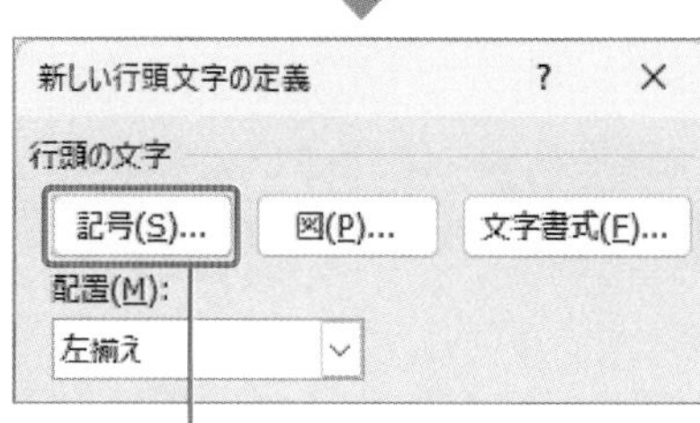

4 ［新しい行頭文字の定義］ダイアログで［記号］をクリックします。

5 ［記号と特殊文字］ダイアログが表示されます。

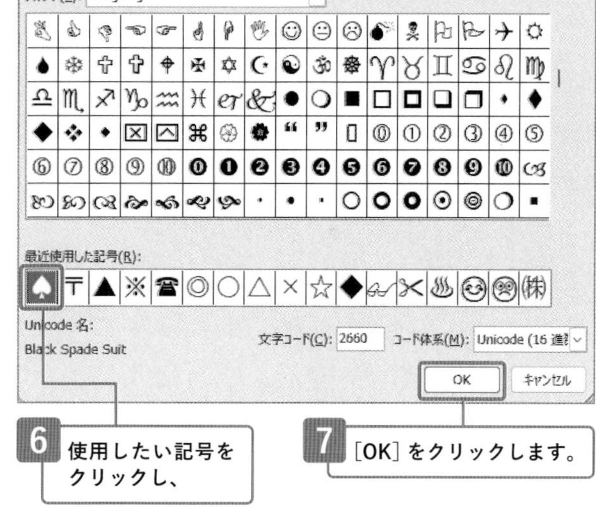

6 使用したい記号をクリックし、

7 ［OK］をクリックします。

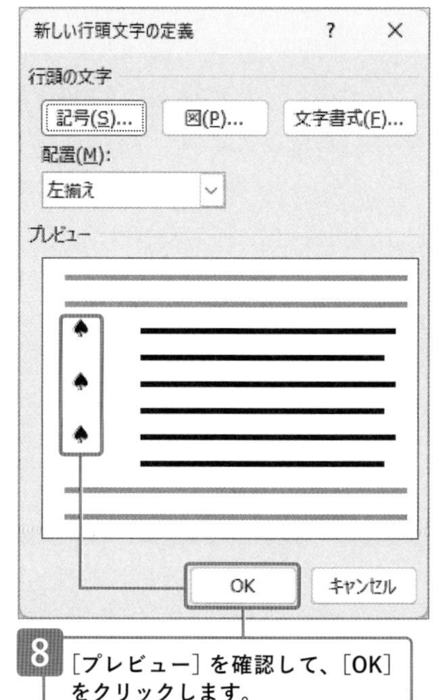

8 ［プレビュー］を確認して、［OK］をクリックします。

注意事項
- ♠ 女性は、Tシャツ等を持参してください。
- ♠ 追加検査は、後日、指定の医療機関での受検になります。
- ♠ 受信日には、受診券と問診票をお持ちください。
- ♠ 受診券にある注意事項をご確認お願いします。
- ♠ 問診票に必要事項を記入しておいてください。

9 指定した記号が行頭文字に設定されます。

Section

51 段落番号を設定する

段落番号は、段落の先頭に「①②③」や「1. 2. 3.」などの連続番号を付ける機能です。「Ⅰ. Ⅱ. Ⅲ.」、「A)B)C)」、「(ア)(イ)(ウ)」といった連続した記号を表示することもできます。レベルを変更して階層化することもできます。

ここで学べること

習得スキル	操作ガイド	ページ
▶段落番号の設定	レッスン51-1	p.213
▶段落番号のレベルの変更	レッスン51-2	p.213
▶段落番号の開始番号の変更	レッスン51-3	p.214

まずは パッと見るだけ！

段落番号の設定

各段落の先頭に連続した番号が設定され、レベルを変更して階層構造に設定できます。また、段落番号の開始番号を変更して、前の番号と連続させるか、連続させないかを設定できます。

Before 操作前

注意事項↵
女性は、Tシャツ等を持参してくださ
追加検査は、後日、指定の医療機関で
受信日には、受診券と問診票をお持ち
受診券にある注意事項をご確認お願い
問診票に必要事項を記入しておいてく
受診できなかった場合は、直接医療機

--->

After 操作後

注意事項↵
①→女性は、Tシャツ等を持参してく
②→追加検査は、後日、指定の医療機
③→受信日には、受診券と問診票をお
(ア)→受診券にある注意事項をご確
(イ)→問診票に必要事項を記入して
④→受診できなかった場合は、直接医

番号があると
親切～

レッスン 51-1 段落に連続番号を付ける

練習用ファイル 51-1-健康診断.docx

操作 段落番号を設定する

箇条書きと同様に、段落の先頭に連続する番号を表示します。段落を選択してから［ホーム］タブの［段落番号］をクリックします。
段落番号の一覧では、数字だけでなく、ローマ数字やアルファベット、50音などから選択することができます。

Memo 段落番号を解除する

手順3で［なし］を選択します。

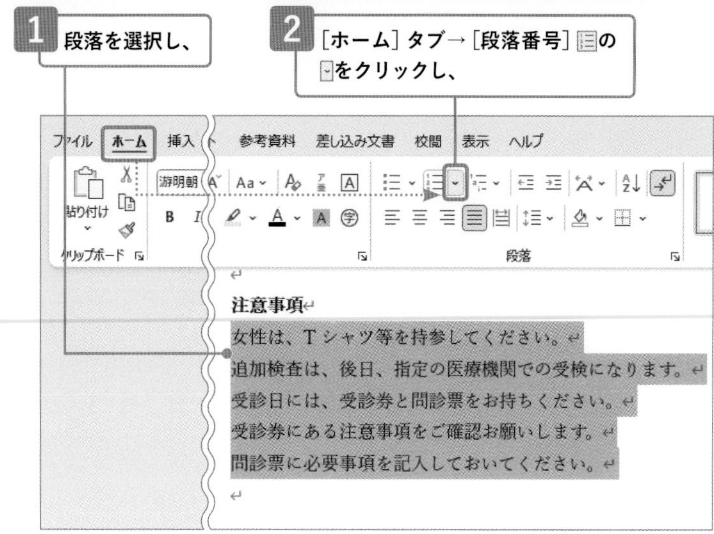

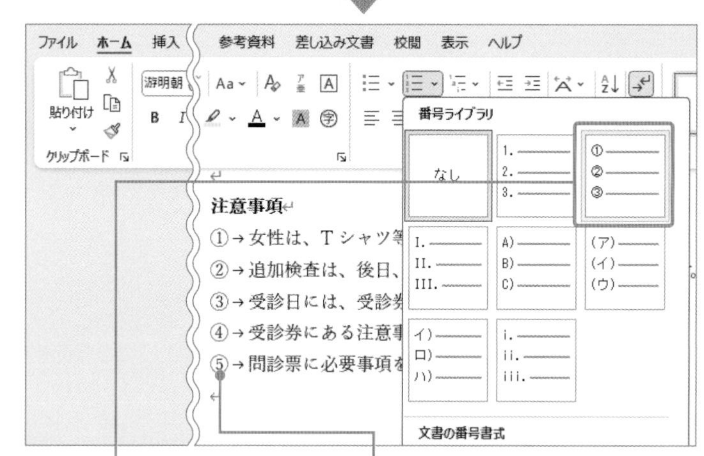

3 一覧から行頭に表示する番号を選択すると、

4 選択した段落の先頭から順番に段落番号が設定されます。

レッスン 51-2 段落番号のレベルを変更する

練習用ファイル 51-2-健康診断.docx

操作 段落番号のレベルを変える

段落番号も箇条書きと同様にレベルを変更することができます。段落番号のレベルを変更して階層化すると、自動的に異なる段落番号が設定されます。Tab キーを押すと1つずつレベルを変更できます。

1 段落番号のレベルを変更したい段落を選択し、

2 Tab キーを1回押すと、

注意事項
①→女性は、Tシャツ等を持参してください。
②→追加検査は、後日、指定の医療機関での受検になります。
③→受信日には、受診券と問診票をお持ちください。
④→受診券にある注意事項をご確認お願いします。
⑤→問診票に必要事項を記入しておいてください。

Memo 変更したレベルを上げるには

段落を選択し、Shift キーを押しながら Tab キーを押すと、レベルが1つ上がります。

3 段落番号のレベルが1つ下がり、異なる番号書式が設定されます。

③→受信日には、受診券と問診票をお持ちください。↵
(ア)→受診券にある注意事項をご確認お願いします。↵
(イ)→問診票に必要事項を記入しておいてください。↵
↵
↵

Memo 指定したレベルの番号書式を変更する

変更したい段落を選択し、[ホーム] タブ→[段落番号] の⌄をクリックし、一覧から別の番号書式をクリックすると❶、番号書式が変更されます❷。

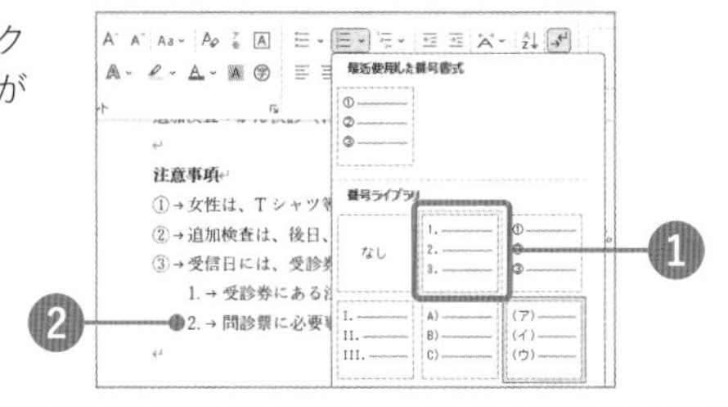

レッスン 51-3 段落番号の開始番号を変更する

練習用ファイル 51-3-健康診断.docx

操作 開始番号を変更する

段落番号を設定すると、①からはじまる連続番号が設定されます。開始番号を変更したい場合は、[番号の設定] ダイアログで設定できます。

1 開始番号を変更したい段落を選択し、

2 [ホーム] タブ→[段落番号] の⌄をクリックし、

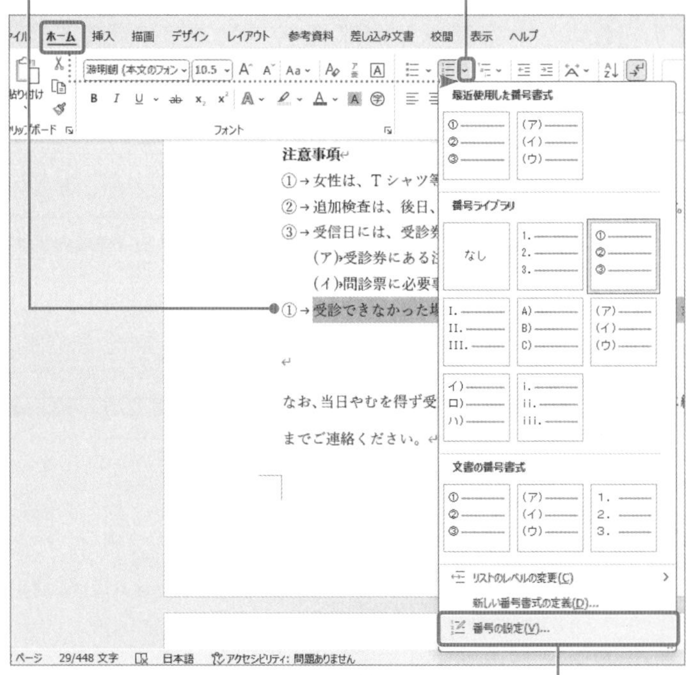

3 [番号の設定] をクリックします。

Memo 自動で番号を振りなおすか継続する

同じ種類の段落番号を設定した場合、2回目以降に▣（オートコレクトのオプション）が表示されます。▣をクリックすると、番号を振り直すか、継続するかを選択できます。

クリックすると、継続した番号（ここでは④）が表示されます。

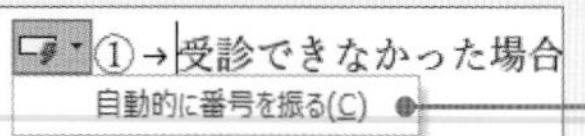

クリックすると、番号が新たに振られます（ここでは①）。

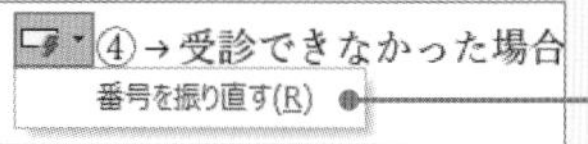

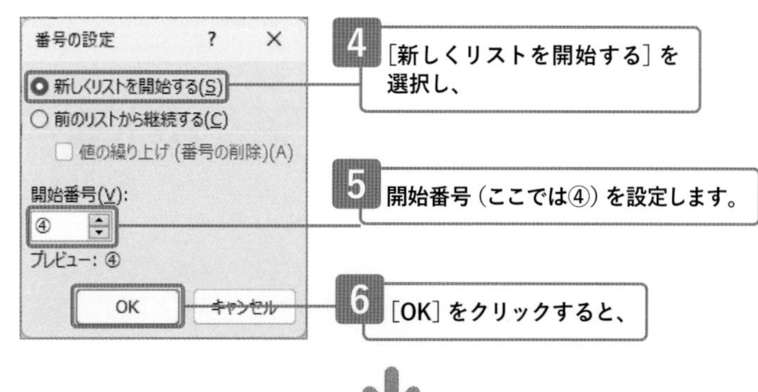

4 ［新しくリストを開始する］を選択し、

5 開始番号（ここでは④）を設定します。

6 ［OK］をクリックすると、

注意事項
①→女性は、Tシャツ等を持参してください。
②→追加検査は、後日、指定の医療機関での受検になります。
③→受信日には、受診券と問診票をお持ちください。
(ア)→受診券にある注意事項をご確認お願いします。
(イ)→問診票に必要事項を記入しておいてください。
④→受診できなかった場合は、直接医療機関での受信となります。

7 開始番号が変更されました。

コラム 入力しながら箇条書きや段落番号を設定する

「●」や「1.」のような記号や数字を入力し、文字を入力すると、自動的に箇条書きや段落番号が設定されることがあります。これは、入力オートフォーマットの機能によるものです。箇条書きや段落番号を設定したくない場合の対処方法も覚えておきましょう。

● 箇条書きの設定

行頭の「●」「■」などの記号に続けてSpaceキーやTabキーを押すと、自動的に箇条書きが設定されます❶。文字を入力し、Enterキーを押して改行すると、次の行に行頭文字が表示され、同じ箇条書きが設定されます❷。行頭文字だけが表示されている状態でEnterキーを押せば、箇条書きの設定が解除されます❸。

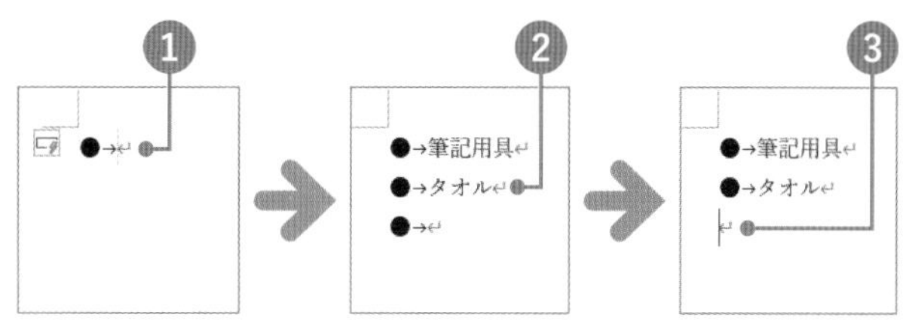

● 段落番号の設定

行頭に「1.」「①」などの数字に続けて、文字を入力してEnterキーを押して改行すると、次の行に同じ形式の連番の数字が表示され❶、段落番号が設定されます❷。行頭の番号だけが表示されている状態でEnterを押せば、段落番号の設定が解除されます❸。

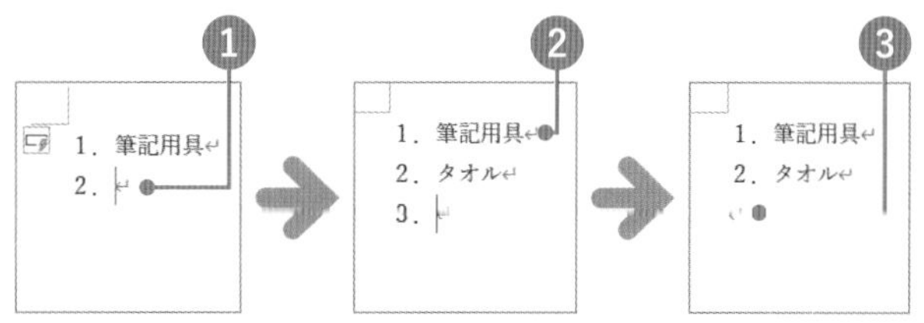

● 箇条書きや段落番号にするつもりがないのに設定されてしまった場合の解除方法

自動的に箇条書きや段落番号が設定された直後に、［オートコレクトのオプション］▣をクリックし、メニューを参考に設定を変更します（p.219のコラム参照）。または、［元に戻す］ボタンか、Ctrl＋Zキーを押せば、直前の自動修正が解除されます。

Section

52 行間や段落の間隔を設定する

行と行の間隔や段落と段落の間隔は、段落単位で変更できます。箇条書きの部分や文書内の一部の段落だけ行間を広げたり、段落と段落の間隔を広げたりして、ページ内の行や段落のバランスを整えることができます。

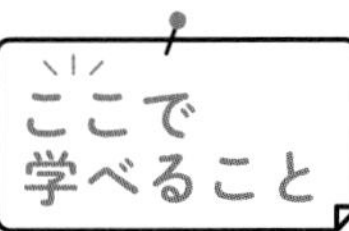

習得スキル	操作ガイド	ページ
▶行間の変更	レッスン52-1	p.217
▶段落間の変更	レッスン52-2	p.218

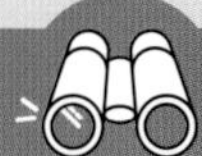

まずは パッと見るだけ！

行間と段落間の変更

行間は、行の上端から次の行の上端までの間隔です。段落間は、指定した段落の前後の間隔です。

● **行間の変更**

行と行の間隔を広げてゆとりを持たせることで読みやすさが向上します。

\Before/ 操作前

人生 100 年といわれるこの時代に、老後の資金をどのように形成すればいいのか、漠然とした不安があるけれど、投資についての知識がないし、どうすればいいかわからない。↵

\After/ 操作後

行間

人生 100 年といわれるこの時代に、老後の資金をどのように形成すればいいのか、漠然とした不安があるけれど、投資についての知識がないし、どうすればいいかわからない。↵

段落間は、指定した段落の前と後を別々に変更できます

● **段落間の変更**

段落間を変更すると、文のまとまりごとに間隔が変わるため、読みやすく、意味をとらえやすくなります。

\Before/ 操作前

●講師プロフィール↵
金融・証券アドバイザー□山本□花子□氏↵
金融機関にて投資相談に従事後、○○証券の金融・証券アドバ
どで講義を多数実施↵
［保有資格］↵
・証券外務員資格↵

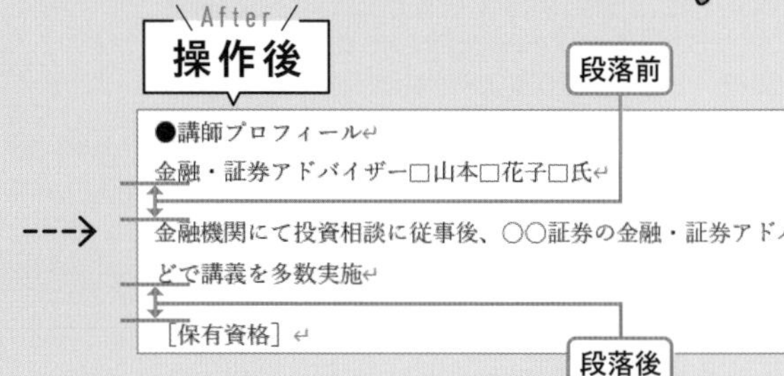

レッスン 52-1 行間を変更する

練習用ファイル 52-1-資産形成入門セミナー.docx

操作 行間を変更する

行間は、[ホーム] タブの [行と段落の間隔] で変更できます。

Memo 行間を元に戻すには

手順3で [1.0] を選択します。

コラム 行間のオプションで間隔を数値で変更する

手順3で [行間のオプション] を選択すると、[段落] ダイアログが表示され、[インデントと行間隔] タブで、行間や段落間を数値で変更できます。行間は、[行間] と [間隔] で設定できます。それぞれの選択肢の違いを確認しておきましょう。

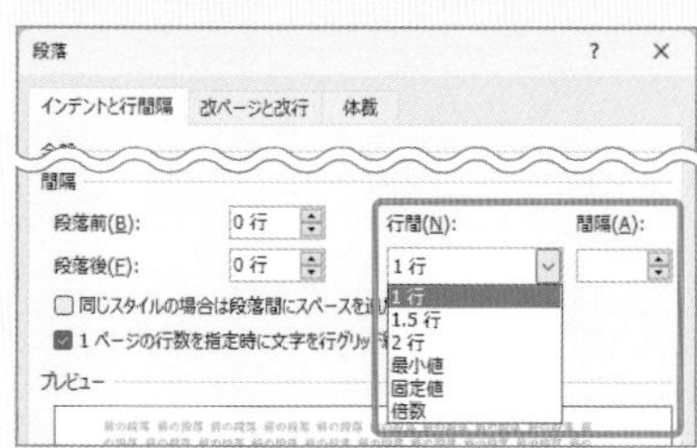

行間	内容
最小値	行間を [間隔] で指定したポイント以上に設定します。フォントサイズを大きくすればそれに応じて行間は広がります。
固定値	行間を [間隔] で指定したポイントに固定します。フォントサイズを大きくしても行間は広がりません。そのため、文字が重なり合ってしまう場合があります。
倍数	行間を標準の行間 (1行) に対して、[間隔] で指定した倍数に設定します。

1 行間を広げたい段落を選択し、

人生 100 年といわれるこの時代に、老後の資金をどのように形成すればいいのか、漠然とした不安があるけれど、投資についての知識がないし、どうすればいいかわからない。
本セミナーでは、現在の収入や家計の状況を分析し、必要となる資金を試算して、今から無理なく用意するための投資のあれこれ、新 NISA のお話も併せて、資産形成と管理のノウハウをお話します。

●セミナー要項
開催日：2023 年 12 月 10 日（日）
時□間：14:00～16:00
会□場：SB○○ビル□5 階□大会議室
定□員：50 名（先着順）
対□象：投資未経験者、初心者向け

2 [ホーム] タブ→ [行と段落の間隔] をクリックして、

3 一覧から行間（ここでは「1.15」）を選択すると、

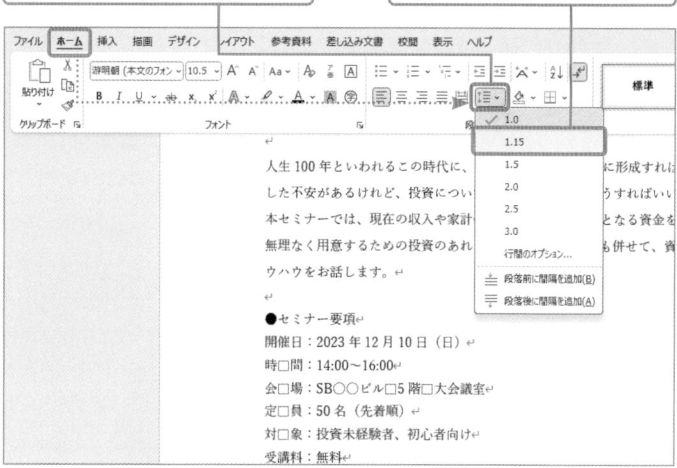

4 行間が広がります。

人生 100 年といわれるこの時代に、老後の資金をどのように形成すればいいのか、漠然とした不安があるけれど、投資についての知識がないし、どうすればいいかわからない。
本セミナーでは、現在の収入や家計の状況を分析し、必要となる資金を試算して、今から無理なく用意するための投資のあれこれ、新 NISA のお話も併せて、資産形成と管理のノウハウをお話します。

●セミナー要項
開催日：2023 年 12 月 10 日（日）
時□間：14:00～16:00
会□場：SB○○ビル□5 階□大会議室
定□員：50 名（先着順）
対□象：投資未経験者、初心者向け
受講料：無料

●講師プロフィール

レッスン 52-2 段落と段落の間隔を変更する

練習用ファイル 52-2-資産形成入門セミナー.docx

操作 段落の間隔を変更する

段落の間隔は、段落ごとに設定できます。見出しと箇条書きの間隔や、強調したい段落の前後の間隔をあけると、文章が読みやすくなります。段落の間隔は、選択した段落の前と後で設定できます。[レイアウト] タブの [前の間隔] と [後の間隔] で変更できます。

※Wordのバージョンによっては、段落後の間隔の既定値が8 ptに設定されている場合があります。

Memo 段落の間隔を数値で指定して変更する

[レイアウト] タブの [前の間隔] や [後の間隔] で段落の前後の間隔を「0.5行」のように行単位で指定する以外に、「6pt」のように「pt」を付けて入力すればポイント単位（1ポイント：約0.35mm）で指定できます。ここを「0」にすれば段落の間隔設定を解除できます。

Memo 段落間隔をメニューで変更する

[ホーム] タブの [行と段落の間隔] をクリックし、[段落前に間隔を追加] または [段落後に間隔を追加] をクリックして段落間の間隔を変更できます。この場合12pt分間隔が広がります。なお、解除するには、[段落前の間隔を削除] または [段落後の間隔を削除] をクリックします。

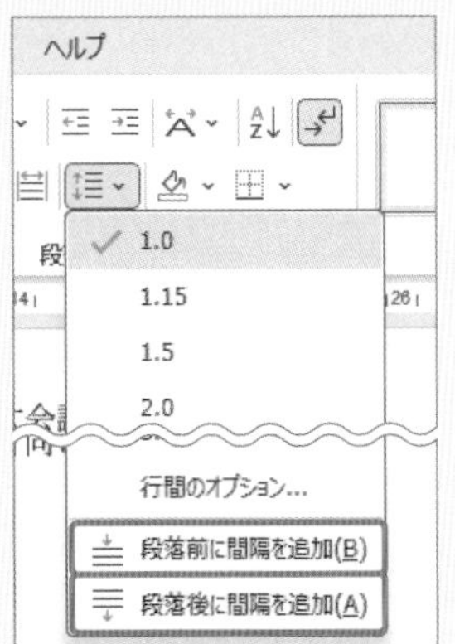

ここでは段落の前と後を0.5行分ずつ段落間隔を広げます。

1 段落を選択し、

●講師プロフィール
金融・証券アドバイザー□山本□花子□氏
金融機関にて投資相談に従事後、○○証券の金融・証券アドバイザーとして大学や企業などで講義を多数実施
［保有資格］
・証券外務員資格
・CFP（日本FP協会認定）

2 [レイアウト] タブの [前の間隔] の  をクリックすると、

3 指定した段落の前の間隔が変更されます。

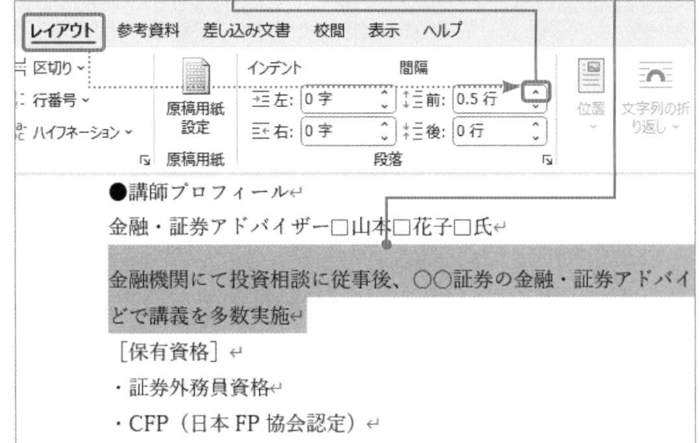

4 同様に [後の間隔] の をクリックすると、

5 指定した段落の後ろの間隔が変更されます。

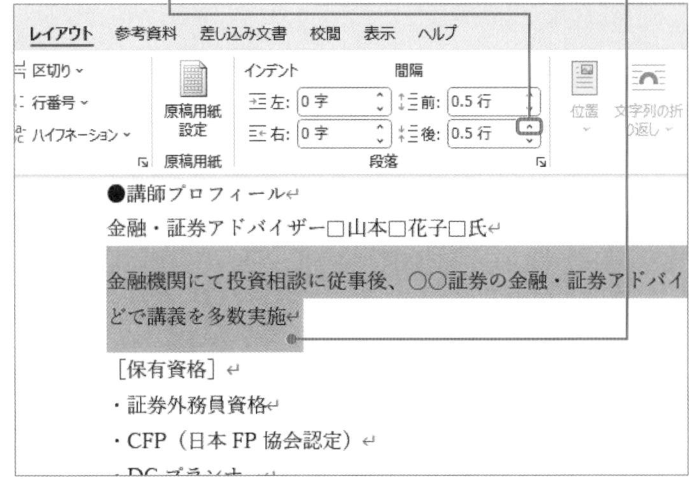

コラム 入力オートフォーマットについて

入力オートフォーマットとは、水平線（p.197）や箇条書き（p.215）、段落番号（p.215）のように、特定の文字を入力したら自動的に書式が設定されたり、文字が変換されたりする機能です。入力オートフォーマットの機能が働き、書式が自動で設定されると、［オートコレクトのオプション］が表示されます。クリックすると、メニューが表示され、入力オートフォーマットの機能により自動で設定された書式の取り扱いをどうするか選択できます。

●オートコレクトのオプションのメニュー

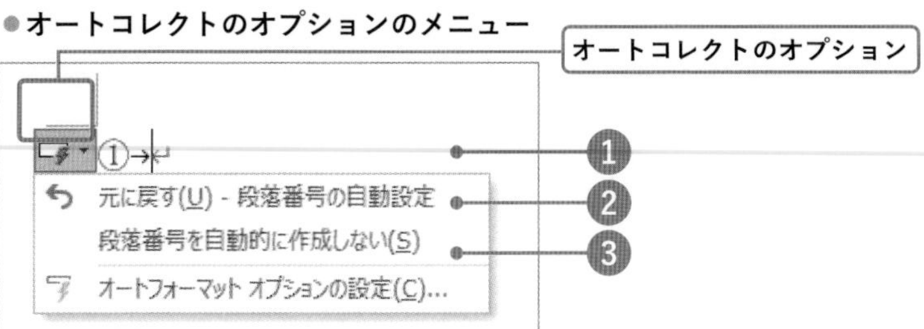

メニュー	内容
❶元に戻す -（機能名）の自動設定	自動で設定された書式を解除し、入力した通りの文字が表示される
❷（機能名）を自動的に作成しない	自動で設定された書式の入力オートフォーマットの機能をオフにする
❸オートフォーマットオプションの設定	［オートコレクト］ダイアログを表示し、入力オートフォーマットの確認、設定、解除ができる

●［オートコレクト］ダイアログ

［オートコレクト］ダイアログは［Wordのオプション］ダイアログ（p.73）の［文章校正］で［オートコレクトのオプション］ボタンをクリックしても表示できます。

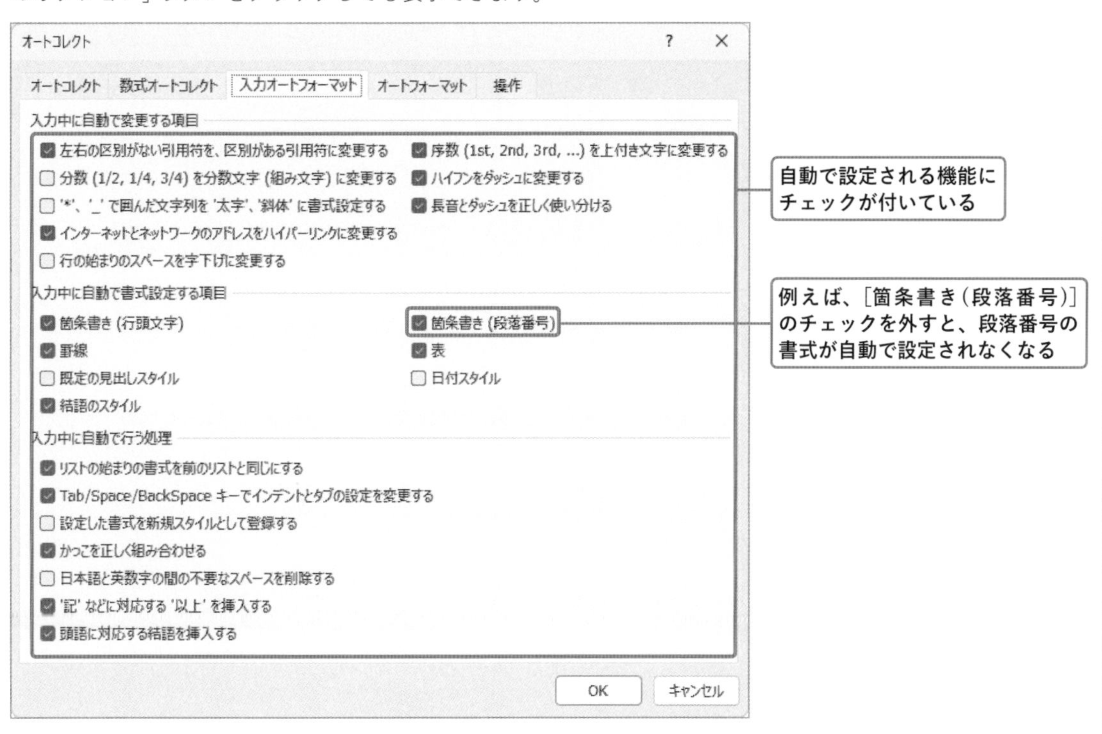

Section

53 書式のコピー／書式の解除

文字や段落に設定されている同じ書式を、別の文字や段落にも設定したい場合、書式のコピーと貼り付けを使って書式をコピーしましょう。また、設定した書式をまとめて解除する方法もここで紹介します。

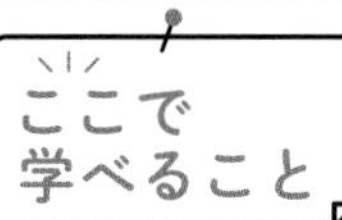

習得スキル	操作ガイド	ページ
▶書式のコピー/貼り付け	レッスン53-1	p.221
▶書式の解除	レッスン53-2	p.222

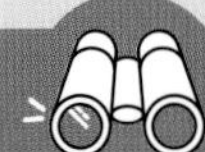

まずは パッと見るだけ！

書式のコピーと解除

［書式のコピー/貼り付け］を使うと、文字や段落に設定されている書式と同じ書式を別の場所にコピーして利用できます。また［すべての書式をクリア］を使うと、文字や段落に設定されている書式を一気に解除できます。

●書式のコピー/貼り付け

\Before/ 操作前

●セミナー要項
開催日：2023年12月10日（日）
時□間：14:00～16:00
会□場：SB○○ビル□5階□大会議室
定□員：50名（先着順）
対□象：投資未経験者、初心者向け
受講料：無料

●講師プロフィール
金融・証券アドバイザー□山本□花子□氏

●セミナー要項
開催日：2023年12月10日（日）
時□間：14:00～16:00
会□場：SB○○ビル□5階□大会議室
定□員：50名（先着順）
対□象：投資未経験者、初心者向け
受講料：無料

●講師プロフィール
金融・証券アドバイザー□山本□花子□氏

太字の書式をコピーして貼り付けた

●書式の解除

\Before/ 操作前

資産形成入門セミナー
参加費無料！先着50名様

人生100年といわれるこの時代に、老後の資金をどのように形成すればいいのか、漠然とした不安があるけれど、投資についての知識がないし、どうすればいいかわからない。
本セミナーでは、現在の収入や家計の状況を分析し、必要となる資金を試算して、今から無理なく用意するための投資のあれこれ、新NISAのお話も併せて、資産形成と管理のノウハウをお話します。

●セミナー要項
開催日：2023年12月10日（日）

資産形成入門セミナー
参加費無料！先着50名様

人生100年といわれるこの時代に、老後の資金をどのように形成すればいいのか、漠然とした不安があるけれど、投資についての知識がないし、どうすればいいかわからない。
本セミナーでは、現在の収入や家計の状況を分析し、必要となる資金を試算して、今から無理なく用意するための投資のあれこれ、新NISAのお話も併せて、資産形成と管理のノウハウをお話します。

●セミナー要項
開催日：2023年12月10日（日）
時□間：14:00～16:00
会□場：SB○○ビル□5階□大会議室
定□員：50名（先着順）

書式をまとめて解除した

レッスン 53-1 書式を他の文字や段落にコピーする

練習用ファイル 53-1-資産形成入門セミナー.docx

操作 書式をコピーする

コピーしたい書式が設定されている文字や段落を選択し、[書式のコピー/貼り付け]をクリックすると、マウスポインターの形状がになります。この状態でコピー先となる文字をドラッグすると書式をコピーできます。

Memo 段落書式のみコピーする

配置やタブなどの段落書式のみを別の段落にコピーしたい場合は、コピー元となる段落書式が設定されている段落の段落記号↵のみを選択し、[書式のコピー/貼り付け]をクリックして、コピー先の段落内でクリックします。

Memo 書式を連続してコピーする

書式を連続してコピーするには、手順2で[書式のコピー/貼り付け]をダブルクリックします。マウスポインターの形がの間は続けて書式コピーできます。Escキーを押すと、書式コピーが解除され、マウスポインターが通常の形状に戻ります。

ショートカットキー

- 書式のコピー
  Ctrl + Shift + C
- 書式の貼り付け
  Ctrl + Shift + V

1 コピー元となる書式が設定されている文字を段落記号を含めて選択し、

2 [ホーム] タブ→[書式のコピー/貼り付け] をクリックします。

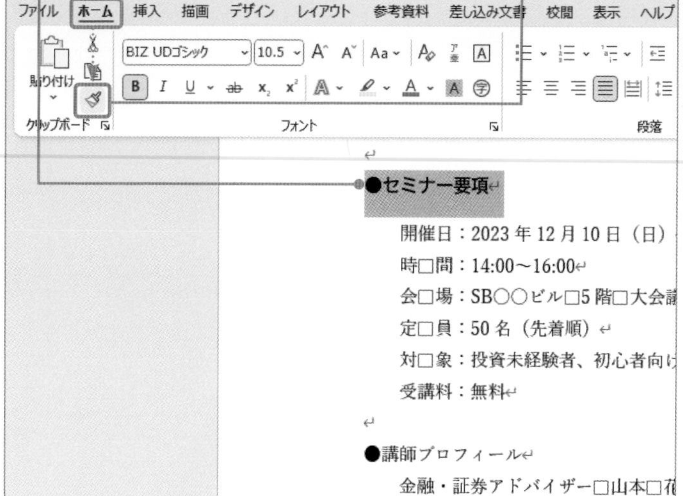

●講師プロフィール
金融・証券アドバイザー□山本□花子□氏
金融機関にて投資相談に従事後、○○証券の金融・
などで講義を多数実施
［保有資格］
・証券外務員資格

3 マウスポインターの形がになったら、書式のコピー先となる文字を段落記号を含めてドラッグすると、

4 文字書式と段落書式がコピーされます。

●講師プロフィール
金融・証券アドバイザー□山本□花子□氏
金融機関にて投資相談に従事後、○○証券の金融・
などで講義を多数実施
［保有資格］
・証券外務員資格

レッスン 53-2 設定した書式を解除する

練習用ファイル 53-2-資産形成入門セミナー.docx

操作 すべての書式を解除する

文字や段落に設定されている書式をまとめて解除したい場合は、［ホーム］タブの［すべての書式をクリア］を使います。選択範囲の文字書式、段落書式がまとめて解除されます。ただし、蛍光ペンやルビなどの一部の書式は解除できないので、その場合は、個別に解除してください。

ショートカットキー

- 文字書式のみ削除
  Ctrl + Space
- 段落書式のみ削除
  Ctrl + Q

1 書式を解除したい部分（ここでは、全文書）を範囲選択し、

2 ［ホーム］タブ→［すべての書式をクリア］をクリックすると、

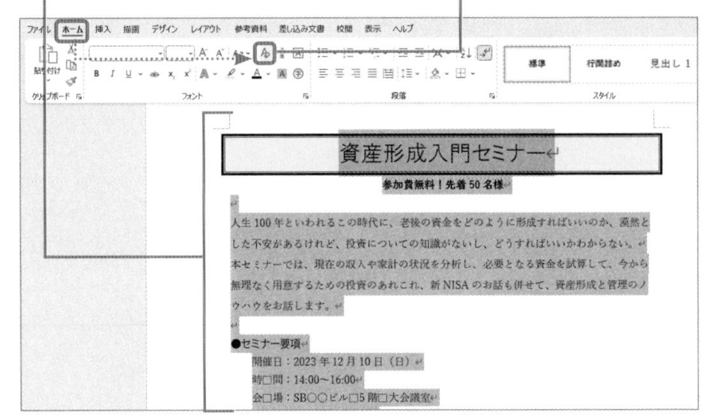

3 設定されていた書式がまとめて解除されます。

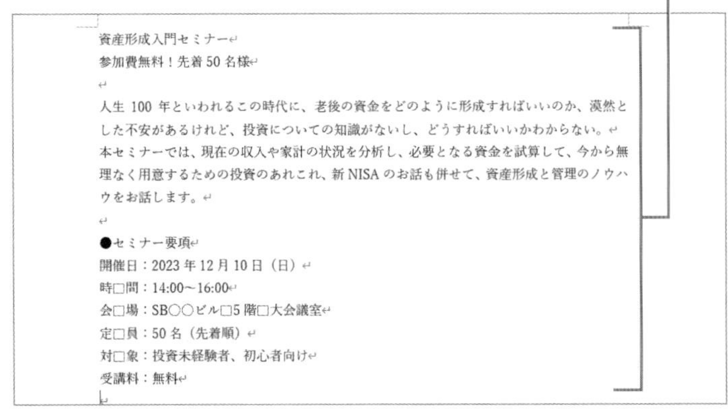

コラム スタイルを設定する

スタイルとは、フォントやフォントサイズ、下線といった文字書式と、配置などの段落書式を組み合わせた書式のセットです。スタイルを使えば、素早く簡単に文書内の複数個所に同じ書式を設定できます。
初期設定のスタイルは「標準」ですが、目的に合わせて変更します。例えば、文字に見出しのスタイルを設定したい場合は、文字を選択し❶、［ホーム］タブ→［スタイル］の▿をクリックして❷、一覧から［見出し 1］を選択すると❸、［見出し 1］のスタイルが設定されます❹。

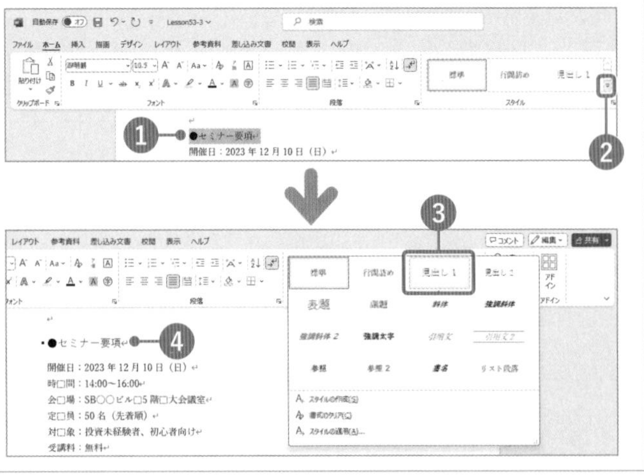

練習問題 文書に書式を設定しよう

練習用ファイル 演習5-商品価格改訂のお知らせ.docx

社外文書「商品価格改定のお知らせ」に以下の指示通りの書式を設定してください。

1. 1行目の発信日、5～6行目の発信者、19行目の「敬具」、30行目の「以上」を右揃えにする
2. 8行目のタイトル「商品価格改定のお知らせ」に以下の書式を設定する
   文字サイズ：14pt、フォント：BIZ UDPゴシック
   中央揃え、段落罫線（囲みの2重線）、段落前/後の間隔各0.5行
3. 10～17行目の本文の行間隔を1.15行にする
4. 21行目の「記」を中央揃えにする
5. 23～26行目について以下の書式を設定する
   左インデント：10文字、左揃えタブ：18文字、24文字、行間隔：1.15行
6. 28行目に以下の書式を設定する
   文字サイズ：11pt、太字、フォント：BIZ UDPゴシック、中央揃え

▼完成見本

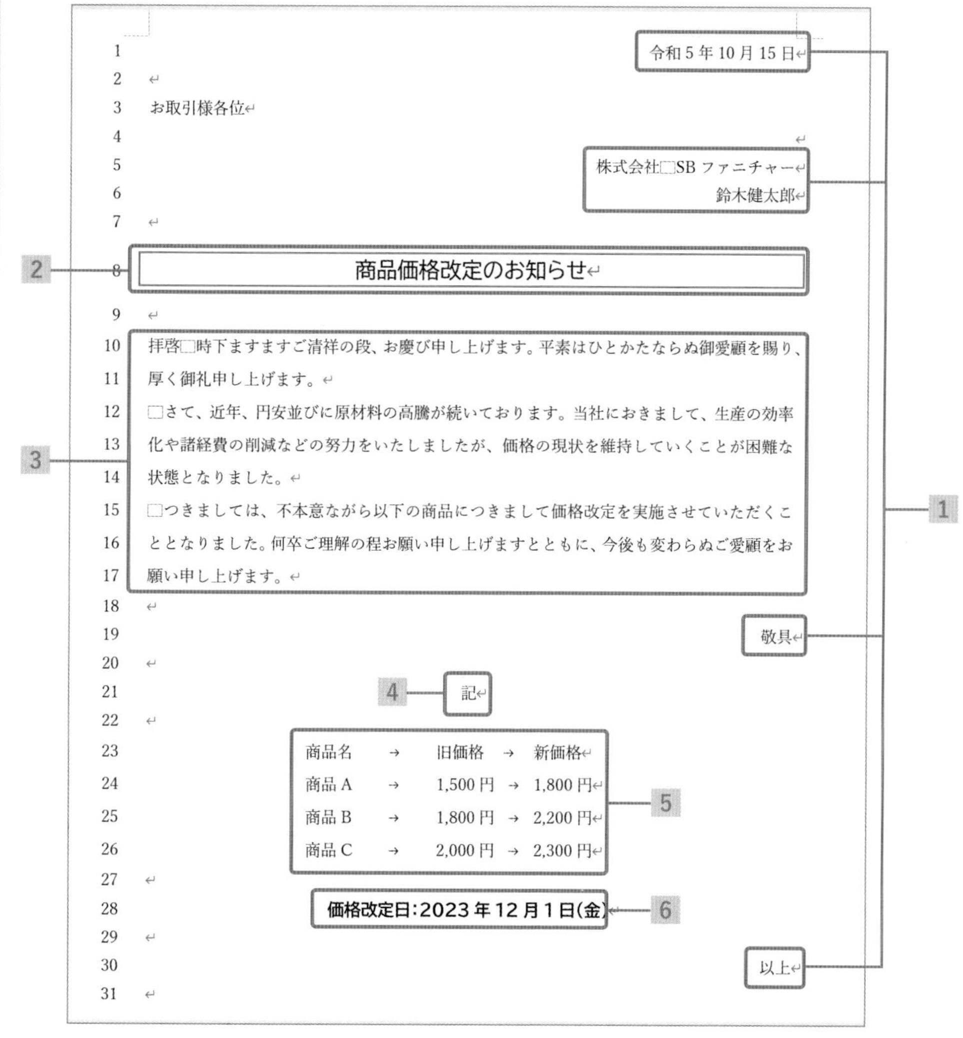

令和5年10月15日

お取引様各位

株式会社□SBファニチャー
鈴木健太郎

商品価格改定のお知らせ

拝啓□時下ますますご清祥の段、お慶び申し上げます。平素はひとかたならぬ御愛顧を賜り、厚く御礼申し上げます。
□さて、近年、円安並びに原材料の高騰が続いております。当社におきまして、生産の効率化や諸経費の削減などの努力をいたしましたが、価格の現状を維持していくことが困難な状態となりました。
□つきましては、不本意ながら以下の商品につきまして価格改定を実施させていただくこととなりました。何卒ご理解の程お願い申し上げますとともに、今後も変わらぬご愛顧をお願い申し上げます。

敬具

記

商品名	→	旧価格	→	新価格
商品A	→	1,500円	→	1,800円
商品B	→	1,800円	→	2,200円
商品C	→	2,000円	→	2,300円

価格改定日：2023年12月1日(金)

以上

ゲーム感覚でタイピングを極めてみる

できるだけ早くスキルアップしたい人は、まず、指にキーの配列を覚えさせて、キーを見なくても入力できるようにする「タッチタイプ」の練習をしましょう。キーボードを見ずに、画面を見ながら文字が入力できるようになると、入力スピードが上がり、入力が楽しくなってきますし、仕事の効率が上がります。

● タッチタイプの基本

「タッチタイプ」の基本は、指をキーボードのホームポジションに置き、ホームポジションから指を目的のキーに動かします。どの指でどのキーを打つのか決まっているので、ホームポジションから指をどの方向に動かしたらいいのかを指に覚えさせます。
タイピング練習ソフトを使って練習するといいでしょう。Webで「タイピングゲーム」と検索すると無料のゲームもたくさん表示されます。

▼指のホームポジションとキーと指の対応図

○は各指のホームポジションです。ホームポジションに指を置いて、キーを押しては、元の位置に戻る練習をして指にキーの位置を覚えさせます。

Point 繰り返すと指が勝手に動くようになる

第 6 章

きれいな表を作成する

Wordで表を作成する場合は、行数や列数を指定して作成する以外に、すでに入力されている文字列を表に変換して作成する方法があります。ここでは、表の作成方法と編集方法を説明します。

Section

54 表を作成する

表の作成では基本的に、行数と列数を指定して作成します。あらかじめ作成する表の列数や行数がわかっている場合に便利です。なお、後から行や列を追加したり、削除したりすることもできます。

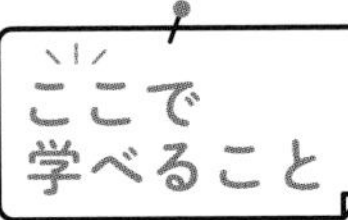

習得スキル	操作ガイド	ページ
▶表の作成	レッスン54-1	p.227

まずは パッと見るだけ！

行数と列数を指定した表の作成

表を作成したい位置に、行数や列数を指定して作成できます。以下は、3行4列で指定して表を作成しています。

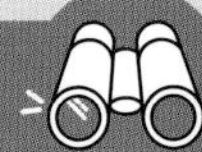

Before 操作前

●新規募集講座

After 操作後

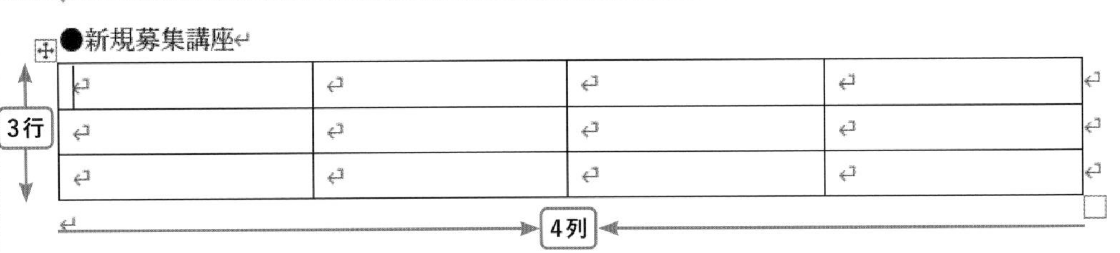

レッスン 54-1 行数と列数を指定して表を作成する

練習用ファイル 54-ピックアップ講座.docx

操作 表を挿入する

[挿入] タブの [表の追加] をクリックすると、マス目が表示されます。作成する表の列数と行数の位置にマウスポインターを合わせてクリックするだけで表が挿入されます。8行×10列までの表を作成できます。

Memo 行数と列数を指定して表作成する

手順4で [表の挿入] をクリックすると、[表の挿入] ダイアログが表示され、行数と列数を指定し、列幅の調節方法を選択できます❶。8行×10列より大きな表を作成できます。

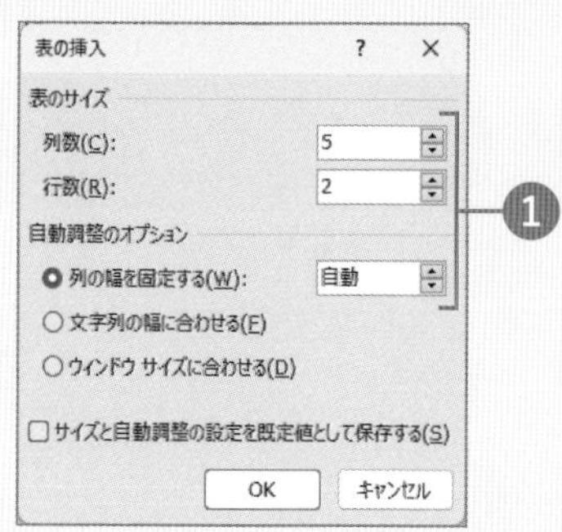

ここでは3行4列の表を作成します。

1 表を挿入する位置にカーソルを移動し、

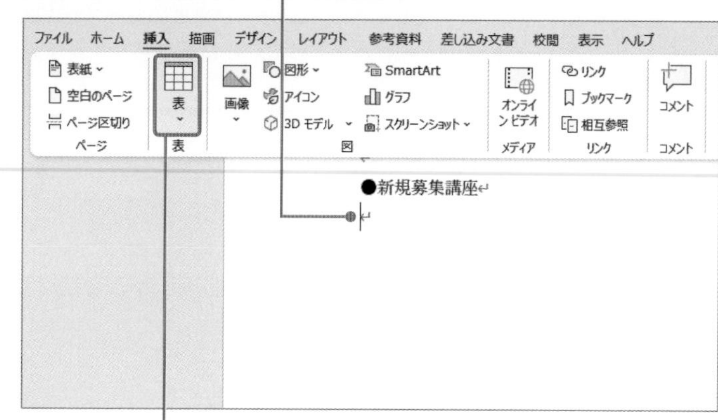

2 [挿入] タブ→ [表の追加] をクリックします。

3 表の行数と列数が表示されます。

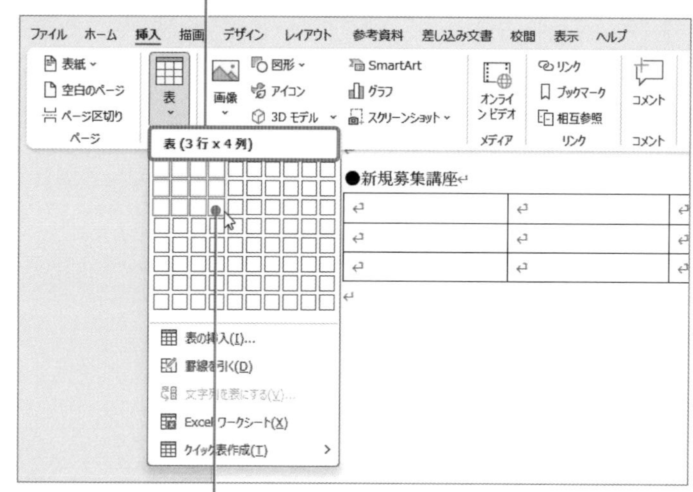

4 マス目が表示されたら、3行×4列目のマス目にマウスポインターを合わせてクリックすると、

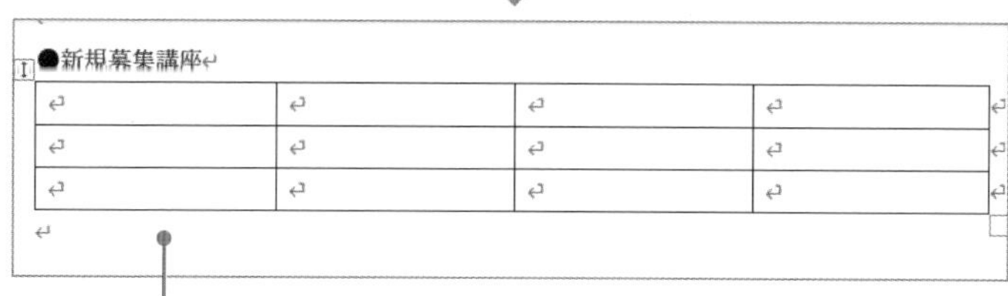

5 指定した表が作成されます。

Section

55 文字を表に変換する

文字入力

文字がタブやスペース、カンマなどの記号で区切られて入力されている場合、これらの記号を列の区切りに、段落記号を行の区切りにして表に変換できます。

ここで学べること

習得スキル	操作ガイド	ページ
▶文字を表に変換する	レッスン55-1	p.229

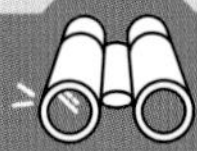

まずは パッと見るだけ！

タブやカンマの区切り文字を利用する

列の区切りにしたい位置に**タブ**や**カンマ**などの**区切り文字**にできる記号、行の区切りにしたい位置に段落記号が入力されている場合は、文字を表に変換できます。

Before 操作前

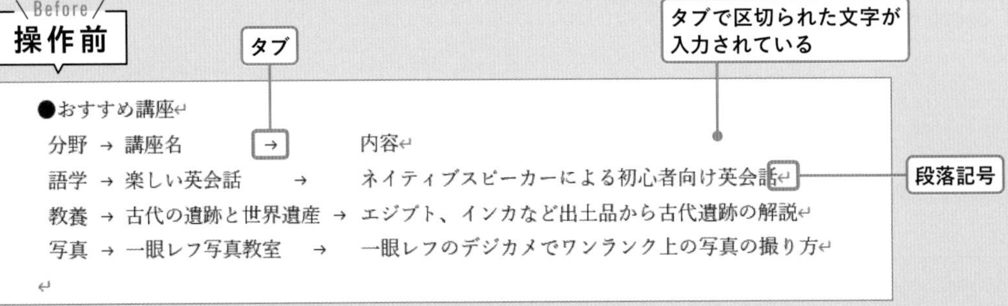
●おすすめ講座↵
分野 → 講座名 → 内容↵
語学 → 楽しい英会話 → ネイティブスピーカーによる初心者向け英会話↵
教養 → 古代の遺跡と世界遺産 → エジプト、インカなど出土品から古代遺跡の解説↵
写真 → 一眼レフ写真教室 → 一眼レフのデジカメでワンランク上の写真の撮り方↵
↵

After 操作後

タブが列区切り、段落記号が行区切りとなって表に変換された

●おすすめ講座↵

分野↵	講座名↵	内容↵
語学↵	楽しい英会話↵	ネイティブスピーカーによる初心者向け英会話↵
教養↵	古代の遺跡と世界遺産↵	エジプト、インカなど出土品から古代遺跡の解説↵
写真↵	一眼レフ写真教室↵	一眼レフのデジカメでワンランク上の写真の撮り方↵

↵

一瞬で表ができた！

レッスン 55-1 文字を表に変換する

55-ピックアップ講座.docx

操作　文字を表に変換する

タブやカンマで区切られている文字を選択し、[文字列を表にする] ダイアログを開くと、表の列数と行数、区切り記号を指定して文字を表に変換できます。

ここではタブで区切られた文字を表に変換します。

1 タブで区切られた段落を選択し、

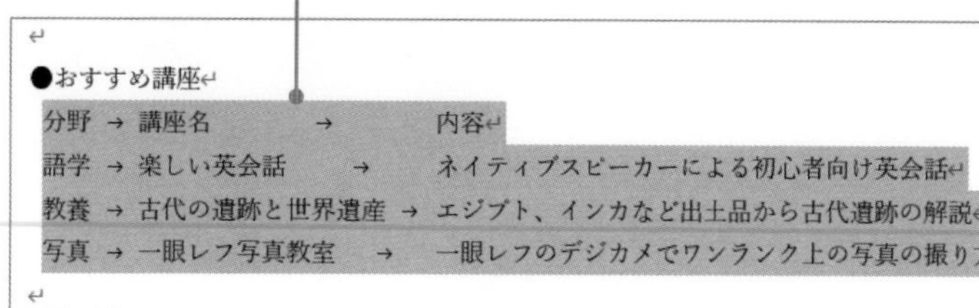

2 [挿入] タブ→ [表の追加] をクリックして、

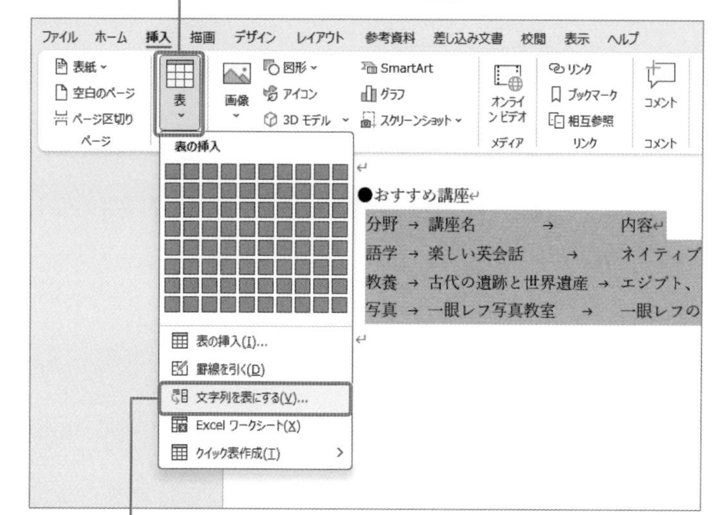

3 [文字列を表にする] をクリックします。

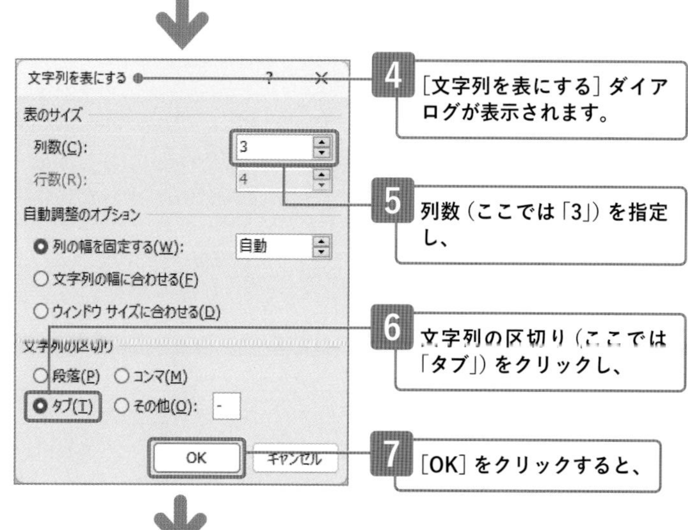

4 [文字列を表にする] ダイアログが表示されます。

5 列数 (ここでは「3」) を指定し、

6 文字列の区切り (ここでは「タブ」) をクリックし、

7 [OK] をクリックすると、

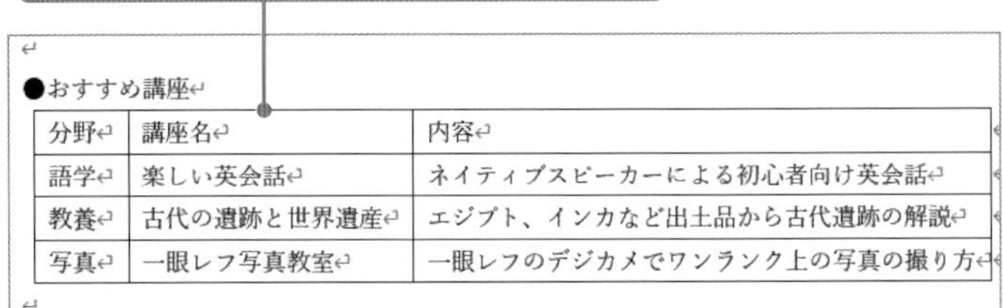

分野	講座名	内容
語学	楽しい英会話	ネイティブスピーカーによる初心者向け英会話
教養	古代の遺跡と世界遺産	エジプト、インカなど出土品から古代遺跡の解説
写真	一眼レフ写真教室	一眼レフのデジカメでワンランク上の写真の撮り方

コラム　文字をすばやく表に変換する

タブで区切られた文字であり、なおかつ各行のタブの数が同じであれば、[表の挿入] ですばやく表に変換できます。そのため、**レッスン55-1** は [表の挿入] を使っても表に変換できます。

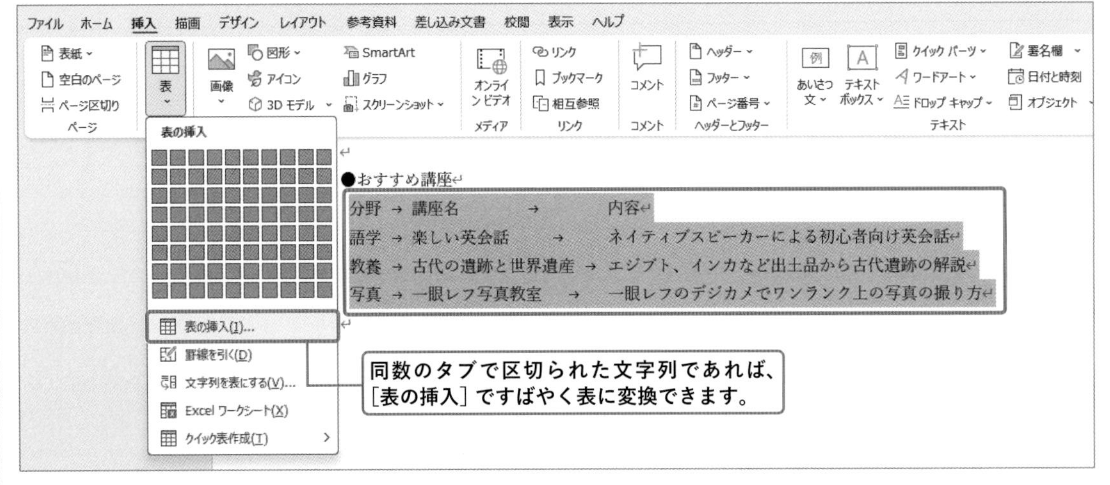

コラム　表組みは残して、罫線のみ削除する

表組みは残したいけど、罫線は削除したいという場合は、[表の移動ハンドル] をクリックして表全体を選択し❶、コンテキストタブの [テーブルデザイン] タブで [罫線] の をクリックし❷、一覧から [枠なし] をクリックします❸。
すると、罫線が削除されて、グリッド線のみが表示されます❹。このグリッド線は印刷されないので、罫線はなくても、表形式できれいに整えて文字列を配置できます。例えば、カレンダーをイメージするとわかりやすいでしょう。なお、グリッド線が表示されない場合は、コンテキストタブの [レイアウト] タブで [グリッド線の表示] をクリックしてオンにします。

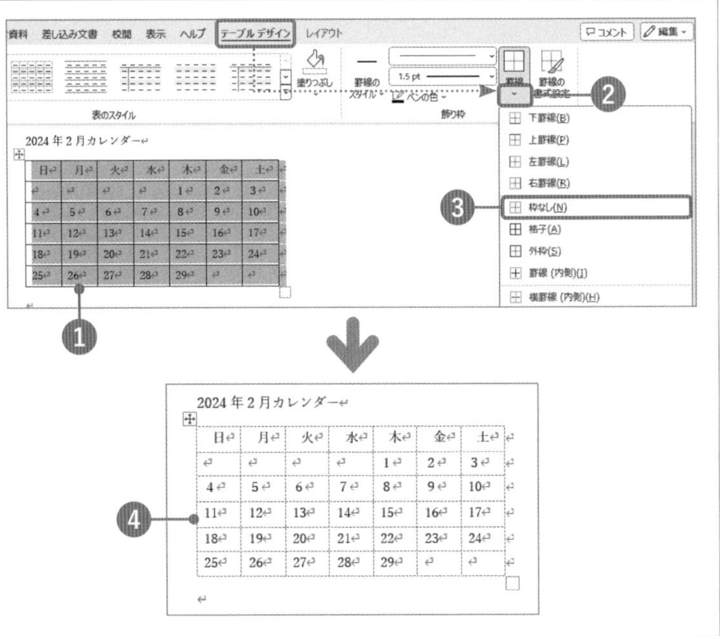

日	月	火	水	木	金	土
				1	2	3
4	5	6	7	8	9	10
11	12	13	14	15	16	17
18	19	20	21	22	23	24
25	26	27	28	29		

コラム　ドラッグで表を作成する

[表の追加] メニューで [罫線を引く] をクリックすると、マウスポインターの形が鉛筆になります。この状態で斜めにドラッグして外枠を挿入し、続いて外枠内で左右にドラッグして横罫線、上下にドラッグして縦罫線が引けます。Shift キーを押している間だけ消しゴムの形に変わり罫線削除モードになります。この間に罫線をクリックすれば削除できます。罫線モードを終了するには、esc キーを押します。

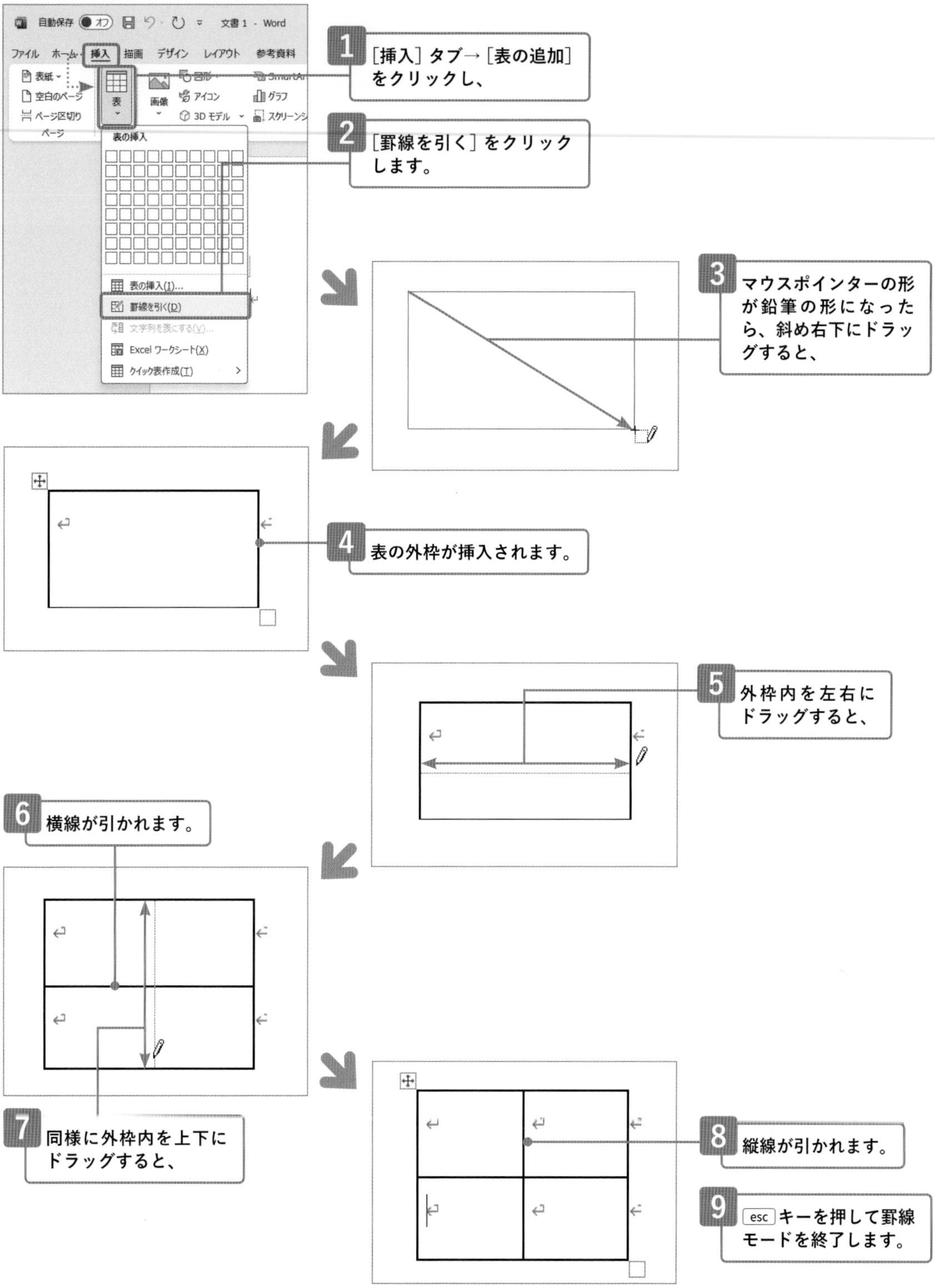

1 [挿入] タブ→ [表の追加] をクリックし、

2 [罫線を引く] をクリックします。

3 マウスポインターの形が鉛筆の形になったら、斜め右下にドラッグすると、

4 表の外枠が挿入されます。

5 外枠内を左右にドラッグすると、

6 横線が引かれます。

7 同様に外枠内を上下にドラッグすると、

8 縦線が引かれます。

9 esc キーを押して罫線モードを終了します。

Section

56 表内を移動して入力する

表を構成する一つ一つのマス目のことを「セル」といいます。表内に文字を入力するには、セルにカーソルを移動します。ここでは、カーソルの移動と表内で文字を入力する方法を確認しましょう。

ここで学べること

習得スキル	操作ガイド	ページ
▶表内の移動と入力	レッスン56-1	p.233

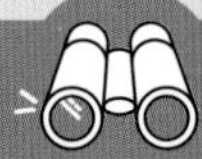

まずは パッと見るだけ！

表内の移動と入力

表内でクリックしてセル内にカーソルを移動したら、Tab キーでセル間をカーソル移動しながら文字を入力します。

Before 操作前

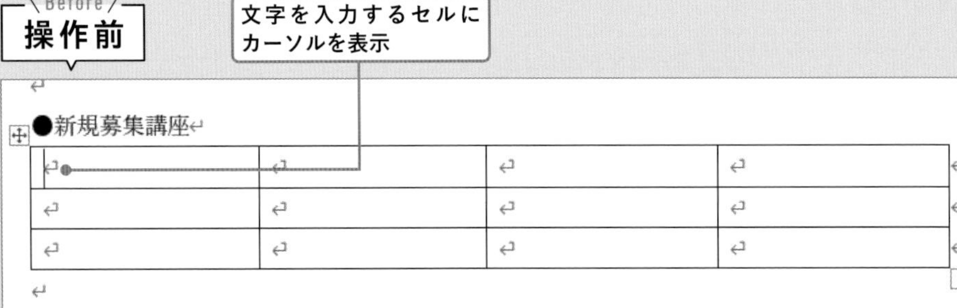

After 操作後

それぞれのセルに文字が入力された

●新規募集講座

分野	講座名	日時	月額
語学	トラベル英会話	毎金曜日□13:00～14：00	12,000円
教養	縄文時代と縄文土器	第 1 水曜日□14:00～15：00	3,000円

表の入力はばっちり！

レッスン 56-1 表内のカーソル移動と文字入力

56-ピックアップ講座.docx

操作 表内のカーソル移動と文字入力

キー操作で表内のカーソルを移動するには、Tab キーまたは→←↑↓キーを使います。
Tab キーを押すと、左から右へと表内を順番にカーソルが移動します。Shift + Tab キーで逆方向に移動します。目的のセルにカーソルが移動したら、文字を入力します。

Memo 右下角のセルで Tab キーを押すと行が追加される

表の右下角のセルで Tab キーを押すと表の下に行が自動的に追加されます。名簿などの表にデータを続けて追加する場合に便利です。
間違えて追加された場合は、直後に Ctrl + Z キーを押すか、p.244の手順で行を削除してください。

Memo 行の高さは自動で広がる

セル内で文字を入力し、確定した後に Enter キーを押すと改行され、行の高さが変わります。間違えて改行した場合は、Back Space キーを押して段落記号を削除してください。
また、手順7の3列2〜3行目のように、セル幅より長い文字を入力すると自動的に行の高さが広がります。1行に収めたい場合は、文字サイズを調整するか、p.239の手順で列幅を広げてください。

1 1行1列目のセルに「分野」と入力し、

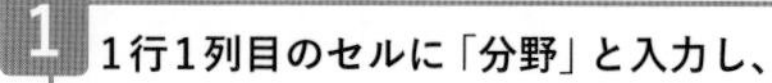

2 Tab キーを1回押すと、

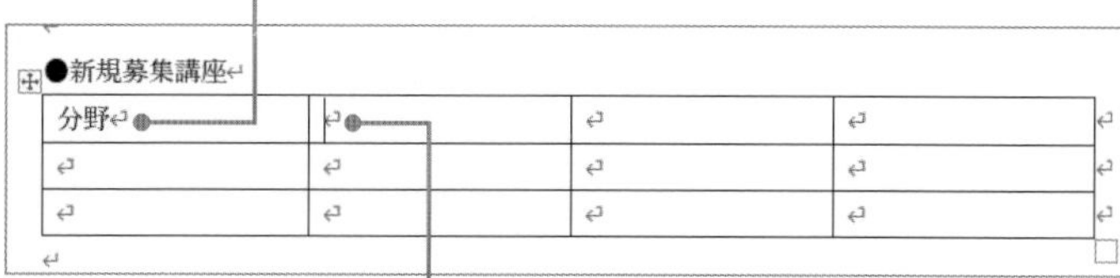

3 1つ右のセル（1行2列目）にカーソルが移動します。

4 同様に「講座名」「日時」「月額」と入力して、

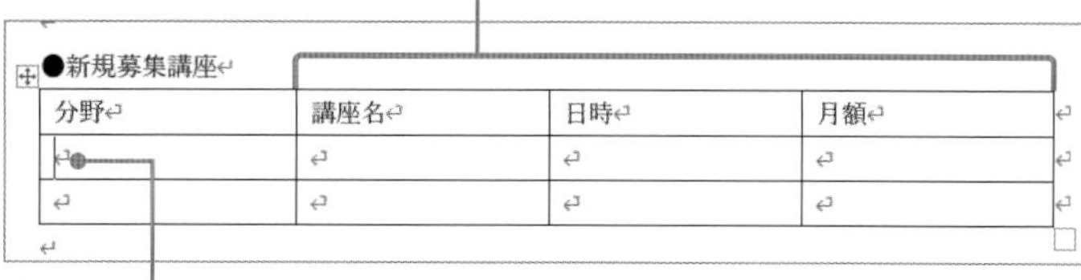

5 Tab キーを押すと次の行の先頭のセル（2行1列目）にカーソルが移動します。

6 「語学」と入力し、

7 同様にして他のセルに文字を入力します。

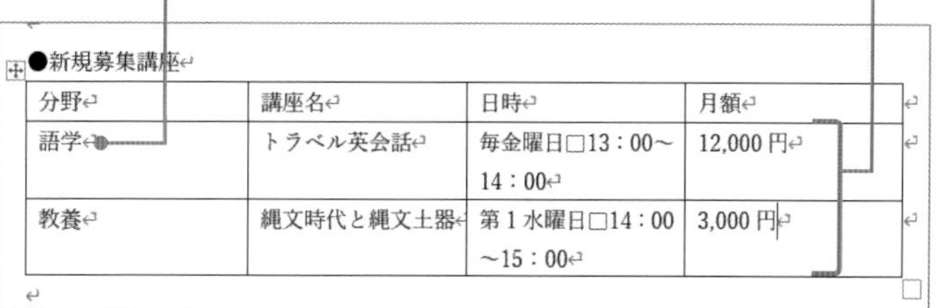

コラム 表の構成

表は、横方向の並びの「行」、縦方向の並びの「列」で構成されています。表の一つ一つのマス目のことを「セル」といいます。セルの位置は、「2行3列目のセル」というように行と列を組み合わせて表現します。表内にカーソルがある場合、表の左上角に［表の移動ハンドル］⊞、右下角に［表のサイズ変更ハンドル］□が表示されます。

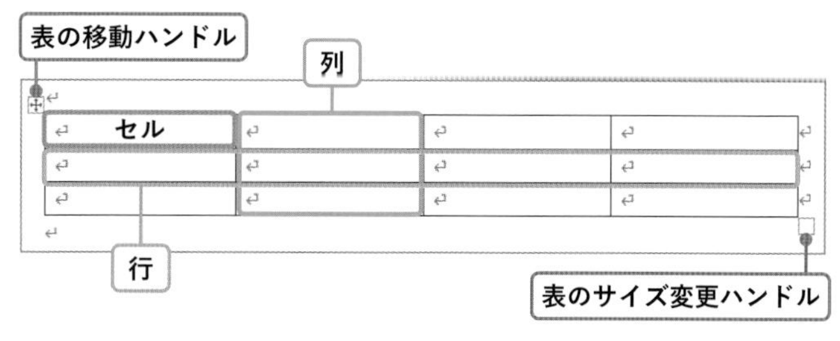

Section

57 セル／行／列／表を選択する

表内のセルや行、列に対して色を設定するなどの書式を設定するには、対象となるセルや行、列を選択します。表の構成を確認し、セル、行、列、表全体の選択方法を確認しましょう。

ここで学べること

習得スキル	操作ガイド	ページ
▶セルの選択	レッスン57-1	p.235
▶行の選択	レッスン57-2	p.236
▶列の選択	レッスン57-3	p.236
▶表の選択	レッスン57-4	p.237

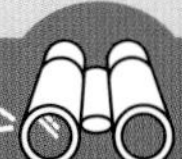

まずは パッと見るだけ！

セル／行／列／表の選択

表内のセルや行、列、表を選択するには、対象となるセルを選択します。マウスポインターの位置と形に注目してください。

Before
操作前

●おすすめ講座

分野	講座名	内容
語学	楽しい英会話	ネイティブスピーカーによる初心者向け英会話
教養	古代の遺跡と世界遺産	エジプト、インカなど出土品から古代遺跡の解説
写真	一眼レフ写真教室	一眼レフのデジカメでワンランク上の写真の撮り方

After
操作後

● **セルの選択：セルの左端に合わせ、➚の形でクリック**

●おすすめ講座

分野	講座名	内容
語学	楽しい英会話	ネイティブスピーカーによる初心者向け英会話
教養	古代の遺跡と世界遺産	エジプト、インカなど出土品から古代遺跡の解説
写真	一眼レフ写真教室	一眼レフのデジカメでワンランク上の写真の撮り方

● 行の選択：行の左余白に合わせ、[pointer]の形でクリック

●おすすめ講座

分野	講座名	内容
語学	楽しい英会話	ネイティブスピーカーによる初心者向け英会話
教養	古代の遺跡と世界遺産	エジプト、インカなど出土品から古代遺跡の解説
写真	一眼レフ写真教室	一眼レフのデジカメでワンランク上の写真の撮り方

● 列の選択：列の上端に合わせ、[↓]の形でクリック

●おすすめ講座

分野	講座名	内容
語学	楽しい英会話	ネイティブスピーカーによる初心者向け英会話
教養	古代の遺跡と世界遺産	エジプト、インカなど出土品から古代遺跡の解説
写真	一眼レフ写真教室	一眼レフのデジカメでワンランク上の写真の撮り方

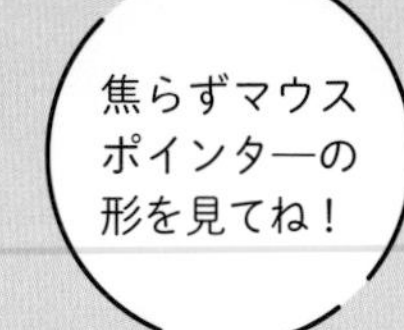

● 表の選択：表の左上の［表の移動ハンドル］に合わせ、[pointer]の形でクリック

●おすすめ講座

分野	講座名	内容
語学	楽しい英会話	ネイティブスピーカーによる初心者向け英会話
教養	古代の遺跡と世界遺産	エジプト、インカなど出土品から古代遺跡の解説
写真	一眼レフ写真教室	一眼レフのデジカメでワンランク上の写真の撮り方

レッスン 57-1 セルを選択する

練習用ファイル 57-ピックアップ講座.docx

操作 セルを選択する

選択したいセルの左端にマウスポインターを合わせると、[pointer]の形に変わります。クリックするとセルが選択されます。
なお、連続した複数のセルを選択する場合は、選択したいセル上をドラッグしてください。

Memo 離れた複数のセルを選択する

1つ目のセルを選択した後、Ctrl キーを押しながら別のセルをクリックまたはドラッグすると、離れた場所にある複数のセルを選択できます。

Memo 選択を解除する

文書内のいずれかの場所をクリックすると、選択が解除されます。

1 セル内の左端にマウスポインターを合わせて、[pointer]の形に変わったら、

2 クリックすると、

●おすすめ講座

分野	講座名	内容
語学	楽しい英会話	ネイティブスピーカーによる初心者向け英
教養	古代の遺跡と世界遺産	エジプト、インカなど出土品から古代遺跡
写真	一眼レフ写真教室	一眼レフのデジカメでワンランク上の写真

3 セルが選択されます。

●おすすめ講座

分野	講座名	内容
語学	楽しい英会話	ネイティブスピーカーによる初心者向け英
教養	古代の遺跡と世界遺産	エジプト、インカなど出土品から古代遺跡
写真	一眼レフ写真教室	一眼レフのデジカメでワンランク上の写真

レッスン 57-2 行を選択する

57-ピックアップ講座.docx

操作　行を選択する

選択したい行の左側にマウスポインターを合わせると、の形に変わります。クリックすると行が選択されます。
なお、連続した複数の行を選択する場合は、の形で縦方向にドラッグします。

1 選択したい行の左側にマウスポインターを合わせ、の形に変わったときにクリックすると、

●おすすめ講座

分野	講座名	内容
語学	楽しい英会話	ネイティブスピーカーによる初心者向け
教養	古代の遺跡と世界遺産	エジプト、インカなど出土品から古代遺
写真	一眼レフ写真教室	一眼レフのデジカメでワンランク上の写

2 行が選択されます。

●おすすめ講座

分野	講座名	内容
語学	楽しい英会話	ネイティブスピーカーによる初心者向け
教養	古代の遺跡と世界遺産	エジプト、インカなど出土品から古代遺
写真	一眼レフ写真教室	一眼レフのデジカメでワンランク上の写

レッスン 57-3 列を選択する

57-ピックアップ講座.docx

操作　列を選択する

選択したい列の上側にマウスポインターを合わせると、の形に変わります。クリックすると列が選択されます。
なお、連続した複数の列を選択する場合は、の形で横方向にドラッグします。

1 選択したい行の上側にマウスポインターを合わせ、の形に変わったときにクリックすると、

●おすすめ講座

分野	講座名	内容
語学	楽しい英会話	ネイティブスピーカーによる初心者向け
教養	古代の遺跡と世界遺産	エジプト、インカなど出土品から古代遺
写真	一眼レフ写真教室	一眼レフのデジカメでワンランク上の写

2 列が選択されます。

●おすすめ講座

分野	講座名	内容
語学	楽しい英会話	ネイティブスピーカーによる初心者向け
教養	古代の遺跡と世界遺産	エジプト、インカなど出土品から古代遺
写真	一眼レフ写真教室	一眼レフのデジカメでワンランク上の写

レッスン 57-4 表全体を選択する

57-ピックアップ講座.docx

操作 表を選択する

表内でクリックし、表の左上角にある［表の移動ハンドル］にマウスポインターを合わせると、[ポインター]の形に変わります。クリックすると表全体が選択されます。

1 表内でクリックしてカーソルを移動し、

●おすすめ講座

分野	講座名	内容
語学	楽しい英会話	ネイティブスピーカーによる初心者向け英会話
教養	古代の遺跡と世界遺産	エジプト、インカなど出土品から古代遺跡の解説
写真	一眼レフ写真教室	一眼レフのデジカメでワンランク上の写真の撮り方

2 ［表の移動ハンドル］[ハンドル]にマウスポインターを合わせ、

3 マウスポインターの形が[ポインター]に変わったときにクリックすると、

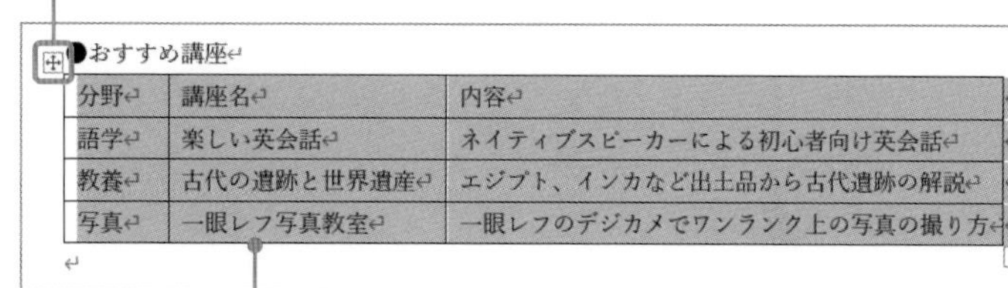
●おすすめ講座

分野	講座名	内容
語学	楽しい英会話	ネイティブスピーカーによる初心者向け英会話
教養	古代の遺跡と世界遺産	エジプト、インカなど出土品から古代遺跡の解説
写真	一眼レフ写真教室	一眼レフのデジカメでワンランク上の写真の撮り方

4 表全体が選択されます。

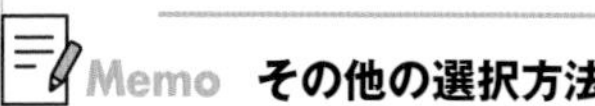

その他の選択方法

セル、行、列、表全体は、メニューを使用して選択することもできます。表の選択したい箇所にカーソルを移動し、コンテキストタブの［レイアウト］タブの［表の選択］をクリックして、表示されるメニューからそれぞれ選択します。

1 コンテキストタブの［レイアウト］タブ→［表の選択］をクリックすると、

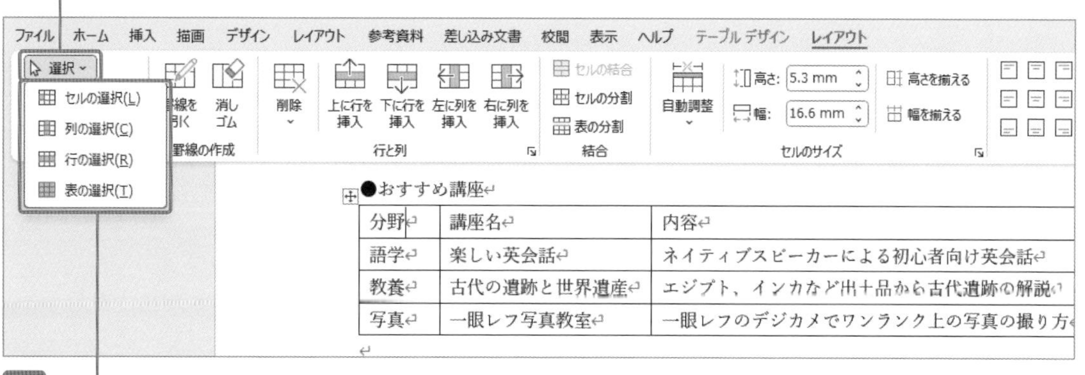

●おすすめ講座

分野	講座名	内容
語学	楽しい英会話	ネイティブスピーカーによる初心者向け英会話
教養	古代の遺跡と世界遺産	エジプト、インカなど出土品から古代遺跡の解説
写真	一眼レフ写真教室	一眼レフのデジカメでワンランク上の写真の撮り方

2 メニューが表示されます。

Section

58 列の幅や行の高さを調整する

列の幅や行の高さは、ドラッグで簡単に変更できます。また、列単位、行単位それぞれで変更するだけでなく、表全体をまとめてサイズを変更することもできます。また、複数の列の幅や行の高さを均等に揃えて見栄えを整えましょう。

習得スキル	操作ガイド	ページ
▶列の幅と高さの変更	レッスン58-1	p.239
▶表のサイズ変更	レッスン58-2	p.240
▶列幅／行高を均等にする	レッスン58-3	p.241

まずは パッと見るだけ！

●列幅や行高の変更

Before 操作前

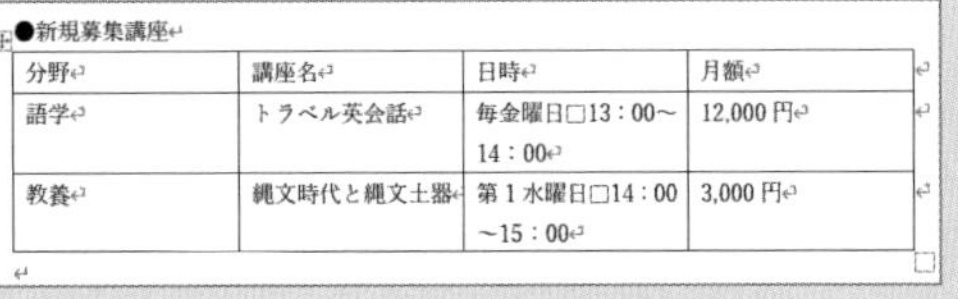

●新規募集講座

分野	講座名	日時	月額
語学	トラベル英会話	毎金曜日□13：00～14：00	12,000 円
教養	縄文時代と縄文土器	第１水曜日□14：00～15：00	3,000 円

After 操作後

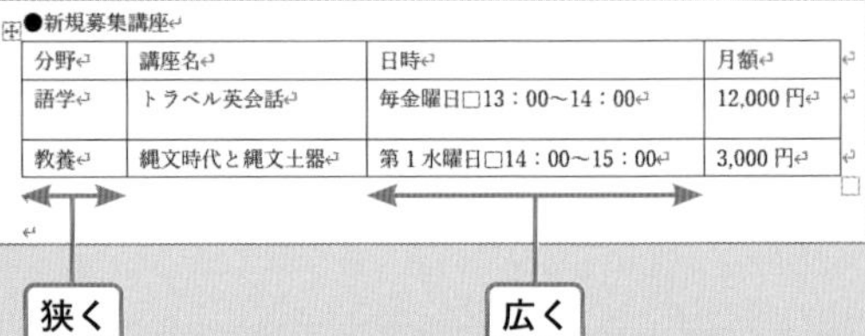

●新規募集講座

分野	講座名	日時	月額
語学	トラベル英会話	毎金曜日□13：00～14：00	12,000 円
教養	縄文時代と縄文土器	第１水曜日□14：00～15：00	3,000 円

●表全体のサイズ変更

Before 操作前

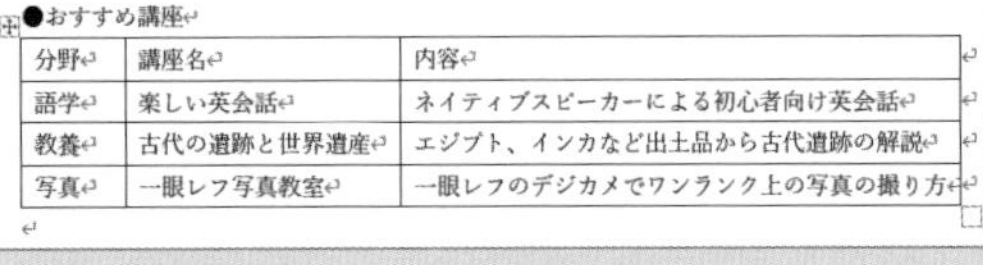

●おすすめ講座

分野	講座名	内容
語学	楽しい英会話	ネイティブスピーカーによる初心者向け英会話
教養	古代の遺跡と世界遺産	エジプト、インカなど出土品から古代遺跡の解説
写真	一眼レフ写真教室	一眼レフのデジカメでワンランク上の写真の撮り方

After 操作後

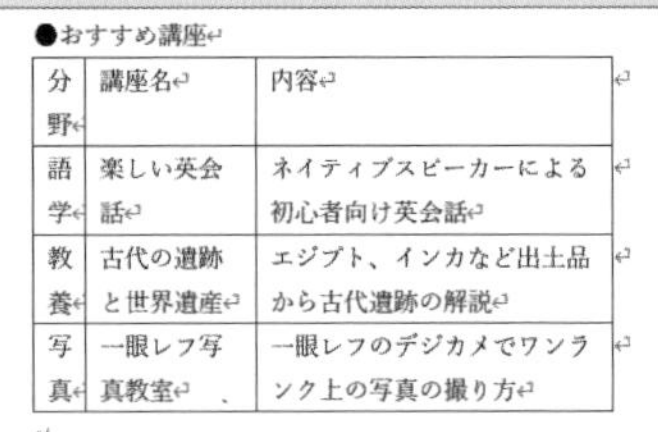

●おすすめ講座

分野	講座名	内容
語学	楽しい英会話	ネイティブスピーカーによる初心者向け英会話
教養	古代の遺跡と世界遺産	エジプト、インカなど出土品から古代遺跡の解説
写真	一眼レフ写真教室	一眼レフのデジカメでワンランク上の写真の撮り方

●列幅や行高を均等にする

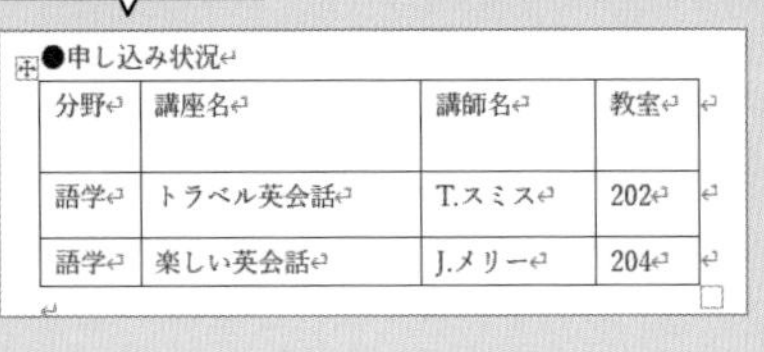

●申し込み状況

分野	講座名	講師名	教室
語学	トラベル英会話	T.スミス	202
語学	楽しい英会話	J.メリー	204

After 操作後

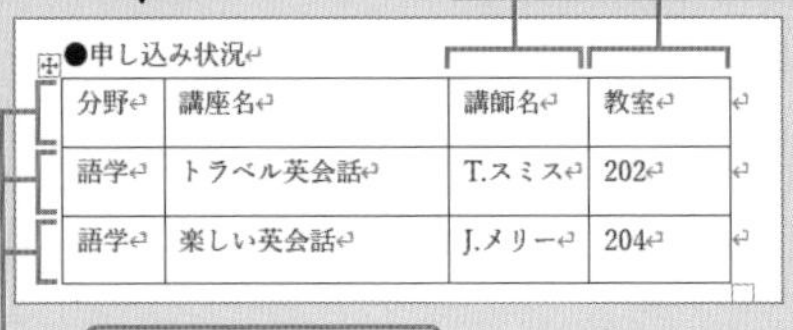

●申し込み状況

分野	講座名	講師名	教室
語学	トラベル英会話	T.スミス	202
語学	楽しい英会話	J.メリー	204

レッスン 58-1 列の幅や行の高さを調整する

58-1-ピックアップ講座.docx

操作 列幅や行高を変更する

表の列幅を変更するには、列の右側の境界線をドラッグするかダブルクリックします。ドラッグした場合は、表全体の幅は変わりません。ダブルクリックした場合は、列内の最長の文字数に合わせて列幅が自動調整されます。このとき、表全体の幅も変更になります。
また、行の高さは、行の下側の境界線をドラッグします。行は文字長に合わせて高さが自動調整されます。

Memo Shift キーを押しながらドラッグする

Shift キーを押しながら列の境界線をドラッグすると、右側の列の列幅を変更しないで列幅を調整できます。

Memo セルの幅を変更する

セルが選択されている状態でドラッグすると、セル幅だけ変更することができます。

●新規募集講座

分野	講座名
語学	トラベル英会話
教養	縄文時代と縄文土器

Memo 数値で列幅や行高を変更する

列幅や行高が決まっている場合は、数値で指定することもできます。変更したい列または行内にカーソルを移動し、コンテキストタブの［レイアウト］タブの［行の高さの設定］または［列の幅の設定］で指定します。

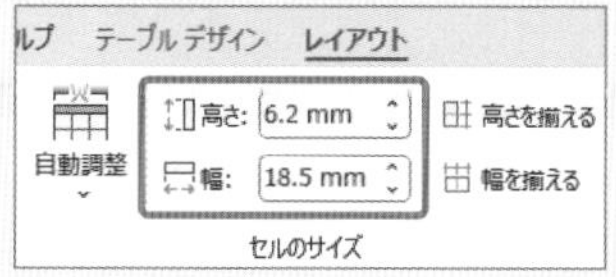

ドラッグして列幅を変更する

1 幅を変更する列の右側の境界線にマウスポインターを合わせ、の形になったらドラッグすると、

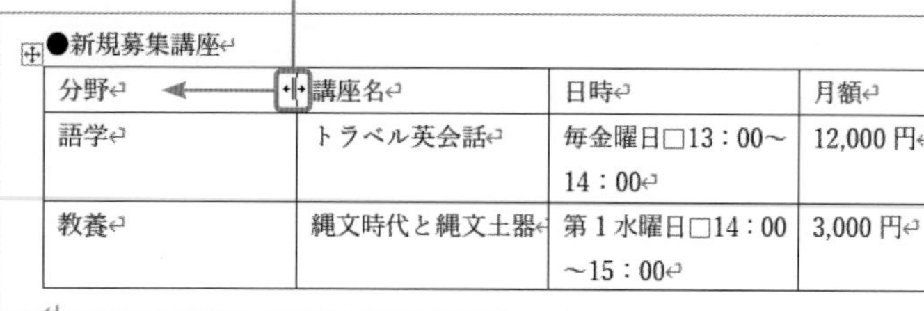

●新規募集講座

分野	講座名	日時	月額
語学	トラベル英会話	毎金曜日□13：00～14：00	12,000 円
教養	縄文時代と縄文土器	第 1 水曜日□14：00～15：00	3,000 円

2 列幅が変更されます。

3 右側の列幅が広くなり、表全体の幅は変わりません。

●新規募集講座

分野	講座名	日時	月額
語学	トラベル英会話	毎金曜日□13：00～14：00	12,000 円
教養	縄文時代と縄文土器	第 1 水曜日□14：00～15：00	3,000 円

ダブルクリックで列幅を変更する

1 幅を変更する列の右側の境界線にマウスポインターを合わせ、の形になったらダブルクリックすると、

●新規募集講座

分野	講座名	日時	月額
語学	トラベル英会話	毎金曜日□13：00～14：00	12,000 円
教養	縄文時代と縄文土器	第 1 水曜日□14：00～15：00	3,000 円

2 列に入力されている文字長に合わせて列幅が自動調整されます。

3 表全体の幅が変わります。

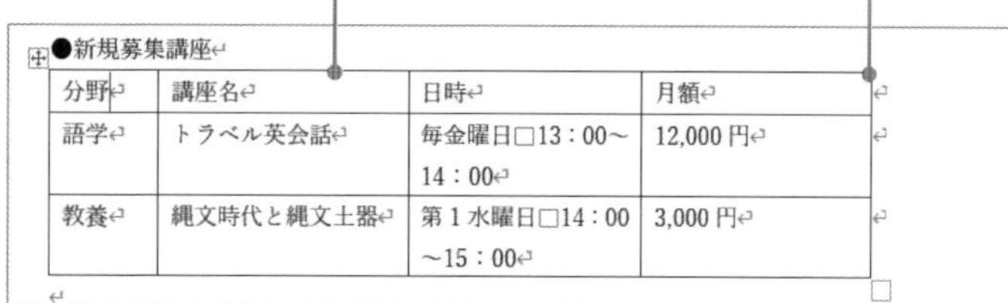

●新規募集講座

分野	講座名	日時	月額
語学	トラベル英会話	毎金曜日□13：00～14：00	12,000 円
教養	縄文時代と縄文土器	第 1 水曜日□14：00～15：00	3,000 円

[表のプロパティ] ダイアログを使う

コンテキストタブの[レイアウト]タブにある[表のプロパティ]をクリックすると❶、表示される[表のプロパティ]ダイアログでも❷、列幅や行高の細かい調整ができます。

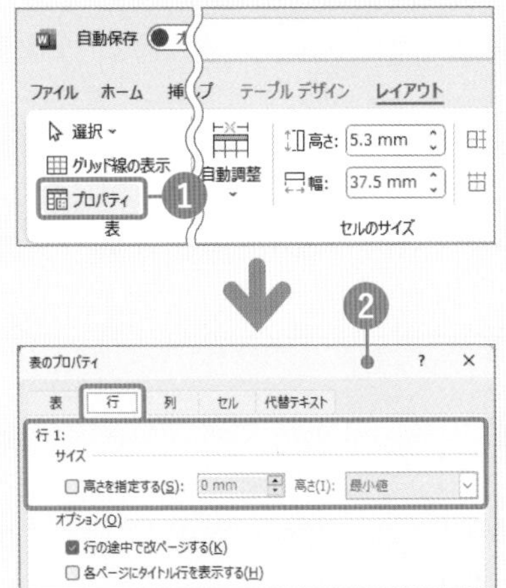

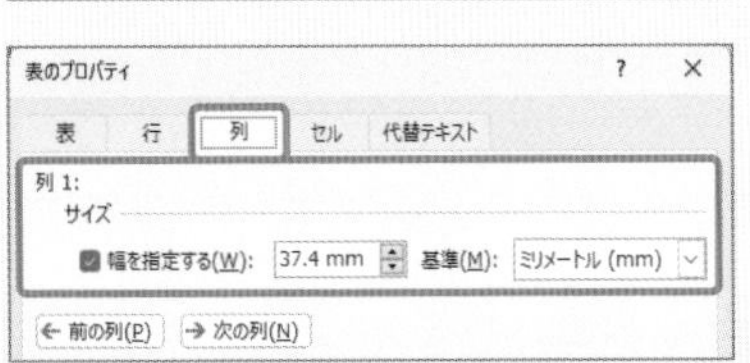

4 同様にして3列目をダブルクリックして列幅を自動調整し、

5 4列目をドラッグして列幅を調整します。

●新規募集講座

分野	講座名	日時	月額
語学	トラベル英会話	毎金曜日□13：00～14：00	12,000円
教養	縄文時代と縄文土器	第1水曜日□14：00～15：00	3,000円

行の高さを変更する

1 高さを変更する行の下側の境界線にマウスポインターを合わせ、÷の形になったらドラッグすると、

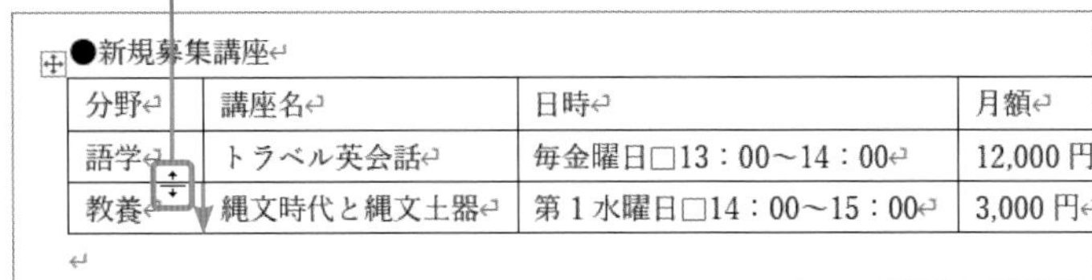

●新規募集講座

分野	講座名	日時	月額
語学	トラベル英会話	毎金曜日□13：00～14：00	12,000円
教養	縄文時代と縄文土器	第1水曜日□14：00～15：00	3,000円

2 行高が変更されます。

●新規募集講座

分野	講座名	日時	月額
語学	トラベル英会話	毎金曜日□13：00～14：00	12,000円
教養	縄文時代と縄文土器	第1水曜日□14：00～15：00	3,000円

レッスン 58-2 表のサイズを変更する

練習用ファイル 58-2-ピックアップ講座.docx

操作 表のサイズを変更する

表全体のサイズを変更するには[表のサイズ変更ハンドル]□をドラッグします。表内をクリックするか、マウスポインターを表内に移動すると表示されます。

Memo 細かい調整をする

[表のプロパティ]ダイアログを使用すると、表のサイズの細かい調整ができます。

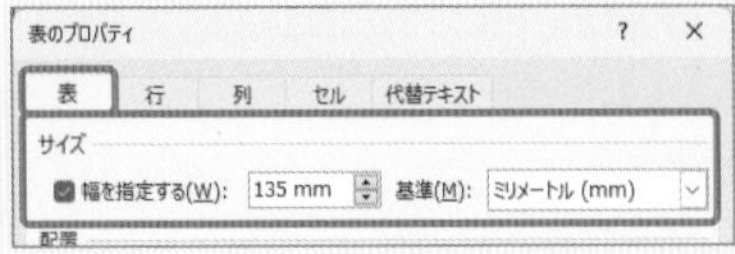

1 表の右下にある[表のサイズ変更ハンドル]□にマウスポインターを合わせ⤡の形になったらドラッグすると、

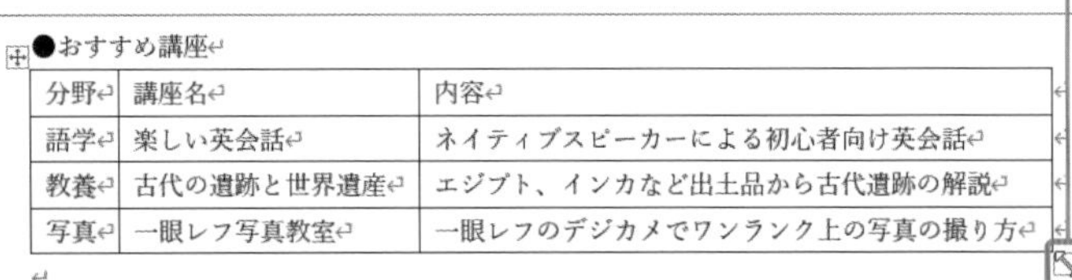

●おすすめ講座

分野	講座名	内容
語学	楽しい英会話	ネイティブスピーカーによる初心者向け英会話
教養	古代の遺跡と世界遺産	エジプト、インカなど出土品から古代遺跡の解説
写真	一眼レフ写真教室	一眼レフのデジカメでワンランク上の写真の撮り方

2 行の高さと列幅が均等な比率を保ったまま表全体のサイズが変更されます。

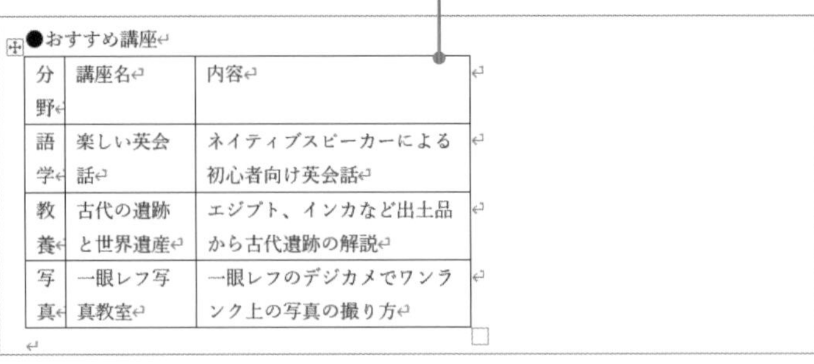

●おすすめ講座

分野	講座名	内容
語学	楽しい英会話	ネイティブスピーカーによる初心者向け英会話
教養	古代の遺跡と世界遺産	エジプト、インカなど出土品から古代遺跡の解説
写真	一眼レフ写真教室	一眼レフのデジカメでワンランク上の写真の撮り方

レッスン 58-3 複数の列の幅や行の高さを均等にする

練習用ファイル 58-3-ピックアップ講座.docx

操作 列幅や行高を均等に揃える

複数の列の幅や行の高さを揃えるには、揃えたい列または行を選択し、コンテキストタブの［レイアウト］タブの［幅を揃える］または［高さを揃える］を使います。

列の幅を揃える

1 幅を揃えたい列を選択し、

2 コンテキストタブの［レイアウト］タブ→［幅を揃える］をクリックすると、

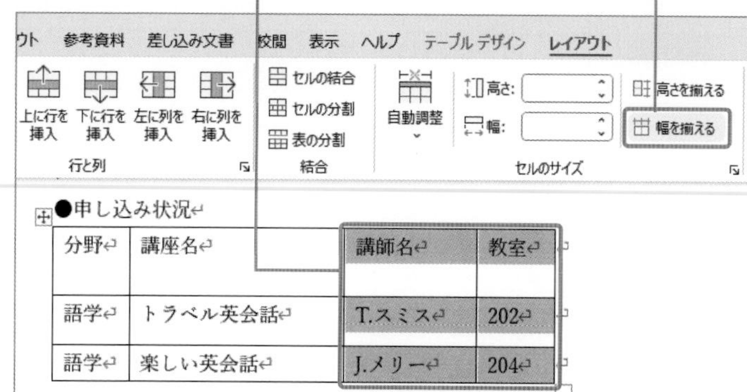

3 列の幅が均等になります。

●申し込み状況

分野	講座名	講師名	教室
語学	トラベル英会話	T.スミス	202
語学	楽しい英会話	J.メリー	204

Memo ［自動調整］で整える

コンテキストタブの［レイアウト］タブの［自動調整］を使うと、列の幅を自動的に調整できます。クリックすると、［文字列の幅に自動調整］［ウィンドウの幅に自動調整］［列の幅を固定する］のメニューが表示されます。このボタンを使用すると、各列の文字長に合わせて列幅を調節したり、1ページにきれいに収まるように調整したりできます。

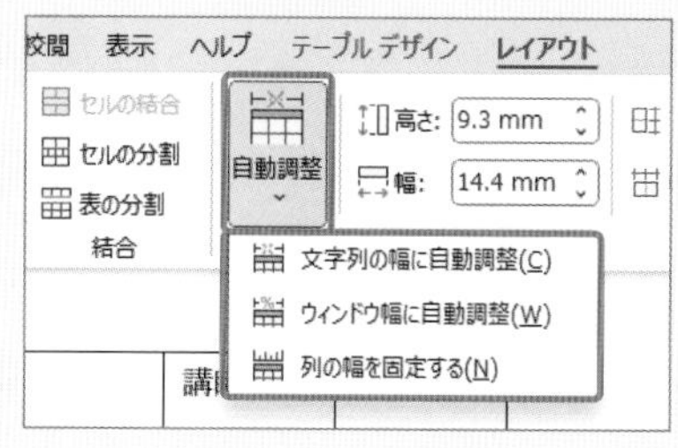

行の高さを揃える

1 高さを揃えたい行を選択し、

2 コンテキストタブの［レイアウト］タブ→［高さを揃える］をクリックすると、

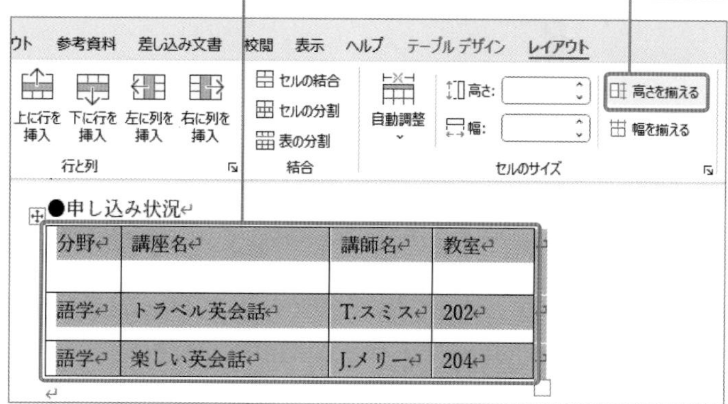

3 行の高さが均等になります。

●申し込み状況

分野	講座名	講師名	教室
語学	トラベル英会話	T.スミス	202
語学	楽しい英会話	J.メリー	204

Section

59 行や列を挿入／削除する

表を作成した後で、必要に応じて行や列を追加することができます。操作は簡単で、追加したい列や行の位置にある⊕をクリックするだけです。また、不要な行や列の削除も簡単で、削除したい行や列、表を選択したら Back space キーを押すだけです。

習得スキル	操作ガイド	ページ
▶行や列の挿入	レッスン59-1	p.243
▶行や列や表の削除	レッスン59-2	p.244

まずは パッと見るだけ！

行や列の挿入と削除

簡単な操作で表に行や列を挿入したり、削除したりできます。

▼行や列の挿入

Before 操作前

●申し込み状況

分野	講座名	講師名	教室
語学	トラベル英会話	T.スミス	202
語学	楽しい英会話	J.メリー	204

After 操作後

●申し込み状況

分野	講座名	講師名	教室	
語学	トラベル英会話	T.スミス	202	
語学	楽しい英会話	J.メリー	204	

行の挿入

▼行や列の削除

Before 操作前

●申し込み状況

分野	講座名	講師名	教室	
語学	トラベル英会話	T.スミス	202	
語学	楽しい英会話	J.メリー	204	

After 操作後

●申し込み状況

分野	講座名	講師名	教室
語学	トラベル英会話	T.スミス	202
語学	楽しい英会話	J.メリー	204

行の削除

後から増やしたいときも大丈夫～

レッスン 59-1 行や列を挿入する

練習用ファイル 59-1-ピックアップ講座.docx

操作 行や列を挿入する

表を作成した後で行を追加するには、表の左側で行を追加したい位置にマウスポインターを合わせると表示される⊕をクリックします。
列を挿入する場合は、表の上側で列を追加したい位置に表示される⊕をクリックします。

Point 1行目の上に行、1列目の左に列を挿入するには

1行目の上や1列目の左には⊕が表示されません。ここに行を挿入するには、1行目にカーソルを移動し、コンテキストタブの［レイアウト］タブをクリックし、［上に行を挿入］をクリックします❶。
同様に1列目の左に列を挿入するには、1列目にカーソルを移動し、❷［左に列を挿入］をクリックします。

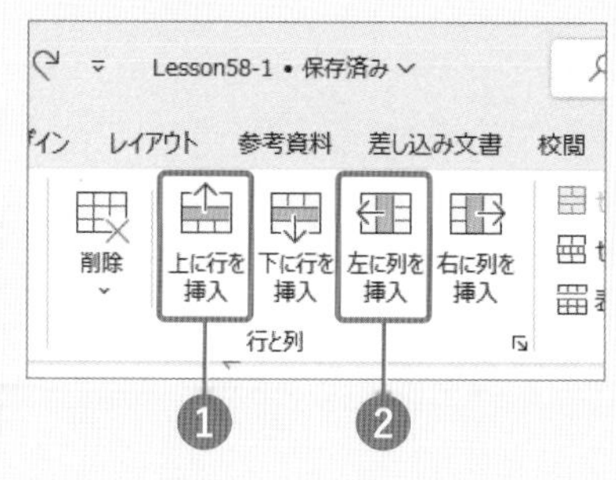

行を挿入する

1 表の左側で行を挿入したい位置にマウスポインターを移動すると⊕が表示され、行間が二重線になったら、クリックすると、

●申し込み状況

分野	講座名	講師名	教室
語学	トラベル英会話	T.スミス	202
語学	楽しい英会話	J.メリー	204

2 行が挿入されます。

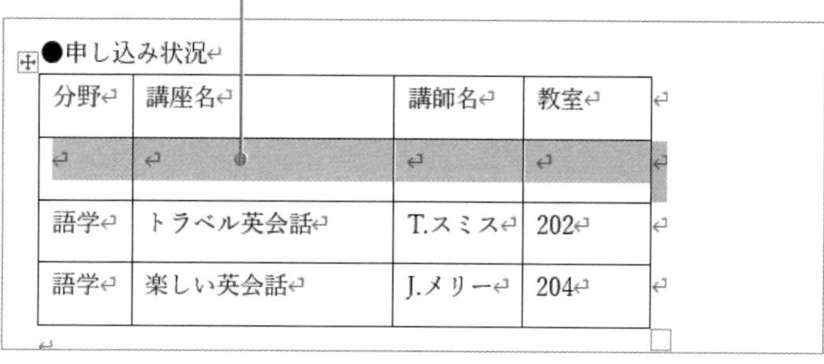

●申し込み状況

分野	講座名	講師名	教室
語学	トラベル英会話	T.スミス	202
語学	楽しい英会話	J.メリー	204

列を挿入する

1 表の上側で列を挿入したい位置にマウスポインターを移動すると⊕が表示され、列間が二重線になったら、クリックすると、

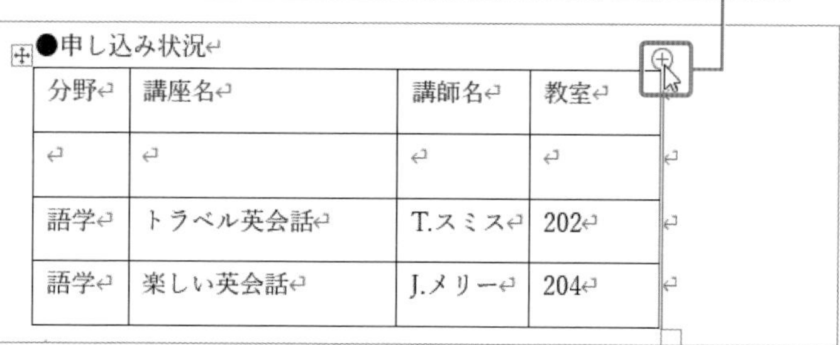

●申し込み状況

分野	講座名	講師名	教室
語学	トラベル英会話	T.スミス	202
語学	楽しい英会話	J.メリー	204

2 列が挿入されます。

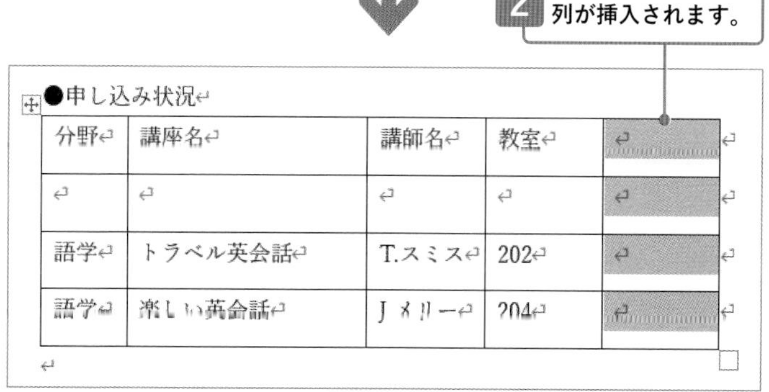

●申し込み状況

分野	講座名	講師名	教室	
語学	トラベル英会話	T.スミス	202	
語学	楽しい英会話	J.メリー	204	

レッスン59-2 行や列や表を削除する

練習用ファイル 59-2-ピックアップ講座.docx

操作 行や列、表を削除する

表を作成した後で行や列、表を削除するには、Back space キーを押します。
または、削除したい行、列、表を選択し、選択範囲内で右クリックして、それぞれ、[行の削除]、[列の削除]、[表の削除] をクリックしても削除できます。

Memo Delete キーだと文字列が削除される

行や列を選択し、Delete キーを押した場合は、選択範囲に入力されている文字列が削除されます。

Memo メニューを使って削除する

削除したいセル、行や列内にカーソルを移動し、コンテキストタブの[レイアウト] タブにある [削除] をクリックし❶、表示されるメニューからそれぞれ削除できます❷。メニューで [セルの削除] をクリックすると、[表の行/列/セルの削除] ダイアログが表示され❸、削除対象（セル、行全体、列全体)、および削除後に表を詰める方向を指定できます。

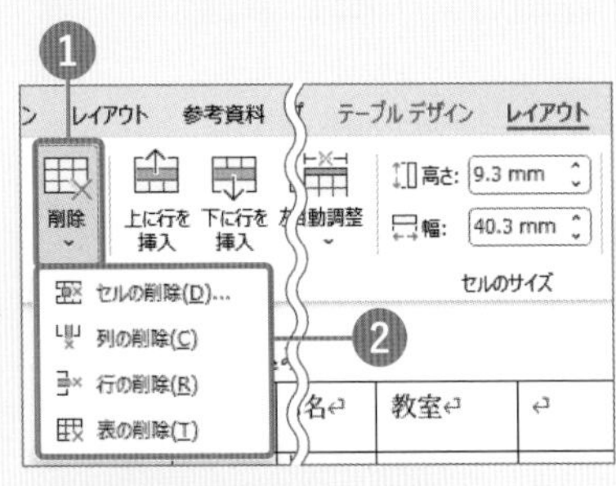

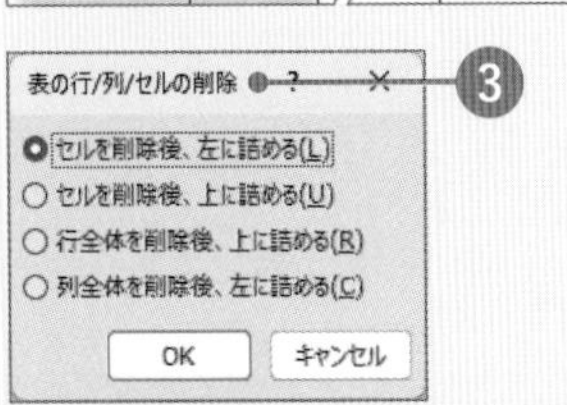

行を削除する

1 削除したい行を選択し、Back space キーを押すと、

2 行が削除されます。

分野	講座名	講師名	教室	
語学	トラベル英会話	T.スミス	202	
語学	楽しい英会話	J.メリー	204	

列を削除する

1 削除したい列を選択し、Back space キーを押すと、

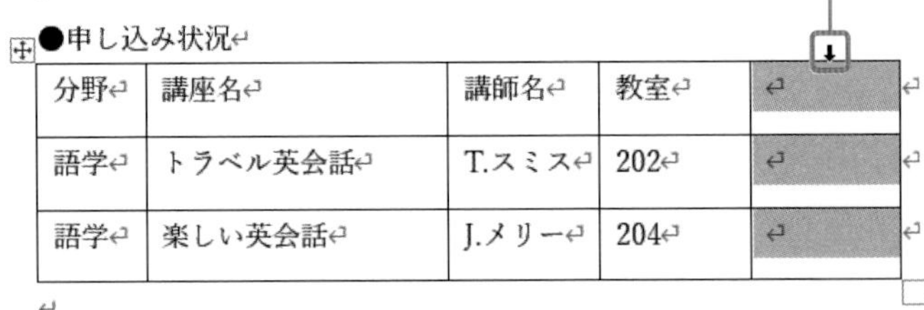

2 列が削除されます。

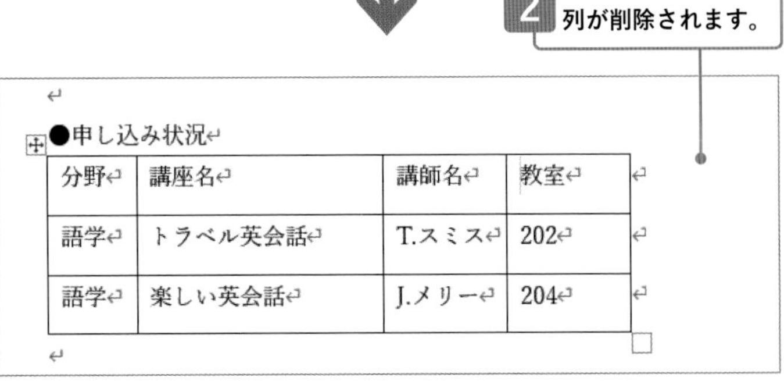

表を削除する

1 ［表の移動ハンドル］⊞をクリックして表を選択し、Back space キーを押すと、

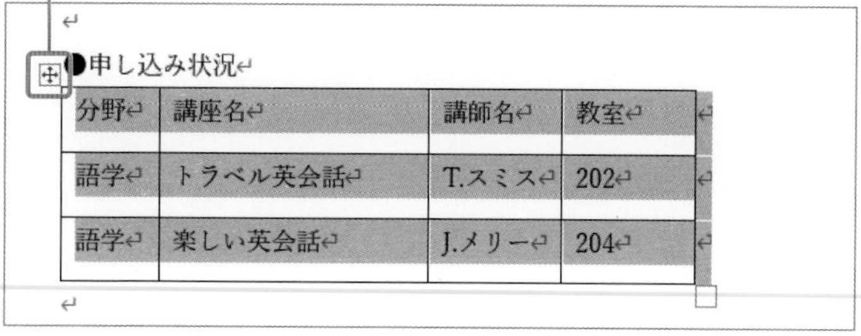

●申し込み状況

分野	講座名	講師名	教室
語学	トラベル英会話	T.スミス	202
語学	楽しい英会話	J.メリー	204

2 表が削除されます。

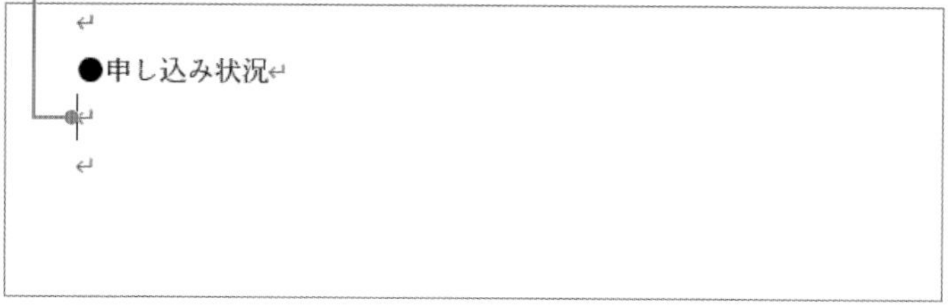

●申し込み状況

表の作成の
基本は
ばっちり！

コラム　表を解除する

表を削除すると、表内に入力されていた文字列も含めてすべて削除されます。表だけ削除して文字列は残したい場合は、次の手順で表を解除します。表内でクリックし❶、コンテキストタブの［レイアウト］タブをクリックして❷、［表の解除］をクリックします❸。［表の解除］ダイアログで文字の区切り（ここでは［タブ］を選択し❹、［OK］をクリックします❺。すると、表が解除され、列の区切りにタブが挿入され、文字だけが残ります❻。

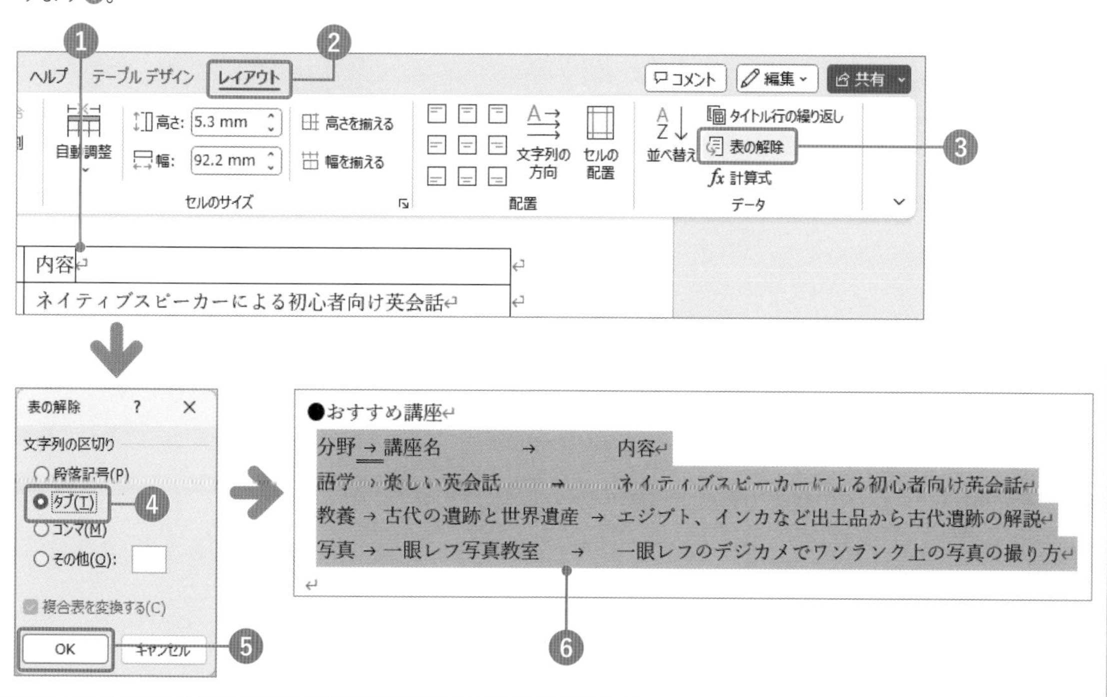

Section

60 セルを結合／分割する

2行分の高さを使って項目を入力したいとか、1つのセルを6つに仕切りたいといった場合、セルの結合やセルの分割の機能を使うと便利です。また、1つの表を分割して2つの表に分けることも可能です。

ここで学べること

習得スキル	操作ガイド	ページ
▶セルの結合	レッスン60-1	p.247
▶セルの分割	レッスン60-2	p.247

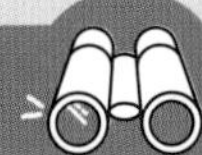

まずは パッと見るだけ！

セルの結合と分割

セルの結合と分割を確認しましょう。入力する項目毎にセルがあると、入力や、データの管理がしやすくなります。

Before 操作前

●申し込み状況

分野	講座名	講師名	教室	申込者／定員
教養	縄文時代と縄文土器	本田孝志	203	
写真	一眼レフ写真教室	辻本博之	201	
語学	トラベル英会話	T.スミス	202	
語学	楽しい英会話	J.メリー	204	

After 操作後

●申し込み状況

分野	講座名	講師名	教室	申込者／定員	
教養	縄文時代と縄文土器	本田孝志	203		
写真	一眼レフ写真教室	辻本博之	201		
語学	トラベル英会話	T.スミス	202		
	楽しい英会話	J.メリー	204		

セルの結合　セルの分割

語学のセルが2行分になっていますね。申し込者と定員を別のセルに分割すると入力しやすそう！

レッスン 60-1 セルを結合する

練習用ファイル 60-1-ピックアップ講座.docx

操作 セルを結合する

連続する複数のセルを1つにまとめるには、コンテキストタブの［レイアウト］タブの［セルの結合］をクリックします。

Memo セルの結合後、不要な文字を削除しておく

セルを結合した場合、それぞれのセルに入力されていた文字はそのまま残ります。使用例の場合は「語学」が2つ表示されるので、余分な文字を削除して整えておきます。

1 1つにまとめたい連続するセルを選択し、

2 コンテキストタブの［レイアウト］タブ→［セルの結合］をクリックすると、

3 セルが結合されます。

4 セル内にある不要な文字を削除しておきます。

●申し込み状況

分野	講座名	講師名	教室	申込者／定員
教養	縄文時代と縄文土器	本田孝志	203	
写真	一眼レフ写真教室	辻本博之	201	
語学	トラベル英会話	T.スミス	202	
	楽しい英会話	J.メリー	204	

レッスン 60-2 セルを分割する

練習用ファイル 60-2-ピックアップ講座.docx

操作 セルを分割する

1つのセルまたは、連続する複数のセルを指定した行数、列数に分割できます。
分割したいセルを選択し、コンテキストタブの［レイアウト］タブの［セルの分割］をクリックし、［セルの分割］ダイアログボックスで、分割後の列数、行数を指定します。

ここでは、5列目の2行目～5行目を2列に分割します。

1 分割したいセルを選択し、

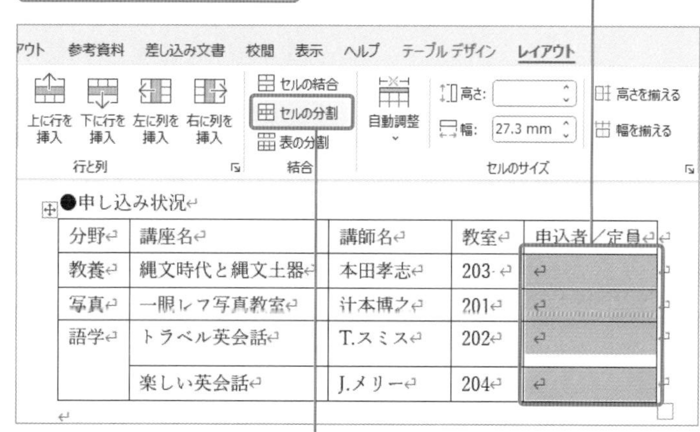

2 コンテキストタブの［レイアウト］タブ→［セルの分割］をクリックすると、

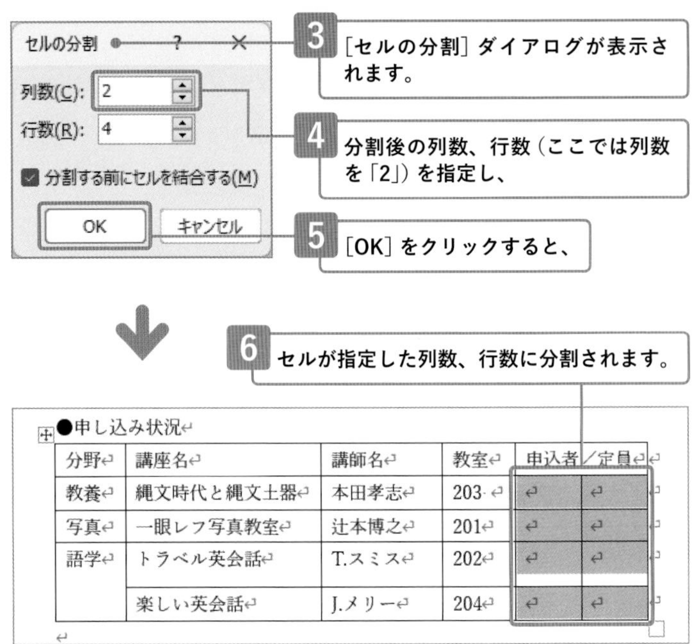

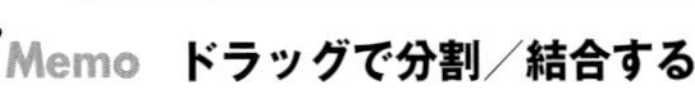

Memo ドラッグで分割／結合する

ペンで線を引くようにセルを分割したり、消しゴムで線を消すようにセルを結合することができます。

● **セルの分割**

カーソルを表の中に移動し❶、コンテキストタブの［レイアウト］タブの［罫線を引く］をクリックすると❷、カーソルの形が鉛筆になり、ドラッグで罫線が引けます❸。
解除するには、［罫線を引く］を再度クリックするか、Esc キーを押します。

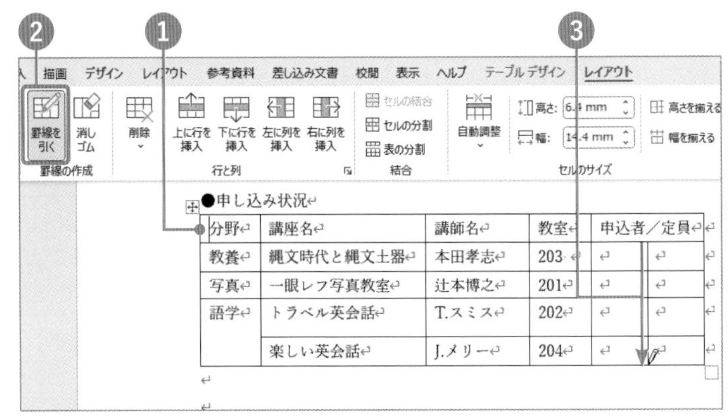

● **セルの結合**

カーソルを表の中に移動し❶、コンテキストタブの［レイアウト］タブの［消しゴム］をクリックすると❷、カーソルの形が消しゴムになり、クリックで罫線を削除できます❸。
解除するには、［消しゴム］を再度クリックするか、Esc キーを押します。

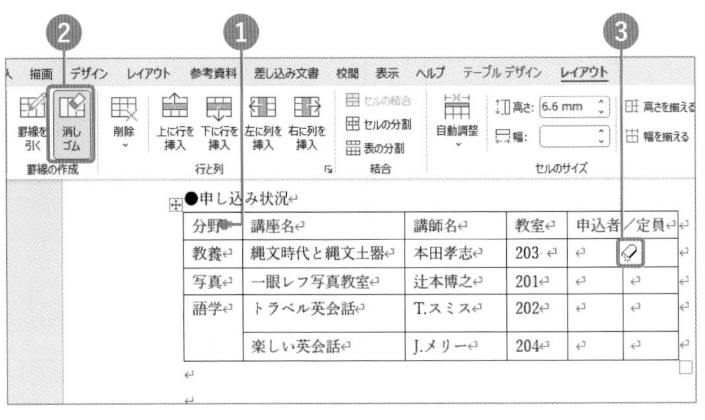

コラム　表を分割する

表を上下の2つに分割することができます。分割したい行内にカーソルを移動し❶、コンテキストタブの［レイアウト］タブで［表の分割］をクリックすると❷、カーソルのある行が表の先頭行になるように表が上下に分割されます❸。

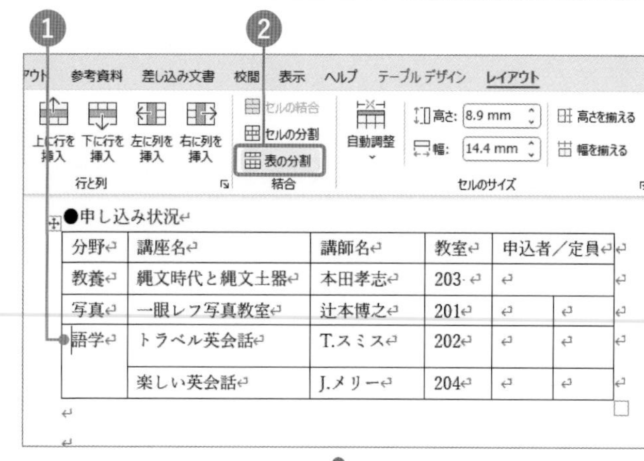

●申し込み状況

分野	講座名	講師名	教室	申込者／定員	
教養	縄文時代と縄文土器	本田孝志	203		
写真	一眼レフ写真教室	辻本博之	201		

語学	トラベル英会話	T.スミス	202		
	楽しい英会話	J.メリー	204		

文書をテンプレートとして利用する

例えば、注文書とか、議事録など、同じ形式の文書をよく作成する場合、元となる文書で、書き換える部分だけを空白にしておいて利用すると便利です。このような、元とする文書のひな型のことを「テンプレート」といいます。よく使う表を作成したら、それを書き換えるだけで文書が作成できるテンプレートとして利用すると、仕事の効率が上がります。業務によっては、もともとある文書をひな型（テンプレート）として用意されることもあります。

Point　テンプレートが未来の自分を助ける

Section

61 表の配置を変更する

表は用紙の左側に作成されますが、中央に配置してレイアウトを変更するなど、配置を変更したい場合があるでしょう。Wordでは、表も自由な位置に配置することができます。ここでは、表の移動の仕方を覚えましょう。

習得スキル	操作ガイド	ページ
▶表の移動	レッスン61-1	p.251

まずは パッと見るだけ！

表を移動する

表は、左揃え、中央揃え、右揃えで配置する以外に、自由な位置に配置することもできます。

Before 操作前

●コメント↵

・「一眼レフ写真教室」は満席。定員を増やすか、講座を増設するか要検討↵

・「楽しい英会話」は残2名。リピーターが全体の60%↵

・「トラベル英会話」の集客促進を要検討↵

講座ID↵	申込者数↵	定員↵
K01↵	35↵	50↵
C01↵	30↵	30↵
L01↵	15↵	35↵
L02↵	23↵	25↵

After 操作後

●コメント↵

・「一眼レフ写真教室」は満席。定員を増やすか、講座を増設するか要検討↵

・「楽しい英会話」は残2名。リピーターが全体の60%↵

・「トラベル英会話」の集客促進を要検討↵

↵

講座ID↵	申込者数↵	定員↵
K01↵	35↵	50↵
C01↵	30↵	30↵
L01↵	15↵	35↵
L02↵	23↵	25↵

文字の右横に移動した

レッスン 61-1 表を移動する

練習用ファイル 61-ピックアップ講座.docx

操作 表を移動する

表全体の配置を変更するには、表全体を選択し、[ホーム] タブの [段落] グループにある配置ボタン をクリックします。または、移動ハンドル をドラッグすると自由な位置に配置でき、自動的に文字が表の横に回りこみます。

Memo [表のプロパティ] ダイアログで表の設定を変更する

p.240の手順で [表のプロパティ] ダイアログを表示し、[表] タブで表の配置位置や文字列の折り返しの設定を確認、変更できます。
初期設定では、配置は [左揃え]、文字の折り返しは [なし] ですが、ドラッグで移動すると、文字の折り返しが自動的に [する] に変更されます。

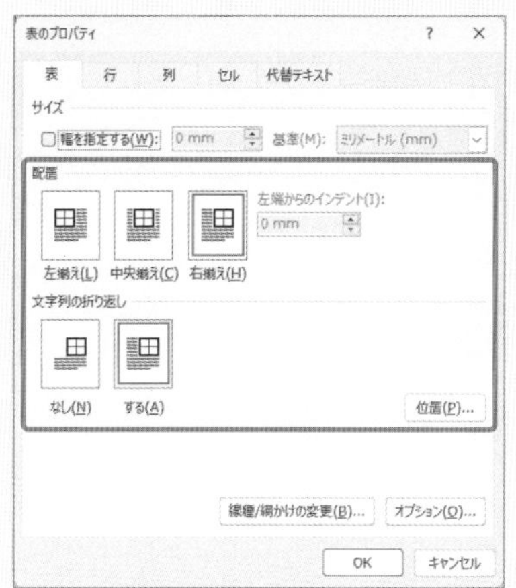

ボタンを使って移動する

1 [表の移動ハンドル] をクリックして表全体を選択し、

2 [ホーム] タブ→[中央揃え] をクリックすると、

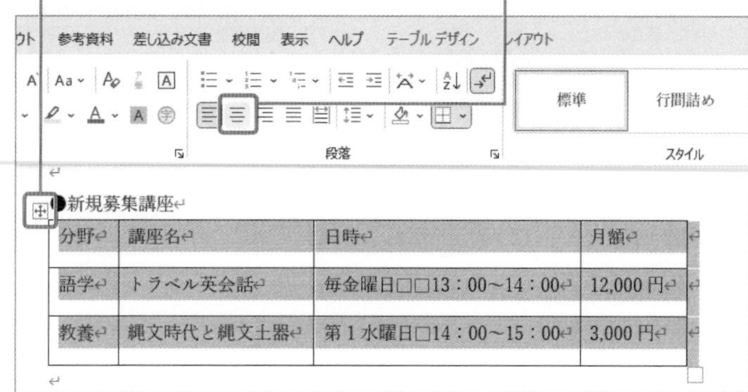

3 表全体の配置（ここでは中央揃え）が設定されます。

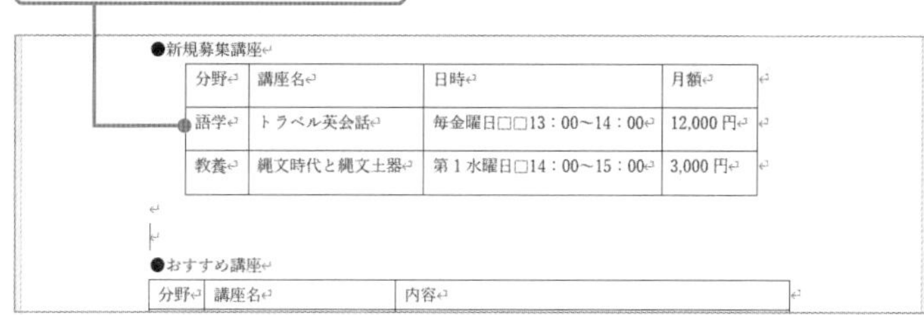

ドラッグで移動する

1 [表の移動ハンドル] にマウスポインターを合わせ、ドラッグすると、

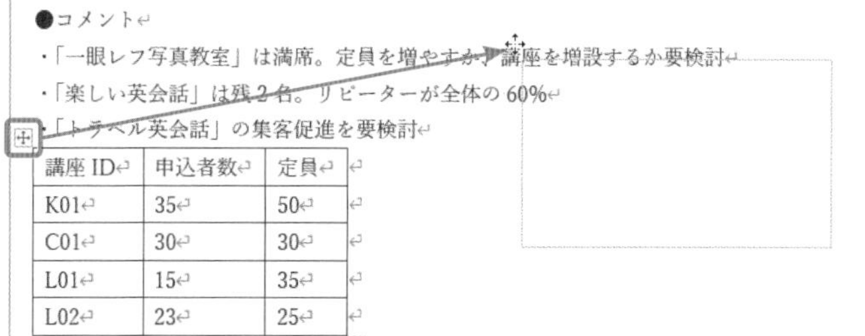

2 ドラッグした位置に表が移動します。

3 文字が表の横に回り込みます。

●コメント
・「一眼レフ写真教室」は満席。定員を増やすか、講座を増設するか要検討
・「楽しい英会話」は残 2 名。リピーターが全体の 60%
・「トラベル英会話」の集客促進を要検討

講座 ID	申込者数	定員
K01	35	50
C01	30	30
L01	15	35
L02	23	25

Section

62 表の書式を変更する

表内に入力した文字の配置を変更したり、表の罫線の種類を変更したりして表を整えていきます。例えば表の周囲を太線、境界線を点線にして線の種類を変更したり、セルに色を付けたりして体裁を整えます。

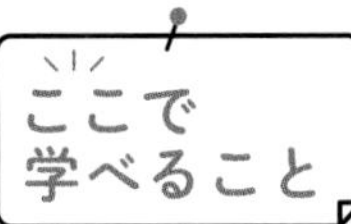

習得スキル	操作ガイド	ページ
▶セル内の文字配置の変更	レッスン62-1	p.253
▶セルの色の変更	レッスン62-2	p.254
▶線の種類／太さの変更	レッスン62-3	p.255

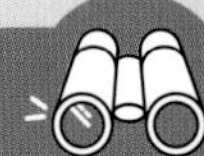

まずは パッと見るだけ！

表の書式を変更する

文字の配置やセルの色、罫線の種類を変更して表を整える様子を確認しましょう。

Before 操作前

●新規募集講座

分野	講座名	日時	月額
語学	トラベル英会話	毎金曜日□□13：00～14：00	12,000円
教養	縄文時代と縄文土器	第1水曜日□14：00～15：00	3,000円

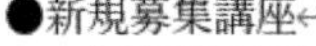

After 操作後

●新規募集講座

分野	講座名	日時	月額
語　学	トラベル英会話	毎金曜日□□13：00～14：00	12,000円
教　養	縄文時代と縄文土器	第1水曜日□14：00～15：00	3,000円

見出しとデータが区別されて、見やすくなった

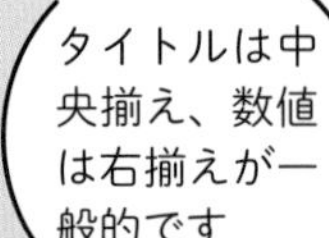

レッスン 62-1 セル内の文字配置を変更する

練習用ファイル 62-1-ピックアップ講座.docx

操作 セル内の文字配置を変更する

セル内の文字は、上下と左右で配置を変更できます。初期設定では、[上揃え（左）] に配置されています。配置を変更したいセルを選択し、コンテキストタブの [レイアウト] タブの [配置] グループにあるボタンを使います。

	左	中央	右
上揃え			
中央揃え			
下揃え			

Memo セル内で均等割り付けするには

セル内の文字をセル幅に均等に配置したい場合は、[ホーム] タブ→ [両端揃え] をクリックします❶。セル幅いっぱいに文字列が広がります❷。[両端揃え] をクリックするごとに設定と解除が切り替わります。

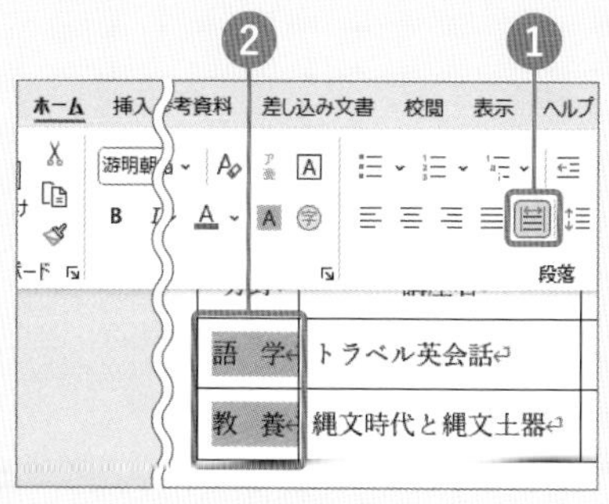

[中央揃え] に設定する

1 配置を揃えたいセル（ここでは1行目）を選択し、

2 コンテキストタブの [レイアウト] タブ→ [中央揃え] をクリックすると、

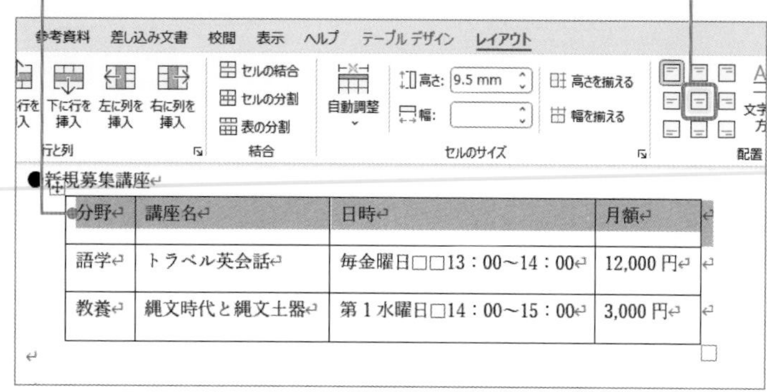

3 選択したセル内の文字が上下、左右で中央に揃います。

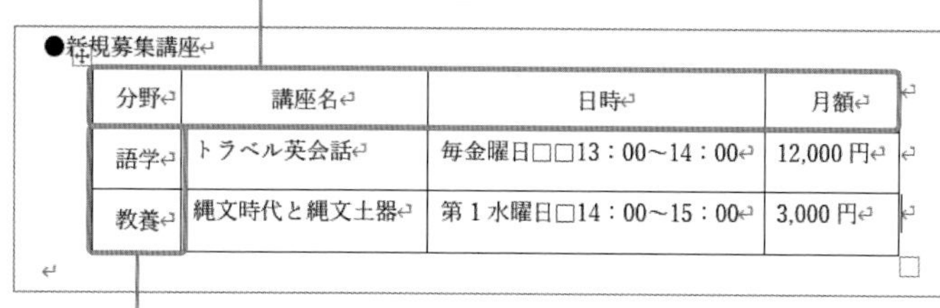

4 同様に1列2～3行目（「語学」「教養」）のセルも上下、左右で中央揃えにします。

[中央揃え（左）]、[中央揃え（右）] に設定する

1 上下中央揃えにしたいセル（ここでは、2～3行目の2列目～3列目のセル）を選択し、

2 コンテキストタブの [レイアウト] タブ→ [中央揃え（左）] をクリックすると、

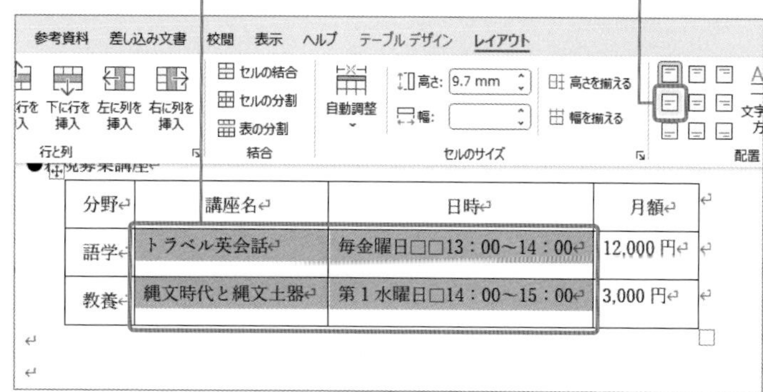

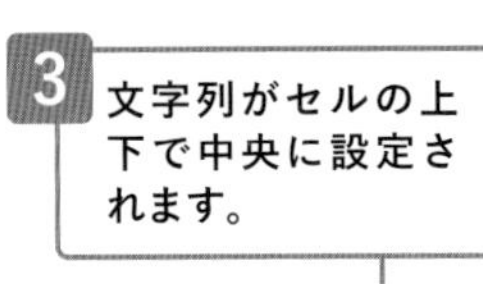

3 文字列がセルの上下で中央に設定されます。

4 同様にして月額列の2～3行目のセルを選択し、コンテキストタブの［レイアウト］タブ→［中央揃え（右）］をクリックして、

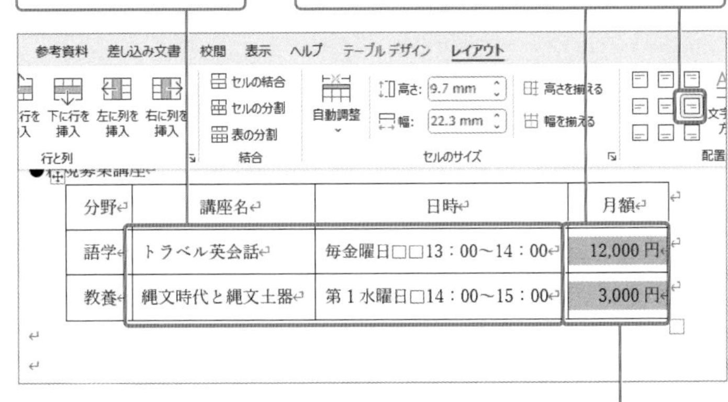

5 上下で中央、右揃えに設定します。

レッスン 62-2 セルの色を変更する

練習用ファイル 62-2-ピックアップ講座.docx

操作 セルの色を変更する

セルの色は、コンテキストタブの［テーブルデザイン］タブにある［塗りつぶし］で変更します。

Memo 続けて同じ色を設定する場合

手順4で色をクリックすると、［塗りつぶし］に設定した色が表示されます。同じ色を続けて設定したい場合は、直接［塗りつぶし］をクリックするだけで設定できます。

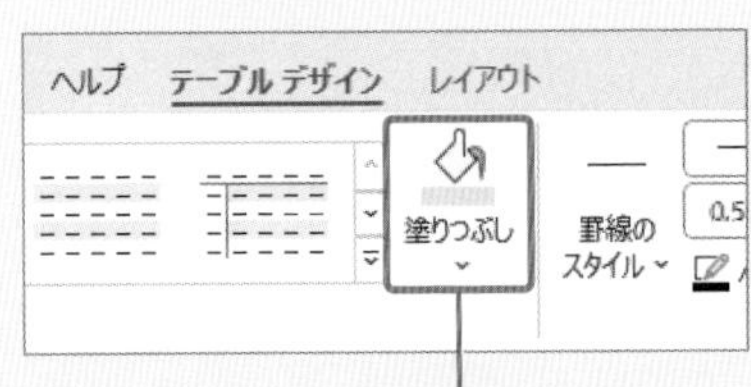

直前に設定した色が表示され、ここをクリックするだけで設定できます。

1 色を変更したいセルを選択し、

●新規募集講座

分野	講座名	日時	月額
語　学	トラベル英会話	毎金曜日□□13：00～14：00	12,000円
教　養	縄文時代と縄文土器	第１水曜日□14：00～15：00	3,000円

2 コンテキストタブの［テーブルデザイン］タブクリックし、

3 ［塗りつぶし］の ⌄ をクリックして、

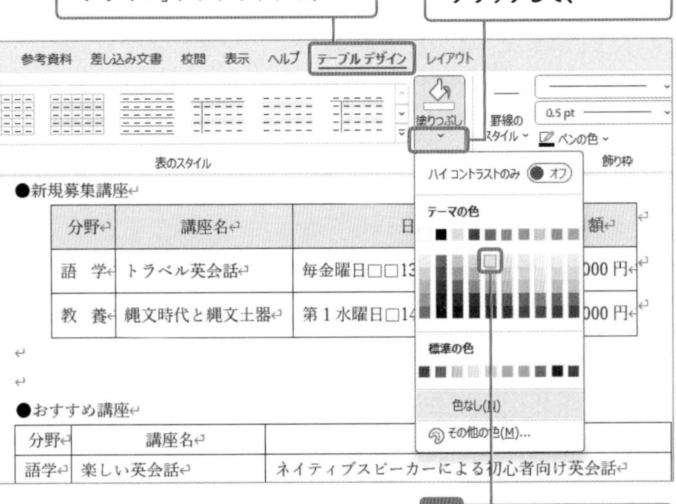

4 色をクリックすると、

5 セルに色が設定されます。

●新規募集講座

分野	講座名	日時	月額
語　学	トラベル英会話	毎金曜日□□13：00～14：00	12,000 円
教　養	縄文時代と縄文土器	第 1 水曜日□14：00～15：00	3,000 円

レッスン 62-3 線の種類や太さを変更する

練習用ファイル 62-3-ピックアップ講座.docx

操作 表の罫線を変更する

表の罫線を後から変更するには、コンテキストタブの［テーブルデザイン］タブにある［ペンのスタイル］で線の種類、［ペンの太さ］で太さ、［ペンの色］で色を選択して、変更後の罫線の種類を指定します。マウスポインターがペンの形に変更されるので、1本ずつドラッグして変更できます。
また、外枠を変更する場合は、［罫線］で［外枠］を選択すればすばやく変更できます。

外枠を太線に変更する

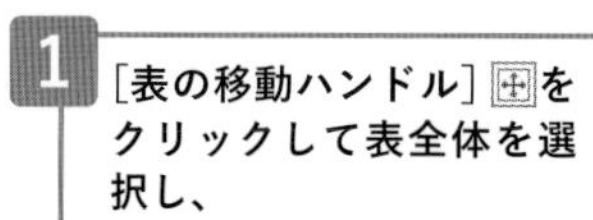

1 ［表の移動ハンドル］をクリックして表全体を選択し、

2 コンテキストタブの［テーブルデザイン］タブ→［ペンのスタイル］のをクリックし

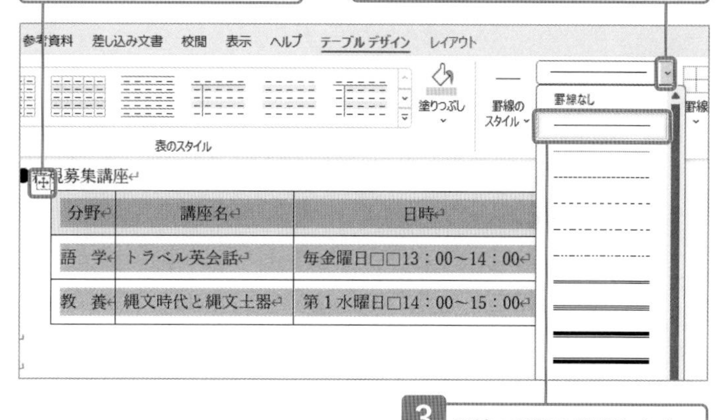

3 罫線の種類を選択します。

4 ［ペンの太さ］のをクリックし、

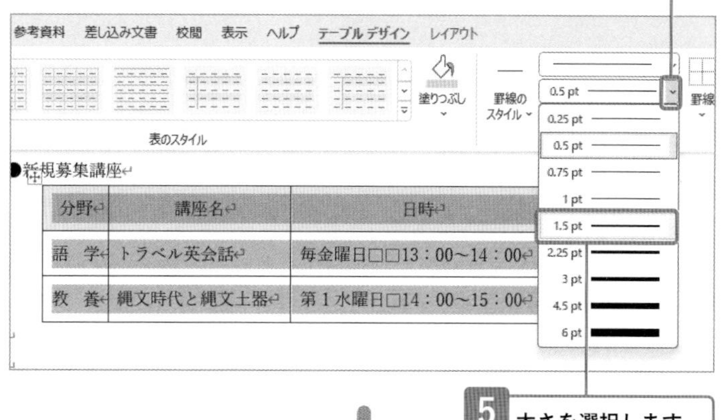

5 太さを選択します。

Memo 罫線の変更を終了するには

ペンのスタイル、太さ、色を変更すると、マウスポインターの形がに変わり、ドラッグでなぞると罫線が変更されます。変更を終了するには Esc キーを押すか、コンテキストタブの［テーブルデザイン］タブの［罫線の書式設定］をクリックしてオフにします。

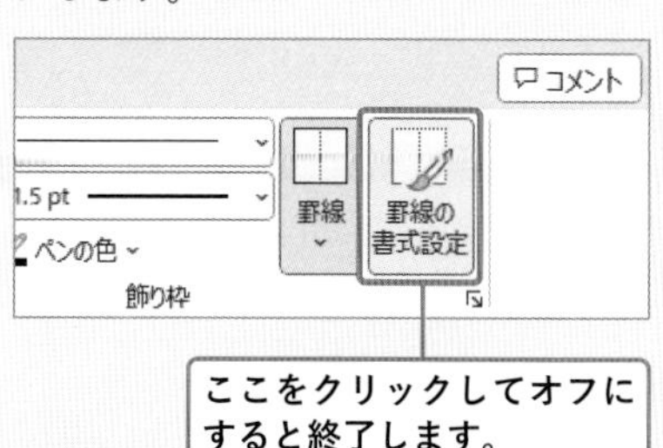

ここをクリックしてオフにすると終了します。

Memo 同じ設定で罫線を引く

罫線の変更は、直前に設定した罫線の設定のまま保持されます。
同じ罫線に変更したい場合は、コンテキストタブの［テーブルデザイン］タブの［罫線の書式設定］をクリックしてオンにし❶、罫線をなぞるようにドラッグしてください❷。

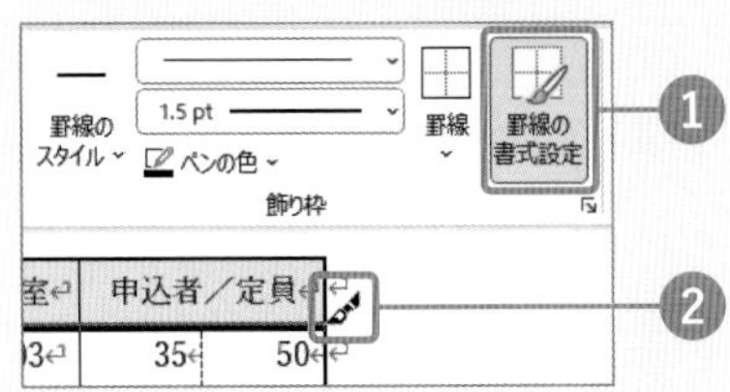

Memo ［罫線］を使って変更する

［罫線］をクリックして表示されるメニューを使うと、右の手順のように外枠の罫線を一気に変更することができる他に、セルすべてに同種の罫線を引くことのできる［格子］や、逆にすべての罫線を消去する［枠なし］を選択することで、表全体の罫線をすばやく変更できます。クリックするごとに設定と解除が切り替わります。

6 ［ペンの色］をクリックし、

7 色をクリックします。

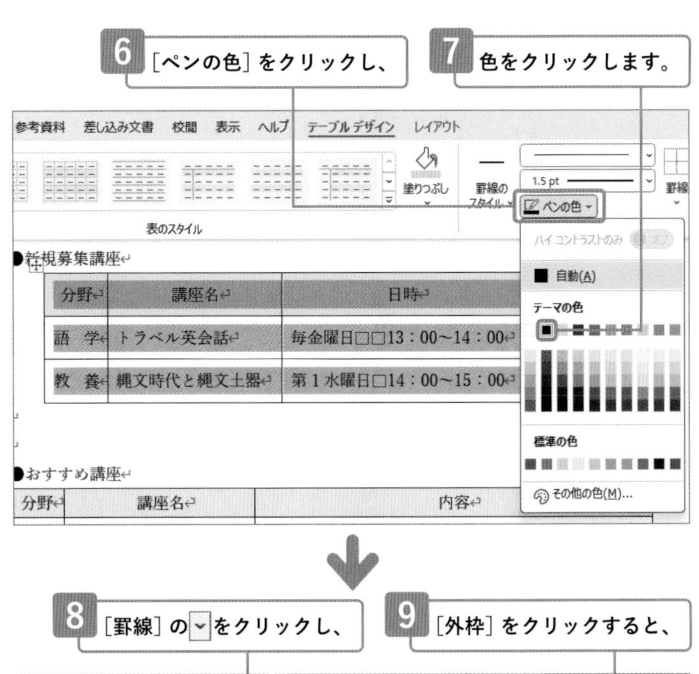

8 ［罫線］の⌄をクリックし、

9 ［外枠］をクリックすると、

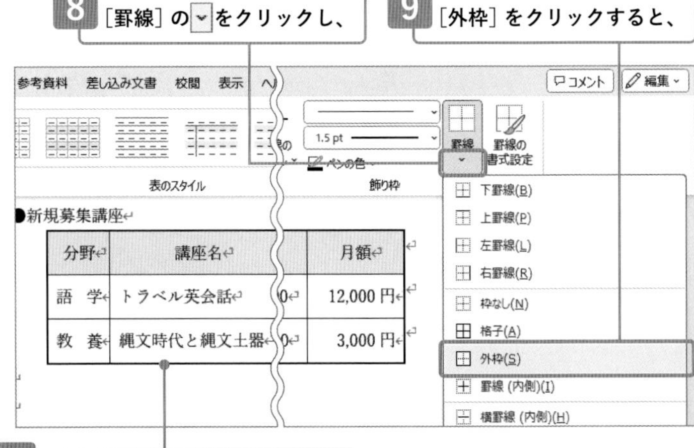

10 表の外枠の罫線が変更されます。

1本ずつ変更する

ここでは、1行目の下罫線の種類を「二重線」、太さを「0.5pt」、色を「黒」に設定します。

1 表内にカーソルを移動し、

2 コンテキストタブの［テーブルデザイン］タブ→［ペンのスタイル］で二重線を選択します。

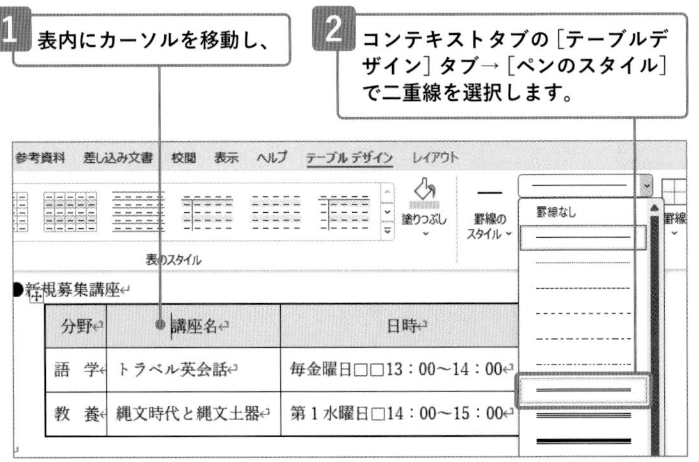

Memo 罫線のスタイルを使う

コンテキストタブの［テーブルデザイン］タブにある［罫線のスタイル］には、種類、太さ、色がセットになった罫線のスタイルが用意されています。

一覧からクリックするだけですぐに設定できます。また、一覧の最後に最近使った罫線のスタイルが履歴として残っているので、それをクリックすれば、再度設定し直す必要はありません。

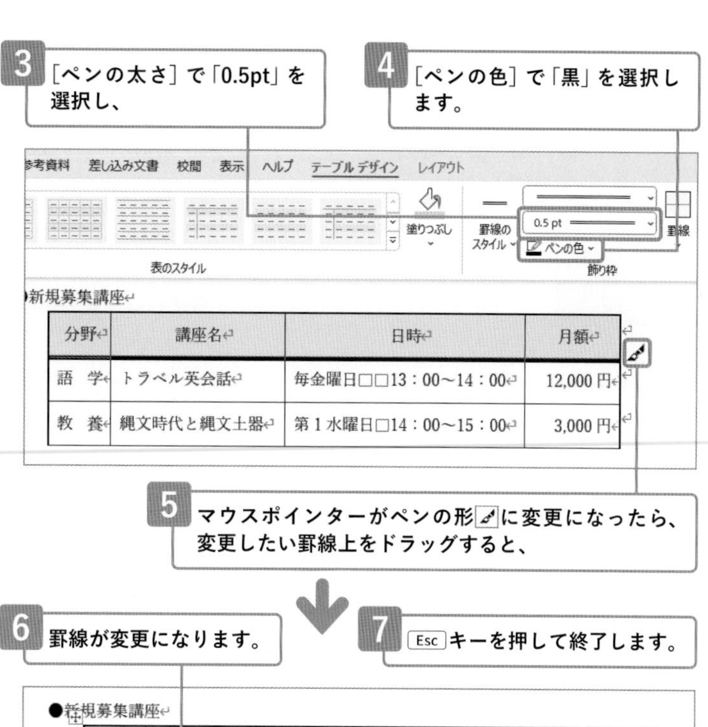

分野	講座名	日時	月額
語　学	トラベル英会話	毎金曜日□□13：00～14：00	12,000 円
教　養	縄文時代と縄文土器	第 1 水曜日□14：00～15：00	3,000 円

6 罫線が変更になります。

7 Esc キーを押して終了します。

●新規募集講座

分野	講座名	日時	月額
語　学	トラベル英会話	毎金曜日□□13：00～14：00	12,000 円
教　養	縄文時代と縄文土器	第 1 水曜日□14：00～15：00	3,000 円

コラム 表にスタイルを適用する

表のスタイルは、罫線、塗りつぶしの色などの書式を表全体に組み合わせたものです。一覧からスタイルをクリックするだけで簡単に表の見栄えを整えられます。表内にカーソルを移動し❶、コンテキストタブの［テーブルデザイン］タブの［表のスタイル］グループで［その他］をクリックして❷、一覧からスタイルを選択すると❸、表全体にスタイルが適用されます❹。

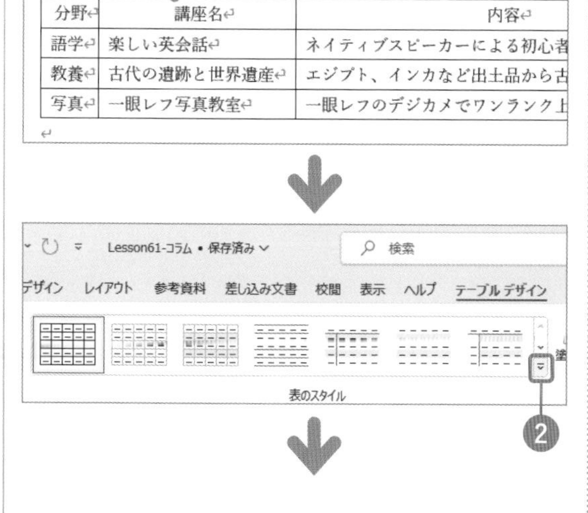

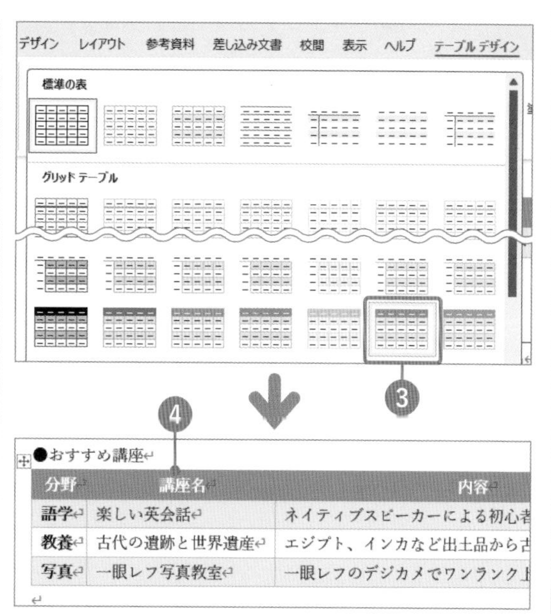

Section

63 タイトル行を繰り返し表示する

複数ページにわたる表でページが変わるごとに項目名を作成するのは面倒です。Wordには表のタイトル行を各ページに表示する便利な機能が用意されています。ここでは、その方法を確認しましょう。

習得スキル	操作ガイド	ページ
▶タイトル行を繰り返す	レッスン63-1	p.259

まずは パッと見るだけ！

タイトル行を繰り返す

商品リストや名簿のような行数の多い表の場合、複数ページに分かれても各ページに表の1行目にある項目名を自動的に表示するように設定できます。

Before 操作前

1ページ

NO	氏名	フリガナ	郵便番号	都道府県	住所
1	谷本□紀子	タニモト□ノリコ	670-0046	兵庫県	姫路市東雲町 2-X-X□
2	松本□雄介	マツモト□ユウスケ	739-1203	広島県	安芸高田市向原町長田 3-16-X□
3	佐々木□昭三	ササキ□ショウゾウ	314-0147	茨城県	神栖市鰐川 3-XX□○○グランド 101

2ページ

39	柳沢□博	ヤナギサワ□ヒロシ	818-0022	福岡県	筑紫野市筑紫駅前通 2-10-X□
40	原田□久美子	ハラダ□クミコ	369-0215	埼玉県	深谷市今泉 4-X-X□□シーサイド 408
41	高村□希美	タカムラ□ノゾミ	358-0007	埼玉県	入間市黒須 2-X□プラザ △317
42	堀田□元太	ホッタ□ゲンタ	108-0073	東京都	港区三田 1-XX□

After 操作後

1ページ

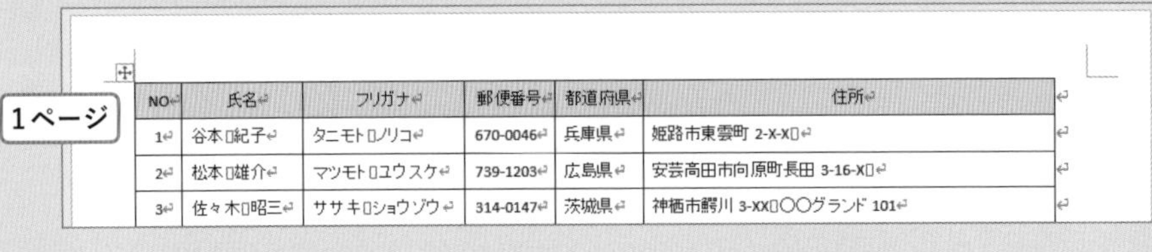

NO	氏名	フリガナ	郵便番号	都道府県	住所
1	谷本□紀子	タニモト□ノリコ	670-0046	兵庫県	姫路市東雲町 2-X-X□
2	松本□雄介	マツモト□ユウスケ	739-1203	広島県	安芸高田市向原町長田 3-16-X□
3	佐々木□昭三	ササキ□ショウゾウ	314-0147	茨城県	神栖市鰐川 3-XX□○○グランド 101

2ページ

NO	氏名	フリガナ	郵便番号	都道府県	住所
39	柳沢□博	ヤナギサワ□ヒロシ	818-0022	福岡県	筑紫野市筑紫駅前通 2-10-X□
40	原田□久美子	ハラダ□クミコ	369-0215	埼玉県	深谷市今泉 4-X-X□□シーサイド 408
41	高村□希美	タカムラ□ノゾミ	358-0007	埼玉県	入間市黒須 2-X□プラザ △317

2ページ目にもタイトル行が表示された。

見出しが常に表示されているとわかりやすい！

レッスン63-1 2ページ目以降も表のタイトルを表示する

練習用ファイル 63-住所録.docx

操作 表のタイトルを自動表示する

2ページ目以降も表のタイトルを表示するには、表の1行目内にカーソルを移動し、コンテキストタブの[レイアウト]タブにある[タイトル行の繰り返し]をクリックしてオンにします。

Memo 2ページ目以降のタイトル行は編集できない

2ページ目以降に自動的に表示されたタイトル行を編集することはできません。タイトル行を編集したい場合は、1ページ目の表の1行目で操作します。

Memo タイトル行の繰り返しをオフにするには

タイトル行の繰り返し表示をオフにするには、表の1行目にあるタイトル行内でクリックしてカーソルを表示し、コンテキストタブの[レイアウト]タブ→[タイトル行の繰り返し]をクリックしてオフにします。

1 表のタイトル行となる1行目内でクリックしてカーソルを表示し、

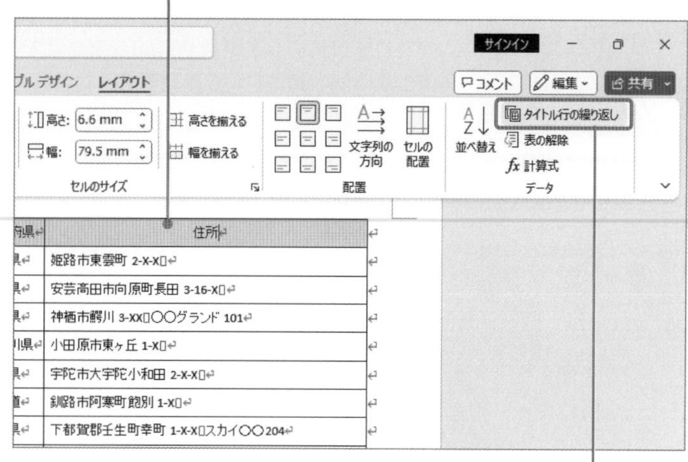

2 コンテキストタブの[レイアウト]タブ→[タイトル行の繰り返し]をクリックしてオンにすると、

3 スクロールバーのつまみを下方向にドラッグして2ページ目を表示すると、

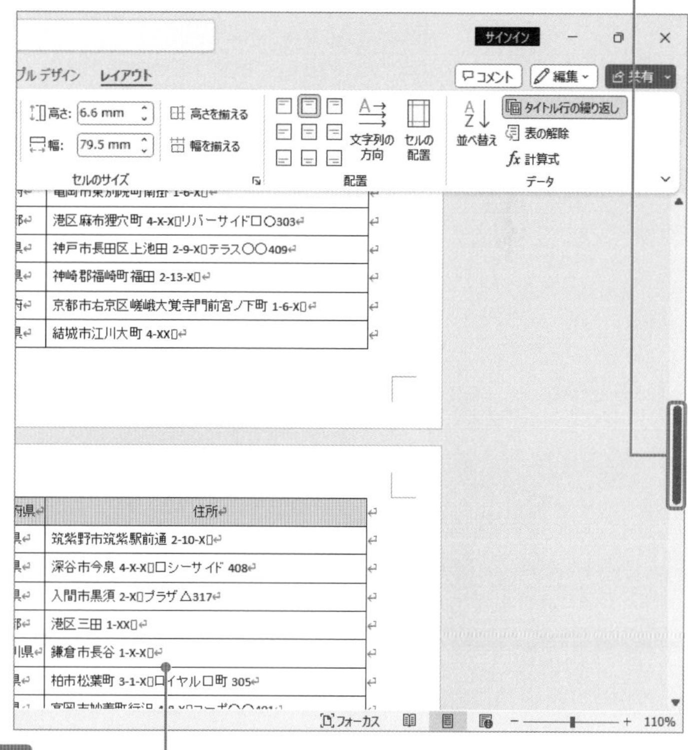

4 2ページ目の先頭に自動的にタイトル行が表示されます。

Section

64 表のデータを並べ替える

表内のデータを数値の小さい順や、50音順などで並べ替えができます。操作は簡単で、並べ替えの基準とする列を指定し、表を行方向に並べ替えます。データ入力後にデータを並べ替えて、整理するのに役立ちます。

ここで学べること

習得スキル	操作ガイド	ページ
▶データの並べ替え	レッスン64-1	p.261

まずは パッと見るだけ！

表の並べ替え

表を作成後にデータを並べ替えると、データを整理し、見やすくするのに役立ちます。ここではフリガナ順で並べ替えて、名前の50音順のリストにします。

Before 操作前

NO	氏名	フリガナ	郵便番号	都道府県	住所
1	谷本　紀子	タニモト　ノリコ	670-0046	兵庫県	姫路市東雲町 2-X-X
2	松本　雄介	マツモト　ユウスケ	739-1203	広島県	安芸高田市向原町長田 3-16-X
3	佐々木　昭三	ササキ　ショウゾウ	314-0147	茨城県	神栖市鰐川 3-XX　〇〇グランド 101
4	飯塚　聡子	イイヅカ　サトコ	256-0808	神奈川県	小田原市東ヶ丘 1-X
5	馬原　凛子	ウマハラ　リンコ	633-2134	奈良県	宇陀市大宇陀小和田 2-X-X
6	福田　重彦	フクダ　シゲヒコ	085-0238	北海道	釧路市阿寒町飽別 1-X
7	藤川　里美	フジカワ　サトミ	321-0203	栃木県	下都賀郡壬生町幸町 1-X-X　スカイ〇〇204
8	澤本　理央	サワモト　リオ	157-0062	東京都	世田谷区南烏山 X-X-X

After 操作後

NO	氏名	フリガナ	郵便番号	都道府県	住所
15	相沢　道子	アイザワ　ミチコ	639-0262	奈良県	香芝市白鳳台 1-1-X
31	浅見　京子	アサミ　キョウコ	520-1421	滋賀県	高島市朽木岩瀬 3-X-X　メゾン△◎〇406
4	飯塚　聡子	イイヅカ　サトコ	256-0808	神奈川県	小田原市東ヶ丘 1-X
13	市村　健司	イチムラ　ケンジ	173-0003	東京都	板橋区加賀 3-X-X　コーポ〇〇202
17	井出　香	イデ　カオリ	561-0851	大阪府	豊中市服部元町 4-8-X
55	猪俣　祥子	イノマタ　ショウコ	615-8056	京都府	京都市西京区下津林番条 4-7-X
35	上杉　裕	ウエスギ　ユタカ	653-0827	兵庫県	神戸市長田区上池田 2-9-X　テラス〇〇409
30	上村　太郎	ウエムラ　タロウ	370-2105	群馬県	高崎市吉井町中島 4-6-X

50音順で並べ替えた

この表なら、都道府県や郵便番号の順に並べ替えもできるわ♪

レッスン 64-1 あいうえお順で並べ替える

練習用ファイル 64-住所録.docx

操作 表のデータの並べ替える

表内のデータを並べ替えるには、コンテキストタブの［レイアウト］タブで［並べ替え］をクリックし、［並べ替え］ダイアログで設定します。
なお、セルが結合されていると、並べ替えができないので、セル結合されていない表に対して並べ替えを行ってください。

Point 並べ替えの対象範囲

表内にカーソルがある状態で並べ替えを実行すると、表全体が並べ替えの対象となります。下図のように、範囲選択すると、選択範囲を並べ替えの対象にできます。

NO	商品NO	商品名	価格(税込)	数量	金額
1	R101	レーズンサンドセット	1,620	1	1,620
2	C263	レモンシフォンケーキ	1,080	2	2,160
3	C105	イチゴシフォンケーキ	1296	4	5,184
合計金額					8,964

Memo 並べ替えの方法

昇順では、JISコードと数値は「小→大」、日付は「古→新」、50音順は「あ→ん」の順で並べ替えられ、降順はその逆順になります。
漢字は50音順で並べ替えられないので、必要な場合はフリガナ列を用意し、ふりがなを基準に50音順で並べ替えます。

Memo 最初の順番に戻したい

並べ替えの直後であれば、クイックアクセスツールバーの［元に戻す］をクリックして、元に戻せます。
最初の順番に戻せるようにしておくためには、［NO］のような連番の列をあらかじめ用意しておき、［NO］を基準に昇順に並べ替えます。

ここでは、［フリガナ］を50音順に並べ替えます。

1 表内でクリックしてカーソルを移動し、

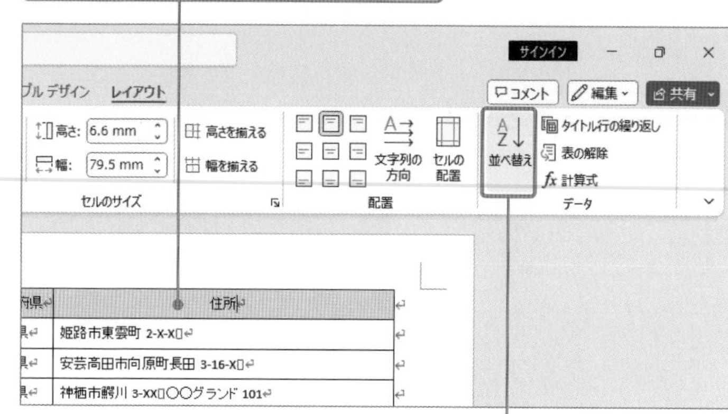

2 コンテキストタブの［レイアウト］タブ→［並べ替え］をクリックすると、

3 ［並べ替え］ダイアログが表示されます。

4 ［最優先されるキー］で［フリガナ］を選択し、

5 ［種類］で［五十音順］を選択し、

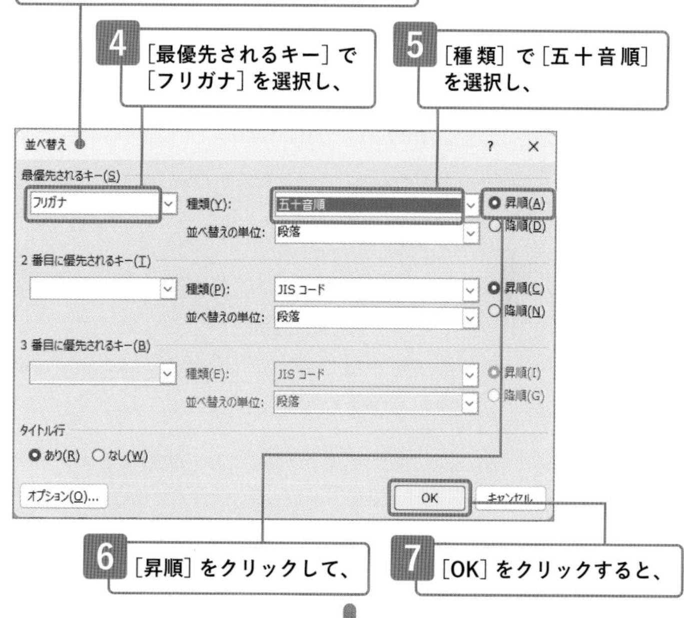

6 ［昇順］をクリックして、

7 ［OK］をクリックすると、

8 フリガナを基準に50音順で並べ変わります。

NO	氏名	フリガナ	郵便番号	都道府県	住所
15	相沢 道子	アイザワ ミチコ	639-0262	奈良県	香芝市白鳳台 1-1-X
31	浅見 京子	アサミ キョウコ	520-1421	滋賀県	高島市朽木岩瀬 3-X-X メゾン△◎○406
4	飯塚 聡子	イイヅカ サトコ	256-0808	神奈川県	小田原市東ヶ丘 1-X
13	市村 健司	イチムラ ケンジ	173-0003	東京都	板橋区加賀 3-X-X コーポ○○202
17	井出 香	イデ カオリ	561-0851	大阪府	豊中市服部元町 4-8-X

Section

Excelの表をWordに貼り付ける

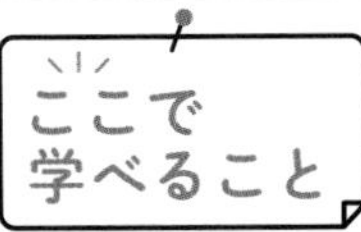

Excelで作成した表やグラフをWordの文書に貼り付けて利用することができます。Wordで作成する報告書の資料として文書内にExcelで集計した表を貼り付ければ、Wordで作り直す必要がなく、効率的に資料作成ができます。

習得スキル	操作ガイド	ページ
▶Excelの表の貼り付け	レッスン65-1	p.263
▶形式を選択して貼り付け	レッスン65-2	p.264
▶Excelのグラフの貼り付け	レッスン65-3	p.266

まずは パッと見るだけ！

Excelの表やグラフを文書に貼り付ける

以下は、Excelで作成した「売上集計.xlsx」の表とグラフを、Wordの「報告書.docx」に貼り付けた例です。

\ Before /
操作前

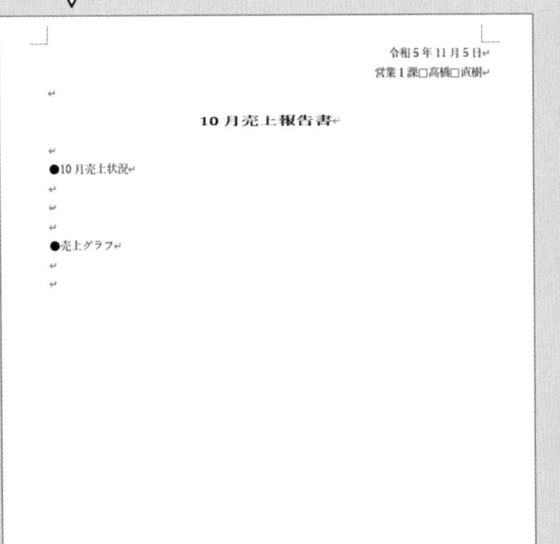

令和5年11月5日
営業1課□高橋□直樹

10月売上報告書

●10月売上状況

●売上グラフ

---→

\ After /
操作後

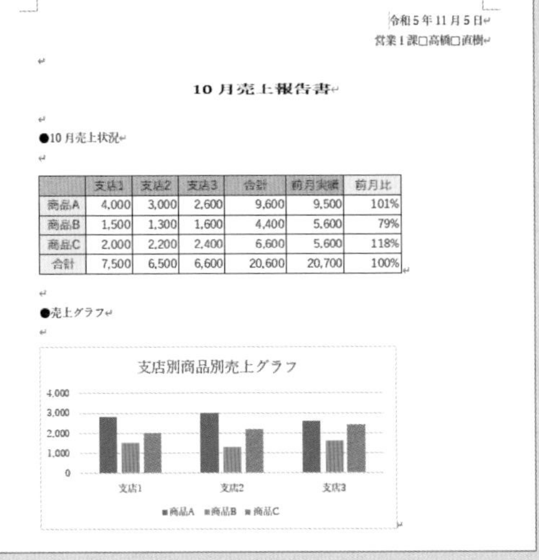

令和5年11月5日
営業1課□高橋□直樹

10月売上報告書

●10月売上状況

	支店1	支店2	支店3	合計	前月実績	前月比
商品A	4,000	3,000	2,600	9,600	9,500	101%
商品B	1,500	1,300	1,600	4,400	5,600	79%
商品C	2,000	2,200	2,400	6,600	5,600	118%
合計	7,500	6,500	6,600	20,600	20,700	100%

●売上グラフ

レッスン 65-1 Excelの表をWordに貼り付ける

65-売上集計.xlsx
65-1-売上報告書.docx

操作 Excelの表を文書に貼り付ける

Excelで作成した表をコピーして、Wordに貼り付けるだけで簡単に表を作成できます。
貼り付け後は、元のExcelのデータとは関係なく、Wordの表として編集できます。

Memo ExcelとWordを切り替えるには

起動中のExcelとWordを切り替えるには、タスクバーに表示されているExcelやWordのアイコンをクリックします。

Memo Excelの計算式は貼り付けられない

Excelの表で設定されていた計算式はコピーされず、計算結果の文字列が貼り付けられます。

ショートカットキー

- コピー
  Ctrl + C
- 貼り付け
  Ctrl + V

Excelを起動して使用するファイルを開き、Wordの文書も開いておきます。

1 Excelのファイル（ここでは「65-売上集計.xlsx」）を開き、表を選択して、

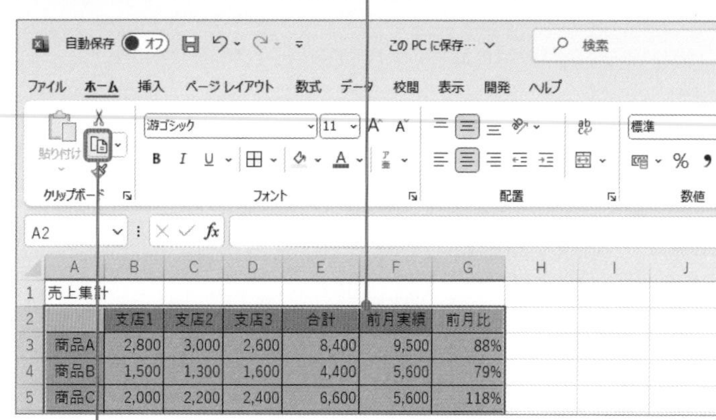

2 ［ホーム］タブ→［コピー］をクリックします。

3 Wordの文書で表を挿入する位置にカーソルを移動し、

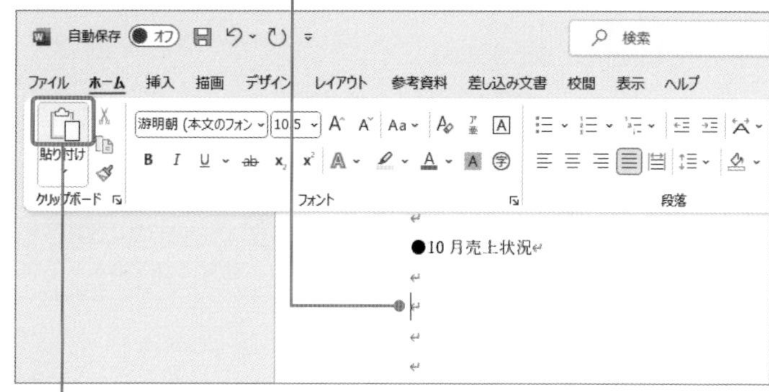

4 ［ホーム］タブ→［貼り付け］をクリックすると、

5 Excelの表がWordの表として貼り付けられます。

●10月売上状況

	支店1	支店2	支店3	合計	前月実績	前月比
商品A	2,800	3,000	2,600	8,400	9,500	88%
商品B	1,500	1,300	1,600	4,400	5,600	79%
商品C	2,000	2,200	2,400	6,600	5,600	118%
合計	6,300	6,500	6,600	19,400	20,700	94%

コラム Excelの表を［貼り付けのオプション］で貼り付ける方法

［貼り付け］のをクリックすると、貼り付け方法を選択できます。また、貼り付け直後に表の右下に表示される［貼り付けのオプション］をクリックしても同じメニューが表示され、貼り付け方法を変更できます。なお、前ページの手順4の［貼り付け］では、［元の書式を保持］で貼り付けられます。❸の「リンク（元の書式を保持）」と❹の「リンク（貼り付け先のスタイルを適用）」は、元のExcelデータと連携しています。

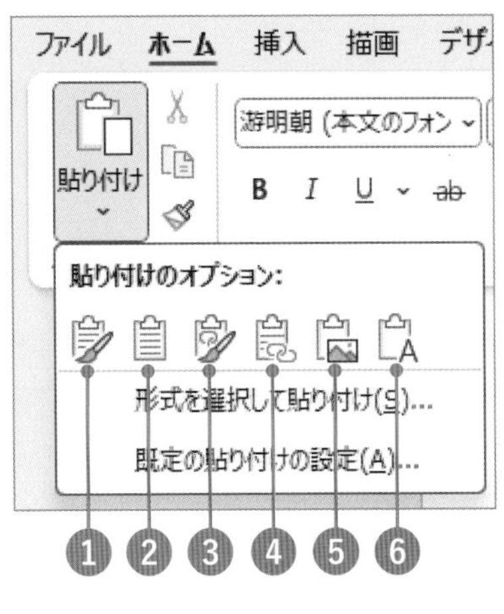

ボタン	名前	内容
❶	元の書式を保持	Wordの表として貼り付けられ、Excelで設定した書式がそのまま残る
❷	貼り付け先のスタイルを使用	Wordの表として貼り付けられ、Wordの標準的な表のスタイルが適用される
❸	リンク（元の書式を保持）	Excelのデータと連携された状態で貼り付けられ、Excelで設定した書式がそのまま残る
❹	リンク（貼り付け先のスタイルを適用）	Excelのデータと連携された状態で貼り付けられ、Wordの標準的な表のスタイルが適用される
❺	図	Excelの表をそのまま図として貼り付ける。そのためデータの変更はできない
❻	テキストのみ保持	データの区切りをタブにして、文字列だけを貼り付ける

レッスン 65-2 Excel形式で表を貼り付ける

練習用ファイル 65-売上集計.xlsx
65-2-売上報告書.docx

操作 Excelのワークシートオブジェクトとして貼り付ける

Excelの表を、ワークシートオブジェクトとして貼り付けると、表をダブルクリックするとExcelがWordの中で起動し、Excelの表としてデータの修正や書式の設定などの編集ができます。
表をコピーしたときの元のExcelのデータとは関係なく、Word内のデータとして編集できます。

Excelを起動して使用するファイルを開き、Wordの文書も開いておきます。

Excelの表をワークシートオブジェクトとして貼り付ける

1 p.263の1～2でWordに貼り付ける表をコピーしておきます。

2 Wordの文書で表を挿入する位置にカーソルを移動し、

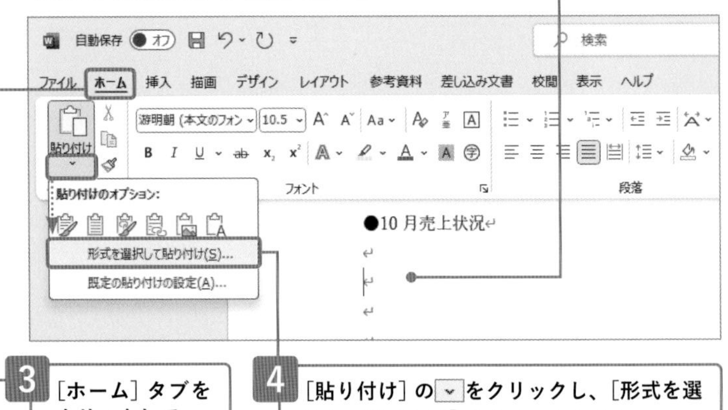

3 ［ホーム］タブをクリックして、

4 ［貼り付け］のをクリックし、［形式を選択して貼り付け］をクリックします。

5 ［形式を選択して貼り付け］ダイアログが表示されます。

6 ［貼り付け］をクリックして選択し、

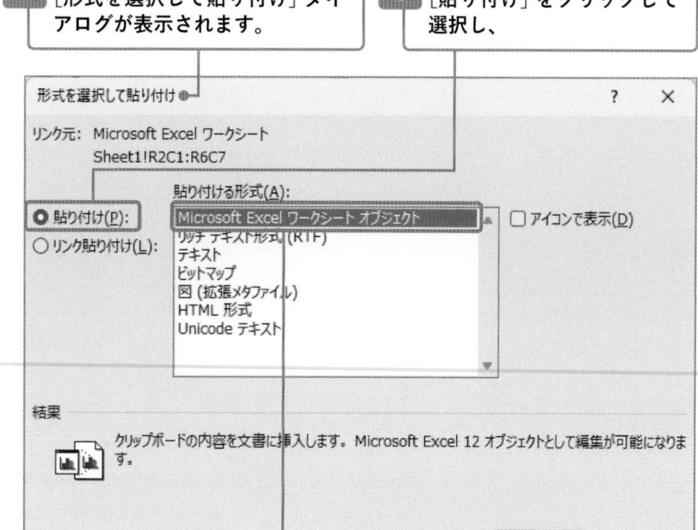

7 ［Microsoft Excelワークシートオブジェクト］をクリックして、

8 ［OK］をクリックします。

9 Excelの表が、Excelのワークシートオブジェクトとして貼り付けられます。

●10 月売上状況

	支店1	支店2	支店3	合計	前月実績	前月比
商品A	2,800	3,000	2,600	8,400	9,500	88%
商品B	1,500	1,300	1,600	4,400	5,600	79%
商品C	2,000	2,200	2,400	6,600	5,600	118%
合計	6,300	6,500	6,600	19,400	20,700	94%

(Ctrl)

表の内容を編集する

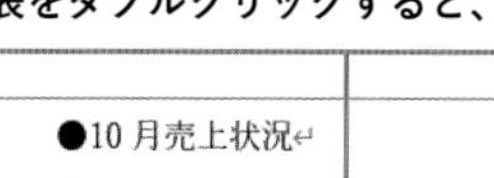

1 表をダブルクリックすると、

●10 月売上状況

	支店1	支店2	支店3	合計	前月実績	前月比
商品A	2,800	3,000	2,600	8,400	9,500	88%
商品B	1,500	1,300	1,600	4,400	5,600	79%
商品C	2,000	2,200	2,400	6,600	5,600	118%
合計	6,300	6,500	6,600	19,400	20,700	94%

Memo ダブルクリックでExcelが起動する

表の内容を編集したいときは、表を選択してダブルクリックすると、ExcelがWordの中で起動します。そのままExcelと同じようにデータの修正や書式の設定などを行うことができます。

上級テクニック ［リンク貼り付け］を選択した場合

［リンク貼り付け］を選択すると、元のExcelのデータと連携された状態で貼り付けられます。貼り付けた表をダブルクリックすると、コピー元のExcelファイルが開きます。
元のExcelの表を修正すると、その修正がWordの表に反映されます。そのため、データを常に最新の状態に保つことができます。この表は、実際にはフィールドコードいわれる式が設定されており、Shift+F9でフィールドコードの表示／非表示を切り替えることができます。また、F9キーでデータが更新されます。元のExcelファイルを移動したり、削除したりした場合は、再度リンクし直す必要があります。

Memo ダブルクリックしてもExcelのリボンが表示されない場合

［表の内容を編集する］の手順1で表をダブルクリックしてもExcelのリボンが表示されない場合は、文書を保存し、いったん閉じてから開き直して、再度ダブルクリックしてみてください。

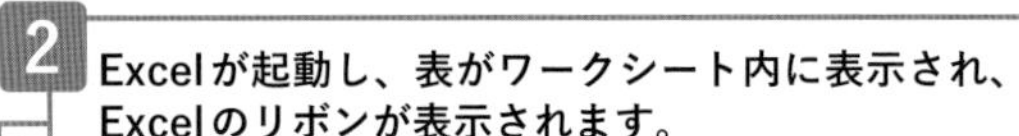

2 Excelが起動し、表がワークシート内に表示され、Excelのリボンが表示されます。

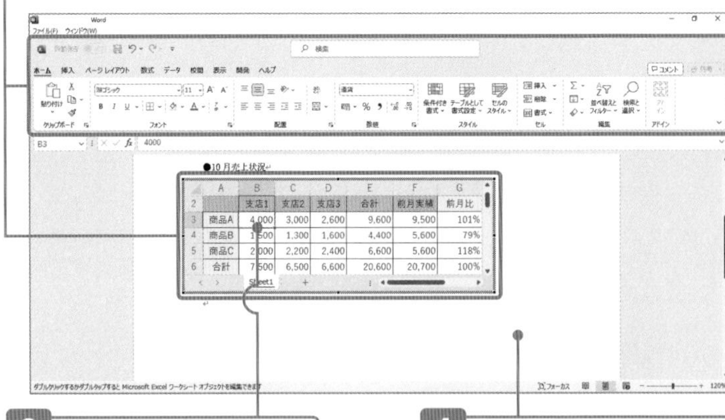

3 データを修正（ここではセルB3を「4000」）して、

4 Wordの文書をクリックすると、

5 Excelが終了してWordの画面に戻り、表の内容が修正されます。

●10月売上状況

	支店1	支店2	支店3	合計	前月実績	前月比
商品A	4,000	3,000	2,600	9,600	9,500	101%
商品B	1,500	1,300	1,600	4,400	5,600	79%
商品C	2,000	2,200	2,400	6,600	5,600	118%
合計	7,500	6,500	6,600	20,600	20,700	100%

WordとExcelを組み合わせて使おう～

レッスン 65-3 ExcelのグラフをWordに貼り付ける

練習用ファイル 65-売上集計.xlsx
65-3-売上報告書.docx

操作 Excelのグラフを文書に貼り付ける

Excelで作成したグラフをコピーし、Wordに貼り付けることができます。貼り付けたグラフは元のExcelのグラフとは関係なく、Wordのグラフとして編集できます。

ここでは「売上集計.xlsx」のグラフをWord文書に貼り付けます。Excelを起動して使用するファイルを開き、Wordの文書も開いておきます。

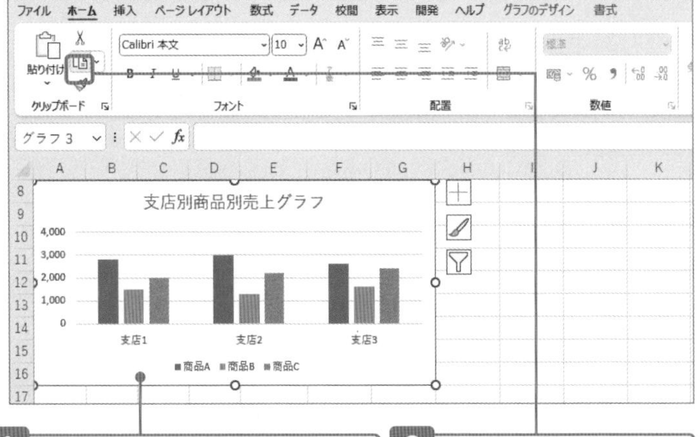

1 Excelのファイル（ここでは「売上集計.xlsx」）を開き、グラフをクリックして、

2 ［ホーム］タブ→［コピー］をクリックします。

3 Wordの文書でグラフを挿入する位置にカーソルを移動し、

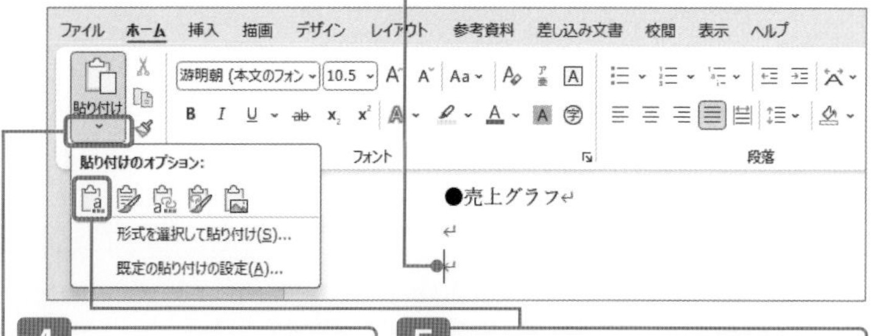

4 ［ホーム］タブ→［貼り付け］のをクリックし、

5 ［貼り付け先のテーマを使用しブックを埋め込む］をクリックします。

6 Excelのグラフが文書に埋め込まれます。

7 グラフをクリックして選択すると

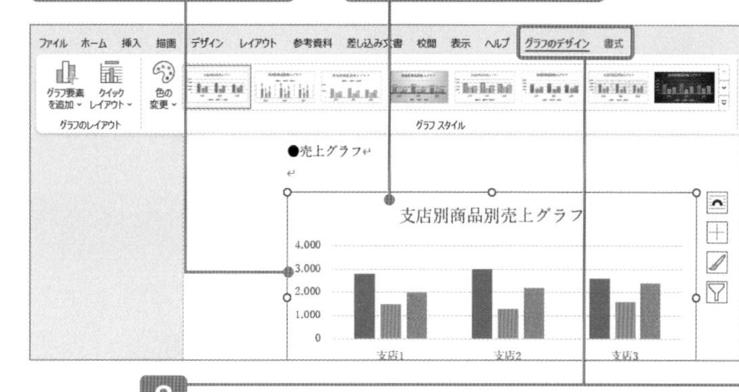

8 コンテキストタブの［グラフのデザイン］タブと［書式］タブが表示され、Word内でグラフの編集ができます。

Memo 埋め込みとは

埋め込みとは、作成元のデータと連携しないでデータを貼り付けることで、作成元のデータが変更されても、埋め込まれたデータは変更されません。Excelのグラフを埋め込むと元のExcelのデータとは関係なくWord文書内で自由に編集できます。

Memo グラフの貼り付け方法の選択肢

［貼り付け］の⌄をクリックしたときに表示される貼り付け方法は、下表のようなものがあります。

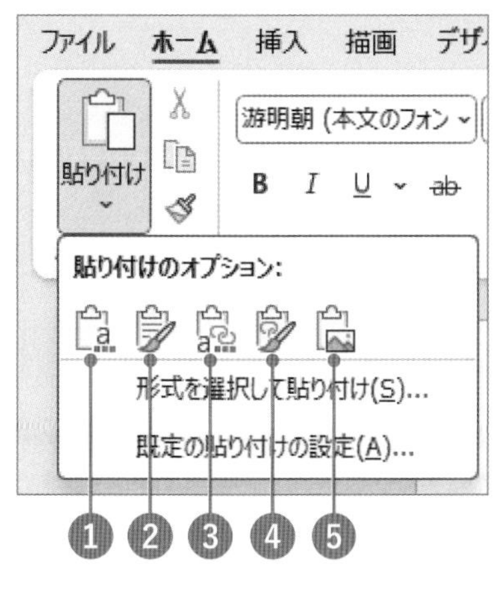

ボタン	名前	内容
❶	貼り付け先のテーマを使用しブックを埋め込む	Excelで設定した書式を削除し、Wordのテーマを適用してグラフが埋め込まれる
❷	元の書式を保持しブックを埋め込む	Excelで設定した書式がそのまま残り、Wordにグラフが埋め込まれる
❸	貼り付け先テーマを使用しデータをリンク	Excelで設定した書式を削除し、Wordのテーマを適用してグラフがExcelのデータと連携した状態で貼り付ける
❹	元の書式を保持しデータをリンク	Excelで設定した書式がそのまま残り、WordにグラフがExcelのデータと連携した状態で貼り付ける
❺	図	グラフをそのまま図として貼り付ける。そのためデータの変更はできない

練習問題 表作成の練習をしよう

練習用ファイル 演習6-注文書.docx

社外文書「注文書」の完成見本（下図）を参照し、以下の指示通り表を作成してください。

1 文書の末尾（10行目）に5行6列の表を挿入する

2 1行目に項目名を入力する

3 1行目のセルに薄い灰色を設定する

4 各セルにデータを入力する（5行目の「合計」は1列目に入力しておきます）

5 列の幅を各列で自動調整し、6列目のみ少し広め（約20mmぐらい）に設定する
（コンテキストタブの［レイアウト］タブにある［列の幅の設定］で指定できます）

6 5行目の1〜5列をセル結合する

7 罫線の種類や太さを以下の通り変更する
・外枠…線種：実線、太さ：1.5pt、ペンの色：黒
・4行目の下横線…線種：二重線、太さ：0.5pt、ペンの色：黒

8 各セルの文字配置を以下の順序で変更する
・1行目と1列目、5行目の「合計」のセル：中央揃え
・2〜3列の2〜4行目（商品NOと商品名のセル）：中央揃え（左）
・4〜6列の2〜4行目と5行目の金額のセル：中央揃え（右）

9 行の高さを以下のように変更する
・1〜4行目：8mm
・5行目：13mm
（コンテキストタブの［レイアウト］タブにある［行の高さの設定］で指定できます）

10 表全体を中央揃えに設定する

▼完成見本

ご注文ありがとうございます。
以下の通りご注文を承りました。

NO	商品NO	商品名	価格(税込)	数量	金額
1	R101	レーズンサンドセット	1,620	1	1,620
2	C203	レモンシフォンケーキ	1,080	2	2,160
3	C105	イチゴシフォンケーキ	1,296	4	5,184
合計					8,964

第 7 章

文書の中に図形を作成する

ここでは、四角形や直線などの図形の作成と編集方法を説明します。複数の図形を配置した場合は、整列したり、グループ化したりしてレイアウトを整えることもできます。また、文字を任意の位置に表示できるテキストボックスの扱い方も紹介します。

図形は文書のアクセント！

Section

66 図形を作成する

文書中に、四角形や円、直線や矢印などの図形を描いて挿入することができます。四角形や直線といった基本的な図形から作成してみましょう。

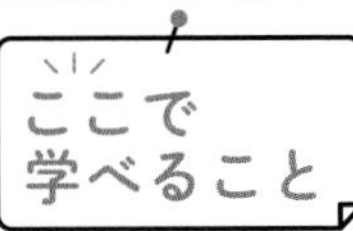

習得スキル	操作ガイド	ページ
▶図形の描画	レッスン66-1	p.271
▶直線の描画	レッスン66-2	p.272

まずは パッと見るだけ！

図形の作成

文書内の自由な位置に図形を作成できます。四角形、円、直線だけでなく、さまざまな形の図形を作成できます。

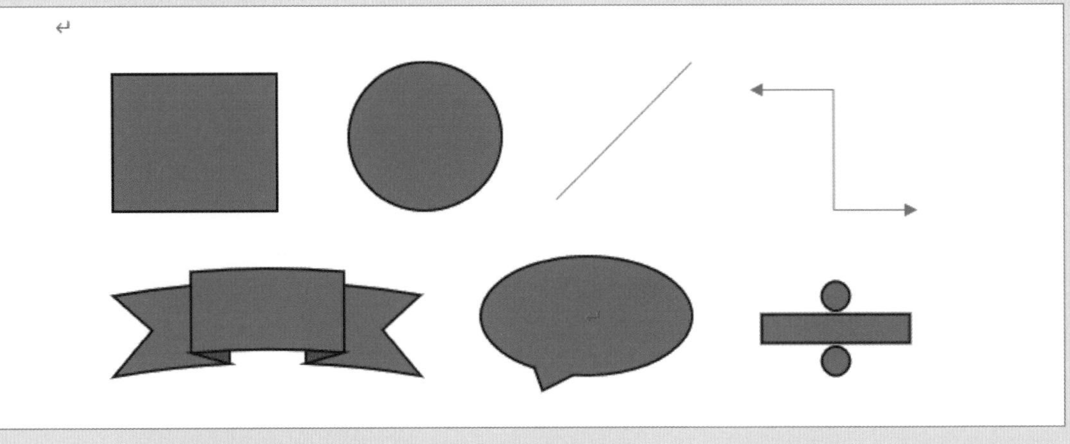

Memo オブジェクト

文書に作成された図形は、「オブジェクト」といいます。オブジェクトは、図形の他に、ワードアート、画像、アイコン、SmartArt、スクリーンショットなどがあります。

レッスン 66-1 図形を描画する

操作 図形を描画する

図形を描画するには、[挿入] タブの[図形の作成] をクリックし、一覧から作成したい図形をクリックして、ドラッグします。初期設定では、青色で塗りつぶされた図形が作成されます。作成後、色やサイズなどを変更して目的の図形に整えます。

Point 中心から描画するには

Ctrl キーを押しながらドラッグすると、図形が中心から描画されます。

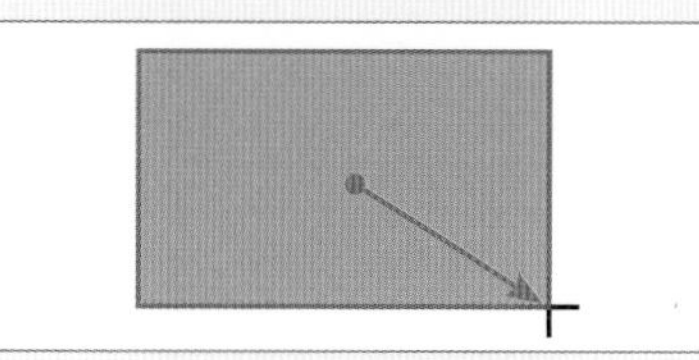

Memo レイアウトオプション

図形を作成後、図形の右上に[レイアウトオプション] が表示されます。クリックすると、図形に対する文字列の折り返しや配置などメニューが表示されます。詳細はp.289を参照してください。

Memo 図形を選択/解除する

図形の中または境界線でマウスポインターの形がの状態でクリックすると図形が選択され、周囲に白いハンドルが表示されます。図形以外をクリックすると選択が解除されます。

Memo 図形を削除する

図形を選択し、Delete キーを押します。

1 [挿入] タブ→[図形の作成] をクリックして、

2 作成する図形(ここでは[正方形/長方形]) をクリックします。

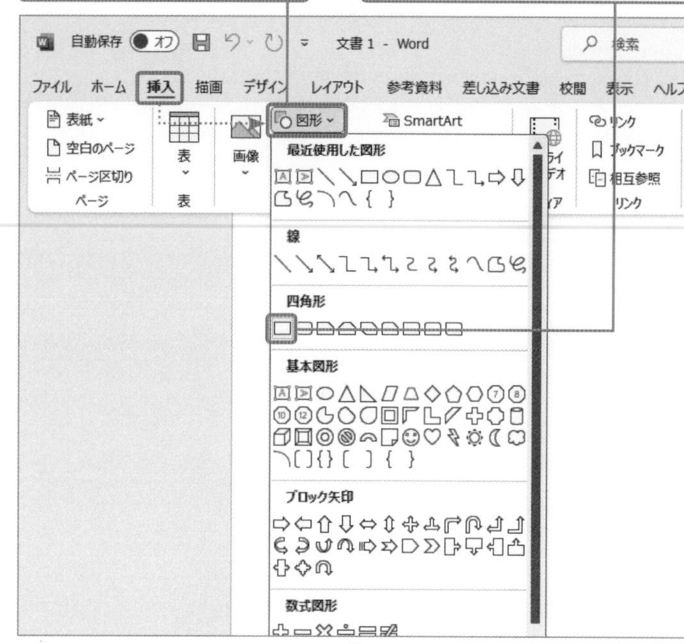

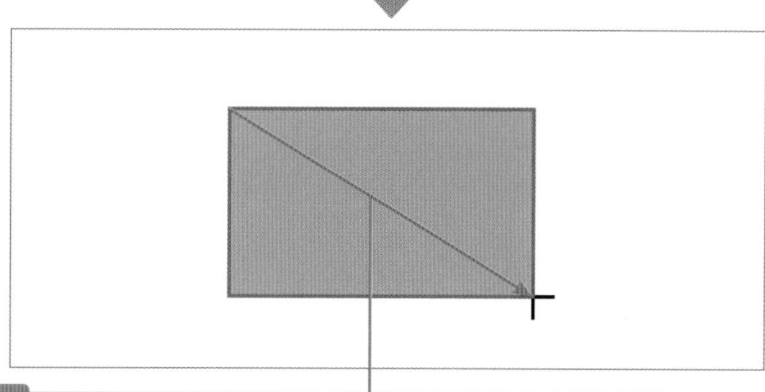

3 マウスポインターの形が+に変わり、開始位置から終了位置までドラッグすると、

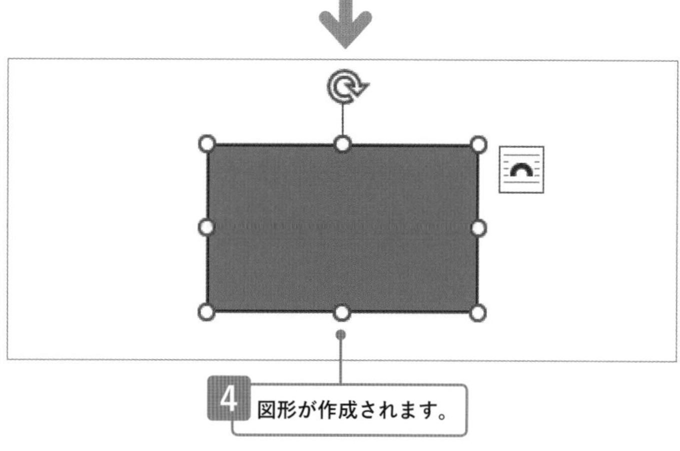

4 図形が作成されます。

レッスン66-2 直線を引く

操作 直線を描画する

直線はドラッグした方向に自由な角度で引くことができます。線には、直線だけでなく、矢印の付いた直線や、コネクターなどさまざまな種類の線が用意されています。

Memo 正方形や水平線を描画する

Shift＋ドラッグで正方形や正円など縦と横の比率が1対1の図形を描画できます。また、直線の場合は、水平線、垂直線、45度の斜線が描画できます。

1 ［挿入］タブ→［図形の作成］をクリックして、

2 作成する図形（ここでは［線］）をクリックします。

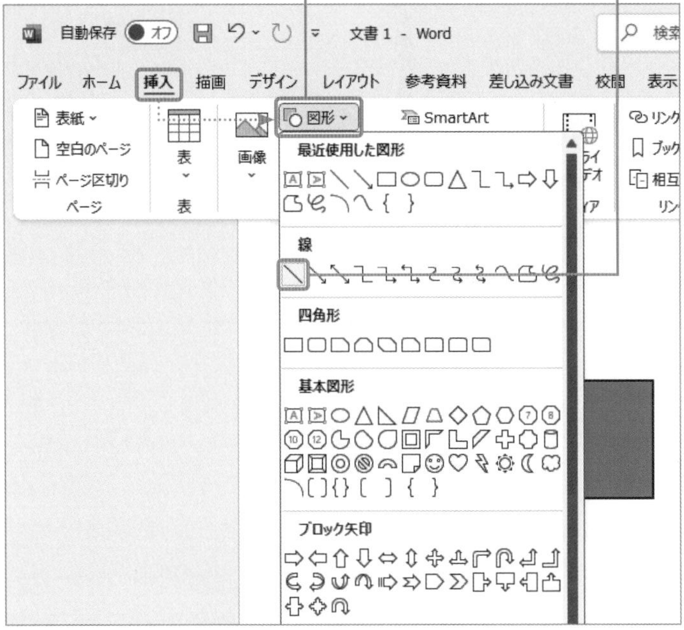

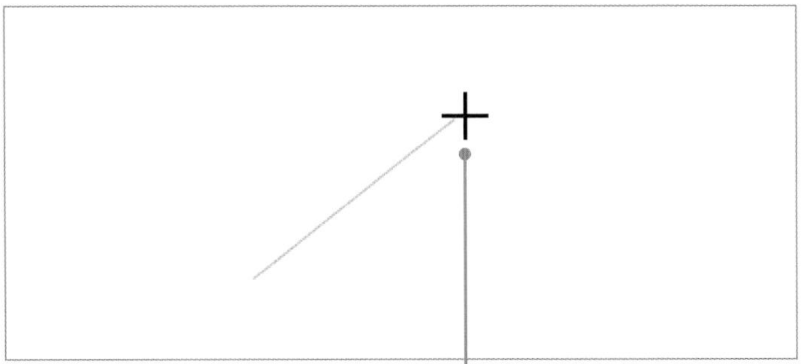

3 マウスポインターの形が＋に変わり、開始位置から終了位置までドラッグすると、

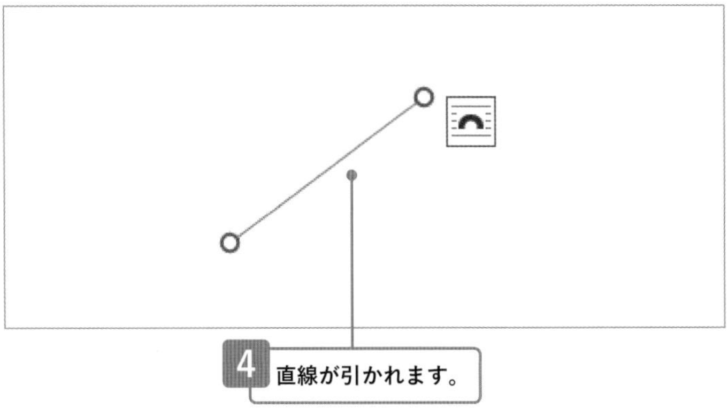

4 直線が引かれます。

コラム　フリーフォームで自由な図形を描く

自由な形で図形を描きたい場合は、フリーフォーム□を使います。フリーフォームは、ドラッグしている間はペンで描いたような自由な線が引けます。また、マウスを動かしてクリックすると、その位置まで直線が引かれます。クリックする位置を角にしてギザギザの線が引けます。終了位置でダブルクリックすると、描画が終了します。開始位置を終了位置にすると、自由な形の多角形が描けます。

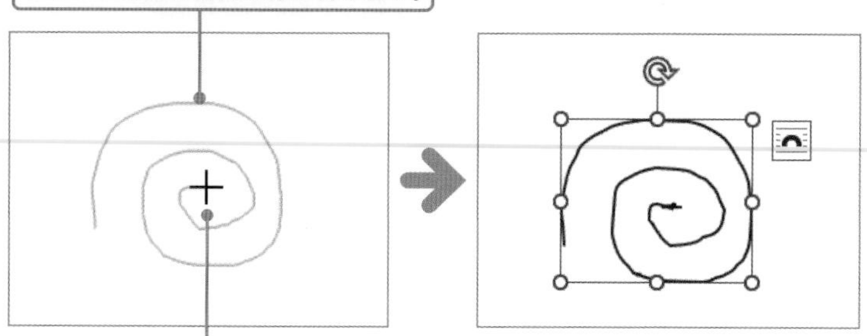

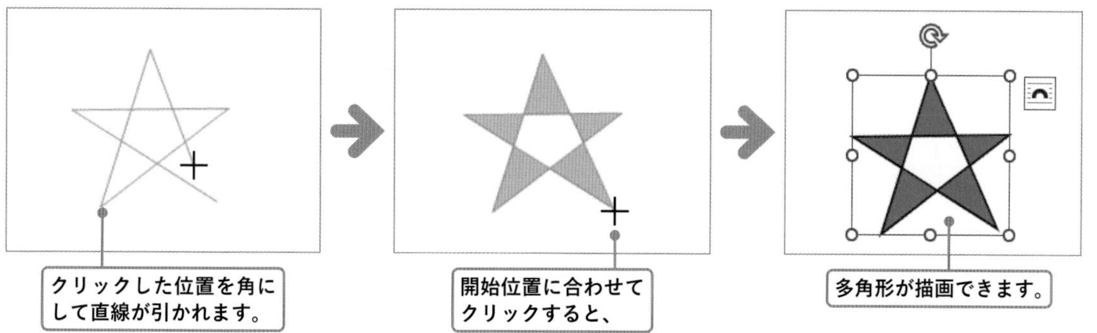

コラム　図形に代替テキストを追加する

代替テキストとは、図形などのオブジェクトの役割や内容を説明した文字列です。視覚に障がいのある方がわかるように説明するために用意します。図形を選択し❶、コンテキストタブの[図形の書式]タブ→[代替テキスト]をクリックすると表示される❷、[代替テキスト]作業ウィンドウの入力欄に図形について簡単な説明を入力します❸。
代替テキストを設定しておくと、読み上げリーダーのようなソフトで文書を読んでいるときに図形の説明文が読まれ、図形の意味を理解してもらえます。また、[装飾用にする]にチェックをつけると、図形が説明する必要のないもとされるため、代替テキストの入力欄が無効になります。

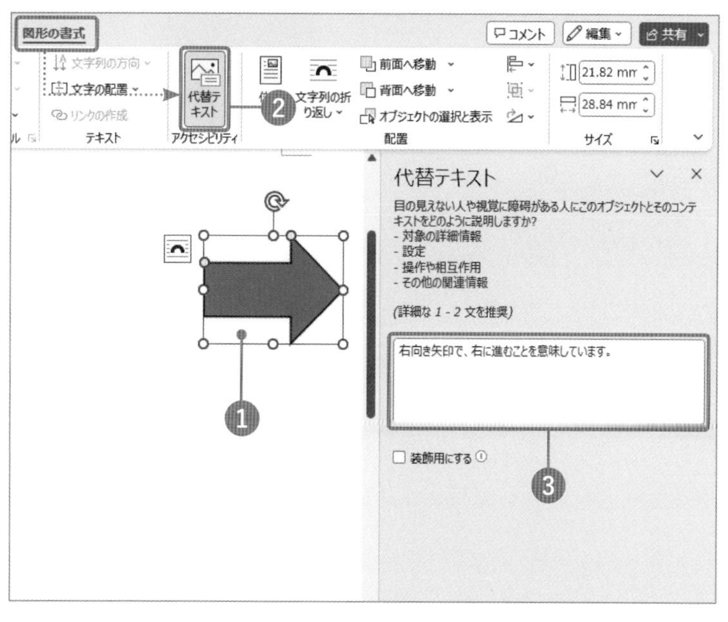

Section

67 図形を編集する

作成した図形は、初期設定では青色で表示されます。作成後に目的の図形になるように編集します。大きさや色、回転、変形、影などの効果、文字の入力など、さまざまな設定が行えます。

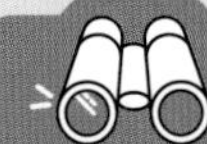

習得スキル	操作ガイド	ページ
▶図形のサイズ変更	レッスン67-1	p.275
▶図形の回転と変形	レッスン67-2～3	p.275～p.276
▶図形の見た目の変更	レッスン67-4～7	p.276～p.279
▶図形内に文字入力	レッスン67-8	p.280
▶図形の書式を既定に設定	レッスン67-9	p.280

まずは パッと見るだけ！

図形を編集して使う

作成した図形には、サイズ変更、回転、色や線の太さなどいろいろな編集を行うことができます。これらの編集を組み合わせることもできます。

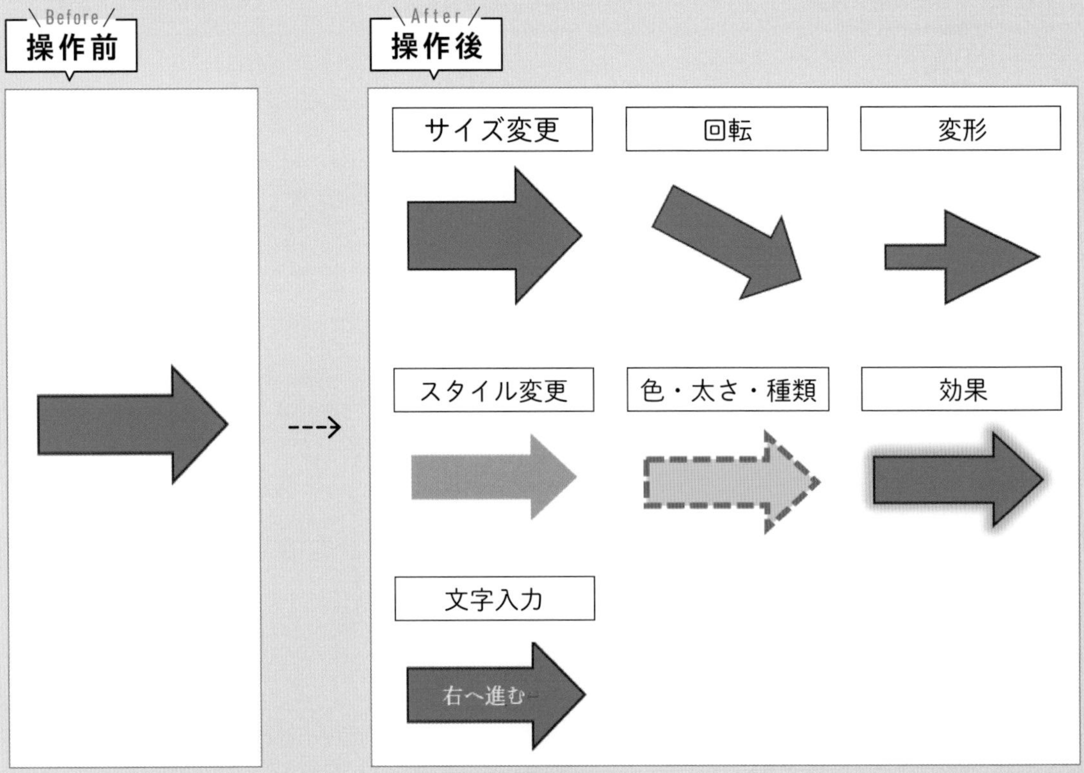

Before 操作前

After 操作後

サイズ変更　回転　変形

スタイル変更　色・太さ・種類　効果

文字入力

右へ進む

レッスン 67-1 図形のサイズを変更する

67-1-やじるしの図形.docx

操作 図形のサイズを変更する

図形を選択すると周囲に白いハンドルが表示されます。このハンドルにマウスポインターを合わせ、の形になったらドラッグします。Shiftキーを押しながら、角にあるハンドルをドラッグすると、縦横同じ比率を保ったままでサイズ変更できます。

Memo 数値で正確に変更する

図形を選択し、コンテキストタブの［図形の書式］タブの［図形の高さ］と［図形の幅］で数値を指定してサイズ変更できます。

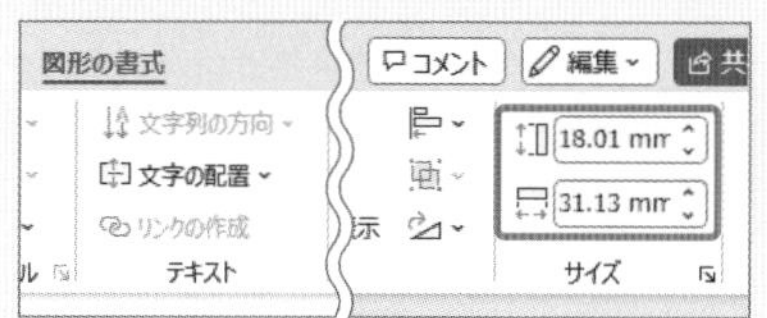

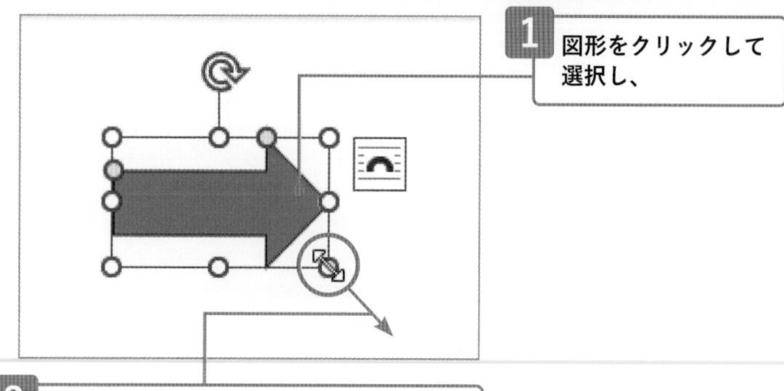

2 白いハンドルにマウスポインターを合わせ、の形になったらドラッグすると、

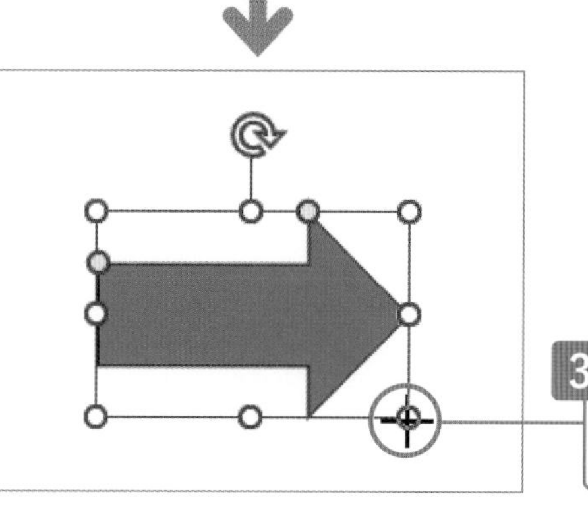

3 ドラッグの間はの形になり、サイズが変わります。

レッスン 67-2 図形を回転する

67-2-やじるしの図形.docx

操作 図形を回転する

図形を選択すると、回転ハンドルが表示されます。回転ハンドルにマウスポインターを合わせの形になったらドラッグすると、回転します。

Memo 上下／左右反転や90度回転させる

図形を上下や左右を反転したり、90度ごとに回転したりする場合は、コンテキストタブの［図形の書式］タブ→［オブジェクトの回転］をクリックしてメニューから［右へ90度回転］［左へ90度回転］［上下反転］［左右反転］で設定できます。

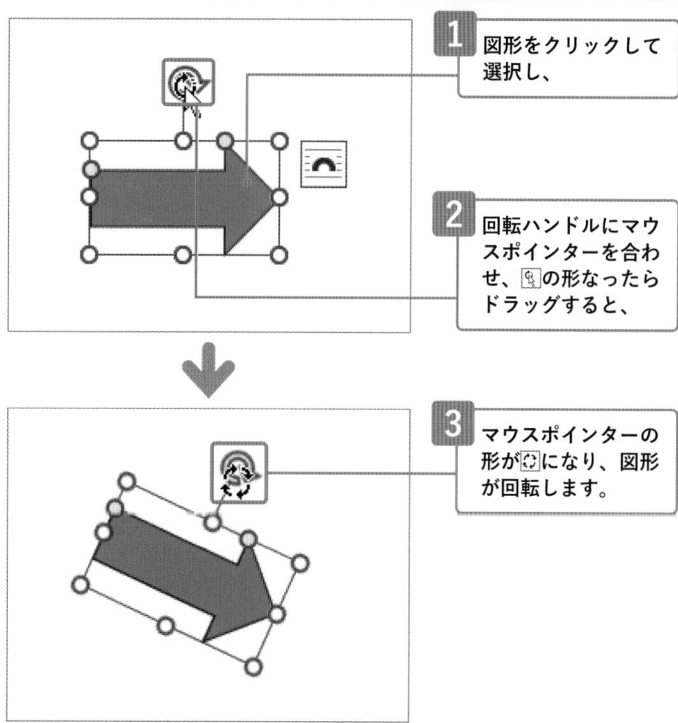

Memo 正確な角度で回転する

❶コンテキストタブの［図形の書式］タブの［サイズ］グループにある[ダイアログボックス起動ツール]をクリックし、❷表示される［レイアウト］ダイアログの［回転角度］で数値を入力すると、指定した角度に回転します。

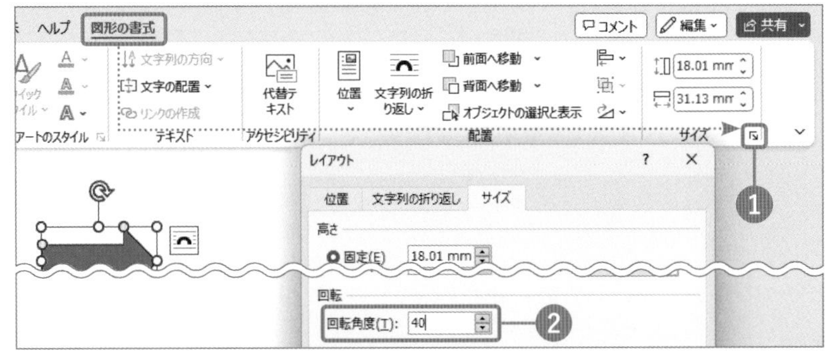

レッスン 67-3 図形を変形する

練習用ファイル 67-3-やじるしの図形.docx

操作 図形を変形する

図形の中には、選択すると、黄色い変形ハンドル[●]が表示されるものがあります。変形ハンドルをドラッグすると、図形を変形できます。

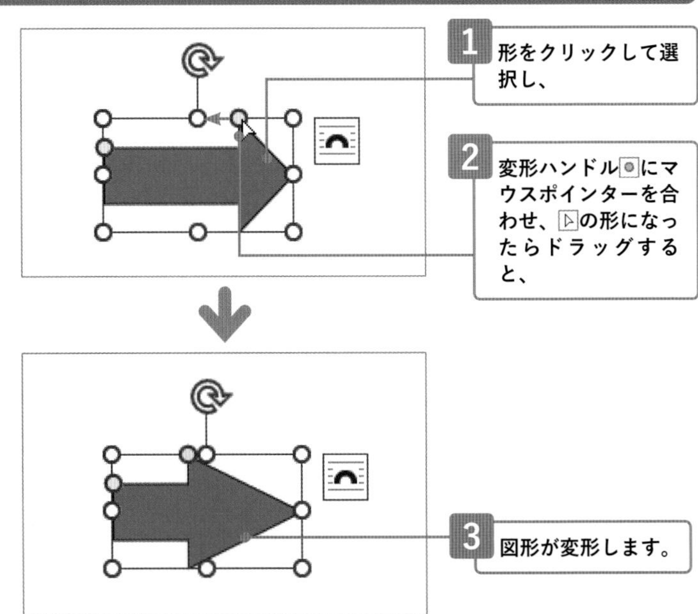

レッスン 67-4 図形にスタイルを設定する

練習用ファイル 67-4-やじるしの図形.docx

操作 図形にスタイルを設定する

図形のスタイルを使うと、図形の塗りつぶし、枠線、グラデーション、影などをまとめて設定できます。

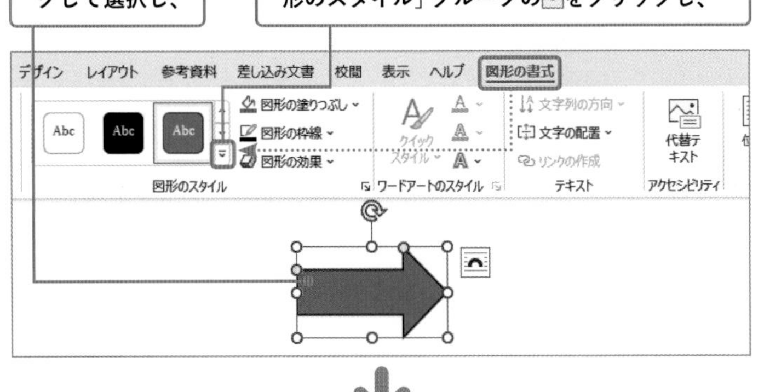

Memo テーマの配色の変更

Wordのバージョンによっては、既定のテーマが本書と異なる場合があり、そのため、スタイルの配色も本書と異なっている場合があります。テーマとは、配色やフォント、効果の組み合わせに名前を付けたものです(p.321)。
みなさんがお使いのWordのテーマと、本書の内容が異なる場合に、表示内容を本書のものと揃えたい場合は[デザイン]タブ→[テーマ]→[Office 2023 – 2022 テーマ]をクリックしてテーマを変更してください。

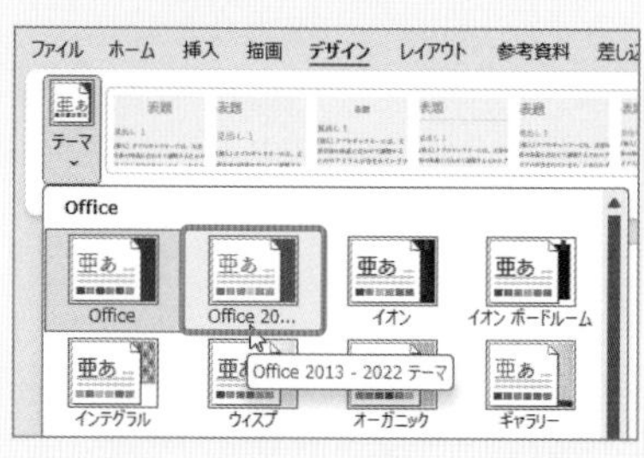

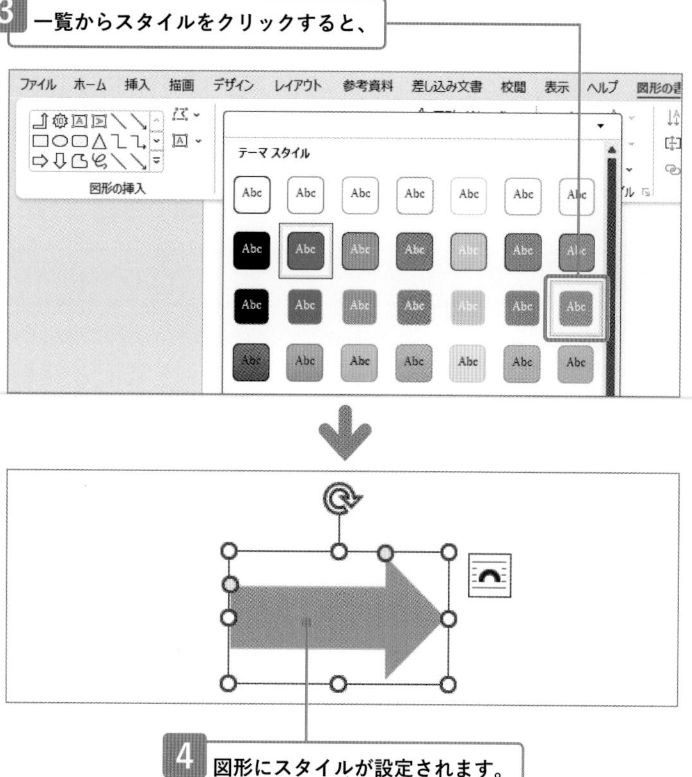

レッスン 67-5 図形の色を変更する

 67-5-やじるしの図形.docx

操作 図形の塗りつぶしと枠線の色を変更する

図形の内部の色は[図形の塗りつぶし]❶、枠線の色は[図形の枠線]❷でそれぞれ変更できます。一覧から選択した後、続けて同じ色を設定したい場合は、左側のアイコンを直接クリックします。

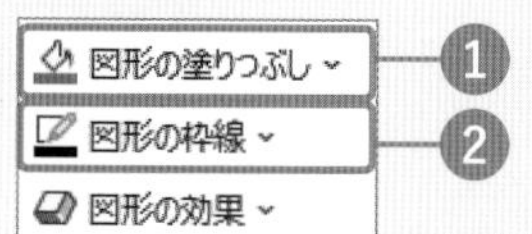

Memo 図形の塗りつぶしを透明にするには

手順❸で[塗りつぶしなし]をクリックすると、図形の内部が透明になります。

塗りつぶしの色を変える

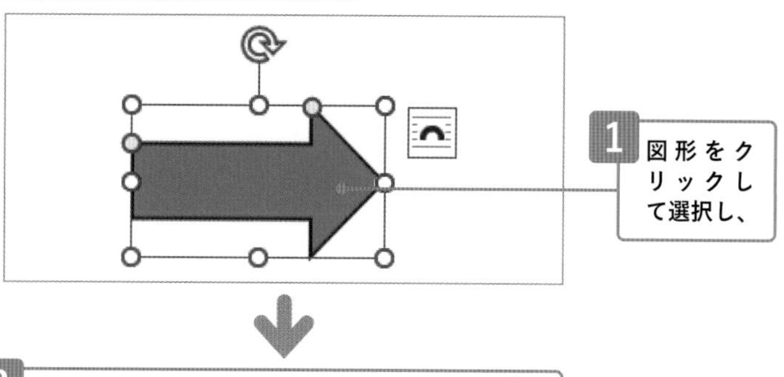

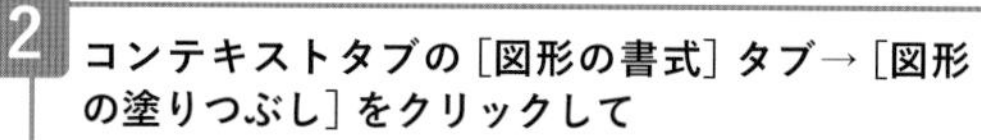

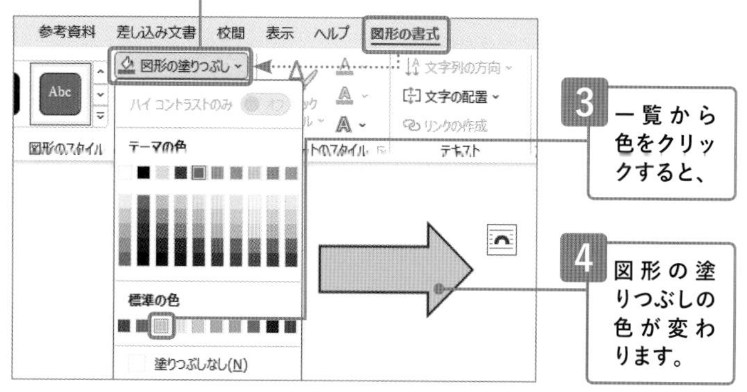

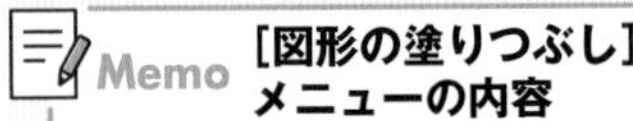

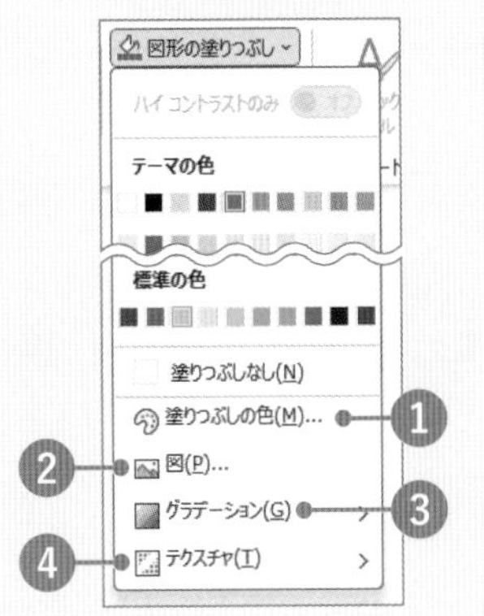

❶：カラーパレットを表示し、一覧にない色を指定できる
❷：指定した画像を表示する
❸：グラデーションを指定する
❹：紙や布などの素材の画像を指定する

枠線の色を変える

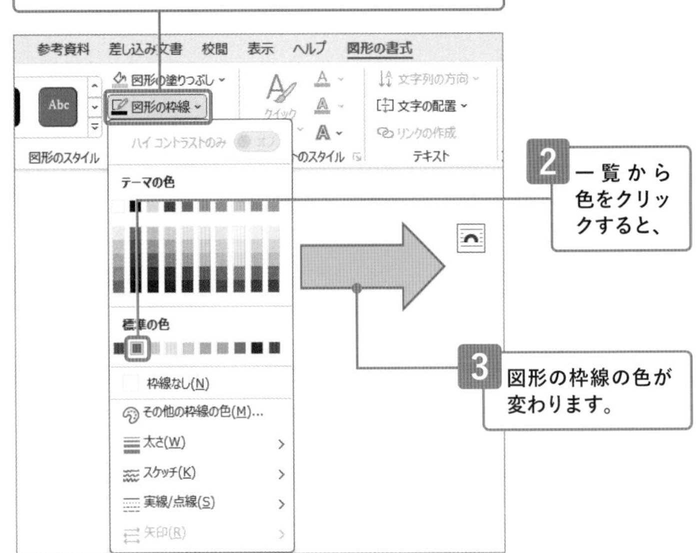

レッスン 67-6 枠線の太さや種類を変更する

練習用ファイル 67-6-やじるしの図形.docx

操作 枠線の太さや種類を変更する

［図形の枠線］をクリックすると表示されるメニューの［太さ］で太さ、［実線/点線］で種類を変更できます。図形の枠線だけでなく、直線などの線もここで変更します。線の場合は、矢印の設定もできます。

Memo 図形の枠線を消すには

手順❸で［枠線なし］をクリックすると、図形の枠線が消えます。

Memo 直線の矢印を変更する

手順❸で［矢印］をクリックし、一覧から矢印の有無、方向、種類を選択できます。

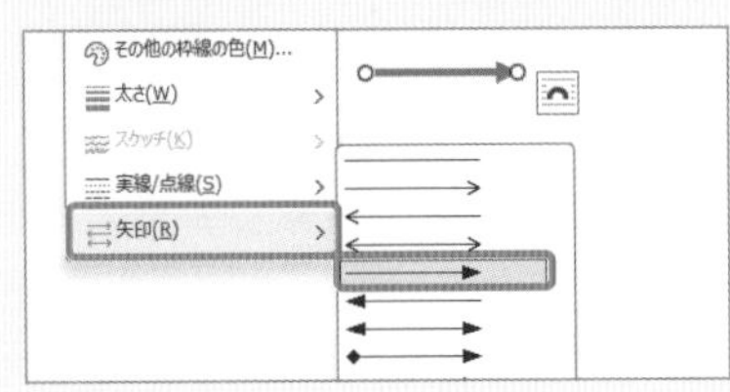

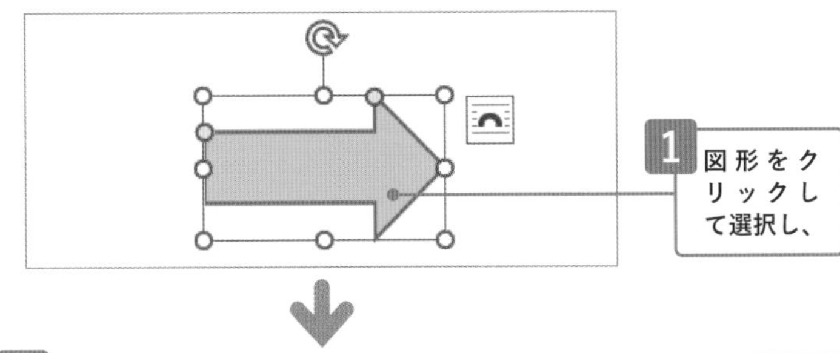

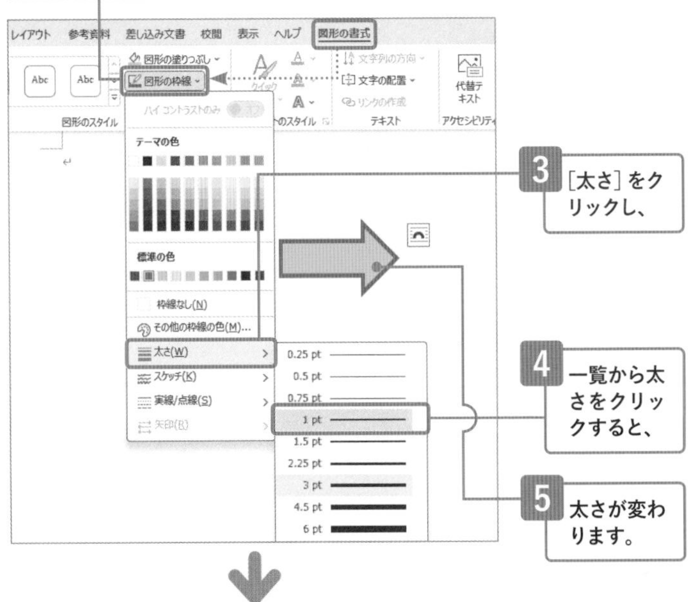

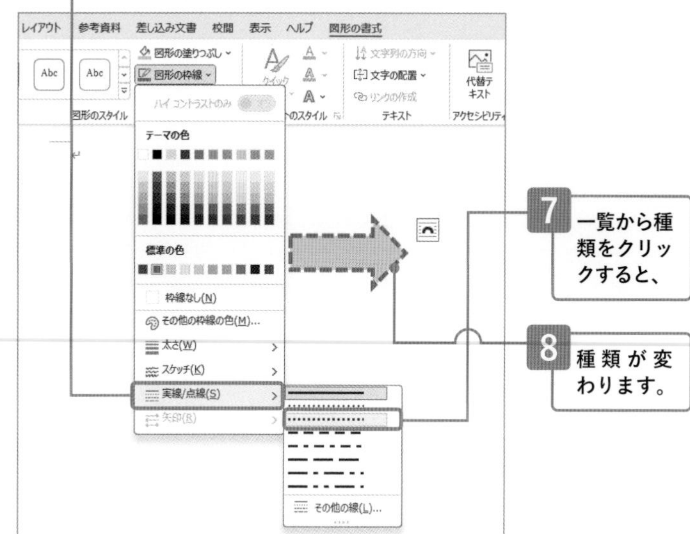

レッスン 67-7 図形に効果を設定する

練習用ファイル 67-7-やじるしの図形.docx

操作 図形に効果を設定する

図形に影、反射、光彩、ぼかしなどの効果を設定することができます。複数の効果を重ねることもできます。また、「標準スタイル」から複数の効果がセットされたスタイルを選択することもできます。

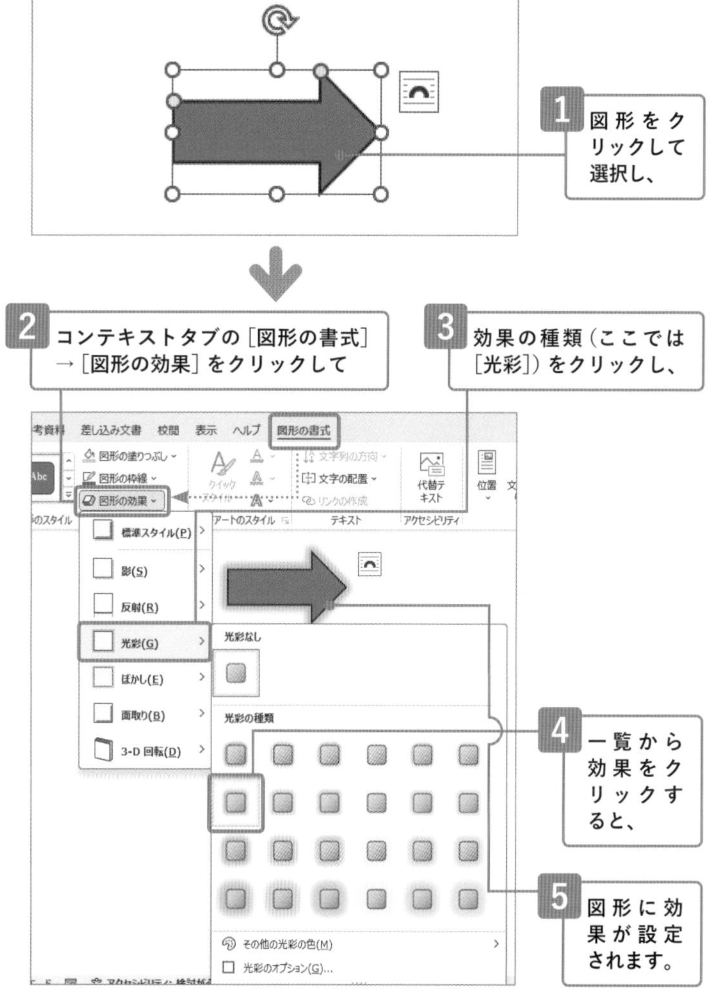

Memo 設定した効果を取り消す

手順3で［標準スタイル］をクリックし、［標準スタイルなし］をクリックするか、個別の効果の先頭にある［光彩なし］などを選択すると効果を取り消せます。

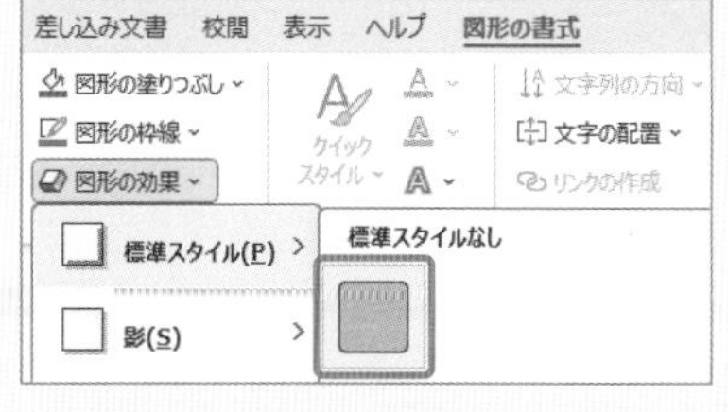

レッスン 67-8 図形の中に文字を入力する

練習用ファイル 67-8-やじるしの図形.docx

操作 図形に文字を入力する

図形を選択し、そのまま文字入力を開始するだけで図形の中に入力されます。すでに文字が入力されている場合は、文字の上をクリックするとカーソルが表示されるので、そのまま文字入力できます。

Memo 図形に文字を入力するその他の方法

図形に文字が入力されていない場合、図形を右クリックし[テキストの追加]をクリックします。また、すでに図形に文字が入力されている場合は、[テキストの編集]をクリックします。

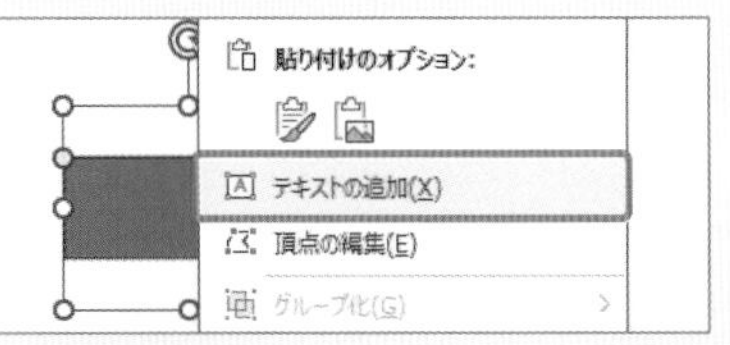

Memo 文字が見えない場合

図形に文字を入力しても見えなかったり、見えづらかったりした場合は、図形の境界線をクリックして図形を選択し、[ホーム]タブの[フォントの色]で文字の色を変更してください。

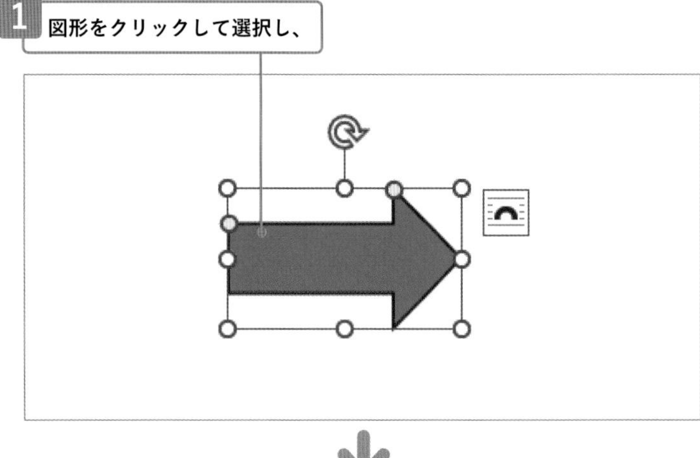

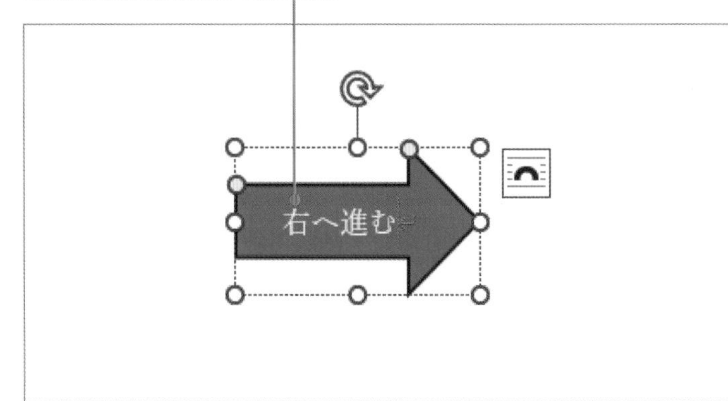

レッスン 67-9 作成した図形の書式を既定に設定する

練習用ファイル 67-9-やじるしの図形.docx

操作 図形の書式を既定に設定する

塗りつぶしや枠線の色、効果などの書式を設定した図形を「既定の図形」として登録すると、文書内で作成するすべての図形が登録した書式で作成されます。

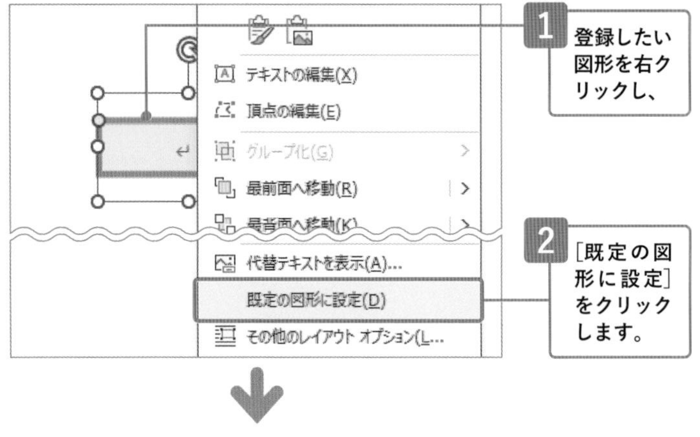

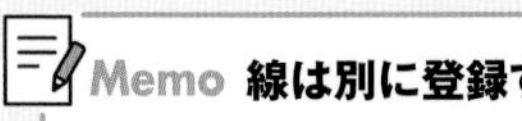

Memo 線は別に登録する

直線などの線の書式は図形と別に既定に設定できます。設定したい直線を右クリックし、[既定の線に設定]をクリックします。

3 以降、登録した設定で図形が作成されます。

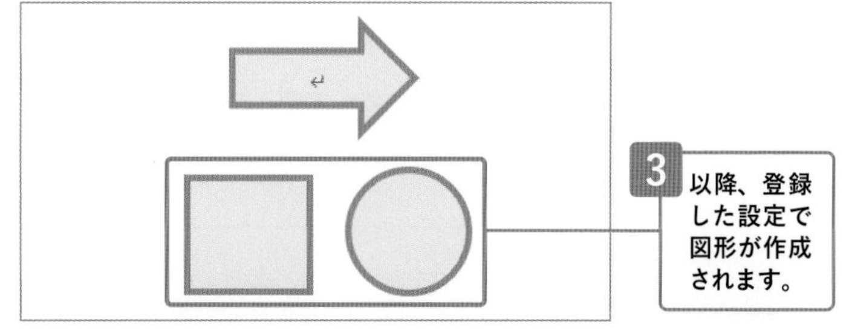

コラム 図形内の余白を調整する

図形内に入力した文字が表示しきれないことがあります。図形のサイズを変更しないで、もう少し多くの文字を表示したい場合は、以下の手順で[図形の書式設定]作業ウィンドウを表示して、上下左右の余白をミリ単位で変更してみてください。

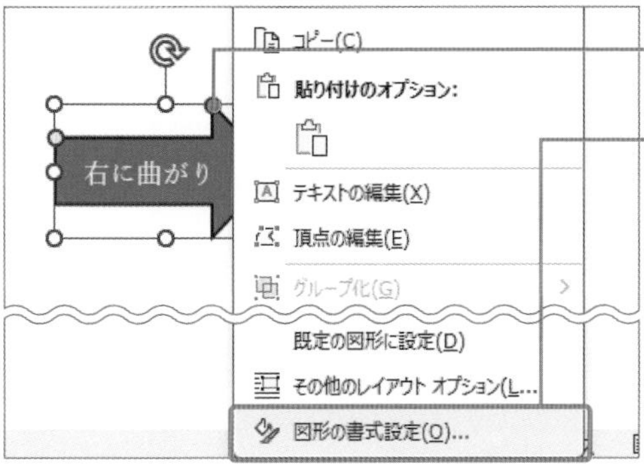

1 図形の枠線を右クリックし、

2 [図形の書式設定]をクリックします。

3 [図形の書式設定]作業ウィンドウが表示されます。

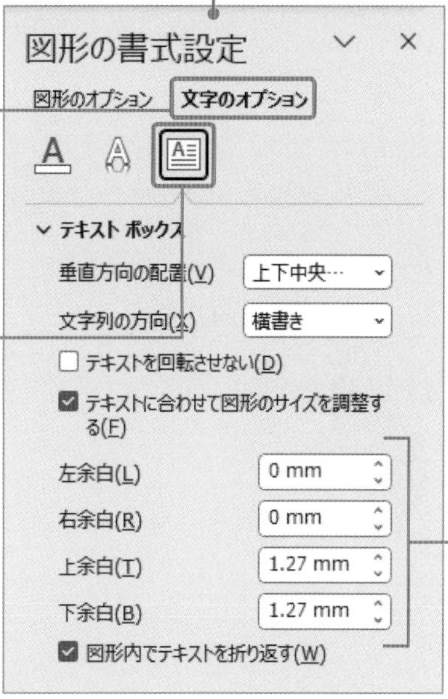

4 [文字のオプション]をクリックし、

5 [レイアウトとプロパティ]をクリックして、

6 それぞれの余白を指定します(ここでは[左余白]と[右余白]を「0mmに指定)

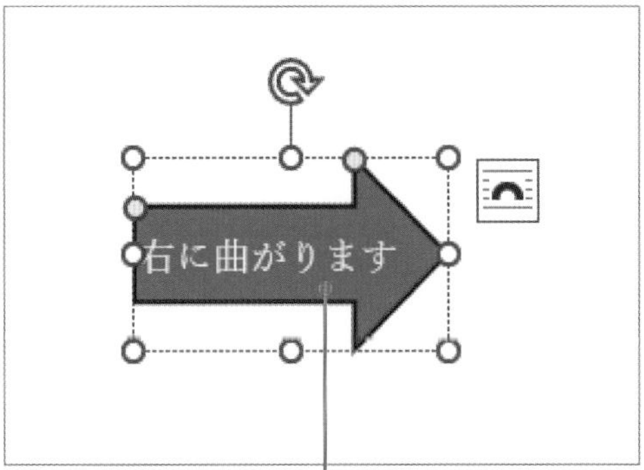

7 余白が調整され、隠れていた文字が表示されます。

Section

68 図形の配置を整える

図形の移動やコピーの方法、複数の図形を整列する方法や重なり順の変更方法を覚えておくと、図形の配置を整えるのに便利です。また、複数の図形をグループ化するとレイアウトを崩すことなく移動できます。図形に対する文字列の折り返し方法も併せて覚えておきましょう。

ここで学べること

習得スキル	操作ガイド	ページ
▶図形の移動とコピー	レッスン68-1	p.284
▶図形の配置と整列	レッスン68-2～3	p.285～p.286
▶図形のグループ化	レッスン68-4	p.286
▶図形の重なり順を変更	レッスン68-5	p.287
▶図形に対する文字の折り返し	レッスン68-6	p.288

まずは パッと見るだけ！

図形の配置を変更する

図形の色々な配置を確認しましょう。

● **図形の移動／コピー**

図形を移動したり、同じ図形をもう1つ作成したりできます。

Before 操作前

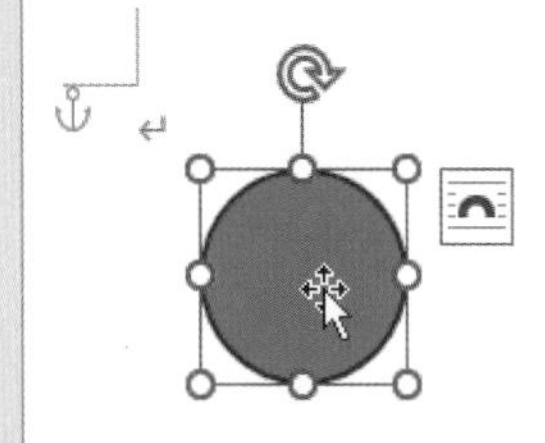

After 操作後

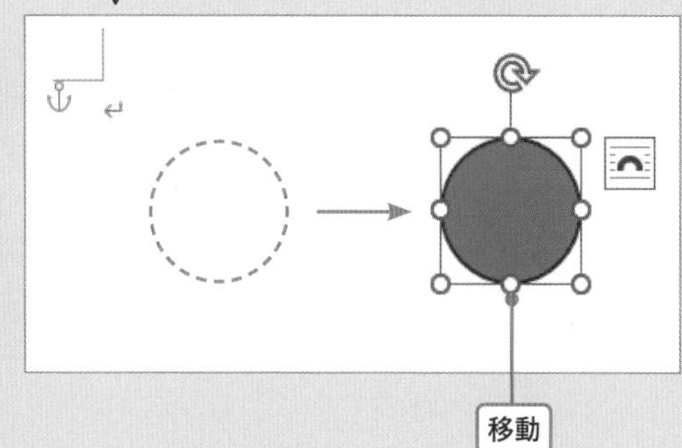

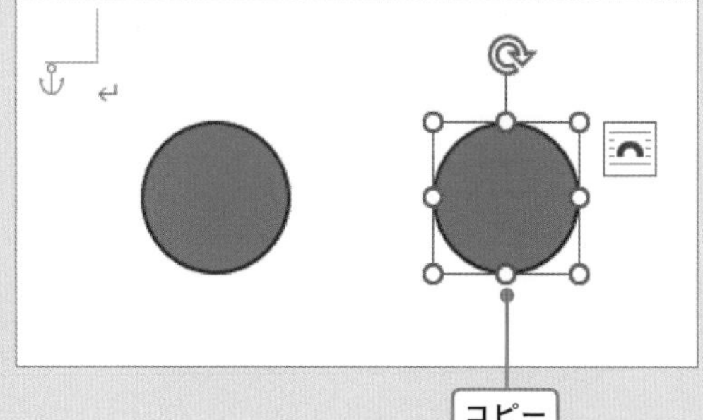

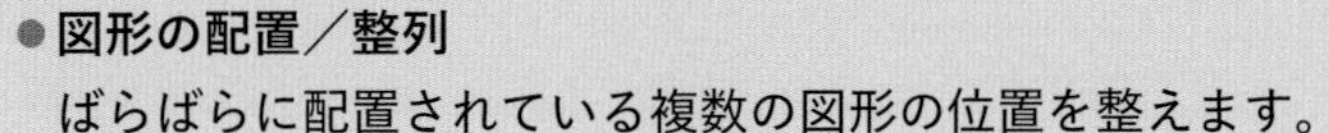

●**図形の配置／整列**

ばらばらに配置されている複数の図形の位置を整えます。

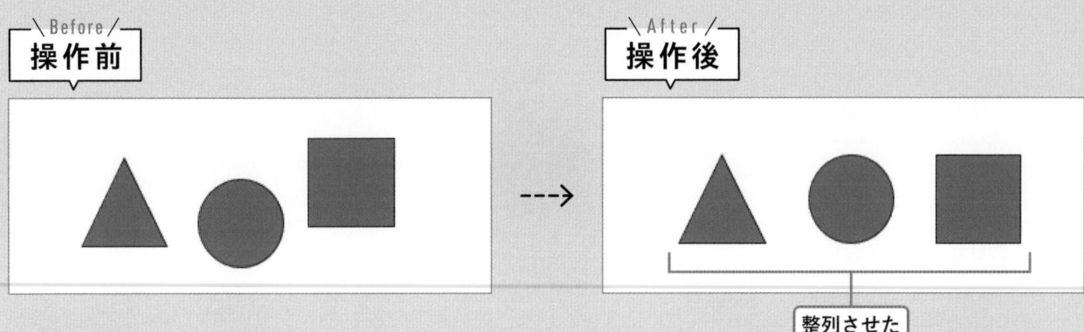

●**図形のグループ化**

複数の図形を1つの図形としてまとめます。

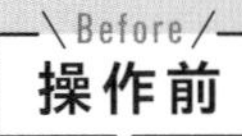

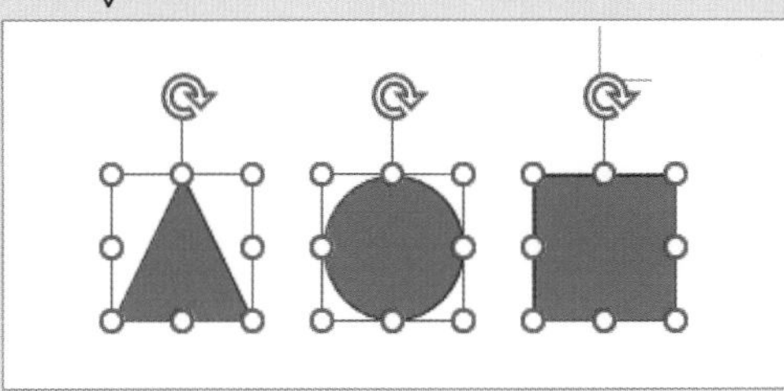

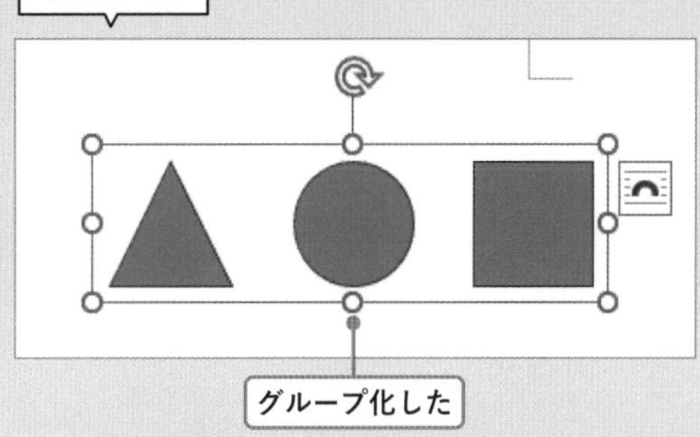

●**図形の重なり順**

図形の重なり順を変更できます。

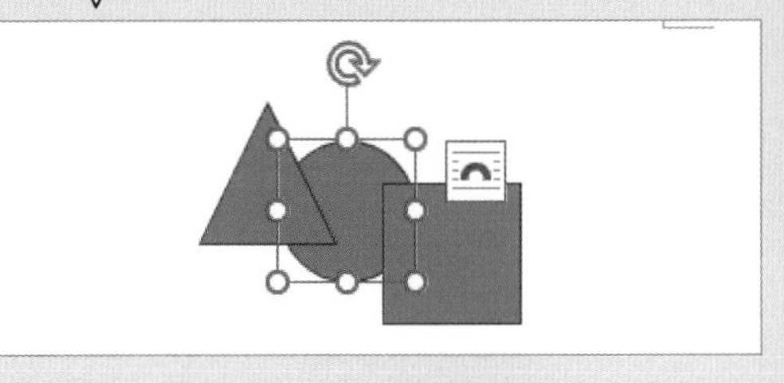

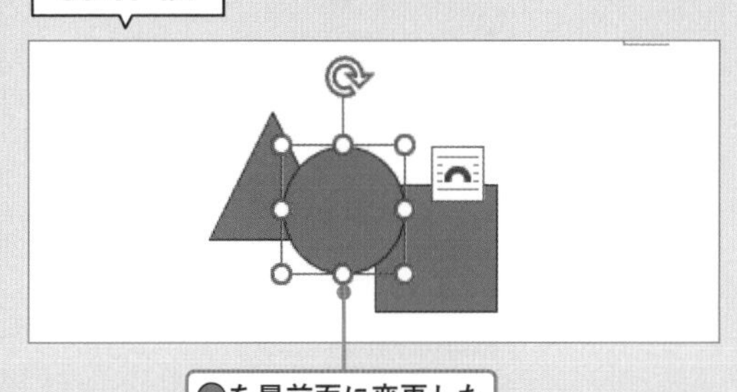

●**図形に対する文字の折り返し**

図形の周りに文字が回り込むように設定を変更できます。

Before 操作前

参加費無料！
先着 50 名様

人生 100 年といわれるこの時代に、老後の資金をどのよう…
…投資についての知識がないし、ど…
本セミナーでは、現在の収入や家計の状況を分析し、必要…
無理なく用意するための投資のあれこれ、新 NISA のお話…

After 操作後

文字の折り返し

参加費無料！
先着 50 名様

人生 100 年といわれるこの時代…
成すればいいのか、漠然とし…
ての知識がないし、どうすれ…
本セミナーでは、現在の収入や家計の状況を分析し、必要…

レッスン 68-1 図形を移動／コピーする

練習用ファイル 68-1-図形.docx

操作 図形を移動／コピーする

図形を移動する場合は、図形を選択し、図形の中または、境界線上にマウスポインターを合わせ、⬚の形のときにドラッグすると移動します。
コピーする場合は、同様にして Ctrl キーを押しながらドラッグし、コピー先でマウスボタンを離してから、Ctrl キーを放すと図形がコピーされます。

Memo 連続して同じ図形を作成する

連続して同じ図形を作成したい場合は、[挿入] タブ→[図形] をクリックし❶、一覧から作成する図形を右クリックして [描画モードのロック] をクリックすると❷、同じ図形を連続して描画できます。描画を終了するには、Esc キーを押します。

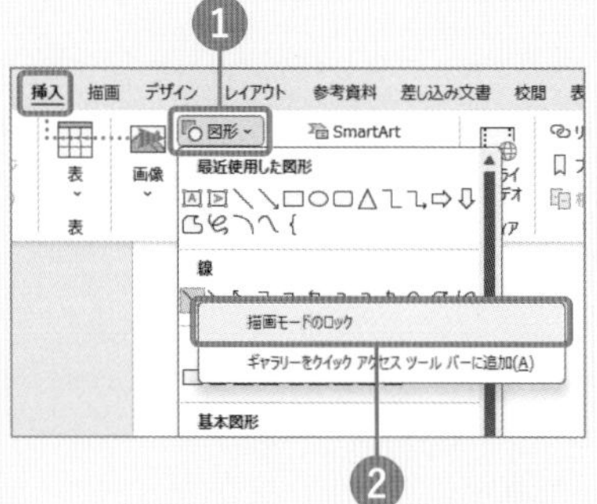

図形を移動する

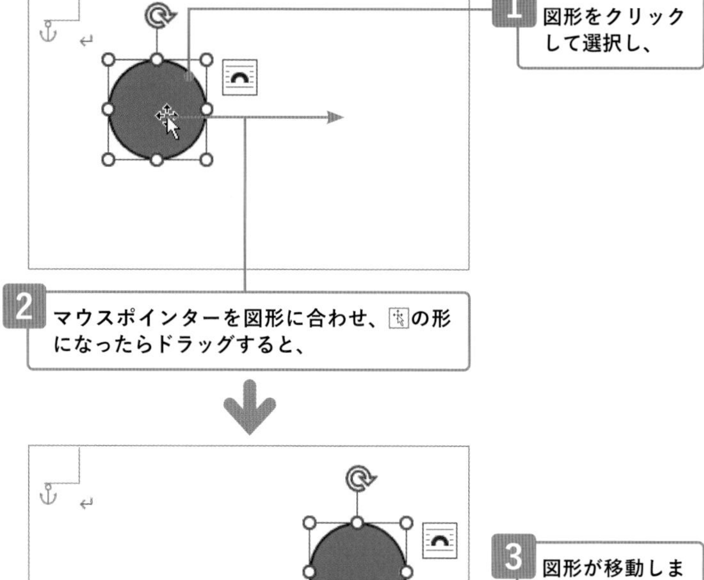

1 図形をクリックして選択し、

2 マウスポインターを図形に合わせ、⬚の形になったらドラッグすると、

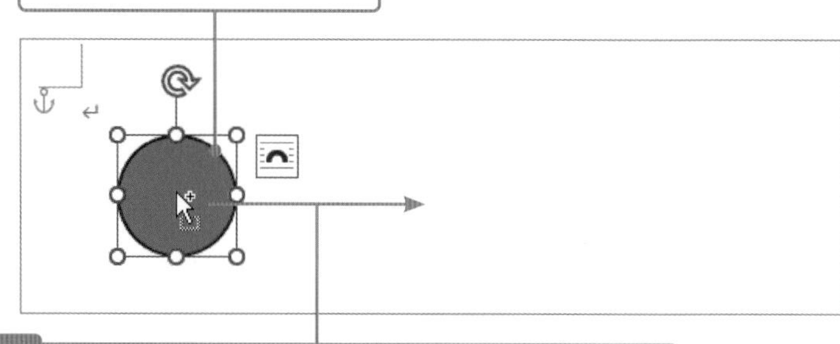

3 図形が移動します。

図形をコピーする

1 図形をクリックして選択し、

2 Ctrl キーを押しながらドラッグします。ドラッグ中は、マウスポインターが⬚の形になります。

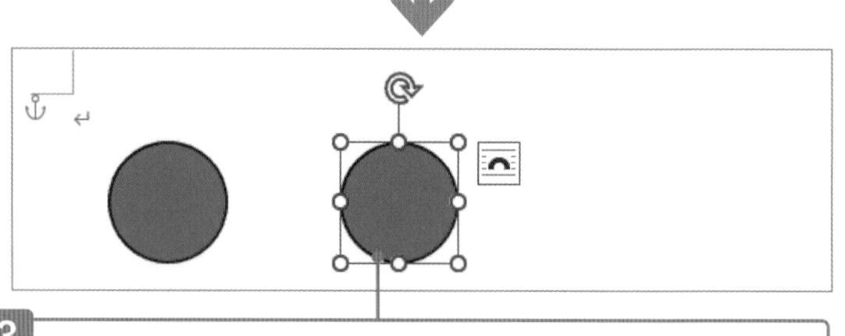

3 マウスのボタンを放した後、Ctrl キーを放すと、図形がコピーされます。

レッスン 68-2 図形の配置を揃える

68-2-図形.docx

操作 複数の図形の配置を揃える

複数の図形を上端や左端など、指定した位置に配置を揃えるには、コンテキストタブの［図形の書式］タブの［オブジェクトの配置］で揃える方法を選択します。

Memo 複数の図形を選択する

1つ目の図形をクリックして選択し、2つ目以降の図形を Shift キーを押しながらクリックします。または、選択モードにして図形を選択する方法もあります（p.286参照）

1 2つ目以降の図形は Shift キーを押しながらクリックして選択し、

2 コンテキストタブの［図形の書式］タブ→［オブジェクトの配置］をクリックして、

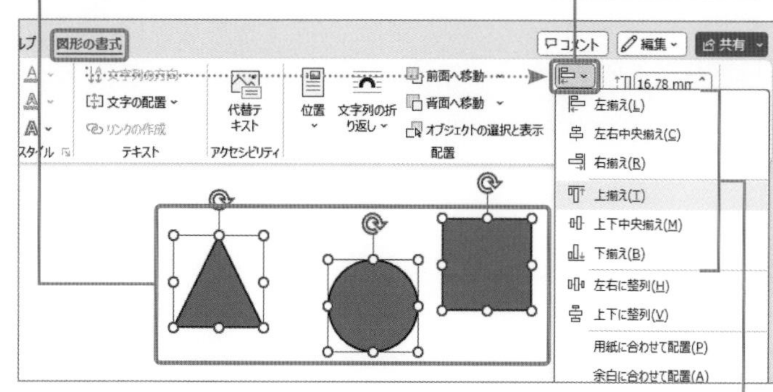

3 揃える方法（ここでは「上揃え」）をクリックすると、

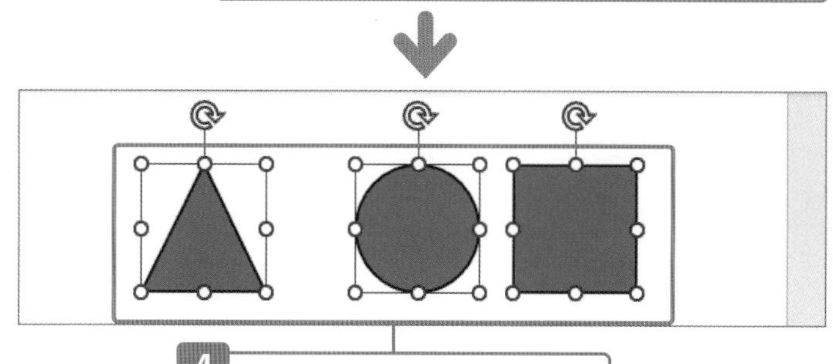

4 図形が指定した方法で揃います。

レッスン 68-3 図形を整列する

68-3-図形.docx

操作 図形を整列する

複数の図形の左右の間隔や上下の間隔を均等に配置するには、コンテキストタブの［図形の書式］タブの［オブジェクトの配置］で整列方法を指定します。

1 整列したい図形を選択し、

2 コンテキストタブの［図形の書式］→［オブジェクトの配置］をクリックして、

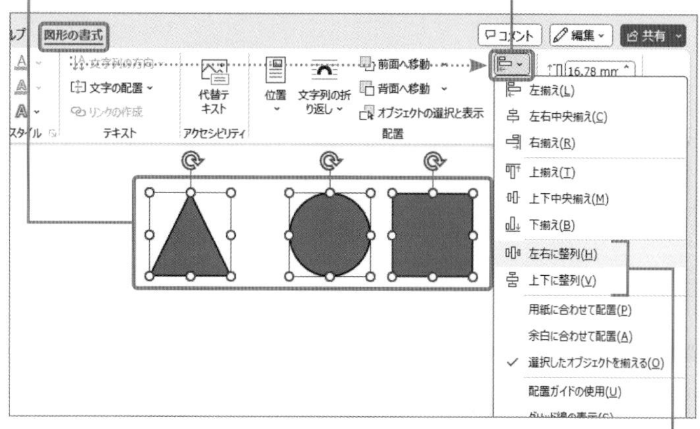

3 整列方法（ここでは［左右に整列］）をクリックすると、

Memo 整列の基準

初期設定では、[オブジェクトの配置] のメニューの [選択したオブジェクトを揃える] にチェックが付いており、選択した図形を基準に位置を揃えたり、整列したりします。[用紙に合わせて配置] をクリックしてチェックを付けてから整列すると、用紙サイズを基準に図形が揃います。

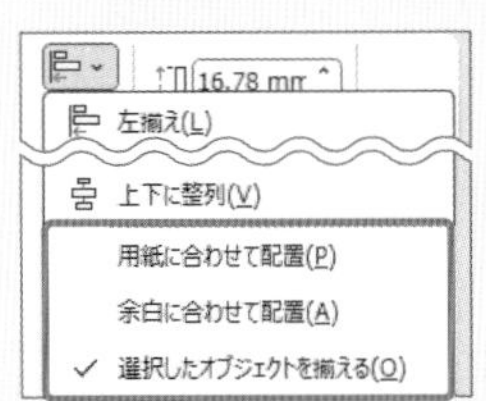

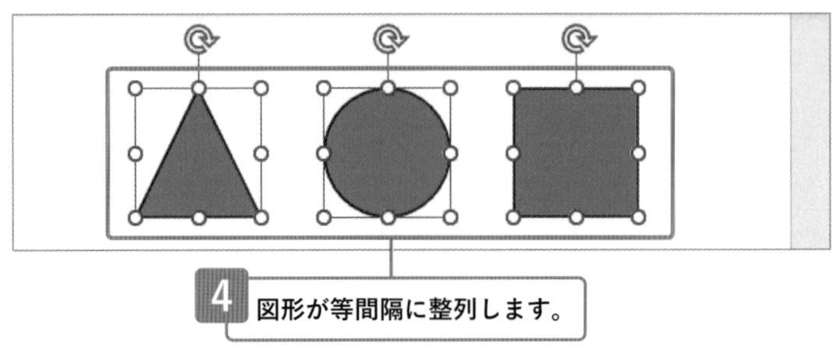

4 図形が等間隔に整列します。

レッスン 68-4 図形をグループ化する

68-4-図形.docx

操作 図形をグループ化する

図形をグループ化すると、複数の図形をまとめて1つの図形として扱えるようになります。コンテキストタブの [図形の書式] タブの [オブジェクトのグループ化] で [グループ化] を選択します。

Memo グループを解除する

グループ化されている図形を選択し、手順3で [グループ解除] をクリックします。

Memo 選択モードで複数の図形を選択する

[ホーム] タブの [選択] をクリックし❶、[オブジェクトの選択] をクリックすると❷、オブジェクト選択モードになります。選択したい図形を囲むようにドラッグすると、囲まれた図形が選択されます。選択モードを解除するには Esc キーを押します。

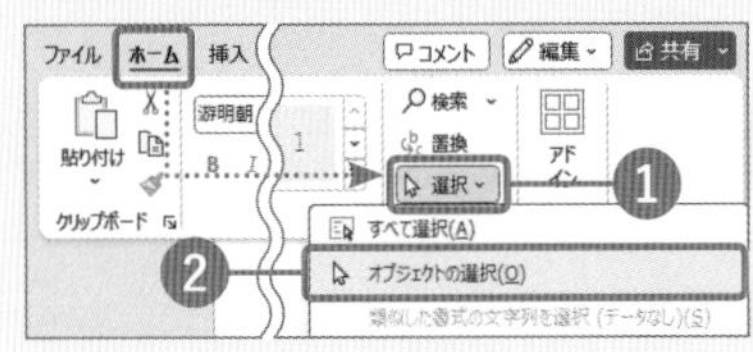

1 グループ化したい図形を選択し、

2 コンテキストタブの [図形の書式] タブ→ [オブジェクトのグループ化] をクリックして、

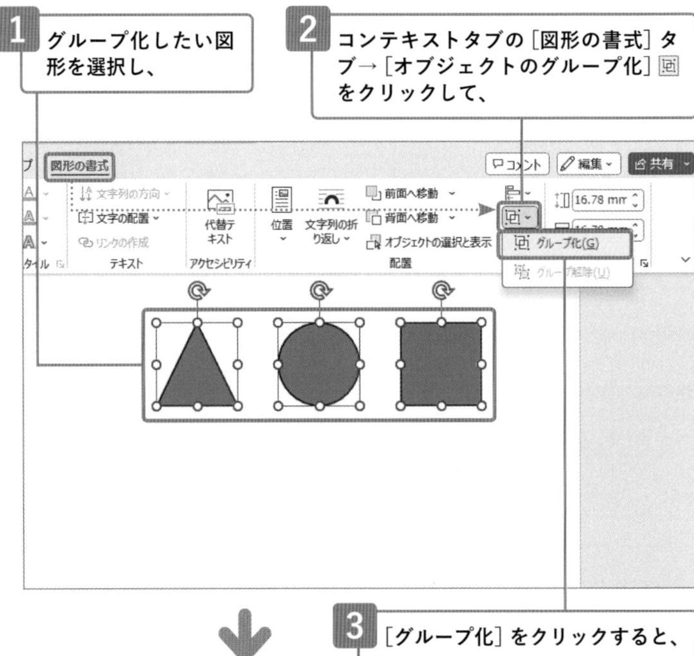

3 [グループ化] をクリックすると、

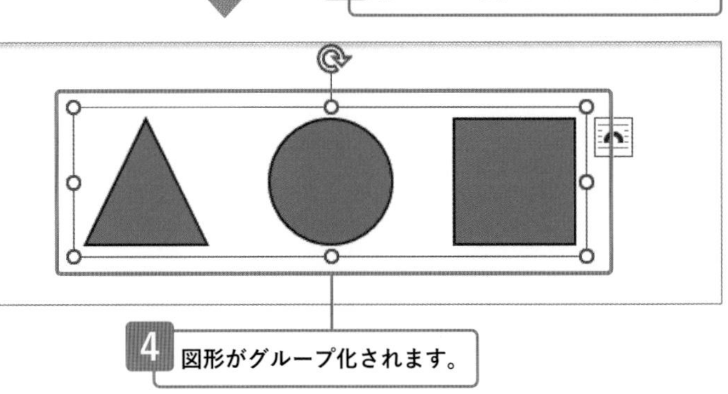

4 図形がグループ化されます。

レッスン 68-5 図形の重なり順を変更する

練習用ファイル 68-5-図形.docx

操作 図形の重なり順を変更する

複数の図形が重なり合っている場合、重なり順を変更するには、コンテキストタブの［図形の書式］タブにある［前面へ移動］または［背面へ移動］を使います。

ここでは、選択した図形の表示順序を最前面に変更します。

1 図形（ここでは丸の図形）を選択し、

2 コンテキストタブの［図形の書式］タブ→［前面へ移動］の⌄をクリックし、

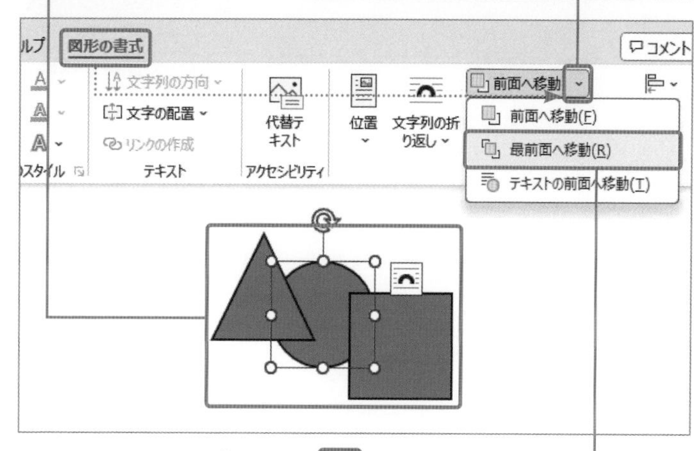

3 ［最前面へ移動］をクリックすると、

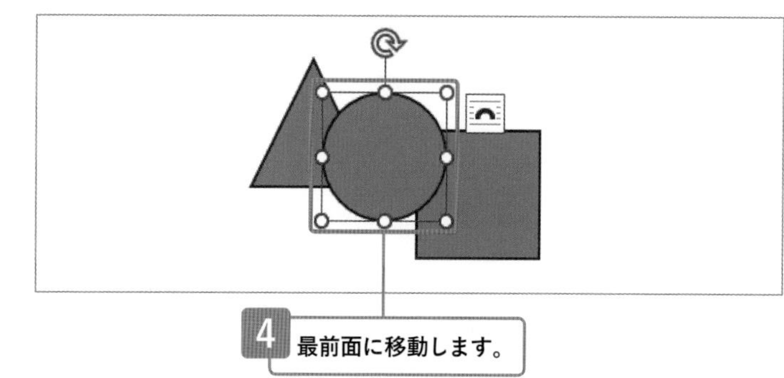

4 最前面に移動します。

Memo 背面に隠れて見えない図形を選択する

図形の背面に隠れて見えない図形を選択するには、コンテキストタブの［図形の書式］タブにある［オブジェクトの選択と表示］をクリックすると❶、［選択］作業ウィンドウが表示され、文書内の図形などのオブジェクトの一覧が表示されます。一覧にあるオブジェクトをクリックすると❷、文書内のオブジェクトが選択されます❸。ここで背景に隠れている見えない図形も選択できます。
なお、ここでは⌃ ⌄をクリックして重なり順を変更したり、◉をクリックして表示／非表示を切り替えたりできます。

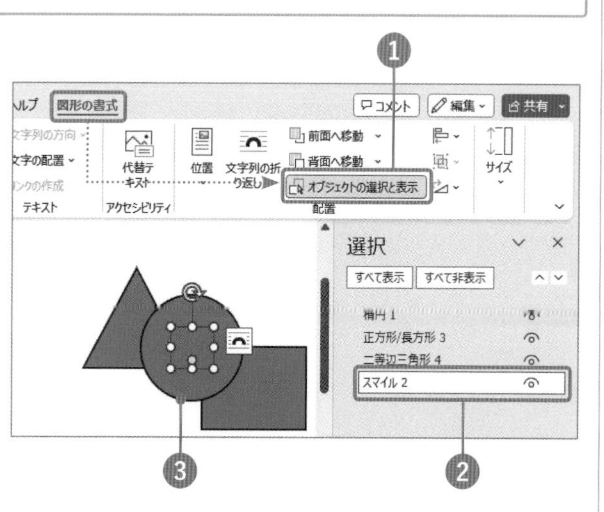

レッスン 68-6 図形に対する文字列の折り返しを設定する

68-6-資産形成入門セミナー.docx

操作 図形に対して文字列を折り返す

文書内に作成した図形は、初期設定で、文字の上に重ねて配置されます。文字を回り込ませるには、図形の右上に表示される[レイアウトオプション]をクリックして、文字列の折り返しを設定します。

Memo アンカー

図形が選択されているときに、文字の行頭に錨の形が表示されます。これは、[アンカー]といって、図形がどこの段落に結合しているか示しています。
図形は作成されると、一番近くの段落に結合されます。図形を移動すると、一番近くの段落に再結合されます。段落を移動すると図形も一緒に移動し、削除すると一緒に削除されます。

1 図形をクリックして選択し、

2 [レイアウトオプション]をクリックして、文字列の折り返し方法をクリックすると、

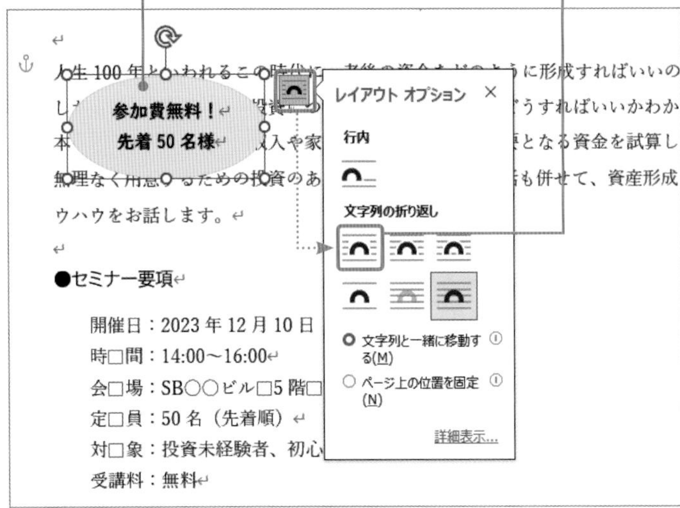

参加費無料！
先着 50 名様

人生 100 年といわれるこの時代に、老後の資金をどのように形成すればいいのか、漠然とした不安があるけれど、投資についての知識がないし、どうすればいいかわからない。
本セミナーでは、現在の収入や家計の状況を分析し、必要となる資金を試算して、今から無理なく用意するための投資のあれこれ、新 NISA のお話も併せて、資産形成と管理のノウハウをお話します。

3 選択した方法で文字列が折り返されます。

コラム 文字列の折り返しの設定

図形、図、写真などのオブジェクトが選択されているときに表示される［レイアウトオプション］では、文字列の折り返しの設定を変更できます。

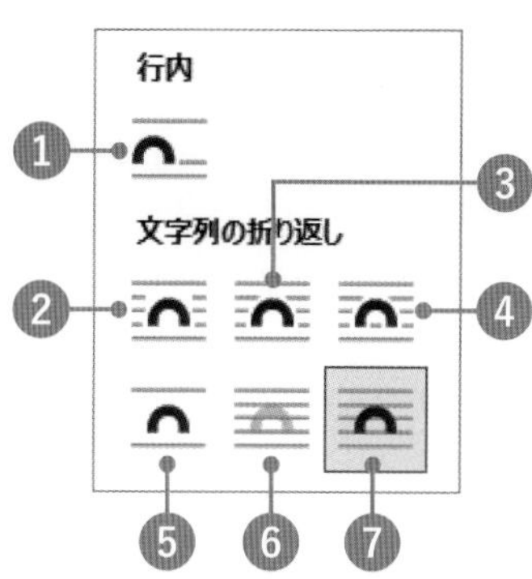

❶ 行内	文字列と同様に行内に図形を配置 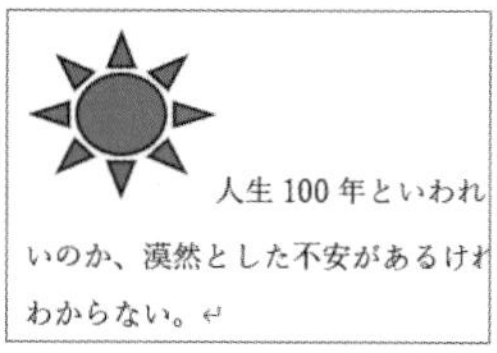 人生 100 年といわれ いのか、漠然とした不安があるけれ わからない。
❷ 四角形	文字列が図の四角い枠に合わせて回り込む 人生 100 年といわれるこの時代に、 した不　があるけ かわか　らない。 本セミ　ナーでは、 試算して、今から無理なく用意する
❸ 狭く	文字列が図の縁に合わせて回り込む 人生 100 年といわれ いのか、漠然とし どうすればいいか 本セ　ミナーでは、現在の収入 今から無理なく用意するための投資
❹ 内部	文字列が図内部の透明な部分にも流れ込む 人生 100 年といわれ いのか、漠然とし どうすればいいか 本セ　ミナーでは、現在の収入 今から無理なく用意するための投資
❺ 上下	文字列が行単位で図を避けて配置される 人生 100 年といわれるこの時代に、 した不安があるけれど、投資につい
❻ 背面	図を文字列の背面に配置 人生 100 年といわれるこの時代に、 した不安があるけれど、投資につい 本セミナーでは、現在の収入や家計 無理なく用意するための投資のあれ ウハウをお話します。
❼ 前面	図を文字列の前面に配置 人生 100 年といわれるこの時代に、 した不安があるけれど、投資につい 本セ　　　　、現在の収入や家計 無理なく用意するための投資のあれ ウハウをお話します。

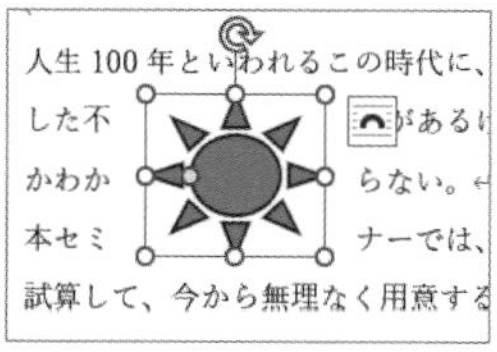

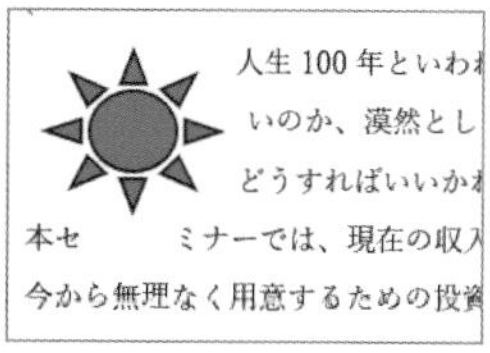

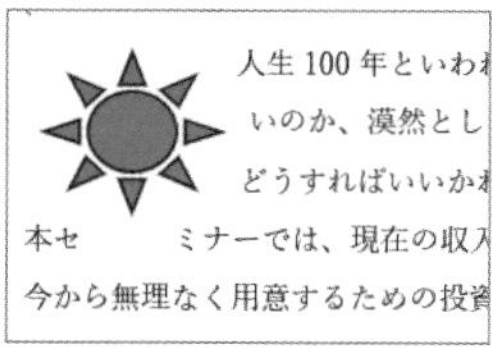

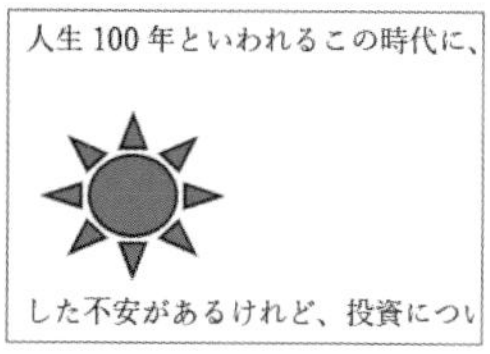

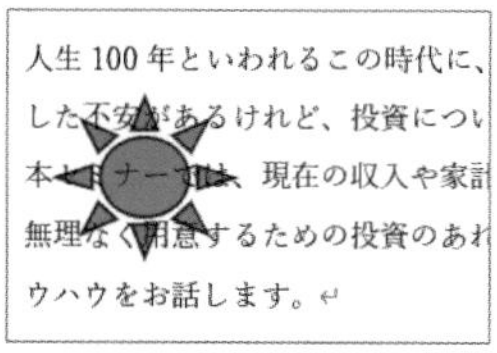

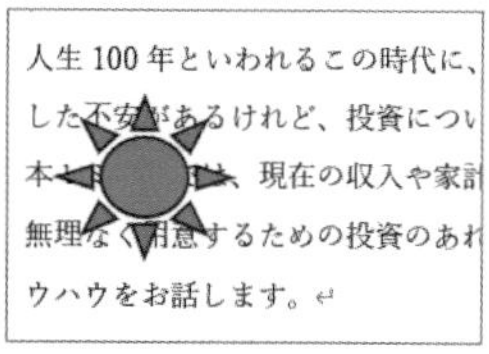

Section

69 自由な位置に文字を挿入する

チラシなど、自由な位置に文字列を配置したい場合は、テキストボックスを使います。テキストボックスは図形と同じように作成し、編集することができますが、余白の設定や、枠線などのより詳細な設定は［図形の書式設定］作業ウィンドウで行います。

習得スキル	操作ガイド	ページ
▶テキストボックスの作成／編集	レッスン69-1	p.291
▶テキストボックスの配置	レッスン69-2	p.292

まずは パッと見るだけ！

テキストボックスを使う

テキストボックスを配置すると、文書内の文字とは別に独立した文字を配置できるため、レイアウトを工夫した文書が作成できます。

Before 操作前

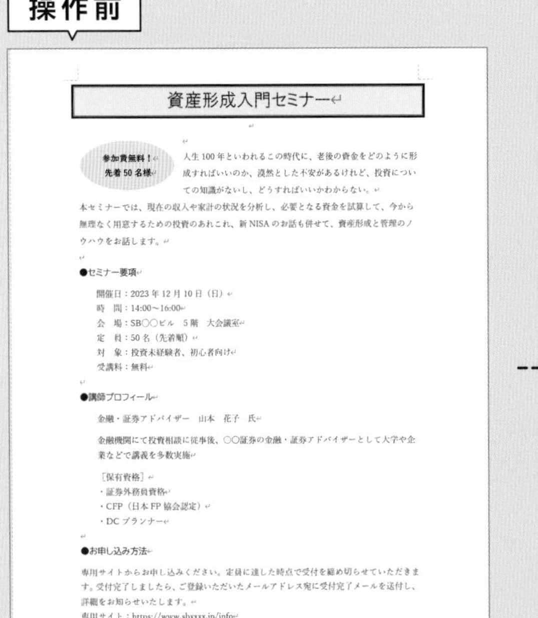

資産形成入門セミナー

参加費無料！
先着 50 名様

人生 100 年といわれるこの時代に、老後の資金をどのように形成すればいいのか、漠然とした不安があるけれど、投資についての知識がないし、どうすればいいかわからない。

本セミナーでは、現在の収入や家計の状況を分析し、必要となる資金を試算して、今から無理なく用意するための投資のあれこれ、新 NISA のお話も併せて、資産形成と管理のノウハウをお話します。

●セミナー要項

開催日：2023 年 12 月 10 日（日）
時　間：14:00～16:00
会　場：SB〇〇ビル　5 階　大会議室
定　員：50 名（先着順）
対　象：投資未経験者、初心者向け
受講料：無料

●講師プロフィール

金融・証券アドバイザー　山本　花子　氏

金融機関にて投資相談に従事後、〇〇証券の金融・証券アドバイザーとして大学や企業などで講義を多数実施

［保有資格］
・証券外務員資格
・CFP（日本 FP 協会認定）
・DC プランナー

●お申し込み方法

専用サイトからお申し込みください。定員に達した時点で受付を締め切らせていただきます。受付完了しましたら、ご登録いただいたメールアドレス宛に受付完了メールを送付し、詳細をお知らせいたします。
専用サイト：https://www.sbxxxx.jp/info

After 操作後

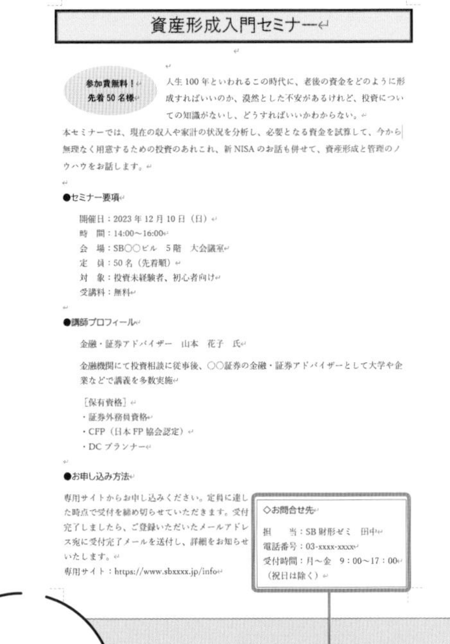

資産形成入門セミナー

参加費無料！
先着 50 名様

人生 100 年といわれるこの時代に、老後の資金をどのように形成すればいいのか、漠然とした不安があるけれど、投資についての知識がないし、どうすればいいかわからない。

本セミナーでは、現在の収入や家計の状況を分析し、必要となる資金を試算して、今から無理なく用意するための投資のあれこれ、新 NISA のお話も併せて、資産形成と管理のノウハウをお話します。

●セミナー要項

開催日：2023 年 12 月 10 日（日）
時　間：14:00～16:00
会　場：SB〇〇ビル　5 階　大会議室
定　員：50 名（先着順）
対　象：投資未経験者、初心者向け
受講料：無料

●講師プロフィール

金融・証券アドバイザー　山本　花子　氏

金融機関にて投資相談に従事後、〇〇証券の金融・証券アドバイザーとして大学や企業などで講義を多数実施

［保有資格］
・証券外務員資格
・CFP（日本 FP 協会認定）
・DC プランナー

●お申し込み方法

専用サイトからお申し込みください。定員に達した時点で受付を締め切らせていただきます。受付完了しましたら、ご登録いただいたメールアドレス宛に受付完了メールを送付し、詳細をお知らせいたします。
専用サイト：https://www.sbxxxx.jp/info

◇お問合せ先

担　　当：SB 財形ゼミ　田中
電話番号：03-xxxx-xxxx
受付時間：月～金　9：00～17：00
（祝日は除く）

すーっと移動

文書内の任意の場所に文字を配置できる

レッスン 69-1 テキストボックスを挿入して文字を入力する

練習用ファイル 69-1-資産形成入門セミナー.docx

操作 テキストボックスを挿入する

テキストボックスを作成すると、文書中の任意の場所に文字列を配置できます。
[挿入] メニューの [図形の作成] をクリックし、[テキストボックス] または [縦書きテキストボックス] をクリックし、ドラッグで作成します。図形と同様に移動 (p.286) やサイズ変更 (p.275) ができます。

ここでは、ページの下部にテキストボックスを配置します。

1 [挿入] タブ→ [図形の作成] をクリックし、

2 [テキストボックス] をクリックして、

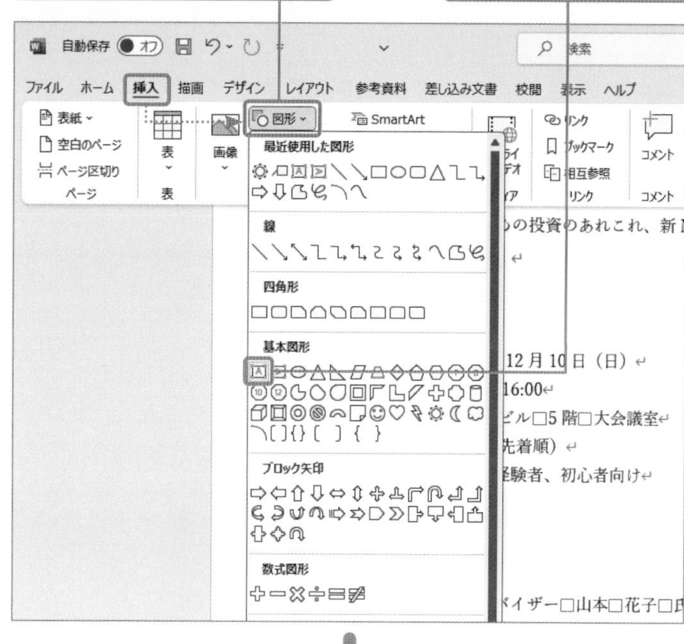

3 マウスポインターの形が⊞になったらドラッグします。

4 テキストボックスが作成されます。

5 カーソルが表示されるので、右図のように文字を入力します。

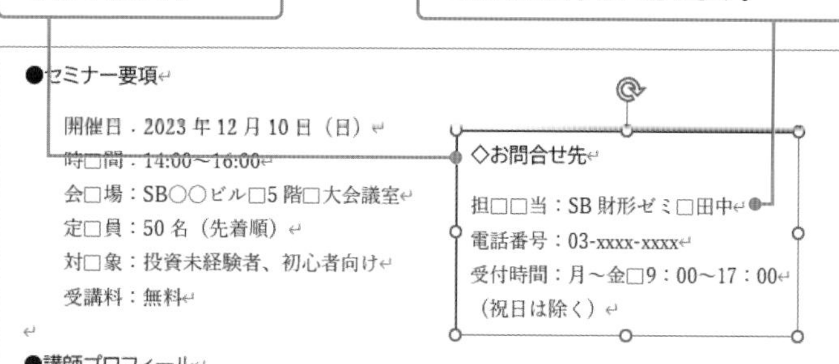

Memo テキストボックスの移動とサイズ変更

図形と同様に枠線にマウスポインターを合わせてドラッグして移動、白いハンドル○をドラッグしてサイズ変更できます。

レッスン 69-2 テキストボックスのページ内の位置を設定する

練習用ファイル 69-2-資産形成入門セミナー.docx

操作 テキストボックスをページ内の特定の位置に配置する

テキストボックスは自由な位置に文字を表示できますが、本文の文字列に関係なく、決まった位置に配置しておきたい場合、[オブジェクトの配置] で、文字列の折り返しをページ内のどこに配置するか選択できます。これは、他の図や図形などのオブジェクトにでも同様に設定できます。

1 テキストボックスを選択し、

2 コンテキストタブの [図形書式] タブ→ [オブジェクトの配置] をクリックし、

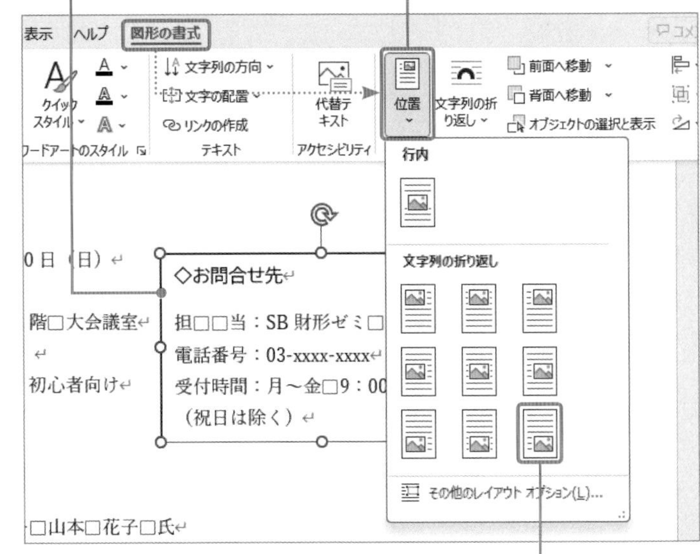

3 一覧からページ内の配置（ここでは、「右下」）をクリックすると、

4 テキストボックスがページの右下角に配置されます。

Memo その他のレイアウトオプション

手順3で [その他のレイアウトオプション] をクリックすると、[レイアウト] ダイアログが表示され、オブジェクトの配置位置を詳細に設定できます。

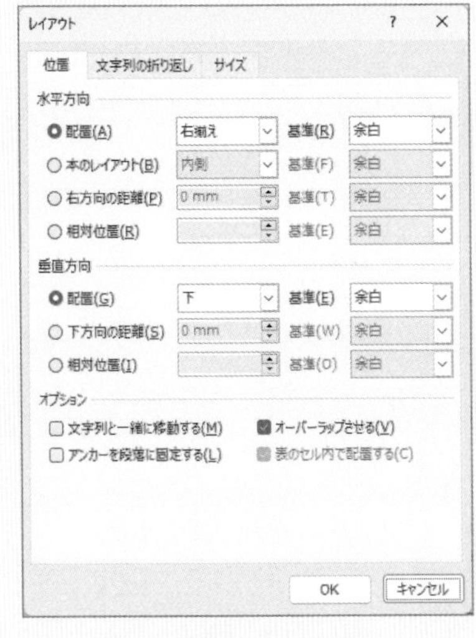

練習問題 図形を作成する練習をしよう

練習用ファイル 演習7-健康診断.docx

社内掲示「健康診断実施のお知らせ」の完成見本（下図）を参照して、以下の指示通り図形を作成してください。

1 楕円を以下の設定で作成する
- サイズ…高さ：約30mm、幅：約50mm
- スタイル…パステル - 青、アクセント1
- 図形内の余白…上下左右余白：0mm
- 完成図と同じ文字を入力

2 1 と同じ図形を2つコピーし以下の設定をする
- スタイル…「パステル - オレンジ、アクセント2」、「パステル - ゴールド、アクセント4」
- 完成図と同じ文字を入力

3 図形を以下の設定で整列する
- 配置：左右中央揃え
- 整列：上下に整列
- グループ化：3つの図形を選択し、グループ化

▼完成見本

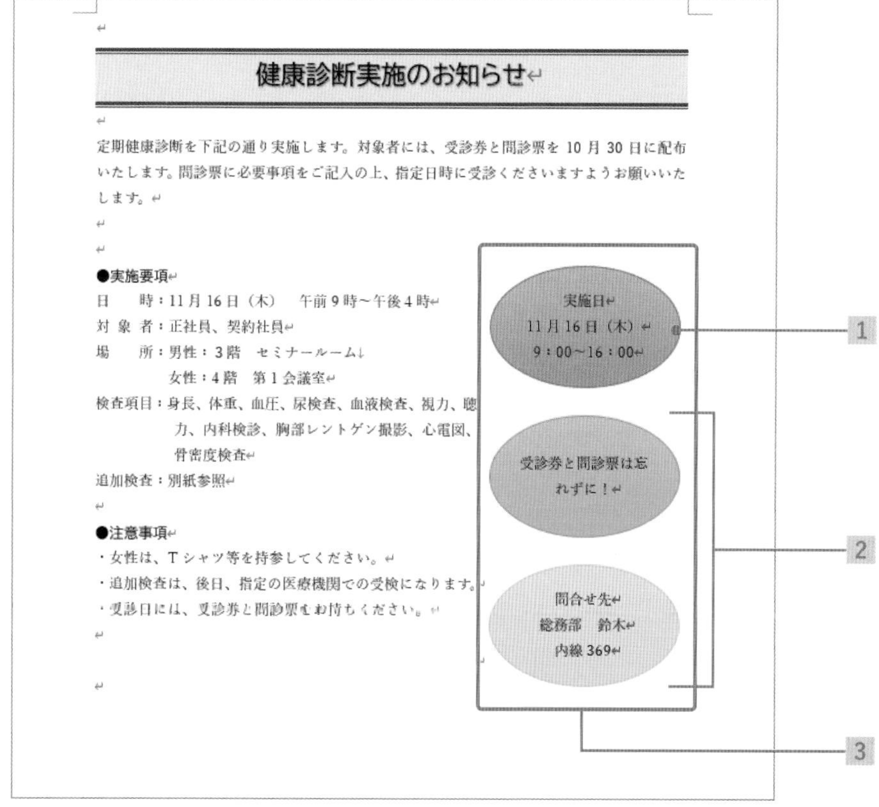

健康診断実施のお知らせ

定期健康診断を下記の通り実施します。対象者には、受診券と問診票を 10 月 30 日に配布いたします。問診票に必要事項をご記入の上、指定日時に受診くださいますようお願いいたします。

●実施要項
日　　時：11月16日（木）　午前9時～午後4時
対 象 者：正社員、契約社員
場　　所：男性：3階　セミナールーム
　　　　　女性：4階　第1会議室
検査項目：身長、体重、血圧、尿検査、血液検査、視力、聴力、内科検診、胸部レントゲン撮影、心電図、骨密度検査
追加検査：別紙参照

●注意事項
・女性は、Tシャツ等を持参してください。
・追加検査は、後日、指定の医療機関での受検になります。
・受診日には、受診券と問診票をお持ちください。

図形を使用すると見栄えがよくなるシーン

多くの人に告知したいチラシのような文書を作成する場合、文字だけでは、文書が単調になり、なかなか注目されません。チラシは見た目が大切です。そのため、注目ポイントや注意事項など、強調したい内容を図形にして表現すると視覚効果が上がります。また、手順や流れ図のようなステップを表現する場合も図形を使用するとより分かりやすい文書にすることができます。

図を使うことで、見栄えがよくなり、告知の効果が上がります

資産形成入門セミナー

参加費無料！
先着50名様

人生100年といわれるこの時代に、老後の資金をどのように形成すればいいのか、漠然とした不安があるけれど、投資についての知識がないし、どうすればいいかわからない。

本セミナーでは、現在の収入や家計の状況を分析し、必要となる資金を試算して、今から無理なく用意するための投資のあれこれ、新NISAのお話も併せて、資産形成と管理のノウハウをお話します。

●セミナー要項

開催日：2023年12月10日（日）
時　間：14:00～16:00
会　場：SB○○ビル　5階　大会議室
定　員：50名（先着順）
対　象：投資未経験者、初心者向け

図形が入ると
目を引くわ

Point どこを目立たせたいか考えて！

第 8 章

文書に表現力を付ける機能

ここでは、デザインされた文字や図表、写真、イラストなどを文書に挿入する方法を紹介します。また、文書全体のデザインの変更方法や透かし文字を表示する方法も紹介します。これらの機能を使うことで、より表現力豊かな文書を作成できます。

Section

70 ワードアートを挿入する

ワードアートとは、文字の色や影、反射などの効果を付けてデザインされたオブジェクトです。タイトルなど、強調したい文字に対してワードアートを使うと便利です。用意されているスタイルを選択するだけで作成できますが、効果を追加、変更して独自にデザインすることもできます。

ここで学べること

習得スキル	操作ガイド	ページ
ワードアートの挿入	レッスン70-1	p.297
ワードアートの編集	レッスン70-2	p.297
ワードアートに効果を付ける	レッスン70-3	p.299

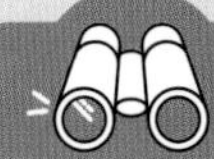

まずは パッと見るだけ！

ワードアートの挿入

文字をワードアートに変更すると、タイトルなどの文字がデザインされ、人の目を引き、効果的になります。

Before 操作前

資産形成入門セミナー

単調で目立たない

After 操作後

資産形成入門セミナー

文字がデザインされ、見栄えがよくなった

レッスン 70-1 ワードアートを挿入する

練習用ファイル 70-1-資産形成入門セミナー.docx

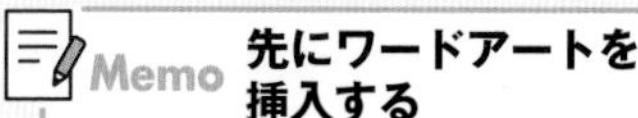

文字列を選択してから［ワードアートの挿入］をクリックすると、その文字列がワードアートに変換され、本文とは別のオブジェクトになります。図形と同様にサイズ変更、移動、回転などの操作ができます。

Memo 先にワードアートを挿入する

文字列を選択せずに［ワードアートの挿入］をクリックすると、以下のように「ここに文字を入力」と仮の文字列が表示されるので、文字列を入力します。

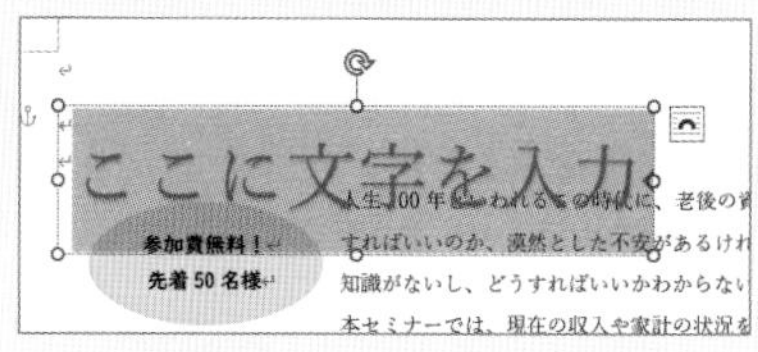

1 ワードアートに変換する文字列を選択し、

2 ［挿入］タブ→［ワードアートの挿入］をクリックして、

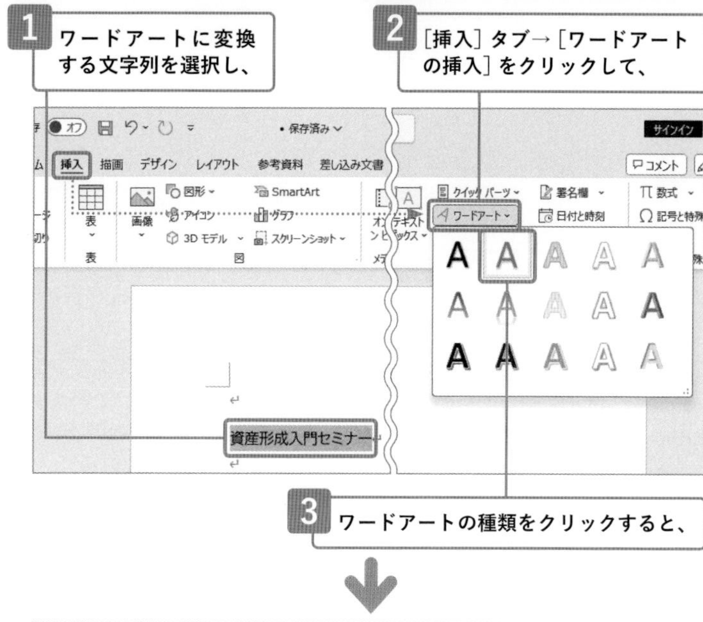

3 ワードアートの種類をクリックすると、

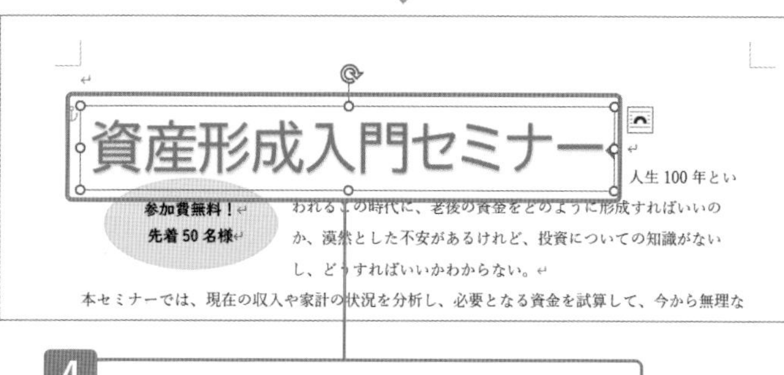

4 選択した文字列がワードアートに変更されます。

レッスン 70-2 ワードアートを編集する

練習用ファイル 70-2-資産形成入門セミナー.docx

操作 ワードアートを編集する

ワードアートは、図形と同様にサイズ変更や移動が行えます。ワードアートの文字は文字内部の塗りつぶしと輪郭の2つの色を指定できます。それぞれ、色の変更や、線の太さ、種類などの変更ができます。文字の塗りつぶしは、コンテキストタブの［図形の書式］タブで［文字の塗りつぶし］、輪郭は同様に［文字の輪郭］をクリックします。

サイズを変更する

1 ワードアートをクリックして選択し、

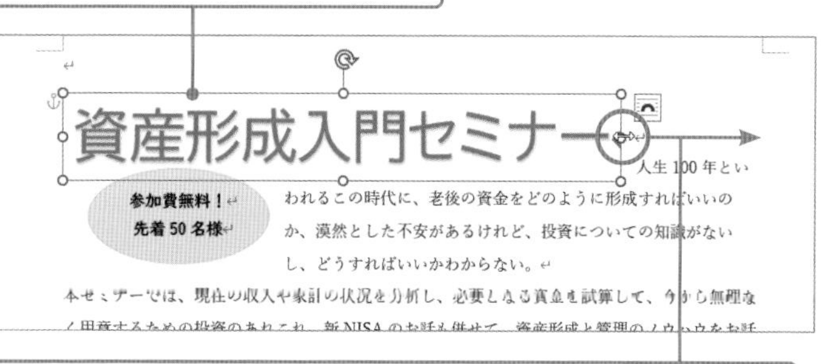

2 ワードアートの右の辺上にある白いハンドルにマウスポインターを合わせ、横幅いっぱいまでドラッグします。

Memo ワードアートのフォントや文字サイズを変更する

ワードアートの境界をクリックして選択してからフォントや文字サイズを変更すると、ワードアート内の文字列全体を変更できます。部分的に変更したい場合は、文字列を選択後、変更します。

Memo ワードアートの文字列の折り返し設定

ワードアートは、オブジェクトとして扱われます。初期設定では、文字列の折り返しは［四角］に設定されており、オブジェクトの周囲に文字が回り込みます。ここでは、領域を横に広げて回り込まないようにしています。
なお、文字の折り返しは右上に表示される［レイアウトオプション］をクリックして変更できます（p.289参照）。

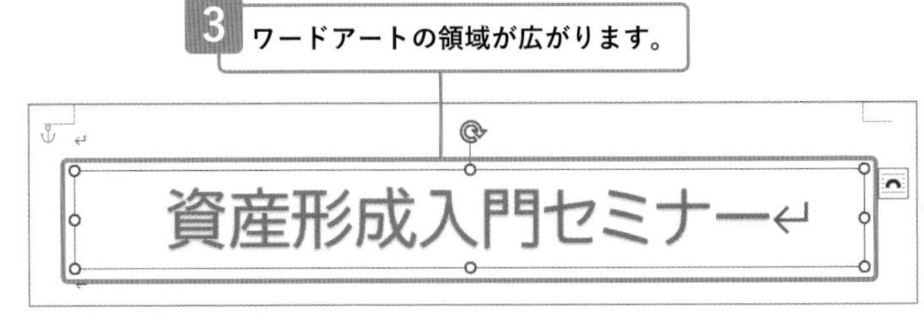

文字の塗りつぶしの色を変更する

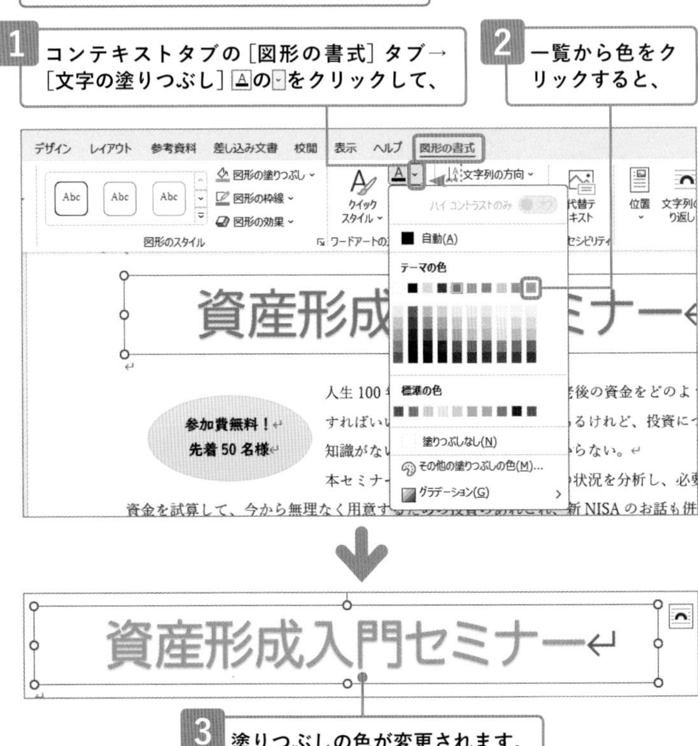

文字の輪郭の色を変更する

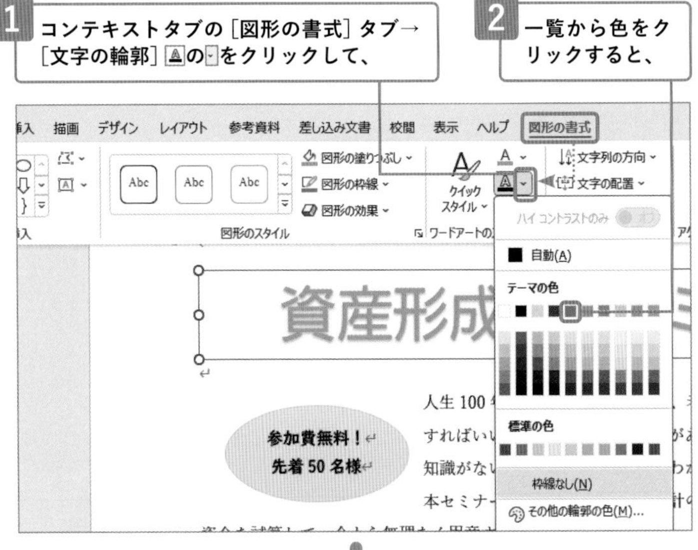

資産形成入門セミナー

3 輪郭の色が変更されました。

レッスン 70-3 ワードアートに効果を付ける

練習用ファイル 70-3-資産形成入門セミナー.docx

操作 ワードアートに効果を付ける

ワードアートには、影、反射、光彩、面取り、3D、変形の効果を付けられます。また、それぞれの効果を組み合わせられます。
効果を付けるには、コンテキストタブの［図形の書式］のタブで［文字の効果］Ａをクリックします。

Memo ワードアートを縦書きに変更する

ワードアートを縦書きにするには、コンテキストタブの［図形の書式］タブにある［文字列の方向］をクリックして、［縦書き］を選択します。

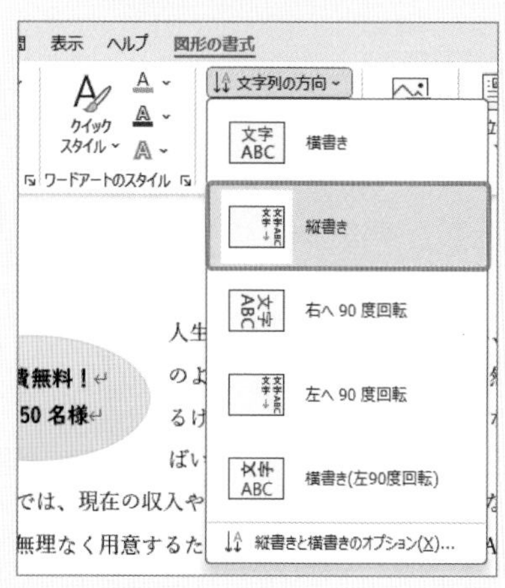

1 ワードアートをクリックして選択し、

資産形成入門セミナー

2 コンテキストタブの［図形の書式］タブ→［文字の効果］Ａをクリックし、

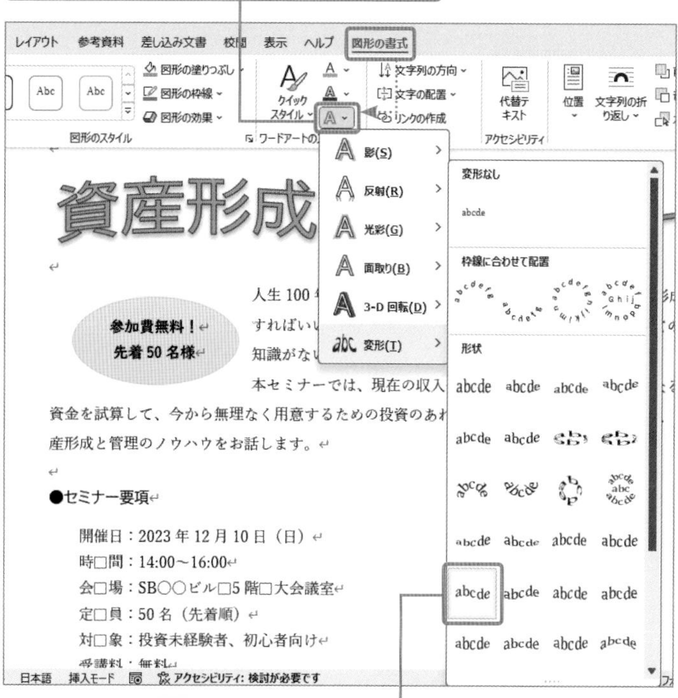

3 効果の種類（ここでは［変形］）をクリックして、形状をクリックすると、

4 ワードアートに効果が追加されます。

Section

71 画像を挿入する

パソコンに保存した写真やイラストなどの画像を文書に挿入できます。挿入した画像のサイズを変更したり、切り抜いたり、ぼかしなどの効果を付けたりして、文書の中で効果的に見せるように加工する機能も多数用意されています。

ここで学べること

習得スキル	操作ガイド	ページ
▶画像の挿入	レッスン71-1	p.301
▶画像のトリミング	レッスン71-2	p.302
▶画像の効果	レッスン71-3	p.303
▶画像のスタイル	レッスン71-4	p.305

まずは パッと見るだけ！

画像の挿入

画像を挿入し、白い枠を足すなどいくつかの効果を加えると以下のようになります。写真を文書で使用することで内容がより伝わりやすくなります。

Before 操作前

●→優秀賞：6名。賞金□5万円↵
↵
↵
↵

--->

After 操作後

●→優秀賞：6名。賞金□5万円↵

カード風に挿入できた

レッスン 71-1 画像を挿入する

練習用ファイル 71-1-写真コンテスト.docx
71-1-kyoto2.JPG

操作 画像を挿入する

保存されている写真などの画像を文書に取り込むには、[挿入] タブの [画像] をクリックします。画像の横幅が文書の横幅より長い場合は、自動的にサイズ調整されて挿入されます。

Memo サイズ変更や移動は図形と同じ

挿入された画像は、図として扱われます。画像をクリックして選択すると、白いハンドルや回転ハンドルが表示されます。図形と同じ操作でサイズ変更、回転（p.275）、移動（p.284）ができます。

Memo 画像の挿入元の種類

画像の挿入元には次の3種類あります。

このデバイス	PCに保存されている画像ファイル
ストック画像	マイクロソフト社が提供しているロイヤリティフリーの画像（p.317）
オンライン画像	Bing検索によって集められたインターネット上の画像。使用時は、著作権などの確認が必要（p.317）

ここでは、保存されている写真を文書に挿入します。

1 画像を挿入する位置にカーソルを移動し、

2 [挿入] タブ→[画像]→[このデバイス] をクリックします。

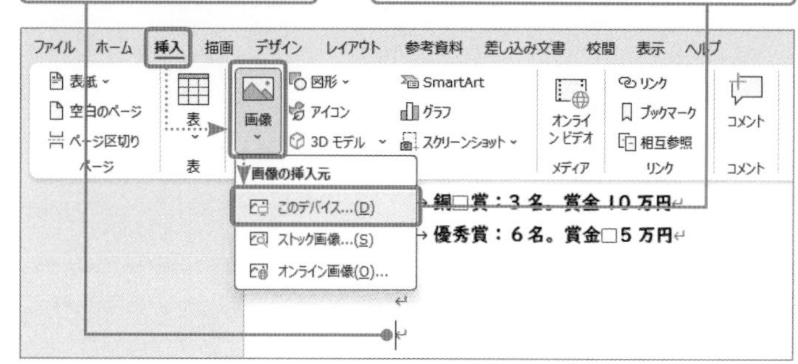

3 [図の挿入] ダイアログが表示されます。

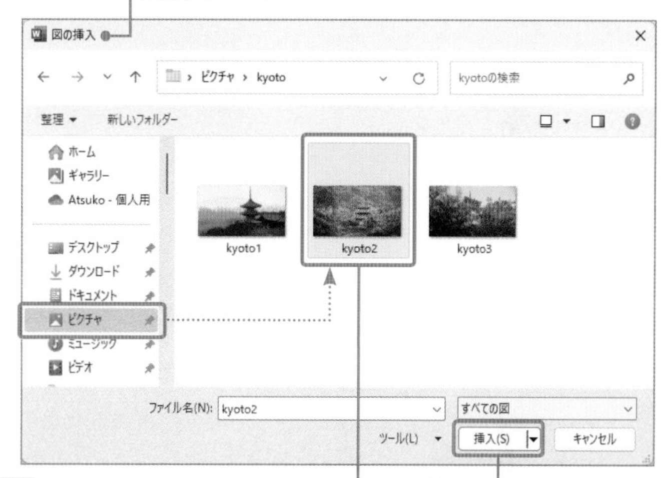

4 写真が保存されているフォルダーを選択して、写真をクリックし、

5 [挿入] をクリックすると、

6 写真が挿入されます。

レッスン 71-2 画像を切り抜く

71-2-写真コンテスト.docx

Point 画像をトリミングする

画像を文書に取り込んだ後、トリミング機能を使えば、必要な部分だけを残すことができます。トリミングとは、写真などの画像で必要な部分だけ残して切り抜くことをいいます。

Memo 図形に合わせてトリミングする

［トリミング］の［˅］をクリックして❶、［図形に合わせてトリミング］をクリックし❷、図形をクリックすると❸、図形の形に写真を切り抜くことができます❹。

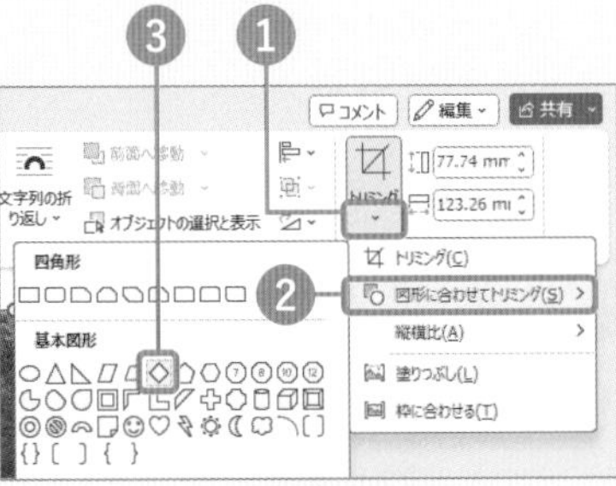

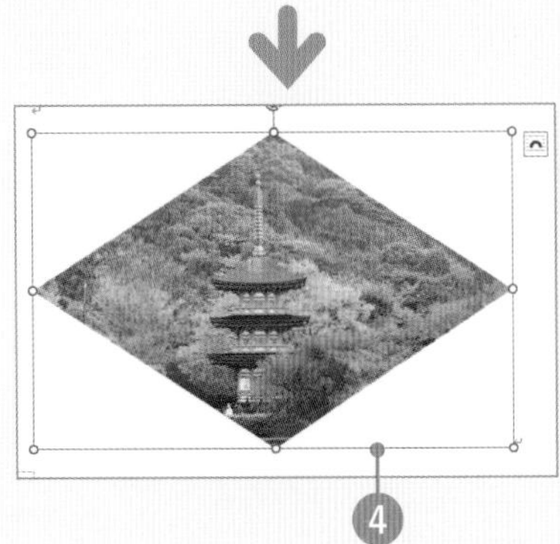

1 写真をクリックして選択し、

2 コンテキストタブの［図の形式］タブ→［トリミング］をクリックします。

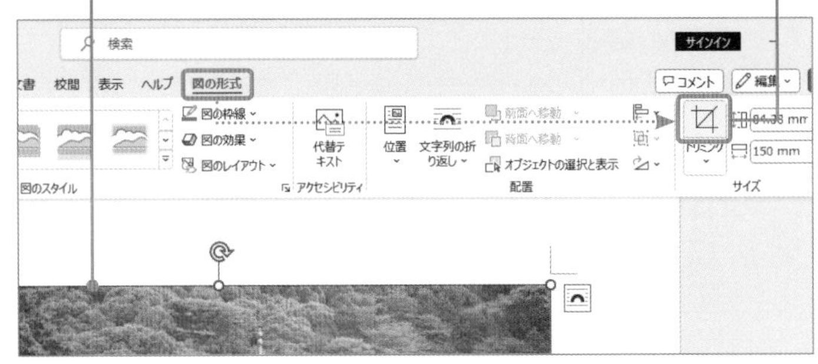

3 写真の周囲に黒いマークが表示されます。

4 ここでは左下角の黒いマークにマウスポインターを合わせ┗の形になったらドラッグすると、

5 写真の左と下がトリミングされ、表示されない部分がグレーになります。

6 写真以外の場所をクリックするとトリミングが確定します。

レッスン 71-3 画像に効果を設定する

練習用ファイル 71-3-写真コンテスト.docx

操作 画像に効果を設定する

写真などの画像の明るさを調整したり、ぼかしなどの効果をつけたりなど効果を付けるには、コンテキストタブの［図の形式］タブにある［修正］［色］［アート効果］［透明度］を使います。これらの効果を組み合わせることもできます。

Memo 明るさ/コントラストをリセットするには

明るさ/コントラストの一覧で［明るさ:0%（標準）コントラスト:0%（標準）］をクリックします。

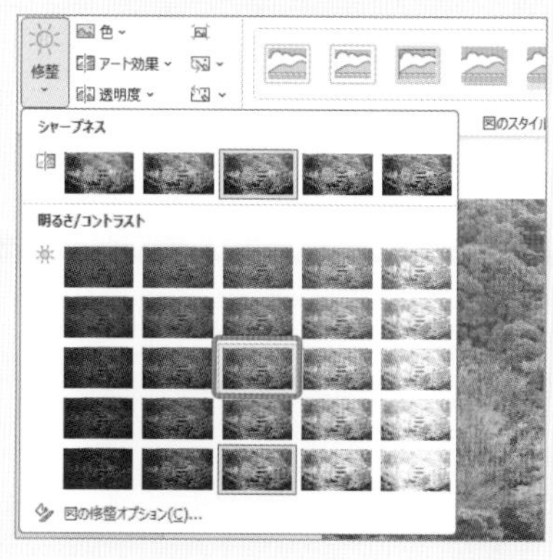

明るさとコントラストを調整する

1 写真をクリックして選択し、

2 コンテキストタブの［図の形式］タブ→［修整］をクリックして、

3 一覧から目的の明るさ/コントラストをクリックすると、

4 写真の明るさとコントラストが変更されます。

アート効果を設定する

1 続けて［アート効果］をクリックし、

2 一覧から目的の効果をクリックすると、

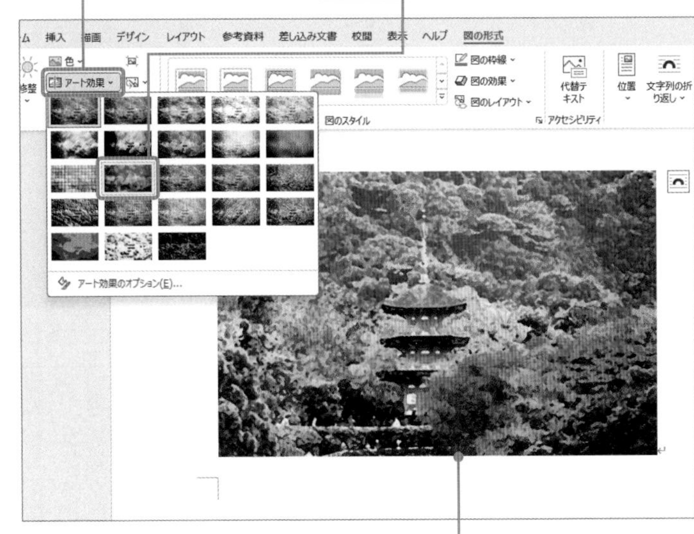

3 写真に効果が追加されます。

Memo 効果をリセットするには

アート効果の一覧で［なし］をクリックします。

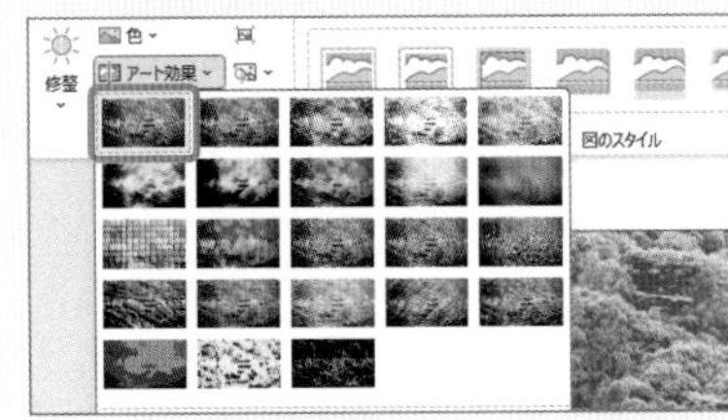

Memo 画像に設定したすべての効果をリセットするには

画像を選択し、コンテキストタブの［図の形式］タブにある［図のリセット］をクリックします。

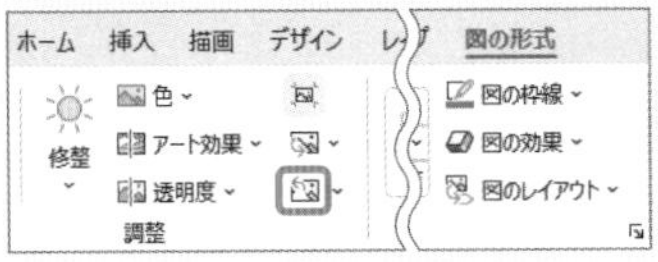

コラム 画像の効果

ここでは、［修整］［色］［アート効果］で設定できる効果をいくつかサンプルとして紹介します。

● オリジナル

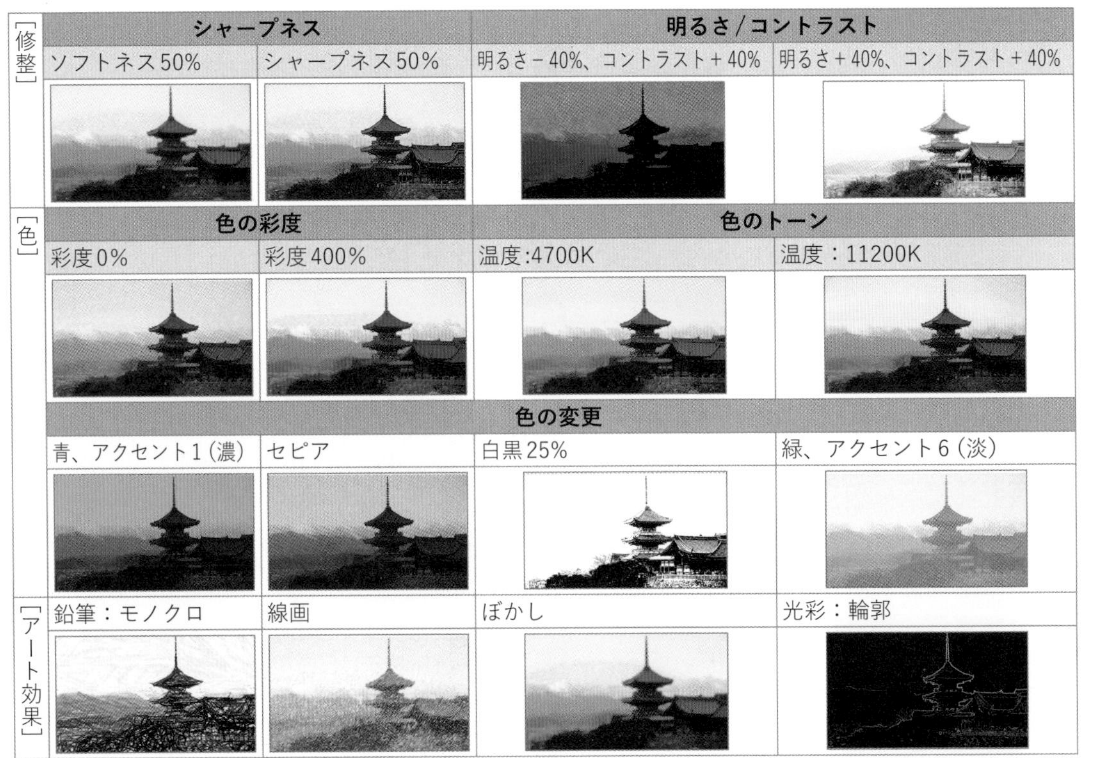

	シャープネス		明るさ/コントラスト	
［修整］	ソフトネス50%	シャープネス50%	明るさ－40%、コントラスト＋40%	明るさ＋40%、コントラスト＋40%
	色の彩度		**色のトーン**	
［色］	彩度0%	彩度400%	温度:4700K	温度：11200K
	色の変更			
	青、アクセント1（濃）	セピア	白黒25%	緑、アクセント6（淡）
［アート効果］	鉛筆：モノクロ	線画	ぼかし	光彩：輪郭

レッスン71-4 画像にスタイルを設定する

練習用ファイル 71-4-写真コンテスト.docx

操作 図のスタイルを適用する

図のスタイルを使うと、画像にスナップ写真や額縁のような効果を付けることができます。コンテキストタブの[図の形式]タブの[図のスタイル]グループにあります。

Memo 設定されたスタイルを解除する

写真を選択し、コンテキストタブの[図の形式]タブをクリックし、[図のリセット]をクリックします(p.304参照)。

Memo 写真のレイアウトを前面にする

写真を移動しても文字列などのレイアウトが崩れないようにするには、文字列の折り返しを[前面]にすると便利です(p.289参照)。

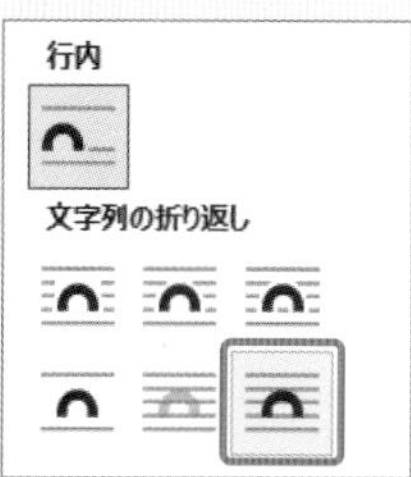

あらかじめ挿入されている写真にスタイルを変更していきます。

1 写真をクリックして選択し、

2 コンテキストタブの[図の形式]タブをクリックし、

3 [図のスタイル]グループの[その他]をクリックして、

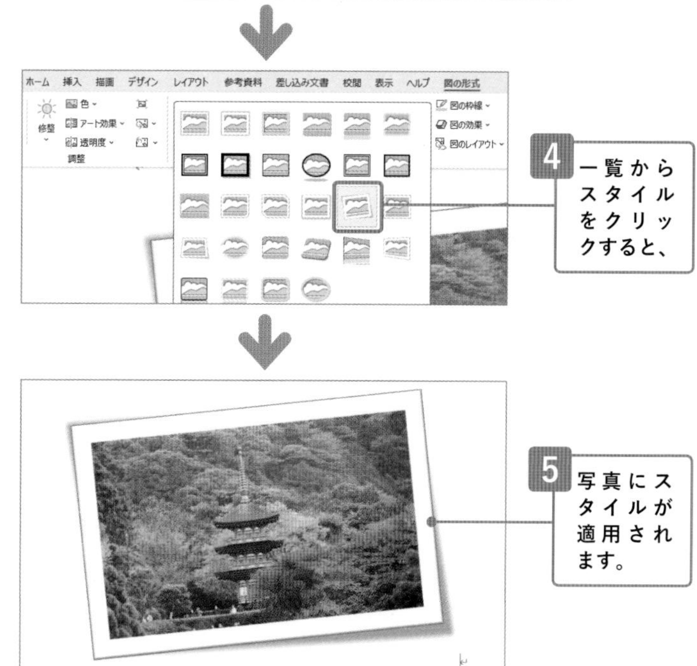

4 一覧からスタイルをクリックすると、

5 写真にスタイルが適用されます。

Memo 写真をパーセント単位でサイズ変更する

サイズの大きな写真を挿入した場合は、パーセント単位でサイズを変更すると一気に縮小できて便利です。コンテキストタブの[図の形式]タブで[サイズ]グループのをクリックし❶、[レイアウト]ダイアログの[サイズ]タブで[縦横比を固定する]にチェックが付いていることを確認し❷、[高さ]と[幅]に同じパーセントを数字で入力して❸、[OK]をクリックします❹。

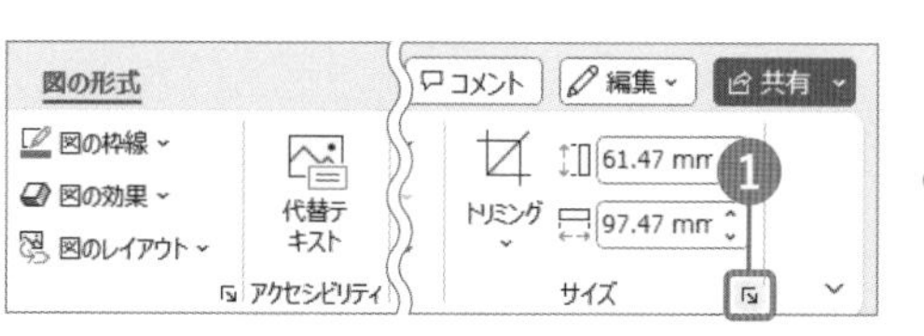

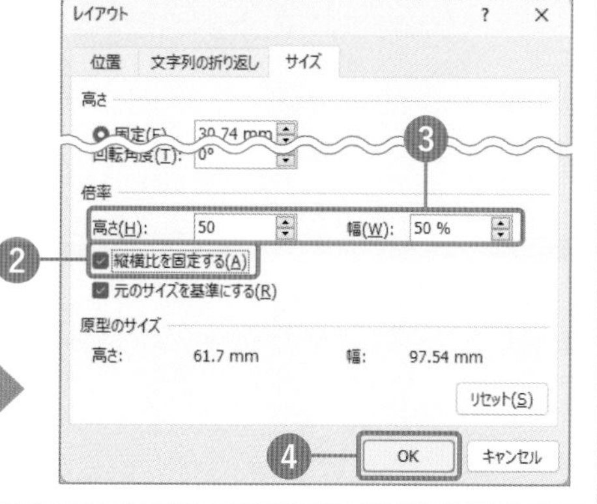

Section

72 SmartArtを挿入する

SmartArtとは、複数の図形を組み合わせて、組織図や流れ図、相関関係などの情報をわかりやすく説明する図表のことです。SmartArtには、8つのカテゴリーの図表が用意されており、内容に合わせて適切なデザインを選択できます。また、必要に応じて図表パーツの追加やデザイン変更も可能です。

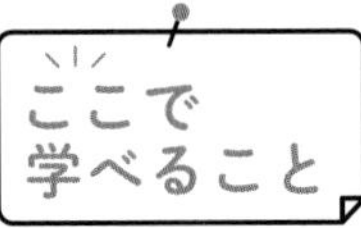

習得スキル	操作ガイド	ページ
▶SmartArtの利用	レッスン72-1～2	p.307～p.308
▶図表パーツの追加	レッスン72-3	p.309
▶デザインの変更	レッスン72-4	p.310

まずは パッと見るだけ！

SmartArtの挿入

組織図や流れ図などの図形を組み合わせた作図をしたい場合は、SmartArtを使うと便利です。デザインされた図表を選択するだけですばやくきれいに作成できます。

Before 操作前

会社組織図

After 操作後

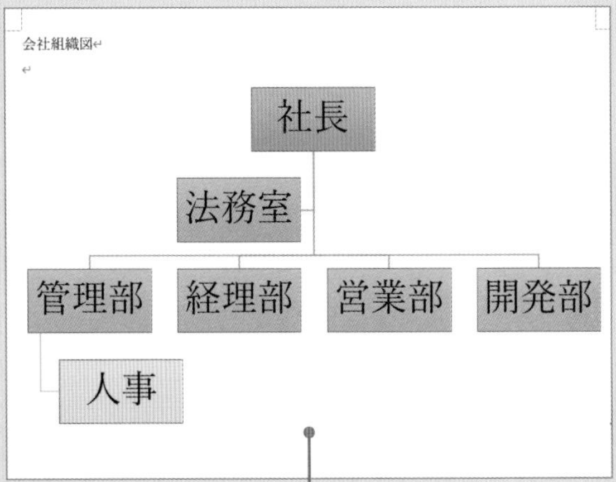

会社組織図

社長
法務室
管理部
経理部
営業部
開発部
人事

階層ごとに色分けして作成できた

全社に限らず、部署内の組織やチームにも使えます

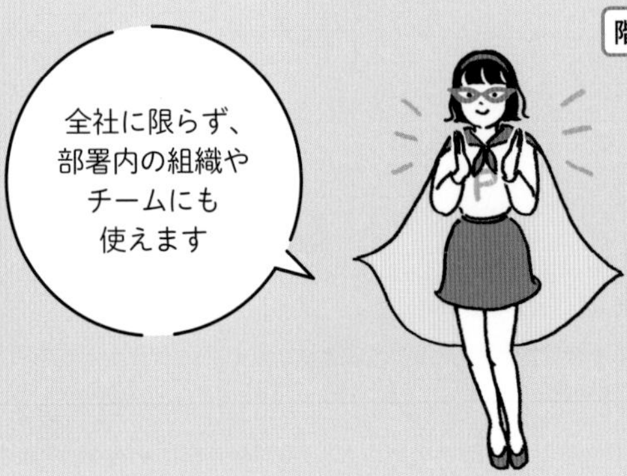

レッスン 72-1 SmartArtを使って図表を作成する

72-1-組織図.docx

操作 SmartArtを使って図表を作成する

SmartArtを文書に挿入すると、図表とテキストウィンドウが表示されます。テキストウィンドウにカーソルが表示されるので、図表に表示したい文字をすぐに入力できます。

Memo テキストウィンドウが表示されない場合

SmartArtを選択し、コンテキストタブの［SmartArtのデザイン］タブで［テキストウィンドウ］をクリックします。クリックするごとに表示／非表示が切り替えられます。または、スマートアートの左辺中央にある［<］をクリックしてください。

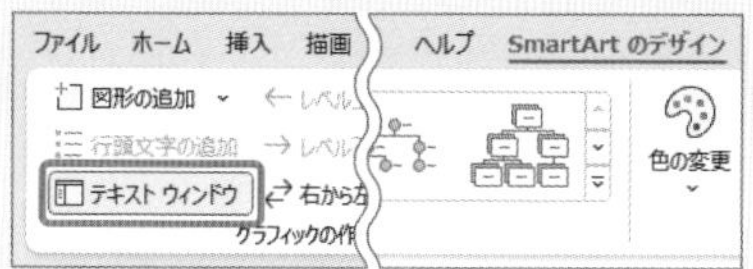

1 SmartArtを挿入する位置にカーソルを移動し、

2 ［挿入］タブ→［SmartArt］をクリックすると、

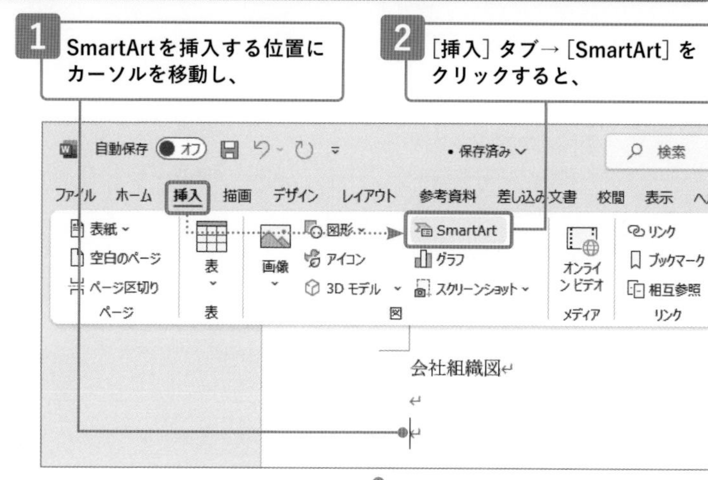

3 ［SmartArtグラフィックの選択］ダイアログが表示されます。

4 カテゴリー（ここでは「階層構造」）をクリックし、デザイン（ここでは「組織図」）をクリックして、

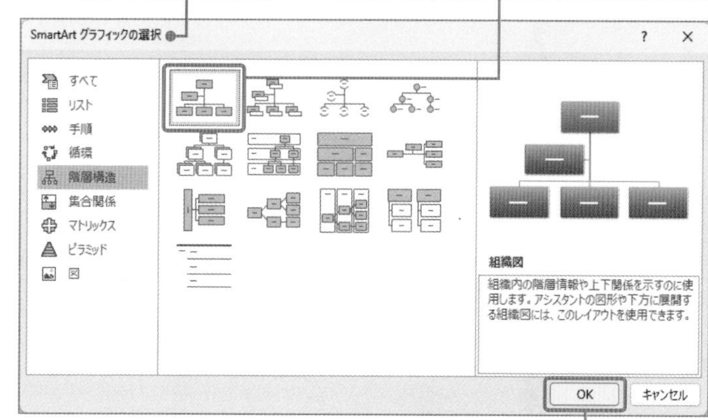

5 ［OK］をクリックすると、

6 スマートアートと、カーソルが表示された状態のテキストウィンドウが表示されます。

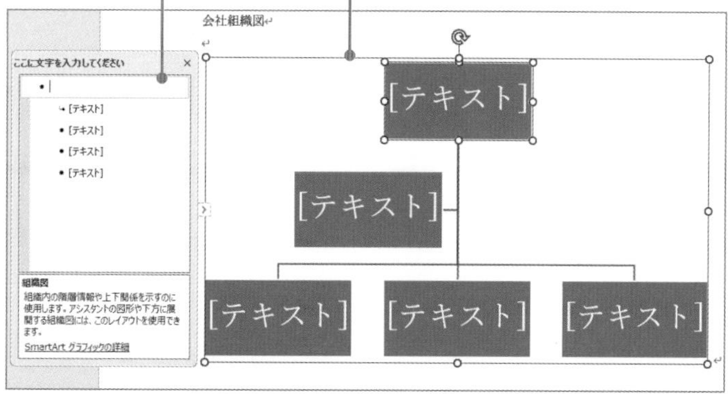

レッスン 72-2 SmartArtに文字を入力する

 72-2-組織図.docx

操作 図表に文字を入力する

テキストウィンドウに文字を入力すると、対応する図表パーツに文字が表示されます。図表パーツをクリックしてカーソルを表示し、直接入力することもできます。
なお、図形内の文字サイズは入力された文字長に合わせて自動調節されます。

Memo Enter キーを押したら、図表パーツが追加された

テキストウィンドウで文字入力後、Enter キーを押すと、同じレベルの図表パーツが追加されます。
間違えて追加した場合は、Back space キーを押すか、Ctrl + Z キーを押して取り消します。

Memo 図表パーツに直接入力する

図表パーツをクリックし、カーソルが表示されたら直接テキストを入力できます。図表パーツに入力すると、テキストウィンドウの該当欄に同じテキストが入力されます。

1 テキストウィンドウにカーソルが表示されている状態で文字列（ここでは「社長」）と入力すると、

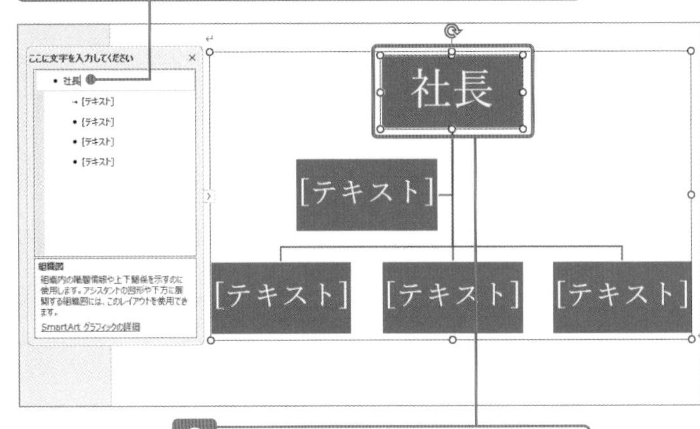

2 対応する図表パーツに自動的に文字が表示されます。

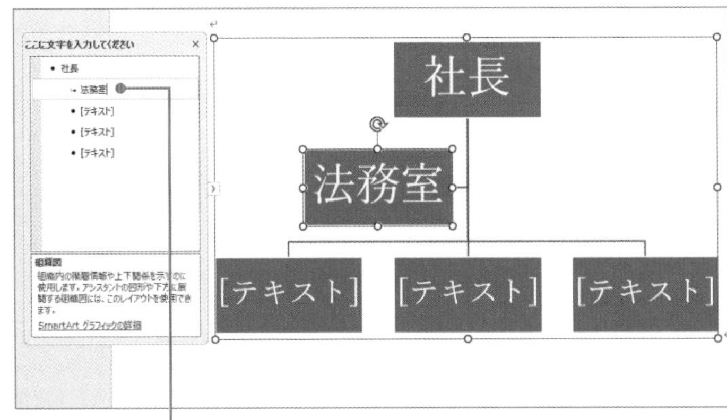

3 ↓キーを押して次の行にカーソルを移動し、文字（ここでは「法務室」）を入力します。

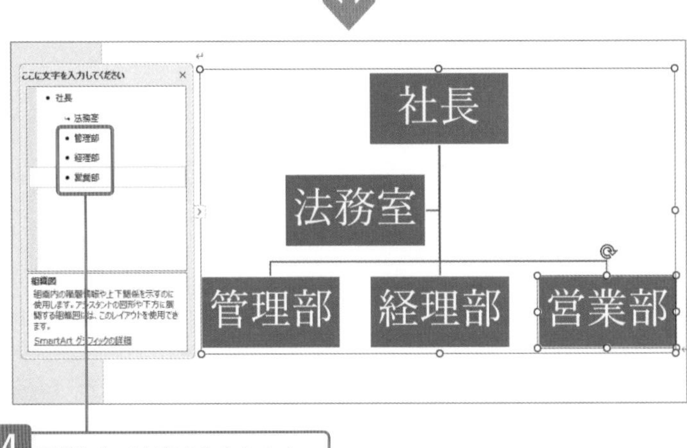

4 同様にして文字を入力します。

レッスン72-3 SmartArtに図表パーツを追加する

72-3-組織図.docx

操作 図表パーツを追加する

図表パーツの追加は、[図形の追加]を使います。選択されている図表パーツに対して、同じレベルに追加する場合は[後に図形を追加]または[前に図形を追加]をクリックし、上のレベル、下のレベルに追加する場合は、それぞれ[上に図形を追加]、[下に図形を追加]をクリックします。

Memo 不要な図表パーツを削除する

図表パーツの枠線をクリックして選択し❶、白いハンドルが表示されたら Delete キーを押します。

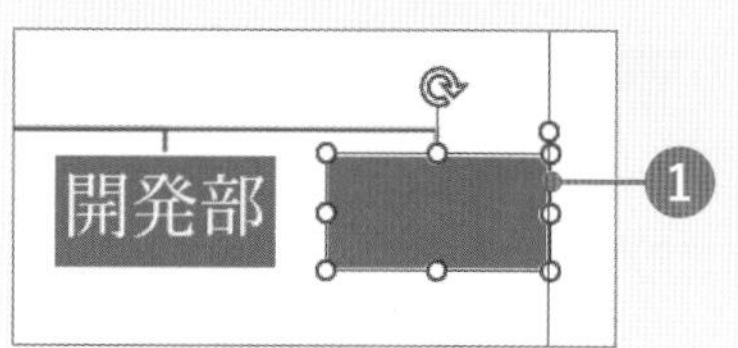

Memo テキストウィンドウで図表パーツを追加する

文字列を入力後、Enter キーを押して改行すると❶、同じレベルの図表が下に追加されます❷。Tab キーを押すと字下げされ❸、図表が基準となる図表の下のレベルに変更されます❹。

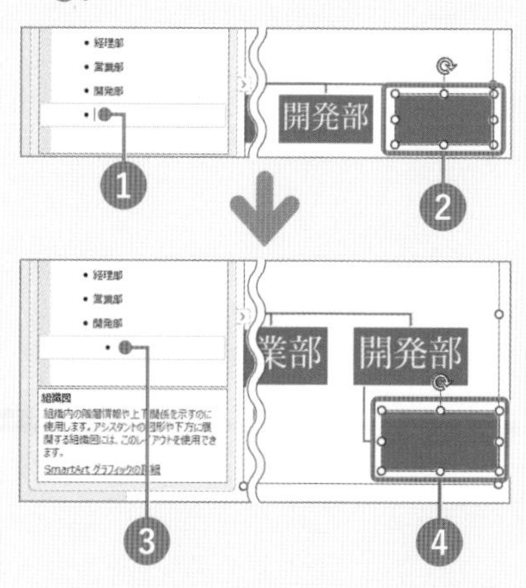

同じレベルの図表パーツを追加

1 基準となる図表パーツをクリックし、

2 コンテキストタブの[SmartArtのデザイン]タブをクリックし、

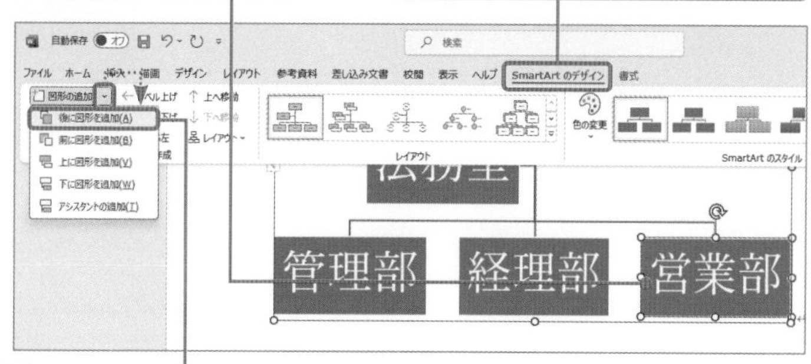

3 [図形の追加]の⌄をクリックして、[後に図形を追加]をクリックすると、

4 同じレベルの図表パーツが追加されます。

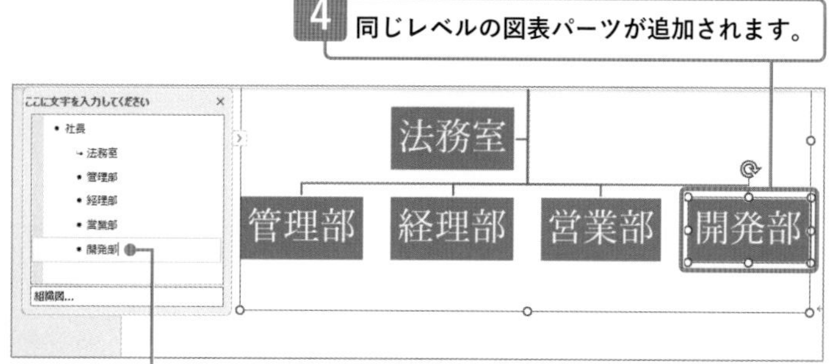

5 そのまま文字(ここでは「開発部」)を入力します。

下のレベルに図表パーツを追加

1 基準となる図表パーツを選択し、

2 コンテキストタブの[SmartArtのデザイン]タブをクリックして、

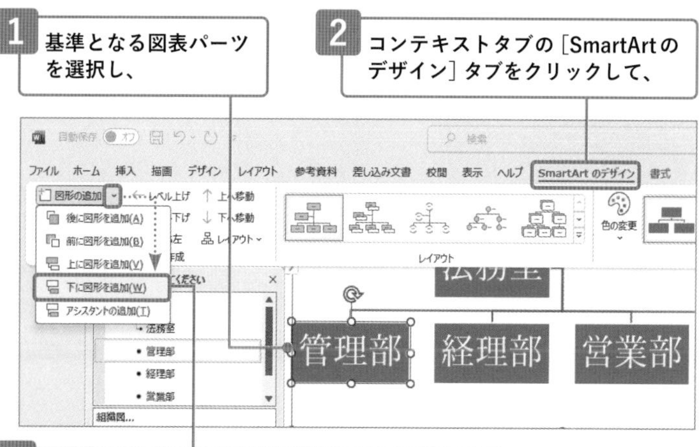

3 [図形の追加]の⌄をクリックして、[下に図形を追加]をクリックすると、

4 下のレベルの図表パーツが追加されます。

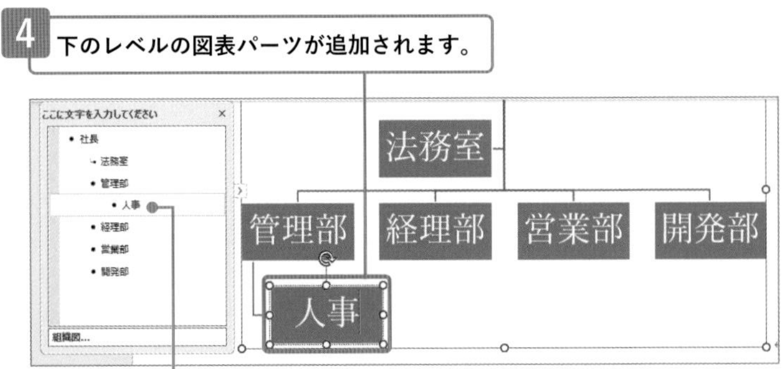

5 そのまま文字を入力します。

レッスン72-4 SmartArtのデザインを変更する

練習用ファイル 72-4-組織図.docx

操作 色とスタイルを変更する

コンテキストタブの［SmartArtのデザイン］タブにある［色の変更］や［SmartArtのスタイル］を使ってSmartArt全体の色合いやデザインの変更が一気にできます。

Memo パーツごとに変更する

コンテキストタブの［書式］タブでは、図表パーツごとにスタイルや色、文字など変更できます。

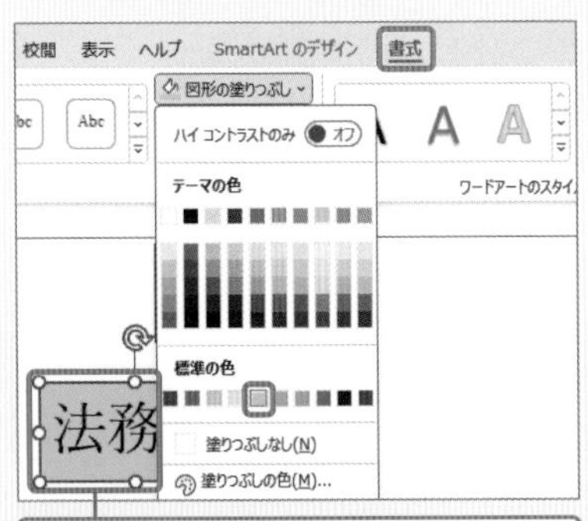

コンテキストタブの［書式］タブでは図表パーツを個別に変更できる

1 SmartArtをクリックして選択し、

2 コンテキストタブの［SmartArtのデザイン］タブ→［色の変更］をクリックして、

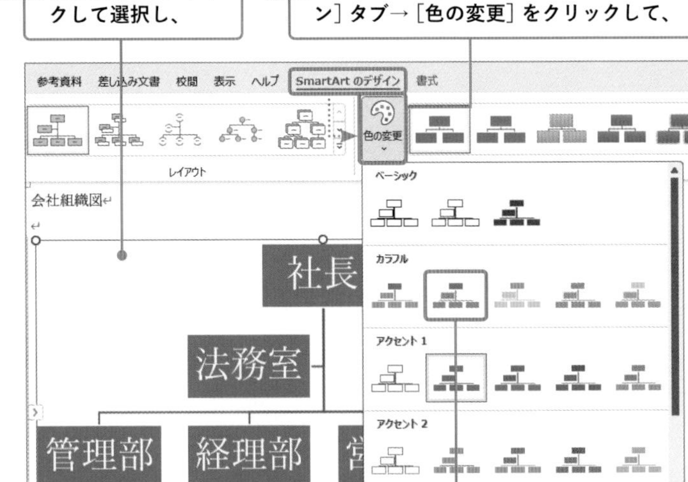

3 一覧から色を選択すると、

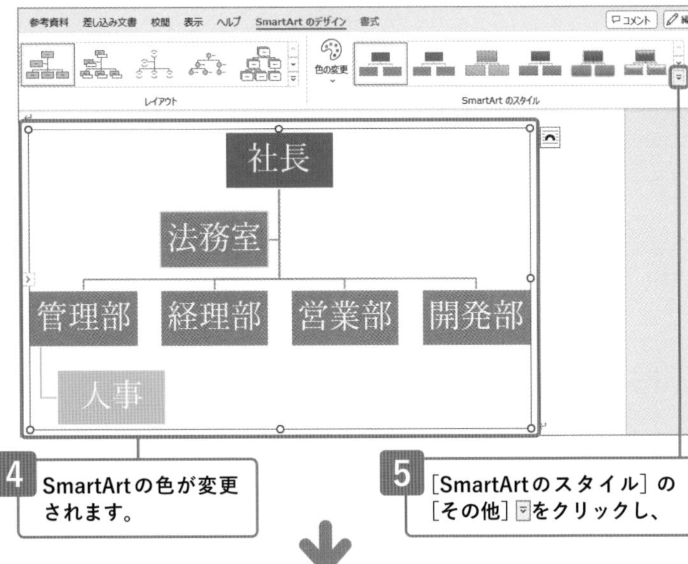

4 SmartArtの色が変更されます。

5 ［SmartArtのスタイル］の［その他］をクリックし、

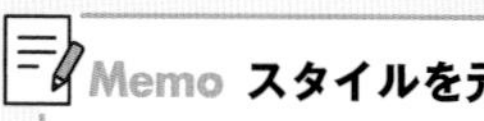

Memo スタイルを元に戻す

コンテキストタブの［SmartArtのデザイン］タブにある［グラフィックのリセット］をクリックすると❶、SmartArtが初期設定のデザインに戻り、変更したスタイルや色が解除されます。

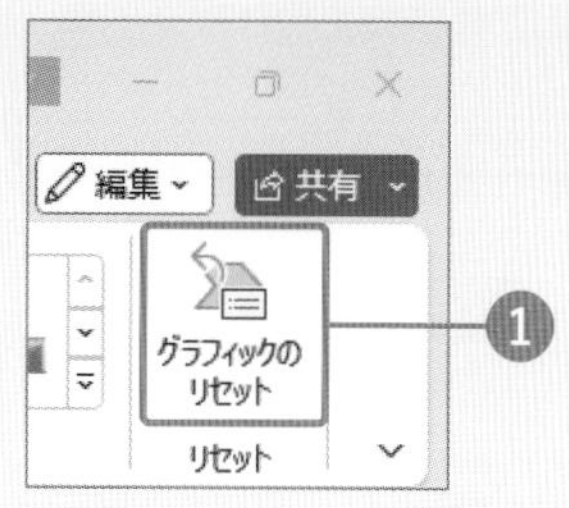

6 一覧からスタイルをクリックすると、

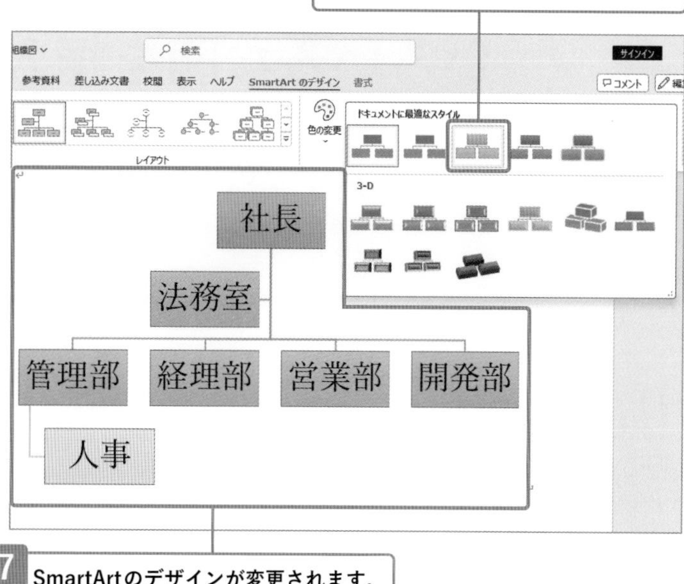

7 SmartArtのデザインが変更されます。

コラム レイアウトを変更してイメージを工夫する

コンテキストタブの［SmartArtのデザイン］タブの［レイアウト］グループでは、挿入したSmartArtの他のレイアウトが用意されています。クリックするだけでレイアウトを変更でき、一気にイメージを変更することができます。

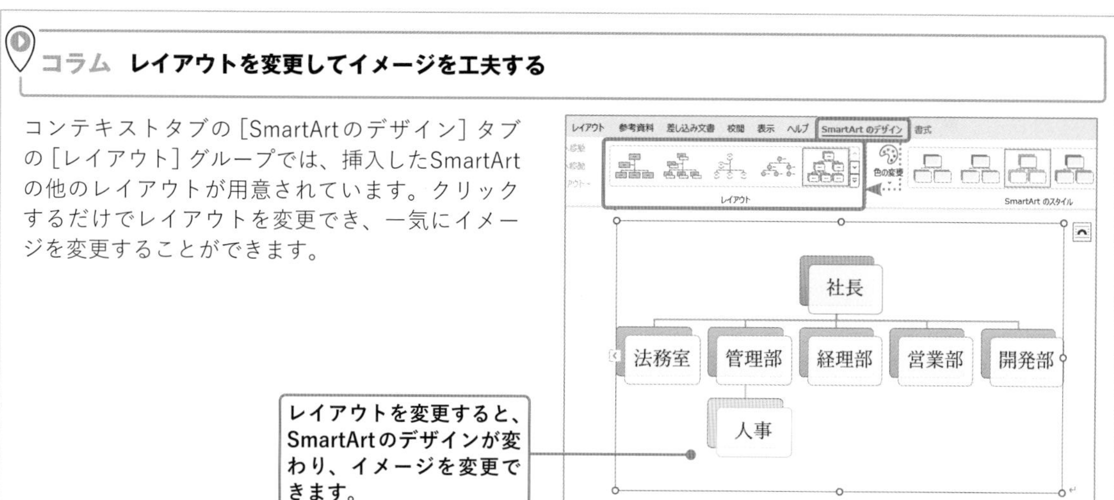

コラム 文字サイズは自動調整される

SmartArtの図表パーツに表示される文字サイズは自動調整されます。文字数を増やすとそれに対応した文字サイズになりますし、SmartArtのサイズを変更すると、サイズに対応して文字サイズが調整されます。個別にサイズを設定すると、自動調整されなくなりますので、特別な場合でない限り、文字サイズは変更しないようにしてください。

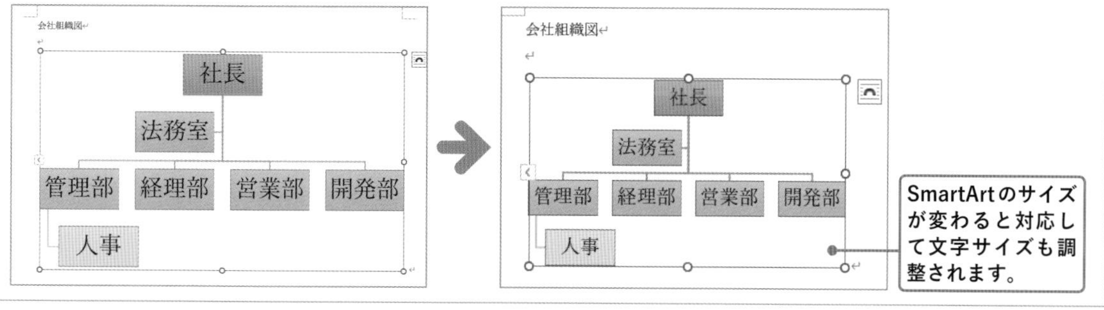

Section

73 いろいろな図を挿入する

Web上にあるイラストや画像を文書に取り込むことができます。アイコンや3Dモデルといった特殊な画像も用意されています。また、パソコンで開いている地図などの画面を切り取り、文書に挿入することもできます。

ここで学べること

習得スキル	操作ガイド	ページ
▶アイコンの挿入	レッスン73-1	p.313
▶3Dモデルの挿入	レッスン73-2	p.314
▶スクリーンショットの挿入	レッスン73-3	p.316

まずは パッと見るだけ！

いろいろな図の挿入

写真などの画像や、ワードアート、SmartArtのほかに、Wordには、単純化されたイラストのアイコンや、3Dのイラスト、表示画面をキャプチャしたスクリーンショットを文書に貼り付けて利用することができます。

Before 操作前

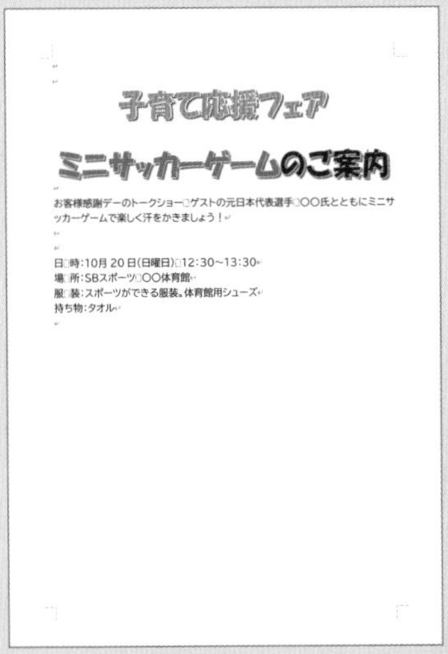

子育て応援フェア
ミニサッカーゲームのご案内

After 操作後

子育て応援フェア
ミニサッカーゲームのご案内

アイコン

3Dモデル

スクリーンショット

スクリーンショットは万能～

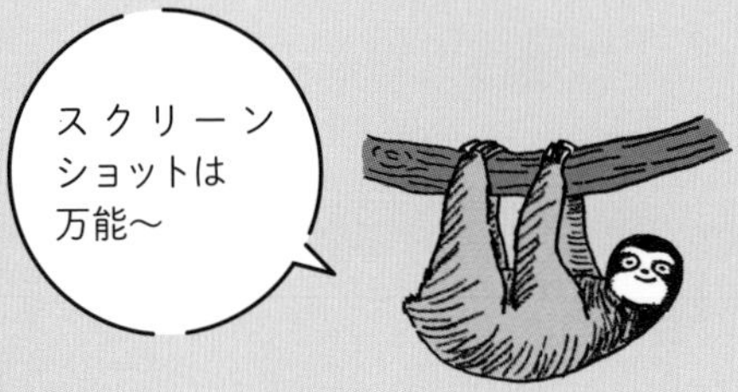

レッスン 73-1 アイコンを挿入する

 73-1-子育て応援フェア.docx

Point アイコンを挿入する

アイコンは、事象や物などをシンプルに表すイラストです。文書内のアクセントにしたり、絵文字の代わりにしたりして使用することができます。挿入後、サイズ、色などの変更もできます。

Memo 別の分類を表示するには

[ストック] ダイアログで別の分類を表示するには、分類名の右端にある > をクリックします。
また、検索ボックスにキーワードを入力し、Enter キーを押すと、キーワードに関連した画像に絞り込むことができます。

ここをクリックして分類を移動します

Memo ストック画像とは

ストック画像は、マイクロソフト社が提供しているロイヤリティフリー(無料)で使用できる画像で、アイコンなどさまざまな画像が提供されています(p.317参照)。

Memo アイコンは行内に追加される

アイコンを挿入すると、文字と同じ位置関係の[行内]で追加されます。文字列の折り返しを[四角形]や[前面]に変更すると、任意の位置に自由に移動できます(p.289)。

1 アイコンを挿入する位置にカーソルを移動し、

2 [挿入] タブ→[アイコン] をクリックすると、

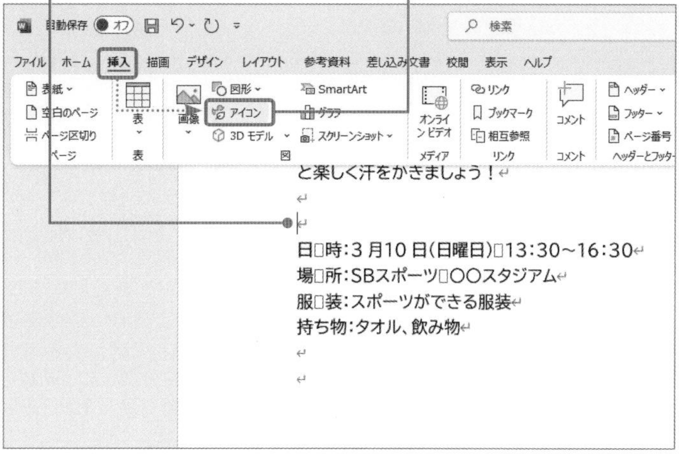

3 [ストック画像] ダイアログが表示されます。

4 分類(ここでは[スポーツ])をクリックし、

5 アイコンをクリックして、

6 [挿入] をクリックすると、

7 アイコンが挿入されます。サイズ、文字列の折り返し、位置を調整します。

レッスン 73-2 3Dモデルを挿入する

練習用ファイル 73-2-子育て応援フェア.docx

操作 3Dモデルを挿入する

3Dモデルは、3次元の立体型イラストです。挿入すると、ドラッグだけで見る角度を変えることができます。[挿入] タブ→ [3Dモデル] をクリックして挿入します。

Memo パンとズームで拡大/縮小する

コンテキストタブの [3Dモデル] タブの [パンとズーム] をクリックすると❶、3Dモデルの右辺に虫眼鏡が表示されます。ここをドラッグすると領域内で3Dモデルが拡大・縮小できます❷。

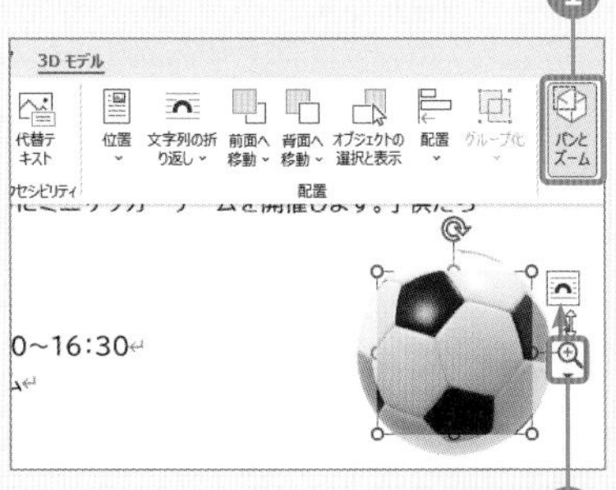

1 3Dモデルを挿入する位置にカーソルを移動し、

2 [挿入] タブ→ [3Dモデル] をクリックすると、

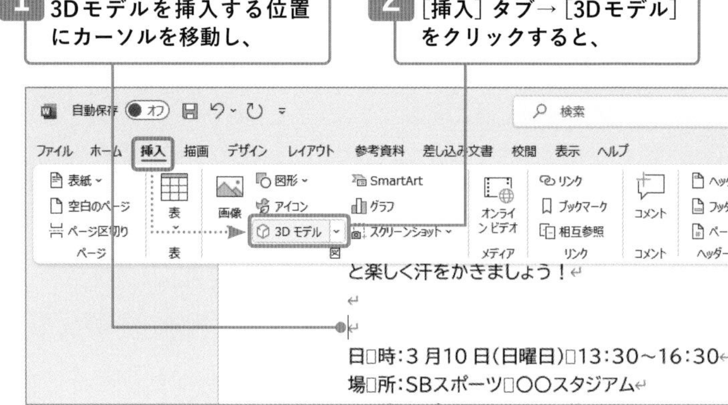

3 [オンライン3Dモデル] ダイアログが表示されます。

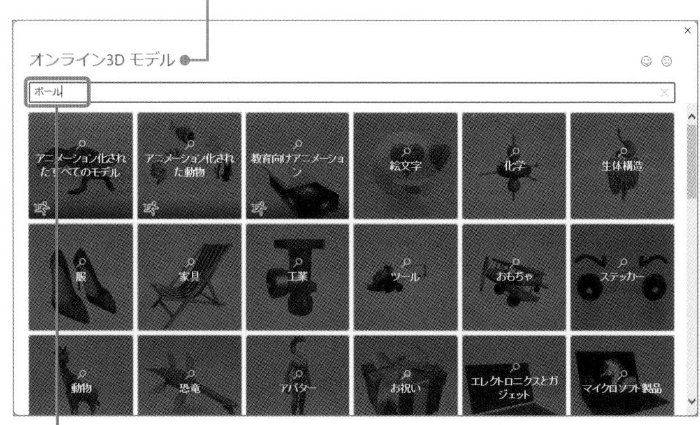

4 キーワード（ここでは「ボール」）を入力して、Enter キーを押すと、

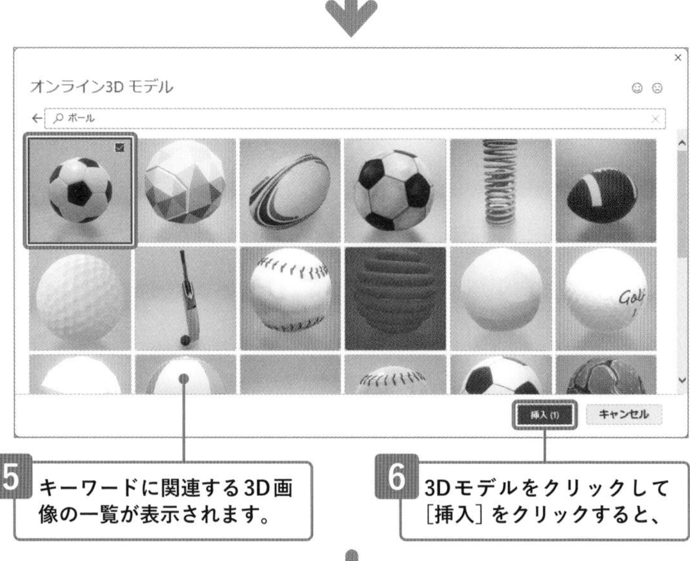

5 キーワードに関連する3D画像の一覧が表示されます。

6 3Dモデルをクリックして [挿入] をクリックすると、

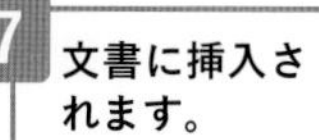

文書に挿入されます。

8 中央に表示されている3Dコントロールにマウスポインター を合わせてドラッグすると、

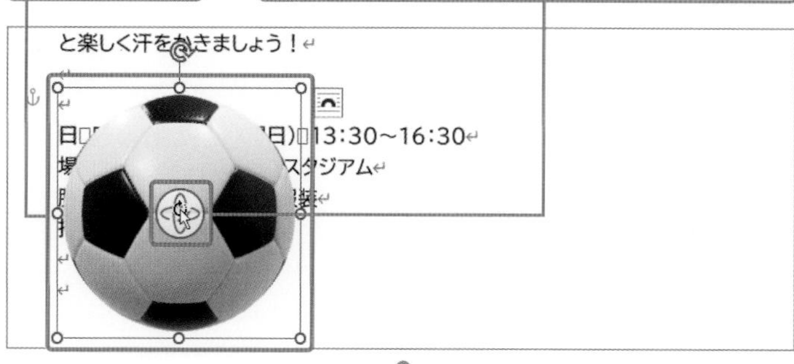

9 3Dモデルの角度が変わります。

ミニサッカーゲームのご案内

子育て応援フェアでは、下記のようにミニサッカーゲームを開催します。子供たちと楽しく汗をかきましょう！

日時：3月10日(日曜日) 13:30～16:30
場所：SBスポーツ ○○スタジアム

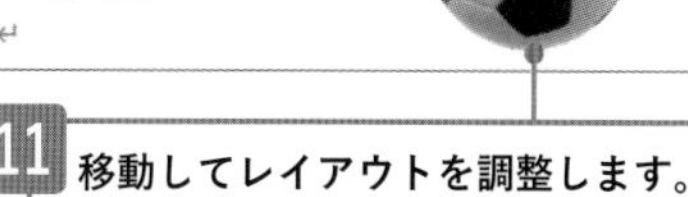

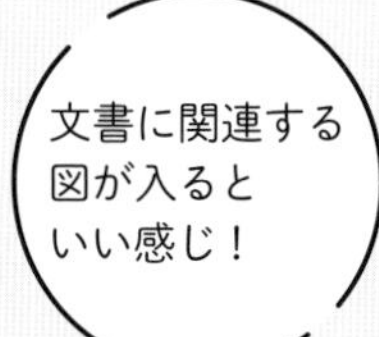

レッスン 73-3 スクリーンショットを挿入する

73-3-子育て応援フェア.docx

Point スクリーンショットを挿入する

スクリーンショットとは、ディスプレイに表示されている全体または一部分を写した画像のことです。文書にスクリーンショットを取り込むことができます。例えば、インターネットで調べた地図の画面を文書に取り込みたいときに使えます。

Memo Windows11の機能を使ってスクリーンショットを作成する

ディスプレイに画像として使用したい画面を表示しておき、[Windows]＋[Shift]＋[S]キーまたは[Print Screen]キーを押すと、スクリーンショット用の画面に切り替わります❶。使用する領域をドラッグすると❷、クリップボードに保存されるので、貼り付けたい位置にカーソルを移動して［ホーム］タブの［貼り付け］をクリックして貼り付けます。

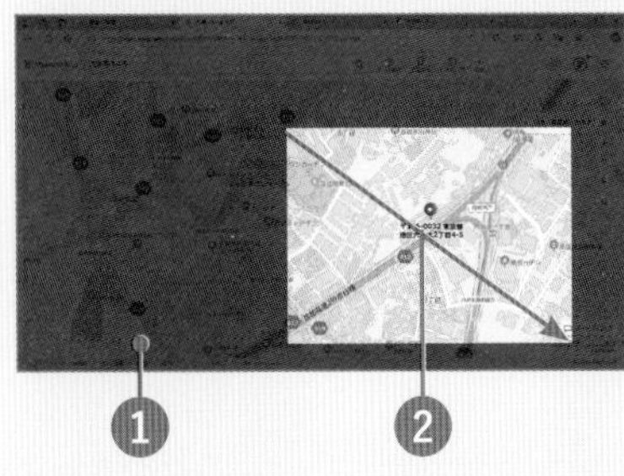

なお、作成したスクリーンショットは、ユーザーの［ピクチャ］フォルダ内の［スクリーンショット］フォルダに［スクリーンショット-(現在の日付と時刻)］という形式の名前で自動的に画像ファイルとして保存されるので、画像ファイルを後から挿入することもできます。

1 文書に取り込みたいウィンドウを開いておきます（ここでは、Microsoft Edgeで地図を開いています）。

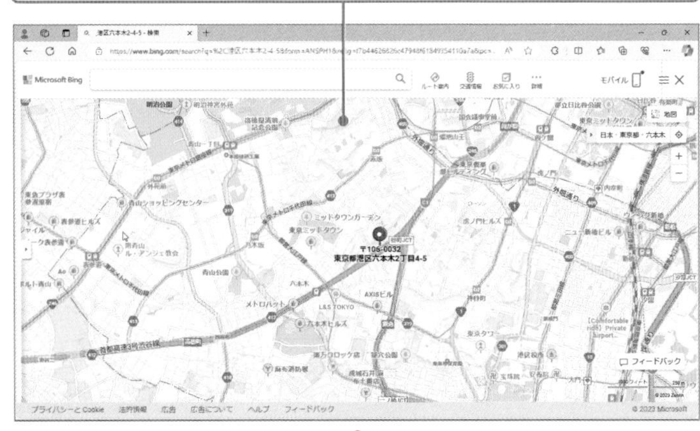

2 取り込み位置にカーソルを移動し、

3 ［挿入］タブ→［スクリーンショット］をクリックして、

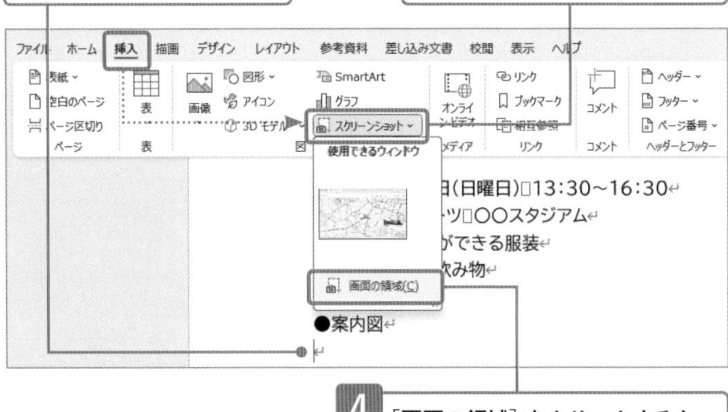

4 ［画面の領域］をクリックすると、

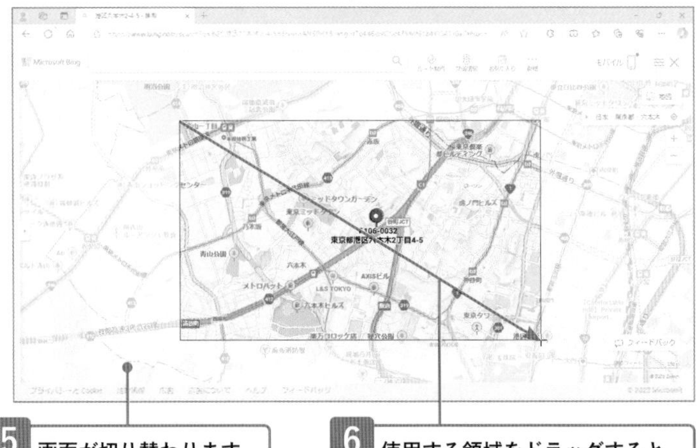

5 画面が切り替わります。

6 使用する領域をドラッグすると、

7 文書内に貼り付けられます。

コラム イラストや画像の利用は著作権や使用条件に注意しましょう

［挿入］タブの［画像］をクリックすると表示されるメニューで［ストック画像］と［オンライン画像］で表示される画像を使用する場合は注意が必要です。

●ストック画像

ストック画像は、マイクロソフト社が提供している写真やアイコンなどの画像データです。これらの画像は、Office製品内で使用する場合、ロイヤリティフリー（無料）で使用することができます。

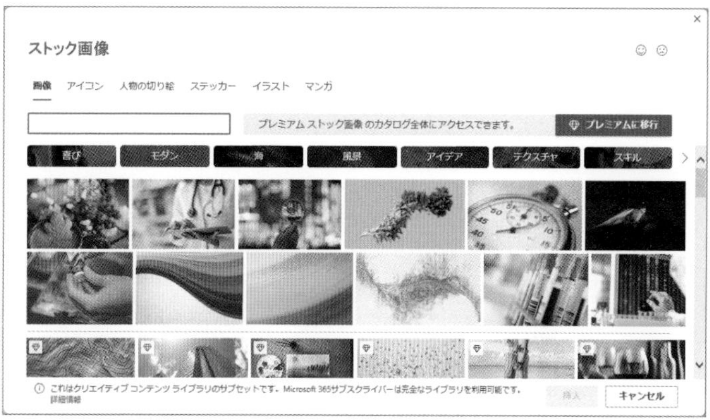

●オンライン画像

オンライン画像は、Bing検索によってインターネット上にある画像が表示されます。そのため、これらの画像には著作権により保護されているものや、使用に際して制限のあるものも含まれます。すべてが自由に使えるわけではないことを覚えておきましょう。特に、一般に公開するWebページや、社外向けの資料を作成するような場合は、注意が必要です。その場合は、自分で作成するか、業者に発注、または、商用利用フリーの画像を検索し、問題ないものをダウンロードして使用することを検討してください。

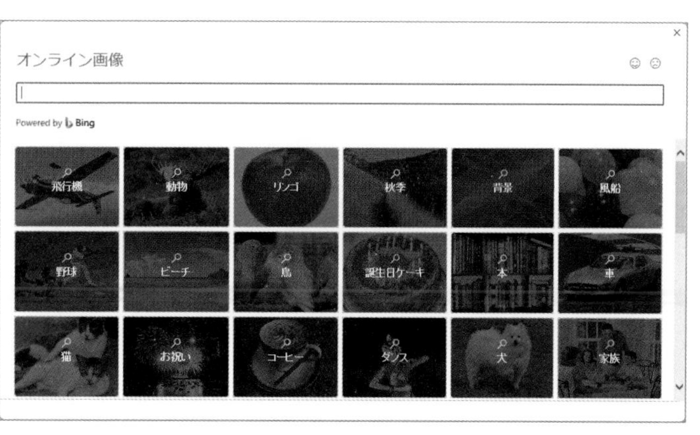

Section

74 文書全体のデザインを変更する

ページの周囲を罫線で飾るとページが華やかになります。また、「社外秘」のような透かしを表示することもできます。さらに、配色、フォント、図形の効果のスタイルを組み合わせたテーマが用意されており、テーマを変更するだけで、文書全体のデザインを一括で変更できます。

習得スキル	操作ガイド	ページ
▶ページ罫線の設定	レッスン74-1	p.319
▶透かし文字の設定	レッスン74-2	p.320
▶テーマの変更	レッスン74-3	p.321

まずは パッと見るだけ！

文書全体のデザイン変更

ここで紹介する機能を使用すると、ページ全体の見た目を一気に変更できます。[ページ罫線]でページの周りに飾り用の罫線を設定したり、[透かし]で透かし文字を表示したり、[テーマ]で文書全体のフォントや色合い、効果が変わります。

Before 操作前

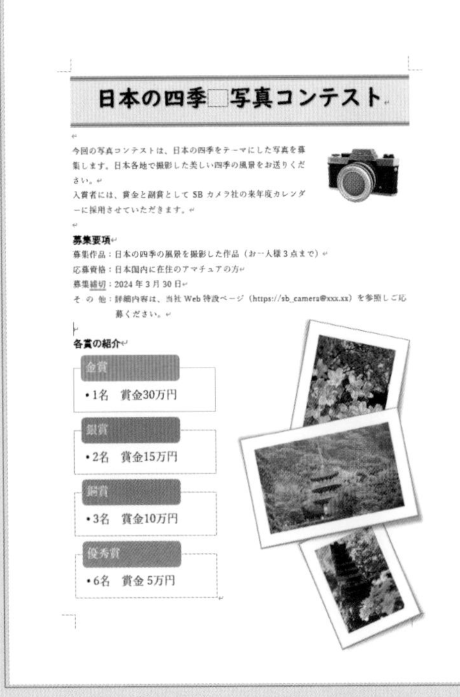

--->

After 操作後

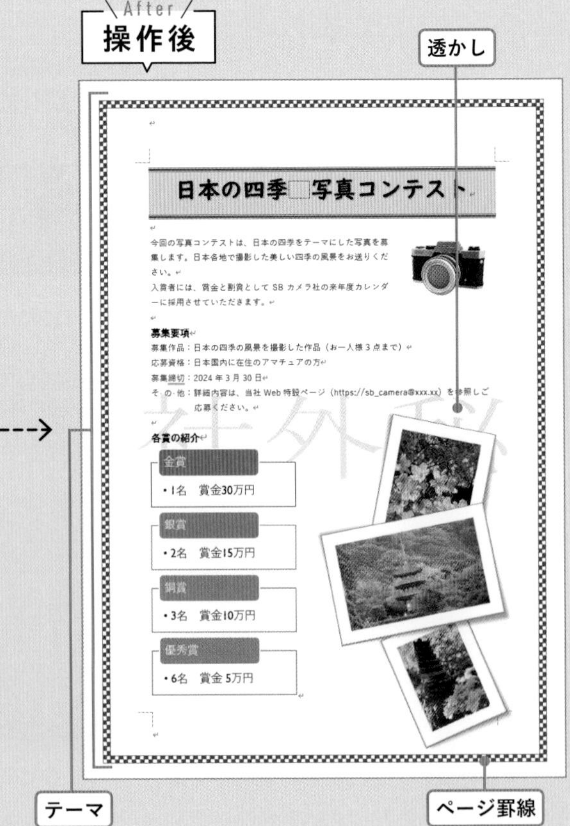

レッスン 74-1 文書全体を罫線で囲む

74-1-写真コンテスト.docx

操作 ページ罫線を設定する

ページの周囲を罫線で飾るには、[デザイン] タブの [ページ罫線] をクリックします。ページ罫線には、豊富な線種や絵柄が用意されています。

Memo ページ罫線を解除する

手順4で [罫線なし] をクリックします。

Memo ページに色を付ける

ページ全体に色を付けるには、[デザイン] タブの [ページの色] をクリックし❶、カラーパレットで色を選択します❷。

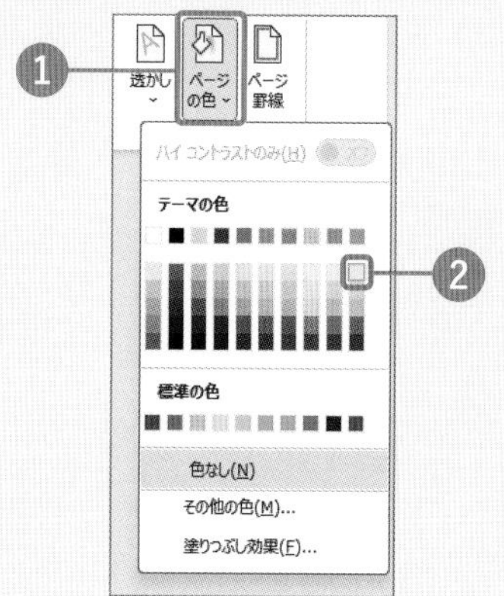

1 [デザイン] タブをクリックし、

2 [ページ罫線] をクリックすると、

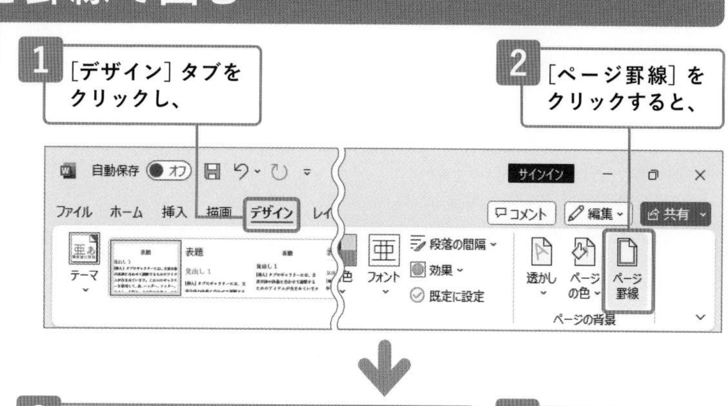

3 [線種とページ罫線と網掛けの設定] ダイアログの [ページ罫線] タブが表示されます。

4 [囲む] を選択し、

5 罫線の種類または絵柄、色、太さを選択します。

6 [OK] をクリックすると、

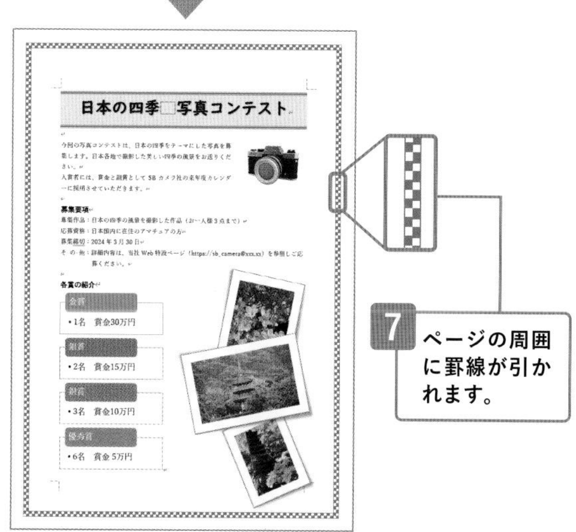

7 ページの周囲に罫線が引かれます。

レッスン 74-2 「社外秘」などの透かしを入れる

練習用ファイル 74-2-写真コンテスト.docx

Point 透かしを挿入する

透かし文字は、文書の背面に表示する文字で、「社外秘」や「下書き」など取扱いに注意が必要な文書に設定します。あらかじめ用意されている文字列を使用できますが、オリジナルの文字列にしたり、図形を挿入したりできます。

Memo オリジナルの文字列を透かしにする

手順2で[ユーザー設定の透かし]をクリックすると、[透かし]ダイアログが表示され、図または、テキストを選択できます。[テキスト]にはリストから選択することも任意の文字列を入力することもできます。

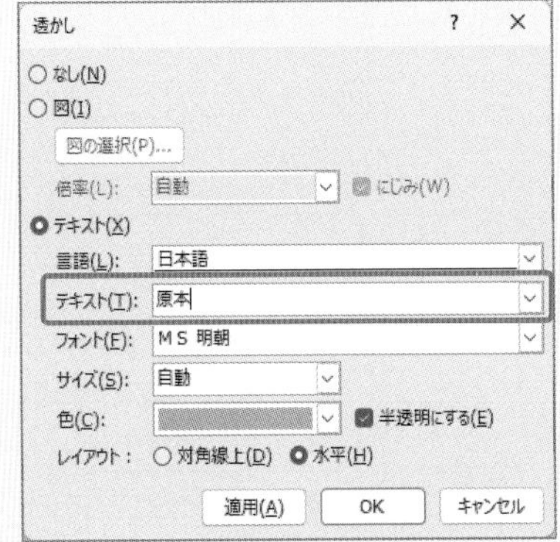

Memo 透かしを削除する

手順2で[透かしの削除]をクリックします。

1 [デザイン]タブ→[透かし]をクリックして

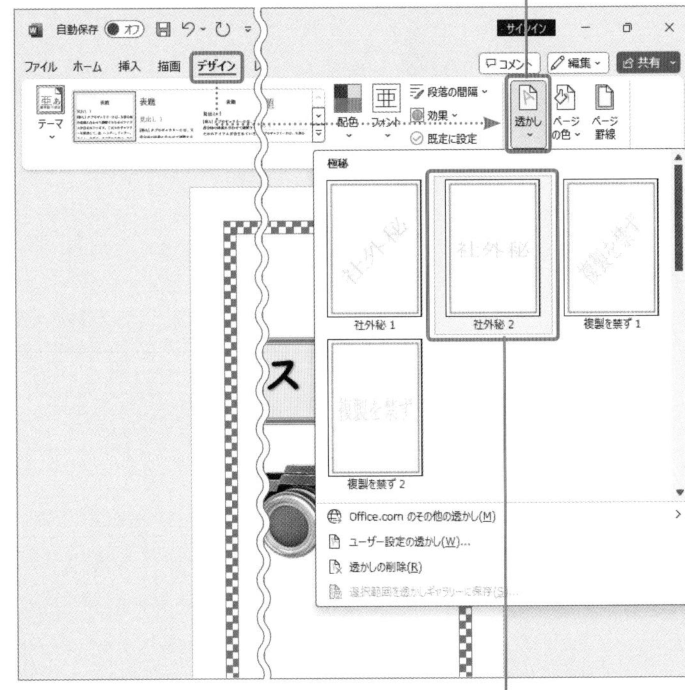

2 一覧から透かし（ここでは「社外秘2」）をクリックします。

3 文書の背面に透かし文字が表示されます。

レッスン 74-3 テーマを変更する

練習用ファイル 74-3-写真コンテスト.docx

Point テーマの変更

テーマとは、配色やフォント、効果の組み合わせに名前を付けたものです。テーマを変更すると、文書全体のフォントや色合いなどが一気に変わります。初期設定では[Office]が適用されています。
なお、テーマによって変更になるのは カラーパレットの[テーマの色]の中にある色です。同様に、フォントは[テーマのフォント]が設定されている文字です。個別にテーマ以外の色やフォントなどが設定されている箇所は変更されません。

Memo テーマを初期設定に戻す

手順2で、初期設定のテーマである[Office]をクリックします。

Memo フォント、配色、効果のテーマを個別に変更する

テーマを選択すると、配色、フォント、効果がまとめて変更されますが、[デザイン]タブの[テーマの配色]❶、[テーマのフォント]❷、[テーマの効果]❸で個別にテーマを変更することができます❹。

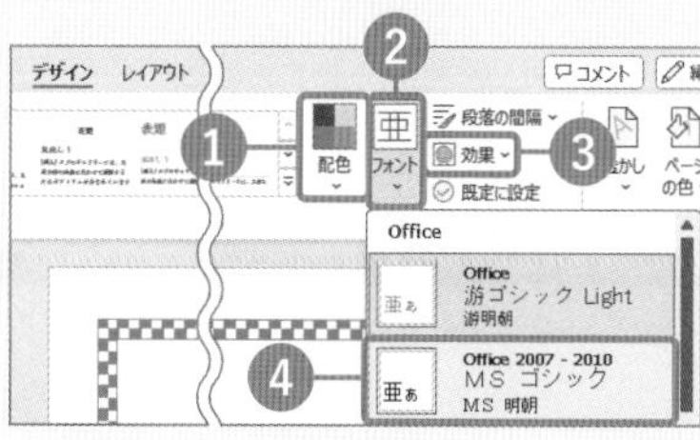

1 [デザイン]タブ→[テーマ]をクリックし、

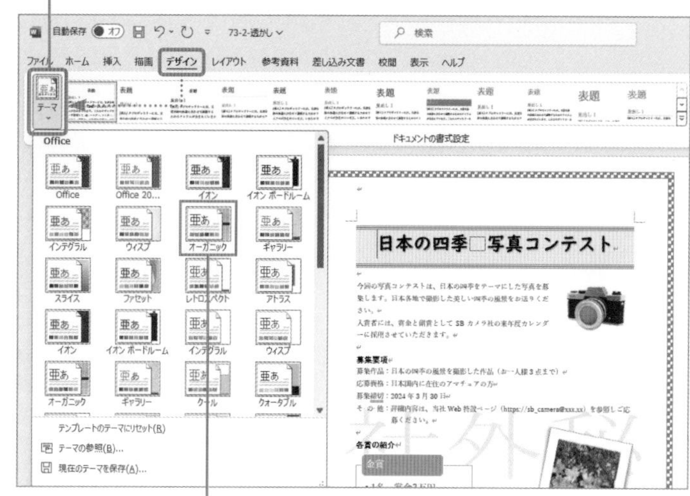

2 一覧からテーマをクリックすると、

3 文書全体のフォント、色合いが変更になります。

コラム テーマの既定値の変更

新規文書を作成すると、既定値として［Office］テーマが各文書に適用されるのですが、この［Office］テーマの内容はWordのバージョンによって若干異なります。例えば、2024年3月時点の最新バージョンのWordでは、［Office］のカラーパレットの色は下図のように変更されています（図1）。同様に、初期設定のフォントサイズは「11 pt」、段落後の間隔は「8 pt」になっています。
そのため、みなさんがお使いのWordのテーマの内容と、本書に掲載されているテーマの内容が異なる場合で、かつ、本書のテーマと同様の内容に変更したい場合は、テーマを［Office 2013 – 2022テーマ］に変更することが必要です。また、p.179の手順で既定のフォントサイズを「10.5」に設定し、以下の手順で段落後間隔を「0行」に設定してください（図2）。

●図1：初期設定のテーマの色

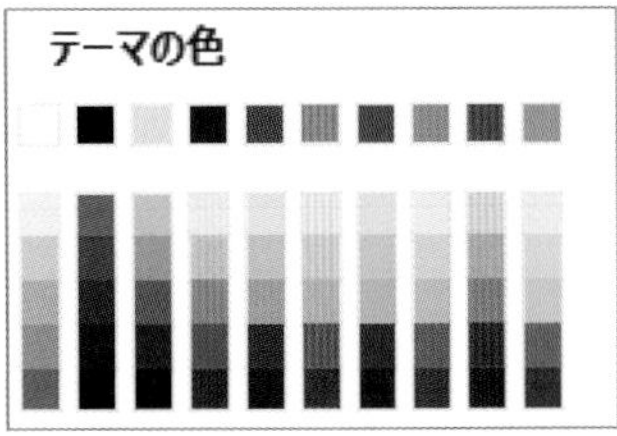

●図2：段落後間隔を0行にする

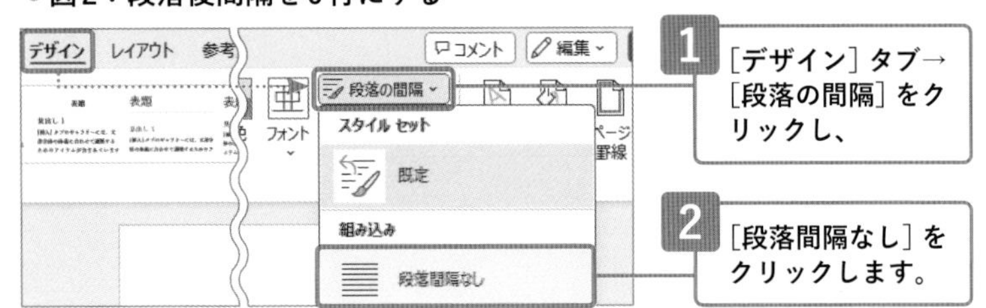

コラム 文字にスタイル、文書にスタイルセットを適用する

●**スタイル**

Wordでは、フォント、フォントサイズ、太字、下線、文字色、中央揃えなど複数の書式を組み合わせて名前を付けたものを「スタイル」といいます。選択した文字に対して、［ホーム］タブの［スタイル］グループで［その他］をクリックし❶、一覧から選択してスタイルを設定することができます❷。既定値は、［標準］ですが、見出しになる文字に［見出し1］や［見出し2］、タイトルに［表題］など、文書の内容に合わせて、スタイルを適用することで素早く体裁を整えることができます。

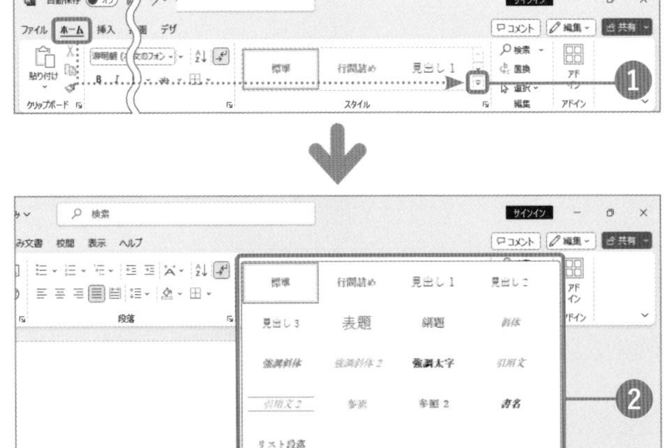

●**スタイルセット**

スタイルを組み合わせたものをスタイルセットといいます。スタイルセットは、文書全体に対して設定します。スタイルセットは、［デザイン］タブの［ドキュメントの書式設定］グループで変更できます❶。スタイルセットを選択すると対応したスタイルに変更され❷、［ホーム］タブの［スタイル］グループに表示されるスタイルも変更されます。

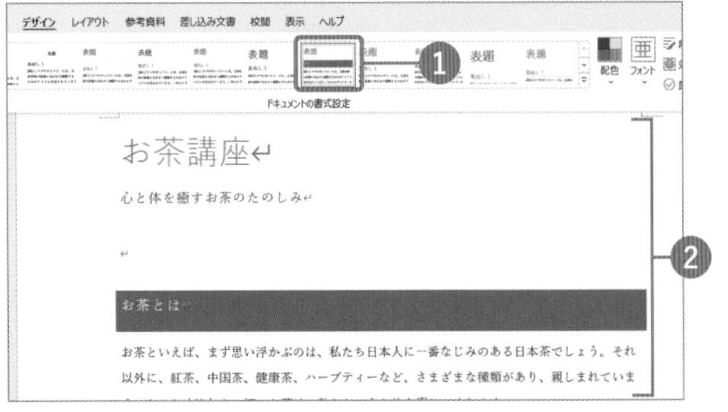

練習問題　文書に図や写真を挿入する練習をしよう

演習8-写真コンテスト.docx
演習8-Photo1.jpeg
演習8-Photo2.jpeg

レッスン74-1で使用しているサンプル「写真コンテスト」とほぼ同じ状態になるように、3Dモデル、SmartArt、画像を文書に追加し、編集する練習をしてみましょう。

1　3Dモデルを追加し、以下のように設定する

・検索キーワード…カメラ
・サイズ、回転、位置…完成図を参照に変更
・文字の折り返し…四角

2　SmartArtを追加し、以下のように設定する

・種類…縦方向リスト
・色の変更…カラフル-アクセント2から3
・サイズ…SmartArtの右下角にあるサイズ変更ハンドル○をドラッグして、ページ内に収まるように調整（縦：約100mm、横：約63mm）
・文字…完成図を参考に入力

ヒント：テキストウィンドウ1つ目のテキストに「金賞」と入力したら、Enterキーで改行し、Tabキーを押してレベルを下げて、「1名　賞金30万円」と入力します。同様にして「銀賞」以降の各賞について入力します。4つ目の「優秀賞」については、図表パーツを追加してください。

3　2つの画像を追加し、以下のように設定する

・画像…ファイル名「演習8-Photo1」、「演習8-Photo2」
・サイズ…縦　55mm、横：41.24mm　　・図のスタイル…回転 白
・文字列の折り返し…前面　　・重なり…最背面に移動
・配置…完成図を参考に、3つの画像を移動し、回転させる
※全体のバランスや重なり具合をみてサイズを微調整します。

▼**完成見本**

8　文書に表現力を付ける機能

資料を手早く作るには

資料を作る前に確認すべきこと

職場で「資料を作って」と頼まれた際、できるだけ手早く作成したいものですね。とはいえ、早ければいいということではありません。作成する前に、作成する資料の「対象」、「目的」を明確にしておく必要があります。例えば、対象が社内なのか、社外なのか。社外の場合、取引先なのか、不特定多数なのかによっても書き方が変わります。対象と目的がはっきりすると、内容もだいたい決まってきます。上司から、どのような資料が必要なのか確認を取り、構成をきちんと決めておきましょう。

● **チェックリスト**

- ☑ 作成する資料は何か？
- ☑ 何のために作成するのか？
- ☑ 守るべきルールはあるか？
- ☑ いつまでに作成するのか？
- ☑ 作成後はどうすればよいか？（Aさんに確認後に印刷、ドライブに保存など）

資料はゼロから作らない

資料を何もないところから作成するのは、大変骨の折れる作業です。社外文書を作成する場合は、構成や表現にパターンがあるので、ビジネス文書の例文集のような書籍を参考書として手元の持っておくと便利です。

また、資料の中で使用する人数や金額の数値は正確でないといけません。数値が入る表の作成のしやすさや、正確性を考えると、Excelで作成した表をWordに貼り付けるといいでしょう。以前作成された同じような文書があれば、それをひな型（テンプレート）にして、内容を入れ替えながら作成すれば、より短時間で作成できるでしょう（p.341参照）。

〆切も忘れずに確認しておきましょう

Point 手を動かす前の情報収集がカギ

8 文書に表現力を付ける機能

第 9 章

印刷や保存に詳しくなろう

Wordで文書を印刷するとき、いろいろな設定をして印刷することができます。また、文書をWord以外の形式で保存したり、Word以外の形式のファイルを開いたりできます。ここでは、印刷設定やWord形式以外のファイルの開き方や保存の仕方を説明します。

Section

75 いろいろな設定をして文書を印刷する

文書を印刷する場合、単に印刷するだけでなく、ページ数を指定したり、両面印刷したりと、いろいろな設定をすることができます。ここでは印刷設定の方法を覚えましょう。

習得スキル	操作ガイド	ページ
▶印刷ページの指定	レッスン75-1	p.327
▶印刷単位の指定	レッスン75-2	p.328
▶1枚に複数ページを印刷	レッスン75-3	p.328
▶拡大／縮小印刷	レッスン75-4	p.329

まずは パッと見るだけ！

いろいろな設定をして印刷する

通常、何も設定しないで［印刷］をクリックすると、開いている文書が全ページそのまま印刷されます。設定を変更すると、いろいろな形で印刷できます。

Before
操作前

● **通常印刷**

通常は、印刷イメージどおりで全ページ印刷されます。

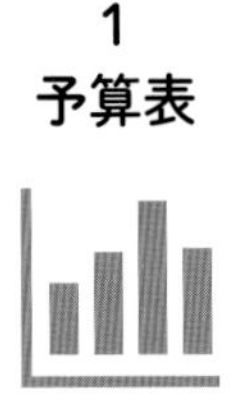

After
操作後

● **印刷ページ指定**

印刷するページを指定

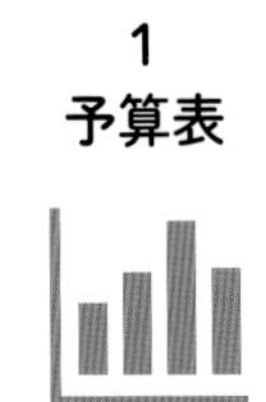

● **印刷単位**

部単位、ページ単位を指定

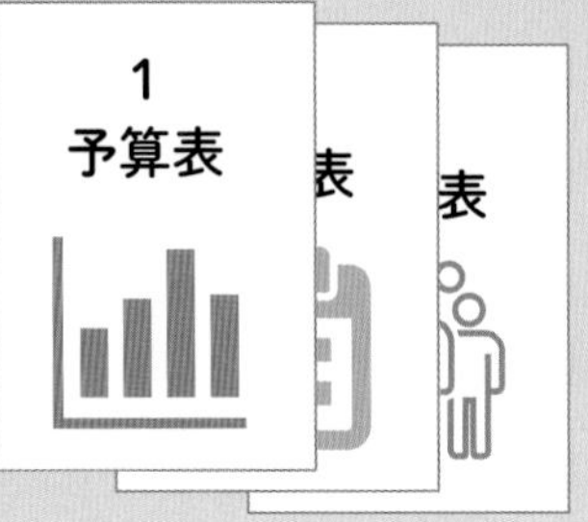

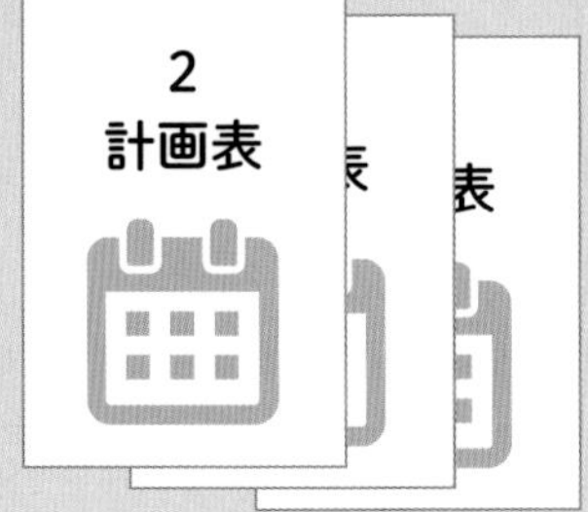

Memo プリンターについて

プリンターの［⌄］をクリックすると、プリンターの一覧が表示されます。印刷に使用するプリンターには、緑のチェックマークが付いています。［プリンターのプロパティ］をクリックすると使用するプリンターの設定画面が表示されますが、プリンターによって設定内容が異なるため、本書ではプリンターの設定については解説していません。

● **複数ページ印刷**
用紙1枚に複数ページ印刷

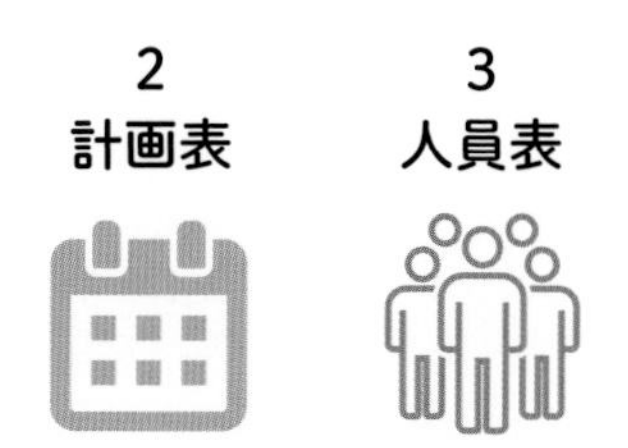

● **用紙サイズに合わせて印刷**
指定した用紙に合わせて拡大/縮小印刷

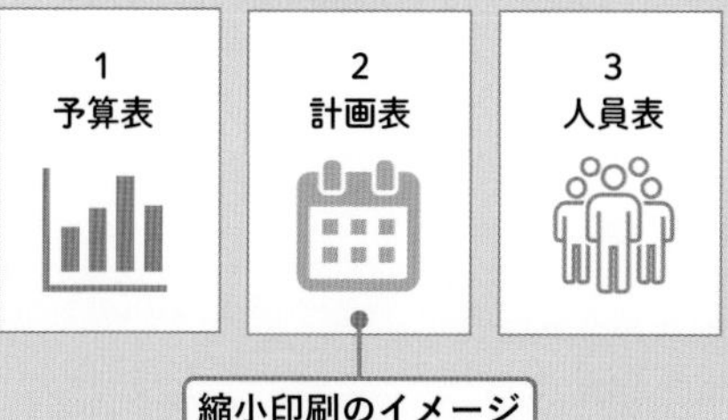

レッスン 75-1 印刷するページを指定して印刷する

75-顧客名簿.docx

操作 印刷ページを指定する

指定したページだけを印刷したい場合は、[印刷] 画面の [ページ] 欄でページを指定します。
連続するページを指定する場合は「1-2」のように「-」(半角のハイフン)で指定し、連続していない場合は、「1,3,5」のように「,」(半角のカンマ)で指定します。また、「1-2,5」のように組み合わせることもできます。

Memo その他の印刷範囲の指定方法

印刷範囲は、初期設定で [すべてのページを印刷] になっており❶、全ページが印刷されます。[現在のページを印刷] を選択すると❷、印刷プレビューで表示しているページだけが印刷されます。
また、文書内で選択した範囲だけを印刷したい場合は、[選択した部分を印刷] を選択します❸。

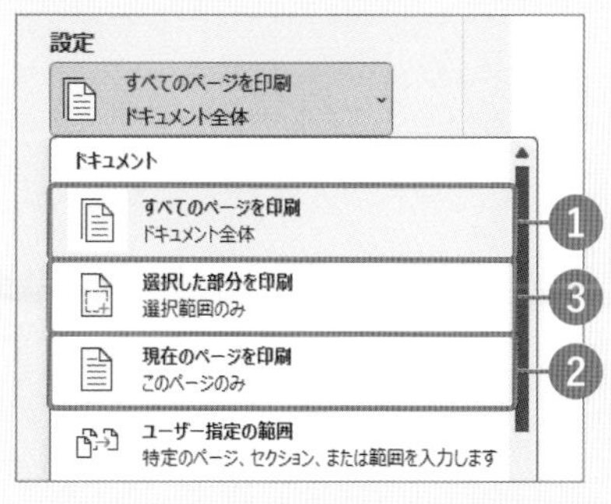

[ファイル] タブ→ [印刷] をクリックして [印刷] 画面を表示しておきます。

1 [ページ] 欄に印刷するページ範囲を半角数字で入力します。

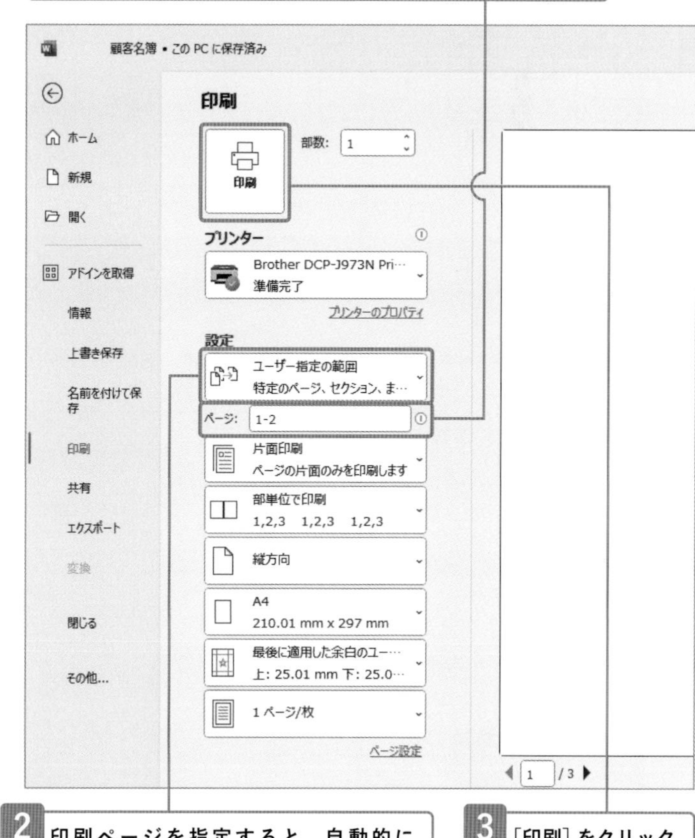

2 印刷ページを指定すると、自動的に [ユーザー指定の範囲] に設定されます。

3 [印刷] をクリックします。

レッスン 75-2 部単位とページ単位で印刷単位を変更する

練習用ファイル 75-顧客名簿.docx

操作 部単位で印刷する

複数ページの文書を複数枚印刷する場合、[部単位で印刷]を選択すると1部ずつ印刷され、[ページ単位で印刷]にするとページごとに印刷されます。

▼部単位

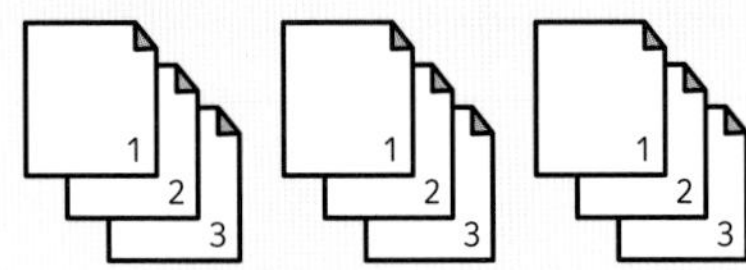

▼ページ単位

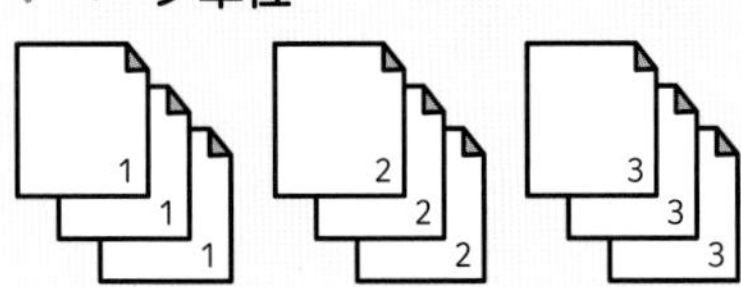

レッスン 75-3 1枚の用紙に複数ページ印刷する

練習用ファイル 75-顧客名簿.docx

操作 用紙1枚に複数ページを印刷する

1枚の用紙に複数ページを印刷したい場合は、[1ページ/枚]をクリックして、一覧から用紙1枚あたりに印刷するページ数を選択します。指定したページ数に収まるようにページが自動的に縮小されます。

Memo ページを移動する

複数ページの文書の場合は、画面下にある◀(前のページ)をクリックするとページが戻り、▶(次のページ)をクリックするとページが進みます。また、ページボックスにページを直接入力して Enter キーを押すと指定したページに進みます。

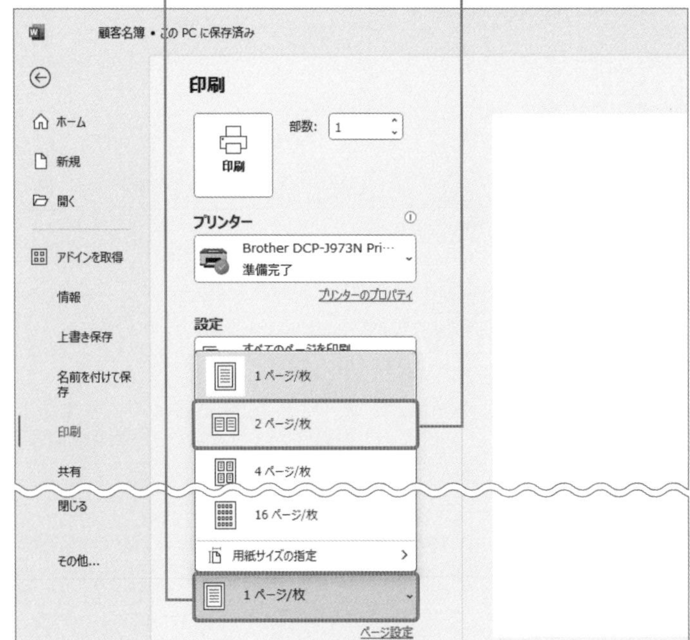

レッスン 75-4 用紙サイズに合わせて拡大／縮小印刷する

練習用ファイル 75-顧客名簿.docx

操作 用紙サイズに合わせて拡大／縮小印刷する

ページ設定で用紙サイズをA4にして作成した文書をB5用紙に印刷したい場合など、設定した用紙サイズと印刷する用紙サイズが異なる場合、[1ページ／枚] の [用紙サイズの指定] で、印刷する用紙サイズを選択します。ここで選択した用紙サイズに合わせて文書が自動的に拡大／縮小されて印刷できます。

Memo 1枚の用紙に両面印刷する

両面印刷するには、[印刷] 画面で [片面印刷] をクリックして一覧から両面印刷の種類を選択します。プリンターが両面印刷に対応していて、用紙の長辺でページを綴じる場合は❶、用紙の短辺でページを綴じる場合は❷を選択します。プリンターが両面印刷に対応していない場合は、[手動で両面印刷] ❸を選択してください。

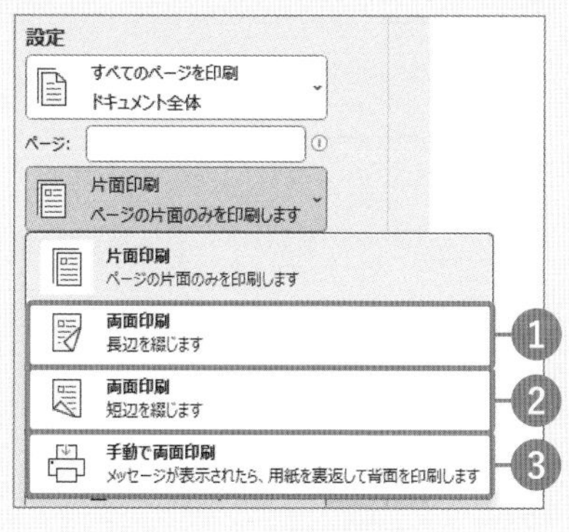

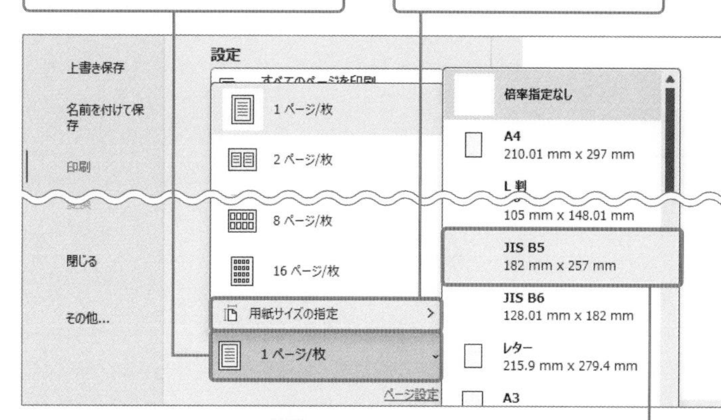

コラム [Wordのオプション] ダイアログで印刷設定を変更する

[Wordのオプション] ダイアログの [印刷オプション] では、印刷時における詳細設定を行うことができます。p.73を参照し[Wordのオプション] ダイアログを表示して、左側の一覧で [表示] を選択し❶、[印刷オプション] に印刷時における設定を確認、変更できます❷。各項目いずれもオン／オフで設定と解除を切り替えられます。

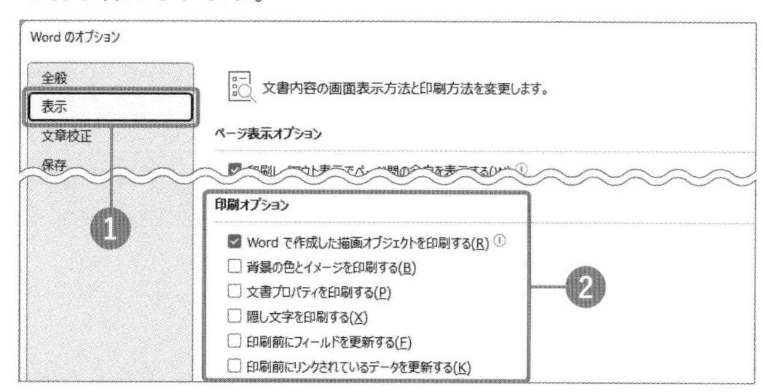

Wordで作成した描画オブジェクトを印刷する	画像や図形などのオブジェクトを印刷する
背景の色とイメージを印刷する	文書のページ色が設定されている場合は印刷する
文書プロパティを印刷する	本文の後に文書プロパティを印刷する
隠し文字を印刷する	隠し文字の設定がされている文字を印刷する
印刷前にフィールドを更新する	印刷前に日付やページ番号などのフィールドを更新する
印刷前にリンクされているデータを更新する	別のファイルとリンクされている場合、印刷前に更新して最新の内容にする

Section

76 ヘッダー/フッターを挿入する

ヘッダーはページの上余白、フッターはページの下余白の領域です。ヘッダーやフッターには、ページ番号、日付、タイトルやロゴなどのグラフィックなどを挿入でき、その内容は、すべてのページに印刷されます。また、組み込みのスタイルを使用してすばやく作成することもできます。

ここで学べること

習得スキル	操作ガイド	ページ
▶ヘッダーの設定	レッスン76-1～2	p.331～p.332
▶フッターの設定	レッスン76-3	p.333

まずは パッと見るだけ！

ヘッダーとフッターの挿入

ヘッダーはページの上余白の領域で、一般的に文書のタイトルや日付、会社のロゴなどを表示します。フッターはページの下余白の領域で、一般的にページ番号などを表示します。ヘッダー/フッターともに、設定した内容は、すべてのページに共通に表示/印刷されます。

\Before/
操作前

顧客名簿

NO	氏名	フリガナ	郵便番号	都道府県	住所
1	谷本□紀子	タニモト□ノリコ	670-0046	兵庫県	姫路市東雲町 2-X-X□
2	松本□雄介	マツモト□ユウスケ	739-1203	広島県	安芸高田市向原町長田 3-16-X□
3	佐々木□昭三	ササキ□ショウゾウ	314-0147	茨城県	神栖市鰐川 3-XX□○○グランド 101
4	飯塚□聡子	イイヅカ□サトコ	256-0808	神奈川県	小田原市東ヶ丘 1-X□
5	馬原□凛子	ウマハラ□リンコ	633-2134	奈良県	宇陀市大宇陀小和田 2-X-X□
6	福田□重彦	フクダ□シゲヒコ	085-0238	北海道	釧路市阿寒町飽別 1-X□
7	藤川□里美	フジカワ□サトミ	321-0203	栃木県	下都賀郡壬生町幸町 1-X-X□スカイ○○204
8	澤本□理央	サワモト□リオ	157-0062	東京都	世田谷区南烏山 X-X-X□
9	矢崎□敏行	ヤザキ□トシユキ	221-0041	神奈川県	横浜市神奈川区亀住町 3-XX□
10	江川□聡	エガワ□サトシ	106-0044	東京都	港区東麻布 1-3-X□
11	八田□茂美	ハッタ□シゲミ	255-0002	神奈川県	中郡大磯町東町 1-4-X□タウン△町 210
12	細野□七海	ホソノ□ナナミ	597-0095	大阪府	貝塚市港 3-XX□□プラチナマンション 306
13	市村□健司	イチムラ□ケンジ	173-0003	東京都	板橋区加賀 3-X-X□コーポ○○202
[illegible]	近[illegible]美	コンド[illegible]ルミ	285-[illegible]	千葉県	佐[illegible]△△[illegible] 111
25	川野□歩美	カワノ□アユミ	277-0041	千葉県	柏市逆井藤ノ台 1-X-X□□○プレイス 501
26	水島□孝之	ミズシマ□タカユキ	809-0032	福岡県	中間市中尾 1-9-X□メゾン○○208
27	野口□温子	ノグチ□アツコ	321-3536	栃木県	芳賀郡茂木町神井 4-3-X□
28	亀山□さつき	カメヤマ□サツキ	299-2502	千葉県	南房総市石堂原 2-X-X□レジデンス◎○202
29	竹本□達也	タケモト□タツヤ	252-0124	神奈川県	相模原市緑区田名 2-X□
30	上村□太郎	ウエムラ□タロウ	370-2105	群馬県	高崎市吉井町中島 4-6-X□
31	浅見□京子	アサミ□キョウコ	520-1421	滋賀県	高島市朽木岩瀬 3-X-X□メゾン△◎○406
32	小川□則夫	オガワ□ノリオ	370-0516	群馬県	邑楽郡大泉町中央 4-3-X□コーポ□□400
33	花岡□光彦	ハナオカ□ミツヒコ	621-0111	京都府	亀岡市東別院町南掛 1-6-X□
34	前田□幸助	マエダ□コウスケ	106-0042	東京都	港区麻布狸穴町 4-X-X□リバーサイド□○303

--->

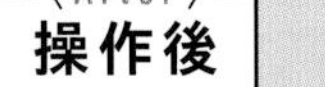

ヘッダー

2023 新規顧客

SBネットショップ

顧客名簿

NO	氏名	フリガナ	郵便番号	都道府県	住所
1	谷本□紀子	タニモト□ノリコ	670-0046	兵庫県	姫路市東雲町 2-X-X□
2	松本□雄介	マツモト□ユウスケ	739-1203	広島県	安芸高田市向原町長田 3-16-X□
3	佐々木□昭三	ササキ□ショウゾウ	314-0147	茨城県	神栖市鰐川 3-XX□○○グランド 101
4	飯塚□聡子	イイヅカ□サトコ	256-0808	神奈川県	小田原市東ヶ丘 1-X□
5	馬原□凛子	ウマハラ□リンコ	633-2134	奈良県	宇陀市大宇陀小和田 2-X-X□
6	福田□重彦	フクダ□シゲヒコ	085-0238	北海道	釧路市阿寒町飽別 1-X□
7	藤川□里美	フジカワ□サトミ	321-0203	栃木県	下都賀郡壬生町幸町 1-X-X□スカイ○○204
8	澤本□理央	サワモト□リオ	157-0062	東京都	世田谷区南烏山 X-X-X□
9	矢崎□敏行	ヤザキ□トシユキ	221-0041	神奈川県	横浜市神奈川区亀住町 3-XX□
10	江川□聡	エガワ□サトシ	106-0044	東京都	港区東麻布 1-3-X□
11	八田□茂美	ハッタ□シゲミ	255-0002	神奈川県	中郡大磯町東町 1-4-X□タウン△町 210
12	細野□七海	ホソノ□ナナミ	597-0095	大阪府	貝塚市港 3-XX□□プラチナマンション 306
13	市村□健司	イチムラ□ケンジ	173-0003	東京都	板橋区加賀 3-X-X□コーポ○○202
25	川野□歩美	カワノ□アユミ	277-0041	千葉県	柏市逆井藤ノ台 1-X-X□□○プレイス 501
26	水島□孝之	ミズシマ□タカユキ	809-0032	福岡県	中間市中尾 1-9-X□メゾン○○208
27	野口□温子	ノグチ□アツコ	321-3536	栃木県	芳賀郡茂木町神井 4-3-X□
28	亀山□さつき	カメヤマ□サツキ	299-2502	千葉県	南房総市石堂原 2-X-X□レジデンス◎○202
29	竹本□達也	タケモト□タツヤ	252-0124	神奈川県	相模原市緑区田名 2-X□
30	上村□太郎	ウエムラ□タロウ	370-2105	群馬県	高崎市吉井町中島 4-6-X□
31	浅見□京子	アサミ□キョウコ	520-1421	滋賀県	高島市朽木岩瀬 3-X-X□メゾン△◎○406
32	小川□則夫	オガワ□ノリオ	370-0516	群馬県	邑楽郡大泉町中央 4-3-X□コーポ□□400
33	花岡□光彦	ハナオカ□ミツヒコ	621-0111	京都府	亀岡市東別院町南掛 1-6-X□
34	前田□幸助	マエダ□コウスケ	106-0042	東京都	港区麻布狸穴町 4-X-X□リバーサイド□○303

1 / 3

フッター

ヘッダーやフッターに、文字や画像、ページ番号などを追加して印刷できます

レッスン 76-1 左のヘッダーにタイトルを表示する

練習用ファイル 76-1-顧客名簿.docx

操作 ヘッダーを挿入する

ヘッダーは、用紙の上余白の領域内の左、中央、右の3か所に設定できます。ヘッダーを挿入するには、[挿入] タブ→[ヘッダーの追加] をクリックします。

Memo ヘッダー領域と本文の編集画面

ヘッダー領域を表示すると、本文の編集画面が淡色で表示され、編集できなくなります。また、本文編集画面に戻ると、ヘッダー領域が淡色表示になり編集できなくなります。なお、フッターについても同様です。

Point ヘッダーを編集／削除するには

[ヘッダーの追加] をクリックして表示されるメニューで [ヘッダーの編集] をクリックする❶と、ヘッダー領域が表示され編集できます。
また、[ヘッダーの削除] をクリックして削除できます❷。

1 [挿入] タブ→ [ヘッダーの追加] をクリックし、

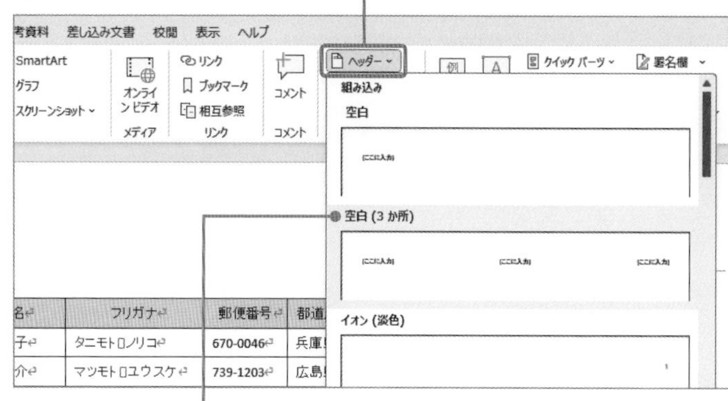

2 一覧からヘッダーのスタイル(ここでは「空白3か所」)をクリックすると、

3 ヘッダー領域が表示され、ヘッダーの入力位置に [ここに入力] と表示されます。

4 左側のヘッダーをクリックして選択し、

5 タイトル(ここでは「2023年新規顧客」)を入力し、

6 [ヘッダー／フッターを閉じる] をクリックすると、

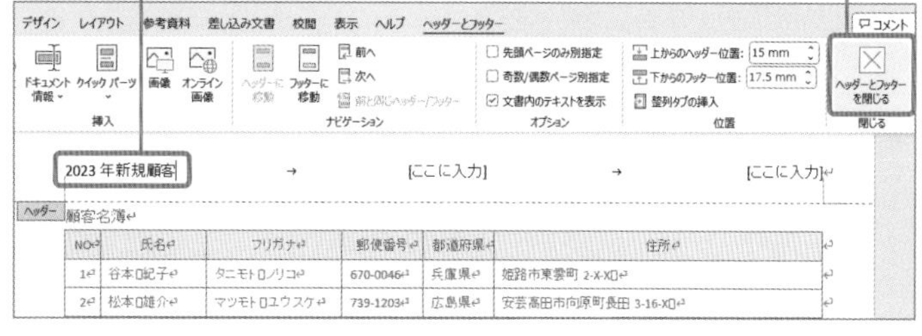

7 編集画面に戻り、左のヘッダーにタイトルが表示されます。

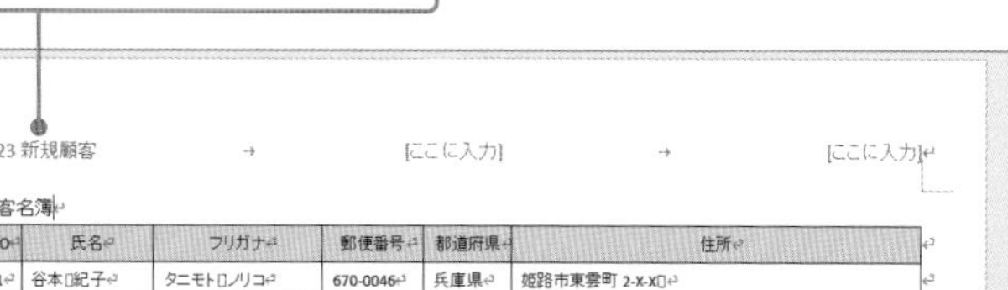

レッスン76-2 右のヘッダーにロゴを挿入する

練習用ファイル 76-2-顧客名簿.docx
76-2-ロゴ.jpg

操作 画像をヘッダーに表示する

ヘッダーにロゴなどの画像を挿入するには、コンテキストタブの［ヘッダーとフッター］タブで［ファイルから］（画像）をクリックして画像ファイルを選択します。挿入された画像は、本文で挿入する画像と同様にサイズ変更など編集できます。

Point 不要なヘッダーは削除しておく

使用しないヘッダーは、そのままにしておくと、仮の文字列が印刷されてしまいます。使用しないヘッダーは手順のように削除します。

Memo ヘッダー領域と編集画面を素早く切り替える

編集画面でヘッダー領域をダブルクリックすると、ヘッダー領域が表示され、編集できる状態になります。ヘッダー領域から編集画面に戻るには、編集画面をダブルクリックします。

上級テクニック ヘッダーに文書情報を表示する

ヘッダーを挿入する位置をクリックし❶、［ドキュメント情報］をクリックして❷、挿入したい項目をクリックします❸。

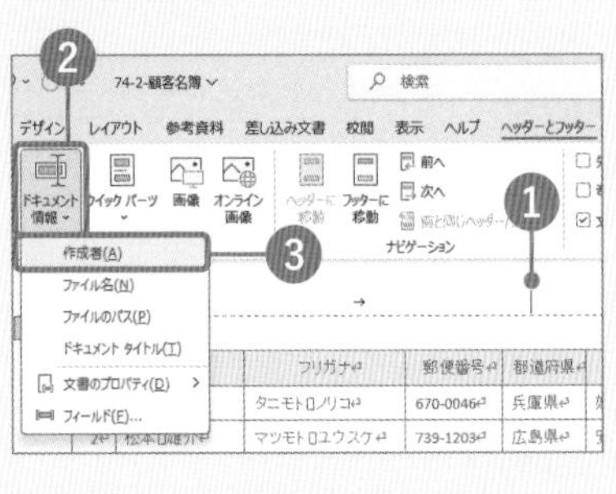

1 ヘッダー領域をダブルクリックしてヘッダーを編集できるようにします。

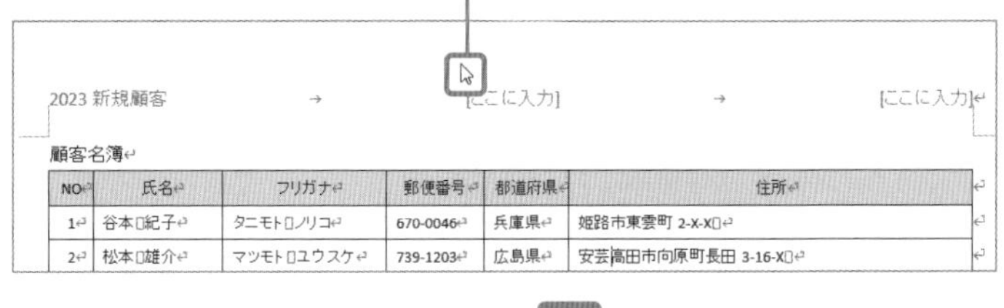

2 右側のヘッダーをクリックして選択し、

3 コンテキストタブの［ヘッダーとフッター］タブ→［ファイルから］（画像）をクリックすると、

4 ［図の挿入］ダイアログが表示されます。

5 ロゴが保存されているフォルダーをクリックし、

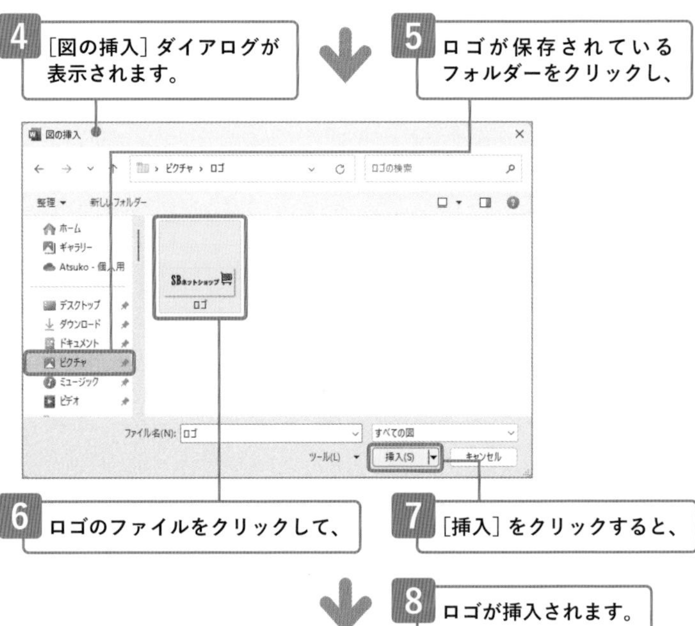

6 ロゴのファイルをクリックして、

7 ［挿入］をクリックすると、

8 ロゴが挿入されます。

9 中央のヘッダーをクリックして選択し、

10 Delete キーを押します。

Memo ヘッダーに日付を表示する

コンテキストタブの［ヘッダーとフッター］タブで［日付と時刻］をクリックすると、［日付と時刻］ダイアログが表示されます。一覧から日付のパターンをクリックし、［OK］をクリックします。［自動的に更新する］にチェックを付けると文書を開くたびに現在の日付が表示されます。

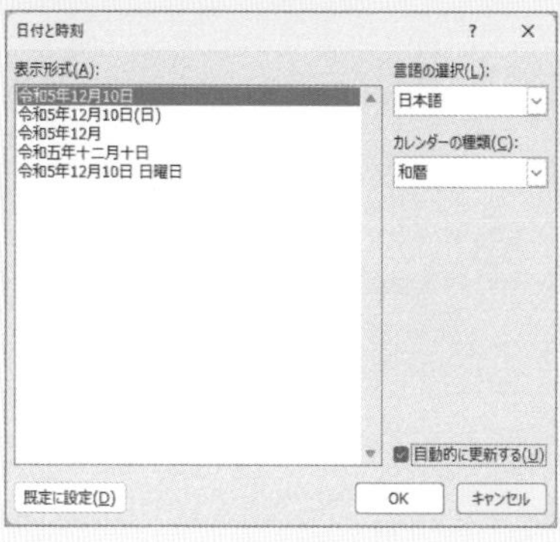

フリガナ	郵便番号	都道府県	住所
タニモト ノリコ	670-0046	兵庫県	姫路市東雲町 2-X-X
マツモト ユウスケ	739-1203	広島県	安芸高田市向原町長田 3-16-X
ササキ ショウゾウ	314-0147	茨城県	神栖市鰐川 3-XX ○○グランド 101
イイヅカ サトコ	256-0808	神奈川県	小田原市東ヶ丘 1-X
ウマハラ リンコ	633-2134	奈良県	宇陀市大宇陀小和田 2-X-X
フクダ シゲヒコ	085-0238	北海道	釧路市阿寒町飽別 1-X
フジカワ サトミ	321-0203	栃木県	下都賀郡壬生町幸町 1-X-X スカイ○○204
サワモト リオ	157-0062	東京都	世田谷区南烏山 X-X-X
ヤザキ トシユキ	221-0041	神奈川県	横浜市神奈川区亀住町 3-XX
エガワ サトシ	106-0044	東京都	港区東麻布 1-3-X
ハッタ シゲミ	255-0002	神奈川県	中郡大磯町東町 1-4-X タウン△町 210
ホシノ ナナミ	597-0095	大阪府	貝塚市港 3-XX プラチナマンション 306

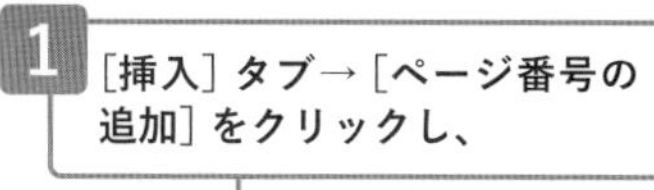

レッスン 76-3 中央のフッターにページ番号を挿入する

練習用ファイル 76-3-顧客名簿.docx

操作 フッターを挿入する

フッターは、ヘッダーと同様に用紙の下余白の領域内の左、中央、右の3か所に設定できます。
［挿入］タブの［フッターの追加］をクリックして、ヘッダーと同様に設定できます。
ただし、ページ番号を挿入する場合は、手順のように［ページ番号］（ページ番号の追加）をクリックすると便利です。

Memo フッター領域と本文の編集画面

フッター領域を表示すると、本文の編集画面が淡色で表示され、編集できなくなります。また、本文編集画面に戻ると、フッター領域が淡色表示になり編集できなくなります。

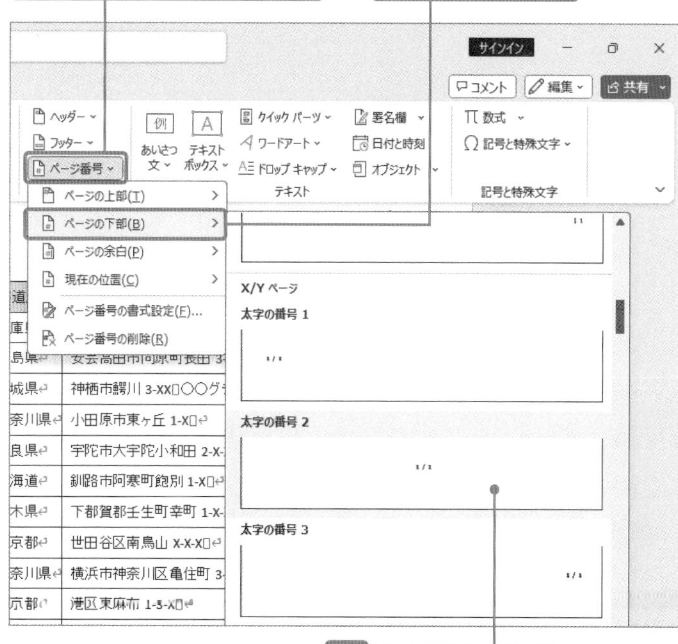

Memo フッターを編集／削除するには

［フッターの追加］をクリックして表示されるメニューで［フッターの編集］❶をクリックするとフッター領域が表示され、編集できます。また、［フッターの削除］❷をクリックして削除します。

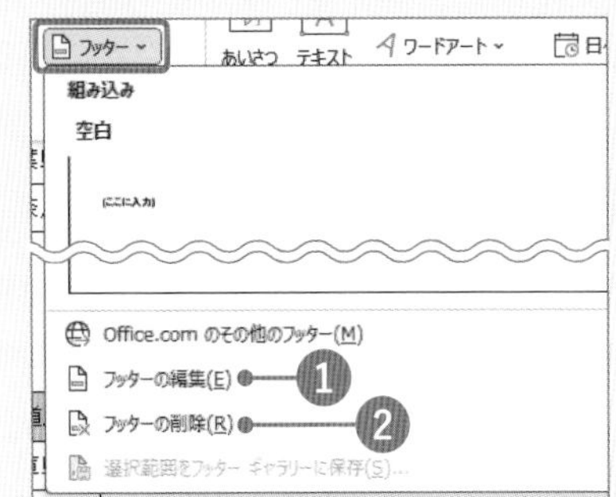

Memo ページ番号を削除する

［挿入］タブの［ページ番号の追加］をクリックし、［ページ番号の削除］をクリックします。

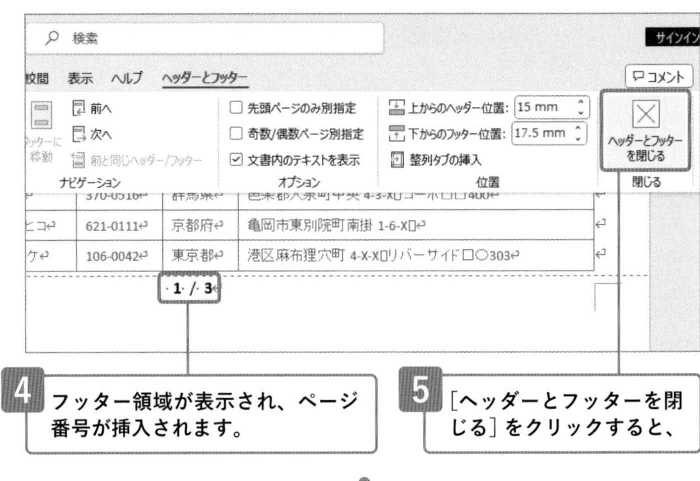

4 フッター領域が表示され、ページ番号が挿入されます。

5 ［ヘッダーとフッターを閉じる］をクリックすると、

カメヤマ サツキ	299-2502	千葉県	南房総市石堂原 2-X-X レジデンス◎○202
タケモト タツヤ	252-0124	神奈川県	相模原市緑区田名 2-X
ウエムラ タロウ	370-2105	群馬県	高崎市吉井町中島 4-6-X
アサミ キョウコ	520-1421	滋賀県	高島市朽木岩瀬 3-X-X メゾン△◎○406
オガワ ノリオ	370-0516	群馬県	邑楽郡大泉町中央 4-3-X コーポ□□400
ハナオカ ミツヒコ	621-0111	京都府	亀岡市東別院町南掛 1-6-X
マエダ コウスケ	106-0042	東京都	港区麻布狸穴町 4-X-X リバーサイド□○30

1 / 3

6 編集画面に戻り、フッターにページ番号が表示されます。

Memo ページ番号を２から始めるには

［挿入］タブの［ページ番号］をクリックし❶、表示されるメニューで［ページ番号の書式設定］をクリックすると❷、［ページ番号の書式］ダイアログが表示されます❸。［開始番号］に開始番号「2」を入力します❹。

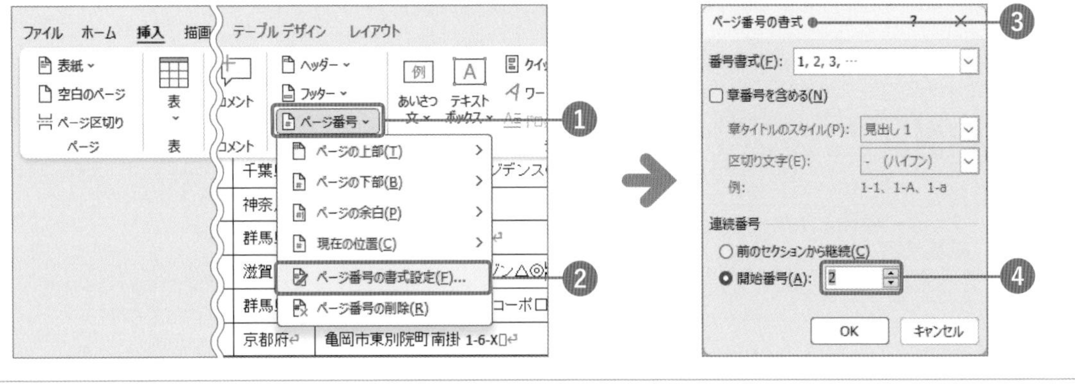

Section

77 Word文書以外のファイルを開く

Wordでは、Word文書以外のファイルを開いて編集し、Word文書として保存することができます。他のアプリで作成されたデータを利用する場合に便利です。

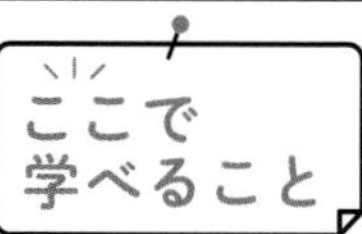

習得スキル	操作ガイド	ページ
▶テキストファイルを開く	レッスン77-1	p.336

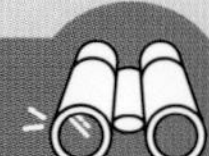

まずは パッと見るだけ！

Word以外の形式のファイルを開く

他のアプリで作成されたデータをWordで開き、編集することができます。以下は、テキストファイルをWordで開いて編集する例です。

\ Before / 操作前

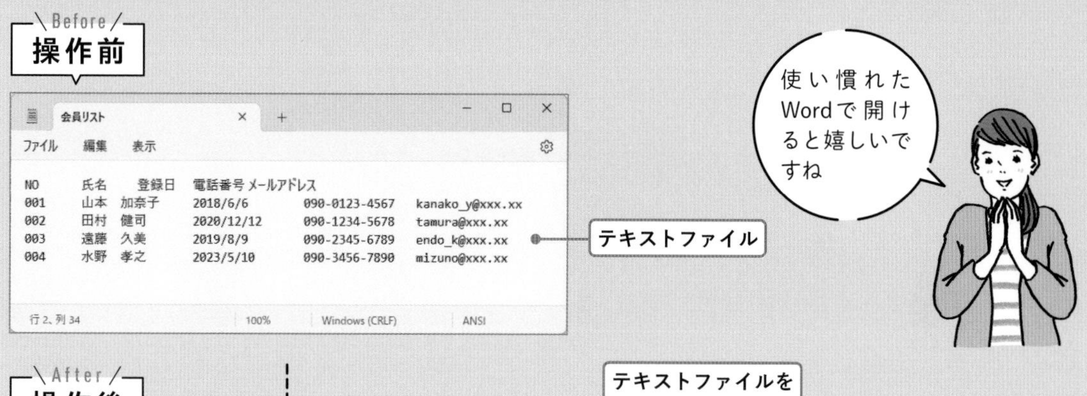

\ After / 操作後

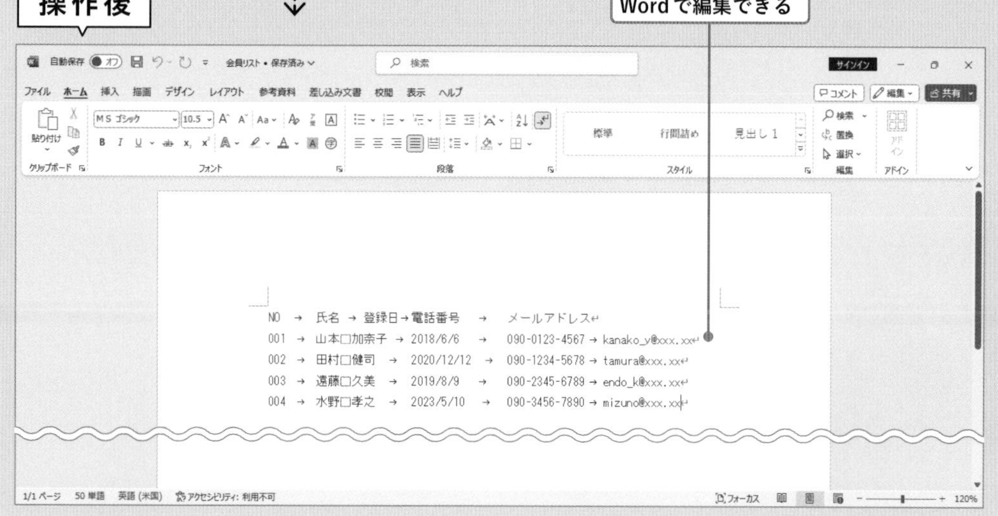

 レッスン77-1 Word文書以外のファイルを開く

練習用ファイル 77-会員リスト.txt

操作 Word以外のファイルを開く

Word文書以外のファイルを開くには、[ファイルを開く] ダイアログでファイルの種類の一覧からファイル形式を選択します。一覧に表示される種類のファイルはWordで開けます。Wordで開いたら、Wordの機能を使って書式設定したり、罫線を引いたりして編集したものを、Word文書として保存できます。

ここではテキストファイルを開きます。

1 p.136の手順で [ファイルを開く] ダイアログを表示します。

2 保存先のフォルダーを選択し、

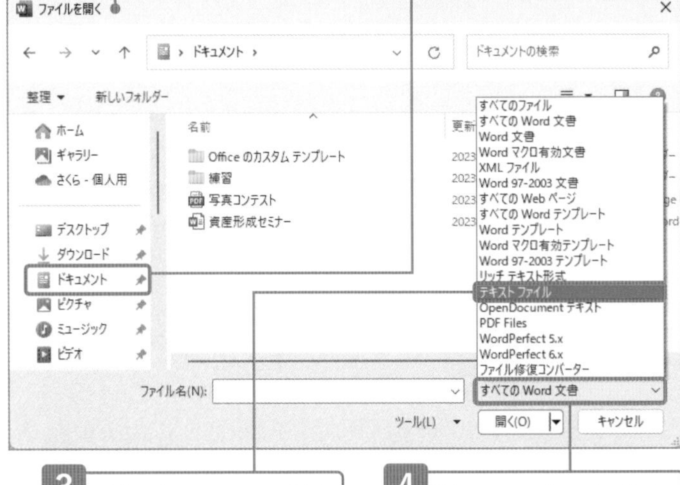

3 一覧からファイルの種類を選択します。

4 [すべてのWord文書] をクリックし、

5 ファイルの種類を変更します。

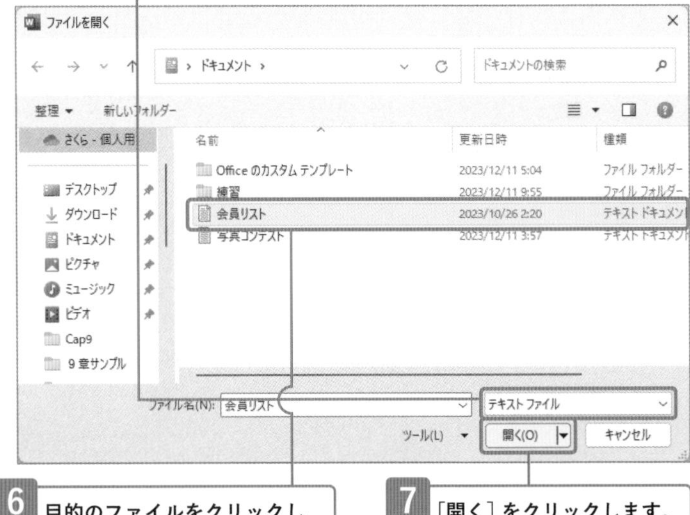

6 目的のファイルをクリックし、

7 [開く] をクリックします。

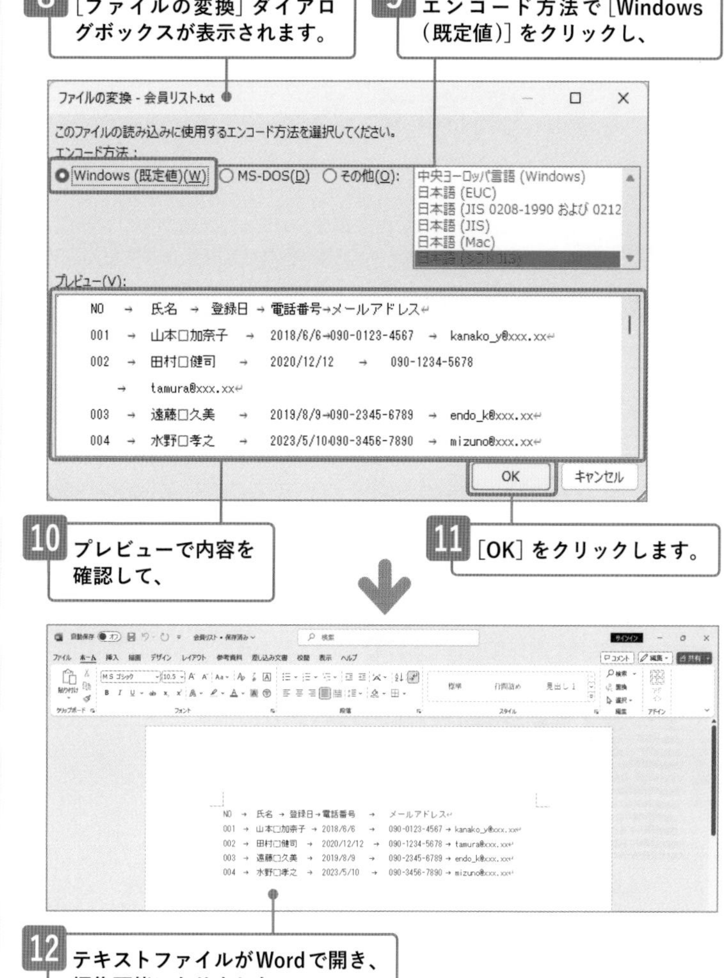

8 ［ファイルの変換］ダイアログボックスが表示されます。

9 エンコード方法で［Windows（既定値）］をクリックし、

10 プレビューで内容を確認して、

11 ［OK］をクリックします。

12 テキストファイルがWordで開き、編集可能になりました。

Memo ［ファイルの変換］ダイアログ

［ファイルの変換］ダイアログは、テキストファイルを開くときに表示される、テキストファイルの開き方を確認、設定する画面です。

Point エンコードとは

パソコンの画面に文字として表示されるものは、実際のデータでは数値として保存されています。パソコンの内部のはたらきで、数値が表示可能な文字に変換されます。エンコードとは、各文字を数値に割り当てる番号体系のことをいいます。

Memo エンコード方法を選択する

パソコンではさまざまな文字や言語を表示することができます。つまりさまざまなエンコードが存在するということです。そのファイルに合ったエンコード形式を選択しないと、正しく表示することができません。手順 9 では、［Windows（既定値）］を選択しています。

コラム 自動保存されたファイルと保存する時間間隔を確認する

Wordでは、初期設定で文書を編集している間、回復用ファイルが一定の間隔で自動的に保存されます。突然停電した場合など、パソコンが異常終了した場合、保存できなかった文書をある程度復活させることができます。編集中の文書の自動保存の状態は、［ファイル］タブ→［情報］の［文書の管理］で確認できます❶。クリックすると自動保存されたファイルが読み取り専用で開きます。
なお、文書を保存して閉じ、正常に終了した場合は、これらのファイルは自動的に削除されます。
また、自動保存する時間間隔は［Wordのオプション］ダイアログ（p.73参照）の［保存］の［次の間隔で自動回復用データを保存する］で確認、変更できます❷。初期設定では、10分間隔で自動保存されます。

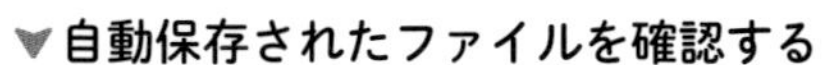

▼自動保存されたファイルを確認する

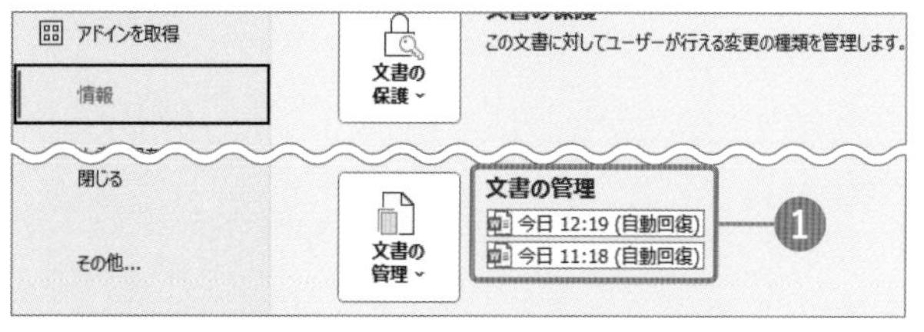

▼［Wordのオプション］ダイアログボックスで自動保存の間隔を確認／変更する

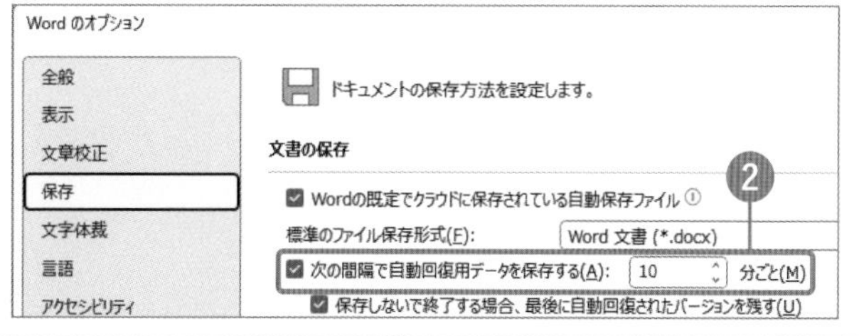

Section

78 Word文書以外のファイルを保存する

Wordで作成した文書を、Word以外のファイル形式で保存することができます。例えば、テキスト形式で保存したり、PDF形式で保存したりすれば、Wordがなくてもデータを利用できます。

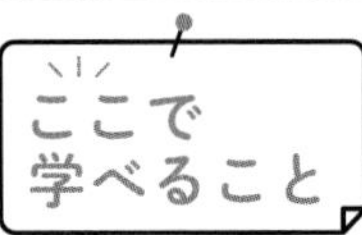

習得スキル	操作ガイド	ページ
▶テキストファイルで保存	レッスン78-1	p.339
▶PDFファイルで保存	レッスン78-2	p.340

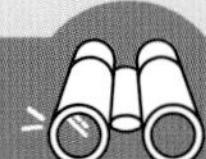

まずは パッと見るだけ！

Word以外の形式で保存する

Wordで作成した文書を他のアプリで使用するには、形式を変えて文書を保存します。保存形式によって、保存結果が異なることを確認しましょう。

Before 操作前

● Word文書(.docx)

After 操作後

● テキスト形式(.txt)
文字データのみで保存

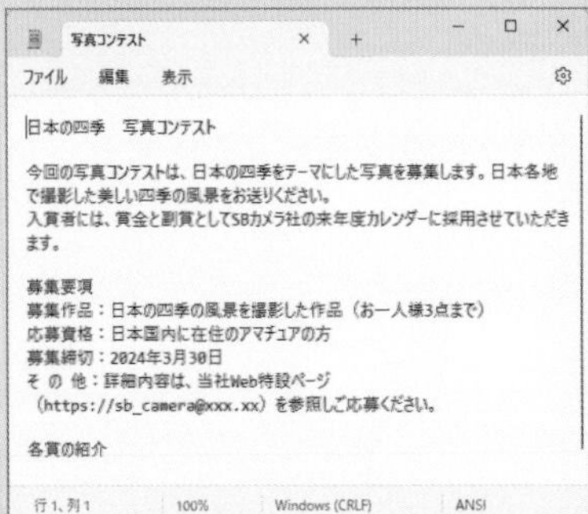

● PDF形式(.pdf)
ブラウザで表示できる形式で保存

レッスン78-1 テキストファイルとして保存する

78-1-写真コンテスト.docx

Point 書式なしとして保存する

ファイルの種類を「書式なし」にすると、文字のサイズや色などの書式や図形などを除いた文字データのみのテキストファイル（拡張子：.txt）として保存されます。

Memo [エクスポート] が表示されていない場合

手順1でメニューに［エクスポート］が表示されていない場合は、［ファイル］タブ→［その他］→［エクスポート］をクリックしてください。

Point 「書式なし (*.txt)」とは

文字データのみのファイルのことです。Wordだけでなく、さまざまなソフトで読み書きできる汎用性のあるファイルです。

1 ［ファイル］タブ→［エクスポート］をクリックし、

2 ［ファイルの種類の変更］をクリックして、

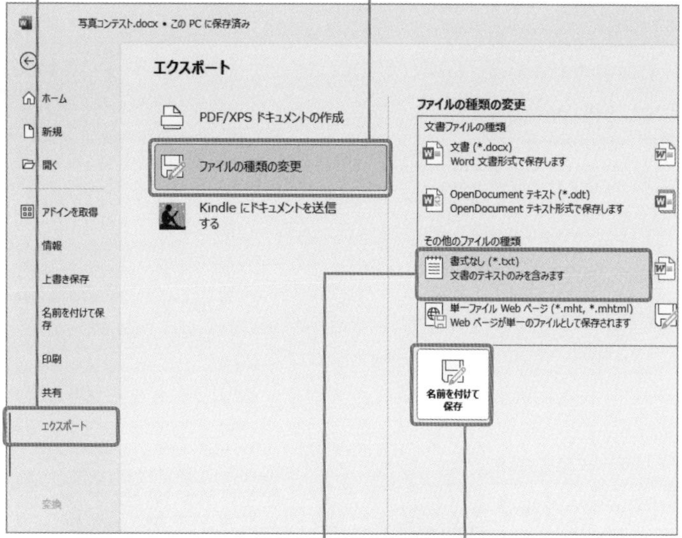

3 ［書式なし］をクリックし、

4 ［名前を付けて保存］をクリックします。

5 ［名前を付けて保存］ダイアログが表示されます。

6 保存先のフォルダーを選択（ここでは「ドキュメント」）し、

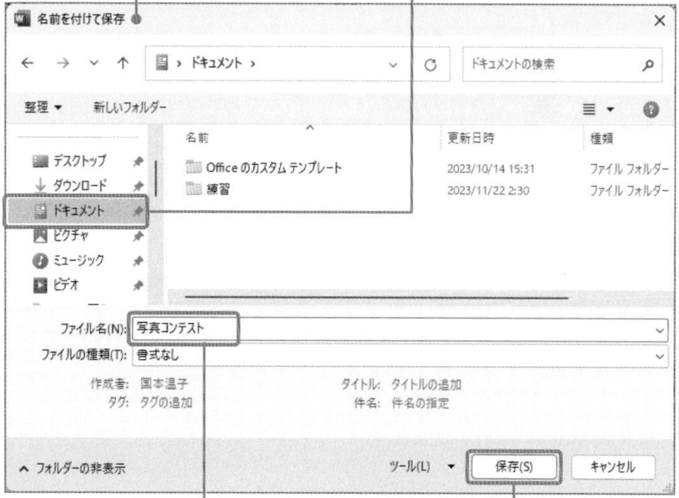

7 ファイル名を入力して、

8 ［保存］をクリックします。

Memo 保存結果を確認する

テキスト形式で保存後、保存結果を確認するには、エクスプローラーで保存場所を開き、ファイルをダブルクリックしてファイルを開いて確認します（p.33参照）。

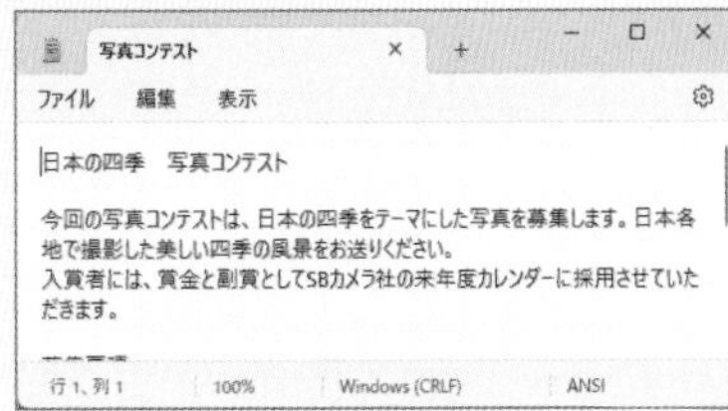

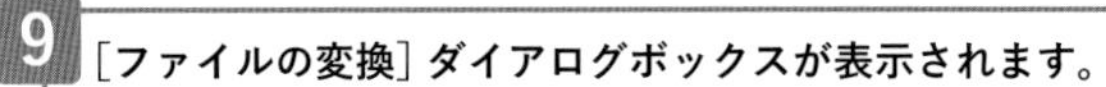

9 ［ファイルの変換］ダイアログボックスが表示されます。

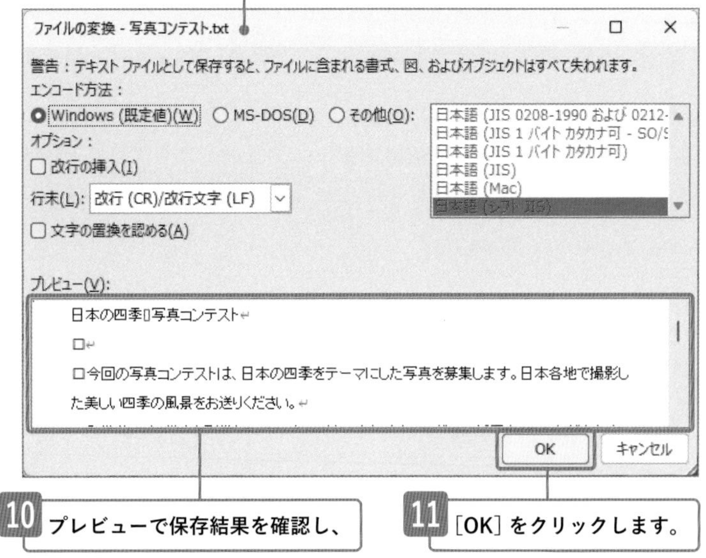

10 プレビューで保存結果を確認し、

11 ［OK］をクリックします。

レッスン78-2 PDFファイルとして保存する

練習用ファイル 78-2-写真コンテスト.docx

操作 PDFファイルとして保存する

Wordがない環境でも内容を表示したり、印刷したりできる形式で保存したい場合は、PDFファイルとして保存します。

Point PDFファイルとは

PDFファイルは、さまざまな環境のパソコンで同じように表示／印刷できる電子文書の形式です。紙に印刷したときと同じイメージで保存されます。Microsoft Edgeなどのブラウザで表示することもできるため、Wordがない環境でも内容を表示し、印刷できます。

1 ［ファイル］タブ→［エクスポート］をクリックし、

2 ［PDF/XPSドキュメントの作成］をクリックして、

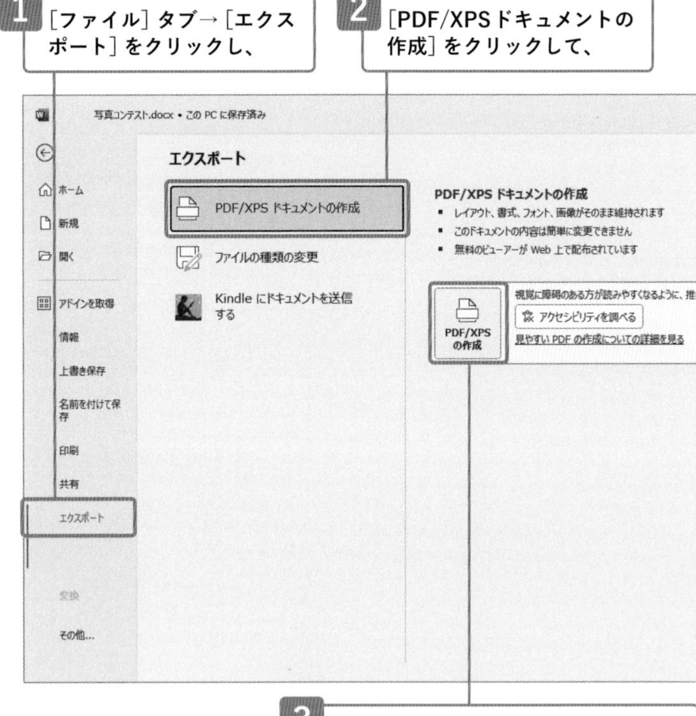

3 ［PDF/XPSの作成］をクリックします。

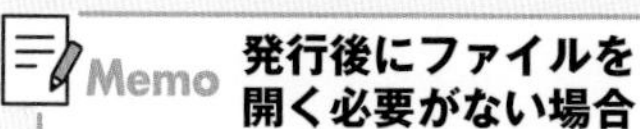

発行後にファイルを開く必要がない場合

［PDFまたはXPS形式で発行］ダイアログで、［発行後にファイルを開く］のチェックを外しておきます。既定値はチェックが付いていますので、発行後に自動的にPDF形式のファイルが開きます。

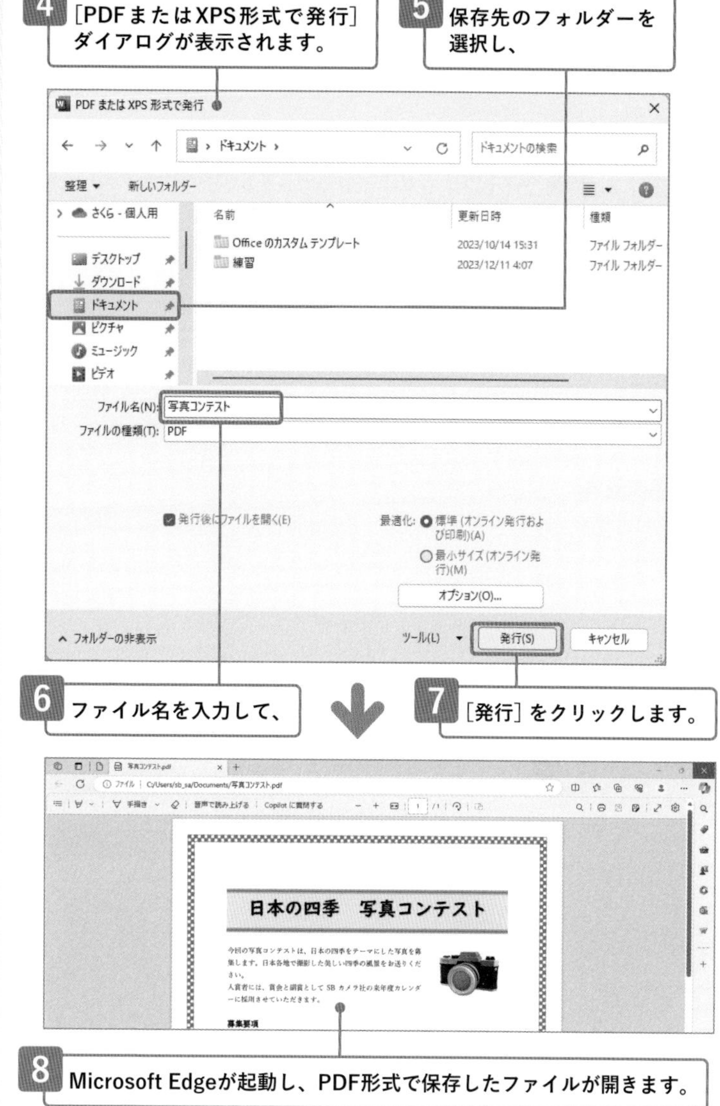

コラム　文書をテンプレートとして保存する

レッスン78-1の手順❸で［テンプレート］を選択すると、文書をテンプレートとして保存できます。例えば、申込書や議事録など、表組だけの文書を作成し、テンプレートとして保存すれば、その文書をもとに新規文書を作成できます。保存先を［ドキュメント］フォルダー内の［Officeのカスタムテンプレート］に指定すると❶、［ファイル］タブ→［新規］の画面で［個人用］の中に保存したテンプレートが表示されます❷。

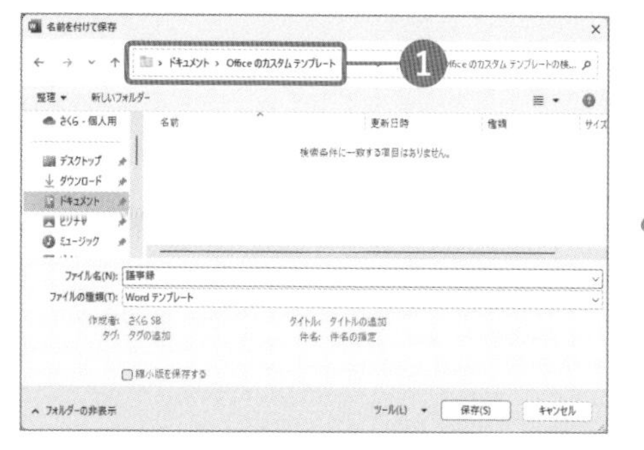

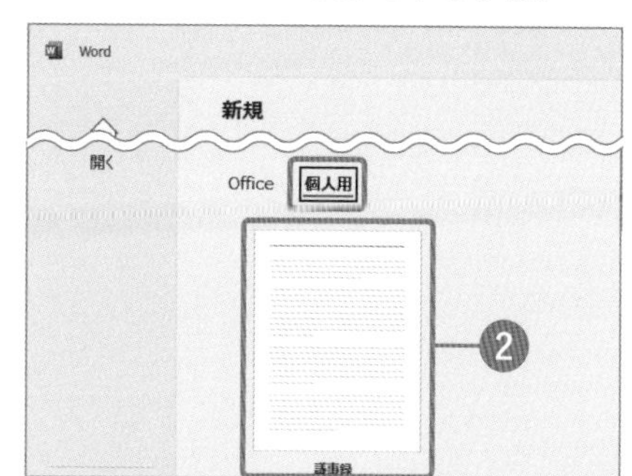

練習問題 印刷設定をして保存する練習をしよう

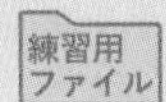

練習用ファイル 演習9-お茶講座.docx

入力練習1

文書「お茶講座」に以下の設定をしてPDFファイルとして保存する練習をしてみましょう。

1 ヘッダーを以下のように設定する

・中央に文字列「SBカルチャーセンター特別講座」を入力

2 フッターを以下のように設定する

・右のフッターにページ番号［X/Yページ］の［太字の番号3］を設定

3 ［ドキュメント］フォルダーに［お茶講座テキスト］という名前でPDF形式で保存する

▼完成見本

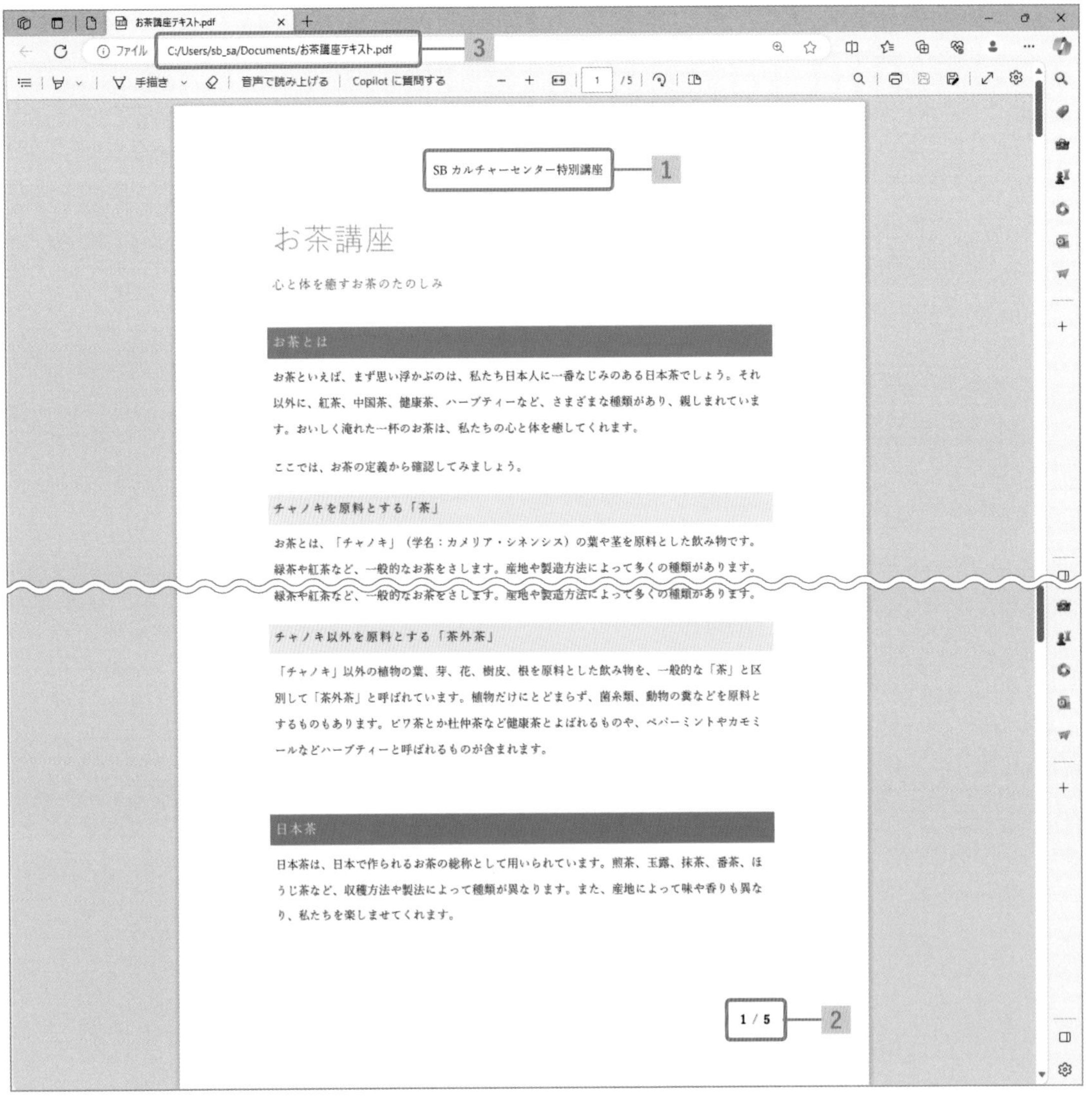

第10章

共同作業に便利な機能

文書をネットワーク上に保存し、共有の設定をすると、文書を他のユーザーと共有して編集することができます。ここでは、文書をOneDriveに保存し、共有した文書を他ユーザーと編集する方法を紹介します。

共有までできれば完璧！

Section

79 OneDriveを利用する

OneDrive

OneDriveとは、Microsoft社が提供するオンラインストレージサービスです。Microsoftアカウントを持っていると、インターネット上に自分専用の保存場所であるOneDriveが提供され、Wordの文書や写真などのデータを保存できます。

ここで学べること

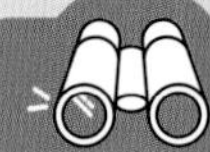

習得スキル	操作ガイド	ページ
▶OneDriveに保存	レッスン79-1	p.345
▶文書の共有	レッスン79-2	p.346

まずは パッと見るだけ！

OneDriveへの保存と文書の共有

文書をOneDriveに保存すると、別のパソコンから文書を開くことができます。文書を共有すれば、複数のユーザーが文書を開いて編集できるようになります。

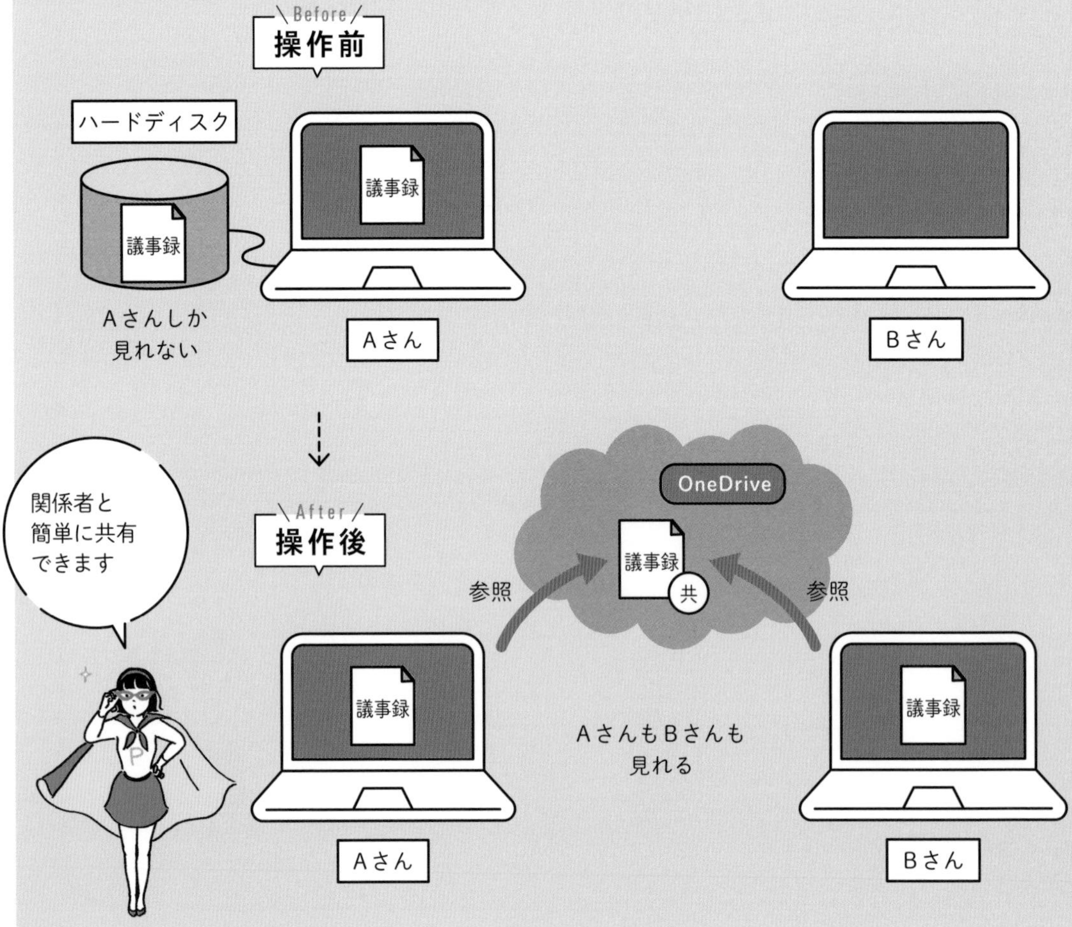

Before
操作前
ハードディスク
議事録
議事録
Aさんしか
見れない
Aさん
Bさん
After
操作後
関係者と
簡単に共有
できます
OneDrive
議事録
共
参照
参照
議事録
議事録
AさんもBさんも
見れる
Aさん
Bさん

レッスン 79-1 文書をOneDriveに保存する

79-資産形成入門セミナー.docx

操作 文書をOneDriveに保存する

Microsoftアカウントでサインインしていれば、自分のパソコンに保存するのと同じ感覚でOneDriveに文書を保存できます。OneDriveに文書を保存すると、自動保存機能によって文書の変更があると自動的に保存されるようになり、保存し忘れることがなくなります。

Memo Microsoftアカウントでサインインする

タイトルバーの右端にある[サインイン]をクリックし❶、表示される画面でMicrosoftアカウントを入力して❷、[次へ]をクリックします❸。サインインが完了するとアカウント名がタイトルバーに表示されます。まだMicrosoftアカウントを作成していない場合は、「アカウントを作成しましょう」から作成できます。

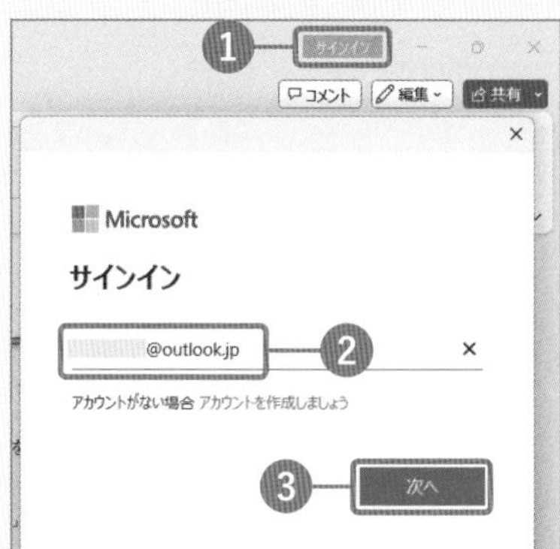

Memo OneDriveの利用可能容量

1つのMicrosoftアカウントにつき、無料で5GBまで使用できます。詳しくはMicrosoftのWebページで確認してください。

Microsoftアカウントでサインインしておきます。

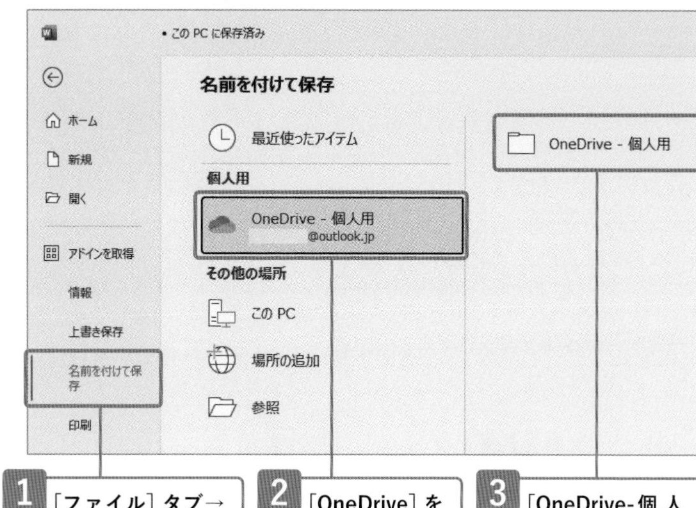

1 [ファイル]タブ→[名前を付けて保存]をクリックし、

2 [OneDrive]をクリックして、

3 [OneDrive-個人用]をクリックします。

4 [名前を付けて保存]ダイアログが表示されます。

5 保存先となるOneDriveのフォルダー(ここでは「ドキュメント」)をクリックし、

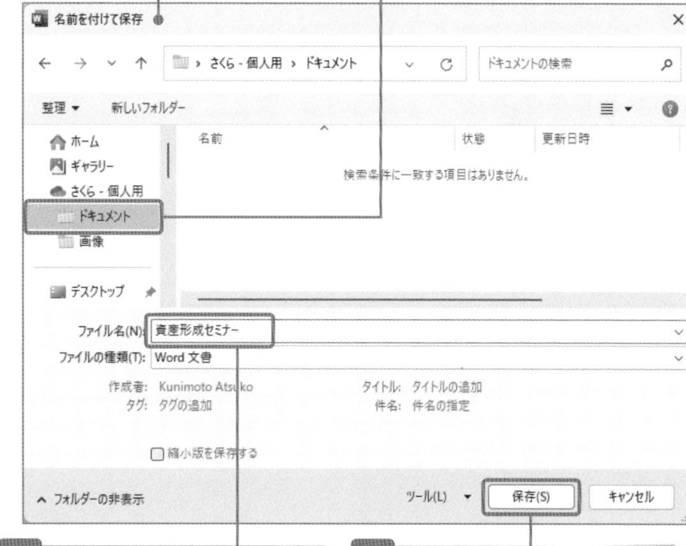

6 ファイル名(ここでは「資産形成セミナー」)を入力して、

7 [保存]をクリックすると、指定したOneDriveのフォルダーに保存されます。

8 文書が保存され、編集画面に戻ると［自動保存］が［オン］になります。以降、文書に変更があると自動的に保存されるようになります（p.134参照）。

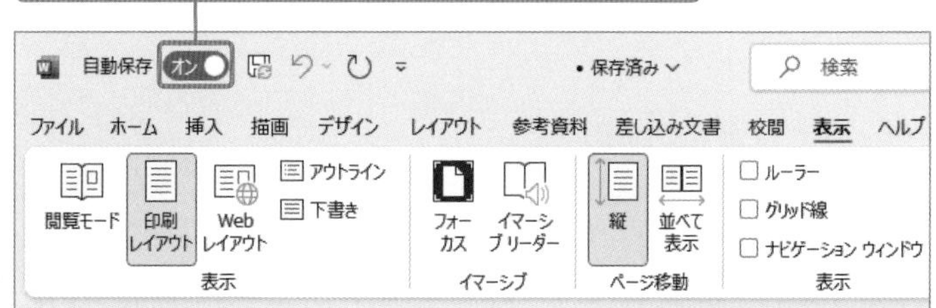

レッスン79-2 文書を共有する

練習用ファイル 79-資産形成入門セミナー.docx

操作 文書を共有する

OneDriveに保存されている文書をWordで開いている場合、Wordから文書を他のユーザーと共有することができます。文書を共有するには、タイトルバー右端にある［共有］をクリックします。

レッスン79-1で保存したOneDrive上にある［79-資産形成入門セミナー.docx］を使います。

1 共有するファイルをあらかじめOneDriveに保存しておきます。

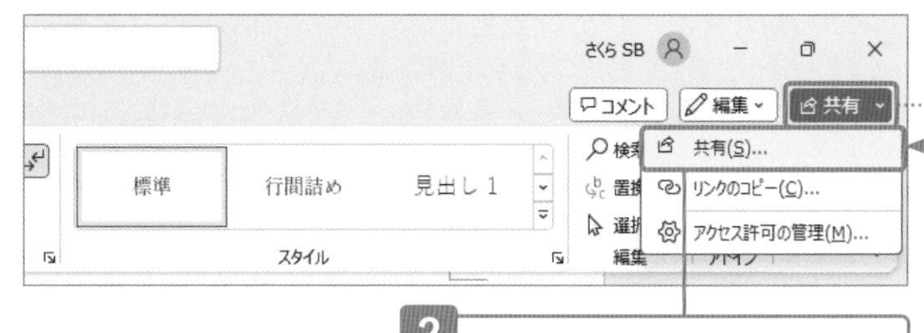

2 共有するファイルを開き、［共有］→［共有］をクリックします。

3 ［リンクの送信］画面が表示されたら、共有するユーザーのメールアドレスを入力し、

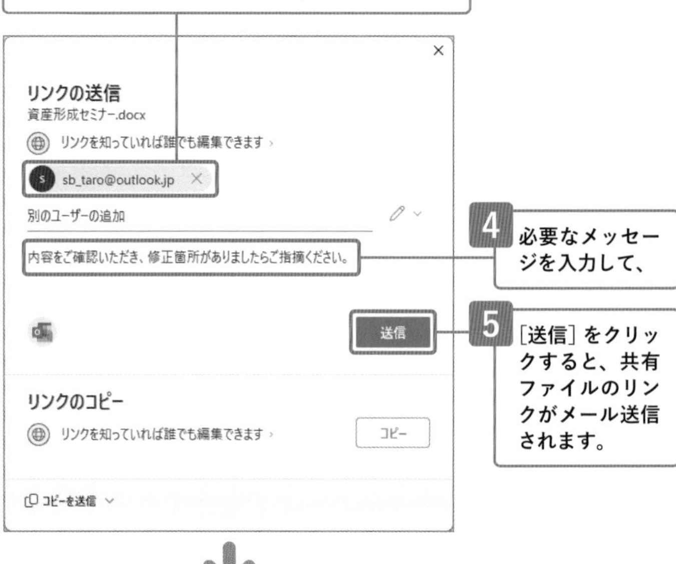

4 必要なメッセージを入力して、

5 ［送信］をクリックすると、共有ファイルのリンクがメール送信されます。

6 メッセージを確認し、[×]をクリックして閉じます。

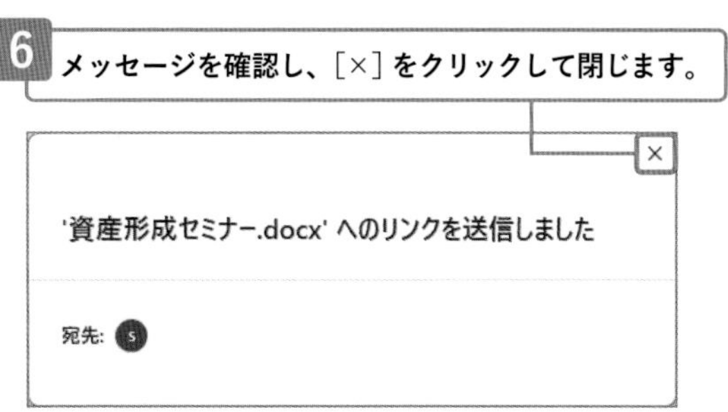

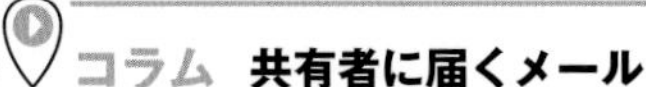

コラム 共有者に届くメール

共有者には以下のようなメールが届きます❶。届いたメールを開き、[開く]をクリックすると❷、OneDrive上の文書が編集できる状態で開きます❸。

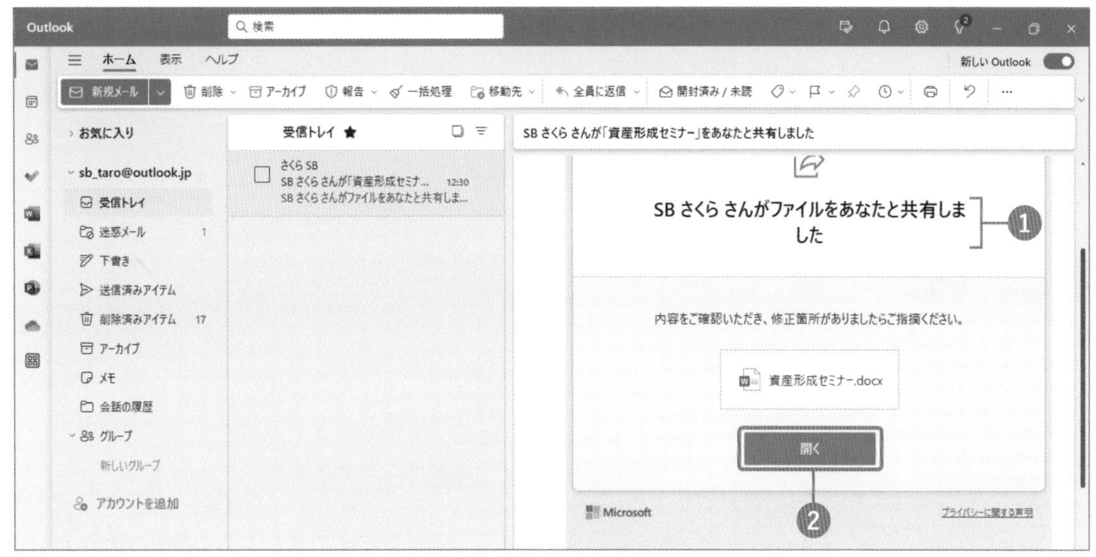

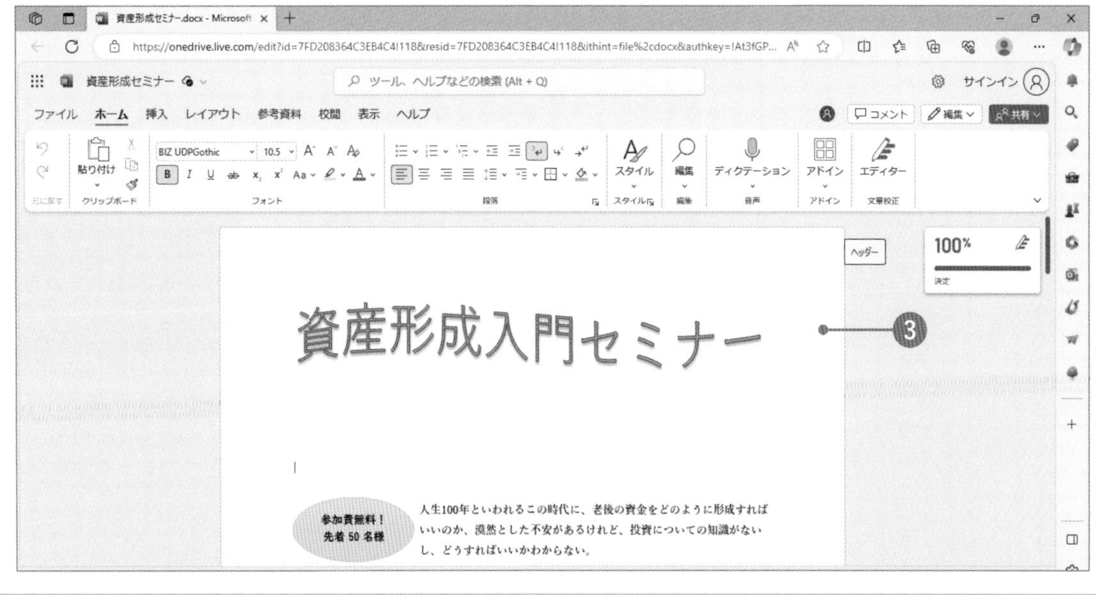

Section

80 コメントを挿入する

コメント機能を使うと、文書中の語句や内容について、確認や質問事項を欄外に残しておけます。文書内でコメント間を移動しながら、内容を確認し、返答ができます。文書についての意見交換のツールとして使ったり、作成者の確認用の覚書として使ったりと、文章校正時に便利です。

ここで学べること

習得スキル	操作ガイド	ページ
▶コメントの挿入	レッスン80-1	p.349
▶コメントの表示／非表示	レッスン80-2	p.349
▶コメントへ返答	レッスン80-3	p.350

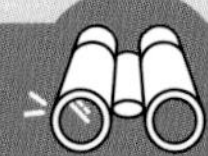

まずは パッと見るだけ！

コメントの挿入

文書にコメントを挿入すると、文書の右側にコメントが追加されます。別のユーザーからコメントに対する返答を受け取ることができます。

Before 操作前

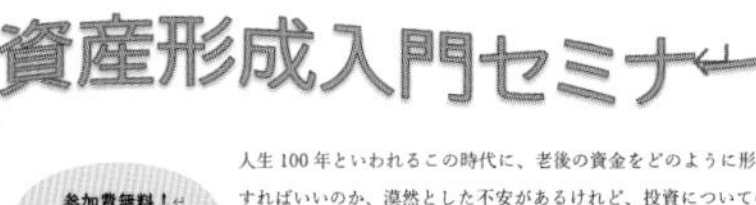

参加費無料！ 先着50名様

人生100年といわれるこの時代に、老後の資金をどのように形成すればいいのか、漠然とした不安があるけれど、投資についての知識がないし、どうすればいいかわからない。

本セミナーでは、現在の収入や家計の状況を分析し、必要となる資金を試算して、今から無理なく用意するための投資のあれこれ、新NISAのお話も併せて、資産形成と管理のノウハウをお話しします。

●セミナー要項

開催日：2023年12月10日（日）
時□間：14:00～16:00
会□場：SB○○ビル□5階□大会議室
定□員：50名（先着順）
対□象：投資未経験者、初心者向け
受講料：無料

●講師プロフィール

金融・証券アドバイザー□山本□花子□氏

金融機関にて投資相談に従事後、○○証券の金融・証券アドバイザーとして大学や企業などで講義を多数実施

［保有資格］
・証券外務員資格
・CFP（日本FP協会認定）
・DCプランナー

After 操作後

コメントの挿入

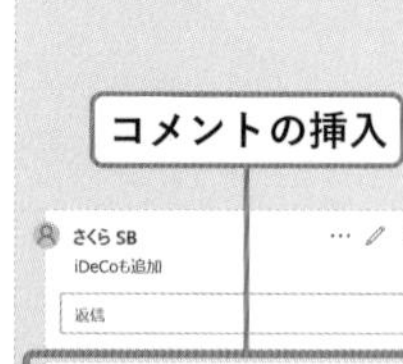

コメントの返答

レッスン 80-1 コメントを挿入する

練習用ファイル 80-1-資産形成入門セミナー.docx

操作 コメントを挿入する

コメント機能を使うと、文書中の語句や内容について、確認や質問事項を欄外に残しておけます。複数人で校正する場合にやり取りするのに使えます。

Memo コメントを削除する

削除したいコメントをクリックして選択し、[校閲] タブ→[削除] をクリックします❶。

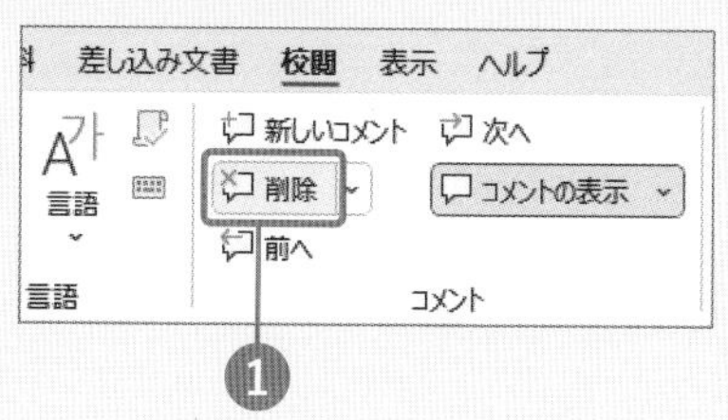

ショートカットキー

- コメントの挿入
  Ctrl + Alt + M

1 コメントを付けたい語句を選択し、

2 [校閲] タブ→[新しいコメント] をクリックすると、

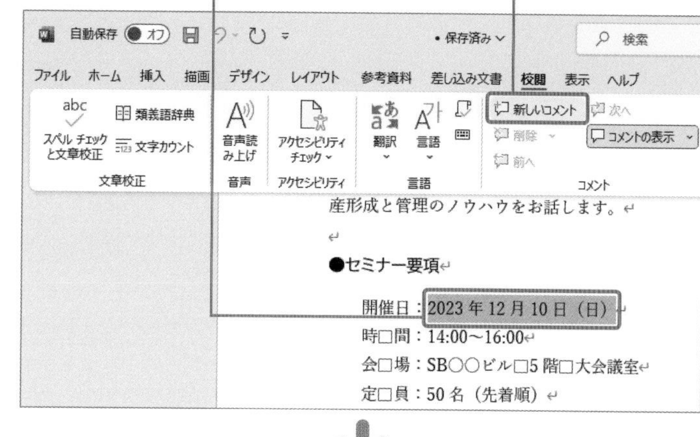

3 右側にコメントウィンドウが表示されるので、コメントを入力し、

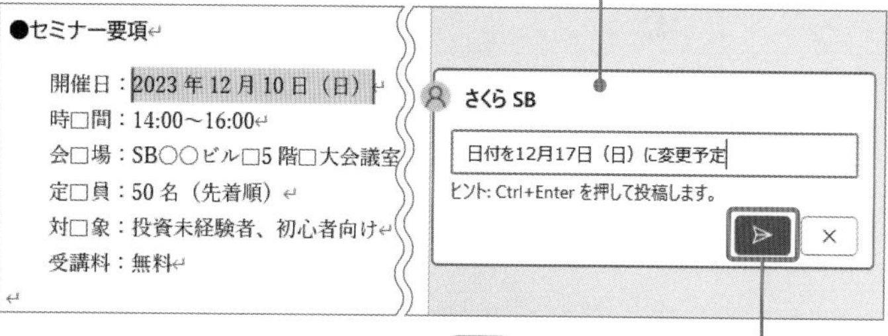

4 [コメントを投稿する] をクリックします。

レッスン 80-2 コメントの表示／非表示を切り替える

練習用ファイル 80-2-資産形成入門セミナー.docx

操作 コメントを表示／非表示にする

[校閲] タブの [コメント表示] をクリックするごとにコメントの表示／非表示を切り替えられます。非表示のときはコメント位置に□が表示され❶、クリックすると、コメントが表示され、内容確認や編集ができます。

を分析し、必要となる
SA のお話も併せて、資

1 [校閲] タブ→[コメントの表示] をクリックしてオフにすると、

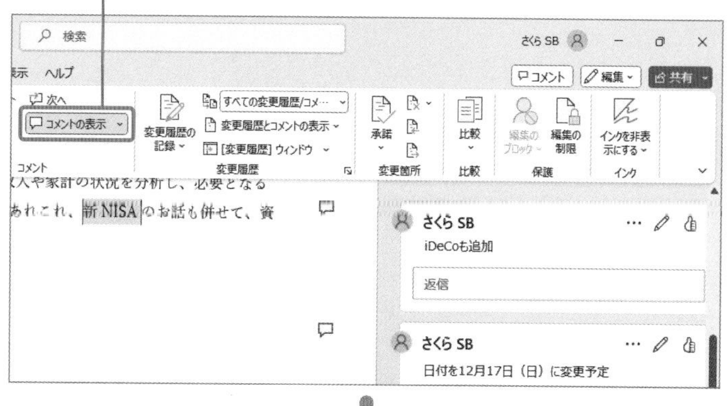

Memo 閲覧するコメントを切り替える

文書に複数のコメントが挿入されている場合、[校閲] タブの [次へ] (次のコメント) または [前へ] (前のコメント) で順番に閲覧できます。

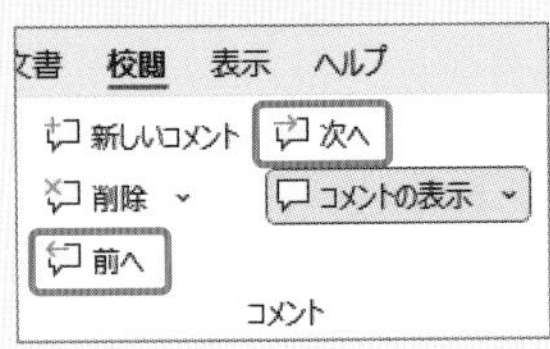

2 コメントが非表示になり、コメントが挿入されていた位置に が表示されます。

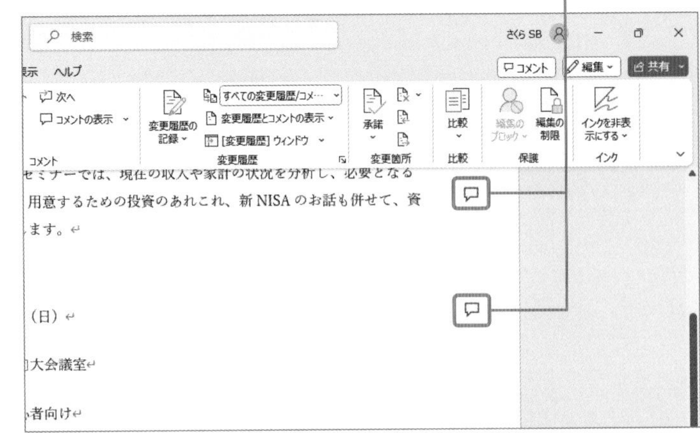

レッスン 80-3 コメントに返答する

練習用ファイル 80-3-資産形成入門セミナー.docx

操作 コメントに返信する

コメントに対する返信をするには、コメントウィンドウにある [返信] ボックスに入力し、[返信を投稿する] をクリックします。

Memo コメントを解決する

コメントウィンドウの をクリックし❶、表示されるメニューで [スレッドを解決する] をクリックすると❷、コメント上部に解決済みと表示され、アイコンが に変わります。

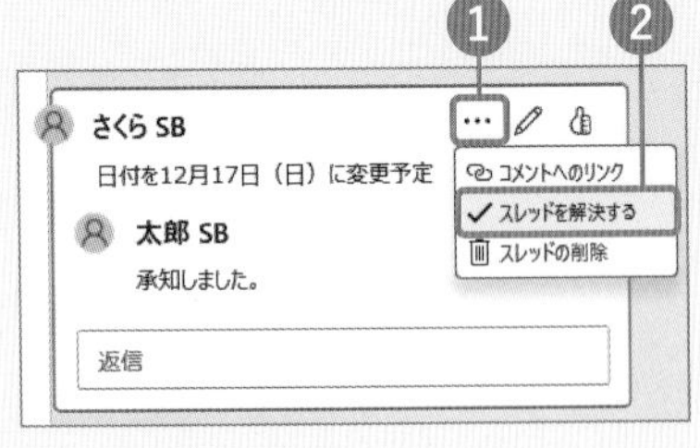

コメントが非表示になっている場合は、表示しておきます。

1 返信内容を入力し、

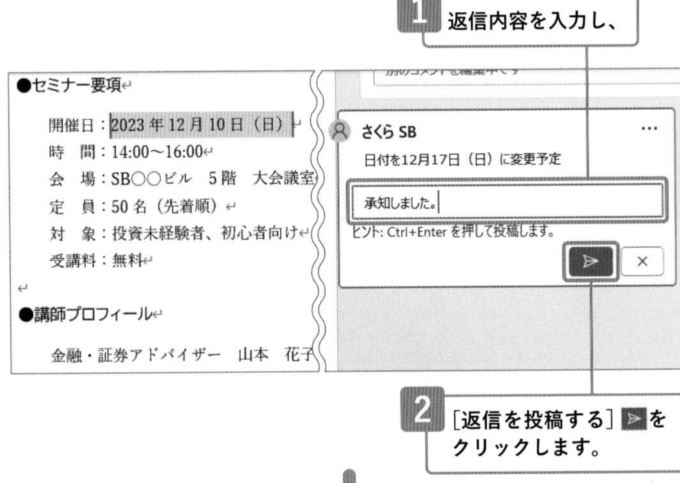

2 [返信を投稿する] をクリックします。

3 返信が投稿されます。

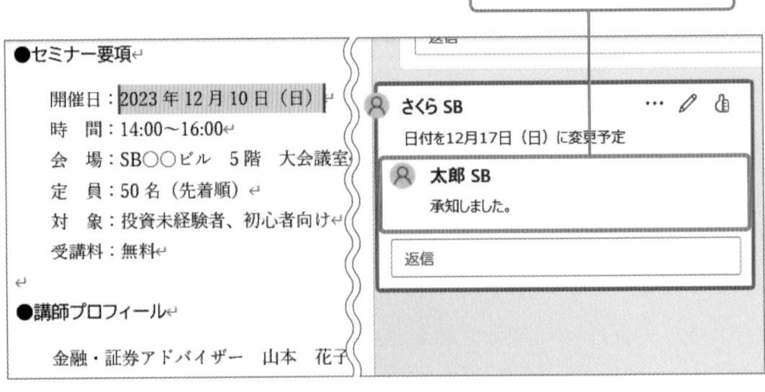

コラム　ブックマークとハイパーリンクの挿入

文書内で重要な箇所に目印をつけておき、いつでも移動できるようにしておくには、その箇所にブックマークを付けます。そして、ブックマークに移動するために、指定した文字列や図形にハイパーリンクを挿入します。ハイパーリンクは、ブックマークなどで指定した場所に移動するためのリンク情報を文書内の文字列や図などに割り当てる機能です。
ここでは、作成例として資産形成セミナーのお問い合わせの位置にブックマークを付けて、文頭にある図形にハイパーリンクを挿入し、図形をクリックしてお問い合わせに移動できるようにします。

●Step1　ブックマークの挿入

1 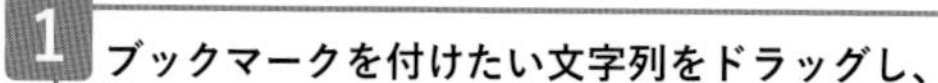

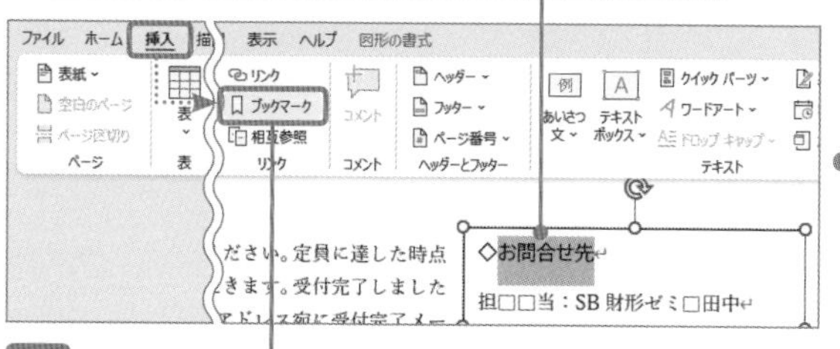

2 ［挿入］タブ→［ブックマーク］をクリックします。

3 ［ブックマーク名］にブックマーク名（ここでは「お問い合わせ」）を入力し、

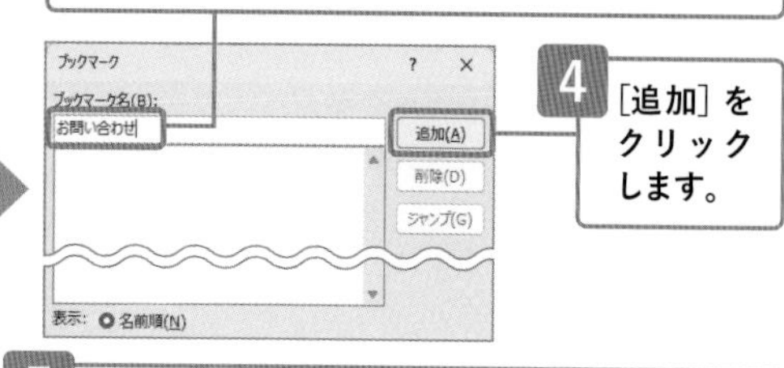

4 ［追加］をクリックします。

5 ブックマークが挿入されます。ブックマークは画面には表示されないので、見た目ではわかりません。

●Step2　ハイパーリンクの挿入

1 文字列または図形（ここでは楕円の図形）を選択し、

2 ［挿入］タブ→［ハイパーリンクの追加］（リンク）をクリックします。

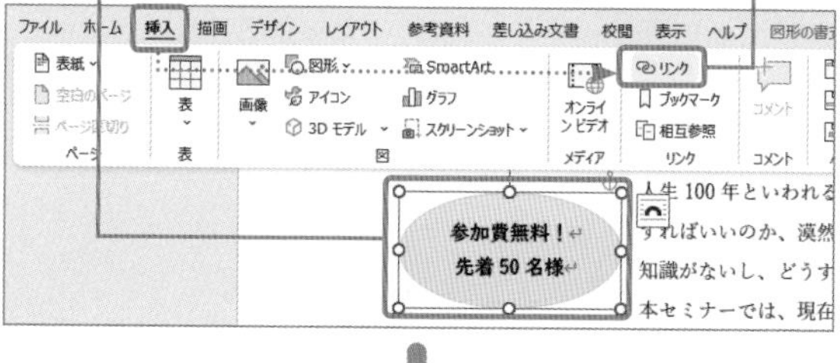

3 ［リンク先］で［このドキュメント内］をクリックし、

4 追加したブックマーク（ここでは「お問い合わせ」）をクリックして、

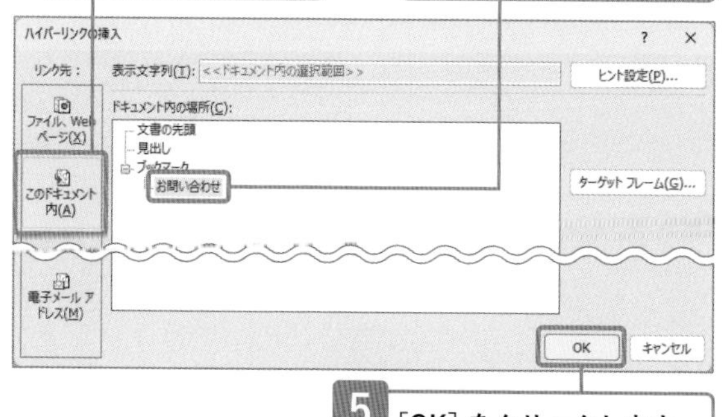

5 ［OK］をクリックします。

●Step3　ブックマークへの移動

1 ハイパーリンクが設定された図形または文字列にマウスポインターを合わせるとリンク先がポップヒントで表示されます。

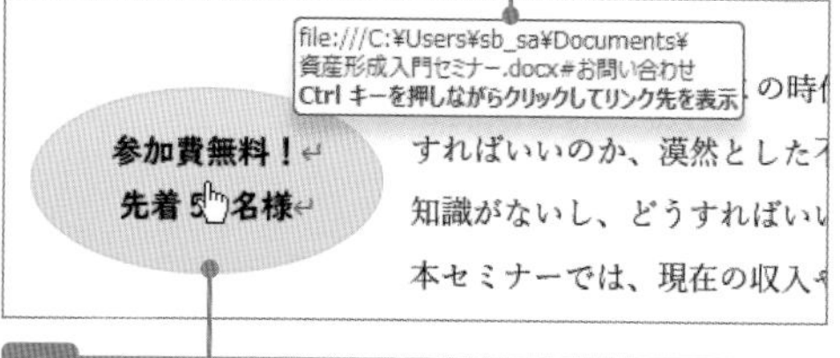

2 Ctrl キーを押しながらクリックすると、

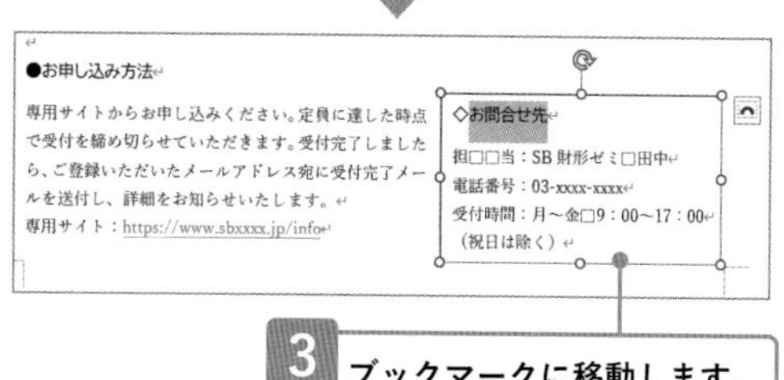

3 ブックマークに移動します。

Section

81 変更履歴を記録する

変更履歴とは、文書内で変更した内容を記録したものです。複数の人数で文書を校正する際に、変更履歴を記録しておくと、誰がどのような変更をしたのか確認できます。変更された内容は、一つずつ確認しながら、承諾したり、元に戻したりして文書への反映を選択できます。

ここで学べること

習得スキル	操作ガイド	ページ
▶変更履歴の記録	レッスン81-1	p.353
▶変更履歴の非表示	レッスン81-2	p.354
▶変更履歴の反映	レッスン81-3	p.355

まずは パッと見るだけ！

変更履歴の記録

変更履歴では、ユーザーが変更した内容を記録、保存できます。そのため、変更内容を確認し、変更を反映するどうか指定できます。また、ユーザーごとに異なる色で記録されるため、各ユーザーの変更内容の区別もできます。

Before 操作前

参加費無料！
先着 50 名様

人生 100 年といわれるこの時代に、老後の資金をどのように形成すればいいのか、漠然とした不安があるけれど、投資についての知識がないし、どうすればいいかわからない。
本セミナーでは、現在の収入や家計の状況を分析し、必要となる資金を試算して、今から無理なく用意するための投資のあれこれ、新 NISA のお話も併せて、資産形成と管理のノウハウをお話しします。

●セミナー要項
開催日：2023 年 12 月 10 日（日）
時□間：14:00～16:00

After 操作後

変更履歴が表示される

参加費無料！
先着 50 名様

人生 100 年といわれるこの時代に、老後の資金をどのように形成すればいいのか、~~漠然とした~~不安があるけれど、投資についての知識がないので~~し、~~どうすればいいのかわからない。
本セミナーでは、現在の収入や家計の状況を分析し、必要となる資金を試算して、今から無理なく用意するための投資のあれこれ、iDeCo や新 NISA のお話も併せて、資産形成と管理のノウハウをお話しします。

●セミナー要項
開催日：2023 年 12 月 ~~10~~17 日（日）
時□間：14:00～16:00

ユーザーごとに異なる色で記録される

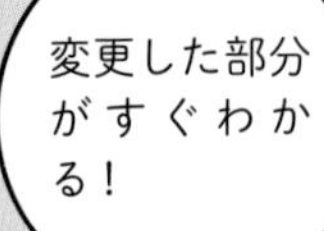

レッスン 81-1 変更履歴を記録する

練習用ファイル 81-1-資産形成入門セミナー.docx

操作 変更履歴を記録する

文書内で変更内容を記録するには、[校閲] タブの [変更履歴の記録] をクリックしてオンにします。ボタンが濃色表示になり、変更内容が記録されるようになります。終了するには、再度 [変更履歴の記録] をクリックしてオフにします。
また、[変更内容の表示] を [すべての変更履歴/コメント] にしておくと、変更内容がすべて表示されるので、どのような変更を行ったのかが一目瞭然です。

Memo 文字の追加と削除

追加文字は下線が引かれ、削除すると取り消し線が引かれます。

▼追加

●特別セミナー↵

▼削除

●セミナー要項↵

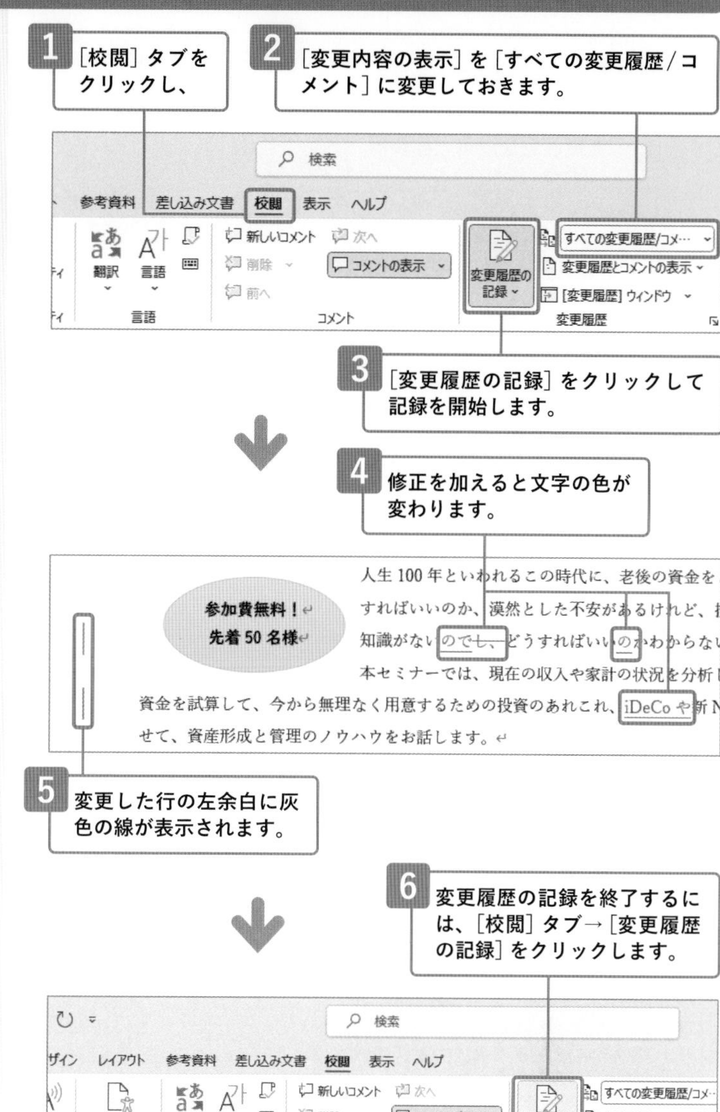

コラム 変更内容の表示

[校閲] タブの [変更内容の表示] の選択項目によって変更履歴やコメントの表示方法が変わります。表示方法を切り替えて、変更内容を確認したり、変更前の状態を表示したりできます。

項目	表示内容
シンプルな変更履歴/コメント	変更した結果のみが表示される。変更のあった行の左余白に赤線が表示される
すべての変更履歴/コメント	すべての変更内容が色付きの文字で表示される。変更のあった行の左余白に灰色の線が表示される
変更履歴/コメントなし	変更結果のみが表示される
初版	変更前の文章が表示される

レッスン 81-2 変更履歴を非表示にする

練習用ファイル 81-2-資産形成入門セミナー.docx

操作 変更履歴を表示／非表示にする

変更履歴の表示／非表示は、変更のあった行の左余白に表示される線をクリックします。灰色の線をクリックすると変更履歴が非表示になり、赤線に変わります。また、赤線をクリックすると変更履歴が表示され、灰色の線に変わります。

Memo ユーザーごとに変更履歴の色が変わる

複数のユーザーが変更履歴を記録した場合、ユーザーごと変更履歴の色が異なります。変更履歴にマウスポインターを合わせると、変更したユーザー名と変更内容を確認できます。

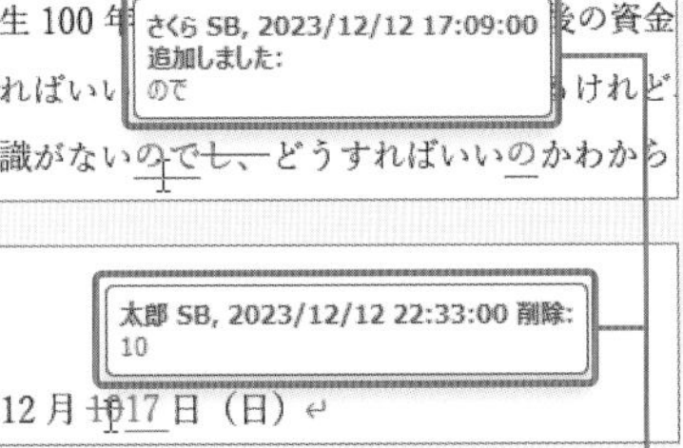

ユーザーによって変更履歴の色が異なり、マウスポインターを合わせてユーザー名と内容が確認できる

1 変更した行の左余白にある灰色の線をクリックすると、

2 灰色の線が赤色に変わり、

3 変更内容が非表示になり、

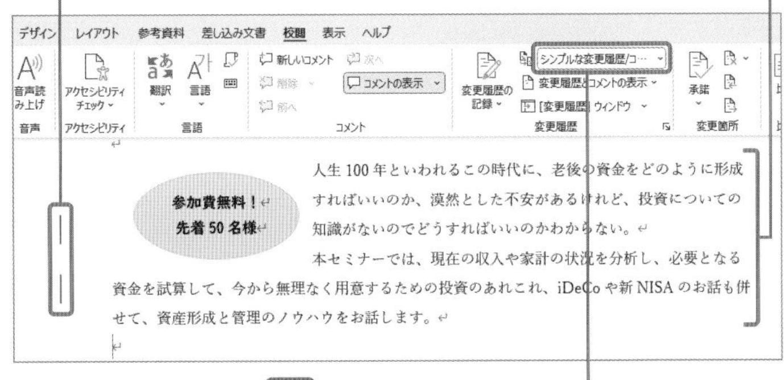

4 ［変更内容の表示］が［シンプルな変更履歴/コメント］に変更になります。

コラム 表示している変更内容の確認と切り替え

文書内に表示される変更履歴の内容は、［校閲］タブの［変更履歴とコメントの表示］をクリックすると❶確認できます。チェックが付いている項目が表示されます❷。［特定のユーザー］をクリックすると❸、変更履歴を行ったユーザー一覧が表示されます❹。チェックが付いている項目をクリックすると、チェックが外れ、文書内でその項目が非表示になります。例えば、ユーザー「太郎SB」をクリックするとチェックが外れ、SB太郎の変更内容が非表示になります。

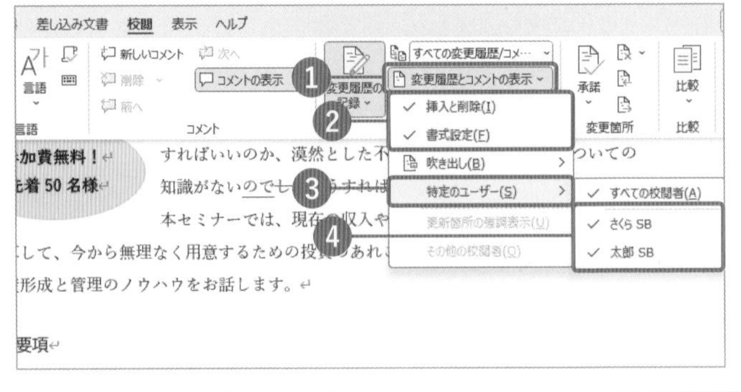

レッスン 81-3 変更履歴を文書に反映する

練習用ファイル 81-3-資産形成入門セミナー.docx

操作 変更履歴を反映する

変更内容を1つずつ確認しながら、承諾したり、元に戻したりして、変更履歴を反映していきます。

Memo 変更をまとめて承諾する

変更内容をまとめて承諾して一気に反映するには、[校閲] タブの [承諾して次へ進む] の⌄をクリックして❶、[すべての変更を反映] をクリックします❷。

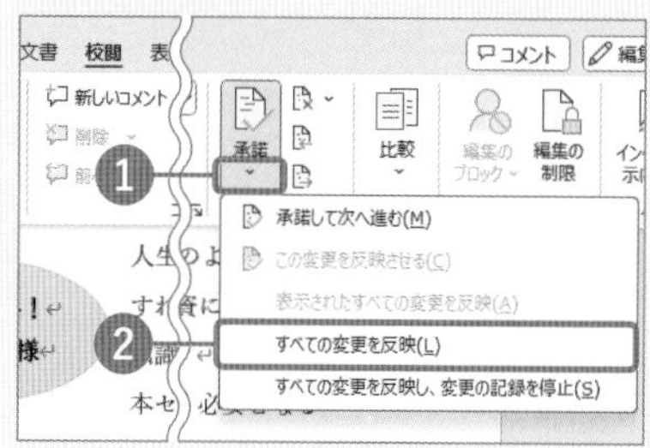

Memo 特定のユーザーの変更のみ反映する

p.354のコラムを参考に、特定のユーザーの変更履歴のみ表示してから、変更の承諾または元に戻す操作を行います。

1 文頭にカーソルを移動し、

2 [校閲] タブ→ [次の変更箇所] をクリックします。

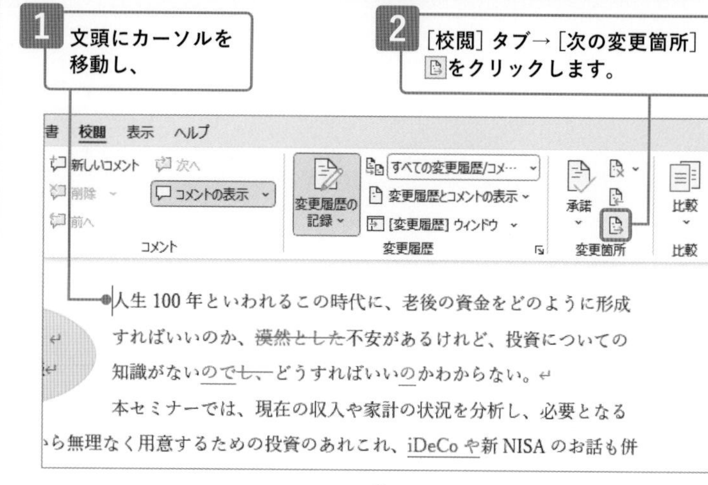

3 最初の変更箇所が選択されます。

4 ここでは、変更を取り消します。[元に戻して次へ進む] 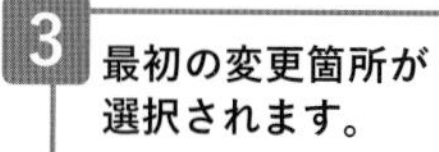をクリックします。

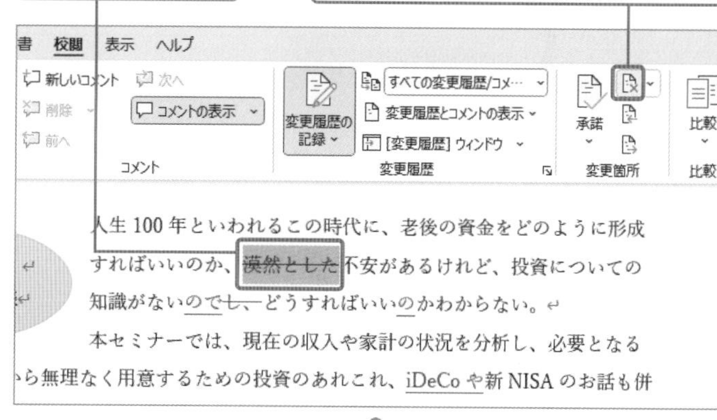

5 変更内容が破棄され、

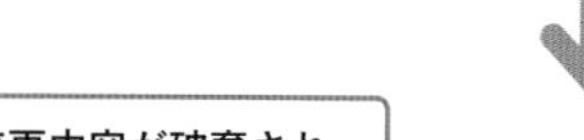

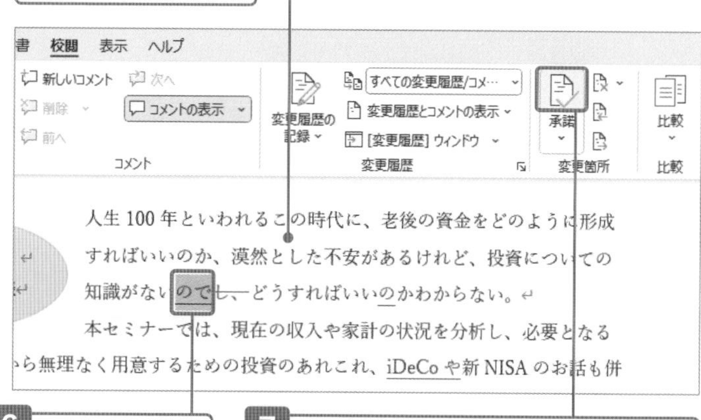

6 次の変更箇所が選択されます。

7 ここでは、変更を反映します。[承諾して次へ進む] をクリックします。

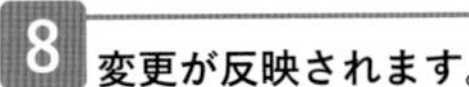

8 変更が反映されます。

9 同様にして変更を反映していきます。

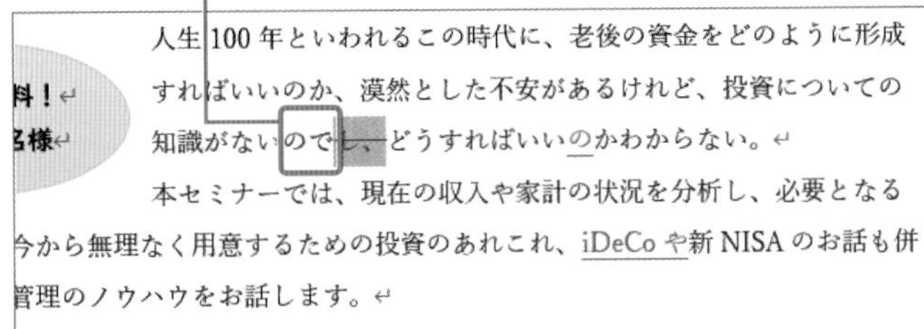

10 すべての変更内容が反映されると、メッセージが表示されます。[OK] をクリックして終了します。

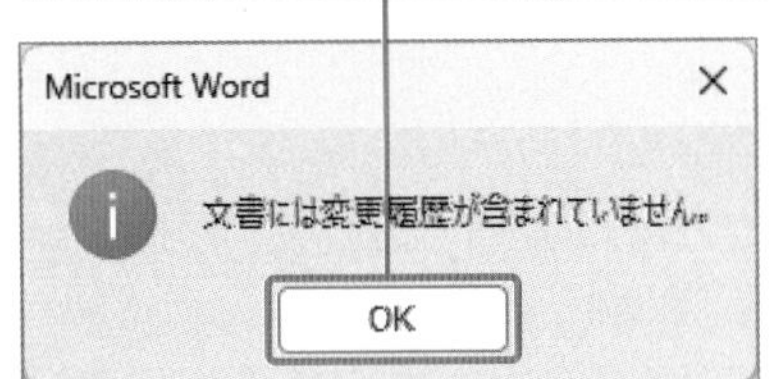

コラム 変更履歴の設定を確認、変更するには

変更履歴で表示する項目、色、校閲者の設定を確認、変更するには、[変更履歴オプション] ダイアログを表示します。[校閲] タブ→ [変更履歴] グループの⧉をクリックすると❶、[変更履歴オプション] ダイアログが表示されまれ❷、変更履歴に表示する内容の確認と変更ができます❸。

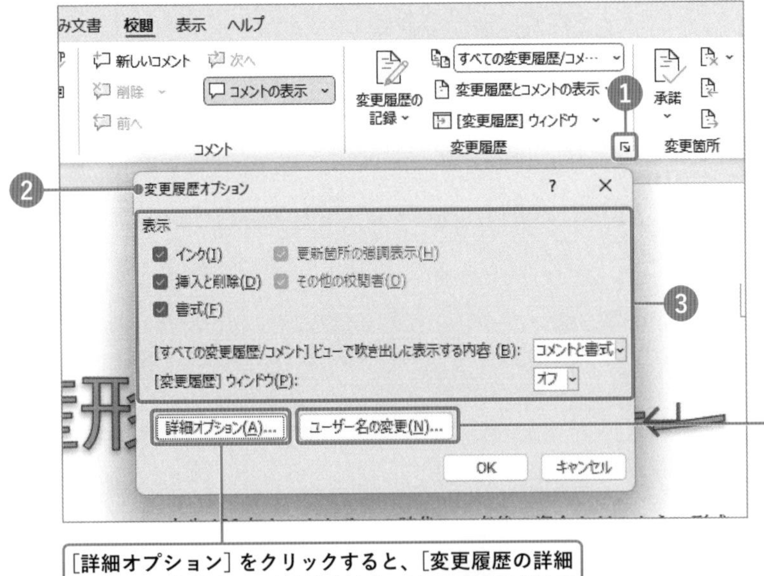

[ユーザー名の変更] をクリックすると、[Word のオプション] ダイアログが表示され、ユーザー名を変更できます。

[詳細オプション] をクリックすると、[変更履歴の詳細オプション] ダイアログが表示され、変更履歴で表示する色や書式の確認と変更ができます。

練習問題 コメントの挿入と変更履歴の練習をしよう

演習10-議事録.docx

入力練習1

文書「議事録」に以下のようなコメントの挿入と変更履歴の記録と承認の練習をしてみましょう。

1 変更履歴の記録を開始し、［会議名］欄の「システム開発部会議」に「定例」を追加して「システム開発部定例会議」に変更。記録後、変更履歴の記録を終了する

2 ［日時］欄に変更履歴が記録されている内容（曜日の修正と時間の追加）を承認する

3 ［記録者］欄に「岡野さんの名前をフルネームで記入してください」とコメントを挿入する

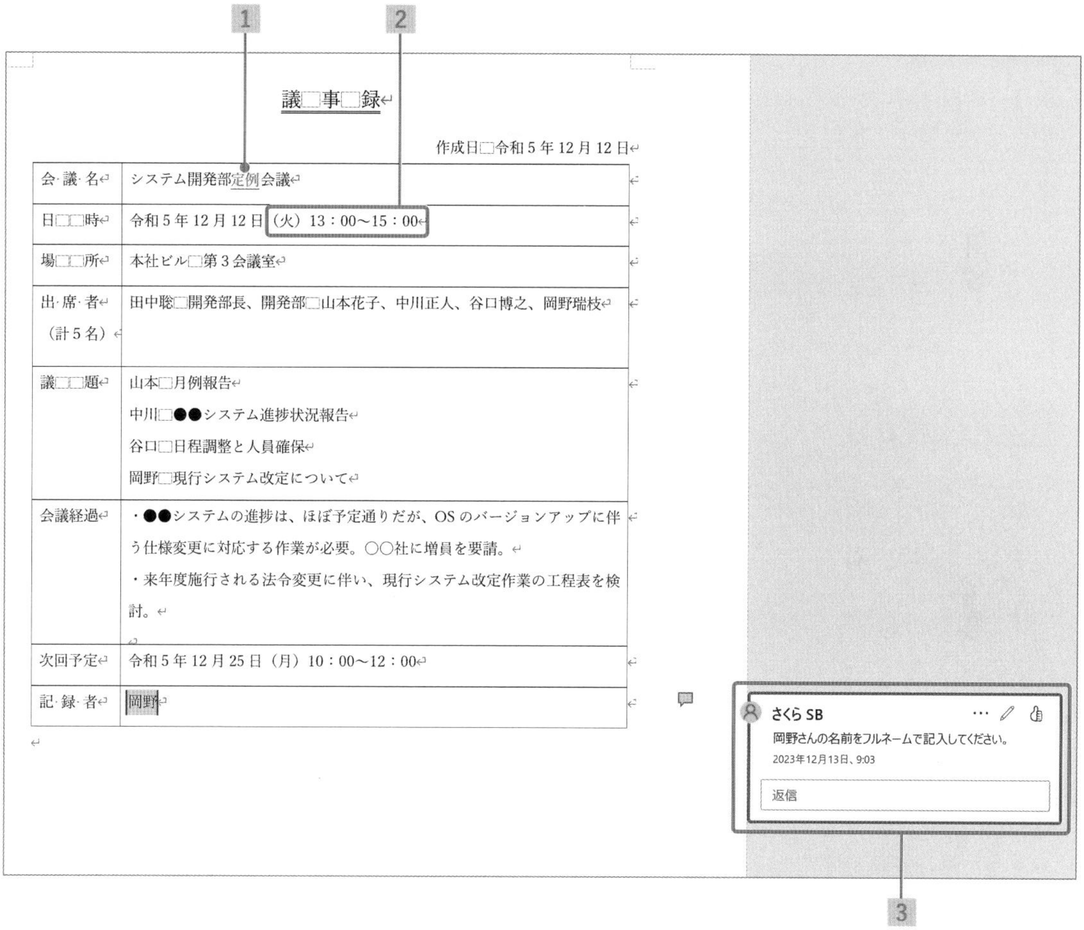

1　2

議□事□録

作成日□令和5年12月12日

会 議 名	システム開発部定例会議
日□□時	令和5年12月12日（火）13：00～15：00
場□□所	本社ビル□第3会議室
出 席 者 （計5名）	田中聡□開発部長、開発部□山本花子、中川正人、谷口博之、岡野瑞枝
議□□題	山本□月例報告 中川□●●システム進捗状況報告 谷口□日程調整と人員確保 岡野□現行システム改定について
会議経過	・●●システムの進捗は、ほぼ予定通りだが、OSのバージョンアップに伴う仕様変更に対応する作業が必要。○○社に増員を要請。 ・来年度施行される法令変更に伴い、現行システム改定作業の工程表を検討。
次回予定	令和5年12月25日（月）10：00～12：00
記 録 者	岡野

さくら SB
岡野さんの名前をフルネームで記入してください。
2023年12月13日、9:03
返信

3

マウス／タッチパッドの操作

クリック

画面上のものやメニューを選択したり、ボタンをクリックしたりするときなどに使います。

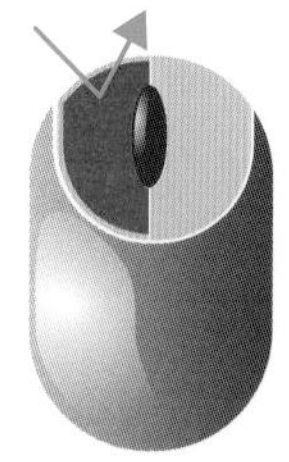

左ボタンを 1 回押します。

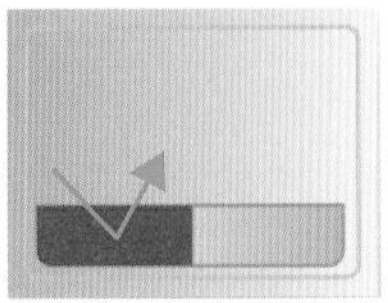

左ボタンを 1 回押します。

右クリック

操作可能なメニューを表示するときに使います。

右ボタンを 1 回押します。

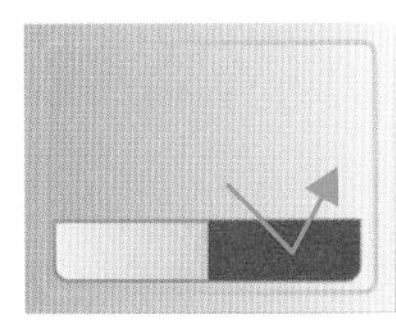

右ボタンを 1 回押します。

ダブルクリック

ファイルやフォルダーを開いたり、アプリを起動したりするときに使います。

左ボタンをすばやく 2 回押します。

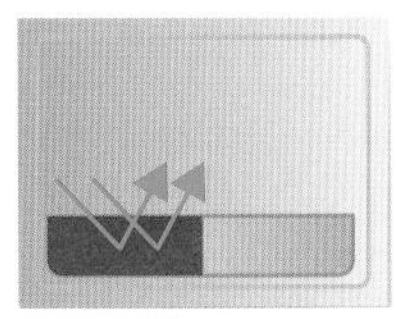

左ボタンをすばやく 2 回押します。

ドラッグ

画面上のものを移動するときなどに使います。

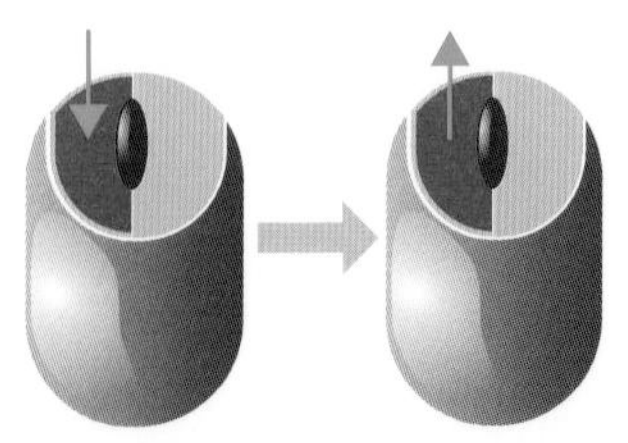

左ボタンを押したままマウスを移動し、移動先で左ボタンを離します。

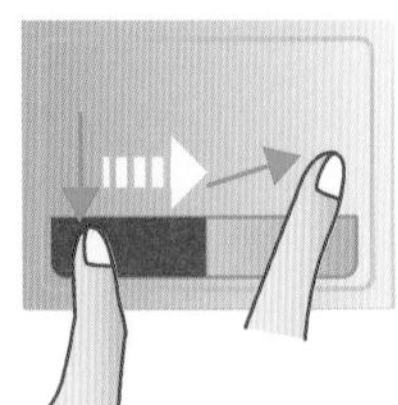

左ボタンを押したままタッチパッドを指でなぞり、移動先で左ボタンを離します。

よく使うキー

Esc（エスケープ）キー
操作を取り消すときに使います。

半角／全角キー
日本語入力モードと半角英数モードを切り替えます。

BackSpace（バックスペース）キー
カーソルの左側の文字を削除します。

Delete（デリート）キー
カーソルの右側の文字を削除します。

テンキー
電卓のように数字や演算記号が集まったキーです。

Shift（シフト）キー
他のキーと組み合わせて使います。

スペースキー
空白の入力や漢字への変換に使います。

Enter（エンター）キー
文字の確定や改行入力で使います。

矢印キー
カーソルを上下左右に移動します。

Ctrl（コントロール）キー
他のキーと組み合わせて使います。

ショートカットキー

複数のキーを組み合わせて押すことで、特定の操作をすばやく実行することができます。本書中では OO + △△ キーのように表記しています。

▶ Ctrl + A キーという表記の場合

▶ Ctrl + Shift + Esc キーという表記の場合

便利なショートカットキー

Word使用時に知っておくと便利なショートカットキーを用途別にまとめました。たとえば、白紙の文書を作成するときに使用する Ctrl + N とは、Ctrl キーを押しながら N キーを押すことです。

●文書の操作

ショートカットキー	操作内容
Ctrl + N	白紙の文書を作成する
Ctrl + O	Backstageビューの［開く］を表示する
Ctrl + F12	［ファイルを開く］ダイアログを表示する
Ctrl + S	文書を上書き保存する
F12	［名前を付けて保存］ダイアログを表示する
Ctrl + W	文書を閉じる
Alt + F4	文書を閉じる／Wordを終了する
Ctrl + P	Backstageビューの［印刷］を表示する
Ctrl + Z	直前の操作を取り消して元に戻す
Ctrl + Y	元に戻した操作をやり直す
F4	直前の操作を繰り返す
ESC	現在の操作を途中で取り消す

●ウィンドウの操作

ショートカットキー	操作内容
Ctrl + F1	リボンの表示／非表示を切り替える
Ctrl ＋マウスのホイールを奥に回す	拡大表示する
Ctrl ＋マウスのホイールを手前に回す	縮小表示する

●文字入力・変換

ショートカットキー	操作内容
変換	確定した文字を再変換する
ESC	入力を途中で取り消す
F6	文字の変換中にひらがなに変換する
F7	文字の変換中に全角カタカナに変換する
F8	文字の変換中に半角カタカナに変換する
F9	文字の変換中に全角英数字に変換する
F10	文字の変換中に半角英数字に変換する

●カーソルの移動

ショートカットキー	操作内容
Home	現在カーソルのある行の行頭に移動する
End	現在カーソルのある行の行末に移動する
PageUp	1 画面上にスクロールする
PageDown	1 画面下にスクロールする
Ctrl + Home	文書の先頭に移動する
Ctrl + End	文書の末尾に移動する
Shift + F5	前の変更箇所に移動する

●範囲選択

ショートカットキー	操作内容
Shift + ↑ ↓ → ←	選択範囲を上下左右に拡大／縮小する
Shift + Home	現在のカーソル位置からその行の先頭までを選択する
Shift + End	現在のカーソル位置からその行の末尾までを選択する
Ctrl + Shift + Home	現在のカーソル位置から文書の先頭までを選択する
Ctrl + Shift + End	現在のカーソル位置から文書の末尾までを選択する
Ctrl + A	文書全体を選択する

●書式設定

ショートカットキー	操作内容
Ctrl + B	選択した文字に太字を設定／解除する
Ctrl + I	選択した文字に斜体を設定／解除する
Ctrl + U	選択した文字に下線を設定／解除する
Ctrl + X	選択した内容をクリップボードに切り取る
Ctrl + C	選択した内容をクリップボードにコピーする
Ctrl + V	クリップボードの内容を貼り付ける
Ctrl + Shift + C	書式をコピーする
Ctrl + Shift + V	書式を貼り付ける

●その他の操作

ショートカットキー	操作内容
Ctrl + F	ナビゲーションウィンドウを表示する
Ctrl + H	［検索と置換］ダイアログの［置換］タブを表示する
Ctrl + G ／ F5	［検索と置換］ダイアログの［ジャンプ］タブを表示する
F7	スペルチェックと文章校正を実行する
Ctrl + Enter	ページ区切りを挿入する

ローマ字／かな対応表

あ行

あ	い	う	え	お
A	I YI	U WU WHU	E	O

ぁ	ぃ	ぅ	ぇ	ぉ
LA XA	LI XI LYI XYI	LU XU	LE XE LYE XYE	LO XO
	いぇ			
	YE			
うぁ	うぃ		うぇ	うぉ
WHA	WHI WI		WHE WE	WHO

か行

か	き	く	け	こ
KA CA	KI	KU CU QU	KE	KO CO
ヵ			ヶ	
LKA XKA			LKE XKE	
きゃ	きぃ	きゅ	きぇ	きょ
KYA	KYI	KYU	KYE	KYO
くぁ	くぃ	くぅ	くぇ	くぉ
QWA QA KWA	QWI QI QYI	QWU	QWE QE QYE	QWO QO
くゃ		くゅ		くょ
QYA		QYU		QYO

が	ぎ	ぐ	げ	ご
GA	GI	GU	GE	GO
ぎゃ	ぎぃ	ぎゅ	ぎぇ	ぎょ
GYA	GYI	GYU	GYE	GYO
ぐぁ	ぐぃ	ぐぅ	ぐぇ	ぐぉ
GWA	GWI	GWU	GWE	GWO

さ行

さ	し	す	せ	そ
SA	SI CI SHI	SU	SE CE	SO
しゃ	しぃ	しゅ	しぇ	しょ
SYA SHA	SYI	SYU SHU	SYE SHE	SYO SHO
すぁ	すぃ	すぅ	すぇ	すぉ
SWA	SWI	SWU	SWE	SWO

ざ	じ	ず	ぜ	ぞ
ZA	ZI JI	ZU	ZE	ZO
じゃ	じぃ	じゅ	じぇ	じょ
JYA ZYA JA	JYI ZYI	JYU ZYU JU	JYE ZYE JE	JYO ZYO JO

た行

た	ち	つ	て	と
TA	TI CHI	TU TSU	TE	TO
		っ		
		LTU XTU LTSU		

だ	ぢ	づ	で	ど
DA	DI	DU	DE	DO

ちゃ	ちぃ	ちゅ	ちぇ	ちょ	ぢゃ	ぢぃ	ぢゅ	ぢぇ	ぢょ
TYA CYA CHA	TYI CYI	TYU CYU CHU	TYE CYE CHE	TYO CYO CHO	DYA	DYI	DYU	DYE	DYO
つぁ	つぃ		つぇ	つぉ					
TSA	TSI		TSE	TSO					
てゃ	てぃ	てゅ	てぇ	てょ	でゃ	でぃ	でゅ	でぇ	でょ
THA	THI	THU	THE	THO	DHA	DHI	DHU	DHE	DHO
とぁ	とぃ	とぅ	とぇ	とぉ	どぁ	どぃ	どぅ	どぇ	どぉ
TWA	TWI	TWU	TWE	TWO	DWA	DWI	DWU	DWE	DWO
な行									
な	に	ぬ	ね	の	にゃ	にぃ	にゅ	にぇ	にょ
NA	NI	NU	NE	NO	NYA	NYI	NYU	NYE	NYO
は行									
は	ひ	ふ	へ	ほ	ば	び	ぶ	べ	ぼ
HA	HI	HU FU	HE	HO	BA	BI	BU	BE	BO
					ぱ	ぴ	ぷ	ぺ	ぽ
					PA	PI	PU	PE	PO
ひゃ	ひぃ	ひゅ	ひぇ	ひょ	びゃ	びぃ	びゅ	びぇ	びょ
HYA	HYI	HYU	HYE	HYO	BYA	BYI	BYU	BYE	BYO
					ぴゃ	ぴぃ	ぴゅ	ぴぇ	ぴょ
					PYA	PYI	PYU	PYE	PYO
ふぁ	ふぃ	ふぅ	ふぇ	ふぉ	ヴぁ	ヴぃ	ヴ	ヴぇ	ヴぉ
FWA FA	FWI FI FYI	FWU	FWE FE FYE	FWO FO	VA	VI VYI	VU	VE VYE	VO
ふゃ		ふゅ		ふょ	ヴゃ	ヴぃ	ヴゅ	ヴぇ	ヴょ
FYA		FYU		FYO	VYA		VYU		VYO
ま行									
ま	み	む	め	も	みゃ	みぃ	みゅ	みぇ	みょ
MA	MI	MU	ME	MO	MYA	MYI	MYU	MYE	MYO
や行									
や		ゆ		よ	ゃ		ゅ		ょ
YA		YU		YO	LYA XYA		LYU XYU		LYO XYO
ら行									
ら	り	る	れ	ろ	りゃ	りぃ	りゅ	りぇ	りょ
RA	RI	RU	RE	RO	RYA	RYI	RYU	RYE	RYO
わ行									
わ	ゐ		ゑ	を	ん				
WA	WI		WE	WO	N NN XN N'				

- ●「ん」は、母音（A、I、U、E、O）の前と、単語の最後ではNNと入力します（TANI→たに、TANNI→たんい、HONN→ほん）。
- ●「っ」は、N以外の子音を連続しても入力できます（ITTA→いった）。
- ●「ヴ」のひらがなはありません。

索引

数字・記号

アルファベット

あ行

か行

さ行

た行

な行

は行

ま行

や行

ら行・わ行

本書サポートページ https://isbn2.sbcr.jp/23920/

著者紹介

国本 温子（くにもと あつこ）

テクニカルライター。企業内でワープロ、パソコンなどのOA教育担当後、Office、VB、VBAなどのインストラクターや実務経験を経て、現在はフリーのITライターとして書籍の執筆を中心に活動中。

企画協力	ヒートウェーブ株式会社　Heat Wave IT Academy　大住 真理子
カバーデザイン	新井 大輔
カバーイラスト	ますこ えり
カバーフォト	[onurdongel]/[E+]：ゲッティイメージズ提供
制作協力	岡本 晋吾・後藤 健大・荻原 尚人・河野 太一
制作	BUCH+
編集	本間 千裕

やさしく教わる Word
[Office 2021 ／ Microsoft 365対応]

2024年　4月6日　初版第1刷発行

著　者	国本 温子
発行者	小川 淳
発行所	SBクリエイティブ株式会社 〒105-0001 東京都港区虎ノ門2-2-1 https://www.sbcr.jp/
印　刷	株式会社シナノ

落丁本、乱丁本は小社営業部にてお取り替えいたします。
定価はカバーに記載されております。
Printed in Japan　ISBN978-4-8156-2392-0